Wissenschaftliche Beiträge aus dem Tectum Verlag

Reihe Sozialwissenschaften

WISSENSCHAFTLICHE BEITRÄGE
AUS DEM TECTUM VERLAG

Reihe Sozialwissenschaften

Band 64

Stephan Nikolai Kunz

Bedingungsloses Grundeinkommen und Soziale Marktwirtschaft

Analyse der Vereinbarkeit zweier (Gesellschafts-)Konzepte

Tectum Verlag

Diese Arbeit wurde unter gleichem Titel von der Universität Erfurt als Dissertation angenommen.

Stephan Nikolai Kunz

Bedingungsloses Grundeinkommen und Soziale Marktwirtschaft.
Analyse der Vereinbarkeit zweier (Gesellschafts-)Konzepte
Wissenschaftliche Beiträge aus dem Tectum Verlag:
Reihe: Sozialwissenschaften; Bd. 64

Zugl. Diss. Universität Erfurt 2014

ISBN: 978-3-8288-3589-4

ISSN: 1861-8049

Umschlagabbildung: shutterstock.com © Denphumi

Umschlaggestaltung: Norman Rinkenberger | Tectum Verlag

Druck und Bindung: CPI buchbücher.de, Birkach
Printed in Germany

Besuchen Sie uns im Internet
www.tectum-verlag.de

MIX
Papier aus verantwortungsvollen Quellen
FSC® C083411

Bibliografische Informationen der Deutschen Nationalbibliothek
Die Deutsche Nationalbibliothek verzeichnet diese Publikation in der Deutschen Nationalbibliografie; detaillierte bibliografische Angaben sind im Internet über http://dnb.ddb.de abrufbar.

INHALT

GELEITWORT VON FRIEDHELM HENGSBACH SJ

Die öffentliche Debatte um das bedingungslose Grundeinkommen ist seit der beispiellosen Finanz- und Wirtschaftskrise enorm belebt worden. Sie bewegt sich jedoch überwiegend um die soziotechnisch-instrumentelle Ausgestaltung dieses Konzepts, indem dessen Reichweite, Höhe und Finanzierbarkeit thematisiert wird.

Umso mehr überrascht Stephan N. Kunz mit einer sozialethischen Reflexion, die der Frage nach der grundsätzlichen Vereinbarkeit eines bedingungslosen Grundeinkommens mit den Wertgrundlangen und dem Ordnungskonzept der Sozialen Marktwirtschaft nachgeht. Dies mag als ein gewagtes Unternehmen erscheinen.

Das Gelingen einer solchen idealtypischen Kompatibilitätsanalyse wird indessen durch drei Besonderheiten erleichtert und weniger unwahrscheinlich, indem der Autor erstens aus den diffusen Deutungsmustern, mit denen die Soziale Marktwirtschaft in Umlauf gebracht wird – beispielsweise freiheitliches Konzept, Leitbild, Wirtschaftssystem – ausschließlich jene von Alfred Müller-Armack profilierte Variante herausfiltert. Für diesen ist sie nämlich ein „progressiver Stilgedanke", um mit dem Leitbild der Freiheit auf dem Markt und im Wettbewerb das Leitbild des sozialen Ausgleichs zu verbinden.

In diesem Konzept entdeckt der Autor zweitens ein Menschenbild, das mit dem christlichen Menschenbild identisch ist. Folglich lässt sich Müller-Armacks „umfassender Stilgedanke" im Licht einer traditionellen, inzwischen in die Jahre gekommenen katholischen Soziallehre spiegeln, als deren Kennzeichen die drei Sozialprinzipien der Personalität, Solidarität und Subsidiarität gelten.

Und drittens wählt der Autor aus der unübersehbaren Vielzahl von Konzepten eines Bedingungslosen Grundeinkommens, das in strikter begrifflicher Abgrenzung durch die vier Merkmale des individuellen Rechtsanspruchs auf ein Einkommen, das die sozio-kulturelle Existenz und die Beteiligung am gesellschaftlichen Leben sichert und ohne eine Bedürftigkeitsprüfung und ohne einen Zwang zur Erwerbsarbeit oder andere Gegenleistungen gewährt wird, jenes „Garantierte Grundeinkommen" aus, das von der Katholischen Arbeitnehmerbewegung (KAB) propagiert wird. Dessen Höhe, Zielsetzung und Finanzierung sowie dessen Vorzüge und Schwächen stellt er detailliert dar. Es entspricht erwartungsgemäß grundsätzlich den zentralen Sozialprinzipien der katholischen Soziallehre und ist mit der normativen Logik der Sozialen Marktwirtschaft, ihrer Wertgrundlagen und konstitutiven Ordnungsprinzipien, etwa der Freiheit zum Markt und vom Markt sowie des sozialen Ausgleichs, prinzipiell vereinbar.

Zu Recht begnügt sich Stephan N. Kunz nicht mit einer bloßen Kompatibilitätsanalyse, denn eine solche würde wenig mehr als neutralverträgliche oder widerspruchsfreie Ergebnisse liefern. Deshalb zeichnet er zum einen ein sehr realistisches Bild jener Defizite, die das zu Beginn des 21. Jahrhunderts real existierende System der Sozialen Marktwirtschaft kontaminiert haben, nämlich verfestigte Massenarbeitslosigkeit, Armut und Ausgrenzung, Schieflage der Verteilung von Einkommen und Vermögen, Finanzierungslücken der solidarischen Sicherungssysteme sowie bürokratische Überfrachtung, die zugespitzt als Krise des Sozialstaats aufsummiert werden.

Zum Glück spricht Stephan N. Kunz dem Garantierten Grundeinkommen der KAB über die prinzipielle Verträglichkeit mit dem idealtypischen Konzept der Sozialen Marktwirtschaft hinaus die zusätzliche Eignung zu, das real existierende sozialmarktwirtschaftliche System, insbesondere das Regime der Erwerbsarbeitsgesellschaft zu transzendieren. Er überträgt nämlich die Formel von der „Zweiten Phase einer sozial und ökologisch gestalteten Marktwirtschaft", die Müller-Armack zu Beginn der 1960-er Jahre verwendet hat, auf das ungewohnt innovative Potential einer „Tätigkeitsgesellschaft", wie sie durch das Garantierte Grundeinkommen der KAB erschlossen wird. Die Tätigkeitsgesellschaft wird Bürgerinnen und Bürger von dem Zwang entfremdeter Erwerbsarbeit befreien, indem sie ihnen eine „Triade menschlicher Arbeit" bietet: drei gleichrangige und gleichwertige Arbeitsformen, die miteinander kombiniert und austauschbar sind, nämlich Erwerbsarbeit, Eigen- und private Arbeit sowie Gemeinwesenarbeit.

Mit diesem anschlussfähigen, pfadabhängigen Konzept einer neu justierten Sozialen Marktwirtschaft, die ökonomisch, sozial und ökologisch nachhaltig sein wird, greift Stephan N. Kunz frühere Impulse von Hannah Arendt, Ralph Dahrendorf und André Gorz sowie aktuelle Beiträge zum Bedingungslosen Grundeinkommen aus dem politischen Umfeld der Linken auf. Die individuellen Subjekte können gemäß ihren persönlichen Präferenzen über das Ausmaß ihrer Beteiligung an der Erwerbsarbeit entscheiden. Sie sind ermächtigt, ihre Lebensentwürfe, Handlungsspielräume und Zeitverwendung frei und autonom zu bestimmen.

Stephan N. Kunz beeindruckt mit seiner Arbeit durch eine umfassende Kenntnis der Literatur zum Bedingungslosen Grundeinkommen, eine gewinnende Sprache, pointiert freiheitsgeprägte Positionen und katholisch aufgeladene Klangmuster. Diejenigen, die nach der Lektüre die weithin dominante Methode des Konzeptvergleichs distanziert wahrnehmen, sind zu kritischem Dialog und nachdenklichem Urteil eingeladen.

Friedhelm Hengsbach SJ

DANKSAGUNG

In der Blickrichtung vertikaler Betrachtung danke ich zunächst Gott, dem ersten Autor aller sichtbaren und unsichtbaren Dinge. Gerade in den Jahren des Entstehens dieser Arbeit durfte ich erfahren: Ohne sein förderndes Zutun kann kein menschliches Werk gelingen!

Eine horizontale und deutlich erdgebundenere Perspektive einnehmend bin ich in erster Linie Herrn Prof. Dr. Alexander Thumfart zu besonderem Dank verpflichtet. Seine persönliche Betreuung der Dissertation sowie sein vorausblickender Rat haben die Arbeit überhaupt erst möglich gemacht. Während meiner gesamten Promotion war er ein geduldiger Gesprächspartner und inspirierender Kritiker der vorliegenden Abhandlung. Als akademischer Lehrer hat er ihr immer wieder entscheidende Impulse gegeben und ihren Entstehungsprozess wohlwollend begleitet. Für Ermutigung und wertvolle Anregungen danke ich ebenso Herrn Prof. Dr. Dr. Helge Peukert. Außerdem danke ich ihm für seine Offenheit gegenüber der interdisziplinären Fragestellung meiner Arbeit sowie für seine Bereitschaft, die Aufgabe als Zweitgutachter zu übernehmen.

Eric Schröder als Weggefährten und ‚Leidensgenossen' danke ich von Herzen für die außerordentliche Kollegialiät und Hilfsbereitschaft über die gesamte Phase der Promotion hinweg. In zahllosen Gesprächen trug er mit großem Sachverstand dazu bei, Klarheit und Dialektik in meine Gedanken zu bringen. Als Freund in der Wissenschaft stand er mir jederzeit für einen konstruktiven Austausch zur Verfügung.

Unschätzbaren Dank schulde ich auch den wohl besten Lektoren der Welt Anja Kirsten, Anna-Maria Meinhardt und Günter Pupke, die wesentlich zur sprachlichen Besserung des Textes beigetragen haben. Insbesondere Anja Kirsten danke ich für die erhellenden Kommentare zur soziologischen Betrachtung des Grundeinkommens.

Des Weiteren danke ich meiner Familie, die das phasenweise schwierige Entstehen dieses Textes in großer Geduld und Herzensweite mitgetragen hat. Über das gesamte Studium hinweg war mir meine

Familie eine wichtige Stütze und wahrer Lernort lebenspraktischer Tugend. Zudem möchte ich mich ausdrücklich bei all jenen Personen bedanken, die an das Gelingen meines Promotionsprojektes geglaubt und dieses somit fundiert haben.

Last but not least verdanke ich es dem deutschen Sozial- und Bildungswesen, durch dessen günstige Rahmensetzung es mir möglich war, auch über Umwege mein selbstgesetztes (Forschungs-)Ziel zu erreichen.

A. EINFÜHRUNG

„Alle Wirklichkeit ist die Utopie von gestern [...]
[a]lle Utopie ist die Wirklichkeit von morgen!"[1]

Vorwort

,*Utopia*', der bekannte Roman des englischen Staatsmannes und neuzeitlichen Humanisten Thomas Morus (1478-1535) gilt vielen Autoren als historisch erster Hinweis auf den Gedanken einer Einkommensgarantie zur Befreiung von existenziellen Nöten.[2] Das Titelbild der Erstausgabe der Utopia–Erzählung aus dem Jahr 1516 zeigt in der Vogelperspektive eine vom Meer umspülte und von Schiffen umsegelte Insel fernab des Festlandes, auf der sich eine wohlgeordnete, d. h. kreisförmig angelegte vieltürmige Stadt befindet. Das Abbild der Inselpolis führt dem Betrachter einen »Nicht-Ort« (griechisch *ou-topos* = Nicht-Örtlichkeit, Nirgendwo) vor Augen und verweist damit auf eine zeitlich und räumlich entrückte, in der Semantik des Romans ideale Gesellschaft[3], der man sich, so man (damals wie heute) nicht gerade im Besitz eines seetauglichen Schiffes ist, zumindest durch die Bewegung des Geistes nähern kann.

Keine prinzipiell andere Bewegung vollziehen die Anhänger eines bedingungslosen Grundeinkommens unserer Zeit, wenn sie, wie bei-

---

1 Oppenheimer (1964): S. 730.

2 Vgl. Füllsack (2002): S. 103.

3 In den utopischen Staatsromanen des Renaissancehumanismus sind eine Reihe an Modellen der idealen Gesellschaft entwickelt worden. So verweist der Sozialwissenschaftler Georg Vobruba neben Thomas Morus' *Utopia* (1517) auch auf Thomas Campanellas *Sonnenstaat* (1623) und Francis Bacons *Neu-Atlantis* (1638) Vgl. Vobruba (2006): S. 72. Zur Ideengeschichte des Grundeinkommens, seinen historischen und philosophisch-ethischen Wurzeln im Kontext von Staatsutopien mehr in: Burian (2006).

spielsweise die linke Grundeinkommensverfechterin Katja Kipping, im bedingungslos garantierten Einkommen einen „Brückenkopf für eine andere Gesellschaft"[4] erkennen. Demnach soll in der Tradition sozialutopischer Zukunftsvision das bedingungslose Grundeinkommen als „trojanisches Pferd"[5] den „Einstieg in eine insgesamt andere Gesellschaft"[6] ermöglichen, auch „um neue Formen des solidarischen Wirtschaftens und des Lebens zu erproben."[7] An dieser Stelle tritt ein Strukturmerkmal hervor, das den gesamten Grundeinkommensdiskurs kennzeichnet: Wer das Grundeinkommen denkt, hat – entweder mittelbar, d. h. im Rahmen von Vorstellungen des guten Lebens, oder aber unmittelbar durch die Gedankenskizze einer optimalen bzw. wohlgeordnet(er)en Gemeinschaft – stets auch ein Zukunftsbild besserer Gesellschaft im Kopf. Die Fragen, welches Innovations- bzw. Gesamtlösungspotenzial dem bedingungslosen Grundeinkommen innewohnt und welchen Beitrag dasselbe zum Aufbau einer im Vergleich zum Status quo besseren Gesellschaft leisten kann, bilden die Leitperspektive der folgenden Arbeit. Zuvor geht es jedoch darum zu prüfen, ob die Idee eines bedingungslos garantierten Grundeinkommens mit den Grundprinzipien der Sozialen Marktwirtschaft vereinbar ist. Denn nur im erwiesenen Falle einer systemischen Anschlussfähigkeit hat das Grundeinkommen, entgegen einschlägiger Utopie-Etikettierung, eine wirkliche Chance in die realpolitische Reformagenda einbezogen und nach und nach umgesetzt zu werden. Derzeit wird die Ordnungs- bzw. Systemkompatibilität des bedingungslosen Grundeinkommens noch von mancher Seite vehement angezweifelt.[8] In polemischer Attitüde ist gar von einem „Wahnsinn mit Methode"[9] oder einem Irrweg in paternalistische „Knechtschaft"[10] die Rede. Derartige Pauschalurteile versperren allerdings einen kritisch-nüchternen Blick auf den durchaus diskussionswürdigen Reformvorschlag eines „„marktunabhängigen Existenzgeld[es], auf das alle Anspruch haben und das ein Minimum an (Über-)Lebenschancen garantiert"[11]. Wir erinnern uns: Ähnliche Bedenken sind jahrzehntelang der in den Augen mancher weltfremden Idee eines allgemeinen Mindestlohns entgegengebracht worden, der mitt-

---

[4] Kipping (2006): o. S.

[5] Ebd.

[6] Ebd.

[7] Ebd.

[8] Einen Überblick über die zentralen Argumente wider die Vereinbarkeit von bedingungslosem Grundeinkommen und Sozialer Marktwirtschaft sowie die Gesamtdebatte bietet: Gloe (2013): S. 405-420.

[9] Blüm (2007).

[10] Roth (2008): S. 10.

[11] Ebd., S. 11.

lerweile gesetzliche und ab 2015 einkommenspraktische Realität ist. Dies gibt Anlass zu der Einschätzung, dass die Utopien von gestern manchmal also doch die Realität von morgen werden können, vorausgesetzt der für die Umsetzung notwendige politische Wille kann mobilisiert werden. Ob nun die von einigen Diskutanten als Sozialutopie[12] bezeichnete Reformidee eines bedingungslosen Grundeinkommens eine vorteilhafte und auch ethisch vertretbare Zukunftsperspektive für die Soziale Marktwirtschaft darstellt und welche Hinweise es bezüglich der Ausgestaltung der Wirtschafts- und Gesellschaftsordnung von morgen geben kann, soll in der vorliegenden Studie herausgearbeitet werden.

In zahlreichen Gesprächen mit Freunden, Kommilitonen und Kollegen ist deutlich geworden, dass die kontrovers diskutierte sozialpolitische Reformidee des bedingungslosen Grundeinkommens die Gemüter bewegt und zugleich komplexe und kohärente Denk- und Diskussionsprozesse um die Themenkreise sozialer Sicherung, Arbeit und gutem Leben anregt, die schnell in Fragen grundsätzlicher Art einmünden. Die vorliegende Arbeit versteht sich als Chance einer strukturierten und sachlichen Auseinandersetzung mit der Grundeinkommensidee, ihrem impliziten ethischen Anspruch sowie ihren gesellschaftspolitischen Implikationen. Allerdings – und dies sei gleich vorweg gesagt – wird hier weder das Hohelied dieser in vielerlei Hinsicht virulenten Idee angestimmt oder das unbedingte Grundeinkommen als universelles „Allheilmittel"[13] gegen die zahlreichen Probleme moderner Arbeitsgesellschaft wie vor allem Arbeitslosigkeit und Armut oder etwa „als alleiniges Telos jeder zukünftigen Sozialpolitik propagiert."[14], noch soll der Grundeinkommensvorschlag pauschal als wirtschaftlich und sozial nicht umsetzbare und ethisch fragwürdige sozialpolitische Illusion verteufelt werden. Dies würde vor allem der Komplexität des Gegenstandes nicht gerecht werden. Vielmehr geht es dem Autor dieser Arbeit angesichts der vielschichtigen Krise, in der sich die bestehende sozioökonomische Ordnung gegenwärtig befindet, um eine kritische aber unvoreingenommene Prüfung der Stärken und Schwächen der Grundeinkommensidee sowie die Erkundung jener impliziten Potenziale, die das unbedingte Grundeinkommen möglicherweise als ein zeit- und problemadäquates Gestaltungselement zukunftsfähiger Wirtschafts- und Gesellschaftsordnung ausweisen. Denn wer immer auch nach innovativen Wegen und radikalen Lösungen sucht, wie sich ökonomische Sicherheit neu gestalten lässt um die Soziale Marktwirtschaft für die Herausforderungen des 21. Jahrhunderts zu rüsten, wird sich zwangs-

---

12 Vgl. beispielsweise Roth (2008); Hohenleitner/Straubhaar (2008).

13 Füllsack (2002): S. 10.

14 Ebd.

läufig mit der Idee des bedingungslosen Grundeinkommens auseinandersetzen müssen.[15]

Die vorliegende Studie will in erster Linie einen Einblick in die laufende Debatte, deren ökonomische, soziologische und ethische Aspekte eng miteinander zusammenhängen, geben und dieselbe um einen differenzierten und ausgewogenen Beitrag bereichern. Dabei gilt es gleich vorauszuschicken: Die Idee einer Trennung von Arbeit und Einkommen, wie sie das Grundeinkommen vorsieht, wirft – so viele gute Gründe prima facie auch dafür sprechen mögen – „eine Vielzahl von Fragen und Problemen"[16] auf, die auch mit größtem Wohlwollen nicht einfach beiseitegeschoben werden können, sondern stattdessen einer seriösen, bestenfalls multiperspektivischen Analyse bedürfen. Die Frage nach der Möglichkeit einer garantierten erwerbsunabhängigen Existenzsicherung für alle durch das bedingungslose Grundeinkommen soll hier gewissermaßen als *„regulative Idee"*[17] im Erwägungshorizont einer alternativen Sozialstaatsregelung diskutiert werden, welche zum einen die grundlegenden Prämissen traditioneller Arbeitsgesellschaft in Frage stellt und die zum anderen mit Füllsack gesprochen kommenden Reformdiskussionen und sozialpolitischen Interventionen möglicherweise richtungsweisende Orientierungshilfen und fruchtbare Denkanstöße geben kann.[18] Diese Herangehensweise scheint sinnvoll wie geboten, denn eine demokratische und entwicklungsoffene Gesellschaft wie die unsere kann es sich um ihrer Zukunftsfähigkeit willen schlichtweg nicht leisten, die schöpferische Kraft und das Problemlösungspotenzial alternativer Konzeptionen außer Acht zu lassen.

Nicht zuletzt soll durch die möglichst sachliche und interdisziplinäre Auseinandersetzung mit dieser umstrittenen Idee die (utopische) Zukunftsvision einer besseren, d. h. menschengerechteren Gesellschaft wach gehalten werden, weil diese, wie ein Blick in die Geschichte zeigt, eine unerlässliche und zugleich inspirierende Voraussetzung für sozialen Fortschritt und die Weiterentwicklung von Gemeinwesen und Menschheit ist. Insofern lässt sich stark vereinfachend sagen: Da, wo utopisch gedacht wird, da ist auch Zukunft. Schwindet allerdings das utopische Potenzial, so werden auch die Perspektiven enger. Noch in der Zeit der deutschen Teilung, als die politische Einheit Deutschlands selbst noch realitätsferne Utopie war, hat der namhafte Soziologe Jürgen Habermas mit folgender Formulierung die negativen Folgen des Verlustes utopischer Energien sowohl für den Sozialstaat, dem wesent-

---

15 Vgl. Vanderborght/Van Parijs (2005): S. 12.

16 Füllsack (2002): S. 10.

17 Ebd. (Hervorhebung im Original).

18 Vgl. ebd.

lichen Stabilisator unserer Gesellschaft, als auch für das geistige Klima einer Gemeinschaft präzise auf den Punkt gebracht: „Wenn die utopischen Oasen austrocknen, breitet sich eine Wüste von Banalität und Ratlosigkeit aus."[19] Damit in der Debatte weder utopisch-illusionärer Überschwang noch ideenloses Sachzwangdenken die Oberhand gewinnt, will die vorliegende Arbeit eine solide Wissensbasis bieten, auf deren Grundlage sich der Leser[20] ganz im Sinne wissenschaftlicher und demokratischer Tugendideale seine eigene Meinung bilden kann.

A.a. Problematik und Kontextualisierung des Forschungsvorhabens

In Zeiten eines tiefgreifenden sozio-ökonomischen Wandels bestimmen arbeits-, sozial- und ordnungspolitische Themen in zunehmendem Maße die politischen Debatten der modernen Industriestaaten.[21] Dabei liegt der Fokus vieler Beiträge auf den Wirklichkeitsfeldern von Arbeit und Arbeitsmarkt, wo sich die wirtschaftlichen Veränderungen am deutlichsten abzeichnen. Einige Autoren problematisieren die *‚Krise der Arbeitsgesellschaft'*[22] beziehungsweise das *‚Ende der Vollbeschäftigungsgesellschaft'*[23]; andere hingegen reden einem *‚Kapitalismus ohne Arbeit'*[24] das Wort.[25] Schließlich prophezeit der US-amerikanische Soziologe und Bestsellerautor Jeremy Rifkin in quasidogmatischem Duktus in absehbarer Zeit eine „arbeitslose Zukunft"[26].

Den realen Hintergrund der umstrittenen These vom „Ende der Arbeit"[27] bildet nach Meinung vieler Diskutanten der voranschreitende

---

19 Habermas (1985): S. 161.

20 Diese Arbeit strebt eine geschlechtergerechte Sprache an. Bezeichnungen, die ausschließlich die männliche Form verwenden, beziehen sich demzufolge, soweit aus dem Inhalt nichts anderes hervorgeht, auf Männer und Frauen.

21 Vgl. Patry (2010): S. 1.

22 Matthes (1983); Franzmann (2010).

23 Vobruba (1998).

24 Beck (1996).

25 Der Begriff »Arbeitsgesellschaft« wurde 1980 von dem Soziologen und liberalen Vordenker Ralf Dahrendorf in die Debatte eingeführt und kennzeichnet ein Strukturmerkmal moderner Gesellschaften Vgl. Sackmann (1998): S. 485. Die These vom „Ende der Arbeitsgesellschaft" als Folge zunehmender Automatisierung und Produktivitätssteigerung findet insbesondere durch die populäre Schrift des US-amerikanischen Soziologen Jeremy Rifkins *‚The End of Work'* (1995), deutsch: *‚Das Ende der Arbeit und ihre Zukunft'* (siehe Rifkin (1996) große Beachtung.

26 Krüsselberg (2009): S. 318.

27 Rifkin (1996). Die These vom Ende der Arbeit/Arbeitsgesellschaft, wie sie auch in den Diskussionen um das Grundeinkommen immer wieder stark gemacht wird,

technische Fortschritt (Automatisation) und die damit einhergehende Einsparung lebendiger Arbeitskraft in den Produktions- und Wertschöpfungsprozessen vieler Wirtschaftsbereiche. Objektiv betrachtet gehe Marktwirtschaft und Gesellschaft allmählich die Arbeit aus, wodurch der Arbeitsmarkt immer weniger in der Lage sei, „alle Gesellschaftsmitglieder angemessen zu integrieren."[28] Daher werde es gemäß Patry für viele Menschen zunehmend schwieriger, mittels Erwerbsarbeit ein verlässliches und armutsfestes Einkommen zu generieren oder über diese gesellschaftliche Anerkennung und/oder Selbstverwirklichung zu erlangen.[29]

Parallel zur Infragestellung der Erwerbsarbeit als der zentralen Vergesellschaftungsform moderner Industriestaaten hat die Suche nach alternativen Vergesellschaftungsformen einen deutlichen Aufmerksamkeits- bzw. Reflexionsschub erfahren. Das Entstehen neuer Formen von Arbeit und Beschäftigung[30], der Rückgang traditioneller Normalarbeitsverhältnisse bei gleichzeitigem Anstieg atypischer Beschäftigung[31] sowie die „‚zunehmende Diskontinuität von Beschäftigungsverhältnissen und Arbeitsorten'"[32] werden in der Analyse als Indikatoren dieser für viele schwer abschätzbaren und daher verunsichernden Entwicklung betrachtet. Aufgrund veränderter (globaler) Arbeitsmärkte und gewandelter Werthaltungen wird von mancher Seite zudem ein subjektiver Bedeutungsverlust der Erwerbsarbeit diagnostiziert, gerade weil sie immer seltener Quelle erfüllender und Perspektive bietender Betätigung ist. Des Weiteren erkennen einige Beobachter in der „‚Ent-

---

ist in der Sozialwissenschaft umstritten und wird von mancher Seite angezweifelt. Siehe hierzu Krüsselberg (2009): S. 324 ff. Füllsack vertritt in diesem Zusammenhang den interessanten wie überzeugenden Standpunkt, dass Arbeit im Sinne von »Problemlösen« im Rahmen eines differenzierten Arbeitsprozesses immer mehr wird und daher nicht ausgeht, oder besser, ausgehen kann. Ein Leben ohne zu arbeiten ist in dieser Perspektive schlichtweg nicht vorstellbar. Vgl. Füllsack (2002): S. 94.

28 Patry (2010): S. 1.

29 Vgl. ebd.

30 Die vorliegende Studie teilt den Arbeitsbegriff des Fünften Familienberichtes des Bundesministeriums für Familie und Senioren aus dem Jahr 1994. Der Politologe Hans-Günter Krüsselberg fasst diesen wie folgt zusammen: „Arbeit umfasst […] alle Tätigkeiten zur Daseinsvorsorge, die im Lebenszusammenhang von Frauen und Männern geleistet werden. Arbeit als Tätigkeit zur Daseinsvorsorge, als bewusstes zweckgerichtetes Handeln erstreckt sich somit auf *alle* Lebensbereiche. In welcher Form sie erbracht wird, entscheiden jeweils Individuen in ihren Haushalten, Lebensgemeinschaften und Familien." (Krüsselberg (2009): S. 331, Hervorhebung im Original). Oder anders ausgedrückt: Von Arbeit kann immer dann gesprochen werden, wenn Menschen etwas für andere leisten.

31 Vgl. Sachverständigenrat (2012/13): S. 313 ff.

32 Krüsselberg (2009): S. 337.

grenzung zwischen Erwerbsarbeit und Leben'"[33] ein zentrales Strukturmerkmal der Arbeitswelt von morgen, was die Entstehung eines ausgewogenen Verhältnisses von Arbeit und Leben (Stichwort: Work-Life-Balance) erschwert.

Die Veränderungen der sozio-ökonomischen Rahmenbedingungen, der Wandel der Arbeitsmärkte und der Beschäftigungsstruktur sind aufgrund der Beitragsfinanzierung der gesetzlichen Sozialversicherungen in der Bundesrepublik mit enormen Belastungen für die sozialen Sicherungssysteme verbunden. Armut, soziale Ausgrenzung und Perspektivlosigkeit sind die fatalen Folgen einer dauerhaft hohen Sockelarbeitslosigkeit, welche nach Ansicht des Ökonomen Christian Wey die „größte ‚Niederlage' der Sozialen Marktwirtschaft"[34] darstellt.[35]

Die Rede ist von dem harten Kern der Langzeitarbeitslosigkeit, die sich auch durch viele arbeits- und sozialpolitische Interventionen nicht abbauen lässt. Zudem dokumentiert die seit Jahrzehnten andauernde und in der politischen Arena vielfach diskutierte (Massen-)Arbeitslosigkeit in Deutschland nach Ansicht mancher Forscher das Versagen der konventionellen staatlichen Instrumente im Bereich wirtschafts- und sozialpolitischer Steuerung wie auch die „mangelnde Leistungsfähigkeit der aktuellen Ausgestaltung der Sozialen Marktwirtschaft."[36] Überdies werden unter dem Eindruck eines in der Bevölkerung empfundenen ‚Hiatus' zwischen Wirtschaftlichem und Sozialem in der Öffentlichkeit grundsätzliche Systemzweifel laut, welche einerseits die Attraktivität der Sozialen Marktwirtschaft sowie andererseits die bundesrepublikanische Identität selbst unterminieren. Demzufolge kommen einige Beobachter zu der Einschätzung, dass sich die Soziale Marktwirtschaft derzeit in ihrer wohl schwersten (Vertrauens-)Krise befindet.[37] Sogar vom „Niedergang des bundesdeutschen Erfolgsmodells"[38] ist die Rede. Angesichts der von mancher Seite diagnostizierten „schleichende[n] Erosion"[39] scheint vielen unklar, wie zukunftsfähig die Soziale Marktwirtschaft gegenwärtig ist und welche Form der Ausgestaltung ihr Fortbestehen sichert. Die vieldiskutierte „‚Krise des Sozialstaates'"[40] wird, so geht aus der Literatur hervor, zunehmend auch als „Ordnungskrise"[41] gedeutet.

---

33 Krüsselberg (2009): S. 337.

34 Wey (2004): S. 109.

35 Vgl. ebd.

36 Ebd.

37 Vgl. Zinn (2009a): S. 283; Bertelsmann Stiftung (2011): S. 1.

38 Zinn (2009a): S. 257.

39 Hasse (1996): S. 89.

40 Quaas (2000): S. 16.

41 Hasse (1996): S. 91.

Vor dem Hintergrund dieser »doppelten Systemkrise«[42] in der Bundesrepublik wird der Ruf nach einer Neudefinition sozialstaatlicher Aufgaben sowie einer Neuorientierung in Wirtschaft und Gesellschaft laut. Im Zusammenhang damit werden ganz unterschiedliche sozialpolitische Reformansätze diskutiert und bei erwiesener Konsensfähigkeit umgesetzt.[43] Im Rahmen der Suche nach geeigneten Antworten auf die Krise von Sozialstaat und Sozialer Marktwirtschaft erfährt die alte, tendenziell polarisierende Idee eines bedingungslosen Grundeinkommens[44] aktuell (erneut) große Aufmerksamkeit. Dies belegt unter anderem die in den letzten Jahren recht deutlich gestiegene Zahl der (sozial-)wissenschaftlichen Äußerungen zur Grundeinkommensthematik. Gegenwärtig wird die Grundeinkommensidee in Wissenschaft, Politik, Kirche und Zivilgesellschaft rege und kontrovers diskutiert. Dabei stehen überwiegend Fragen der sozialstaatlichen Neuorganisation im Vordergrund, so dass insbesondere ordnungs- bzw. systemtheoretische Aspekte oftmals unberücksichtigt bleiben.

Doch muss neben einer Fokussierung des Sozialstaates und Bezügen zu seinen Sicherungssystemen vor allem gefragt werden, wie sich die Idee des bedingungslosen Grundeinkommens zum Konzept der Sozialen Marktwirtschaft verhält und ob sich also das Grundeinkommen in den bestehenden sozialmarktwirtschaftlichen Ordnungsrahmen grundsätzlich integrieren lässt. Hieran anknüpfend stellt sich die ebenso diskussionswürdige Frage, ob und inwieweit das unbedingte Grundeinkommen eine anknüpfungs- bzw. zukunftsfähige Entwicklungsperspektive für die Soziale Marktwirtschaft darstellt und inwiefern die Implementierung desselben diese verändern würde. Andersherum gefragt: Verfügt die weitreichende Reformidee des bedingungslosen Grundeinkommens über das Potenzial, die bestehende Wirtschafts- und Gesellschaftsordnung zu verändern, und wenn ja, welche Art der Veränderung bzw. Transformation ermöglicht es?

Was die Frage der konzeptionellen bzw. ordnungstheoretischen Kompatibilität von bedingungslosem Grundeinkommen und Sozialer Marktwirtschaft anbelangt, so wird die aktuelle Debatte im Wesentlichen von drei Lagern bestimmt, welche jeweils gute Argumente *für*

---

42 Der Wirtschaftsethiker Eric Patry spricht vor dem Hintergrund einer in der Literatur diagnostizierten „Krise der Arbeitsgesellschaft" sowie einer „Krise des Sozialstaates" von einer „»doppelten Krise«" (Patry (2010): S. 1).

43 Vgl. ebd., S. 1.

44 Die Begriffe »bedingungsloses Grundeinkommen«, »unbedingtes Grundeinkommen«, »garantiertes Grundeinkommen«, »allgemeines Grundeinkommen« und »Grundeinkommen« werden im Folgenden synonym verwendet. Das Grundeinkommen wird im englischsprachigen Diskus als »basic income« bezeichnet.

bzw. *wider* die Vereinbarkeit beider Konzeptionen anführen. Einige, vornehmlich wirtschaftsliberale Anhänger der Grundeinkommensidee sehen im Vorschlag eines allgemeinen, staatlich garantierten Mindesteinkommens im Gestaltungsmodus einer negativen Einkommensteuer eine Chance, die Prinzipien der Sozialen Marktwirtschaft unter den Bedingungen moderner Gesellschaft im 21. Jahrhundert zu verwirklichen.[45] So könnte die bedingungslose Sicherung des Existenzminimums aller Gesellschaftsmitglieder auf der Basis eines bürgergeldartigen Grundeinkommens nach Ansicht seiner Befürworter beispielsweise die Wahl-, Entscheidungs- und Handlungsfreiheit der Individuen erhöhen und somit ein selbstbestimmt(er)es wie auch chancengerecht(er)es Leben und Arbeiten ermöglichen.[46] Kritiker der Reformidee hingegen bezweifeln die Vereinbarkeit von bedingungslosem Grundeinkommen und Sozialer Marktwirtschaft schon auf der Basis ihrer Grundkonzeptionen bzw. Leitprinzipien[47] und attestieren dem Grundeinkommen eine Reihe an Defiziten, insbesondere im Bereich klassischer Sozialprinzipien.[48] Darüber hinaus sehen sie das historisch gewachsene ausdifferen-

---

45 Vgl. beispielsweise: Straubhaar (2007): 8 f.; Mack (2008): S. 23; Althaus/Binkert (2010): S. 6-13.

46 Vgl. Straubhaar (2008b): S. 7 ff.

47 Im Sinne dieses Zweifels äußerte sich beispielsweise das Institut der Deutschen Wirtschaft Köln (IW) in den Jahren 2007 und 2011 ablehnend zum bedingungslosen Grundeinkommen. So gliche ein Systemwechsel der sozialen Sicherung hin zum bedingungslosen Grundeinkommen nach Ansicht des IW-Köln einer „Operation am offenen Herzen" (Institut der Deutschen Wirtschaft Köln (2007)). Mehr noch, sei die Idee des bedingungslosen Grundeinkommens eine „soziale Mogelpackung" (Institut der Deutschen Wirtschaft (2011)) die aufgrund des Wegfalls der Bedürftigkeitsprüfung nichts mit der Sozialen Marktwirtschaft zu tun habe (Vgl. ebd).

48 Jene von der Katholischen Soziallehre und Christlichen Sozialethik tradierten Grundsätze gelten als Organisationsprinzipen und ethisches Fundament der Sozialen Marktwirtschaft. Trotz einiger Differenzen in der Normbegründung besitzen Katholische Soziallehre und Christliche Sozialethik viele Gemeinsamkeiten in der Beurteilung gesellschaftlicher Ordnungsfragen. Zu den (christlichen) Wertgrundlagen Sozialer Marktwirtschaft: Vgl. Gutmann (1996): S. 10-18; Schumann (2007). Die angesprochenen Defizite werden von manchen Diskursteilnehmern vor allem im Bereich des *Subsidiaritätsprinzips* gesehen, das die Eigenverantwortung und Initiative kleiner Einheiten bzw. untergeordneter Ebenen zur Bewältigung ihrer je eigenen Aufgaben betont und die Kompetenzen übergeordneter bzw. staatlicher Institutionen begrenzt. Andererseits steht gemäß dem Subsidiaritätsprinzip das größere Sozialgebilde in der Pflicht, Hilfestellung zu gewähren, sollte die untergeordnete Einheit ihre Angelegenheiten nicht aus eigener Kraft bewältigen können und somit Beistand benötigen (Vgl. Bohrmann (2004): S. 298). Darüber hinaus sehen einige grundeinkommenskritische Forscher durch die Grundeinkommensidee ebenso das *Solidaritätsprinzip* bedroht. Zu den diagnostizierten

zierte System des derzeitigen Sozialstaates sowie die institutionelle Integrität der Sozialen Marktwirtschaft durch den – in vielen Kommentaren als *radikal* bezeichneten – Reformvorschlag des unbedingten Grundeinkommens in Frage gestellt.[49] Eine dritte, sozusagen abwägende Grundposition im Diskurs wird von einer Gruppe von Forschern formuliert, die zwar deutliche Schwächen „in der grund- und bedingungslosen Gewährung eines Einkommens"[50] für jedermann erkennen, aber dennoch die Idee des Grundeinkommens nicht pauschal verwerfen und die Auszahlung desselben an (vorzugsweise freiwillige) Gegenleistungen knüpfen wollen.[51] Nach Ansicht jener Forscher besteht die eigentliche Stärke der Grundeinkommensidee vor allem darin, dass im Rahmen der Diskussion einzelner Modelle die Schwächen der derzeitigen Ausgestaltung der Sozialen Marktwirtschaft offenbar und damit korrigierbar werden.[52] Vom Standpunkt dieser Argumentation aus lässt sich die emotional zugespitzte Frage: „Bedingungsloses Grundeinkommen – Traum oder Albtraum für die Soziale Marktwirtschaft?"[53] jedoch nicht ausreichend eindeutig oder für alle Modelle trennscharf beantworten. Vielmehr geht es ihr darum, die in den Augen mancher visionäre Idee des unbedingten Grundeinkommens für die laufenden Reformdiskussionen sowie für die Fragen der Zukunftsgestaltung sozio-ökonomischer Ordnung fruchtbar zu machen.[54] Zum einen könnte der Rekurs auf die Grundeinkommensidee dabei helfen zu erkennen, welche Gegenwartsprobleme im Bereich von Arbeitsmarkt und Sozialstaat bestehen und welche Korrekturen der Wirtschafts- und Gesellschaftsordnung mit Blick auf die sozio-ökonomischen Veränderungen notwendig sind. Zum anderen ließe sich mit dem Grundeinkommen als Leitorientierung „eine uferlose Diskussion vermeiden."[55]

Zweifelsohne, die Idee des bedingungslosen Grundeinkommens scheidet die Geister – nicht selten in begeisterte Anhänger oder überzeugte Gegner. Dies wohl auch deshalb, weil die Implementierung eines garantiert gewährten bedarfsunabhängigen Mindesteinkommens für alle eine wurzelhafte Neuorganisation des deutschen Sozialstaatsmodells

---

Defiziten des Grundeinkommens im Bereich von Subsidiarität und Solidarität Vgl. u. a. Wiemeyer (1988): S. 47, 51; Roth (2008): S. 11 f.

49 Vgl. Marx (2010): S. 14-31.

50 Enste (2008): S. 20.

51 Vgl. ebd.

52 Vgl. ebd.

53 Titel der Publikation Enste (2008).

54 Vgl. ebd., S. 21.

55 Ebd.

bedeuten und die wirtschaftlichen, sozialen und kulturellen Rahmenstrukturen der bestehenden Wirtschafts- und Sozialordnung grundlegend verändern würde. Eine ideologisch voreingenommene Herangehensweise an die Grundeinkommensthematik, die die Zukunftsvision des Grundeinkommens etwa als Mittel versteht „ein Stück Sozialismus in die Marktwirtschaft hinüberzuretten"[56] führt weg von der Frage, ob das bedingungslose Grundeinkommen als sozialpolitische Leitorientierung für den Aufbau der Gesellschaft von morgen taugt, und ist daher wenig hilfreich.[57]

Aus Sicht des Autors dieser Arbeit werden in der aktuellen Debatte eine Vielzahl kluger und nicht minder plausibler ökonomischer, sozialer und philosophisch-ethischer Argumente für ein bedingungslos garantiertes Grundeinkommen für jedermann ins Feld geführt. Gleichzeitig existieren berechtigte Einwände bezüglich einer lebenslangen Alimentierung breiter Bevölkerungsschichten durch den Sozialstaat (d. h. die Gemeinschaft der Steuerzahler), die es näher zu untersuchen gilt. Denn nur in Folge einer sorgfältigen Prüfung und verständigen Abwägung aller Argumente kann mit guten Gründen und überlegt festgestellt werden, ob der gesellschaftspolitische Reformvorschlag des bedingungslosen Grundeinkommens eine problemadäquate und zugleich zukunftsorientierte „Antwort auf die Krise der Arbeitsgesellschaft"[58] darstellt oder eher nicht. Bei näherer Betrachtung der Diskurslandschaft und der Zusammenschau ihrer Kontexte fällt indes auf, dass die Grundeinkommensidee entweder unter dem Gesichtspunkt der Systemimmanenz, d. h. rein pragmatisch bzw. instrumentell verkürzt als Mittel der Rationalisierung und Effizienzsteigerung des Sozialstaates diskutiert oder aber in einer systemtranszendierenden Perspektive (vornehmlich vom linkspolitischen Lager) als Instrument der emanzipatorischen Überwindung von Kapitalismus und Laborismus angepriesen wird. Beide Perspektiven auf die Grundeinkommensidee für sich genommen folgen einer inneren Logik und stehen als mögliche Deutungsmuster gleichberechtigt nebeneinander. Allerdings sind die besag-

---

56 Enste (2008): S. 4.

57 Der Sozialismusvorwurf, welcher der Grundeinkommensidee immer wieder entgegengebracht wird, verfehlt aufgrund des strengen Individualprinzips des Grundeinkommens. Das heißt, im Gegensatz zum Sozialismus in welchem die Interessen und die Freiheit des Einzelnen dem Wohl des Kollektivs konsequent untergeordnet werden, stärkt das Grundeinkommen das Individuum und dessen Freiheit bedingungslos. Während im Sozialismus den Interessen des Kollektivs bzw. der Allgemeinheit höchste Priorität eingeräumt wird, stärkt das bedingungslose Grundeinkommen die Individualrechte des Einzelnen. Grundeinkommen und Sozialismus verfolgen demnach grundsätzlich verschiedene Ansätze.

58 Entnommen dem Titel der Publikation Franzmann (2010).

ten Betrachtungsebenen aus Sicht des Verfassers wenig geeignet, die implizite wirtschafts-, gesellschafts- und ordnungspolitische Dimension des Grundeinkommens hinreichend zu erfassen, lassen sie doch die Realität der ordnungstheoretisch wie auch wirtschaftspraktisch relevanten Rahmensetzung der Sozialen Marktwirtschaft weitestgehend außer Acht. Mit dem (mehr oder weniger bewussten) Ausblenden des sozialmarktwirtschaftlichen Paradigmas in der aktuellen deutschen Debatte bleibt zugleich ein wesentliches Systemprinzip der bundesrepublikanischen Grundordnung wie auch dessen spezifische Bezüge zu Wirtschaft und Gesellschaft weithin unberücksichtigt. Jene Nichtbezugnahme auf die konkrete (formelle und materiale) sozio-ökonomische Rahmenordnung Deutschlands konterkariert schließlich eine hinreichende Evaluation der Grundeinkommensidee und wird letztlich auch dem Selbstverständnis des bundesrepublikanischen Gesellschaftsmodells keineswegs gerecht. Das hiermit angesprochene ordnungstheoretische Defizit in der aktuellen Grundeinkommensdiskussion, also der mangelnde Rückbezug auf das Konzept der bundesrepublikanischen Wirtschafts- und Gesellschaftsordnung, sucht die vorliegende Studie zu korrigieren, indem sie die Konzepte von bedingungslosem Grundeinkommen und Sozialer Marktwirtschaft in ein systematisch-systemisches Verhältnis zueinander setzt und diese parallel dazu hinsichtlich möglicherweise existierender konzeptioneller Anknüpfungspunkte untersucht. Durch die explizite Bezugnahme auf den konkreten Ordnungsrahmen der Sozialen Marktwirtschaft wird die im bisherigen Diskursverlauf deutlich zu kurz gekommene ordnungstheoretische Perspektive besonders hervorgehoben. Dieses Vorgehen dient dabei nicht nur dem Ziel, die Möglichkeit einer institutionellen Anschlussfähigkeit der Grundeinkommensidee zu erhellen, sondern bereichert darüber hinaus die Grundeinkommensdiskussion auch um einen wichtigen ordnungs- bzw. gesellschaftspolitischen Aspekt.

Die vorliegende Studie ist ein wissenschaftlicher Beitrag zu der facettenreichen oft unübersichtlichen und zuweilen emotional geführten Diskussion um die Idee eines bedingungslosen Grundeinkommens in Deutschland. In der öffentlichen Wahrnehmung gilt das Grundeinkommen vielen zwar als sympathisches, aber letztlich utopisches sozialpolitisches Reformkonzept[59], das sowohl mit den herrschenden Gerechtigkeitsvorstellungen als auch dem realen sozio-ökonomischen Ordnungsrahmen der Sozialen Marktwirtschaft nicht vereinbar ist. Auf der Basis eines interdisziplinären, d. h. vorrangig soziologischen, abschnittsweise aber auch sozialethisch und wirtschaftswissenschaftlich akzentuierten Zugangs soll jedoch dargelegt werden, dass die Idee ei-

59 Vgl. Patry (2010): S. 1.

nes allgemeinen und unbedingten Grundeinkommens sehr wohl mit dem (originären) Konzept der Sozialen Marktwirtschaft und seinen impliziten Ordnungsprinzipien vereinbar ist und darüber hinaus auch eine für Wirtschaft und Gesellschaft vorteilhafte sowie tragfähige Zukunftsperspektive bietet. In gewisser Weise geht es also auch darum, die Utopie zu erden und sie in einen realisierbaren »schönen Ort« (eutopos) zu transformieren.[60] Mit dieser Zielbeschreibung ist zugleich die forschungsleitende These der vorliegenden Arbeit fixiert.

In der aktuellen gesellschaftspolitischen Diskussion um das bedingungslose Grundeinkommen werden unterschiedliche Ansätze und Theorien diskutiert. Es herrscht eine Pluralität der Interessen, Meinungen und Zielsetzungen, wobei sich die verschiedenen Positionen oft entgegengesetzt und nicht selten unvereinbar gegenüber stehen.[61] Aufgrund der Vielzahl der Positionen, Ansätze und Begründungen und auch, weil für jedes gute Argument ein ebenso gutes Gegenargument angeführt werden kann, lässt sich nur schwer feststellen, welcher Ansatz der wissenschaftlichen Wahrheit am Nächsten kommt, d. h. welche Theorie einleuchtender, richtiger oder vernünftiger ist.[62] Die Crux besteht im Wesentlichen darin zu erkennen, welche Theorie dem Proprium des Grundeinkommens am meisten entspricht bzw. dessen Kerngedanken am besten zum Ausdruck bringt. Ähnlich verhält es sich mit der Sozialen Marktwirtschaft. Auch hier existiert eine Vielzahl unterschiedlicher Theorieansätze sowie nebeneinander stehender oft konkurrierender Konzeptvariationen. Aus dem Spektrum zirkulierender sozialmarktwirtschaftlicher Theorieansätze muss aus Gründen der Übersichtlichkeit bzw. notwendigen Vereinfachung wie auch der Ermöglichung einer stringenten Argumentation eine Auswahl getroffen werden. Die vorliegende Arbeit fokussiert das originäre Konzept der Sozialen Marktwirtschaft nach Alfred Müller-Armack[63], weil dieses die bleibende Essenz, den formellen wie materialen Grundgedanken der sozialmarktwirtschaftlichen Ordnungsidee wie keine zweite angemessen zum Ausdruck bzw. auf den Punkt bringt. Zudem ist die Soziale Marktwirtschaft im Verständnis von Müller-Armack aufgrund des spezifischen konzeptimmanenten Paradigmas des Menschengerechten, „nach dem das Wirtschaftliche ein Moment des Gesellschaftlichen darstellt, und dem zufolge Wirtschaftspolitik Teil einer integrierenden

60 Dieser Gedanke geht auf eine Anregung (meines Doktorvaters) des Erfurter Politikwissenschaftlers Alexander Thumfart zurück.

61 Vgl. Kemmer (2008): S. 14.

62 Zu einer ähnlichen Einschätzung gelangte 2008 auch Kemmer Vgl. ebd.

63 Gemeint ist das Konzept der Sozialen Marktwirtschaft gemäß seinem geistigen Urheber und kritischem Begleiter Alfred Müller-Armack. Siehe hierzu Kapitel II.4.

Gesellschaftspolitik zu sein hat, die neben den wirtschaftlich relevanten Zielgrößen auch am Gemeinwohl orientierte Wertvorstellungen zu berücksichtigen verpflichtet ist“[64], geradezu prädestiniert, dem hier projektierten Forschungsvorhaben als Bezugsrahmen zu dienen.

A.b. Zielstellung und Aufbau der Untersuchung

In den aktuellen Reformdebatten der Bundesrepublik stehen die Ideen von bedingungslosem Grundeinkommen und Sozialer Marktwirtschaft auffallend bezugslos nebeneinander und es scheint auf den ersten Blick, als gäbe es keinerlei Anknüpfungspunkte oder Schnittmengen. Die vorliegende Studie will dem übergeordneten Anspruch gerecht werden, beide (Gesellschafts-)Konzepte auf einer theoretischen Ebene miteinander in Beziehung zu setzen, um so weit dies möglich ist, einen ‚Dialog‘ zwischen diesen zu eröffnen. Hergestellt werden soll ein Zusammenhang zwischen der Idee des bedingungslosen Grundeinkommens und dem sozialmarktwirtschaftlichen Ordnungskonzept (nach Müller-Armack) mit Bezügen zu seinen impliziten Leitprinzipien und normativen Prämissen, auf dessen Grundlage eine neue Perspektive hinsichtlich der Anschlussfähigkeit des Grundeinkommensvorschlages an die bundesrepublikanische Wirtschafts- und Gesellschaftsordnung begründet werden kann. Das erste Ziel der Untersuchung besteht darin zu klären, ob die Konzepte von bedingungslosem Grundeinkommen und Sozialer Marktwirtschaft grundsätzlich, d. h. von ihren immanenten Prinzipien und Leitideen her miteinander vereinbar sind. Es geht also primär darum, die Anschlussfähigkeit der Grundeinkommensidee an das (originäre) Grundkonzept Sozialer Marktwirtschaft zu analysieren und zu begründen. Daran anknüpfend soll zweitens herausgearbeitet werden ob, und wenn ja inwiefern, die Grundeinkommensidee eine vorteilhafte, d. h. eine die grundlegenden Ordnungsprinzipien und Werte angemessen berücksichtigende zukunftsfähige Gestaltungsperspektive für die Soziale Marktwirtschaft darstellt. Diesem Erkenntnisinteresse entsprechend gilt es, speziell das transformatorisch-gesellschaftsverändernde Potenzial des bedingungslosen Grundeinkommens zu erhellen. Hier schwingt auf einer Hintergrundebene die Frage mit, inwieweit das bedingungslose Grundeinkommen zur Verwirklichung der Sozialen Marktwirtschaft bzw. zur Konkretisierung ihrer Leitprinzipien unter den neuen Bedingungen des 21. Jahrhunderts beitragen kann.

---

64 Quaas (2000): S. 26.

Das hier fixierte Forschungsvorhaben einer ordnungstheoretisch-gesellschaftspolitischen Hermeneutik und Interpretation des bedingungslosen Grundeinkommens lässt sich dem Gegenstand angemessen bestmöglich auf der Basis eines interdisziplinär ausgerichteten Methodenweges verwirklichen. Für eine solche Herangehensweise spricht nicht zuletzt auch die in der Wissenschaft zu beobachtende (und im Sinne einer möglichst umfassenden multi-perspektivischen Wirklichkeitserfassung begrüßenswerte) Entwicklung, dass die Grenzen zwischen den Disziplinen immer durchlässiger werden. Obwohl der grundlegende Zugang zur Thematik sozialwissenschaftlich wie auch sozial- und wirtschaftsethisch angelegt ist, wird abschnittsweise – d. h. soweit inhaltlich geboten – auch wirtschafts-, politik- und geschichtswissenschaftliche Literatur einbezogen. Die in dieser Untersuchung zu erarbeitende neue, in der bundesrepublikanischen Debatte bislang kaum vertretene ordnungstheoretische Perspektive auf die Grundeinkommensidee in Deutschland, ist stellenweise deskriptiver, interpretativ-hermeneutischer wie auch prospektiver Natur und beleuchtet sowohl soziale, wirtschaftliche als auch ethisch-philosophische Aspekte der zur Diskussion stehenden Reformidee. Dabei liegt der Fokus darauf, den möglicherweise immanenten spezifisch sozialmarktwirtschaftlichen (Teil-)Gehalt der Grundeinkommensidee herauszuarbeiten und daran anknüpfend die Möglichkeit einer institutionellen Anschlussfähigkeit zu eruieren und zu begründen. Die ordnungstheoretische Perspektive markiert dabei nur eine von vielen möglichen Zugängen und kann daher nicht den Anspruch erheben, die Grundeinkommensthematik vollständig oder etwa abschließend zu erfassen. Gleichwohl bietet sie eine gute Möglichkeit, insbesondere das gesellschaftspolitische Portfolio der Grundeinkommensidee aus einer spezifischen Perspektive fassbar zu machen.

Die Analyse der Kompatibilität von bedingungslosem Grundeinkommen und Sozialer Marktwirtschaft stellt das Herzstück der vorliegenden Untersuchung dar und sie verspricht einen doppelten Ertrag: Durch das Identifizieren bzw. Herausarbeiten von Kongruenzen und Gemeinsamkeiten soll die grundsätzliche Anschlussfähigkeit beider Konzeptionen aufgezeigt bzw. stichhaltig nachgewiesen werden. Die in einigen Punkten verbleibenden Divergenzen bzw. Unstimmigkeiten bieten wiederum die Chance, sich von der Alterität des Gegenübers bereichern zu lassen. Zu guter Letzt sollen daraus einige Optionen für eine mögliche Reform bzw. Weiterentwicklung der Sozialen Markwirtschaft und ihrer Sicherungssysteme abgeleitet werden. Unter diesem Aspekt wird die Grundeinkommensidee hier als ein mögliches konkretes Ausgestaltungselement des sozialmarktwirtschaftlichen Ordnungsmodells der Zukunft verstanden.

Anzumerken ist in diesem Zusammenhang: Das bedingungslose Grundeinkommen ist eine Querschnittsthematik par excellence, da es als weitreichender Reform- bzw. Lösungsansatz verschiedenste (Wissens-)Zusammenhänge berührt. So verbindet es beispielsweise ökonomische Zugänge mit sozialen, soziologischen, politikwissenschaftlichen, ethischen und kulturellen Herangehensweisen. Ein gegenstandsadäquater, mit den verschiedenen Fachdisziplinen in engem Kontakt stehender sozialwissenschaftlicher Mehrmethodenansatz, welcher die Grundeinkommensidee von verschiedenen Seiten beleuchtet, scheint daher zum Erreichen der erklärten Zielstellung sowie zur Erlangung konkreter Erklärungsversuche sinnvoll und kommt deshalb in der vorliegenden Arbeit verschiedentlich zur Anwendung.

An dieser Stelle sei noch ein Ausblick auf die Struktur der Abhandlung und die einzelnen Schritte der Darstellung gegeben:

Im ersten Hauptteil der Arbeit (Kapitel I-II) sollen in der Hinführung zur Kompatibilitätsanalyse in Kapitel III die Konzepte von bedingungslosem Grundeinkommen (Kapitel I) und Sozialer Marktwirtschaft (Kapitel II) eingehend beschrieben werden. In diesem Sinne wird in Kapitel I nach grundsätzlichen Vorbemerkungen, welche in die zentralen Begriffe der Debatte einführen, die Idee des bedingungslosen Grundeinkommens hinsichtlich ihrer Entstehungs- und Rezeptionsgeschichte sowie ihrer Typologie, Systematik und Ideenwelt beleuchtet. Im Rahmen der vorwiegend deskriptiven Darstellung werden zentrale Positionen, Protagonisten und Argumentationen rund um die Grundeinkommensidee vorgestellt. Aufgrund der Fülle der Veröffentlichungen zum Thema und der Vielzahl der in der Debatte vorzufindenden Argumentationen und Konzepte eines bedingungslosen Grundeinkommens muss sich die Darstellung allerdings auf paradigmatische Ansätze und wesentliche Aspekte der Debatte beschränken. Jenen, die Grundeinkommensidee illustrierenden Ausführungen folgend, wird in Kapitel II die Ordnungsidee der Sozialen Marktwirtschaft entlang ihrer historisch-geistesgeschichtlichen sowie normativen Grundlagen rekonstruiert und deren grundlegende Leitidee herausgearbeitet. Der Fokus der Darstellung liegt dabei auf dem originären Konzept der Sozialen Marktwirtschaft nach Alfred Müller-Armack, das als Archetyp sozialmarktwirtschaftlicher Ordnungsidee den (ordnungs-)theoretischen Bezugsrahmen für die Untersuchung darstellt. Hierbei bildet die müller-armacksche Konzeption die Kontrastfolie, vor deren Hintergrund die Hermeneutik der Grundeinkommensidee geschehen und dieselbe mit den konstitutiven Prinzipien moderner Wirtschafts- und Gesellschaftsordnung in Bezug gesetzt werden soll. Mit Hilfe dieses Rückbezuges auf das sozialmarktwirtschaftliche Ordnungsmodell sollen sowohl die gesellschaftspolitische Substanz der allgemeinen Grundeinkommensidee als auch ihre ordnungsrelevanten wirtschaftlichen, sozialen und ethisch-kulturellen Implikationen transparent gemacht werden.

Im Rahmen der detaillierten Darstellung der müller-armackschen Grundkonzeption Sozialer Marktwirtschaft mit Bezügen zu ihren zentralen Ordnungselementen, spezifischen Wertgrundlagen, philosophisch-anthropologischen Determinanten und konzeptimmanenten Leitprinzipien wird diese als theoretischer Referenzrahmen definiert, auf den im weiteren Gang der Untersuchung immer wieder Bezug genommen wird. Das Zentrum dieses Referenzrahmens bildet das Grundkonzept Sozialer Marktwirtschaft mitsamt den das Konzept konstituierenden Leit- und Strukturprinzipien. Ein Abgleich des Grundeinkommens mit den konzeptimmanenten Prinzipien gibt Aufschluss über die institutionelle Anschlussfähigkeit der Grundeinkommensidee und hilft bei der Analyse konzeptioneller Anknüpfungspunkte. Nach einem Einblick in den Theorie- und Gedankenkosmos Sozialer Marktwirtschaft werden in Kapitel II aktuelle sozio-ökonomische Entwicklungen und Probleme geschildert und die daran angelehnte Reformdebatte knapp skizziert. Der Gegenwartsbezug, welcher die Diskurse von Krise und Erneuerung berührt, beschließt das zweite Kapitel zum Thema der Sozialen Marktwirtschaft.

Dem Theorie-Teil folgt direkt der Analyse-Teil, in welchem die konzeptionelle Anschlussfähigkeit des bedingungslosen Grundeinkommens untersucht wird. Entsprechend widmet sich das wichtige dritte Kapitel der Analyse der Vereinbarkeit der Konzepte von bedingungslosem Grundeinkommen und Sozialer Marktwirtschaft. Die Kompatibilitätsanalyse geschieht anhand eines konkreten hierfür ausgewählten realtypischen Grundeinkommensmodells (Garantiertes Grundeinkommen[65], Kapitel III.1.2.). Im Rahmen dieses zentralen Untersuchungsschrittes, mit dem der zweite Hauptteil der Arbeit (Kapitel III-V) beginnt, wird das Garantierte Grundeinkommen sowohl mit dem sozialethischen Prinzipienkanon (Sozialprinzipien) als den normativen ‚Leitplanken' gesellschaftlicher Wohlordnung, als auch mit den die sozialmarktwirtschaftliche Ordnung tragenden Leit- bzw. Strukturprinzipien in Bezug gesetzt und hinsichtlich eventueller Übereinstimmungen bzw. Schnittmengen analysiert. Besondere Aufmerksamkeit erfahren in diesem Zusammenhang jene, die sozialmarktwirtschaftliche Ordnung konstituierenden Prinzipien der »Freiheit auf dem Markte« (Kapitel III.3.1.) und des »sozialen Ausgleiches« (Kapitel III.3.2.). Im Abgleich mit den zent-

65 Zur Unterscheidung: Der Begriff »Garantiertes Grundeinkommen« bezieht sich im Folgenden stets auf das konkrete Grundeinkommensmodell der KAB. Adjektivisch bzw. klein geschrieben bezeichnet das »garantierte Grundeinkommen« synonym die allgemeine Idee des bedingungslosen Grundeinkommens.

ralen konzeptimmanenten Leitprinzipien wird dann im Sinne der hier formulierten Zielstellung ersichtlich, ob und wenn ja welche Elemente des Garantierten Grundeinkommens mit dem Grundkonzept der Sozialen Marktwirtschaft vereinbar sind. Hieran anschließend werden die Vor- und Nachteile des Garantierten Grundeinkommens im Vergleich zum Status quo und damit die zentralen Argumente für und wider das Modell punktgenau herausgearbeitet (Kapitel III.3.3.), verbunden mit dem Ziel, eine insgesamt breite Debatte strukturiert zusammenzufassen. Eine abschließende Einordnung (Kapitel III.3.4.) reflektiert die Ergebnisse der Kompatibilitätsanalyse und würdigt das Garantierte Grundeinkommen als ordnungskompatible sozialpolitische Reformidee. Zum Ende des dritten Kapitels wird das Grundeinkommensmodell mit dem Gedanken »sozialer Irenik«, welcher ein Spezifikum des müller-armackschen Ordnungsentwurfes darstellt, in Beziehung gesetzt, um mögliche Übereinstimmungen hinsichtlich dieses ordnungsrelevanten Aspektes zu eruieren. Hierauf aufbauend wird im nachfolgenden Kapitel IV der Frage nachgegangen, ob und inwiefern das allgemeine bedingungslose Grundeinkommen zur Erneuerung von Wirtschaft und Gesellschaft beitragen kann. Ausgehend vom müller-armackschen Postulat einer »zweiten Phase« der sozialen Marktwirtschaft, das die Notwendigkeit einer gesellschaftspolitischen Reform der Wirtschaftsordnung betont, erfolgt die Analyse des Transformationspotenzials des unbedingten Grundeinkommens. Forschungsleitende Frage dabei ist, ob eine mögliche ordnungspolitische Einbindung des Grundeinkommens tatsächlich eine Erneuerung der Sozialen Marktwirtschaft bewirken kann. In diesem Sinne werden die im Grundeinkommensdiskurs zu verortenden Leitbilder von Tätigkeitsgesellschaft (Kapitel IV.2.2.3.) und Multiaktivität (Kapitel IV.2.2.5.) als mögliche Transformationsperspektiven fokussiert und diskutiert. Im Rahmen dieses spezifischen Analysefokus wird ebenso geprüft, welche Auswirkungen die Implementierung des Grundeinkommens speziell im Hinblick auf die künftig zunehmende Wissensbasierung von Arbeit, Wirtschaft und Gesellschaft haben könnte. Nach der Darstellung und kritischen Würdigung des Innovations- und Transformationspotenzials des bedingungslosen Grundeinkommens wird dann in einem weiteren Abschnitt des vierten Kapitels (Kapitel IV.3.) das Grundeinkommen in den Horizont des Nachhaltigkeitsparadigmas gestellt und entlang der Dimensionen sozialer, ökonomischer und ökologischer Nachhaltigkeit analysiert. Anhand der einzelnen Befunde wird dann am Ende des Kapitels das bedingungslose Grundeinkommen mit dem Leitbild nachhaltiger Entwicklung konfrontiert, um schließlich das Lösungspotenzial des Grundeinkommens hinsichtlich dieses in seiner Bedeutung ungebrochen wachsenden Postulates aufzuzeigen. Dieser Untersuchungsschritt ist wichtig, weil Nachhaltigkeit mehr und mehr eine wesentliche

Grundanforderung moderner Ordnungs-, Sozial- und Gesellschaftspolitik darstellt.

Das abschließende Kapitel V fasst den Argumentationsweg und die zentralen Ergebnisse der Arbeit mit Bezügen zu deren Praxisrelevanz summarisch zusammen. Eine Schlussbetrachtung würdigt das Grundeinkommen als Ermöglichungsstruktur gesellschaftlicher Erneuerung und benennt zudem konkrete Schritte zur Fortentwicklung des bestehenden Grundsicherungssystems in Richtung einer grundeinkommensähnlichen Existenzsicherung. Ein den Gang der Untersuchung abschließender Ausblick befasst sich mit jüngsten Entwicklungen in der Debatte und Versuchen der politischen Umsetzung. In diesem Sinne wird auch ein konkreter Vorschlag zur schrittweisen Einführung eines an das bestehende Grundsicherungssystem anknüpfenden Grundeinkommens gemacht, dessen Konsensfähigkeit getreu dem Prinzip der Pfadabhängigkeit bzw. Persistenz institutioneller Strukturentwicklung folglich relativ hoch sein dürfte. Ebenso wird ein Desiderat benannt, welches die Relevanz der vorliegenden Forschung unterstreicht. Am Ende steht eine Deutung des bedingungslosen Grundeinkommens als frage- und diskurseröffnende und damit kulturbegründende Idee.

Eine letzte Anmerkung sei der nachfolgenden Abhandlung vorangestellt: Gelingt es im Rahmen der vorliegenden Arbeit die konzeptionelle Vereinbarkeit von bedingungslosem Grundeinkommen und Sozialer Marktwirtschaft und damit die ordnungstheoretische Anschlussfähigkeit des Grundeinkommens an das bestehende Wirtschafts- und Gesellschaftsmodell stichhaltig nachzuweisen, so kann daraus abgeleitet werden, dass die Grundeinkommensidee in Deutschland keineswegs ‚ortlos' (utopisch) ist, sondern im Gegenteil ein Stück weit an das originäre Grundkonzept sozialmarktwirtschaftlicher Rahmenordnung anschließt und unter Berücksichtigung „historisch-kulturell geprägte[r] Pfadabhängigkeiten"[66] durchaus eine konzeptkompatible Fortschrittsperspektive darstellt.[67]

---

66 Patry (2010): S. 29.

67 Diese Überlegungen zur Interpretation bzw. Einordnung der erzielten Forschungsergebnisse sind angelehnt an den Forschungsansatz Eric Patrys, der in seiner 2010 veröffentlichten Dissertationsschrift die Anschlussfähigkeit der Grundeinkommensidee an die gesellschaftliche Praxis in der Schweiz untersucht. Vgl. ebd.

I. KAPITEL: BEDINGUNGSLOSES GRUNDEINKOMMEN

I.1. Die Idee des bedingungslosen Grundeinkommens

Die populäre Idee des bedingungslosen Grundeinkommens umgibt der Nimbus einer befreienden, geradezu bahnbrechenden sozialpolitischen Alternative. Viele Menschen können sich daher für die auf den ersten Blick durch ihre Einfachheit und Universalität bestechende Reformidee begeistern. Dabei gibt es nicht *das eine* Konzept des Grundeinkommens, sondern eine Vielzahl recht unterschiedlicher, mehr oder weniger ausgearbeiteter Modelle der allgemeinen Grundeinkommensidee (zum Überblick: Van Parijs/Vanderborght).[68] Auch existiert das Grundeinkommen in Europa gegenwärtig nur als theoretisches Schema, dessen praktische Verwirklichung – von vereinzelten geschichtlichen Ausnahmen wie dem englischen Speenhamland-System zu Beginn des 18. Jahrhunderts (siehe Kapite I.2.1.) einmal abgesehen – bislang noch aussteht. Die historische wie auch die gegenwärtige Grundeinkommensdebatte ist zudem von einer schwer zu überblickenden, nahezu verwirrenden Vielfalt der Begriffe[69] und Deutungen gekennzeichnet. Dies er-

68 Die Diversifizierung der Ansätze und Konzeptentwürfe veranlasste den Ökonomen Wolfram Engels bereits 1985 zu der Einschätzung, dass es sich beim garantierten Grundeinkommen um einen „'schwarz-rot-grünen Reformvorschlag'" (Wolfram Engels zitiert nach Vobruba (2006): S. 175) handle.

69 Für die Idee des Grundeinkommens haben sich in der Geschichte verschiede Begriffe bzw. Bezeichnungen herausgebildet. Die folgende chronologische Auflistung synonymer Grundeinkommensbezeichnungen ist Vanderborght/Van Parijs (2005): S. 14 entnommen:

1894 *Dividende territorial* (Joseph Charlier, Belgien); 1918 *State bonus* (Dennis Milner, Großbritannien); 1932 *National Dividend* (C. H. Douglas, Großbritannien); 1934 *Basisinkomen* (Jan Tinbergen, Niederlande); 1935 *Social Dividend* (George D. H. Cole, Großbritannien); 1953 *Basic Income* (George D. H. Cole (Großbritannien); 1967 *Demogrant* (James Tobin, USA); 1978 *Borgerlon* (Niels Meyer et al., Dänemark); 1984 *Allocation universelle* (Collectif Charles Fourier, Belgien); 1985 *Bürger-*

schwert die Auseinandersetzung mit dem Gedanken des Grundeinkommens an sich sowie eine trennscharfe Unterscheidung der in Wissenschaft, Politik und Gesellschaft diskutierten Ansätze und Modelle. Eine Abgrenzung der wichtigsten diskursrelevanten Begriffe ist daher notwendig. Zu diesem Zweck soll einführend der Frage nachgegangen werden, was genau unter einem bedingungslosen Grundeinkommen zu verstehen ist. Im Anschluss an die Begriffsklärung werden die verschiedenen Möglichkeiten einer Ausgestaltung beleuchtet. Darauf folgend wird eine kurze Typologie des Grundeinkommens gegeben, bevor in einem geschichtlichen Abriss ein Überblick über die historische Genese des Reformgedankens geboten wird, der nicht den Anspruch auf Vollständigkeit erhebt.

I.1.1. Begriffsklärung und Definition

Der Begriff »Grundeinkommen« wird national wie international verschiedentlich definiert. Die renommierten belgischen Grundeinkommenstheoretiker und Sozialphilosophen Yannick Vanderborght und Philippe van Parijs[70] definieren das »allgemeine Grundeinkommen« in ihrem 2005 veröffentlichten und von der Wissenschaft intensiv rezipierten Buch *‚Ein Grundeinkommen für alle? Geschichte und Zukunft eines radikalen Vorschlags'* als:

> „Einkommen, das von einem politischen Gemeinwesen an alle seine Mitglieder ohne Bedürftigkeitsprüfung und ohne Gegenleistung individuell ausgezahlt wird."[71]

Das »Netzwerk Grundeinkommen«[72], die organisierte Interessenvertretung und Informationsplattform der Grundeinkommensanhänger im

---

geld (Joachim Mitschke, Deutschland); 1988 *Reddito di cittadinanza* (CGIL, Italien);1988 *Revenue d'existence* (Henri Guitton, Frankreich); 2003 *Dividende universel* (Christine Boutin, Frankreich).

70 Philippe Van Parijs, Inhaber des Hoover-Lehrstuhles für Ökonomie und Sozialethik an der Université catholique de Louvain in Belgien, ist Gründungsmitglied des 1986 aus dem *Collectif Charles Fourier* hervorgegangenen *Basic Income European Network* (BIEN), das sich 2004 in *Basic Income Earth Network* umbenannt hat. Van Parijs gilt derzeit als einer der theoretisch versiertesten Protagonisten der Grundeinkommensidee. Informationen zur Geschichte der Grundeinkommensbewegung, ihren tragenden Köpfen sowie dem BIEN allgemein Vgl. www.basicincome.org.

71 Vanderborght/Van Parijs (2005): S. 14 (Hervorhebung im Original).

72 Das »Netzwerk Grundeinkommen«, gegründet am 09. Juli 2004 (an dem Tag, an dem im Bundesrat das Hartz-IV-Gesetz bestätigt worden ist), ist ein überparteilicher Zusammenschluss von grundeinkommensfreundlichen Akademikern, Studierenden, Organisationen und Initiativen mit dem erklärten Ziel, die wissen-

deutschsprachigen Raum, verwendet indes eine Definition des bedingungslosen Grundeinkommens, die im aktuellen wissenschaftlich-politischen Diskurs ebenfalls weithin akzeptiert ist und die der vorliegenden Studie als Arbeitsgrundlage dient. Im Unterschied zur Definition von Vanderborght und Van Parijs[73] verknüpft das Netzwerk den Grundeinkommensbegriff mit dem Anspruch auf Existenzsicherung und Teilhabeermöglichung. Beide Aspekte markieren zentrale und vielfach reflektierte Wesensmerkmale der Grundeinkommensidee, die speziell im Kontext der deutschen Debatte eine wichtige Rolle spielen.

Im Folgenden wird daher von einem Grundeinkommensbegriff im Verständnis des Netzwerkes ausgegangen.

Das Netzwerk definiert das unbedingte Grundeinkommen wie folgt:

> „Ein *Grundeinkommen* ist ein Einkommen, das eine politische Gemeinschaft bedingungslos jedem ihrer Mitglieder gewährt. Es soll
>
> - die Existenz sichern und gesellschaftliche Teilhabe ermöglichen,
> - einen individuellen Rechtsanspruch darstellen sowie
> - ohne Bedürftigkeitsprüfung und
> - ohne Zwang zu Arbeit oder anderen Gegenleistungen garantiert werden."[74]

I.1.2. Eine Idee, verschiedene Modi der Ausgestaltung

In dem oben erwähnten Buch diskutieren Vanderborght und Van Parijs vielfältige Ausgestaltungsmöglichkeiten des Grundeinkommens. Um ein näheres Bild der allgemeinen Idee sowie der Spannbreite möglicher Modifikationen eines Grundeinkommens zu erhalten, seien folgende Aspekte angesprochen:

---

schaftliche und politische Diskussion um das Bedingungslose Grundeinkommen zu fördern und selbiges für *alle Menschen* (!) einzuführen. Das »Netzwerk Grundeinkommen« versteht sich als Ableger des internationalen »Basic Income Earth Network« (BIEN) im deutschsprachigen Raum Vgl. www.grundeinkommen.de.

73 Für Vanderborght und Van Parijs stellt die Deckung des Existenzminimums nicht zwangsläufig ein Definitionsmerkmal des Grundeinkommens dar. Hierzu erklären beide wörtlich: „Die Definition des Grundeinkommens besagt in keiner Weise, dass die Leistungshöhe zur Deckung der Grundbedürfnisse einer Einzelperson ausreichen oder sich darauf beschränken müsse. Vielen Vorschlägen dient jedoch die Armutsschwelle als Bezugs- bzw. langfristiger Fixpunkt." (Vanderborght/Van Parijs (2005): S. 40).

74 Definition des Netzwerk Grundeinkommen (2014a) (Hervorhebung im Original).

Der Auszahlungsrhythmus der Transferleistung könnte verschiedentlich festgelegt werden. So könnte das Grundeinkommen einmalig, d. h. im Sinne einer materiellen Erstausstattung für alle Gesellschaftsmitglieder (Sichtwort: Startkapital)[75] oder in regelmäßigen Intervallen entweder wöchentlich, monatlich, vierteljährlich oder gar jährlich ausgezahlt werden.[76] Die meisten Modelle eines Grundeinkommens verzichten auf eine zeitliche Befristung, was eine lebenslange Transferzahlung impliziert. Ebenso könnte die Auszahlung des Grundeinkommens sowohl auf kommunaler, regionaler, nationaler als auch globaler Ebene finanziert und administriert werden.[77] Des Weiteren ließe sich die Zugehörigkeit zu jener (sich das Grundeinkommen wechselseitig zugestehenden) politischen Gemeinschaft und damit der Empfängerkreis des Finanztransfers unterschiedlich definieren. Dementsprechend hätten entweder *alle Menschen* bzw. alle dauerhaft residierenden Einwohner eines Staatsgebietes oder – deutlich enger gefasst – *ausschließlich Staatsbürger*[78] ein Anrecht auf Leistungsbezug[79].

Ferner kann der Anspruch auf Grundeinkommen nach Lebensalter differenziert werden. Folglich könnte der Bezug des Grundeinkommens, wie in den meisten Modellen vorgesehen, an die Bedingung der Volljährigkeit geknüpft werden. Darüber hinaus könnten Kinder und Rentner[80] ein modifiziertes Grundeinkommen erhalten.

Des Weiteren kann das Grundeinkommen auf verschiedene Weise finanziert werden. Finanzierungsgrundlage können entweder Erträge aus der staatlichen Nutzung natürlicher Ressourcen und Bodenschätze

---

75 So wie es beispielsweise Grözinger/Maschke/Offe (2006) bei Eintritt ins Erwachsenenalter vorgeschlagen.

76 Vgl. Vanderborght/Van Parijs (2005): S. 38 f.

77 Vgl. ebd., S. 41 f.

78 Der Wirtschaftsethiker Peter Ulrich interpretiert das Grundeinkommen als ein »Wirtschaftsbürgerrecht«, das allen »Wirtschaftsbürgern« zusteht Vgl. Ulrich (2007): S. 1. Seine Terminologie erklärt Ulrich wie folgt: „Zum einen ist die Kategorie der Wirtschaftsbürger umfassender als die der Staatsbürger. Nicht die Nationalität ist das Zugehörigkeitskriterium, sondern die Beteiligung am volkswirtschaftlichen Produktionsprozess eines Landes." (Ulrich (2005): S. 102).

79 Vgl. Vanderborght/Van Parijs (2005): S. 46 f.

80 Die meisten der in Deutschland diskutierten Grundeinkommensmodelle veranschlagen für Kinder und Jugendliche bis zum Erreichen der Volljährigkeit ein – mitunter nach Alter gestaffeltes – »Kinder-Grundeinkommen«, dessen Höhe in der Regel unter der Höhe des Grundeinkommens für Erwachsene liegt Vgl. hierzu: Blaschke (2011): S. 1-10. Rentner können das Grundeinkommen z. B. ab dem 65. Lebensjahr als beitragsfreie Sockel- bzw. Basisrente beziehen Vgl. Vanderborght/Van Parijs (2005): S. 47.

oder Einnahmen aus direkten (z. B. Einkommensteuer) oder indirekten Steuern (z. B. Konsumsteuern) bilden.[81]
Im Unterschied zur gängigen Grundsicherungspraxis verzichtet das Grundeinkommenssystem zudem auf jegliche Bedürftigkeitsprüfung[82], was ein konstitutives Merkmal der Grundeinkommensidee darstellt. Demzufolge wird das Grundeinkommen ohne eine sozialadministrative Kontrolle der Einkommenssituation sowie unbeachtet sonstiger Einkünfte, Vermögenswerte und Ressourcen der Leistungsempfänger oder ihrer Angehörigen gewährt.[83]

Daher stellt das Grundeinkommen eine einkommensunabhängige Transferleistung dar, auf die Arme *und* Reiche, d. h. Personengruppen deren Einkommen sowohl oberhalb als auch unterhalb der Armutsschwelle liegen, gleichermaßen Anspruch haben.[84]

Mit dem Fehlen einer Bedürftigkeitsprüfung geht die uneingeschränkte Kumulierbarkeit des Grundeinkommens mit anderen Einkünften einher, was aus Sicht der Betroffenen einen erheblichen komparativen Vorteil gegenüber bestehenden Mindestsicherungssystemen darstellen könnte.[85] „In herkömmlichen Sozialhilfesystemen soll mit dem Sozialtransfer nicht weniger, aber auch nicht mehr als das Existenzminimum gesichert werden."[86] Eminent hohe Transferentzugsraten[87] von bis zu 100% sind häufig die Folge. Das heißt, der Sozialtransfer wird um jeden hinzuverdienten Euro gekürzt, was den ökonomischen Anreiz für Hinzuverdienste negiert. Im Unterschied dazu wäre mit dem Grundeinkommen keine Transferentzugsrate wie z. B. derzeit beim ALG II verbunden. Somit würde im Grundeinkommenssystem jeglicher Hinzuverdienst bzw. jedes zusätzliche Erwerbseinkommen einen finanziellen Vorteil für den Transferbezieher bedeuten. Ein Effekt, der von Anhängern des Grundeinkommens durchaus gewünscht ist.

---

81 Vgl. Vanderborght/Van Parijs (2005): S. 42 ff.

82 Vgl. ebd., S. 48 ff.

83 Vgl. ebd., S. 49.

84 Vgl. ebd.

85 Vgl. ebd., S. 55 f.

86 Ebd., S. 55.

87 Die Transferentzugsrate bemisst den prozentualen Anteil des Transfereinkommens, der mit zusätzlich erzieltem Einkommen verrechnet, d. h. dem Transferempfänger entzogen wird. Die Transferentzugsrate wirkt ökonomisch wie ein Grenzsteuersatz auf Hinzuverdienste. Im gegenwärtigen Arbeitslosengeld II werden Einkommen von Transferempfängern durch eine Transferentzugsrate von 80% relativ stark belastet (Vgl. SGB II § 11). Dabei gilt der Grundsatz: Je höher die Transferentzugsrate, desto niedriger ist der Anreiz für Hinzuverdienste.

Ein weiteres Wesensmerkmal der Grundeinkommensidee ist die Bedingungslosigkeit der Leistungsbewilligung, d. h. das Fehlen jeglicher Gegenleistungspflicht. Im Unterschied zu konventionellen Einkommensgarantien, welche die Leistungsbewilligung grundsätzlich an eine Gegenleistung knüpfen, ist der Bezug des bedingungslosen Grundeinkommens an keinerlei Verpflichtung oder Gegenleistung wie z. B. vorausgegangene Beitragszahlungen oder die Verfügbarkeit am Arbeitsmarkt gebunden.[88] Die Pflicht zur Integration in den Arbeitsmarkt, d. h. das aktive Bemühen um einen Erwerbsarbeitsplatz sowie die Bereitschaft zur Aufnahme einer zumutbaren gemeinnützigen Tätigkeit[89], wie sie z. B. in der Regel von den Empfängern der Hartz-IV-Leistungen unter dem Motto »Fördern und Fordern« eingefordert wird, entfallen im Grundeinkommenssystem.

Überdies folgt das Grundeinkommen einem strikten Individualprinzip, sodass es nur individuell, d. h. an jede Einzelpersonen separat ausgezahlt wird.[90] Auch dadurch unterscheidet es sich von herkömmlichen Mindestsicherungssystemen wie der Sozialhilfe, dem Sozialgeld oder dem Arbeitslosengeld II, die jeweils eine auf Haushalts- bzw. Bedarfsgemeinschaften bezogene Grundsicherungsleistung darstellen. Familienstand und Lebensverhältnisse des Anspruchsberechtigten sind folglich für den Bezug des Grundeinkommens unerheblich.

I.1.3. Grundtypen des Grundeinkommens

Der Begriff des Grundeinkommens ist ein Oberbegriff, der verschiedene in ihrer politischen Akzentuierung wie in ihrer technisch-administrativen Funktionsweise voneinander abweichende Grundtypen eines allgemeinen Sozialtransfers subsumiert. Um die Ausgestaltungsmöglichkeiten der Grundeinkommensidee darzustellen, aber auch um zentrale Begriffe der laufenden Grundeinkommensdebatte zu klären, werden im Weiteren drei im Diskurs immer wieder thematisierte Varianten des Grundeinkommens, nämlich die Sozialdividende, die Negative Einkommensteuer und das Bürgergeld überblickshaft dargestellt. Zudem sollen im Rahmen der nachfolgenden Ausführungen

---

88 Vgl. Vanderborght/Van Parijs (2005): S. 59 f.

89 Der französische Sozialphilosoph André Gorz trat in den 1980er Jahren für ein allgemeines Grundeinkommen ein, dessen Bewilligung an eine Gegenleistung in Form eines allgemeinen Sozialdienstes im Umfang von 20 000 Arbeitsstunden gekoppelt werden sollte. In den 1990er Jahren trat Gorz dann immer deutlicher für ein konditionsloses Grundeinkommen ein. Vgl. Vanderborght/Van Parijs (2005): S. 32 f.

90 Vgl. ebd., S. 48.

zentrale Aspekte bzw. Wesensmerkmale sowie Problem- und Lösungskontexte der Grundeinkommensidee verdeutlicht werden.

I.1.3.1. Sozialdividende nach Rhys-Williams

Heutige Modelle eines Grundeinkommens sind nach Ansicht vieler Autoren von der Idee einer »Sozialdividende« (social dividend) nach den Vorstellungen der britischen Ökonomin, Labour-Abgeordneten und Sozialreformerin Lady Juliet Evangeline Rhys-Williams (1898-1964) inspiriert. Mit ihrem Vorschlag einer Sozialdividende versucht Rhys-Williams, verschiedene Probleme im britischen Sozialstaat der 1940er Jahre zu beheben. Hierzu zählen neben einem komplizierten und unübersichtlichen Steuer- und Transfersystem auch die Vollanrechnung von geringfügigen Zusatzverdiensten von Erwerbslosen bzw. deren Familienangehörigen auf den Transferanspruch.[91] Angesichts einer Transferentzugsrate von 100%, die Erwerbslosen den finanziellen Anreiz nimmt, ihre Arbeitskraft auf dem Arbeitsmarkt anzubieten[92], beklagt Rhys-Williams die „‚Tyrannei der bestehenden Arbeitslosenversicherung'"[93].

Vor diesem (Problem-)Hintergrund entwickelt sie ein alternatives Konzept der sozialen Sicherung, das sie 1942 in ihrer Broschüre ‚*Something to Look Forward to*' veröffentlicht.[94] Darin fordert Rhys-Williams einen »neuen Gesellschaftsvertrag« (‚*New Social Contract, social dividend tax*') für England. Die Grundlage dieses Vertrages ist die Verpflichtung des Staates, die soziale Grundversorgung aller Bürger unabhängig ihrer tatsächlichen Bedürftigkeit und Erwerbssituation zu garantieren.[95] Zudem sei es Ausdruck des demokratischen Prinzips, „dass der Staat verpflichtet ist, die soziale Vorsorge gegenüber allen seinen Bürgerinnen zu garantieren und nicht nur gegenüber einigen wenigen, z. B. Bedürftigen, wie bei der privaten, traditionellen Wohlfahrt."[96] Kernelement des Sozialkontraktes Rousseauscher Prägung ist eine Sozialdividende, die eine „Verschmelzung von Einkommensteuer- und Sozialversicherungs-

91 Vgl. Spermann (2001): S. 40 f.

92 Das von Rhys-Williams angesprochene Lohnabstandsproblem sowie die sog. ‚Sozialhilfe- bzw. Armutsfalle' (Ein Theorem das besagt, dass arbeitsfähige Erwerbslose aufgrund mangelnder Anreize, Bequemlichkeit oder anderer Gründe im Dauerbezug der Sozialhilfe verweilen) spielen auch in der aktuellen deutschen Grundsicherungsdebatte eine zentrale Rolle.

93 Spermann (2001): S. 41.

94 Vgl. ebd., S. 40.

95 Vgl. Blaschke (2010a): S. 220 ff.

96 Ebd., S. 221.

system"[97] darstellt.[98] Der Vorschlag Rhys-Williams beruht folglich auf einer Zusammenfassung aller steuer- und sozialpolitischen Transferaufgaben in einem Pauschaltransfer, der anstelle der bestehenden Sozialversicherungsleistungen und Steuerfreibeträge als Mindesteinkommen an alle Bürger ausgezahlt werden soll.[99] Mit der Idee der Sozialdividende schuf Rhys-Williams die „erste umfassende Negativsteuerkonzeption",[100] welche die Grundlage für spätere sowie gegenwärtig zirkulierende Grundeinkommensmodelle darstellte.

I.1.3.2. Negative Einkommensteuer nach Friedman

Die von Rhys-Williams konzipierte »Negativsteuer« bzw. »Negative Einkommensteuer«[101] wurde unter dem Eindruck hoher Arbeitslosigkeit, sozialer Unruhen und der aufkommenden Bürgerrechtsbewegung in den USA der 1960er Jahre unter anderem von den US-amerikanischen Wirtschaftswissenschaftlern und Nobelpreisträgern für Ökonomie Milton Friedman (1912-2006) und James Tobin[102] (1918-2002) intensiv diskutiert.[103]

Im Rahmen seiner Überlegungen zu einer Art garantiertem Mindesteinkommen greift Friedman die von Rhys-Williams (1942/1953) vorgeschlagene Negativsteuerkonzeption auf und entwickelt diese weiter. In seinem 1962 erschienenen und breit rezipierten Buch ‚*Capitalism*

---

97 Sesselmeier/Klopfleisch/Setzer (1996): S. 22.

98 Vgl. ebd.

99 Vgl. Welter (2003): S. 120 f.

100 Spermann (2001): S. 39.

101 Die Begriffe Negative Einkommensteuer bzw. Negativsteuer werden im Folgenden synonym verwendet.

102 James Tobin verknüpfte die Idee der Negativsteuer, deren Potentiale zur Armutsbekämpfung er wiederholt bekräftigt hatte, mit der nach ihm benannten Steuer auf Kapitalspekulationsgewinne, der jüngst wieder vieldiskutierten »Tobin-Tax« (Vgl. Füllsack (2002): S. 115 f.). Zudem konnte Tobin als wirtschaftspolitischer Berater den demokratischen US-Präsidentschaftskandidaten Georg McGovern dazu bewegen, seine Forderung nach einem allgemeinen Grundeinkommen, dem sog. »demogrant«, in dessen Wahlprogramm für die Wahlen 1972 aufzunehmen Vgl. Vanderborght/Van Parijs (2005): S. 30.

103 In den USA wurden in einzelnen Bundestaaten zwischen 1969-1982 mehrere großangelegte Sozialexperimente mit einer Negativsteuer durchgeführt. Eine Variante der Negativsteuer fand unter Präsident R. Nixon (1969-1974) Eingang in sozialpolitische Programme. Zwar wurde Nixons Plan 1970 vom Repräsentantenhaus angenommen, doch lehnte ihn der Senat 1972 mit knapper Mehrheit ab, was der Debatte in den USA ein Ende bereitete. Einen Überblick zur Grundeinkommensdebatte in den Vereinigten Staaten bieten u. a. Vanderborght/Van Parijs (2005): S. 28-31 sowie Füllsack (2002): S. 114-117.

and Freedom' (deutsche Ausgabe *‚Kapitalismus und Freiheit'*, 1971) plädiert Friedman für eine Negative Einkommensteuer (Negative Income Tax) als relativ leicht zu administrierende Maßnahme der Einkommenssicherung und Armutsbekämpfung.[104] In diesem Zusammenhang fordert Friedman die Festschreibung eines steuerfreien Existenzminimums, das jedem Mitglied der Gesellschaft zusteht und das nicht unterschritten werden darf.[105] Zwei Punkte sind ihm dabei wichtig:

> „Erstens: [...] Das Programm sollte dazu eingerichtet sein, Menschen als Menschen zu helfen und nicht als Mitglieder bestimmter Berufsgruppen oder Altersgruppen oder Einkommensgruppen [...]. Zweitens sollte das Programm zwar auf dem Markte funktionieren, dabei jedoch soweit irgend möglich den Markt nicht stören und seine Funktionsweise nicht beeinträchtigen. [...] Die Maßnahme, die sich aus rein technischen Gründen anbietet, ist eine negative Einkommensteuer."[106]

Das Konzept der negativen Einkommensteuer baut auf einem bestehenden Steuersystem auf. Es zielt auf die institutionelle Verschränkung von Einkommensteuer- und Sozialtransfersystem und erweitert den geltenden Lohn- bzw. Einkommensteuertarif in einen negativen Bereich.[107] Dabei folgt sie dem Prinzip: Einkommen, die eine von der Gemeinschaft definierte Armutsgrenze unterschreiten, werden durch staatliche Zuwendungen in Form einer Steuergutschrift (Negativsteuer) aufgestockt, sodass ein Minimalstandard für jedes Gesellschaftsmitglied gesichert ist.[108] Einkommen hingegen, die oberhalb der festgeschriebenen Bemessungsgrenze liegen werden steuerlich belastet und prozentual auf den Grundeinkommensbetrag angerechnet. Steigendes Einkommen mindert folglich die Höhe der Transferleistung (Negativsteuer).[109] Die Höhe des zu gewährenden Transfer- bzw. Grundeinkommens hängt nach Ansicht Friedmans von der Finanzierungsfähigkeit der öffentlichen Hand respektive dem Finanzierungswillen der Steuerzahler ab.[110] Dementsprechend wirkt die negative Einkommensteuer (*negativ*, weil im Gegensatz zur eigentlichen bzw. positiven Einkommensteuer an den Bürger ausgezahlt) wie eine *„einkommensabhängige Direktzahlung* des Staates an einzelne Haushalte mit dem Zweck der Einkommensnivellierung [...] und der Armutsbekämpfung."[111]

---

104 Vgl. Friedman (1984 [1962]): S. 245-258.

105 Vgl. ebd., S. 245 f.

106 Ebd., S. 245.

107 Vgl. Weber (1991): S. 35; Welter (2003): S. 120 f.

108 Vgl. Friedman (1984 [1962]): S. 245.

109 Vgl. Welter (2003): S. 121 f.

110 Vgl. Friedman (1984 [1962]): S. 246.

111 Weber (1991): S. 35 (Hervorhebung im Original).

Zudem ist die Negativsteuer in den Augen Friedmans mit deutlichen Vorteilen verbunden. So sprechen eine gezielte und effektive Bekämpfung der Einkommensarmut, ihre allgemeine Anwendbarkeit, eine hohe Kostentransparenz, ihre ausgesprochene Marktneutralität sowie der relativ geringe verwaltungstechnische Aufwand für die Implementierung der Negativsteuer in das bestehende Steuersystem.[112] Außerdem könnte die Negativsteuer gemäß Friedman als Ersatz für eine Vielzahl der bestehenden Wohlfahrtsprogramme und Sozialleistungen eingeführt werden, was mit einer deutlichen Bürokratie- und Kostenersparnis verbunden wäre.[113] Charakteristisch für das Negativsteuermodell nach Friedman ist der wirtschaftsliberale Ansatz, die Freiheit des Einzelnen zu stärken und somit Eigenverantwortung und Engagement auf dem Markt zu fördern.

I.1.3.3. Bürgergeld nach Mitschke

Der Begriff »Bürgergeld« ist ein weiterer zentraler Terminus der aktuellen Grundeinkommensdebatte und ist bereits 1973 im Zusammenhang mit dem Vorschlag einer »Staatsbürgersteuer« von den Ökonomen Wolfram Engels, Bernd Starkloff und Joachim Mitschke in die steuerpolitische Debatte der Bundesrepublik eingebracht worden.[114]

Die Idee des Bürgergeldes ist aus dem Konzept der Negativsteuer hervorgegangen und umfasst verschiedene Modelle eines staatlichen Transfereinkommens. Im Jahr 1985 legt Mitschke im Rahmen seiner Abhandlung ‚*Steuer- und Transferordnung aus einem Guss – Entwurf einer Neugestaltung der direkten Steuern und Sozialtransfers in der Bundesrepublik Deutschland*' ein elaboriertes Bürgergeldkonzept vor, das auf eine tarifäre Integration des Steuer- und Transfersystems abzielt.[115] Das Bürgergeld, von Mitschke auch als „*konsumbezogene Negativsteuer*"[116] bezeichnet, gleicht der Negativen Einkommenssteuer in dem Grundgedanken „den Steuer-tarif um einen Negativbereich für auszuzahlende Sozialleistungen zu erweitern."[117] Ebenso werden nahezu alle bisherigen steuerfinanzierten staatlichen Transferleistungen (z. B. Kindergeld, Erziehungsgeld, Wohngeld, Leistungen nach dem Bundesausbildungsförderungsgesetz (BAföG), Sozialhilfe, wirtschaftliche Hilfen der Jugend-, Versorgungs- und Gesundheitsämter usw.) in einem nach sozialen

---

112 Vgl. Friedmann (1984 [1962]): S. 246.

113 Vgl. ebd., S. 246 f.

114 Vgl. Spermann (2001): S. 57 f.

115 Vgl. ebd.; ebenso Mitschke (1985).

116 Ebd., S. 43 (Hervorhebung im Original).

117 Spermann (2001): S. 58.

Merkmalen (z. B. Lebensalter, Familienstand) und Bedürfnislagen gestaffelten, personenbezogenen Universaltransfer – dem Bürgergeld – zusammengefasst und durch diesen ersetzt.[118] Die Sicherung des Existenzminimums wird überdies durch eine Dynamisierung des Bürgergeldes, d. h. eine automatische Anpassung des Transfers an die Lebenshaltungskosten, gewährleistet.[119]

Im Unterschied zur Idee eines bedingungslosen Grundeinkommens ist der Anspruch auf ein die monetären Teilleistungen verschiedener Sozialbehörden ersetzendes Bürgergeld[120] nach den Vorstellungen Mitschkes jedoch erklärungsgebunden und obliegt einer amtlichen Prüfung.[121] Darüber hinaus umfasst das Bürgergeld neben einem personenbezogenen Grundbetrag pauschalierte Zuschläge für besondere Bedürfnislagen wie Ausbildung, Invalidität, Pflegebedarf und Unterkunftsnotlagen. Sowohl die Anspruchsprüfung als auch die Auszahlung des bedarfsorientierten Bürgergeldes wird von der Steuerverwaltung (Finanzamt) besorgt, was mit einer Auflösung der Transferreferate bei den Sozialbehörden verbunden wäre.[122]

I.1.3.4. Zwischenfazit

Sozialdividende, negative Einkommensteuer und Bürgergeld[123] sind artverwandte, aber in Ausgestaltung und Wirkung sehr verschiedene Varianten eines Grundeinkommens. Wie oben dargelegt worden ist, kann das Grundeinkommen grundsätzlich entweder als Sozialdividende, d. h. vorschussartig (ex ante) an *alle* Mitglieder des politischen Gemeinwesens oder aber in Form einer Negativsteuer, d. h. erst nach (ex post) einer (steuerrechtlichen nicht sozialadministrativen) Prüfung von Einkommen und Vermögen (via Steuererklärung) durch die Finanzbehörde *allein an einkommensschwache Personen* ausgezahlt werden.[124] Dementsprechend würde die Sozialdividende als einkommens*unabhängige* ‚Kopfpauschale' im Gegensatz zur Negativsteuer allen gleichermaßen

---

118 Vgl. Mitschke (1985): S. 45.

119 Vgl. ebd.

120 Das Bürgergeldkonzept nach Mitschke fand insbesondere in wirtschaftsliberalen Kreisen (z. B. Kronberger Kreis, Wirtschaftsvereinigung der CDU Nordrhein-Westfalen) große Beachtung.

121 Vgl. Mitschke (1985): S. 45.

122 Vgl. ebd., S. 51.

123 Die Begriffe negative Einkommensteuer, Negativsteuer und Bürgergeld werden in der Literatur meist synonym verwandt.

124 Vgl. Vanderborght/Van Parijs (2005): S. 51-53.

und *in gleicher Höhe* zu Gute kommen. Hingegen würde der Auszahlungs- bzw. Grundeinkommensbetrag der Negativsteuer in Abhängigkeit zu den Vor-Transfer-Einkommen der Anspruchsberechtigten variieren und bei entsprechend hohem Einkommen gen Null tendieren. Da bei der negativen Einkommensteuer aufgrund der beschränkten Anzahl ausschließlich einkommensschwacher Bezugspersonen *nicht alle* Bürger eine Transferzahlung erhalten, muss seitens der Finanzbehörden im Vergleich zu einer *ausnahmslos allen* zustehenden Sozialdividende ein wesentlich geringeres Transfer- bzw. Umverteilungsvolumen bewegt werden. Folglich würde die Negativsteuer den Fiskus in toto weniger belasten als die Sozialdividende, was speziell vor dem Hintergrund haushalterischer Sachzwänge einen komparativen Vorteil darstellen dürfte. Ein ebenso wichtiger Punkt ist, dass das Kriterium der Einkommenstiefe als Voraussetzung für den Bezug einer Negativsteuer mit dem Grundsatz der Bedingungslosigkeit der Grundeinkommensgewährung bricht. Deshalb wird die Negative Einkommensteuer von Kritikern oftmals auch als so genanntes „unechtes Grundeinkommen"[125] bezeichnet. Konsequenterweise wäre also mit Blick auf die in Kapitel I.1.1. definierten Kriterien eines bedingungslosen Grundeinkommens der Sozialdividende der Vorzug zu geben.

Ungeachtet der konzeptionellen Unterschiede sind Sozialdividende, Negativsteuer und Bürgergeld in der Lage, die materielle Grundsicherung für alle Anspruchsberechtigten zu gewährleisten.[126] Weitere Gemeinsamkeiten von Sozialdividende und Negativsteuer sind die Integration von Steuer- und Transfersystem sowie die weitgehende Sammlung bzw. Substitution steuerfinanzierter Sozialleistungen in *einem* Universaltransfer. Ein Zugewinn an Einfachheit und Transparenz sowie eine erhebliche Verringerung an Verwaltungsaufwand durch den Wegfall von Bedürftigkeitsprüfungen, Kontrollen und Offenbarungseiden stellen Vorteile gegenüber dem bestehenden Grundsicherungssystem dar.[127]

Die Ausführungen in Kapitel I.1. vermitteln einen Eindruck von der Komplexität und Diversität der allgemeinen Grundeinkommensidee. Für das nähere Verständnis des Grundeinkommens sowie der aktuellen Debatte erweist sich der Blick in die Entstehungsgeschichte der Grundeinkommensidee als vorteilhaft. Daher soll im Rahmen von Kapitel I.2. ein Überblick über die Genese der Grundeinkommensidee und deren Vorläufer gegeben werden, der sowohl die verschiedenen geistigen

---

125 Blaschke (2010a): S. 23.

126 Vgl. Adamo (2012): S. 46.

127 Vgl. ebd., S. 47.

Zugänge bzw. Begründungsmuster als auch die historischen Kontexte beleuchtet.

I.2. Historische Entwicklung der Idee eines Grundeinkommens

Die Vorstellung einer gesicherten Existenz bzw. eines sicheren Auskommens beschäftigt die Menschheit seit Jahrhunderten. Die Idee eines garantierten Einkommens ist also keineswegs neu, doch lassen sich ihre Ursprünge nur schwer verorten. Die Forderung nach einem garantierten Grundeinkommen wurde in verschiedenen Epochen und unterschiedlichen historischen Konstellationen sowie mit divergierenden Intentionen bzw. Stoßrichtungen laut.[128] Die Idee des Grundeinkommens unterlag keiner stringent-linearen bzw. sukzessiven geschichtlichen Entwicklung, wovon unter anderem die Vielfalt der Begriffe und Konzepte sowie die gesellschaftspolitische Mehrdeutigkeit der Forderung noch heute künden.[129]

I.2.1. Vorläufer und Entwicklung der Idee bis ins 20. Jahrhundert

Bereits die Verfassung des antiken Sparta garantierte jedem Mitglied der Staatsgemeinschaft eine Grundversorgung mit lebensnotwendigen Gütern, unabhängig von der erbrachten Arbeitsleistung, weshalb dieselbe mit Wagner als erste Frühform öffentlicher Daseinsfürsorge verstanden werden kann.[130] Als neuzeitlicher Ausgangspunkt der Idee eines garantierten Mindesteinkommens gelten hingegen die klassischen (Staats-)Utopien[131], welche Mustergesellschaften entwerfen, in der jeder das zum Leben notwendige erhält. Viele Autoren sehen in dem englischen Staatsmann, Humanisten und Heiligen Thomas Morus (1478-1535) den ersten Vordenker einer staatlichen Einkommensgarantie. Seine staatsphilosophische Schrift ‚*Utopia*'[132] (1516) handelt von einer

128 Vgl. Vobruba (2006): S. 71.

129 Vgl. Schulte-Basta (2010): S. 74.

130 Vgl. Wagner (2009): S. 4. Etwa zwischen 700 und 200 v. Chr. war die Verfassung des Lykurg unangetastet in Kraft. Sie reformierte das Eigentumsrecht sowie die Geldwirtschaft und verpflichtete die Spartaner zu einer kollektiven und kargen (eben spartanischen) Lebensweise ohne Luxusgüter (Vgl. Burian (2006: S. 8-11.).

131 In den utopischen »Staatsromanen« des Renaissancehumanismus sind eine Reihe an Modellen der idealen Gesellschaft entwickelt worden. So verweist der Sozialwissenschaftler Georg Vobruba neben Thomas Morus' ‚*Utopia*' (1516) auch auf Thomas Campanellas ‚*Sonnenstaat*' (1623) und Francis Bacons ‚*Neu-Atlantis*' (1638). Vgl. hierzu: Vobruba (2006): S. 72.

132 Der vollständige lateinische Titel der Utopia lautet: ‚*De optimo statu rei publicae deque nova insula Utopia*' (deutsch: ‚*Über den besten Zustand des Staates*').

gleichnamigen Inselrepublik, in der alle Bewohner – von drückender Arbeitsfron befreit – die zum Leben notwendigen Mittel erhalten. Der Weltreisende und Schriftgelehrte Raphael Hythlodeus (fiktiver Berichterstatter und Dialogpartner des Morus im Roman), empfiehlt dem Erzbischof von Canterbury im Rahmen einer Tischgesellschaft ein von der öffentlichen Hand getragenes Garantieeinkommen, da jenes nach Ansicht Hythlodeus´ zur präventiven Bekämpfung von Diebstahl und Kriminalität besser geeignet sei als die Todesstrafe.[133]

Andere erachten den jüdisch-katalanischen Gelehrten Johannes Ludovicus Vives (1492-1540), einen Freund des Thomas Morus´, als wahren Vater eines staatlicherseits garantierten Mindesteinkommens, welcher historisch erstmalig eine elaborierte Argumentation zugunsten eines garantierten Mindesteinkommens entfaltet.[134] In ‚*De subventione pauperum sive de humanis necessitatibus*' (1526) legt Vives im Rahmen seines Plädoyers für ein öffentliches Fürsorgewesen ein detailliertes Konzept für eine allgemeine Einkommensgarantie vor, da die Hilfsleistungen für Bedürftige durch kommunale Behörden viel effizienter zu organisieren seien als durch die private Armenhilfe.[135]

In den folgenden Jahrhunderten ist die Idee von einer Reihe bedeutender Philosophen, Gesellschaftskritiker und Sozialreformer wie Thomas Paine[136] (1737-1809, ‚*Agrarian Justice*', 1776), Thomas Spence (1750-1814, ‚*Die Rechte der Kinder*', 1797), Charles Fourier (1772-1837, ‚*La fausse industrie*', 1836), John Stuart Mill (1806-1873, ‚*Grundzüge der politischen Ökonomie*', 1848), Joseph Charlier (1816-1896, ‚*Lösung des Sozialproblems*', 1848) aufgegriffen und weiterentwickelt worden.[137] Den Überlegungen von Paine, Spence, Fourier und Charlier gemein ist die Ansicht, dass alle Menschen zur Sicherung ihrer Existenz und Grundversorgung ein

---

133 Vgl. Morus (1981 [1516]): S. 25 f.

134 Vgl. Vanderborght/Van Parijs (2005): S. 16.

135 Vgl. Ebd.

136 In seinem Werk ‚*Agrarian Justice*' (1796) entwickelt der US-amerikanische Schriftsteller und Revolutionär Thomas Paine seine Idee einer gleichmäßigen und gerechten Beteiligung aller an den Erträgen der Erde. „Paines Vorschlag lautet, »allen Bürgern mit ihrem 21. Geburtstag aus einem nationalen Fonds einen Betrag von 15 Pfund Sterling als Entschädigung für die naturrechtlichen Ansprüche, die ihnen durch das System des Grundeigentums verloren gegangen sind, auszuzahlen. Darüber hinaus sollen alle Bürger, die bereits ihr 50. Lebensjahr erreicht haben, und all jene, die es noch erreichen werden, bis an ihr Lebensende jährlich eine Summe von 10 Pfund Sterling erhalten.« Diese Leistungen kommen allen Bürgern, »ob arm oder reich«, zugute, weil »alle Personen darauf gleichermaßen ein Anrecht besitzen, ungeachtet ihres selbst erarbeiteten, ererbten oder anderweitig geschaffenen Vermögens« (Paine 1796)." (Vanderborght/Van Parijs (2005): S. 21).

137 Vgl. ebd., S. 21-28.

Nutzungsrecht an den Früchten und Gütern der Natur haben. Aus diesem ursprünglichen Anrecht auf den Gebrauch der natürlichen Ressourcen, das ihnen in der modernen Zivilisation verwehrt wird, ergibt sich für Charlier der Anspruch auf einen Ausgleich. So fordert er für das entgangene Naturrecht die bedingungslose Auszahlung eines garantierten Mindesteinkommens im Sinne einer „»Bodendividende«"[138].

Eine erste praktische Umsetzung erfuhr die Einkommensgarantie aufgrund von Brotaufständen sowie einer drohenden Hungersnot 1795 durch die Stadtverwaltung des südenglischen Speen. Friedensrichter verordneten im Rahmen der Armenhilfe allen im Stadtgebiet wohnhaften Bedürftigen, die zunächst angehalten waren, selbst für ihren Lebensunterhalt Sorge zu leisten, ein an den Getreidepreis gekoppeltes Mindesteinkommen auszuzahlen. Das als *‚Speenhamland-System'* bekannte Gesetz wurde sukzessive auf angrenzende Kommunen ausgedehnt, allerdings nach heftiger Kritik im Jahr 1834 wieder abgeschafft.[139]

Die zunehmende Arbeitsteilung und Automatisierung der Produktion im Verlauf der industriellen Revolution hat im 19. Jahrhundert zur Krise der Lohnarbeit und enormen gesellschaftlichen Verwerfungen geführt. In Folge des Niedergangs alter Gewerbe, der Verstädterung und der damit verbundenen Versorgungsprobleme sowie der Verelendung breiter Bevölkerungsschichten erlebte die soziale Frage eine Renaissance.[140] Die zahllosen Publikationen utopisch-sozialistisch orientierter Autoren wie Wilhelm Weitling (1808-1871), Karl Marx (1818-1883), Edward Bellamy (1850-1898), Paul Lafargue (1842-1911, *‚Das Recht auf Faulheit'*, 1883) sowie anarchistischer Denker wie Peter A. Kropotkin[141] (1842-1921, *‚Die Eroberung des Brotes'*, 1892) können daher ebenfalls als historische Quellen der Forderung nach einem Recht auf Einkommen und menschenwürdiges Dasein verstanden werden.[142] Die Debatte des ausgehenden 19. Jahrhunderts ist zudem wesentlich von den Schriften des Sozialphilosophen Josef Popper-Lynkeus (1838-1921, *‚Das Recht zu Leben und die Pflicht zu sterben'*, 1887), sowie des Ökonomen und Publi-

---

138 Vanderborght/Van Parijs (2005): S. 24.

139 Vgl. ebd., S. 17.

140 Vgl. Nipperdey (1993): S. 335-373.

141 Angesichts der allgegenwärtigen Armut seiner Zeit stellt Kropotkin die kluge Frage: *„Wir sind reich in unseren zivilisierten Gesellschaften. Woher also das Elend, das um uns herum herrscht?"* (Opielka/Vobruba (1986b): S. 8, Hervorhebung im Original).

142 Vgl. Opielka/Vobruba (1986b): S. 7-9; Vobruba (2006): S. 72 ff.

zisten Theodor Hertzka[143] (1845-1924, *‚Freiland – Ein sociales Zukunftsbild‘*, 1890) geprägt.[144]

I.2.2. Die Idee eines Grundeinkommens im 20. Jahrhundert

Zu Beginn des 20. Jahrhunderts fordert der österreichische Sozialtheoretiker und Begründer der Anthroposophie Rudolf Steiner (1861-1925) in seinem Aufsatz *‚Geisteswissenschaft und Soziale Frage‘*, (1906) erstmals die Trennung von Arbeit und Einkommen, welche ein zentrales Wesensmerkmal des Grundeinkommens ist.[145] Wenige Jahre später argumentiert der Philosoph, Mathematiker und Literat Bertrand Russell (1872-1970) in *‚Roads to Freedoom‘* (1918) für ein Gesellschaftsmodell, welches ein zur Befriedigung der Grundbedürfnisse zureichendes Sozialeinkommen für alle bereitstellt, gleichgültig ob dessen Bezieher arbeiten oder nicht. Im selben Jahr plädiert der Ingenieur Dennis Milner (1892-1956) in *‚Scheme for a State Bonus‘* (1918) für eine an das Bruttoinlandsprodukt gekoppelte und wöchentlich auszuzahlende »Staatsprämie« (*state bonus*) zur Lösung der Armenfrage. So besteht nach Ansicht Milners für jedes Individuum ein moralisches Anrecht auf ein Existenzminimum.[146] In der Zeit zwischen den Weltkriegen tritt der britische Ökonom und erste Lehrstuhlinhaber für Politische Theorie in Oxford, George D. H. Cole (1889-1959), als erster für eine »Sozialdividende« (1935) ein und bereichert damit die Debatte um einen weiteren Begriff.[147]

Vor dem Hintergrund von Wirtschaftskrisen und wachsenden sozialen Missständen gewann die Idee eines garantierten existenzsichernden Mindesteinkommens, das nun mit dem Begriff »Grundeinkommen« bezeichnet wurde, in der zweiten Hälfte des 20. Jahrhundert erneut an Attraktivität und erfuhr weltweit Beachtung. Exemplarisch hierfür sei die 1967 erschienene Aufsatzsammlung des US-amerikanischen Ökonomen Robert Theobald *‚The Guaranteed Income. Next Step in Economic Evolution‘*[148] genannt. Ebenso sprachen sich unter anderem die Nobel-

---

143 Hertzka fragt angesichts technisch-industrieller Fortschritte: *„Warum werden wir nicht reicher nach Maßgabe unserer wachsenden Fähigkeit, Reichtum zu erzeugen?“* (Opielka/Vobruba (1986b): S. 8, Hervorhebung im Original).

144 Vgl. Althaus/Binkert (2010): S. 30-32.

145 Vgl. ebd., S. 32.

146 Vgl. Vanderborght/Van Parijs (2005): S. 26.

147 Wahrscheinlich hat Cole auch als erster den Begriff »*basic income*« geprägt, welcher heute die inter-national anerkannte Bezeichnung für ein allgemeines Grundeinkommen ist. Vgl. Vanderborght/Van Parijs (2005): S. 27.

148 Vgl. Theobald (1967).

preisträger Albert Einstein (1879-1955), Physik, sowie im Bereich der Wirtschaftswissenschaften Jan Tinbergen (1903-1994), Paul Samuelson (1915-2009), Friedrich August von Hayek (1899-1992), Milton Friedman (1912-2006), James Edward Meade (1907-1995), James Tobin (1918-2002) sowie der einflussreiche Ökonom und Berater mehrerer US-Präsidenten John Kenneth Galbraith (1908-2006) für ein garantiertes Mindesteinkommen aus und entwickelten teilweise auch Finanzierungsvorschläge.[149] Darüber hinaus fand die Idee bei zahlreichen Intellektuellen und Politikern, wie der bereits erwähnten linksliberalen Ökonomin und Labour-Abgeordneten Juliet Evangeline Rhys-Williams, dem Bürgerrechtler Martin Luther King jr. (1929-1968)[150], den marxistisch orientierten Sozialphilosophen Erich Fromm (1900-1980) und André Gorz (1923-2007)[151] sowie dem liberalen Soziologen und Politiker Ralf Dahrendorf (1929-2009)[152] entschiedene Fürsprecher.

Der Blick in die Geschichte zeigt, dass die Idee eines garantierten Mindest- bzw. Grundeinkommens viele Väter, Geburtshelfer und Freunde ganz unterschiedlicher politischer oder weltanschaulicher Provenienz und Lagerzugehörigkeit hat. Dennoch kann trotz historisch wiederkehrenden Diskursverläufen bis ins 20. Jahrhundert hinein nicht von einer kontinuierlichen öffentlichen Debatte im eigentlichen Sinne gesprochen werden. Vielmehr blieben die Überlegungen bezüglich eines allgemeinen Grundeinkommens auf das wissenschaftlich-akademische Umfeld und Bildungseliten beschränkt.

Was die frühe akademische Debatte zur Grundeinkommensidee im deutschsprachigen Raum betrifft, so stechen die Beiträge zweier Diskutanten hervor. Die Überlegungen von Erich Fromm und Ralf Dahrendorf zu einem garantierten Einkommen sind in zweierlei Hinsicht für die vorliegende Studie von besonderem Wert. Erstens sind ihre Theorien im 20. Jahrhundert breit rezipiert worden und ihre Argumente beeinflussen noch heute die Grundeinkommensdebatte in nicht zu unterschätzendem Maße. Zweitens reflektieren Fromms und Dahrendorfs Argumentationen für ein garantiertes Einkommen sowohl das Problem individueller Freiheit und Existenzsicherung im Rahmen einer modernen Marktwirtschaft als auch die Fortentwicklung sozio-ökonomischer Rahmenbedingungen auf dem Weg zu einer humanen und integrativen Gesellschaft, die im Sinne der Wahrung der Grund- bzw. Menschenrechte gleichermaßen allen eine zum Leben notwendige materielle Basisversorgung gewährt. Im Folgenden werden die Ansätze der Prota-

---

149 Vgl. Presse (2010): S. 2.

150 Vgl. Luther King (1967).

151 Vgl. Gorz (1983, 1986).

152 Vgl. Dahrendorf (1986).

gonisten Fromm und Dahrendorf überblickartig dargestellt, also jener beiden sowohl in ihrer weltanschaulichen Ausrichtung als auch soziologischen Perspektive doch recht ungleichen Fürsprecher eines garantierten (Grund-)Einkommens. Anhand dieser Darstellung sollen zwei verschiedene Begründungsmuster eines garantieren Einkommens nachgezeichnet und die damit verbunden Erwartungen bzw. Zielvorstellungen diskutiert werden.
In diesem Zusammenhang gilt es, die für das soziologische Denken grundlegende Differenzierung zu beachten: So unterscheidet die Soziologie bei der Analyse sozialer Phänomene bzw. Probleme systematisch zwischen der Mikro-, Meso-, und Makroperspektive, welche jeweils unterschiedliche Betrachtungsebenen mit je verschiedenen Aufmerksamkeitsschwerpunkten kennzeichnen.[153] Die Unterscheidung zwischen Mikrobetrachtung (Mikrosoziologie) und Makroperspektive (Makrosoziologie) ist Ausdruck einer alten Theoriekontroverse innerhalb der Soziologie, die um die Frage kreist „wo man ansetzen sollte, wenn man Fragen des sozialen Miteinanders, der Gesellschaft oder der Vergesellschaftung untersuchen möchte."[154] Der Fokus der Mikroperspektive liegt dabei auf den kleinsten Einheiten des Sozialen, sie interessiert sich für das Individuum sowie dessen Handlungs- bzw. Beziehungsgeflecht als dem Ausgangs- und Konstruktionspunkt von Gesellschaft.[155] Im Gegensatz dazu nimmt die Makroperspektive gesamtgesellschaftliche Wirkungszusammenhänge sowie die Interaktion größerer Einheiten bzw. Großgruppen und deren Interessen in den Blick.[156] Angesichts der grundsätzlich vereinfachenden Perspektive jedweder Ebenenoptik gilt es überdies zu beachten, dass komplexe soziologische Fragestellungen wie die des Grundeinkommens nie nur auf eine Betrachtungsebene beschränkt bleiben (können), sondern vielmehr verschiedene Ebenen-Kontexte gleichzeitig berühren. Auch können die Mikro- und Makroebene aufgrund des hohen Vernetzungs- bzw. Interdependenzgrades moderner Gesellschaft nicht länger losgelöst von einander betrachtet werden. Geht es darum, die Wirklichkeit sozialer Phänomene umfassend zu durchleuchten, so müssen wechselseitige Einflüsse und Querverbindungen der einzelnen Ebenen stets mit bedacht werden.[157] Folglich wird eine monoperspektivische Deutung des Grundeinkommens allein im (Teil-)Kontext einer isolierten Betrachtungsebene (gleichgültig ob nun Mikro-, Meso- oder Makroebene) dem Untersuchungsgegenstand nicht gerecht und ist daher nur mit einem geringen soziologi-

153 Vgl. hierzu: Dimbath (2011): S. 39-44.

154 Ebd., S. 39.

155 Vgl. ebd., S. 39 f.

156 Vgl. ebd., S. 40.

157 Vgl. ebd., S. 44.

schen Erkenntnisgewinn verbunden. Was das Ziel einer soziologischen Analyse der Grundeinkommensidee anbelangt, so kann diese nur mit Hilfe einer die verschiedenen Ebenen berücksichtigenden, d. h. multiperspektivischen Blickwendung gelingen.

Folgende Einordnung lässt sich aus den vorangegangenen Ausführungen bezüglich jener die moderne Soziologie bestimmenden Ebenen- bzw. Blickwinkelunterscheidung ableiten: Fromm und Dahrendorf nähern sich der Grundeinkommensthematik auf unterschiedliche Weise. Die verschiedenen Zugänge prägen die jeweilige Argumentation entscheidend. So wählt Fromm einen dezidiert (sozial-)psychologischen, d. h. die Innerlichkeit und die Interessen des Individuums fokussierenden Zugang. Ein solcher im Denkhorizont eines „methodologische[n] Individualismus“[158] anzusiedelnder Zugang entspricht im Wesentlichen der soziologischen Mikro-Perspektive bzw. ist dieser vorgelagert. Im Gegensatz dazu bedient sich Dahrendorf primär einer strukturellen bzw. institutionellen Betrachtungsweise, welche vor allem die gesellschaftliche Funktion des Grundeinkommens fokussiert und daher vorrangig auf der Makroebene zu verorten ist. Trotz der Unterschiedlichkeit der Herangehensweisen, beide (Ebenen-)Perspektiven auf das Grundeinkommen haben soziologisch betrachtet ihre Berechtigung, beleuchtet doch jeder Blickwinkel andere, für das Verständnis der Grundeinkommensidee wichtige Aspekte. Die nachfolgende Darstellung der verschiedenen Perspektiven (von Fromm und Dahrendorf) auf das Grundeinkommen hilft, die Grundeinkommensidee soziologisch einzuordnen und zeigt, dass der komplexe Untersuchungsgegenstand »Grundeinkommen« mehrere Betrachtungsebenen zugleich berührt und sich in der Perspektive jedes Blickwinkels neue Reflexions- und Interpretationschancen ergeben.

I.2.2.1. Erich Fromm: Freiheit durch Grundeinkommen statt Existenzangst

Der Psychoanalytiker und Sozialphilosoph Erich Fromm wendet sich bereits 1955 in seinem Buch ‚*Wege aus einer kranken Gesellschaft*‘ der Idee einer Art bedingungslosen Grundeinkommens zu. Fromms erstes und wichtigstes Argument für ein garantiertes Einkommen ist das Freiheitsargument. Im Geist der klassischen Kapitalismuskritik erklärt Fromm in besagtem Aufsatz:

> „Jeder einzelne kann nur frei und verantwortungsbewußt handeln, wenn eine der Hauptursachen der heutigen Unfreiheit beseitigt wird: die wirt-

[158] Dimbath (2011): S. 40.

schaftliche Bedrohung, hungern zu müssen, welche die Menschen dazu zwingt, sich auf Arbeitsbedingungen einzulassen, die sie sonst nicht akzeptieren würden. Es wird keine Freiheit geben, solange der Kapitalist einem Menschen, der »nichts« besitzt als sein Leben, seinen Willen aufzwingen kann, weil letzterer aus Mangel an Kapital keine Arbeit findet außer der, welche der Kapitalist ihm bietet."[159]

Freiheit und Verantwortung bedürfen nach Fromm einer materiell sicheren Existenz in Form des garantierten Existenzminimums. Der Anspruch auf Existenzminimum in Form eines »garantierten Einkommens« besteht für jeden Menschen, unabhängig davon, ob er arbeitet oder nicht. Aus diesem Grund muss nach Ansicht Fromms „das bereits vorhandene Sozialversicherungssystem [...] zur Garantie eines allgemeinen Existenzminimums ausgedehnt werden."[160]

Erklärend fügt Fromm hinzu:

„Es würde praktisch heißen, daß jeder Bürger Anspruch auf eine Summe hat, die ihm ein Existenzminimum sichert, selbst wenn er nicht arbeitslos, krank oder alt ist. [...] Kurz gesagt, er hätte Anspruch auf dieses Existenzminimum, auch wenn er keinen besonderen »Grund« dafür angeben könnte."[161]

Elf Jahre später greift Fromm seine Überlegungen hinsichtlich des garantierten Existenzminimums erneut auf. In seinem 1966 veröffentlichten Aufsatz *‚Psychologische Aspekte zur Frage eines garantierten Einkommens für alle'* widmet er sich, wie der Titel vermuten lässt, in erster Linie psycho-sozialen Gesichtspunkten einer Einkommensgarantie. Neben dem Freiheitsargument hebt Fromm hier auch das Lebensrecht des Menschen als zweites zentrales Argument für die Einführung eines staatlich garantierten Einkommens[162] hervor. So schreibt Fromm im besagten Aufsatz:

„Das garantierte Einkommen würde nicht nur aus dem Schlagwort »Freiheit« eine Realität machen, es würde auch ein tief in der religiösen und humanistischen Tradition des Westens verwurzeltes Prinzip bestätigen,

---

159 Fromm (1980 [1955]): S. 234.

160 Ebd.

161 Ebd.

162 Klaus Widerström benennt zwei von Fromm entwickelte Ansätze zur Umsetzung eines Grundeinkommens. So kann das garantierte Einkommen entweder a) in Form kostenlosen Konsums lebensnotwendiger Gebrauchsgüter, oder b) in Form einer regelmäßigen Geldleistung gewährt werden. Beide Varianten sollen aus Steuermitteln finanziert werden (Vgl. Widerström (2010): S. 7 f.). Interessant ist in diesem Zusammenhang auch, dass Fromm in seinen frühen Schriften für eine zeitliche Begrenzung der Grundeinkommenszahlung plädiert, um eine neurotische Flucht des Empfängers vor sozialen Pflichten vorzubeugen Vgl. Fromm (1980 [1955]): S. 234.

> dass der Mensch unter allen Umständen das Recht hat zu leben. Dieses Recht auf Leben, Nahrung und Unterkunft, auf medizinische Versorgung, Bildung usw. ist ein dem Menschen angeborenes Recht, das unter keinen Umständen eingeschränkt werden darf, nicht einmal im Hinblick darauf, ob der Betreffende für die Gesellschaft »von Nutzen ist«. Der Übergang von einer Psychologie des Mangels zu einer des Überflusses bedeutet einen der wichtigsten Schritte in der menschlichen Entwicklung."[163]

Mit »Freiheit« meint Fromm wesentlich Freiheit von Angst vor Gewaltherrschaft und Hungertod, zwei Gefahrenquellen, die den Menschen in der gesamten Geschichte bedroht und in seinen Entfaltungsmöglichkeiten eingeschränkt haben.[164] Ebenso würde das garantierte Einkommen laut Fromm mit dem neutestamentlichen und weithin akzeptierten Prinzip „Wer nicht arbeiten *will*, soll auch nicht essen."[165] brechen und dem Menschen unbeachtet seiner Leistung das Existenzminimum gewähren. Dadurch würde die „Drohung des Hungertods"[166] erstmalig überwunden und dem historischen Paradigma der Existenzangst ein Ende bereitet, sodass niemand mehr arbeiten muss, allein um das bloße Überleben zu sichern.[167] Insofern sei die Angst vor dem Hungertod als Movens der Arbeitsaufnahme und Instrument sozialer Disziplinierung „im Zeitalter des wirtschaftlichen Überflusses"[168] obsolet geworden, was die Handlungsfreiheit der Menschen privat wie geschäftlich enorm erweitern würde.

Beispielhaft hierfür nennt Fromm die in einer unglücklichen Ehe lebende Frau, die sich leichter scheiden lassen kann, da ihr das garantierte Einkommen die finanzielle Eigenständigkeit ermöglicht. Aber auch der erwerbstätige Mann, der sich mit vierzig Jahren noch einmal beruflich neu orientieren möchte, dafür aber eine neue Ausbildung absolvieren muss, kann von einer Einkommensgarantie profitieren.[169] Auf der Basis

---

163 Fromm (1981 [1966]): S. 310.

164 Vgl. ebd., S. 309.

165 Neues Testament, Einheitsübersetzung, Paulus im Brief an die Thessalonicher: 2 Thess. 3, 10. (Hervorhebung S. K.) Das Paulinische Diktum hat in der Geschichte der Menschheit ‚Karriere' gemacht und verschiedenen politischen Systemen zur Festigung der allgemeinen Arbeitsmoral gedient. Heute wird die vielzitierte Sentenz zumeist für eine Argumentation wider das Grundeinkommen bemüht. Seltene Berücksichtigung findet dabei ein wichtiges Detail der Formulierung, nämlich, dass der Apostel ausdrücklich von der Arbeitsbereitschaft (Wollen) spricht und vom faktischen Tun!

166 Fromm (1981[1966]): S. 310.

167 Vgl. ebd., S. 309 f.

168 Ebd., S. 310.

169 Vgl. Fromm (1980[1955]): S. 235.

eines garantierten Einkommens könne dieser seine jetzige Tätigkeit aufgeben und eine mehrjährige Ausbildungsphase auf bescheidenem, aber sicherem Minimum überbrücken. Finanziell schwierige Phasen des Berufswechsels oder die in ihrer Bedeutung wachsenden Aus- bzw. Weiterbildungsphasen wären leichter zu bewältigen, da ja mit dem garantierten Einkommen die Existenz relativ gesichert sei.

Damit ist eine weitere Freiheitsfunktion der Einkommensgarantie angesprochen, die für Fromm von zentraler Bedeutung ist: Das garantierte Einkommen würde die Grundlage für wirkliche Vertrags*freiheit* zwischen Arbeitgeber und Arbeitnehmer schaffen.[170] Echte Vertragsfreiheit existiert nämlich nur dann, wenn für beide Vertragsparteien die Möglichkeit besteht, den Vertrag sowohl anzunehmen als auch abzulehnen, ohne dadurch Existenznot oder Nachteile fürchten zu müssen. Die Menschen hätten eine wirkliche Wahl, ob sie ein Arbeitsangebot annehmen oder nicht, da ihre Existenz ja bereits durch das staatlich garantierte Einkommen gesichert wäre. Daraus folgt, dass die angebotene Arbeit so interessant und attraktiv gestaltet werden muss, dass potenzielle Arbeitnehmer auch bereit sind, diese anzunehmen.[171] Mit einem garantierten Existenzminimum bzw. sicheren Einkommen im Rückhalt könnten die Menschen ‚Jobs' annehmen, weil sie die angebotene Tätigkeit für sinnvoll erachten und diese ausüben *wollen* und nicht, weil sie das damit verbundene Einkommen zum Überleben zwingend benötigen.[172]

Ein weiterer positiver Aspekt des garantierten Einkommens besteht für Fromm darin, dass in Verbindung mit einer deutlich verkürzten Arbeitszeit die geistigen und religiösen Grundfragen der menschlichen Existenz für den Einzelnen wirklicher und maßgebender würden.[173]

---

170 Vgl. Fromm (1980[1955]): S. 235.

171 Vgl. ebd.

172 Damit ist ein zentrales Argument Fromms benannt, das in der aktuellen Debatte um das bedingungslose Grundeinkommen immer wieder von Götz Werner, dem ehemaligen Chef der Drogeriekette dm und leidenschaftlichem ‚Evangelisten' des Grundeinkommens, aufgegriffen und propagiert wird. Diesbezüglich formuliert Werner: „Auftrag- und Arbeitgeber müssten also durchaus damit rechnen, dass FreiberuflerInnen und Angestellte selbstbewusster werden, wenn sie wissen, dass eine Kündigung oder der Verlust eines Auftrages sie nicht an den Rand der Existenz führen. Das Grundeinkommen würde die Freiheit vergrößern, gerade zu sinnentleerter und schlechtbezahlter Arbeit »Nein« zu sagen." (Werner/Goehler (2010): S. 75).

173 Vgl. Fromm (1981[1966]): S. 310.

> „Bisher war der Mensch mit seiner Arbeit zu sehr beschäftigt (oder er war nach der Arbeit zu müde), um sich ernsthaft mit den Problemen abzugeben: »Was ist der Sinn des Lebens?«, »Woran glaube ich?«, »Welche Werte vertrete ich?«, »Wer bin ich?« usw. "[174]

Der nicht länger von der weitreichenden Vereinnahmung durch abhängige Erwerbsarbeit gebundene Mensch besäße mit Grundeinkommen nunmehr die Freiräume, wichtigen Lebens- und Sinnfragen nachzugehen. Im Zuge konstruktiver Selbstreflexion und kritischen Hinterfragens könnten „»Pathologie[n] der Normalität«"[175] wie Apathie, Langeweile, Depression, Sucht und Gier nach Konsum, denen der entfremdete Mensch der Moderne nach Ansicht Fromms verhaftet ist und welche die „Charakterstruktur des *homo consumens*"[176] dominieren, aufgedeckt werden. All diese Phänomene sind für Fromm Ausdruck eines sich selbst fremd gewordenen, getriebenen und ohnmächtigen Individuums, welches bloßes Objekt blinder ökonomischer Mächte ist, die sein Leben manipulieren.[177] Das Prinzip eines garantierten Einkommens hingegen statuiere eine neue sozio-ökonomische Konstellation und – getreu Marxens Theorie – damit verbunden neues Bewusstsein, das es ermöglicht, bestehende Abhängigkeits-, Herrschafts-, Ausbeutungs- und Angstverhältnisse einer fundamentalen Revision zu unterziehen sowie entfremdete Zustände aufzulösen.

Zentral sowohl für Fromms Rechtfertigung eines garantierten Einkommens als auch für die aktuelle Grundeinkommensdebatte ist das zu Grunde liegende Menschenbild. Das anthropologische Leitbild Fromms ist das der produktiv-tätigen Person, die sich die Welt aktiv aneignet und diese durch den Arbeitsprozess schöpferisch gestaltet. Arbeit gehört für Fromm zum Wesen des Menschen. Die psychisch gesunde Person will in einer gesunden Gesellschaft unter günstigen Umständen in der Regel arbeiten.[178] Erst durch Arbeit wird der Mensch zu dem, was er ist:

> „Wie primitiv und einfach seine [des Menschen, S. K.] Arbeitsmethode auch sein mag, allein durch die Tatsache, daß er etwas produziert, hat er sich über das Tier erhoben, und man hat ihn mit Recht als »das Tier, das produziert« definiert. Aber die Arbeit ist für den Menschen nicht nur eine unentrinnbare Notwendigkeit. Sie befreit ihn auch von der Natur und macht ihn zu einem sozialen und unabhängigen Wesen. *Im Arbeitsprozeß,*

---

174 Fromm (1981[1966]): S. 310.

175 Ebd., S. 312.

176 Ebd., S. 313 (Hervorhebung im Original).

177 Vgl. Widerström (2010): S. 5.

178 Vgl. Kemmer (2008): S. 51.

das heißt durch das Gestalten und Verändern der Natur außerhalb seiner selbst formt und verändert er auch sich selbst. Er erhebt sich über die Natur, indem er sie meistert; er entwickelt seine Fähigkeiten zur Zusammenarbeit, seine Vernunft, seinen Sinn für Schönheit."[179]

Fromms Bild vom Menschen, der sich in der Arbeit selbst produziert, wird im Rahmen der Grundeinkommensdebatte mit der Denkfigur des faulen Menschen konfrontiert, welcher sich auf einem garantierten Einkommen ausruhen und die Arbeit niederlegen würde. In der psychologischen Perspektive Fromms ist jener Mensch, der lieber nicht arbeiten will als zu arbeiten, d. h. der die Möglichkeit zur Ausbildung von Fähigkeiten sowie Formen zwischenmenschlicher Kooperation ablehnt, tendenziell neurotisch gestört bzw. psychisch krank. Für den gesunden Menschen aber gelte vielmehr: „Je weiter sich seine Arbeit entwickelt, umso weiter entwickelt sich auch seine Individualität."[180] In Anbetracht dieser Perspektive sei der Haupteinwand gegen ein System des garantierten Existenzminimums, nämlich die Annahme, dass mit dessen Implementierung das Arbeitsangebot drastisch sinken würde, d. h. niemand mehr arbeiten wolle, nach Ansicht Fromms schlichtweg falsch.[181]

Achtung: In diesem Punkt muss Fromm beigepflichtet werden, denn realistischerweise wären es nur sehr wenige Menschen, die über das bescheidene Niveau des Existenzminimums hinaus nichts hinzuverdienen möchten und die sich lieber mit Nichtstun begnügen als zu arbeiten,[182] allein schon aufgrund der vielfach bestätigten Erfahrung, dass der ‚arbeitslose' Mensch[183] an seiner Arbeitslosigkeit bzw. Untätigkeit leidet. Das Argument fehlender Arbeitsmotivation ist, vom Standpunkt Fromms aus betrachtet, wirklichkeitsfremd und schlichtweg abwegig. Legt man Fromms Menschenbild zu Grunde, so hätten die Men-

179 Fromm (1980[1955]): S. 126 f. (Hervorhebung im Original).

180 Ebd., S. 127.

181 Vgl. ebd., S. 235.

182 Vgl. ebd.

183 Die Bezeichnung ‚arbeitslos' bzw. ‚Arbeitsloser' ist aus folgendem Gründen unpräzise wie irreführend. Sie bezieht sich umgangssprachlich hauptsächlich auf *Erwerbsarbeit*, die aber nur ein Teil eines insgesamt breiten Spektrums von Arbeitsformen ist. Demzufolge ist die Gleichsetzung von Erwerbsarbeit und Arbeit undifferenziert und wissenschaftlich nicht korrekt. Dementsprechend kann die Abwesenheit von Erwerbsarbeit nicht mit der Absenz jeglicher Form von Arbeit gleichgesetzt werden. Insofern ist kein erwachsener Mensch wirklich frei von Arbeit im Sinne von anstrengender, zielgerichteter und sinnvoller Tätigkeit. So verrichtet der Rentner beispielsweise Garten*arbeit*, die Hausfrau Haus*arbeit* und der sog. ‚Arbeitslose' meist viel Arbeit zur Beendigung seiner ‚Arbeitslosigkeit' (z. B. im Zuge des Entwickelns einer Berufsperspektive, beim Erstellen von Bewerbungen, beim Absolvieren von Behördenwegen, der Teilnahme an Coachings zur Lebens- bzw. Karriereplanung etc.).

schen bei einem garantierten Einkommen keinen Grund zur Untätigkeit, sondern im Gegenteil vielmehr die Sicherheit und Freiheit, sinnvollen und schöpferischen Tätigkeiten nachzugehen.

Gleichwohl muss Fromm feststellen, dass der moderne Mensch eher von einer Sehnsucht nach Nichtstun als nach Betätigung beherrscht wird.[184] Dieses Verlangen nach Passivität ist für Fromm ein weiteres Symptom der „»Pathologie der Normalität«"[185]. Flüchtet der Mensch in neurotisch faules Verhalten bzw. Nichtstun, so liegt mit Fromm der Verdacht nahe, dass die gesellschaftliche Organisation der Arbeit, also die vorfindlichen Arbeitsformen bzw. Arbeitsbedingungen weder der Natur des Menschen entsprechen noch gesund sind. Ist dies der Fall, wird von entfremdeter oder ‚kranker' Arbeit gesprochen.

Fromm selbst, der in der Tradition von Marx stehend nicht jede Form von Arbeit positiv bewertet, gibt ein Beispiel entfremdeter Arbeit. So sei die Arbeit des typischen Industriearbeiters nach Fromm entfremdet und damit unbefriedigend. Im Rahmen eines höchst komplizierten und aufwendigen Produktionsprozesses habe dieser nur eine untergeordnete und passive Rolle, zudem erfülle er nur eine sehr isolierte bzw. ausschnitthafte Funktion. Sein Wissen über den Produktionsprozess insgesamt sei begrenzt, auch habe er nie das Endprodukt als Ganzes vor Augen.[186] Als Arbeiter sei er zudem kein tätiger Urheber, vielmehr Knecht der taktgebenden Maschine und trage keinerlei Verantwortung außer der fehlerfreien Herstellung eines Einzelteils, so Fromm. Das primäre Ziel seiner Arbeit besteht für den Arbeiter darin, Geld zu verdienen, um sich und seine Familie ernähren zu können.[187] Ein über die eigene Existenzsicherung hinausgehendes Interesse an seiner Arbeit hat der Arbeiter nicht. Die Beziehung zu seiner eigenen Arbeit ist laut Fromm daher unnatürlich bzw. entäußert, d. h. entfremdet.[188]

Des Weiteren thematisiert der Grundeinkommensbefürworter Fromm zu Recht die Gefahr eines übermächtigen Generalversorger-Staates.[189] Der realen Gefahr des Paternalismus, also eines potenten Staates, der alle Bürger durch die Zahlung eines Existenzminimums ernährt, diese aber dadurch in seine Abhängigkeit bringt bzw. entmündigt, muss laut Fromm mit einer zeitgleichen konsequenten Demokratisierung aller gesellschaftlichen Bereiche, d. h. einer „Renaissance echter Demokra-

184 Vgl. Fromm (1981 [1966]): S. 312.

185 Ebd.

186 Vgl. Fromm (1980[1955]): S. 128.

187 Vgl. ebd., S. 129.

188 Vgl. ebd.

189 Vgl. Fromm (1981 [1966]): S. 316.

tie"[190] begegnet werden. In der Summe zielt Fromms Plädoyer für ein garantiertes Einkommen auf die „grundlegende Neuorganisation des gesamten Wirtschafts- und Gesellschaftssystems"[191] im Zeichen von Freiheit, Humanität und Solidarität. In der Analyse Fromms eröffnet das garantierte Einkommen die Möglichkeit, das Zwangsverhältnis entfremdeter bzw. angstbasierter Arbeit zu verlassen, negative Abhängigkeitsverhältnisse[192] aufzulösen, neue Ausbildungs- und Lebenswege materiell abzusichern sowie freie Assoziationen privater bzw. geschäftlicher Natur einzugehen. Dadurch soll der „Übergang von einer vormenschlichen zu einer wahrhaft menschlichen Gesellschaft"[193] eingeleitet werden.

Für Fromm ist die Überwindung von Existenzangst[194] ein zentrales Argument für die Begründung eines garantieren Einkommens. Damit spricht er ein Grundproblem moderner Gesellschaft an. Angesichts einer erschöpften Leistungsgesellschaft, in der Angststörung, Depression und Burnout zum psychotherapeutischen Alltag gehören und immer öfter auch junge Menschen über (psychische) Überforderung klagen, kann das garantierte Einkommen einen Beitrag dazu leisten, den Druck zu mindern, Einkommen und Existenzgrundlage erwirtschaften zu müssen. Insofern wäre mit der Einführung eines garantierten Einkommens ein erster Schritt in Richtung einer (psychisch) gesunden Gesellschaft getan.[195]

Darüber hinaus erhofft sich Fromm durch ein garantiertes Einkommen einen Kulturimpuls, der die „humanistischen Werte des Lebens, der

---

190 Fromm (1981 [1966]): S. 316.

191 Widerström (2010): S. 4.

192 Unter negativen Abhängigkeitsverhältnissen versteht Fromm beispielsweise die ökonomische Abhängigkeit des Arbeiternehmers vom Arbeitgeber als auch innerfamiliäre bzw. geschlechterspezifische Abhängigkeiten wirtschaftlicher Art. Vgl. Fromm (1980 [1955]): S. 235 f.

193 Fromm (1981 [1966]): S. 310.

194 Wenn im Folgenden von der Überwindung der Existenzangst mit der Hilfe einer Einkommensgarantie die Rede ist, so muss einschränkend angemerkt werden, dass der hier zugrunde gelegte Angstbegriff eng gefasst ist und sich allein auf die Angst in Folge totaler Mittel- bzw. Einkommenslosigkeit bezieht. Ein weiter gefasster Begriff von Existenzangst, welcher sich beispielsweise auf die Angst eines in grundsätzlich sicheren Verhältnissen lebenden Unternehmers vor dem Zusammenbruch seiner Firma oder aber die Angst vor einer lebensbedrohlichen Krankheit bezieht, ist hiermit ausdrücklich nicht gemeint.

195 Vgl. Kemmer (2008): S. 51.

Produktivität, des Individualismus usw."[196] wiederbelebt. Diese Erwartung erscheint dem nüchternen Betrachter als naive Vision bzw. optimistisches Wunschdenken, denn es kann in realistischer Perspektive nicht (und schon gar nicht monokausal!) davon ausgegangen werden, dass der schlichte Transfer eines bescheidenen Geldbetrages produktive Individuen hervorbringt oder gar das Himmlische Jerusalem auferstehen lässt. Denn neben der bloßen Zuweisung (Allokation) von Einkommen bedarf es hierfür auch der Konversion gesellschaftlicher Rahmenbedingungen und Strukturen. Wie oben bereits dargelegt geht Fromm davon aus, dass ein garantiertes Einkommen die Möglichkeit schafft, weniger bzw. weniger hart zu arbeiten, wodurch neue Freiräume entstünden, in denen sich der Mensch Sinn- und Lebensfragen zuwenden könne. Doch bleibt mit Kilian Kemmer dabei fraglich, warum die durch eine Einkommensgarantie hinzugewonnenen arbeitsfreien Zeit- bzw. Denkräume gerade für eine konstruktive Beschäftigung mit Sinnfragen genutzt werden sollten[197] und nicht etwa für relativ sinnarmes bzw. destruktives Verhalten wie dem intensiven Konsum von Schnaps und Telenovelas? Ebenso kritisch muss angemerkt werden, dass in den modernen Sozial- bzw. Wohlfahrtsstaaten Europas mit all ihren Institutionen und Leistungen sicher niemandem mehr die von Fromm problematisierte Gefahr des Verhungerns droht.[198] Dank des gegenwärtigen Standards der sozialen Mindestversorgung in Deutschland kann bereits heute jeder *nachweislich* Bedürftige Grundsicherungsleistungen *beantragen*, die das reine Überleben sichern und somit wirkliches Hungern ausschließen.

Was also bleibt von dem existenziell freiheitsorientierten Zugriff Fromms auf die Idee des Grundeinkommens? Es ist das Verdienst Fromms, bereits zu einem Zeitpunkt, als die öffentliche Diskussion um ein garantiertes Einkommen noch in ihren Anfängen gelegen hat, auf dessen psychologische Dimension sowie die emanzipatorischen Implikationen hingewiesen zu haben, welche insbesondere von linken Befürwortern der Grundeinkommensidee positiv hervorgehoben werden. Somit darf Fromm als ein bedeutender Initiator und Ideengeber der Grundeinkommensdiskussion im deutschen Sprachraum betrachtet werden[199], der dem Grundeinkommen eine enorme gesellschaftsverändernde Dynamik zuschreibt. Fromms Ansatz nimmt somit eine auch heute hochaktuelle Perspektive ein, fokussiert er doch die psychologischen und sozial-ökonomischen Voraussetzungen einer humanen Gesellschaft, in deren Mittelpunkt die seelische Gesundheit sowie die freie

196 Fromm (1981 [1966]): S. 313.

197 Vgl. Kemmer (2008): S. 50.

198 Vgl. Fromm (1981 [1966]): S. 309.

199 Vgl. Widerström (2010): S. 7.

Entwicklung der Einzelperson stehen. Insbesondere die (sozial-)psychologische Analyse Fromms liefert zentrale Argumente zur Rechtfertigung eines Grundeinkommens, welche die aktuelle Diskussion maßgeblich beeinflussen und die reichlich Anlass zur theoretischen Auseinandersetzung geben. Obwohl der Aufmerksamkeitsschwerpunkt der Arbeit nicht auf der frommschen Argumentation liegt, werden einzelne Argumente im Rahmen der Arbeit stellenweise aufgegriffen und diskutiert.

I.2.2.2. Ralf Dahrendorf: Grundeinkommen als Bürgerrecht und Grundstatus

Einen ebenso interessanten wie für die aktuelle Debatte fruchtbaren Ansatz vertritt der renommierte Soziologe, Politiker, Publizist und liberale Vordenker Lord Ralf Dahrendorf, der das garantierte Mindesteinkommen sowohl als Grundausstattung als auch als Bürgerrecht versteht. Dabei gilt es zu beachten, dass Dahrendorf seine Grundeinkommensargumentation Jahrzehnte nach Fromm und somit vor dem Hintergrund anderer sozio-ökonomischer Rahmenbedingungen entfaltet.

In seinem 1986 veröffentlichten Aufsatz ‚*Ein garantiertes Mindesteinkommen als konstitutionelles Anrecht*' interpretiert Dahrendorf die Idee des Grundeinkommens vor dem Hintergrund eines tief greifenden Wandels der Arbeitsgesellschaft (von Dahrendorf 1980 in die Soziologie eingeführter Terminus) sowie des daraus resultierenden Bedeutungsverlustes von Erwerbsarbeit zu Gunsten selbstbestimmter Tätigkeiten. Laut Dahrendorf habe im Zuge der zivilisatorischen Fortschritte des vergangenen Jahrhunderts sowohl eine Erleichterung und Verknappung von Erwerbsarbeit als auch eine „Befreiung von (»falscher«) Arbeit"[200] stattgefunden, wodurch „das »Reich der Freiheit« ständig ausgeweitet worden ist"[201]. Die von vielen Anhängern des Grundeinkommens geteilte These vom Ende der konventionellen Arbeitsgesellschaft[202] kommentiert Dahrendorf gleich zu Beginn seines Aufsatzes: „Wir stehen möglicherweise an der Schwelle zu einer Gesellschaft, in der Erwerbsarbeit gegenüber Formen der freien Tätigkeit zurücktritt, in diesem Sinne am

200 Dahrendorf (1986): S. 132.

201 Ebd.

202 Stellvertretend für viele: Rifkin (1996); Vobruba (2006): S. 117-142; Werner/Goehler (2010): S. 95-117.

Ende der Arbeitsgesellschaft und am Beginn von so etwas wie der Tätigkeitsgesellschaft."[203]

Damit ist eine Tendenz beschrieben, die für manche Diskursteilnehmer damals wie heute als Begründung der Forderung nach der Entkoppelung von Arbeit und Einkommen[204] vermittels der Einführung eines garantierten Mindesteinkommens dient. Bezüglich der Relativierung von Erwerbsarbeit gibt Dahrendorf folgende Problembeschreibung: Die Verknappung bzw. Reduktion der Erwerbsarbeit für Einzelne steigert zugleich deren Wert in den Augen der Arbeitnehmer. Wie Dahrendorf richtig bemerkt, beinhaltet bezahlte Erwerbsarbeit eine Reihe an Vorzügen, ist sie doch Quelle von Anrechten, Selbstachtung, Lebenshilfe, Sinn und Prestige.[205] Der Wettbewerb um knappe und damit begehrte Erwerbsarbeitsplätze, die in erster Linie bloße Einkommensplätze sind, erzeugt überdies Verlierer, sogenannte ‚Arbeitslose', die im Kontext der Arbeitsgesellschaft erhebliche Einbußen an Einkommen, Rechten, Teilhabe- und Lebenschancen in Kauf nehmen müssen. In dem Maße aber wie die Gruppe der von Erwerbsarbeit Ausgeschlossenen wächst, wird die Spaltung der Gesellschaft gleicher Staatsbürger in eine „Mehrheitsklasse der Dazugehörigen"[206], also der weiterhin am Erwerbsprozess beteiligten Personen, und einer „Unterklasse der Nichtdazugehörigen"[207] vorangetrieben. „Dadurch setzt ein Prozeß mit unabsehbaren Folgen ein. Eine Gesellschaft, die sich mühsam Staatsbürgerrechte für alle erobert hat, fängt an, mehr und mehr Menschen aus dem Genuß dieser Rechte herauszudefinieren, sie auszugrenzen."[208] Eine solche Entwicklung konterkariert laut Dahrendorf den tragenden Grundkonsens der Gesellschaft und nährt gravierende Zweifel an der bestehenden Rechts- und Sozialordnung, die letztlich das Gesellschaftssystem als Ganzes in Frage stellen.[209]

---

203 Dahrendorf (1986): S. 132.

204 Ein zentraler Aspekt des Grundeinkommens ist die Entkoppelung von Erwerbsarbeit und Einkommen (siehe Kapitel I.3.3.). Einer totalen Entkoppelung von Erwerbsarbeit und Einkommen steht Dahrendorf kritisch gegenüber, weil dadurch der Verlust verschiedener öffentlicher und privater Ordnungssysteme drohe. So ermöglicht Erwerbstätigkeit auf bislang schwer ersetzbare Weise z. B. die Differenzierung von Wohlfahrtschancen, die Herausbildung von Selbstbild und Selbstbewusstsein sowie die Strukturierung von Zeithaushalten (Vgl. Dahrendorf (1986): S. 132 f).

205 Vgl. ebd., S. 133.

206 Ebd.

207 Ebd.

208 Ebd.

209 Vgl. ebd.

Erstaunlicherweise antizipiert die hier von Dahrendorf gegebene Problemanalyse ziemlich genau die gegenwärtige wirtschaftliche und soziale Ausgrenzung Erwerbsarbeitsloser sowie jenen durch diverse Erhebungen belegbaren Vertrauensschwund der bestehenden Gesellschaftsordnung in der Bevölkerung (hierzu siehe Kapitel II.6.3.1.).

Die beschriebene Spaltungs- bzw. Ausgrenzungsproblematik liefert Dahrendorf jedoch noch ein ganz anderes Argument zur Legitimation eines garantierten Mindesteinkommens:

> „Das ist die Begründung durch Staatsbürgerrechte: wenn es nicht zu den Grundrechten jedes Bürgers gehört, daß eine materielle Lebensgrundlage garantiert wird, dann zerfällt die Staatsbürgergesellschaft. Anders gesagt, zur Definition des gemeinsamen Fußbodens, auf dem alle stehen, ist in der Tat die Entkopplung des Einkommens von der Arbeit nötig. Hier reicht weder die reine Wohlfahrt noch die Wiederbelebung des Spruchs, daß wer nicht arbeitet auch nicht essen soll. Es ist dies aber nicht mehr als eine notwendige Bedingung zur Schaffung einer Gesellschaft, in der zu leben sich lohnt."[210]

Folgerichtig und konsequent fordert Dahrendorf deshalb am Ende seines Aufsatzes die Aufnahme eines garantierten und die Existenz sichernden Mindesteinkommens[211] in den Kanon verfassungsmäßig verbürgter Bürgerrechte mit den Worten:

> „In die Verfassung im weiteren Sinne gehört auch das Mindesteinkommen. Es muß als Grundbestand der Staatsbürgerrechte Anerkennung finden, weil sein Sinn darin liegt, eine Ausgangsposition zu bestimmen, hinter die niemand zurückfallen darf."[212]

Die Festschreibung des Mindesteinkommens als konstitutionell verbrieftes Bürgerrecht gliche einem Grundentscheid, der dasselbe als zivilisatorische Errungenschaft kennzeichnen und zugleich den Bürger in seinen materiellen Grundbedürfnissen sowie Lebens- und Teilhaberechten anerkennen würde. Die fundamentale Bedeutung seiner Forderung unterstreicht Dahrendorf, indem er das garantierte Mindesteinkommen mit anderen staatsbürgerlichen Rechten in Beziehung setzt. „Die Ent-

---

210 Dahrendorf (1986): S. 133 f.

211 Zur Frage der Höhe des Mindesteinkommens gibt Dahrendorf folgenden Hinweis: „Wer Arbeit und Einkommen entkoppeln will, muß ein möglichst hohes Mindesteinkommen fordern. Wer nur die Vereinheitlichung der Skalen in einem einzigen (positiven und negativen) Steuersystem will, kann so herzlos oder sozial sein wie er will. Wer dagegen das garantierte Mindesteinkommen als Staatsbürgerrecht will, muß mit einem mäßigen, aber eben garantierbaren Betrag beginnen. Dieser braucht nicht wesentlich über dem gegenwärtigen Sozialhilfesatz zu liegen. Entscheidend ist nur seine grundsätzliche Unangreifbarkeit, also sein Anrechtscharakter." (Dahrendorf (1986): S. 136).

212 Ebd.

scheidung, die verlangt ist, ist in Wahrheit eine ganz andere. Sie ist in der Qualität nicht anders als die Garantie der Gleichheit vor dem Gesetz und des gleichen Wahlrechts."[213]

Doch damit nicht genug. Für die Implementierung einer Art Grundeinkommen ergreift Dahrendorf viele Jahre später erneut das Wort. Im Oktober 2004 entfaltet er in seinem Vortrag im Rahmen der III. Ludwig-Erhard-Lecture der Initiative Soziale Marktwirtschaft die Idee einer „sozialen Grundausstattung"[214] im Sinne eines unbedingten Grundeinkommens. Mit Blick auf die auch von Dahrendorf konstatierte Notwendigkeit einer Neukonzeption der Sozialen Marktwirtschaft erklärt dieser dem Auditorium:

> „Ich spreche von einem Grundausstattungs-Marktliberalismus. Das ist eine Position, die die Marktwirtschaft ohne Wenn und Aber mit einer Sozialpolitik verbindet, die auf eine Grundausstattung für jeden Bürger abzielt. Ludwig Erhard sprach gelegentlich von den gleichen Startchancen, die zur Sozialen Marktwirtschaft gehören. [...] Eher schon kommt einer sozialen Grundausstattung die Idee eines garantierten Grundeinkommens für alle Bürger nahe. Solange die Komplexität der vorhandenen Anrechte die Durchsetzung eines solchen Bürgergeldes – ganz ähnlich wie übrigens Vorschläge eines einheitlichen Steuersatzes, einer ‚flat tax' – unwahrscheinlich macht, sind auch Schritte in diese Richtung willkommen."[215]

Dahrendorfs Idee einer langfristig garantierten sozialen Grundausstattung für alle Bürger, die er in der Perspektive einer neuen Sozialen Marktwirtschaft denkt, klingt in den Ohren Freiheitsliebender recht sympathisch, soll sie doch gerade dem Individuum ein hohes Maß an Wahl- und Entscheidungsfreiheit ermöglichen.[216] Auch dürfte der Gedanke gleicher sozio-ökonomischer Startchancen den Freunden eines egalitären Gerechtigkeitsbegriffs gefallen, wobei Dahrendorf den für die Grundeinkommensdebatte so wichtigen Begriff »gleicher Startchancen« inhaltlich nicht näher bestimmt.

Wiederum vier Jahre später, in seiner Rede beim Festakt anlässlich des 50-jährigen Jubiläums der Friedrich-Naumann-Stiftung im Mai 2008 wiederholt Dahrendorf seine Forderung nach einer egalitären, d. h. allen gleichermaßen zustehenden Grundausstattung und stellt dieselbe in den Horizont seines Konzeptes eines „Grundstatus-Marktliberalismus"[217]. In Anwesenheit des damaligen Bundespräsidenten Horst Köhler erklärt Dahrendorf: „Die Gesellschaft der Freiheit, die ich suche,

---

213 Dahrendorf (1986): S. 135.

214 Dahrendorf (2004): o. S.

215 Ebd.

216 Vgl. ebd.

217 Dahrendorf (2008): S. 8.

kennt also einen Fußboden, auf dem alle stehen, eine rechtliche und sozialökonomische Grundposition, die niemandem verwehrt, ja die für alle geschaffen wird."[218] Nur wenige Sätze später konkretisiert Dahrendorf seine Vorstellung einer solchen »Grundposition« mit den Worten: „Nicht von Mindestlohn ist die Rede, sondern von einem marktunabhängigen Existenzgeld, auf das alle Anspruch haben und das ein Minimum an (Über-)Lebenschancen garantiert."[219]

Dahrendorfs Bekenntnis zu einer Art Grundeinkommen im Spannungsfeld von Marktlogik und Emanzipation macht deutlich: Um an Markt und Gesellschaft der Moderne teilhaben zu können, braucht es eine gesicherte Grund- bzw. Ausgangsposition. Das ist dem ‚homo soziologicus' Dahrendorf evident. Daher ist sein Vorschlag einer existenzsichernden Grundausstattung für alle[220], welche die individuellen Teilhabe- und Entwicklungschancen garantiert und darin einen wirklichen gesellschaftlichen Fortschritt erkennt, ein überaus interessanter Ansatz. Zugleich ist damit ein fester bzw. nicht verhandelbarer „Grundstatus"[221] beschrieben, der für Dahrendorf ein konstitutionell zu verankerndes Bürgerrecht darstellt.[222] Eine verlässliche Basis also, die jedem Bürger unabhängig seiner Arbeits- bzw. Marktperformance zugestanden wird und von der aus er selbstbestimmt, d. h. nach eigenem Ermessen am Gesellschaftsprozess teilnehmen kann. Damit steht es dem Einzelnen frei zu entscheiden, in welchem Umfang und in welchen Zeitmengen er abhängiger Erwerbsarbeit oder aber Formen freier Tätigkeit[223] nachgeht. Im Grundstatus wird somit auch ein emanzipatorisches Moment lebendig, dass die Zentrierung des Einzelnen auf den mehr und mehr umgreifenden Erwerbs- und Marktzusammenhang relativiert und Erwerbsarbeit letztlich als Lebensstiloption begreift.

Als Doyen liberalen Denkens tritt Dahrendorf insbesondere bei Fragen der Wirtschafts- bzw. Sozialpolitik für den Primat der Freiheit ein. Freiheit und Chancengleichheit, d. h. die gerechte Verteilung von Zugangs-

---

218 Dahrendorf (2008): S. 8 f.

219 Ebd., S. 9.

220 Vgl. ebd.

221 Ebd.

222 In der Perspektive Dahrendorfs wird deutlich, dass es beim Grundeinkommen im Sinne einer monetär-materiellen Grundausstattung nicht etwa um die Implementierung irgendeines neuen Tools im Sozialstaat, sondern vielmehr um das Einziehen eines soliden sozioökonomischen Fußbodens geht, der ausnahmslos allen Gesellschaftsmitgliedern einen festen Stand bzw. sicherere Ausgangsbasis bietet.

223 Als Beispiele freier Tätigkeit werden im Rahmen der Grundeinkommensdiskussion meist gemeinwesenbezogene Arbeit, bürgerschaftliches Engagement, Privat-, Haus-, Sorge-, oder Familienarbeit genannt.

und Lebenschancen sowie die Möglichkeit, diese tatsächlich zu nutzen, gehören für ihn zusammen.[224] Ein allgemeiner Grundstatus im Sinne eines garantierten Grundeinkommens bildet für Dahrendorf daher eine notwendige Voraussetzung für die wirkliche Chancengleichheit aller Bürger[225]. Eine Chancengleichheit, die freilich nicht die Nivellierung oder Aufhebung von Unterschieden sozialer oder welcher Art auch immer bedeutet, sondern die vielmehr auf eine freie und spontane Entfaltung von individuellen Fähigkeiten, Talenten und Neigungen sowie eine dynamische Entwicklung aller Gesellschaftsmitglieder bzw. (Wirtschafts-)Subjekte abzielt, auf die eine moderne arbeitsteilige Ökonomie notwendig angewiesen ist.

Insofern ist der Grundstatus wiederum Bedingung dafür, dass der Einzelne, von materieller Existenznot und fremdbestimmter Lebensplanung befreit, die Potenziale seines Humankapitals ohne Marktverwertungszwang eigenverantwortlich kultivieren bzw. fortentwickeln kann, um dieses fruchtbringend für das Gemeinwohl einbringen zu können. Den Sinn des von ihm propagierten ‚Grundstatus-Marktliberalismus' als Leitbild einer sozial verantwortlichen Marktwirtschaft erkennt Dahrendorf in der Verwirklichung von individueller und bürgergesellschaftlicher Freiheit:

> „Wer vor allem die Freiheit will, muss die Chancengleichheit ernstnehmen. Dazu gehört der Grundstatus aller Bürger und die Begrenzung der Fähigkeit, diesen Status kraft illegitimer Macht einzuschränken. Was bleibt, ist aber eine Gesellschaft der Vielfalt und der Unterschiede, auch solcher, die zu Ungleichheit führen. Was bleibt, ist eine offene, wandlungsfähige Gesellschaft – eben eine Gesellschaft freier Bürger."[226]

I.2.2.3. Die Anfänge der Diskussion in der BRD

Im Anschluss an die politiknahe und resonanzstarke Grundeinkommensdebatte in den USA während der 1960er Jahre, in deren Zentrum die Frage der Armutsbekämpfung stand, bildeten die Überlegungen der Ökonomen Wolfram Engels und Bruno Molitor zur Negativsteuer im Jahr 1973 eine erste Etappe der Diskussion um alternative sozialpolitische Instrumente in der Bundesrepublik.[227] Zwar beendeten die politischen Turbulenzen der Nixon-Ära Mitte der 1970er Jahre den Höhenflug der Negativsteuerdiskussion in den Vereinigten Staaten, doch gelangte die Debatte über akademische Informationskanäle zur gleichen

224 Vgl. Dahrendorf (2008): S. 12.

225 Vgl. ebd., S. 9 ff.

226 Ebd., S. 12.

227 Vgl. Opielka/Vobruba (1986b): S. 10.

Zeit nach Europa.[228] Anfang der 1980er Jahre erreichte die Idee des garantierten Grundeinkommens, die bereits Ende der siebziger Jahre in Nordeuropa zirkulierte[229], schließlich die ökologische und feministische Bewegung in Deutschland und führte im Umfeld derselben zu einer regen politischen Diskussion. Schriften, die heute zu den „Klassiker[n] der Grundeinkommensliteratur"[230] gezählt werden können, entstanden in dieser Zeit. Insbesondere der erstmalig 1984 erschienene Sammelband des Berliner Ökolibertären Thomas Schmid *‚Befreiung von falscher Arbeit'* initiierte eine rege Debatte im links-alternativen Lager.[231] Dieser Sammelband gibt einen Einblick in das bunte Spektrum damaliger Verfechter eines garantierten Mindesteinkommens sowie deren sozial- bzw. gesellschaftspolitische, ökonomische und ökologische Argumentation. Aber auch die zahlreichen und einflussreichen Veröffentlichungen der alternativ-liberal orientierten Sozialwissenschaftler Claus Offe, Georg Vobruba und Michael Opielka (Vgl. Offe (1983); Vobruba (1985, 1989); Opielka (1985); Opielka/Vobruba (1986a); Opielka/Stalb (1986); Opielka/Ostner (1987); Opielka/Zander (1988))[232] prägten die frühe, vorrangig im Umfeld der Ökobewegung stattfindende Diskussion.[233]

Vorausgegangen war die Forderung nach einem Existenzgeld, einer Art Grundeinkommen in Form der Sozialdividende, das im Dezember 1982 von unabhängigen Erwerbsloseninitiativen auf dem 1. Bundeskongress für Arbeitslose in Frankfurt a. Main gefordert wurde.[234] Dort wurde vermittels der Losung „»Existenzgeld für alle statt

228 Vgl. Vanderborght/Van Parijs (2005): S. 30 f.

229 Bereits 1975 plädiert J.P. Kuiper, Professor für Sozialmedizin an der Universität Amsterdam, für eine Trennung von Beschäftigung und Einkommen. Im Bestseller *‚Revolt from the Center'* sprechen sich 1978 drei dänische Intellektuelle für einen »Bürgerlohn« aus Vgl. ebd., S. 31.

230 Blaschke (2010): S. 14.

231 Vgl. Vanderborght/Van Parijs (2005): S. 32.

232 Die Sozialwissenschaftler Michael Opielka, Georg Vobruba und Claus Offe, Gründungsmitglieder der Grünen und des »Basic Income European Network« (BIEN) engagieren sich als ‚dienstälteste' Diskursteilnehmer bis heute in zahlreichen Publikationen und Vorträgen für ein bedingungsloses Grundeinkommen. Exemplarisch hierfür: Vgl. Opielka (2004, 2007, et. al. 2010); Vobruba (2006, 2010); Offe (2005, et. al. 2006). Darüber hinaus hat Opielka mit seiner beitragsfinanzierten *‚Grundeinkommensversicherung'* (Vgl. Opielka (2004) eigens ein Modell entwickelt, das im Gegensatz zu steuerfinanzierten Grundeinkommensmodellen mit der Tradition der bismarckschen Sozialversicherungen explizit nicht bricht.

233 Vgl. Vanderborght/Van Parijs (2005): S. 32. Es bleibt das historische Verdienst der ökologischen Bewegung, den Expertendiskurs der 1980er Jahre für eine breitere politisch-öffentliche Debatte fruchtbar gemacht zu haben.

234 Vgl. Blaschke (2010): S. 14.

Arbeit für alle«"[235] unter anderem der Wunsch nach einer Neubestimmung bzw. Ausweitung des Arbeitsbegriffes sowie einer Abschaffung der Lohnarbeit zum Ausdruck gebracht. Einen weiteren wesentlichen Impuls für die frühe deutschsprachige Grundeinkommensdebatte stellt der Beitrag des französischen Sozialphilosophen André Gorz dar, welcher, vor dem Hintergrund der Kritik von Lohnarbeit und kapitalistischer Produktionsweise 1983 in *,Wege ins Paradies'* für ein allgemeines Grundeinkommen als Gegenleistung für einen pflichtmäßigen Sozialdienst im Umfang von lebenslang 20 000 Arbeitsstunden warb.[236] Indem Gorz die Forderungen nach einer planmäßigen Umverteilung und der Verkürzung von Arbeitszeit mit einer unbefristeten Grundeinkommensgarantie verband, verlieh er der Debatte einen neuen, arbeitsorganisatorischen Akzent.[237]

Im Bereich der Wirtschaftswissenschaften eröffnet der Ökonom Joachim Mitschke 1985 mit seinem Buch ,Steuer- und Transferordnung aus einem Guß. Entwurf einer Neugestaltung der direkten Steuern und Sozialtransfers in der Bundesrepublik Deutschland' seine auf früheren Überlegungen aufbauende Initiative für ein Bürgergeld (siehe Kapitel I.1.3.3.) als liberal-konservative Antwort auf dauerhafte Strukturdefizite am Arbeitsmarkt und im Sozialstaat.[238] Viele weitere Beiträge Mitschkes zum Thema folgten bis heute.[239] Wie oben bereits erwähnt, startet der Soziologe Ralf Dahrendorf 1986 (siehe Kapitel I.2.2.2.) mit seinem Aufsatz ,Ein garantiertes Mindesteinkommen als konstitutionelles Anrecht' sein langjähriges Engagement für ein Mindesteinkommen als elementares Bürgerrecht in einer freiheitlichen „Staatsbürgergesellschaft"[240].

Etwa zeitgleich äußerte der SPD-Politiker und Kommunikationswissenschaftler Peter Glotz Kritik an der Grundeinkommensidee aus der Perspektive einer lohnarbeitszentrierten Sozialpolitik. Mit seinem populären Artikel *,Freiwillige Arbeitslosigkeit? Zur neueren Diskussion um das "garantierte Grundeinkommen"'*[241], in welchem grundsätzliche, noch in

---

235 Blaschke (2010): S. 14.

236 Vgl. Gorz (1983), ebenso dazu Gorz (1986): S. 59-61.

237 Vgl. Opielka/Vobruba (1986b): S. 11.

238 Vgl. Mitschke (1985).

239 Vgl. Mitschke (2000, 2001, 2004).

240 Dahrendorf (1986): S. 134.

241 Besagten Aufsatz beginnt Glotz mit jener an den prominenten Eröffnungssatz des Kommunistischen Manifestes (K. Marx, F. Engels, 1848) angelehnten Formulierung: „Ein Gespenst geht um in Europa: die ,systemsprengende' Idee eines garantierten Grundeinkommens." (Glotz (1986): S. 135).

der aktuellen Diskussion anzutreffende Einwände gegen das Grundeinkommen formuliert werden (so z. B. der Einwand, dass das Grundeinkommen für einen neoliberalen Sozialstaatsabbau instrumentalisiert werden kann[242]), avancierte Glotz zu einem entschiedenen Gegner des garantierten Grundeinkommens. Kritik aus Frauen- bzw. geschlechterpolitischer Perspektive erfuhr ein (zu) niedrig ansetzendes Garantieeinkommen, das „den Zwang zur Arbeit in ungeschützten Beschäftigungen"[243] sowie „die geschlechterhierarchische Arbeitsteilung zu Lasten der Frauen verschärft"[244] durch Angelika Blickhäuser und Monika Molter im Rahmen ihrer 1986 erschienenen *‚Bemerkungen zur Mindesteinkommensdiskussion'*[245].

Sowohl auf positive Resonanz als auch auf deutliche Kritik stieß die Idee des Grundeinkommens bei christlichen Theologen, Sozialethikern und kirchlichen Verbänden. Vertreter der Katholischen Sozialakademie Österreichs Herwig Büchele und Lieselotte Wohlgenannt deuten das bedingungslose Grundeinkommen in ihrem 1985 erschienenen Buch *‚Grundeinkommen ohne Arbeit – auf dem Weg zu einer kommunikativen Gesellschaft'* als einen Impulsgeber für eine humane Gesellschaft im Zeichen materieller Unabhängigkeit, angstbereinigter Kooperation, lebensfreundlicher Leistung, konstruktivem Nonkonformismus, verständnisweckender Empathie und sozialer Phantasie.[246] Hingegen warnt der katholische Sozialethiker Joachim Wiemeyer in seinen Schriften *‚Grundeinkommen ohne Arbeit?'* (1988) sowie in *‚Sozialethische Probleme eines Grundeinkommens ohne Arbeit'* (1993) vor einer Aufgabe ethischer und arbeitsgesellschaftlicher Normen im Zuge der Einführung eines bedingungslosen Grundeinkommens.

Die frühe Diskussion zum Grundeinkommen in der Bundesrepublik war weitestgehend von den Gedanken der Emanzipation, des ökologischen Umbaus und der ökonomischen Transformation bestimmt. Ebenso zentrale Aspekte waren die Neubewertung bzw. die (Rück-)Aneignung menschlicher Arbeit sowie Fragen ihrer Umverteilung.[247] Hintergrund der Überlegungen bildeten einerseits die Kritik am diagnostizierten „Wachstums-Fetisch"[248] des kapitalistischen Systems und

---

242 Vgl. Glotz (1986): S. 139-140.

243 Blickhäuser/Molter (1986): S. 112.

244 Ebd.

245 Vgl. ebd.

246 Vgl. Büchele/Wohlgenannt (1985): S. 19-35, 74-97; Büchele (1986): S. 78-82; wie auch Büchele/Wohlgenannt (1990): S. 226 ff.

247 Vgl. Opielka/Stalb (1986): S. 87-97.

248 Ebd., S. 97.

dessen Folgen für Mensch und Natur sowie andererseits utopisch angehauchte Vorstellungen einer alternativen, von Armut, Angst und Ausbeutung befreiten Gesellschaft.[249] Nach einem Höhepunkt der Diskussion Mitte der 1980er Jahre brach die Debatte Ende der Achtziger Jahre in der Bundesrepublik, mit dem Soziologen Georg Vobruba gesprochen, weitgehend in sich zusammen. Gründe hierfür waren nach Ansicht einer Reihe von Autoren unter anderem die politischen Umbrüche sowie die enormen tagespolitischen Aufgaben im Zuge der deutschen Wiedervereinigung, die einen Großteil der wissenschaftlichen, publizistischen und politischen Aufmerksamkeit absorbiert haben.[250] Laut Vobruba, einem langjährigen Protagonisten und Beobachter der Debatte, charakterisieren zwei Eigenschaften die erste Phase der Diskussion in der Bundesrepublik: „Erstens gab es eine große weltanschauliche Bandbreite, und zweitens eine große Vielfalt an Begründungen."[251]

I.2.3. Jüngere Entwicklungen der Diskussion in Deutschland

Die Diskussion um das Grundeinkommen erfuhr im deutschen Sprachraum zu Beginn des 21. Jahrhunderts, nach etwa einem Jahrzehnt des Darniederliegens, eine beachtliche Renaissance und zog wieder einmal politische, sozialwissenschaftliche und publizistische Aufmerksamkeit auf sich.[252] Spätestens mit Einführung der Hartz-Gesetze (Agenda 2010) der rot-grünen Bundesregierung unter Bundeskanzler Gerhard Schröder in den Jahren 2003-2005 erhielt die Debatte um das Grundeinkommen als möglicher Alternativentwurf neuen Aufschwung.[253] Nicht zuletzt aufgrund der zunehmenden Probleme mit Erwerbsarbeit, einer auseinanderlaufenden Einkommens- und Vermögensentwicklung, Vorbehalten gegenüber den bestehenden Grundsicherungssystemen, aber auch einer neuen Offenheit gegenüber alternativen sozialpolitischen Ideen wuchs das Interesse am Thema in den letzten Jahren merklich.

Dabei unterscheidet sich die jüngste Grundeinkommensdiskussion von jener der 1980er Jahre nach Meinung Vobrubas hinsichtlich zweier Aspekte: So trage erstens die aktuelle Debatte im Gegensatz zur stark akademisch geprägten Diskussion in den Achtziger Jahren des letzten

---

249 Hierfür stellvertretend nachfolgende einflussreiche Publikationen: Vgl. Schmid: (1986 [1984]); Büchele/Wohlgenannt (1985); Opielka/Vobruba (1986a).

250 Vgl. Vobruba (2006): S. 175.

251 Ebd., S. 176.

252 Vgl. ebd., S. 175.

253 Vgl. Wiemeyer (2011): S. 3.

Jahrhunderts deutlich kampagnenartige Züge.[254] Zudem komme es in der jüngeren Vergangenheit zu einer intensiven Vernetzung unterschiedlichster Akteure, Einzelpersonen und Initiativen, die in öffentlichen Diskussionen und Workshops, im Internet, mit Plakataktionen und Filmen sowie Publikationen aller Art für ein Grundeinkommen werben.[255] Beispielhaft hierfür sind die von Wissenschaftlern ins Leben gerufenen Initiativen *‚Freiheit statt Vollbeschäftigung'* (2003)[256] das bereits erwähnte *‚Netzwerk Grundeinkommen'* (2004)[257] oder *‚Unternimm die Zukunft'* (2005)[258] zu nennen, die den Anhängern des Grundeinkommens als Kontakt- und Informationsbörse dienen. Mit Vobruba kann daher zu Recht von einer autonomen bundesweiten Grundeinkommensbewegung gesprochen werden.[259]

Zweitens hat sich nach Ansicht Vobrubas das Spektrum an Argumenten für ein Grundeinkommen im Vergleich zur früheren Debatte[260] verkleinert.[261] „Von den Argumentationslinien, die sich in der älteren Grundeinkommensdiskussion gefunden haben, sind [...] im Wesentlichen zwei übrig geblieben: Das Arbeitslosigkeitsargument und, da es eng damit verbunden ist, das Armutsargument."[262] Vergleicht man bei-

---

254 Vgl. Vobruba (2006): S. 178.

255 Vgl. ebd.

256 www.freiheitstattvollbeschaeftigung.de. Gründungsmitglied der Initiative ist u. a. der Frankfurter Soziologe und Grundeinkommenstheoretiker Sasha Liebermann.

257 Online abrufbar unter: www.grundeinkommen.de.

258 Online abrufbar unter: www.unternimm-die-zukunft.de. Gründer der Initiative ist der ehemalige dm-Chef Götz Werner, welcher eine Stiftungsprofessur für Entrepreneurship an der Universität Karlsruhe innehat.

259 Vgl. Vobruba (2006): S. 178.

260 Vobruba ordnet die wichtigsten Argumente der früheren Grundeinkommensdebatte drei Gruppen zu: 1. gesellschaftspolitische Argumente (Autonomieargument, Ökologieargument, frauenpolitisches Argument); 2. ökonomische Argumente (Argument alternativer Arbeit, Kaufkraftargument, Arbeitslosigkeitsargument) und 3. sozialpolitische Argumente (Armutsargument, Bürokratieargument, Armutsfallenargument). Ausführlicher dazu Vgl. ebd., S. 176 ff.

261 Vgl. ebd., S. 179.

262 Ebd. Ausführlicher zu den Argumenten, welche die gegenwärtige Grundeinkommensdiskussion bestimmen: Vgl. Van Parijs/Vanderborght (1995): S. 64-98; Neumann (2009): S. 16-20; Patry (2010): S. 7-9. Speziell ökonomische Argumente zur Begründung eines Grundeinkommens präsentiert Füllsack (2002): S. 149-161. Die Grundeinkommensdiskussion insgesamt kennzeichnet also eine „große Pluralität von Argumenten und Argumentationssträngen, die der Breite seiner Befürworterkoalition entspricht und ein ‚buntes Spektrum höchst unterschiedlicher Vorstellungen, theoretischer Begründungen sowie interessenpolitischer und weltanschaulicher Orientierungen' darstellt. Auch wenn sich der Diskurs in den letzten Jahren stark auf das Armuts- und Arbeitslosigkeitsargument konzentriert hat [...], bedeutet dies keine Abkehr von der Pluralität." (Neumann (2009): S. 20).

de Diskurse, so fällt außerdem auf, dass der marxistisch-revolutionäre Impetus, den die Protagonisten der frühen Grundeinkommensdiskussion in den 1980er Jahren artikuliert haben, einer deutlich gelasseneren systemimmanent-funktionalistischen Sichtweise gewichen ist[263], welche den Status quo der bürgerlichen Gesellschaft nicht in Frage stellt.

Auch die aktuelle Grundeinkommensdebatte ist stark akademisch geprägt. „Im Gegensatz zu der Diskussion in den 80er Jahren wird die Diskussion gesellschaftlich allerdings breiter geführt und die Vorschläge sind wesentlich konkreter."[264] Vor allem in den Geistes- bzw. Gesellschaftswissenschaften hat die Idee des Grundeinkommens in den letzten Jahren eine breite und mehrheitlich positive Resonanz erfahren, was mit einem deutlichen Zuwachs themenbezogener Publikationen einhergegangen ist. Mit dem folgenden Abschnitt soll ein begrenzter Überblick über die gegenwärtige deutsche Diskurslandschaft gegeben werden, welcher aufgrund einer „stark fortscheitenden Differenzierung"[265] der Beiträge, Positionen und Konzeptentwürfe nicht den Anspruch auf Vollständigkeit erhebt.

- Neben einem einflussreichen philosophisch-gerechtigkeitstheoretischen [Vgl. exemplarisch: Van Parijs (1991, 1992a/b, 1995, et.al. 2005, et.al. 2010); Gorz (2000); Kersting (2000); Neumann (2009)],
- einem sozial- und wirtschaftsethischen [Vgl. exemplarisch: Büchele/Wohlgenannt (1990); Fetzer (2007); Ulrich (2005, 2007, 2009); Schramm (2007, 2008, 2010); Mack (2008); Segbers (2008, 2009); Marx (2010); Patry (2010); Schulte-Basta (2010); Wiemeyer (1993, 2011)],
- sowie einem ausgeprägten sozial- bzw. politikwissenschaftlichen Diskursstrang [Vgl. exemplarisch: Beck (1996, 1999, 2006a/b); Oevermann (2001); Borchard (2007); Dahrendorf (2004, 2008); Vobruba (2006, 2010); Offe (2005, et.al. 2006); Opielka (2004, 2007, 2010); Liebermann (2008, 2009, 2010, 2012); Lessenich (2009); Wagner (2009); Engler (2005, 2007, 2010); Franzmann (2010); Blaschke (2006, et.al. 2007, 2010a/b, 2011); Händel (2011)],
- existiert eine ebenso rege wirtschaftswissenschaftliche Auseinandersetzung mit der Thematik des Grundeinkommens [Vgl. exemplarisch: Pelzer (1994, 2010); Sesselmeier/Klopfleisch/Setzer(1996); Thuy (1999); Kaltenborn (2000); Spermann (2001);

263 Vgl. Müller (2009): S. 74.

264 Strengmann-Kuhn (2007): S. 18.

265 Neumann (2009): S. 14.

Mitschke (2000, 2001, 2004); Kumpmann (2006); Bischoff (2007); Hardorp (2007); Strengmann-Kuhn (2007); Häussner/ Presse (2007, et. al. 2010); Presse (2010); Enste (2008); Straubhaar (2007, 2008a/b); Hohenleitner/Straubhaar (2007, 2008) sowie Zinn (2009b)].

- Als Brückenbauer zwischen einer überwiegend skeptischen Wirtschaft und einer zumindest teilweise geneigten Wirtschaftswissenschaft ist der medial umtriebige und anthroposophisch orientierte Unternehmer Götz Werner (2006, et.al. 2007, 2008, et. al. 2010, et.al. 2012) zu erwähnen, der das von ihm entwickelte Grundeinkommensmodell an eine umfassende Steuerreform koppelt und der gegenwärtig wahrscheinlich der öffentlichkeitswirksamste Promoter der Grundeinkommensidee in Deutschland ist.

Mittlerweile verfügt die umstrittene Reformidee über eine sehr heterogene Anhängerschaft in Wissenschaft, Politik, Kirche und Gesellschaft. So finden sich Befürworter eines unbedingten Grundeinkommens in den unterschiedlichsten wissenschaftlichen Disziplinen und Denkfabriken, politisch-weltanschaulichen Lagern, kirchlichen Verbänden sowie zivilgesellschaftlichen Gruppen. Aktualitätsschübe erfuhr die Grundeinkommensdebatte sowohl durch die inhaltlichen Beiträge von Seiten verschiedener politisch aktiver katholischer Verbände (z. B. KAB, Kolping, BDKJ)[266] und die befürwortende Haltung einiger katholischer Sozialethiker (Michael Schramm, Elke Mack, Herwig Büchele)[267] als auch durch Initiativen diverser politischer Gruppierungen. Aufsehen erregte beispielsweise die Forderung der Attac-Arbeitsgruppe »genug für alle« nach einem bedingungslos zu gewährenden Grundeinkommen (verbunden mit der Forderung nach einem gesetzlichen Mindestlohn) im Jahr 2004.[268] Aber auch die verschiedenen seit 2010 von den Sozialpiraten (Piratenpartei) vorgelegten und noch recht konturlosen Grundeinkommensmodelle als Projektskizzen eines neuen Sozialstaates[269] zeugen von der breiten politischen Resonanz und Anschlussfähigkeit der Grundeinkommensidee. Auch innerhalb der im Deutschen Bundestag vertretenen Parteien finden kontroverse Diskussionen zum Grundeinkommen statt. Zudem wurden in jeder dieser Parteien mehr oder

---

266 Diese bundesweit organisierten katholischen Verbände fordern die Einführung eines bedingungslosen und existenzsichernden Grundeinkommens. Beispielhaft für ein solches Konzept sei auf das sorgfältig ausgearbeitete Modell der Katholischen-Arbeitnehmer-Bewegung (KAB) Aachen Vgl. Welter (2003, 2007) hingewiesen.

267 Vgl. Wiemeyer (2011): S. 3.

268 Blaschke (2010c): S. 369 f.

269 Vgl. Sozialpiraten (2011).

weniger konkrete Grundeinkommensmodelle entwickelt[270], die zumeist von der jungen Parteibasis gegen eine blockende Parteiführung vorangetrieben werden.[271]

Die wohl bekanntesten parteipolitischen Protagonisten der Grundeinkommensidee sind die Bundestagabgeordnete und Vorsitzende der Linkspartei Katja Kipping (Vgl. Kipping (2006, 2007, 2010)), der ehemalige Thüringer CDU-Ministerpräsident Dieter Althaus (Vgl. Althaus (2006, 2007, Althaus/Binkert (2010, 2012)) sowie der Grüne Bundestagsabgeordnete und Grundsicherungsexperte Wolfgang Strengmann-Kuhn (Vgl. Strengmann-Kuhn (2007), Opielka/Strengmann-Kuhn (2007)). Innerhalb der Sozialdemokratie[272] wie auch in den Gewerkschaften existieren aufgrund einer historisch-traditionell bedingten Affinität zum Leitbild einer erwerbsarbeitszentrierten Gesellschaft erhebliche Vorbehalte gegenüber einem Grundeinkommen. Initiativen und Dialogforen der Basis, wie z. B. der Vorstoß des SPD-Kreisverbandes Rhein-Erft 2010 (Solidarisches Grundeinkommen) zeugen aber von einer aufkommenden internen Diskussion.

Was die parlamentarische Ebene betriff, so sorgte die von der bislang politisch unauffälligen Greifswalder Tagesmutter und Grundeinkommensaktivistin Susanne Wiest im Februar 2009 beim Deutschen Bundestag eingereichte Online-Petition *‚Reformvorschläge in der Sozialversicherung – Bedingungsloses Grundeinkommen'* für Aufmerksamkeit sowie eine rege mediale Berichterstattung. In Folge der Annahme der Petition (52973 Mitzeichner) fand am 08.11.2010 eine öffentliche Anhörung vor dem Petitionsausschuss des Deutschen Bundestages statt, in welcher die Petentin ihre Vorstellungen zur Einführung eines bedingungslosen Grundeinkommens in Höhe von 1500 Euro monatlich für jeden Erwachsenen (u. a. in Verbindung mit einer Vereinfachung des Steuer-Systems) den Abgeordneten darlegte.[273] Der Anhörung von Wiest war am 06.11.2010 ein Demonstrationszug im Zentrum Berlins von etwa 2000 Grundeinkommensanhängern vorausgegangen. Im Rahmen eines

---

270 Den Anfang machte die FDP mit der Forderung nach einem auf den Konzepten Joachim Mitschkes beruhenden »Liberalen Bürgergeld«, die sie in ihr Wahlprogramm *‚Liberal denken. Leistung Wählen.'* für die Bundestagswahl 1994 aufnahm (Vgl. FDP (1994). Da das FDP-Bürgergeld aber mit Leistungskürzungen bzw. Sanktionen bei Nichtaufnahme von Erwerbsarbeit einhergeht, handelt es sich bei diesem Vorschlag nicht um ein (echtes) bedingungsloses Grundeinkommen.

271 Zur aktuellen Diskussion der Grundeinkommensidee in den politischen Parteien Vgl. Werner/Goehler (2010): S. 30-34.

272 Mit dem Papier *‚Bedingungsloses Grundeinkommen? Geld allein genügt nicht'* nahm die Grundwertekommission beim Parteivorstand der SPD 2008 Stellung zur deutschen Grundeinkommensdebatte Vgl. Grundwertekommission der SPD (2008).

273 Vgl. Deutscher Bundestag (2010).

Online-Votings der Bundesregierung, in welchem Bürger ihre Zukunftsideen für Deutschland darstellen konnten, nahm Wiest am 03.07.2012 an einem Treffen mit Bundeskanzlerin Angela Merkel teil und stellte dieser die allgemeine Idee des Grundeinkommens vor. Vom 14.-16.09.2012 fand in München/Ottobrunn der 14. Weltkongress des Basic Income Earth Network (BIEN) unter dem Motto ‚*Wege zum Grundeinkommen*' statt, der im regelmäßigen Abstand von zwei Jahren als Treffen der internationalen Grundeinkommensbewegung abgehaltenen wird. Auf dem Kongress, an dem circa 450 Wissenschaftler, Politiker und Interessierte aus aller Welt teilnahmen (darunter auch der Verfasser dieser Arbeit), wurden u. a. folgende Themenbereiche behandelt: Zum einen wurde das Grundeinkommen vor dem Hintergrund der europäischen Krise diskutiert und als Beitrag zu deren Lösung die Einführung eines europaweiten Grundeinkommens in Form einer ‚Eurodividende' gefordert. Zum anderen wurde die Grundeinkommensidee im Zusammenhang mit Wachstumskritik und der Forderung nach einem »degrowth« erörtert. Darüber hinaus wurden Grundeinkommensansätze mit Fragen ihrer Finanzierung sowie Aspekten ökologisch verträglicher Gesellschafts- bzw. Lebensgestaltung konfrontiert. In der anlässlich des BIEN-Kongresses erschienen Publikation ‚*Das Grundeinkommen. Würdigung-Wertungen-Wege*' beschreibt der CDU nahe Bürgergeldtheoretiker und ehemalige Thüringer Staatssekretär Hermann Binkert den aktuellen Stand der Grundeinkommensdiskussion folgendermaßen: Derzeit bestünde zwar in keiner der etablierten Parteien eine Mehrheit für das bedingungslose Grundeinkommen, jedoch sei die Idee im politischen Alltag angekommen.[274]

I.3. Zentrale Leitideen des bedingungslosen Grundeinkommens

Die eingangs gegebene Begriffsbestimmung des Grundeinkommens, die Abgrenzung zentraler Termini und der Aufweis möglicher Gestaltungsformen (siehe Kapitel I.1.), aber auch die Rekonstruktion der historischen Entstehung der Grundeinkommensidee sowie ihre Entfaltung im Verlauf der Geschichte (siehe Kapitel I.2.) haben gezeigt, dass das Grundeinkommen ein quellenreiches und überaus vielfältiges Konzept ist, was zweifelsohne zum Begriffs-, Variations- und Deutungspluralismus beigetragen hat. Um ein qualifizierteres Verständnis vom Wesen der Grundeinkommensidee zu erhalten, werden nachfolgend die basalen bzw. tragenden Ideen des bedingungslosen Grundeinkommens dargestellt, welche in der hier bereits zitierten Definition des Netzwer-

---

274 Vgl. Binkert (2012): S. 214.

kes Grundeinkommen[275] anklingen. Unter Rückgriff auf die Vorarbeiten der Grundeinkommensaktivistin Dorothee Schulte-Basta[276] ist es das Ziel, im Rahmen der nachfolgenden Abschnitte die zentralen Leitideen des Grundeinkommenskonzepts, nämlich die Bedingungslosigkeit, die Existenzsicherung, die Entkoppelung von Erwerbsarbeit und Einkommen sowie den das gesamte Konzept durchziehenden Freiheitsgedanken eingehend zu erörtern, um anhand derselben den sozial- bzw. gesellschaftspolitischen Gehalt des Grundeinkommens herauszuarbeiten.

I.3.1. Bedingungslosigkeit

Der Begriff »bedingungsloses Grundeinkommen« selbst verweist darauf: Die Bedingungslosigkeit ist eine zentrale Leitidee des allgemeinen Grundeinkommens, die dreierlei Teilaussagen beinhaltet.

Erstens artikuliert die Bedingungslosigkeit, dass das Grundeinkommen – wie bereits in Kapitel I.1.2. ausgeführt – ohne den Zwang zur Erwerbsarbeit oder die Verpflichtung zu einer wie auch immer gearteten Gegenleistung gewährt wird. Das Grundeinkommen verlässt damit den in der deutschen Sozialgesetzgebung verankerten Pfad reziproker und sozialbehördlich kontrollierter Gegenleistung (Äquivalenzprinzip) und knüpft die Leistungsbewilligung an keinerlei Bedingungen. Mit dem Wegfall jeglicher Bedürftigkeitsprüfung spielen die Arbeitsneigung, die Einkommens- und Vermögenssituation des Leistungsempfängers, Angehörigen-Ressourcen oder aber gesonderte Einkünfte im Rahmen der Bedingungslosigkeit *keine* Rolle.[277] Demzufolge entbindet das Grundeinkommen im Sinne einer finanziellen Basisausstattung nach Ansicht des linken Grundeinkommenstheoretikers Ronald Blaschke den einzelnen Menschen bis zur Höhe des Grundeinkommens davon, seine Arbeitskraft als käufliche Ware (commodity) auf dem Markt anpreisen und schließlich verkaufen zu müssen.[278] Damit entfaltet das bedingungslos gewährte Grundeinkommen eine „starke

---

275 „Das Grundeinkommen ist ein Einkommen, das bedingungslos jedem Mitglied einer politischen Gemeinschaft gewährt wird. Es soll: die Existenz sichern und gesellschaftliche Teilhabe ermöglichen, einen individuellen Rechtanspruch darstellen, ohne Bedürftigkeitsprüfung ausgezahlt werden, keinen Zwang zur Arbeit bedeuten." www.netzwerkgrundeinkommen.de.

276 Vgl. Schulte-Basta (2010).

277 Vgl. Vanderborght/Van Parijs (2005): S. 48-59.

278 Den Prozess der Abkoppelung der sozialen Sicherheit vom Arbeitsmarkt und die daraus resultierende Verringerung der Marktabhängigkeit des Arbeitnehmers als Anbieter von warenförmiger Arbeitskraft bezeichnet der dänische Soziologe Gosta Esping-Andersen als »Dekommodifizierung« Vgl. Opielka (2007): S. 3.

dekommodifizierende Wirkung"[279], welche den Einzelmenschen vom Marktverwertungszwang zumindest teilweise befreit. Mit einem garantierten Mindesteinkommen im Rücken wäre der Arbeitnehmer in der Lage, von der zumeist mit Leistungs- bzw. Erfolgsdruck einhergehenden gesellschaftlichen Arbeitsnorm entweder befristet oder auf Dauer abzuweichen. Insofern eröffnet ein Grundeinkommen in Höhe des Existenzminimums für den ‚genügsamen Zeitgenossen' eine wirkliche ökonomische Alternative zu Erwerbsarbeit und Arbeitsmarkt und bietet zugleich die finanzielle Voraussetzung für ein individuelles Recht auf „>freiwillige Arbeitslosigkeit<."[280]

Zweitens wird die Bedingungslosigkeit des Grundeinkommens mit einer dem Menschenrecht auf Existenz und Teilhabe entsprechenden Höhe des Grundeinkommens verknüpft.[281] „Ein zu niedriger monetärer Transfer stellt das unbedingte Menschenrecht auf eine gesicherte Existenz und auf eine ermöglichte Teilhabe unter die Bedingung weiterer zu erzielender Einkommen hebelt das unbedingte Menschenrecht somit aus."[282] Niedrige Transfereinkommen implizieren folglich einen stummen Zwang zum Hinzuverdienen und koppeln die Sicherung der Existenz sowie der gesellschaftlichen Teilhabe an Erwerbs- bzw. Lohnarbeit. Die Vermeidung eines jeden mit der Transferzahlung verbundenen direkten oder indirekten Arbeitszwangs ist folglich im Gedanken der Bedingungslosigkeit angelegt.

Ihren Ausgangs- und Zielpunkt findet die Bedingungslosigkeit laut Schulte-Basta im Würdestatus der menschlichen Person. Artikel 1 und 2 des Grundgesetzes der BRD „verbriefen die Würde und das Lebensrecht des Menschen als unantastbar."[283] Zugleich liegen die Ursprünge von Würdestatus und unbedingtem Lebensrecht des Menschen, welche die Grundlage für alle weiteren Menschenrechte bilden, jenseits jeglicher Leistungslogik.[284] Der Würdestatus des Menschen und die sich daraus ergebenden einklagbaren Menschenrechte treten bar jedes Verdienstes und unabhängig jeder Verpflichtung, d. h. gänzlich leistungslos in Erscheinung.[285] Bezüglich des vorleistungsfreien obersten Menschenrechtes auf ein Leben in Würde formuliert der Ökonom Harry Nick:

---

279 Blasche/Otto/Schepers (2010): S. 18.

280 Ebd.

281 Vgl. ebd., S. 19.

282 Ebd.

283 Schute-Basta (2010): S. 80.

284 Vgl. ebd.

285 Vgl. ebd.

„Das Recht auf ein Leben in Würde muss nicht durch Leistung erworben werden. Der Mensch hat es. Es ist ein allem anderen Recht vorgeschaltetes, ein axiomatisches Recht, über dessen Ursprung man streiten, das man aber nicht bestreiten darf."[286]

Menschenrechte sind ihrem Wesen nach – sieht man von der Prämisse des Menschseins einmal ab – bedingungslose Rechte, Rechte also, die nicht auf Pflichten oder geld- bzw. arbeitswerter Gegenleistung gründen.[287] Gleiches gilt auch für das unbedingte Menschenrecht auf ein menschenwürdiges Leben, das die konditionslose Gewährung lebensnotwendiger Güter wie Essen, Trinken, Kleidung, Unterkunft und medizinische Versorgung, aber auch sozialer Mindestteilhabe einschließt.

Dieser Anforderung wird nach Ansicht vieler Grundeinkommensbefürworter im Rahmen einer geldwirtschaftlich organisierten Fremdversorgungsgesellschaft[288], d. h. einer Gesellschaft, in der keiner mehr die für ihn lebensnotwendigen Güter selbst produziert, sondern diese käuflich erwerben muss, am besten mit einem allen zu gewährenden Recht auf ein Autonomie und Teilhabe ermöglichendes Transfereinkommen entsprochen. Werner Rätz, Mitinitiator von ATTAC Deutschland, der das Grundeinkommen auch als Stimulus der gesellschaftspolitischen Auseinandersetzung um die Frage des »guten Lebens« begreift, erklärt hierzu:

„Es reicht bei weitem nicht mehr aus, lediglich die Würde des Einzelnen zu schützen, der in der totalen Fremdversorgung nicht die geringste Chance hat, ohne Teilhabe am gesellschaftlichen Leben autonom zu existieren. Schon um der Wahrung des inneren Friedens willen müssen wir einen Schritt weitergehen und die Möglichkeit zur Teilnahme an der Gesellschaft als Recht eines jeden im Grundgesetz verankern."[289]

Das Grundeinkommen als das bedingungslose Recht auf Einkommen entspricht somit dem unbedingten Lebens- bzw. Existenzrecht des Menschen. Zugleich stellt es eine alle Menschen gleichermaßen einbeziehende Antwort auf die sozialpolitische Herausforderung einer modernen hocharbeitsteiligen Ökonomie dar, in der immer mehr Menschen auf die käuflichen Leistungen anderer und damit zugleich auf ein verlässliches Einkommen angewiesen sind.

„Der Mensch in der modernen Fremdversorgungsgesellschaft hingegen braucht ein Einkommen um zunächst einmal am Leben bleiben und darüber hinaus an der Gesellschaft teilhaben zu können. Dieses Einkommen

---

286 Nick (2006): S. 15.

287 Vgl. Schulte-Basta (2010).

288 Über die Notwendigkeit eines unbedingten Existenzminimums im Kontext der Fremdversorgungsgesellschaft Vgl. Werner (2008): S. 47-55.

289 Rätz/Paternoga/Steinbach (2005): S. 12.

muss unter allen Umständen gesichert sein. Nicht nur, um die Existenz des Einzelnen zu sichern, sondern darüber hinaus auch, um eine funktionsfähige Gesellschaft zu gewährleisten."[290]

Damit ist die dritte Teilaussage der Bedingungslosigkeit angesprochen – die Universalität des Grundeinkommens. Die Idee der Gleichheit aller Menschen gehört nach Ansicht der Mehrheit seiner Anhänger zum ethischen Fundament des bedingungslosen Grundeinkommens. Demzufolge widersprächen Versorgungslücken oder Exklusion dem Wesen des Grundeinkommens. Der Aspekt der vollumfänglichen Bedingungslosigkeit der Leistungsgewährung impliziert für Schulte-Basta daher, „dass der Anspruch auf ein Grundeinkommen allen gewährt werden muss. Dem Bedingungslosen Grundeinkommen kommt somit immer auch ein universeller Charakter zu."[291]

Nachdem die drei Teilaussagen der Bedingungslosigkeit erörtert wurden, sei mit Götz Werner darauf hingewiesen, dass die Idee der Bedingungslosigkeit aufgrund der Tatsache, dass sie mit den bestehenden (arbeitsgesellschaftlichen) Denkgewohnheiten radikal bricht, die größten Emotionen und Widerstände hervorruft.[292] Führt man sich aber vor Augen, dass jeder von uns heute die von den uns vorausgegangenen Generationen mühsam geschaffenen Güter und Infrastrukturen (die Gebäude und die Straßen, das Bildungssystem, eine kultivierte Natur und Umwelt etc.) ganz bedingungslos nutzt, d. h. ohne eine Gegenleistung dafür erbringen zu müssen, dann dürfte der Gedanke einer bedingungslosen monetären Transferleistung für alle nicht allzu großes Befremden auslösen.

Eine nicht weniger interessante Begründung der Bedingungslosigkeit sozialstaatlicher Einkommenssicherung wird stets im Rahmen christlich motivierter Argumentation pro Grundeinkommen laut. Hintergrund bildet die Grundüberzeugung christlicher Religion, dass sich das menschliche Leben nicht selbst bzw. eigener Leistung verdankt, sondern vielmehr ein Geschenk Gottes ist.[293] Die theologische Plausibilität ‚unverdienter' bzw. ‚geschenkter Existenz' befreit zu dem rechtfertigungstheologischen Urteil, dass der Mensch einen „leistungslosen Selbstwert"[294] besitzt und (dieser) somit schon vor jeder Leistung gerechtfertigt ist. Damit kommt zum Ausdruck, dass der Mensch immer

---

290 Schulte-Basta (2010): S. 85.

291 Ebd., S. 81.

292 Vgl. Werner/Goehler (2010): S. 43.

293 Vgl. Segbers (2009): S. 193 f.

294 Ebd., S. 193.

mehr ist, als er leistet.[295] Dem theologischen Argument folgend, ist es dann nur noch ein kleiner Gedankenschritt, das ‚unverdiente' Dasein aller Menschen „noch vor irgendeiner Leistung"[296] zu bejahen und deren unbedingtes Existenzrecht mittels eines Rechtsanspruches auf bedingungslose Gewährung eines existenzsichernden Mindesteinkommens monetär-materiell abzusichern.

Schließlich darf ein beliebtes Argument zur Begründung der Bedingungslosigkeit des Grundeinkommens nicht unerwähnt bleiben. So wird von linken wie auch von marktliberalen Grundeinkommensanhängern argumentiert, dass durch die Bedingungslosigkeit des Grundeinkommenstransfers den Bürgern „die oftmals als entwürdigend empfunden[e] ‚Bittstellerei'"[297] bei den Sozialämtern erspart bliebe.[298] Das ist ein wichtiges Argument in der Debatte, weist es doch auf ein grundlegendes juristisches Missverständnis hinsichtlich der bestehenden Grundsicherungsregelung hin. So ist der Bezug einer Grundsicherungsleistung ein gesetzlich verbürgter »Rechtsanspruch« des Leistungsempfängers und nicht etwa das Almosen einer großzügigen Sozialverwaltung bzw. ihrer Vertreter. In der Tat würde ein bedingungslos gewährtes, d. h. *un*bürokratisch ausgezahltes Grundeinkommen viele – oftmals auch vergebliche – Vorsprachen, Gesuche und Wege Bedürftiger bei den zuständigen Sozialbehörden überflüssig machen und den Transferempfänger so manche frustrierende Erfahrung verletzter Würde ersparen.

Am Ende dieses Abschnittes sei noch ein die Bedingungslosigkeit betreffender Aspekt angesprochen, welcher in der Debatte immer wieder zu Missverständnissen führt: So kann das Attribut *bedingungslos* insofern missverstanden werden, wenn damit völlige Voraussetzungslosigkeit gemeint ist, denn es liegt in der Natur der Sache, dass grundlegende ‚technische' Voraussetzungen für ein funktionierendes Grundeinkommenssystem gegeben sein müssen. So muss beispielweise der Staatshaushalt kontinuierlich über ausreichende Finanzmittel verfügen, um das Grundeinkommen verlässlich administrieren zu können. Ebenso müssen Geburt und Tod der Empfänger behördlich gemeldet werden.

---

295 Vgl. Segbers (2009): S. 197 f.

296 Ebd., S. 194.

297 Schramm (2007): S. 211.

298 Vgl. ebd.

I.3.2. Existenzsicherung und Teilhabe

Wie im vorausgegangen Abschnitt bereits angesprochen, sind Existenzsicherung und Teilhabeermöglichung zwei zentrale Leitgedanken des unbedingten Grundeinkommens, die sich aus den absoluten Grundrechten auf sichere Existenz und gesellschaftliche Teilhabe ergeben. Unter Berücksichtigung dieser Kriterien soll das Grundeinkommen nach Ansicht der überwiegenden Mehrheit seiner Anhänger für die „umfassende und lückenlose Sicherung der wirtschaftlichen Existenz aller Bürger“[299] sowie für die Verringerung bzw. Beseitigung von Armut Sorge tragen.[300] Dementsprechend sieht das Gros seiner Anhänger im Grundeinkommen ein effizientes Instrument, „die alte und die neue Armut dauerhaft aus der Welt zu schaffen.“[301] Dieses dezidiert armutspolitische Motiv des Grundeinkommens, in welchem das wohl älteste Argument pro Grundeinkommen aufleuchtet, geht laut Opielka und Strengmann-Kuhn zugleich mit folgendem gesellschaftspolitischen Anliegen schwanger:

> „Das Grundeinkommen soll die ‚soziale Demokratie‘ des Wohlfahrtsstaates auf stabile Füße, auf soziale Grundrechte stellen. Armut gilt in diesem Zusammenhang als eine substanzielle Verletzung der Menschenwürde. Die Forderung nach einem Grundeinkommen wäre dann eine politische Forderung auf demselben Niveau wie die Forderung nach dem allgemeinen und gleichen Wahlrecht am Anfang des 20. Jahrhunderts.“[302]

Sowohl hinsichtlich des Kampfes gegen Armut als auch für die Diskussion insgesamt spielt die Höhe des Grundeinkommens eine ganz entscheidende Rolle. Die Meinungen hierzu gehen stark auseinander. Marktliberale Anhänger der vielversprechenden Reformidee wie z. B. Thomas Straubhaar, Direktor des HWWI (Hamburgisches WeltWirtschaftsInstitut), fordern u. a. mit Blick auf attraktive Arbeitsanreize ein niedriges Grundeinkommen, das moderate Steuersätze beinhaltet und das Sozialbudget der öffentlichen Hand zudem nicht überfordert.[303] Andere, zumeist linke Fürsprecher treten hingegen für ein möglichst hohes Grundeinkommen ein, das eine reale, also wirklich armutsfeste Existenz- und Teilhabesicherung garantiert.[304]

---

299 Mitschke (2000): S. 47.

300 Vgl. Vanderborght/Van Parijs (2005): S. 64 f.

301 Büchele/Wohlgenannt (1990): S. 17.

302 Opielka/Strengmann-Kuhn (2007): S. 29.

303 Straubhaar plädiert für ein Grundeinkommen in Höhe von 625 bis 700 Euro monatlich pro Person Vgl. Hohenleitner/Straubhaar (2008): S. 26.

304 So fordert beispielsweise die Bundesarbeitsgemeinschaft Grundeinkommen bei der Linkspartei (BAG) ein Grundeinkommen/Sozialdividende in Höhe von min-

Was die Forderung nach unmittelbarer Daseinssicherung, dem eigentlichen Sinn und Zweck des Grundeinkommens, anbelangt, so bildet der aus dem juristischen Sprachgebrauch hervorgegangene Begriff des sog. »soziokulturellen Existenzminimums« für die meisten der derzeit in Deutschland diskutierten Grundeinkommensmodelle eine feste Orientierungsgröße. Den Hintergrund der Idee eines garantierten Existenzminimums bildet die Erfahrung, dass der Mensch nur dann wahres Menschsein sowie die ihm gegebenen Fähigkeiten positiv entfalten kann, wenn seine materiellen, sozialen und kulturellen Grundbedürfnisse befriedigt sind, d. h. das zum Leben notwendige Minimum gesichert ist. Der zeitlebens von Armut bedrohte schwäbische Poet und Historiker Friedrich Schiller (1759-1805), welcher die Sorge um das physische Wohl der Bürger zur obersten Staatspflicht erklärte, räsoniert hierzu in seinen *‚Augustenburger Briefen'* (Brief vom 11.11.1793): „Der Mensch ist noch sehr wenig, wenn er warm wohnt und sich satt gegessen hat, aber er muss warm wohnen und satt zu essen haben, wenn sich die bessre Natur in ihm regen soll."[305]

Das für die meisten Modelle verpflichtende Kriterium der Existenzsicherung hebt zugleich auf jene für die Grundeinkommensdiskussion ebenso zentrale Idee der Teilhabe ab und nimmt damit einen viel und zumeist abstrakt diskutierten Faszinationsbegriff der Moderne in den Blick, dessen Ursprünge in der christlichen Theologie zu finden sind.[306]

Teilhabe im sozialpolitischen Sinnzusammenhang meint neben der Beteiligung am Wohlstand der Gesellschaft vor allem die Möglichkeit der aktiven Teilnahme des Einzelnen am Gesellschaftsleben. Hierfür ist in der modernen geld- bzw. marktwirtschaftlich organisierten Gesellschaft – wie es die tagtägliche Erfahrung lehrt – regelmäßiges Einkommen von enormer, ja nahezu zwingender Bedeutung. Mit der Volksweisheit „Ohne Moos nix los" hat diese Erkenntnis zudem Eingang ins kollektive Bewusstsein gefunden. Mit Blick auf ein Mindesteinkommen, das seinen Namen verdient und tatsächliche gesellschaftliche Teilnah-

---

destens 1000 Euro monatlich pro Person ab dem 16. Lebensjahr Vgl. Blaschke (2011): S. 1.

305 Friedrich Schiller an Herzog Christian Friedrich von Augustenburg am 11.11.1793. Nachzulesen in: Schiller (2000): S. 149.

306 Der moderne Begriff der »Teilhabe« entspringt christlicher Theologie und meint ursprünglich Teilhabe an der Wirklichkeit Gottes. Im Mittelpunkt steht dabei die Frage, wie Menschen mit den ihnen von Gott geschenkten Begabungen konstruktiv umgehen können. Gemäß einem modernen Teilhabebegriff sind daher die gesellschaftlichen Rahmenbedingungen so zu gestalten, dass möglichst viele Menschen ihre Begabungen bzw. Fähigkeiten erkennen, ausbilden und zu ihrem eigenen Interesse sowie zum Wohle der Gemeinschaft produktiv einsetzen können Vgl. Grözinger/Maschke/Offe (2006): S. 189.

me (z. B. in Form der Nutzung öffentlicher Verkehrsmittel oder Bildungskurse, der Mitgliedschaft in einem Sportverein oder eines Kinobesuches usw.) finanziell erlaubt, erklären Herwig Büchele und Lieselotte Wohlgenannt von der Katholischen Sozialakademie Österreichs:

> „Von Grundeinkommen im vollen Sinn des Wortes kann erst die Rede sein, wenn die zur Verfügung gestellte Summe ein zwar bescheidenes, aber dem Standard der Gesellschaft entsprechendes Leben, also die Teilnahme an allen Tätigkeiten und Lebensvollzügen, die in dieser Gesellschaft wichtig sind, ermöglicht."[307]

Demzufolge gehört das Postulat der Teilhabe- bzw. Teilnahmeermöglichung zum sozialpolitischen Kernbestand des Grundeinkommens, an dessen Verwirklichung sich ein wie auch immer konzipiertes Grundeinkommen wird messen lassen müssen. Zur Notwendigkeit eines angemessenen Niveaus des Grundeinkommens erklärte Michael Opielka, als einer der ersten Verfechter des Grundeinkommens in Deutschland, bereits 1986: „Ein Grundeinkommen muß so bemessen sein, dass Armut ausgeschlossen und die Teilhabe am sozio-kulturellen Leben garantiert ist. Ein zu gering bemessenes Grundeinkommen bedeutet faktisch Lohnarbeitszwang."[308] Nimmt man diesen Gedanken ernst, so darf das Grundeinkommen die Höhe des heutigen auf komplexen Warenkorbmodellen beruhenden soziokulturellen Existenzminimums, welches die Armutsschwelle für Deutschland markiert, nicht unterschreiten. Das sieht auch Götz Werner als ein Protagonist der jüngsten Debatte so und plädiert deshalb für ein auskömmliches, d. h. ein Bewegungs- bzw. Handlungsfreiheit sowie Teilhabe ermöglichendes Grundeinkommen deutlich oberhalb des heutigen Grundsicherungsniveaus. „In jedem Fall muss die Höhe des Grundeinkommens so hoch sein, dass man davon nicht nur überleben, sondern an der Entwicklung der Gesellschaft, am gemeinschaftlichen, sozialen wie kulturellen Leben teilhaben kann."[309] Ein derart konzipiertes Grundeinkommen, das den Menschen als soziales Kulturwesen begreift und den Zugang zu gesellschaftlicher Teilhabe für alle ökonomisch absichert, bezeichnet Werner auch als „Kulturminimum"[310].

Im Zuge der garantierten monetären Ressourcenausstattung bleibt die Teilhabe des Einzelnen an der Gesellschaft nicht länger an dessen Erwerbsarbeitsleistung gekoppelt. Desgleichen verliert Erwerbsarbeit als Voraussetzung und Legitimation gesellschaftlicher Teilhabe an Bedeu-

---

307 Büchele/Wohlgenannt (1990): S. 29.

308 Opielka/Stalb (1986): S. 79.

309 Werner/Goehler (2010): S. 38.

310 Werner (2008): S. 96.

tung. Das sog. Teilhabeargument spielt insbesondere in der jüngeren Diskussion um das Grundeinkommen eine überaus zentrale Rolle. Dabei dient es ganz unterschiedlichen Befürwortern, welche den gegenwärtig bestehenden Grundsicherungssystemen erhebliche Teilhabedefizite attestieren, zur Rechtfertigung der Einführung eines allgemeinen Grundeinkommens.

In der Perspektive von Armutsbekämpfung und Teilhabesicherung gerät überdies das Problem einkommensbedingter Ausgrenzung in den Blick. Auch hinsichtlich der Exklusionsproblematik wird das Grundeinkommen von vielen seiner Anhänger als adäquates Remedium gehandelt. So kann das Grundeinkommen beispielsweise nach Ansicht von Vanderborght und Van Parijs – analog zu Kombilohn-Modellen – zur Subventionierung des Niedriglohnsektors herangezogen werden[311], was die Nachfrage nach geringqualifizierten Arbeitskräften positiv stimulieren und infolgedessen Geringqualifizierte in den Erwerbssektor (re-)integrieren dürfte. Vor dem Hintergrund einer schwächer werdenden Integrationskraft der Arbeitsgesellschaft, exkludierenden Tendenzen im Bereich der Erwerbsarbeit sowie einer fortschreitenden Erosion der existenzsichernden Funktion derselben deuten Vanderborgt und Van Parijs das allgemeine Grundeinkommen als „Mittel zur Abschaffung bzw. Entschärfung der Exklusionsfalle“[312]

Ein Blick auf die gesellschaftliche Realität zeigt, dass sowohl die soziale Sicherheit als auch die aktive Teilnahme des Einzelnen am Gesellschaftsleben von verlässlichem und – viel wichtiger – zureichendem Einkommen abhängen. Insofern kann ein garantiertes und an gesellschaftliche Mindeststandards angelehntes Grundeinkommen die Lebens- und Teilhabechancen für alle Gesellschaftsmitglieder auf einem erträglichen Mindestniveau dauerhaft sichern. Resümierend ist daher der nachfolgenden Einschätzung von Vanderborgt und Van Parijs durchaus beizupflichten, welche die Postulate der Existenz- und Teilhabesicherung in der Perspektive sozialer Inklusion zusammendenken:

> „Vor allem aber lässt sich diese Maßnahme [das Grundeinkommen, S. K.] dadurch rechtfertigen, dass sie sich nicht nur darum bemüht, die statistisch definierte Armut im engeren Sinne auszumerzen, sondern darüber hinaus auch gesellschaftlichen Ausgrenzungsprozessen im weiteren Sinne den Kampf ansagt.“[313]

311 Vgl. Vanderborght/Van Parijs (2005): S. 77.

312 Ebd.

313 Ebd., S. 65.

I.3.3. Entkoppelung von Arbeit und Einkommen

Mit dem Aufstieg der Marktwirtschaft im Zeitalter der bürgerlichen Moderne wurde die Existenzsicherung unmittelbar an individuelle Arbeitsleistung[314] gebunden.[315] Wer nicht arbeitete, hatte kein Einkommen und folglich keine Existenzgrundlage. Im Zuge der Konsolidierung des kapitalistischen Wirtschaftssystems prägte die paulinische Ethik „Erst arbeiten, dann essen." den Wertekanon der modernen Gesellschaft sowie deren soziale Leitvorstellungen. Auch im Rahmen der gegenwärtigen Sozialstaatsregelung gilt das alte Prinzip, dass sozialstaatliche Sicherungsleistungen nur bei zuvor erfolgter Erwerbsarbeit oder dokumentierter Arbeitsbereitschaft gewährt werden.[316] Vorrang hat das Prinzip von individueller Leistung (Erwerbsarbeit) und gemeinschaftlicher Gegenleistung (sozialstaatliche Alimentierung) im Sinne reziproker Wechselseitigkeit.[317] Daraus ergibt sich das oberste Ziel der Politik, möglichst viele Menschen in den Erwerbsarbeitsprozess einzugliedern. Das Recht, ein von individueller Arbeitsleistung unabhängiges Einkommen zu beziehen, ist im sozialstaatlichen Status quo – von Ausnahmetatbeständen wie Arbeitsunfähigkeit und Krankheit einmal abgesehen – gemeinhin „unter arbeitszentrierte Vorbehalte gestellt."[318]

Unter dem Begriff bedingungsloses Grundeinkommen sind verschiedene Modelle entwickelt worden, welche die Grundidee eint, durch die Bereitstellung eines garantierten, ‚arbeitslosen' Einkommens die unbedingte Koppelung von Arbeit und Einkommen – in je unterschiedlicher Konsequenz und Umfang – aufzulösen, was auch die Trennung der sozialen Sicherung vom Faktor Erwerbsarbeit einschließt.[319] Die hierdurch anvisierte „Abkehr vom Erwerbsvorbehalt sozialer Sicherung"[320] stellt – eingedenk der traditionellen sozialstaatlichen Funktionslogik – zweifelsohne einen radikalen Systemwechsel dar und wird in der Grundeinkommensdiskussion mit der Formel »Entkoppelung von Ar-

---

314 Wenn nicht ausdrücklich anders erklärt, beziehen sich im Folgenden die Begriffe Arbeit, Arbeitsleistung bzw. arbeitslos stets auf Arbeit im Sinne von *Erwerbsarbeit.*

315 Vgl. Schulte-Basta (2010): S. 84.

316 Vgl. Vobruba (2006): S. 30.

317 »Reziprozität« beschreibt hier das rechte Verhältnis von Leistung und Gegenleistung. Bereits die alten Römer kannten das Prinzip der Gegenseitigkeit, das in den Formeln *do ut des* bzw. *quid pro quo* zum Ausdruck kommt.

318 Vobruba (2006): S. 30.

319 Vgl. Moser (2007): S. 128.

320 Lessenich (2009): S. 18.

beit und Einkommen« verhandelt.[321] Mit der Idee des bedingungslosen Grundeinkommens, also der Auflockerung des klassischen Nexus von Erwerbsarbeit und Einkommensbezug, steht für Werner gar ein „gesellschaftlich-sozialer und vor allem kultureller Paradigmenwechsel"[322] zur Diskussion, der gesamtgesellschaftliches Umdenken erfordert.

Die Idee einer grundeinkommensbasierten Entkoppelung von Erwerbsarbeit und Einkommen (Existenzsicherung und Teilhabeermöglichung) ist bereits in der älteren Grundeinkommensdebatte der 1980er Jahre mit dem Argument steigender Produktivität (Produktivitätsargument) begründet worden, welches nichts an seiner Aktualität verloren hat. Demzufolge sei es aufgrund der hochgradigen Arbeitsteilung der modernen Wirtschaft sowie einer zunehmenden Technisierung zu einer Abnahme der Nachfrage nach menschlicher Arbeitskraft und einer daraus resultierenden wachsenden Freisetzung von Arbeitskräften aus dem industriellen Arbeitszusammenhang gekommen. Im Zuge der immensen Produktivitätssteigerungen der letzten Jahrzehnte sei es zudem laut Werner zu einer „Überwindung des Mangels"[323] gekommen. Produktivitätsfortschritte und Wirtschaftswachstum haben in der Analyse vieler Grundeinkommensbefürworter schließlich dazu geführt, dass gut bezahlte Vollzeitarbeitsplätze sowie lebenslange Erwerbsarbeitsbiographien längst zur Ausnahme geworden sind bzw. diese sowieso nur einen historischen, an die spezifischen Produktionsbedingungen der Industriegesellschaft gebundenen Sonderfall darstellen. Vielmehr ermögliche es der ökonomische Entwicklungsstand schon heute den „Irrglaube[n], Einkommen könne nur aus Erwerbsarbeit stammen"[324] auf dem Müllberg der Geschichte zu entsorgen. Diese Aussage klingt für viele reichlich utopisch. Führt man sich allerdings vor Augen, dass eine große Zahl von erwerbsfähigen Personen derzeit keiner geregelten Erwerbsarbeit (als Primärquelle von Einkommen) nachgeht und diese mitunter jahrelang von Grundsicherungsleistungen leben (müssen), geht diese Einschätzung nicht völlig an der gesellschaftlichen Realität vorbei. Einkommen fließt den Menschen dank öffentlicher und privater Umverteilung schon heute aus ganz verschiedenen Quellen zu. Daher beschreibt die Konstellation eines „Income Mixes"[325] keine allzu neue Normalität.

---

321 Vgl. Lessenich (2009): S. 18.

322 Werner (2008): S. 74.

323 Ebd., S. 30.

324 Ebd., S. 26.

325 Vobruba (2006): S. 145.

Auch wenn der Arbeitsgesellschaft in Zukunft die Erwerbsarbeit sicher nicht abhandenkommen wird, birgt das Produktivitätsargument einen wahren Kern. So ist unbestrittenen, dass die technikgestützten Produktivitätsfortschritte tatsächlich nicht nur geringqualifizierte menschliche Arbeitskraft in zunehmendem Maße überflüssig machen. Für diese unabwendbare Entwicklung haben Politik und Gesellschaft noch keine wirklich problemadäquate Antwort gefunden. Vielmehr muss vorbehaltlos darüber nachgedacht werden, wie und in welchem Ausmaß die nunmehr freigesetzten bzw. erwerbsarbeitslosen Personen im Sinne der Menschenwürde wie des sozialen Zusammenhaltes angemessen mit lebensnotwendigem Einkommen versorgt werden können. Eine einheitliche allen Arbeitskräften zustehende Produktivitätszuwachs-Kompensationspauschale, die den Verlust von Partizipationsmöglichkeiten im Arbeitsmarkt ausgleicht, könnte in diesem Zusammenhang einen ökonomisch legitimierten Einstieg in ein Grundeinkommenssystem darstellen.

Bezüglich einer ‚Entkoppelung von Arbeit und Einkommen' (Existenzsicherung und Teilhabeermöglichung), weist der Soziologe Stephan Lessenich anhand zweier interessanter Aspekte auf mögliche Missverständnisse hin. Zum einen existiert die angestrebte Entkoppelungsleistung als Essenz einer Politik des Grundeinkommens laut Lessenich bereits im Rahmen der bestehenden Sozialstaatspraxis und muss deshalb nicht erst organisiert werden. So erhalten schon heute bestimmte Personengruppen unter bestimmten Bedingungen wie z. B. nachgewiesener Bedürftigkeit, vermittels der sozialen Sicherungssysteme ein ‚erwerbsarbeitsloses' Einkommen ausgezahlt. In Anbetracht dieses Faktums sieht Lessenich zahlreiche institutionelle Anknüpfungspunkte für die Implementierung eines die gängige Sozialstaatspraxis schlichtweg generalisierenden Grundeinkommens.[326] Zum anderen bemerkt Lessenich, sei die Entkoppelung von Arbeit und Einkommen – ökonomisch betrachtet – schlichtweg unmöglich. So könne unter der Bedingung einer arbeitsteiligen Geldwirtschaft per definitionem kein wirklich ‚erwerbsarbeitsloses' Einkommen erzielt werden, weil Einkommen – bevor es verteilt werden kann – immer von irgendjemandem durch Arbeit erwirtschaftet werden muss.[327] Die Ausführungen Lessenichs machen somit deutlich, dass einerseits die Entkoppelung von Arbeit und Einkommen dem real existierenden Sozialstaat – wenn auch in sehr begrenztem Umfang – nicht völlig fremd ist und andererseits aufgrund kausaler Schwierigkeiten einer differenzierenden Annäherung bedarf.

---

326 Vgl. Lessenich (2009): S. 18.

327 Vgl. ebd., S. 18 f.

Ein Grundeinkommen, das die Idee der Entkoppelung von Erwerbsarbeit und Einkommen konsequent umsetzt, würde letztlich Existenzmöglichkeiten außerhalb des Arbeitsmarktes möglich bzw. finanzierbar machen. Eine Gesellschaft wie unsere, die sich selbst als frei, demokratisch und offen beschreibt und die ihrer eigenen Selbstbeschreibung auch traut, dürfte mit der Entscheidung mündiger und ebenso genügsamer Bürger, die es vorziehen, ihren Unterhalt mit einem wahrscheinlich bescheidenen Sozialtransfereinkommen zu bestreiten, jedenfalls grundsätzlich kein Problem haben. In diesem Zusammenhang lautet die eigentliche Frage daher nicht, wie viel Sozialeinkommen finanzierbar ist, sondern vielmehr, welches Ausmaß an individueller Entscheidungsfreiheit bzw. welchen Grad an arbeits- bzw. marktaversem Verhalten die Gesellschaftsmitglieder sich gegen-seitig zugestehen wollen.

I.3.4. Freiheit und Autonomie

Die Entkoppelung von Arbeit und Einkommen, d. h. die Lockerung des Zwangs, Erwerbsarbeit aufnehmen und seine ‚Haut zu Markte tragen zu müssen', korrespondiert mit der wohl wichtigsten gesellschaftspolitischen Leitidee des bedingungslosen Grundeinkommens. Diese besteht in der Ermöglichung von Freiheit und Autonomie im Sinne einer ‚*Real Freedom for All*'[328].

Erich Fromm hat – wie oben gezeigt – als einer der ersten Fürsprecher im deutschsprachigen Raum auf das freiheitsstiftende Potenzial des garantierten Grundeinkommens hingewiesen und in selbigem vorrangig ein Mittel zur Befreiung von Existenznot, Unfreiheit und Zwang gesehen. Vor dem Hintergrund jener von Fromm entfalteten freiheitssensitiven Argumentation (siehe Kapitel I.2.2.1.) soll im Weiteren untersucht werden, inwiefern das Grundeinkommen als Ermöglichungsstruktur individueller Selbstbestimmung und Autonomie gedeutet werden kann. Dabei ist interessant zu sehen, dass das autonomieermöglichende Potenzial der Grundeinkommensidee gleichermaßen von linken, liberalen, grünen und konservativen Apologeten des Reformkonzepts hervorgehoben wird.

Zum sozialethischen Paradigma der Dignität der menschlichen Person gehört auch ihre Autonomie, d. h. die Fähigkeit des Menschen zu freier Entscheidung und selbstbestimmtem Handeln. Autonomie, etymologisch verstanden als „Selbst-Gesetzgebung bzw. Selbst-Regierung, ‚self-

---

328 Vgl. Van Parijs (1995).

government'"[329] verfügt in diesem Zusammenhang über eine doppelte semantische Signatur. So kann sie laut Heider und Opielka einerseits als „‚negative Freiheit'"[330] bzw. Abwehrrecht gegenüber wirtschaftlicher und sozialer Abhängigkeit sowie sozialstaatlicher Bevormundung oder aber andererseits als „‚positive Freiheit'"[331] bzw. Entfaltungsrecht im Sinne einer selbstbestimmten Wahl von (erwerbsbezogenen) Tätigkeiten und eigenverantwortlicher Lebensplanung verstanden werden.[332]

Die verfassungsmäßige Grundlage von Autonomie als einem Leitprinzip moderner (Sozial-)Politik bildet, wie Opielka und Heider richtig anmerken, der erste Absatz im zweiten Artikel des Grundgesetzes: „Jeder hat das Recht auf die freie Entfaltung seiner Persönlichkeit[...]."[333] Damit artikuliert die im Grundgesetz verankerte politische Ordnung der Bundesrepublik folglich enorme Autonomie-Herausforderungen wie auch -Erwartungen.[334]

Das Grundverständnis zusammengefasst: Individuelle Autonomie, d. h. die freie Selbstbestimmung der Person, ist nicht nur ein zentraler Leitwert rechtsstaatlich-demokratischer Ordnung, sondern darüber hinaus ein ebenso grundlegendes und ordnungsstiftendes gesellschaftliches Prinzip.

Eine fruchtbare bzw. faktische Realisierung des (formalen) Rechtes auf freie Entfaltung der Person bedarf jedoch geeigneter sozio-ökonomischer Rahmenbedingungen, die eine materielle Mindestsicherung einschließen. Denn wirkliche Freiheit der Entscheidung bzw. das Ergreifen von Selbstverwirklichungsoptionen ist nur dann möglich, wenn keine den Freiheits- bzw. Handlungsspielraum limitierende materielle Not besteht, d. h. wenn die Existenzgrundlage der Person relativ sicher ist. Dementsprechend bildet die Sicherheit der materiellen Existenz eine grundlegende Voraussetzung autonomer Selbstentfaltung. Hierzu erklärt Schulte-Basta:

> „Der Entzug, bzw. die Nicht-Gewährung der Existenzsicherung macht eine freie und eigenverantwortliche Entscheidung des Menschen bezüglich seiner Handlungen unmöglich. Ohne eine Existenzsicherung ist die große Mehrzahl der Menschen faktisch unfrei, da sie immer gezwungen sind, ge-

329 Heider/Opielka (2010): S. 171.

330 Ebd.

331 Ebd.

332 Vgl. ebd.

333 Vgl. ebd., S. 172.

334 Vgl. Liebermann (2012): S. 14.

> sellschaftlich oder individuell gesetzte Bedingungen aus existenziellen Gründen zu akzeptieren."[335]

Mehr noch, ökonomische Abhängigkeit, ob im privaten oder beruflichen Bereich, erzeugt einen negativen Druck, der den Einzelnen erpressbar und manipulierbar macht. Eine die autonome Handlungsfähigkeit beschneidende Bevormundung – sei es nun durch Familienmitglieder oder Vorgesetzte – kann somit die Folge wirtschaftlich prekärer Existenz sein. So gesehen, beruhen individuelle Freiheit und personale Selbstentfaltung auf einem Mindestmaß an materieller Unabhängigkeit, die im arbeitsgesellschaftlichen Normalfall durch Markteinkommen aus immer knapper werdender gut bezahlter Erwerbsarbeit sichergestellt wird.

Zurück zum Grundeinkommen: Für seine Anhänger liegen die autonomiefördernden Effekte des bedingungslosen Grundeinkommens unbestritten auf der Hand. Bereits durch eine partielle Entkoppelung von Erwerbsarbeit und Einkommen würde nach Einschätzung Patrys die individuelle Autonomie des Arbeitnehmers gegenüber dem Arbeitsmarkt verhältnismäßig zunehmen.[336] So könnten beispielsweise auf der Basis eines existenzsichernden Grundeinkommens sinnlos erscheinende, dequalifizierende, prekäre, ethisch oder ökologisch fragwürdige Arbeiten abgelehnt werden,[337] ohne dass der Arbeitnehmer im Falle einer anschließenden Entlassung um sein wirtschaftliches Überleben fürchten müsste. Auch ließe sich der „Ausstieg aus unzumutbaren Lebenssituationen"[338] leichter verwirklichen.[339] Dies würde freiere Handlungs- und Entfaltungsmöglichkeiten diesseits und jenseits des Arbeitsmarktes zulassen und könnte überdies zu einer „Humanisierung und Ökologisierung der Arbeitswelt"[340] beitragen. Für Werner erweist sich das Grundeinkommen somit als materieller Ermöglichungsgrund autonomer Entscheidungsfreiheit, die letztlich auch das Recht einschließt, Erwerbsarbeit komplett abzulehnen:

> „Denn das Recht auf Freiheit beinhaltet sehr wesentlich das Recht, nein sagen zu können. […] Es umfasst sogar das Recht, Erwerbsarbeit überhaupt abzulehnen. Der Mensch ist vor allem frei, weil er alles ablehnen kann, was

335 Vgl. Schulte-Basta (2010): S. 93 f.

336 Vgl. Patry (2010): S. 7.

337 Vgl. ebd.

338 Ebd.

339 Vgl. ebd.

340 Ebd.

er als Zumutung empfindet. […] Die Freiheit, nein zu sagen, hat aber nur der, dessen Existenzminimum gesichert ist."[341]

Vor dem Hintergrund der Möglichkeit einer völligen Ablehnung von Erwerbsarbeit argumentieren Grundeinkommensanhänger, dass dadurch der Arbeitsmarkt (wieder) zu einem „»richtigen Markt«"[342] würde, in dem eben nur derjenige Erwerbsarbeit nachgeht, der dies wirklich will.[343] Kritiker der Grundeinkommensidee befürchten daher, dass im Zuge der Einführung eines bedingungslosen existenzsichernden Sozialtransfers eine signifikante Zahl von Menschen aus der Erwerbsarbeit aussteigen bzw. diese niederlegen werden und es zu erheblichen (unerwünschten) Einbrüchen am Arbeitsmarkt kommt. Bedenkt man jedoch allein die enorme kulturelle Bedeutung von Erwerbsarbeit als identitätsstiftende Tätigkeit, Sinnressource und Quelle sozialer Anerkennung sowie die tiefe Verankerung arbeitsgesellschaftlicher Normen in den Köpfen der überwiegenden Mehrheit der Bevölkerung (dafür spricht beispielsweise die hohe Erwerbsarbeitsneigung von Männern *und* Frauen in Deutschland), so ist eine massenhafte Flucht aus der Erwerbsarbeit bzw. eine Karriere des nichts-tuenden Minusbürgers in Folge der Einführung des Grundeinkommens nicht zu erwarten. Nicht zuletzt auch deshalb, weil es mit Presse genügend immaterielle Gründe und Anreize zur Aufnahme einer Arbeit gibt und die Menschen sich „*mehr* vorstellen können, wünschen und anstreben als das Existenzminimum. Dies würde sich auch bei Einführung eines existenzsichernden Grundeinkommens nicht ändern."[344]

Welche Autonomie-Erwartungen werden nun mit dem Grundeinkommen verbunden? Die Anhänger des Grundeinkommens erhoffen sich von dessen Einführung erweiterte Entscheidungskompetenz bzw. Handlungsspielräume sowie freie Initiative in den verschiedenen Welten der Arbeit.[345] Autonomie wird hierbei primär als selbstbestimmte Wahl von Art und Umfang der auszuübenden Tätigkeit sowie als die freie Verfügung über das *eigene* Lebenszeitbudget[346] verstanden. Unter

---

341 Werner (2008): S. 62.

342 Patry (2010): S. 7.

343 Vgl. Althaus (2007): S. 6.

344 Presse (2010): S. 47 (Hervorhebung im Original).

345 Stellvertretend für viele: Vgl. Büchele/Wohlgenannt (1985); Büche/Wohlgenannt (1990): S. 134-140; Füllsack (2002): S. 151 ff.; Exner/Rätz/Zenker (2007): S. 111-165; Werner (2008): S. 57-80; Hohenleitner/Straubhaar (2008): S. 56-79; Werner/Eichhorn/Friedrich (2012).

346 Denn Arbeitszeit ist immer auch *Lebens*zeit wie die Freunde des Grundeinkommens zu Recht feststellen Vgl. Zenker (2007a): S. 124 ff. Zum Aspekt der Zeitautonomie durch Grundeinkommen siehe auch: Bischoff (2007): S. 46 f.

dem Vorzeichen der Autonomieermöglichung soll das Grundeinkommen nach Ansicht seiner Fürsprecher gleichsam eine doppelte Funktion erfüllen. Einerseits soll die Auszahlung des Grundeinkommens die finanzielle und moralische Anerkennung bereits (freiwillig) geleisteter Arbeiten fernab des Arbeitsmarktes artikulieren.[347] In diesem Zusammenhang argumentieren die Anhänger des Grundeinkommens für einen „umfassenden Arbeitsbegriff"[348], der über die gängige Gleichsetzung von Arbeit mit Erwerbsarbeit hinausführt. Die Perspektive eines erweiterten Arbeitsbegriffs, die angesichts eines weitgreifenden Wandels der Arbeitswelt geboten scheint, begründet Werner mit folgender Einschätzung:

> „Tatsächlich gibt es sehr viel mehr Arbeit als Erwerbsarbeit. Neben der eigentlichen »Hausarbeit« sind das etwa Erziehung, Pflege, soziales Engagement, Kulturarbeit, Jugendarbeit, Sport, Brauchtum. In all diesen Bereichen werden immense und völlig unverzichtbare Beiträge zum Funktionieren und Gedeihen unserer Gesellschaft geleistet, die ohne diese Arbeit vor unseren Augen zerfallen würde. Mit anderen Worten: All das leistet einen wesentlichen Beitrag zur gesellschaftlichen Wertschöpfung. Das kann nur jemand nicht für Arbeit halten, der bei Arbeit nur an etwas denkt, was eigentlich eher ein historischer Spezialfall ist: vollzeitige, weisungsgebundene, sozialversicherungspflichtige Erwerbsarbeit."[349]

Andererseits soll das Grundeinkommen als finanzieller Grundsockel die ökonomischen Voraussetzungen für neue Initiativen schaffen, die sich unter der Überschrift „In Freiheit tätig sein"[350] subsumieren lassen und deren Marktanbindung nicht von unmittelbarer Bedeutung ist. Den Hintergrund bildet der Gedanke, Arbeit primär als selbstbestimmte Tätigkeit zu verstehen. Demzufolge könnten die Menschen auf der Basis eines garantierten Einkommens selbst bestimmen, in welchem Umfang sie in den Arbeitsmarkt einsteigen und welche Art von Tätigkeiten sie in oder außerhalb des Arbeitsmarktes ausüben wollen. Zu den dann attraktiven, weil selbst gewählten Tätigkeitsformen zählen laut Birgit Zenker, der ehemaligen Bundesvorsitzenden der Katholischen Arbeitnehmer-Bewegung Deutschlands (KAB) all jene Tätigkeiten, die in der gegenwärtigen Erwerbsarbeitsgesellschaft mit einem hohen sozialen Risiko verbunden sind wie beispielsweise das sich Ausprobieren im Allgemeinen, die (wiederholte) Aufnahme eines Studiums oder aber die Herausbildung einer unternehmerischen Existenz.[351] Das

347 Vgl. Zenker (2007a): S. 127.

348 Heider/Opielka (2010): S. 171.

349 Werner (2008): S. 64.

350 Exner/Rätz/Zenker (2007): S. 111.

351 Vgl. Zenker (2007a): S. 127.

autonomieermöglichende Moment des Grundeinkommens fasst Zenker mit Blick auf das Ideal einer menschenfreundlichen und einladenden Gesellschaft so:

> „Das Grundeinkommen bietet eine verlässliche finanzielle Basis, seiner eigenen Begabung, Kreativität und Sinnlichkeit auf die Spur zu kommen. Egal, was ich tue oder auch nicht tue, die Existenzgrundlage ist gesichert, verbunden mit dem guten Gefühl, in dieser Gesellschaft anerkannt und willkommen zu sein."[352]

Als Zwischenergebnis kann somit festgehalten werden: Grundeinkommensanhänger unterschiedlicher Lager vertreten die Auffassung, das Grundeinkommen fördere als *„Autonomie-und Befähigungspauschale"*[353] das Autonomie-Prinzip in den Welten von Arbeit und Tätigkeit sowie der Gesellschaft insgesamt.

In engem Bezug zum *Autonomieargument* steht das *Argument alternativer Arbeit*. Letzteres hebt darauf ab, dass das Grundeinkommen sozioökonomisch abgesicherte Freiräume für sinnvolle Tätigkeiten auch außerhalb des Arbeitsmarktes generieren könne. Hierzu zählen Grundeinkommensfreunde vorrangig gemeinnützige Tätigkeiten des sog. Dritten Sektors[354], die Götz Werner als menschen- bzw. kulturbezogene Arbeiten bezeichnet und zu denen er Fürsorgearbeit, soziale Arbeit aber auch die Arbeit des Menschen an sich selbst in Form von (Eigen-)Bildung rechnet. Auch die – in Zeiten einer zunehmend von Leistungsdruck dominierten Freizeit – stets prekäre Muße[355] gehört zum breiten Spektrum alternativer Arbeit(en).[356] Mit dem somit angestrebten grundeinkommensbasierten Wandel einer gegenwärtig heteronomen und weisungsgebundenen Arbeitsverrichtung in eine Arbeitswelt autonomer

---

352 Zenker (2007a): S. 127.

353 Blaschke (2010): S. 76 (Hervorhebung im Original).

354 Als »Dritter Sektor« wird der volkswirtschaftlich bedeutende und personalintensive Dienstleistungssektor bezeichnet.

355 Zur Rolle der Muße im Kontext der Grundeinkommensthematik erklärt Lessenich: „Muße erscheint heute, in der sich rastlos beschleunigenden Gesellschaft des flexiblen Kapitalismus, als ein notwendiges Komplement individuellen Engagements in Arbeit und Bildung, als eine materiale Voraussetzung der Möglichkeit von Partizipation und Autonomie.[...] Für die Zukunft dieser Debatte erscheint es mir entscheidend, diesen (nur scheinbar rein normativen) Dissens um Muße und Müßiggang wirklich auszutragen. Er ist, so lässt sich argumentieren, tatsächlich der archimedische Punkt im Kampf um das Grundeinkommen – verstanden als der Kampf um die Formen und Mechanismen einer in emanzipatorischer Absicht betriebenen Veränderung der sozialen Ordnung im wohlfahrtsstaatlich verfassten Kapitalismus." (Lessenich (2009): S. 16).

356 Vgl. Werner/Göhler (2010): S. 115.

Tätigkeiten ist eine gesellschaftlich-politische Transformationsperspektive beschrieben, an deren Horizont, jene von André Gorz entworfene Vision einer freien Multiaktivitätsgesellschaft[357] aufleuchtet. Damit ist eine autonomiefreundliche Gesellschaftsordnung gemeint, die es dem Menschen erlaubt, unter der Bedingung materieller Absicherung sowie gesellschaftlicher Anerkennung frei gewählte Tätigkeiten selbstbestimmt auszuüben. Dies stellt gerade in Zeiten einer zunehmenden Prekarisierung und Fremdbestimmung von Erwerbsarbeit zwar eine realpolitisch-unrealistische, aber dennoch anthropologisch wertvolle Ordnungsvorstellung dar, die den menschlichen Wunsch nach einer multiaktiven und selbstbestimmten Lebensführung ernst nimmt.

Ergänzend sei an dieser Stelle auf einen weiteren wichtigen Aspekt hingewiesen. Entscheidungs- und Handlungsfreiheit im Sinne einer autonomen »Selbststeuerung« der Person konstituiert sich gerade in der Relativierung von Konformitäts- bzw. Anpassungszwängen, ohne die Gesellschaft einfach nicht zu haben ist. Insbesondere in der heutigen Arbeitswelt ist der Druck zu Gleichschritt, Konfliktvermeidung und Unterwürfigkeit angesichts des Damoklesschwertes einer stets drohenden Entlassung sowie der damit einhergehenden Einkommensausfälle für viele groß. Hieraus resultieren Verunsicherungen, welche die Annahme subsidiärer Eigenverantwortung konterkarieren. Denn: „Ein Mensch, der mangels einer materiellen Basissicherung unter Druck und Angst lebt, vermag zumeist nicht, das ihm anvertraute Leben in Selbstannahme und Verantwortung zu wagen."[358]

Individuelle Handlungsfreiheit und personale Entfaltung aber gründen in der Möglichkeit einer freien Wahl von Alternativen.[359] Hier wird erneut das unbedingte Grundeinkommen mitsamt seiner emanzipationsfördernden Wirkung von Seiten seiner Anhänger in die Diskussion eingebracht. So könnten nach Ansicht von Büchele und Wohlgenannt auf der Basis eines garantierten Grundeinkommens Freiräume entstehen, welche es ermöglichen, jene von Eliten vordefinierten Konformitätsformeln eines »man-tut« bzw. eines »man-denkt«[360] im Zeichen einer von materieller Existenzangst entkoppelten Individualität, Kreativität und Eigensinn zu transzendieren. Dies wird gerade dadurch möglich, weil das Grundeinkommen ganz im Zeichen emanzipativer Sozialpolitik den Bürgern a priori einen „‚starken' Status als freie

357 Vgl. Gorz (2000): S. 102 ff. Zum Thema Multiaktivitätsgesellschaft siehe auch Kapitel IV.2.2.5. dieser Arbeit.

358 Büchele/Wohlgenannt (1985): S. 23.

359 Vgl. ebd., S. 23 f.

360 Vgl. ebd., S. 35.

und unabhängige Subjekte gibt."[361] Überdies dürfte die mit dem Grundeinkommen verbundene finanzielle und moralische Aufwertung alternativer Lebens- und Arbeitsmodelle weitere Wahlmöglichkeiten eröffnen, die wiederum autonomes Entscheidungshandeln mündiger Menschen stimulieren. Somit kann die freiheitsfördernde Programmatik des Grundeinkommens auf folgenden Punkt gebracht werden: „Es steht also mehr an als nur ein sozialpolitisches Konzept der Armutsbekämpfung. Es geht [beim Grundeinkommen, S. K.] um die rechtsstaatlichen und sozioökonomischen Voraussetzungen realer Freiheit aller Bürger."[362]

Zum Schluss dieses Abschnittes muss kritisch angemerkt werden, dass das bedingungslose Grundeinkommen als sicheres Finanzpolster zwar generell die Möglichkeit einräumt, schlechte Arbeits- bzw. Privatverhältnisse zu verlassen. Damit wäre aber noch lange nicht sichergestellt, dass die grundeinkommensbasierten Zuwächse an persönlicher Wahl- und Handlungsfreiheit seitens des Transferempfängers auch wirklich konstruktiv genutzt, d. h. in Form individuell oder sozial wünschenswerter Aktivitäten Anwendung fänden. Auch in diesem Zusammenhang muss ein realistisches Menschenbild angemahnt werden, das zumindest fallweise Entscheidungsfurcht, Passivität und Totalverweigerung der Menschen einkalkuliert. Unbeachtet dessen kann ebenso festgehalten werden, dass das Grundeinkommen als „‚sozialer Bürgerstatus'"[363] gerade die strukturellen bzw. sozioökonomischen Voraussetzungen für aktives und selbstbestimmtes Handeln aller Gesellschaftsmitglieder schafft, das ja im Kern auf autonomer Entscheidung und freier Initiative beruht. So gesehen gliche das Grundeinkommen, mit Werner gesprochen, durchaus einem „Basislager, von dem aus der Bürger startet, um in eigener Absicht und Verantwortung tätig werden zu können."[364]

I.3.5. Zwischenfazit

In den vorangegangenen Abschnitten wurden die zentralen Leitideen des allgemeinen Konzepts des bedingungslosen Grundeinkommens herausgearbeitet, sodass das gesellschaftlich-politische Substrat und das Innovationspotenzial der Reformidee anschaulich geworden sind. Das Ergebnis kurz zusammengefasst: Ziel des Grundeinkommensansatzes

361 Ulrich (2007): S. 3.

362 Segbers (2009): S. 197.

363 Heider/Opielka (2010): S. 179.

364 Werner (2008): S. 77.

ist es, mittels einer Entkoppelung von (Erwerbs-)Arbeit und Einkommen, d. h. durch die bedingungslose, personenbezogene Bereitstellung eines von jedweder Bedürftigkeitsprüfung und Arbeitspflicht befreiten Sozialeinkommens das materielle Existenzminimum aller Gesellschaftsmitglieder zu garantieren. Darüber hinaus soll das Grundeinkommen als einkommensunabhängige Transferzahlung die Mindestteilhabe aller Transferempfänger am gesellschaftlichen Wohlstand sowie deren Teilnahme am sozialen Leben finanziell absichern. Der oberste normative Zweck des unbedingten Grundeinkommens, so hat die Analyse unterschiedlicher Autoren und Positionen gezeigt, besteht jedoch in der Ermöglichung bzw. Ausweitung individueller Freiheit, die in der selbstbestimmten Entfaltung der Einzelperson ihren zentralen Kulminationspunkt erreicht. Im Zentrum der Grundeinkommensidee steht somit die unbedingte Sicherung der ökonomischen und sozialen Existenz des frei und eigenverantwortlich handelnden Subjektes (in den meisten Modellen über die gesamte Lebensspanne).

II. KAPITEL: DAS KONZEPT DER SOZIALEN MARKTWIRTSCHAFT

II.1. Soziale Marktwirtschaft: Gesellschaftspolitischer Kontext der Grundeinkommensdebatte

Die Diskussion um das bedingungslose Grundeinkommen in der Bundesrepublik verläuft nicht im Vakuum oder gesellschaftlichen Nirgendwo, sondern im theoretischen wie auch realen Bezugsrahmen der bundesdeutschen Wirtschafts- und Gesellschaftsordnung. Den gesellschaftspolitischen Kontext der deutschen Debatte bildet das Ordnungskonzept der *Sozialen Marktwirtschaft.*[365] Als Soziale Marktwirtschaft wird gemeinhin sowohl das wirtschaftspolitische Leitbild als auch das real existierende Wirtschaftssystem der Bundesrepublik bezeichnet. Die Analyse der Vereinbarkeit der Idee des bedingungslosen Grundeinkommens mit dem Konzept der Sozialen Marktwirtschaft, welche das Hauptziel dieser Arbeit darstellt, ist jedoch nicht möglich, ohne zuvor ein näheres Verständnis der bestehenden Ordnungskonzeption und ihrer Funktionslogik gewonnen zu haben. Im Rahmen der folgenden Ausführungen werden daher die tragenden Ordnungsprinzipien, Leitideen und Systemelemente der Sozialen Marktwirtschaft fokussiert, um einen klaren Begriff jener Ordnungskonzeption zu erhalten, die auch international hohe Anerkennung erfahren hat.

---

365 Kritiker halten die Wortemulsion im Begriff »Soziale Marktwirtschaft« und die damit verbundene Idee für schlichtweg paradox. So könne es nur die reine Marktwirtschaft an sich, also eine attributlose Marktwirtschaft geben oder keine. Folglich handle es sich beim Begriff der Sozialen Marktwirtschaft entweder bestenfalls um einen wohlklingenden Pleonasmus Vgl. Quaas (2002a): S. 211 oder schlechterdings um einen Etikettenschwindel, der den wahren marktwirtschaftlichen Charakter durch Voranstellung des Feigenblattes ‚sozial' zu verschleiern sucht. Zur Diskussion einer attributivischen oder substantivischen Deutung der Sozialen Marktwirtschaft siehe auch Quaas (2000): S. 113-156.

Die Soziale Marktwirtschaft ist seit nunmehr 60 Jahren die Wirtschafts- und Gesellschaftsordnung der Bundesrepublik.[366] Als damals neuartiges Ordnungsmodell prägt sie die wirtschaftliche, soziale, politische wie kulturelle Entwicklung im westlichen Nachkriegsdeutschland und hat somit maßgeblichenen Anteil am wirtschaftlichen Aufstieg, der sich im Zuwachs materiellen Wohlstandes, sozialer Befriedung sowie der politischen Stabilität der Bonner Republik äußert.[367] Mit dem Staatsvertrag zur Schaffung einer Währungs-, Wirtschafts- und Sozialunion zwischen der Bundesrepublik Deutschland und der DDR[368] vom 18. Mai 1990 wird die Soziale Marktwirtschaft schließlich zur gesamtdeutschen Wirtschaftsordnung.

II.2. Das Problem der Deutungsvielfalt des Begriffs der Sozialen Marktwirtschaft

Ein Grundproblem erschwert die theoretische Auseinandersetzung mit der Sozialen Marktwirtschaft. So bestehen auch nach jahrzehntelanger realpolitischer Erfahrung mit diesem besonderen – weil einzigartigen – Ordnungsmodell sowohl im akademischen als auch im politischen Raum „keinerlei einheitliche und zureichend präzise definierte Vorstellungen, sondern recht verschiedene Auffassungen"[369] davon, was der Begriff Soziale Marktwirtschaft genau meint und „was man als Konzept, Leitbild, Ordnungsidee, Programm oder Stilgedanken einer Sozialen Marktwirtschaft bezeichnen könnte"[370]. Daher wundert es kaum,

---

366 Nach Ansicht vieler Autoren gilt die Währungsreform vom 20/21. Juni 1948 als die Geburtsstunde der Sozialen Marktwirtschaft. Exemplarisch hierfür Vgl. Hauff v./ Sauer (2004): S. 35.

367 Stellvertretend für viele: Vgl. Schlecht (2002): S. 384.

368 Die vollständige offizielle Bezeichnung lautet: ‚*Vertrag über die Schaffung einer Währungs-, Wirtschafts- und Sozialunion zwischen der Bundesrepublik Deutschland und der Deutschen Demokratischen Republik (Staatsvertrag)*'. Dort heißt es in Kapitel I, Artikel 1 Abs. 3-4: „(3) Grundlage der Wirtschaftsunion ist die Soziale Marktwirtschaft als gemeinsame Wirtschaftsordnung beider Vertragsparteien. Sie wird insbesondere bestimmt durch Privateigentum, Leistungswettbewerb, freie Preisbildung und grundsätzlich volle Freizügigkeit von Arbeit, Kapital, Gütern und Dienstleistungen; [...]. (4) Die Sozialunion bildet mit der Währungs- und Wirtschaftsunion eine Einheit. Sie wird insbesondere bestimmt durch eine der Sozialen Marktwirtschaft entsprechende Arbeitsrechtsordnung und ein auf den Prinzipien der Leistungsgerechtigkeit und des sozialen Ausgleichs beruhendes umfassendes System der sozialen Sicherung." (Konrad Adenauer Stiftung (2012): o. S.).

369 Gutmann (1996): S. 1.

370 Ebd. Die Pluralität der Auffassungen zum Konzept der Sozialen Marktwirtschaft spiegelt sich in der Vielzahl alternativ verwendeter Bezeichnungen wider. So wird dieselbe im Schrifttum verschiedentlich als: Ordnung, Konzeption, Rezept, Sys-

dass dieser Ordnungsgedanke in Abhängigkeit des jeweiligen geistig-weltanschaulichen Standortes bzw. wirtschaftspolitischen Vorverständnisses verschiedenartigen Akzentuierungen und Interpretationen unterliegt.[371] Dabei erfahren die beiden konstitutiven Bestandteile des Begriffs *Soziale Marktwirtschaft* – also die Konzeptelemente des »Sozialen« und der »Marktwirtschaft« „sowohl je für sich als auch in der Begriffssynthese recht unterschiedliche Auslegungen."[372]

Dieser Umstand trägt zu einer gewissen begrifflich-inhaltlichen Unschärfe bei, welche die Diskussion über eine mögliche Prädominanz einer der beiden Begriffskomponenten über die jeweils andere nachweislich beflügelt hat. Allein zum vielschichtigen Gehalt des in der öffentlichen Diskussion weithin abstrakt und unbestimmt bleibenden Begriffs des »Sozialen«[373] existiert eine Vielzahl divergierender wissenschaftlicher Äußerungen. Mit dem Ergebnis, dass die deutlich voneinander abweichenden Vorstellungen[374] bezüglich der inhaltlichen Interpretation und Bedeutung des sozialen Elementes[375] (als zentralem Teil der Begriffskombination) ebenso heterogene Konzeptionen von Sozialer Marktwirtschaft hervorbringen. Insbesondere das facetten- und spannungsreiche Binnenverhältnis von einerseits freiheitlich-marktwirtschaftlicher und andererseits sozial-ausgleichender Komponente ist

tem, Modell, Entwurf, Arrangement, Gefüge, Ensemble, Schlagwort, Theorie, Formel, Integrationsformel, Losung, Plan, Projekt usw. bezeichnet.

371 Vgl. Gutmann (1996): S. 2.

372 Ebd.

373 Das Attribut »sozial« ist insofern problematisch, weil es von vielen als inhaltlich unklar bzw. schwammig wahrgenommen wird. Prominent vertreten wurde diese Kritik von dem Ökonom und Nobelpreisträger Friedrich August v. Hayek (1899-1992), der »sozial« als „‚Weaselword'" (Quaas (2000): S. 115) par excellence bezeichnete, dessen nähere Bedeutung letztlich niemand so recht erklären könne Vgl. ebd.

374 Hierzu resümiert die Ordnungsökonomin Quaas: „Besonders die Gewichtung des sozialen Elementes im Konzept der Sozialen Marktwirtschaft scheidet die Auffassungen voneinander. Soll „sozial" eine ergänzende Eigenschaft zu „Marktwirtschaft" sein oder soll die Verbindung von Substantiv und Adjektiv im Sinne einer Einheit verstanden werden? Im ersteren Fall wird dem bekannten Begriff der Marktwirtschaft nur ein Merkmal hinzugefügt, im zweiten entsteht ein völlig neuer Begriff." (Quaas (2000): S. 48).

375 Der Verfasser dieser Arbeit folgt diesbezüglich jener in der Diskussion anzutreffenden Auffassung, dass das soziale Element der Sozialen Marktwirtschaft nicht als bloßes Anhängsel, nachrangige Korrekturmaßnahme oder dekoratives Supplement, sondern vielmehr als eine unbedingte Voraussetzung und wesentliche Funktionsbedingung des marktwirtschaftlichen Elementes zu verstehen ist. Insofern ist das Soziale konstitutiver Bestandteil sozial-marktwirtschaftlicher Begriffs- und Theoriebildung. Das theoretische Konzept der Sozialen Marktwirtschaft gründet folglich in zwei auf einander hingeordneten Kernelementen.

zum Gegenstand intensiver fachwissenschaftlicher Reflexionen geworden, wobei – stets im Einklang mit dem präferierten ordnungs- bzw. gesellschaftspolitischen Paradigma des Urteilenden – einmal die Hegemonie des marktwirtschaftlichen, ein anderes Mal die Dominanz des sozialen Elementes beklagt wird.

Folglich konstatiert die Ordnungsökonomin Friedrun Quaas zu Recht eine Polyphonie rund um den Begriff der Sozialen Marktwirtschaft: „das Wort von der Sozialen Marktwirtschaft tönt vielstimmig, indes herrscht wenig Bewußtsein darüber, was die ihr zugrundeliegende Idee ursprünglich tatsächlich intendierte, als sie entstand und ihre Väter auf rasche praktisch-politische Umsetzung drängten."[376]

Der Verfasser dieser Arbeit hält in Einklang mit Quaas jene Deutung für plausibel, die eine „konzeptimmanente Einheit zwischen freiheitlich-marktwirtschaftlicher und sozialer Komponente"[377] statuiert und überdies beide Kernelemente in einer „dialektischen Beziehung verklammert"[378] weiß. Die miteinander korrespondierenden Bestandteile von Markt und Sozialem stehen dabei in einem engen Interaktions- und Sinnzusammenhang, welcher durch mannigfaltige Wechselwirkungen beider Komponenten gekennzeichnet ist. Insofern lässt sich der Bestandteil der Marktwirtschaft letztlich nie losgelöst von dem Bestandteil des Sozialen oder umgekehrt hinreichend verstehen.[379]

II.3. Geistesgeschichtliche Grundlagen und historische Wurzeln der Sozialen Marktwirtschaft

Die Idee der Sozialen Marktwirtschaft hat ihren Ursprung in den Traditionen unterschiedlichster Denkrichtungen und Wissenschaftsdisziplinen, was sicherlich auch zur Integrationskraft und dem besonderen Charakter dieser Ordnungsidee beigetragen hat. So zählen Wirtschafts- und Sozialwissenschaftler, Juristen, Theologen und Ethiker, aber auch der Wissenschaft entstammende Politiker zum Kreis der Vordenker einer Sozialen Marktwirtschaft.[380]

---

376 Quaas (2000): S. 49 f.

377 Ebd., S. 54.

378 Ebd.

379 Zu den Schwierigkeiten der Hermeneutik des Begriffs »Soziale Marktwirtschaft« sowie zum Sinnzusammenhang bzw. Spannungsverhältnis der beiden Begriffskomponenten sei an dieser Stelle auf die instruktiven Ausführungen von Friedrun Quaas hingewiesen Vgl. Quaas (2000): S. 47-56.

380 Vgl. Gutmann (1996): S. 1.

Historische Wurzeln der Idee einer Sozialen Marktwirtschaft lassen sich bereits in den großen geistigen Strömungen des 19. Jahrhunderts erkennen, worunter namentlich die Gedankenwelt des Liberalismus zählt.[381] Im Spektrum jener aus England stammenden und im damaligen Deutschland weit verbreitetet Denkrichtung erlangte die so genannte Manchesterschule, welche die liberale ökonomische Theorie vulgarisierte, bedeutenden Einfluss.[382] Zu den Leitideen des Manchesterliberalismus gehörten u. a. ein starker Individualismus im Bereich des Wirtschaftlichen sowie der Gedanke „der völligen Freiheit aller Tauschbeziehungen“[383]. Die freie Entfaltung und ökonomische Selbstverantwortung der Marktakteure auf der Grundlage individuellen Gewinnstrebens sowie das Vertrauen in eine schrankenlose, aber selbstordnende Marktmechanik sind Kennzeichen des „liberalen Schemas“[384]. Die private Initiative im Zeichen eines grenzenlosen »Laissez-faire« sowie die Nichtintervention des Staates stellen somit das zentrale Ordnungsprinzip des klassischen (Wirtschafts-)Liberalismus dar.[385] Das Ideal „größtmögliche[r] wirtschaftliche[r] Entfaltungsfreiheit“[386] im Raum eines selbstregulierenden Marktes als Grundlage von Wirtschaftswachstum und allgemeiner Wohlfahrt ist eng mit dem Namen Adam Smith (1723-1790)[387] verbunden.[388]

Auch das Werk des liberalen Philosophen John Stuart Mill (1806-1873), welcher in der Hochzeit des Liberalismus für Individualität, Spontanität, Initiative sowie freie Entfaltung der Persönlichkeit eingetreten ist[389] und ebenfalls für ein anreizgerechtes garantiertes steuerfreies Mindesteinkommen plädierte[390], hat mit Blick auf die Frage der rechten Relation von individueller Freiheit und Sozialintervention großen Einfluss erlangt.[391] Die wirtschaftlichen Fortschritte der liberalen Epoche

---

381 Vgl. Gutmann (1996): S. 2.

382 Vgl. ebd.

383 Ebd.

384 Ebd.

385 Vgl. ebd.

386 Klump (2001): S. 21.

387 Interessant ist in diesem Zusammenhang, dass Adam Smith, der oft nur einseitig interpretierte Urvater nationalökonomischer Theoriebildung und Propagandist von Eigennutz und freiem Markt einen Lehrstuhl für »Moralphilosophie« bekleidet hat Vgl. ebd., S. 20.

388 Vgl. ebd., S. 20 f.

389 Vgl. Habermann (2010): S. 64.

390 Vgl. Quaas (2000): S. 241.

391 Vgl. ebd., S. 229-243.

bewirkten gesellschaftliche Verwerfungen, welche die „'Soziale Frage'"[392], die in erster Linie eine „,Arbeiterfrage'"[393] war, hervorbrachte.

Mit der Gründung des »Vereins für Socialpolitik« im Jahr 1873 trat eine Gegenbewegung auf den Plan, welche die sozialen Fehlentwicklungen der Industrialisierung geißelte und sich sowohl vom Laissez-faire des Manchesterliberalismus in der Sozialpolitik als auch vom grassierenden sozialrevolutionären Gedankengut des entstehenden Marxismus abwandte.[394] Die Vereinsmitglieder, die von ihren Kritikern bald als „,Kathedersozialisten'"[395] diffamiert wurden, verfolgten das sozialpolitische Anliegen, wie es der erste Vorsitzende des Vereins, der Ökonom Gustav Schmoller (1838-1917) formuliert hat: „auf der Grundlage der bestehenden Ordnung die unteren Klassen der Gesellschaft soweit heben, bilden und mit der Ordnung versöhnen, daß sie sich in Harmonie und Frieden in den gesellschaftlichen Organismus einfügten."[396] Bereits hier klingen Vorstellungen einer integrierenden wie ausgleichenden Sozialpolitik an, welche die Voraussetzungen für gesellschaftliche Teilhabe und Kooperation schafft und die später von einigen profilierten Gründervätern der Sozialen Marktwirtschaft gefordert wird.

Einen zweiten einflussreichen Traditionsstrang bildet das christlich-abendländische Gedankengut[397], das in Form der historisch geronnenen christlichen Soziallehren bzw. der christlichen Wirtschafts- und Sozialethik zum unmittelbaren Wertefundament der Sozialen Marktwirtschaft gezählt wird.[398] Insbesondere die nach dem ersten Weltkrieg aufkommende katholische Sozialwissenschaft bzw. Sozialethik formuliert Grundsätze einer wohlgeordneten Wirtschaft und Gesellschaft, die den Leitwert der Menschenwürde hervorheben.[399] In diesem Zusammenhang müssen die Jesuitenpater Gustav Gundlach (1892-1963), gesellschaftswissenschaftlicher Berater von Papst Pius XII sowie der Nestor der katholischen Soziallehre, der renommierte Sozialphilosoph Oswald von Nell-Breuning (1890-1991) als profilierte Repräsentanten katholisch-sozialen Denkens und ethische Ideengeber einer Sozialen Markt-

392 Gutmann (1996): S. 2 (Hervorhebung im Original).

393 Klump (2001): S. 22.

394 Vgl. Gutmann (1996): S. 2.

395 Klump (2001): S. 23.

396 Gutmann (1996): S. 3.

397 Viele der wissenschaftlichen Architekten und geistigen Begründer der Sozialen Marktwirtschaft waren bekennende Christen – aber auch die Mehrheit der Bevölkerung Nachkriegsdeutschlands war von den ethischen Positionen der christlichen Kirchen stark geprägt Vgl. hierzu Gutmann (1996): S. 10 f.

398 Vgl. Schumann (2007): S. 76.

399 Vgl. Quaas (2000): S. 331 f.

wirtschaft genannt werden.[400] Insbesondere Pater Nell-Breuning stellt sich einer „Reduktion von Gesellschaft auf Wirtschaft und von Wirtschaft auf Markt"[401] entschieden entgegen und begreift Wirtschaftstätigkeit stattdessen als einen „*Sozial*prozess"[402]. Darüber hinaus zählen der Schweizer Dominikaner Arthur-Fridolin Utz (1908-2001), der Wiener Sozialethiker Johannes Messner (1891-1984) sowie für Deutschland Paul Jostok (1895-1965), Josef Höffner (1906-1987) und Nikolaus Monzel (1906-1960) zu den kritisch-konstruktiven Begleitern der entstehenden Idee einer Sozialen Markwirtschaft.[403] Des Weiteren finden die päpstlichen Sozialenzykliken, in denen der Begriff der Sozialen Marktwirtschaft selbst nicht vorkommt[404], im Schrifttum regelmäßig Erwähnung. Große Wirkung hat die 1931 erschienene Sozialenzyklika *Quadragesimo anno* entfaltet, die unter anderem das Subsidiaritätsprinzip als „neue Leitidee"[405] für das Verhältnis von Einzelmensch und Gesellschaft formulierte[406] und dem das Wirtschaftssystem der Sozialen Marktwirtschaft am ehesten zu entsprechen schien.[407] Dieser richtungsweisende Grundsatz gesellschaftlicher Ordnung bzw. Organisation wird ergänzt durch das Personalitätsprinzip und das Solidaritätsprinzip, welche wesentliche Säulen im Gedankengebäude der katholischen Soziallehre darstellen und im Geltungsbereich anderer Wissenschaften, aber auch der Politik, breite Anerkennung erfahren haben. In Anbetracht dessen darf zusammengefasst werden, „daß die Leitlinien der katholischen Soziallehre für die Wirtschaftsordnung zahlreiche Parallelen zu den Orientierungen der Väter der Sozialen Marktwirtschaft aufweisen und daß die Soziale Marktwirtschaft in der Logik der katholischen Soziallehre liegt."[408]

Einen dritten in seiner Bedeutung für die Entstehung der Idee der Sozialen Marktwirtschaft nicht zu unterschätzenden konzeptionellen Strang bilden die Vertreter der ordo-liberalen »Freiburger Schule« um den Nationalökonomen Walter Eucken (1891-1950) sowie die Wirtschaftsjuristen Franz Böhm (1895-1977) und Hans Großmann-Doerth (1894-

400 Vgl. Schumann (2007): S. 152.

401 Emunds (2010): S. 194.

402 Ebd. (Hervorhebung im Original).

403 Vgl. Schumann (2007): S. 152.

404 Vgl. Ockenfels (2004): S. 42.

405 Clapham (2004): S. 17.

406 Vgl. ebd.

407 Vgl. Schumann (2007): S. 153.

408 Ebd., S. 154.

1944), die mit dem „Denken in Wirtschaftsordnungen“[409] das Verhältnis von Markt und Staat neu entwarfen und im Zuge ihrer Überlegungen seit den 1930er-Jahren einen neuen methodischen Ansatz der Wirtschaftsanalyse entwickelten.[410]

Zur Freiburger Lehrgemeinschaft zählte auch Leonhard Miksch (1901-1950), der wie Walter Eucken zu einem der wichtigsten Berater des Wirtschaftswissenschaftlers und späteren Bundeskanzlers Ludwig Erhard (1897-1977) avancierte.[411] Die ordnungspolitische Agenda der Ordoliberalen besteht laut Eucken darin, „„dieser neuen industrialisierten Wirtschaft mit ihrer weitgreifenden Arbeitsteilung eine funktionsfähige und menschenwürdige Dauerordnung zu geben.“[412] Aber auch die dem Ordoliberalismus[413] konzeptionell nahestehenden Sozial- und Wirtschaftshumanisten Alexander Rüstow (1885-1963) und Wilhelm Röpke (1899-1966) haben durch ihr Werk wichtige ordnungstheoretische Beiträge geleistet und gelten gemeinhin als bedeutende Wegbereiter einer Sozialen Marktwirtschaft.[414] Röpke und Rüstow eint dabei die Suche nach dem sogenannten »Dritten Weg«[415] als Alternative zwischen Laissez-faire und sozialistisch-kollektivistischen Wirtschaftsformen.[416]

---

409 Klump (2001): S. 30.

410 Vgl. ebd., S. 26 ff.

411 Vgl. ebd., S. 27.

412 Ebd., S. 31.

413 Quaas weist in diesem Zusammenhang darauf hin, dass bei allen Gemeinsamkeiten in den Anschauungen zwischen den Repräsentanten des deutschen Ordoliberalismus und den Vordenkern der Sozialen Marktwirtschaft auch unübersehbare Unterschiede bestehen. Divergenzen zwischen den Konzepten der Freiburger Schule und der Sozialen Marktwirtschaft bestehen vor allem hinsichtlich der gesellschaftspolitischen Interpretation und Gewichtung des Sozialen im Kontext eines wirtschaftspolitischen Gestaltungsauftrages Vgl. Quaas (2000): S. 29, 249 ff.

414 Vgl. ebd., S. 28.

415 Der Begriff »Dritter Weg« wird in Debatte und Literatur oft mit der Idee der Sozialen Marktwirtschaft in Verbindung gebracht und beschreibt eine gesellschaftspolitische Alternative zu Marktwirtschaft („erster Weg“) und Zentralverwaltungswirtschaft („zweiter Weg“). Dabei berührt die Frage um den Vorrang von eigenverantwortlicher Initiative oder planmäßiger Kollektivierung insbesondere die Systeme der sozialen Sicherung Vgl. hierzu Schüller/Welsch (2002). Quaas führt die Bezeichnung »Dritter Weg« auf die Ökonomen Franz Oppenheimer (1933) und Wilhelm Röpke (1937) zurück Vgl. Quaas (2000): S. 113.

416 Vgl. Clapham (2004): S. 14.

II.4. Die Idee der Sozialen Marktwirtschaft nach Alfred Müller-Armack

Einen besonderen Platz im Kreis der geistigen Gründerväter nimmt der Nationalökonom (Kölner-Schule) und Kultursoziologe Alfred Müller-Armack (1901-1978)[417] ein, der als begrifflicher Urheber der *Sozialen Marktwirtschaft* zugleich deren konzeptionelle Grundzüge maßgeblich entwickelt hat.[418] Dabei determiniert Müller-Armack unter dem Eindruck seiner europäischen Kulturstilforschung die Soziale Marktwirtschaft als einen *„umfassende*[n] *Stilgedanke*[n]"[419] im Sinne einer gesellschaftlichen Harmonisierungsidee, die es ermöglichen soll, sowohl den marktwirtschaftlichen Liberalismus, die Grundpositionen der Katholischen Soziallehre (Ordo-Gedanke der Scholastik[420]), die Ansätze protestantischer Sozialethik als auch sozialistische Gerechtigkeitsvorstellungen zu integrieren.[421]

Zum ersten Mal taucht der Begriff der »Sozialen Marktwirtschaft« im Vorwort[422] der von Alfred Müller-Armack verfassten und Ende 1946 publizierten Schrift *‚Wirtschaftslenkung und Marktwirtschaft'*[423] auf. Im

---

417 Alfred Müller-Armack gilt retrospektiv als einer der bedeutendsten Theoretiker der Sozialen Marktwirtschaft, dessen wissenschaftliches Werk auch die Politik der Sozialen Marktwirtschaft in der Bundesrepublik nachhaltig geprägt hat. Müller-Armack ist von 1952 bis 1958 Kommissarischer Leiter der Grundsatzabteilung im Bundeswirtschaftsministerium und von 1958 bis 1963 unter Wirtschaftsminister Ludwig Erhard Staatssekretär für Europäische Angelegenheiten gewesen Vgl. Quaas (2002c): S. 51.

418 Stellvertretend für viele: Vgl. Quaas (2002b): S. 361.

419 Müller-Armack (1976 [1959]): S. 252 (Hervorhebung im Original).

420 Ordo = *lat.* Ordnung. Der Ordo-Gedanke (O.-G.) der mittelalterlichen Scholastik (Thomas v. Aquin) beruht auf der Annahme einer natürlichen und sinnvollen Ordnung von Transzendenzbezug und menschlicher Vernunft. Als Anfang von wirtschafts- und sozialethischen Analysen kann der O.-G. zum frühen geistigen Fundament der Sozialen Marktwirtschaft gerechnet werden Vgl. Schumann (2007): S. 104-106. Der O.-G. der katholischen Soziallehre ist von der Freiburger Schule rezipiert worden und gilt dieser als Ordnungsidee einer zu gestaltenden humanen und gerechten Wirtschaft.

421 Vgl. Klump (2001): S. 32.

422 An besagter Stelle schreibt Müller-Armack wörtlich: „Die Wiederaufnahme der Grundsätze vernünftigen Wirtschaftens schließt keineswegs den Verzicht auf eine aktive und unseren sozialen und ethischen Überzeugungen entsprechende Wirtschaftspolitik ein. Im zweiten Teil, der die Prinzipien einer »Sozialen Marktwirtschaft« behandelt, soll gezeigt werden, daß sich sehr wohl im Rahmen einer Marktwirtschaft eine aktive und konstruktive Wirtschaftspolitik führen läßt." Müller-Armack (1990 [1946]): S. 7, Hervorhebung im Original).

423 Wieder abgedruckt in: Müller-Armack (1976): S. 19-170.

zweiten Teil dieses Buches, der die Überschrift *‚Soziale Marktwirtschaft'* trägt, entwickelt Müller-Armack zudem die theoretische Erstfassung seiner sozial-marktwirtschaftlichen Konzeption. Als Schöpfer des Begriffs und des theoretischen Konzeptes hat Müller-Armack entscheidenden Anteil am Entstehen der Sozialen Marktwirtschaft und wird somit zu ihrem wichtigsten Wegbereiter.[424] Die intensive Verbundenheit mit dem originären Konzept der Sozialen Marktwirtschaft, das Müller-Armack wie kein zweiter geprägt hat, hebt ihn von anderen ebenso verdienstreichen Theoretikern deutlich ab. Da Müller-Armack den ursprünglichen Gedanken der Sozialen Marktwirtschaft in seinen Schriften nicht nur als erster formuliert, sondern auch auf treffliche und anschauliche Weise beschrieben hat[425], soll speziell sein Verständnis bzw. sein Konzept von Sozialer Marktwirtschaft dieser Untersuchung als analytischer Bezugsrahmen bzw. Referenztheorie dienen.

II.4.1. Soziale Marktwirtschaft als offener Stilgedanke

„Soziale Marktwirtschaft ist ein Stil, in dem zu einem Gesamtsystem sehr verschiedene feste und variable Elemente zusammengefügt sind."[426]
Müller-Armack (1973)

Alfred Müller-Armack hat die Soziale Marktwirtschaft als eine kontextsensible, anpassungsfähige und entwicklungsoffene Ordnungsidee entworfen, die alles andere als eine geschlossene Theorie oder ein starres Konzept darstellt.[427] Entsprechend notiert er 1974 in *‚Zeitgeschichtliche Notizen'*:

> „Die Soziale Marktwirtschaft ist gemäß ihrer Konzeption kein fertiges System, kein Rezept, das, einmal gegeben, für alle Zeiten im gleichen Sinn angewendet werden kann. Sie ist eine evolutive Ordnung, in der es neben dem festen Grundprinzip, dass sich alles im Rahmen einer freien Ordnung zu vollziehen hat, immer wieder nötig ist, Akzente neu zu setzen gemäß den Anforderungen einer sich wandelnden Zeit."[428]

Den grundsätzlich gestaltungsoffenen Charakter der Sozialen Marktwirtschaft, als deren primäres Ordnungsprinzip er die Idee der Freiheit erkennt, hatte Müller-Armack jedoch bereits in seinem 1962 erschienenen Aufsatz *‚Das gesellschaftspolitische Leitbild der Sozialen Marktwirt-*

---

424 Vgl. dazu stellvertretend für viele Quaas (2002b): S. 361.

425 Vgl. Quaas (2000): S. 28.

426 Müller-Armack (1981a [1973]): S. 170.

427 Vgl. Müller-Armack (1981a[1974]): S. 15.; Quaas (2002b): S. 361; Clapham (2004): S. 25.

428 Müller-Armack (1981a[1974]): S. 15.

schaft', formuliert und in dem 1976 veröffentlichten Sammelband ‚*Wirtschaftsordnung und Wirtschaftspolitik'* mit den Worten hervorgehoben:

> „Eine Idee, ein gesellschaftspolitischer Stil, als die ich die Soziale Marktwirtschaft sehen möchte, bedarf jedoch der aktiven und konstruktiven Gestaltung, wenn sie sich im Wechsel der Zeiten behaupten sollen. [...] Eine Gesellschafts- und Wirtschaftsordnung wird sich nur dann im geschichtlichen Wandel behaupten können, wenn sie die Wandlungen unserer Gesamtsituation berücksichtigt."[429]

Müller-Armack hat hierbei offenbar Veränderungen gesellschaftlicher und wirtschaftlicher Bedingungen vor Augen, die eine grundsätzliche Offenheit der Konzeption für Anpassungen notwendig erscheinen lässt – ja diese geradezu einfordert.[430] Dabei haben notwendige Anpassungen und konzeptionelle Modifikationen dergestalt zu erfolgen, dass die ursprüngliche Intention und der Charakter des Konzeptes selbst nicht verletzt oder konterkariert werden.[431] In dem 1965 von Müller-Armack verfassten Vorwort des vorgenannten Sammelbandes verdichtet er sein spezifisches Verständnis der Sozialen Marktwirtschaft als einer entwicklungsoffenen, ja entwicklungsbedürftigen Ordnungsidee wie folgt: „Der Gedanke der Sozialen Marktwirtschaft ist so ein der Ausgestaltung harrender, progressiver Stilgedanke [...]."[432]

Mit dieser klaren Aussage, die den Eindruck erweckt, insbesondere gesellschaftspolitisch interessierte Akteure einzuladen, über moderne Ausprägungsformen von Sozialer Marktwirtschaft nachzudenken, bekräftigt Müller-Armack abermals die evolutive Grundstruktur des von ihm begründeten Stilgedankens und lässt die Notwendigkeit einer fortschrittlichen, d. h. je zeit- und bedarfsgerechten Ausgestaltung derselben anklingen. Über Form und materiale Ausgestaltung der Stilidee konnte jedoch schon zwischen deren Gründervätern kein Konsens erzielt werden.[433]

Nachdem die grundsätzliche Gestaltungsoffenheit und Elastizität der müller-armackschen Konzeption Sozialer Marktwirtschaft deutlich geworden sind, sollen nachfolgend Grundgedanken und Leitprinzipien der Sozialen Markwirtschaft näher erläutert werden.

---

429 Vgl. Müller-Armack (1976 [1962]): S. 294.

430 Vgl. Quaas (2002b): S. 361.

431 Vgl. ebd.

432 Müller-Armack (1976 [1965]): S. 12. Vollständig heißt es dort: „Der Gedanke der Sozialen Marktwirtschaft ist so ein der Ausgestaltung harrender, progressiver Stilgedanke, der sich nicht nur in Deutschland, sondern auch in der übrigen Welt – wenn schon nicht immer unter der gleichen Chiffre, so doch der Sache nach – aufnötigt."

433 Vgl. Hauff v./Sauer (2004): S. 36.

II.4.2. Grundkonzept und Leitprinzipien der Sozialen Marktwirtschaft

„Mit der Sozialen Marktwirtschaft hat erstmalig in der Entwicklung der Massendemokratien ein Begriff aus der Welt der Freiheit Resonanz gefunden."[434]

Müller-Armack (1956)

Eingedenk der hier nur kurz skizzierten Pluralität der Väter, Theorien und Ansätze der Sozialen Marktwirtschaft kommt es im Folgenden darauf an, ihre Essenz, d. h. ihren überzeitlichen Grundgedanken zu identifizieren und diesen zum Bezugspunkt der vorliegenden Studie zu machen. Den bleibenden Kerngedanken hat Alfred Müller-Armack in der vielzitierten Kurzformel seines Aufsatzes ‚*Soziale Marktwirtschaft*' aus dem Jahr 1956 auf den Punkt gebracht.[435] Dort heißt es lapidar und ebenso abstrakt-generalisierend: **„*Sinn* der Sozialen Marktwirtschaft ist es, das Prinzip der Freiheit auf dem Markte mit dem des sozialen Ausgleichs zu verbinden."**[436] Diese recht allgemein gehaltene wie eingängige Formel, die nach Quaas sehr wahrscheinlich das Ergebnis eines nachhaltigen Reflexionsprozesses ist[437], komprimiert den Kerngehalt der Sozialen Markwirtschaft und markiert zugleich deren inhaltliche Grenze. Dabei gilt speziell im Kontext von Reformdiskursen: „Am Abgleich mit dieser Formel kann ermessen werden, in welchem Grade theoretische Vorstellungen und praktische Resultate konzeptimmanent oder aber dem Konzept äußerlich sind."[438] Das bedeutet, die müller-armacksche Kurzformel ist der verbindliche Maßstab, an welchem sich die Immanenz-Bewertung konzeptioneller Ansätze bzw. Neuerungen realisiert; sie bildet die maßgebende Trennlinie an der sich entscheidet, ob eine Maßnahme dem Gehalt und dem Zweck der Sozialen Marktwirtschaft entspricht oder aber nicht.

---

434 Müller-Armack (1976 [1956]): S. 248.

435 Die erste explizite Definition des Begriffs »Soziale Marktwirtschaft« hat Müller-Armack 1956 im Handwörterbuch der Sozialwissenschaften formuliert. Nachzulesen in: Beckerath v./Brinkmann/Gutenberg (1956): S. 390-392.

436 Müller-Armack (1976 [1956]): S. 243 (Hervorhebung S. K.).

Ludwig Erhard erweitert die berühmte Kurzformel Müller-Armacks um einen ethischen Aspekt und erkennt den spezifischen Zielhorizont der Sozialen Marktwirtschaft darin „‚das Prinzip der Freiheit auf dem Markt mit dem des sozialen Ausgleichs *und der sittlichen Verantwortung des Einzelnen dem Ganzen gegenüber zu verbinden*'". (Erhard zitiert nach Krüsselberg (2009): S. 316., Hervorhebung S. K.)

437 Vgl. Quaas (2000): S. 19.

438 Ebd.

Bezogen auf die hier zu klärende Fragestellung heißt dies: Um sicher feststellen zu können, inwiefern die Grundeinkommensmaßnahme mit dem sozialmarktwirtschaftlichen Grundkonzept kompatibel ist, d. h. in welchem Grade es dem Anspruch der Konzeptimmanenz gerecht wird, wird auch sie sich einem Abgleich mit dem entscheidenden Formel-Maßstab stellen müssen. Zugleich artikuliert sie die konstitutive Leitidee einer Rahmenordnung, welche auf eine *„neuartige Synthese"*[439], nämlich die „Synthese von ökonomischer Freiheit und sozialem Ausgleich"[440] abzielt. Müller-Armack formuliert sein Grundbild Sozialer Marktwirtschaft an anderer Stelle in besagtem Aufsatz auch wie folgt:

> „Der *Begriff* der Sozialen Marktwirtschaft kann so als eine ordnungspolitische Idee definiert werden, deren Ziel es ist, auf der Basis der Wettbewerbswirtschaft die freie Initiative mit einem gerade durch die marktwirtschaftliche Leistung gesicherten sozialen Fortschritt zu verbinden."[441]

Und drei Jahre später gibt er 1959 folgende Minimaldefinition des Konzeptes:

> „Die Soziale Marktwirtschaft stellt also den Versuch dar, innerhalb der modernen Massengesellschaften freie wirtschaftliche Initiative und freien Wettbewerb mit den sozialen Überzeugungen, die für unsere Zeit als unabdingbare Voraussetzungen der staatlichen und gesellschaftlichen Existenz angesehen werden müssen, zu verbinden."[442]

Gerade in dem Anspruch einer synthetischen Verbindung – also dem komplementären Zusammenwirken von Freiheit und Sicherheit im Sinne einer neuen Einheit, wird das Besondere des müller-armackschen Ansatzes deutlich. So stehen für Müller-Armack freiheitlich-marktwirtschaftliches und sozial-ausgleichendes Element in einem geradezu dialektischen Verhältnis, welches ungeachtet einer möglichen vorüber-

---

439 Müller-Armack (1976 [1956]): S. 244. Vollständig heißt es dort: „Mit dem Neoliberalismus teilen die Vertreter der Sozialen Marktwirtschaft die Überzeugung, daß der Altliberalismus zwar die Funktionsbedeutung des Wettbewerbs richtig gesehen hat, die sozialen und soziologischen Probleme jedoch nicht ausreichend beachtet. Im Gegensatz zum Altliberalismus erstreben sie keine Wiederherstellung einer Laissez-faire-Wirtschaft; ihr Ziel ist eine *neuartige Synthese.*" (Hervorhebung im Original). Der katholische Sozialethiker Wolfgang Ockenfels spricht wie einige andere Autoren in diesem Zusammenhang auch von einem »Dritten Weg« als gesellschaftspolitischer Alternative zu Sozialismus und Liberalismus Vgl. Ockenfels (2004): S. 42. Die Ordnungsökonomin Friedrun Quaas führt die oft mit der Sozialen Marktwirtschaft in Verbindung gebrachte Bezeichnung »Dritter Weg« auf die Wirtschaftswissenschaftler Franz Oppenheimer (1933) und Wilhelm Röpke (1937) zurück. Vgl. dazu: Quaas (2000): S. 113.

440 Hauff v./ Sauer (2004): S. 36.

441 Müller-Armack (1976 [1956]): S. 245 (Hervorhebung im Original).

442 Müller-Armack (1976 [1959]): S. 254.

gehenden Dominanz eines der beiden Basiselemente, die versöhnliche Vereinigung beider Komponenten keineswegs ausschließt.[443] Insofern können beide Elemente als Gegenpole, gleichsam These und Antithese verstanden werden, die ergänzend aufeinander hingeordnet sind und die im Prozess wechselseitiger Vermittlung eine neue strukturelle Einheit, oder – um im Bereich philosophischer Terminologie zu bleiben -, eine *Synthese* hervorbringen.[444] Demzufolge kann festgestellt werden, dass sowohl die wechselseitige Bezogenheit als auch die im originären Konzept angestrebte neuartige integrative Einheit von wirtschaftlicher und sozialer Komponente bereits im ordnungstheoretischen Grundentwurf der Sozialen Marktwirtschaft nach Müller-Armack angelegt sind.[445] Auch in seiner letzten Stellungnahme zum Thema, 1978, hat Müller-Armack jener konzeptimmanenten Einheit wiederholt das Wort geredet[446]:

> „Eines ist ohne das andere nicht zu denken: Das ökonomische Leistungssystem nicht ohne die Sicherung, die ihm gleichzeitig im Rücklauf sozusagen gewährt wird durch das, was an sozialer Sicherheit produziert wird. Die soziale Sicherheit dient gleichzeitig für die Absicherung der ökonomischen Form des Privateigentums, der freien Arbeitsmöglichkeit, des freien Unternehmertums. Es ist daher unmöglich in dieser dialektischen Struktur Prioritäten zu setzen, im Sinne etwa des Paleoliberalismus oder im Sinne einer Präponderanz der sozialen Komponenten. Beide Dinge gehören absolut in der Sozialen Marktwirtschaft in eine gemeinsame Strukturformel. Es hat deswegen auch keinen Zweck, wenn wir Richtungskämpfe anzetteln, bei denen einmal die ökonomische Seite, einmal die soziale Seite in den Vordergrund gestellt wird; beides sind Teile einer Einheit, die wir als Einheit auch begreifen müssen."[447]

Wie oben gezeigt worden ist, impliziert der von Müller-Armack konzipierte sozial-marktwirtschaftliche Ordnungsentwurf einen politischen Gestaltungsauftrag, dessen anspruchsvolles Ziel darin besteht, unter Berücksichtigung gesellschaftlicher Erfordernisse und Dynamiken sowie durch die wohlüberlegte Kombination initiativ-freiheitlicher und ausgleichend-sichernder Kräfte eine *„soziale Gesellschaftspolitik"*[448] herzustellen.

Soziale Marktwirtschaft im Verständnis Müller-Armacks ist somit nicht weniger als eine „bewußt gestaltete marktwirtschaftliche Gesamt-

443 Vgl. Quaas (2000): S. 54 f.

444 Vgl. ebd., S. 55.

445 Vgl. ebd., S. 93.

446 Vgl. ebd.

447 Müller-Armack 1978 zitiert nach ebd.

448 Müller-Armack (1976 [1965]): S. 12 (Hervorhebung S. K.).

ordnung"[449]. Politische Gestaltung, die sich der Idee sozialer Marktwirtschaft verpflichtet sieht, verliert sich dabei jedoch nicht in einer grundsatzlosen Beliebigkeit, sondern orientiert sich vielmehr an unantastbaren ordnungspolitischen Leitprinzipien, nämlich den Prinzipien von »Freiheit auf dem Markte« und »sozialem Ausgleich«, denen die folgenden Abschnitte gewidmet sind.

II.4.3. Leitprinzipien der Sozialen Marktwirtschaft

„*Sinn* der Sozialen Marktwirtschaft ist es, das Prinzip der Freiheit auf dem Markte mit dem des sozialen Ausgleichs zu verbinden."[450] Die bekannte Kurzformel definiert wie bereits erwähnt (siehe Kapitel II.4.2.) den richtungsweisenden Grundgedanken der Sozialen Marktwirtschaft gemäß Müller-Armack, welcher den Zweck seines Ordnungsentwurfes in einer für viele seiner und auch heutiger Zeitgenossen eigentümlich anmutenden Verbindung der Prinzipien von Freiheit auf dem Markte und sozialem Ausgleich erkennt.

»Freiheit auf dem Markte« und »sozialer Ausgleich« als die beiden grundlegenden Leitprinzipien des sozialmarktwirtschaftlichen Ordnungskonzeptes stehen dabei – wie auch heute noch von vielen Kommentatoren unterstellt wird – prima facie für zwei einander grundsätzlich widerstrebende gesellschaftliche Kräfte. Müller-Armack weiß um das komplexe Spannungsverhältnis freiheitlich-marktwirtschaftlicher und sozial-verpflichteter Kräfte, doch versteht er seine Idee Sozialer Marktwirtschaft nicht zuletzt als „Integrationsformel zur Vermittlung von Gegensätzen"[451] mit deren Verwirklichung eine Balancesituation für beide Pole durchaus denkbar sei.

Die Vorstellung einer Harmonisierung in den Augen vieler Diskutanten antagonistischer Gesellschaftsinteressen ist ein bestimmendes wie wegweisendes Moment sozialmarktwirtschaftlicher Intention bei Müller-Armack, auf das später noch einmal zurückgekommen wird. Was jedoch genau unter diesen sowohl für das Verständnis der Sozialen Marktwirtschaft als auch für die Grundeinkommensdiskussion bedeutsamen Leitprinzipien zu verstehen ist, wird im Folgenden näher erörtert.

---

449 Müller-Armack (1976 [1956]): S. 244.

450 Ebd., S. 243 (Hervorhebung im Original).

451 Quaas (2000): S. 56.

II.4.3.1. Das Prinzip der Freiheit auf dem Markt und im Wettbewerb

Die Freiheit von Markt und Wettbewerb stellt für die ordnungstheoretischen Vordenker der Sozialen Marktwirtschaft einen zentralen Grundsatz dar. Mit »Freiheit auf dem Markte« ist dabei in erster Linie wirtschaftliche Freiheit sowie die Freiheit des Marktes, also Wirtschafts- bzw. Marktfreiheit gemeint. Dies umfasst unter anderem die tatsächliche Freiheit selbstbestimmter Individuen zu freiem wirtschaftlichen Handeln und privater Initiative auf einem freien und beweglichen Markt. Die Freiheit autonomer und mündiger Wirtschaftssubjekte, auf dem Markt entweder als Produzenten, Distribuenten oder Konsumenten in Erscheinung treten zu können, bildet somit eine wesentliche Voraussetzung für das Entstehen einer freien Marktwirtschaft. Wichtige Stützpfeiler wirtschaftlicher Freiheit stellen z. B. das Recht auf Privateigentum, die Berufs-, Gewerbe-, Vertrags-, Vereinigungs-, Niederlassungs-, Außenhandels- und Wettbewerbsfreiheit dar.[452]

Zur Wettbewerbsfreiheit: Das Recht zur freien Entfaltung und Interaktion im Wirtschaftsleben und auf dem Markt, sei es nun als Anbieter oder Nachfrager von Arbeit und Kapital, als Erzeuger oder Verbraucher von Gütern und Dienstleistungen, beinhaltet zugleich die Möglichkeit der Marktteilnehmer in ein Konkurrenzverhältnis einzutreten. Die interessengeleitete Rivalität autonomer Wirtschaftssubjekte auf einem für alle gleichermaßen frei zugänglichen Markt führt gemäß dem Schema des *homo oeconomicus*[453] zu einem Wettbewerb zwischen den eigennützig-rational handelnden Akteuren um Ressourcen, Positionen oder Vorteile. Das Recht jener nach Gewinnmaximierung strebenden Akteure zu freier Initiative auf dem Markt geht erfahrungsgemäß mit der Konkurrenz um Vorteile, d. h. mit »Wettbewerb« einher. Daran wird ersichtlich, dass Marktfreiheit und Wettbewerb in einem wechselseitigen Bedingungsgefüge stehen, was nichts anderes heißt, als dass Wettbewerb nicht ohne freies Agieren im Marktgeschehen und wiederum Marktfreiheit nicht ohne Konkurrenzverhältnisse denkbar sind.

Wettbewerb ist somit das zentrale Gestaltungsinstrument der freien Marktwirtschaft. Müller-Armack als Theoretiker und Anwalt von Marktfreiheit und Wettbewerb würdigt letzteren gar als „primäres Koordinierungsprinzip"[454] sozialmarktwirtschaftlicher Ordnung. Denn,

---

452 Vgl. Leipold (2002): S. 234.

453 Der Modelltypus des »homo oeconomicus«, welcher den Analysen der klassischen und neoklassischen Wirtschaftstheorie zugrunde liegt, beruht auf der Annahme, dass der Wirtschaftsmensch als Nutzenmaximierer primär rational denkt und dem Minimum-Maximum Grundsatz folgend ökonomisch-effizient handelt Vgl. hierzu Quaas (2000): S. 220-223.

454 Müller-Armack (1976 [1956]): S. 244.

so erklärt er mit Blick auf die soziale Komponente wirtschaftlicher Ordnung weiterführend, es sei gerade ein System freier Wettbewerbswirtschaft in der Lage „die sozialen Aufgaben der modernen Gesellschaft […] besser als bisher zu erfüllen."[455] Diese marktoptimistische Grundhaltung Müller-Armacks, die ohne Zweifel unter dem Eindruck ordoliberaler Theoriebildung steht, gipfelt schließlich in der Überzeugung, dass die Marktwirtschaft schon aufgrund ihrer hohen Produktivität in der Lage sei, einen „breiten Kreis von sozialen Maßnahmen"[456] zu gewährleisten.

Vor dem Hintergrund einer Hochschätzung des Prinzips der Freiheit im Bereich der Marktfunktionen und des wirtschaftlichen Lebens erteilt Müller-Armack Modellen interventionistischer oder dirigistischer Wirtschaftspolitik im Zeichen von Planwirtschaft und Sozialismus eine deutliche Absage.[457] Soziale Marktwirtschaft als freiheitliche Wirtschaftsordnung hingegen beruhe auf der *„Funktion eines beweglichen und sich dynamisch entwickelnden Marktes"*[458] und stelle vielmehr den Versuch dar, „unseren Wunsch nach Freiheit und sozialer Gerechtigkeit mit den Einsichten in das Instrumentarium des Marktapparates in Einklang zu bringen."[459] Die freie Marktwirtschaft bildet somit eine wesentliche Voraussetzung der Sozialen Marktwirtschaft „darf aber nicht mit dieser identifiziert werden."[460]

Aus dem Gesagten geht hervor, dass das aus den wirtschaftlichen Freiheitsrechten aufgeklärter autonomer Individuen abgeleitete Prinzip der Freiheit auf dem Markte insbesondere für den geistigen Urheber der Sozialen Marktwirtschaft unantastbar, ja geradezu sakrosankt ist. Neben der Leitidee von Markt- und Wirtschaftsfreiheit erhebt die Soziale Marktwirtschaft gleichermaßen einen sozialen Anspruch:

> *„Die Soziale Marktwirtschaft ist angetreten mit dem Anspruch,* durch den marktwirtschaftlichen Prozeß nicht nur die Gütererzeugung anzuheben, den Bereich persönlicher freier Gestaltungsmöglichkeiten für die einzelnen zu erweitern, sondern *auch soziale Fortschritte zu bringen."*[461]

Vor dem Hintergrund solcher Zielbestimmung bildet gerade die freie Marktwirtschaft nach Ansicht Müller-Armacks das notwendige Fundament des modernen Sozialstaates, ein Argument, das eingedenk der

---

455 Müller-Armack (1976 [1956]): S. 244.

456 Müller-Armack (1976 [1952]): S. 241.

457 Vgl. Müller-Armack (1976 [1956]): S. 244 f.

458 Müller-Armack (1981a [1972a]): S. 150 (Hervorhebung im Original).

459 Müller-Armack (1976 [1952]): S. 242.

460 Ebd.

461 Müller-Armack (1981a [1972a]): S. 150 (Hervorhebung im Original).

trivialen ökonomischen Grundprämisse, dass alle Leistungen, die seitens des Sozialstaates verteilt werden, zuvor auch erwirtschaftet werden müssen (Walter Eucken), durchaus seine Berechtigung hat und nicht zuletzt auch deshalb in den aktuellen Diskussionen über die ökonomischen Vorbedingungen sozialstaatlicher Hilfen lebhaften Widerhall findet. Das wirtschafts- und sozialpolitische Credo der Sozialen Marktwirtschaft fasst Müller-Armack selbst folgendermaßen zusammen: „Auf der Grundlage einer marktwirtschaftlichen Gesamtordnung kann ein *vielgestaltiges und vollständiges System sozialen Schutzes* errichtet werden."[462]

II.4.3.2. Das Prinzip des sozialen Ausgleiches

Der zweite konstitutive Grundsatz der Sozialen Marktwirtschaft im Stilgedanken Müller-Armacks ist das Prinzip des »sozialen Ausgleichs«. So wie das Prinzip der »Freiheit auf dem Markte« dabei repräsentativ für eine „frei[e] Wirkungsmöglichkeit der Marktkräfte"[463] sowie die reale ökonomische Handlungsfreiheit möglichst aller Wirtschaftsteilnehmer steht, so steht das Prinzip des »sozialen Ausgleichs« hingegen für das weit verbreitete Bedürfnis nach sozialer Sicherheit[464]. Insoweit sind wirtschaftliche Freiheit und soziale Sicherheit zwei gleichbedeutende und einander ergänzende Grundpfeiler sozialmarktwirtschaftlicher Rahmenordnung. In diesem Sinne erklärt Müller-Armack:

> „Wenn man bestrebt ist, Freiheit und soziale Sicherheit und eine soziale Gesellschaftspolitik zu kombinieren, gibt es kaum eine andere Variante neben der Sozialen Marktwirtschaft."[465]

Die eminente Bedeutung der Idee eines sozialen Ausgleiches ist folglich bereits im originären Konzept der Sozialen Marktwirtschaft angelegt. Ebenso bildet das Prinzip des sozialen Ausgleichs auch die Grundlage moderner staatlicher Sozialpolitik, deren Ziele unter anderem in der Bekämpfung von Armut, der Gewährleistung sozialer Sicherheit, der Durchsetzung von Start- und Verteilungsgerechtigkeit sowie der Sicherung des sozialen Friedens bestehen.[466]

---

462 Müller-Armack (1976 [1956]): S. 245 (Hervorhebung S. K.).

463 Ebd., S. 248.

464 Das Prinzip des »sozialen Ausgleichs« wird sowohl von Müller-Armack als auch von einigen anderen Autoren mal mit dem Grundsatz »soziale Sicherheit« (Vgl. Müller-Armack (1976 [1965]): S. 12 im Vorwort) oder an anderer Stelle auch bloß mit »Sicherheit« gleichgesetzt.

465 Ebd., (aus dem Vorwort zitiert).

466 Vgl. Lampert (2002a): S. 397 f.

Die Zielbestimmung sozialer Sicherheit beruht auf der Erfahrung, dass die freie, uneingeschränkte, also zügellose Entfaltung der Marktkräfte mitunter unerwünschte Ergebnisse und soziale Härten (z. B. aufgrund von Marktversagen oder Fehlleistungen des Wettbewerbsinstrumentes) hervorbringen kann, die, anerkennt man sozial- bzw. ordnungsethische Mindeststandards, sozialpolitische Interventionen seitens des Staates erforderlich machen. Insofern bildet eine die sozial unerwünschten Markt- bzw. Wettbewerbsergebnisse ausgleichende staatliche Sozialpolitik das notwendige Komplementär bzw. Korrektiv zu einer – gerade aus heutiger, krisenerfahrener Sicht – ganz offensichtlich ergänzungs- bzw. korrekturbedürftigen *un*geordneten Marktwirtschaft und gehört folglich wesenhaft zur Sozialen Marktwirtschaft. Folglich impliziert Soziale Marktwirtschaft als *„umfassender Stilgedanke"*[467] soziale Ordnungsvorstellungen, die über das rein technische Instrumentarium des Wettbewerbsapparates hinausgreifen und die auf eine Wohlordnung des *Gesellschaftsganzen* abzielen.[468] Insbesondere Alfred Müller-Armack, für den die Ergänzungsbedürftigkeit des Marktmechanismus evident ist[469], hat sich eingehend zur Bedeutung einer aktiven Sozial- bzw. Gesellschaftspolitik im Zielhorizont sozialer Kompensation geäußert und diese oft im Zusammenhang mit Einkommenspolitik diskutiert. Dabei steht für Müller-Armack die prinzipielle Vereinbarkeit von Marktwirtschaft mit einer auf staatlichen Eingriffen basierenden Sozialgestaltung der Einkommensbildung außer Frage. Zur Möglichkeit einer sozialpolitisch motivierten Umleitung von Markteinkommen erklärt er schon 1956, also nur wenige Jahre nach Einführung der Sozialen Marktwirtschaft, in dem oben bereits erwähnten gleichnamigen Aufsatz:

> „Der Gedanke der Sozialen Marktwirtschaft beschränkt sich jedoch nicht darauf, lediglich das Instrumentarium der Konkurrenz sozial funktionsfähig zu machen. Der marktwirtschaftliche Einkommensprozess bietet der Sozialpolitik ein tragfähiges Fundament für eine staatliche Einkommensumleitung, die in Form von Fürsorgeleistungen, Renten- und Lastenausgleichszahlungen, Wohnungsbauzuschüssen, Subventionen usw. die Einkommensverteilung korrigiert."[470]

Und Müller-Armack fügt dort einige Sätze weiter mit Nachdruck hinzu:

> „Unbestreitbar ist jedoch, daß ein expandierendes Marktsystem *erhebliche Lasten der Einkommensumleitung zu tragen vermag, so daß über die grundsätzli-*

467 Müller-Armack (1976[1959]): S. 252 (Hervorhebung im Original).

468 Vgl. ebd.

469 Vgl. Müller-Armack (1976 [1960]): S. 272.

470 Müller-Armack (1976 [1956]): S. 246.

che Vereinbarkeit einer sozialen Einkommenssicherung mit einer Marktwirtschaft kein Zweifel bestehen sollte."[471]

Wie weit Müller-Armacks Vorstellungen bezüglich einer »sozialen Einkommenssicherung« auf der Grundlage einer staatlich organisierten Umleitung marktbestimmter Einkommen gehen, macht er jedoch schon 1946 in dem bereits erwähnten wegweisenden Buch ‚*Wirtschaftslenkung und Marktwirtschaft*' unmissverständlich deutlich. Dort heißt es präzisierend:

> „Eine gesteuerte Marktwirtschaft bietet genügend Spielraum, bestimmte soziale Beeinflussungen wirkungsvoll durchzusetzen. Theoretisch gesehen, könne der Staat durch scharfe Erfassung aller höheren Einkommen eine Kaufkraftumleitung ins Werk setzen, die die denkbar stärkste Nivellierung zur Folge hätte. [...] Auf jeden Fall ließe sich auf dem Wege einer solchen Einkommensumleitung *jeder gewünschte soziale Ausgleich durchsetzen, ohne mit den Spielregeln des Marktes in Widerspruch zu geraten."*[472]

Der letzte Satz des hier zitierten Textabschnittes, welcher aus der Frühphase der Sozialen Marktwirtschaft stammt, thematisiert das enorme Ausmaß jenes sozial-staatlichen Ausgleiches, den Müller-Armack (gerade als Ökonom!) für theoretisch möglich, realisierbar und im Sinne einer gerechten Einkommensverteilung praktisch notwendig erachtet. Die implizite Idee sozial motivierter Einkommensumleitung oder, um den heute gebräuchlicheren Begriff der »Umverteilung« zu bemühen, entspricht daher dem genuinen einkommenspolitischen Gestaltungsauftrag sozialmarktwirtschaftlicher Konzeption und ist laut Müller-Armack integraler Bestandteil moderner Sozial(-staats)politik. Mehr noch, gerade durch die Umlenkung jener im Marktprozess generierten Einkommen trägt ausgleichende Sozialpolitik die ethischen Werte »sozialer Gerechtigkeit« und »sozialer Sicherheit« in die Marktwirtschaft hinein.[473] Somit ist unstrittig, dass aktive Umverteilungspolitik mittels eines starken Staates zum Wesen der Sozialen Marktwirtschaft sowie ihrem konzeptimmanenten sozialen Anspruch gehört.[474] Allein um das Ausmaß jener Umleitung, deren Ziel in der „Verteilung von Chancen und Anrechten im Sinne einer angemessenen Vitalsituation aller Bürger"[475] besteht, nicht aber um das Prinzip selbst darf jedoch gestritten werden.[476]

---

471 Müller-Armack (1976 [1956]): S. 246 (Hervorhebung S. K.).

472 Müller-Armack (1990 [1946]): S. 131 (Hervorhebung S. K.).

473 Vgl. Vanberg (2002): S. 234.

474 Vgl. Müller-Armack (1981a [1972a]): S. 150; Quaas (2002a): S. 222.

475 Quaas (2002a): S. 222.

476 Zur Frage der Umverteilung und ihrer Bedeutung im Konzept der Sozialen Marktwirtschaft Vgl. Quaas (2000): S. 124-139.

Zugleich spricht der letzte Halbsatz des Zitates einen entscheidenden Punkt der materialen Ausgestaltung der Politik des sozialen Ausgleiches an. Nämlich die Kernforderung, dass wirtschafts- bzw. sozialpolitische Interventionen die Funktion des Marktapparates zu berücksichtigen und den Marktmechanismus möglichst nicht zu beeinträchtigen haben.[477] Dementsprechend sollen sozial motivierte Eingriffe seitens des Staates in der Regel für und mit dem Markt wirken. Die Forderung nach der (grundsätzlichen) Marktverträglichkeit staatlicher Eingriffe findet im Postulat der »Marktkonformität« einen quasi dogmatisch-verbindlichen Ausdruck.

II.4.4. Das Postulat der Marktkonformität staatlicher Intervention

Das regulative Prinzip wirtschaftspolitischer Eingriffe im Kontext von Marktwirtschaft und sozialem Ausgleich ist der Grundsatz der »Marktkonformität«. Erst durch solche mit der „marktwirtschaftlichen Produktion und der ihr entsprechenden Einkommensbildung"[478] vereinbare Maßnahmen, also „*marktkonforme* Maßnahmen"[479] erweist sich laut Müller-Armack marktwirtschaftlich orientierte Sozialpolitik als Wegbereiter des sozialen Fortschritts.[480] Darunter sind Maßnahmen zu verstehen, „die den sozialen Zweck sichern, ohne störend in die Marktapparatur einzugreifen."[481] Als marktkonform gelten demzufolge jene wirtschaftspolitischen Verfahren, welche die Funktionsbedingungen des Marktmechanismus berücksichtigen und die Marktkräfte nicht behindern.[482] Der Grundsatz der Marktkonformität wirtschafts- und sozialpolitischer Maßnahmen ist somit fester Bestandteil zumindest der theoretischen Konzeption Sozialer Marktwirtschaft. Diesbezüglich formuliert Müller-Armack 1959 also eine Dekade nach ihrer praktischen Umsetzung:

> „Der Staat nimmt durch seine Wirtschaftspolitik soziale Umschichtungen, soziale Interventionen vor, die aber [...] dadurch auf das System der Marktwirtschaft abgestellt werden, daß sie dem Grundsatz der *Marktkonformität* unterworfen werden, daß heißt, daß hinter den Eingriffen der staatlichen Wirtschaftspolitik die Funktionsweise des Marktes sichtbar bleibt, daß diese nicht gestört und, wenn möglich, gar noch verbessert wird."[483]

---

477 Vgl. Müller-Armack (1976 [1956]): S. 246.

478 Ebd.

479 Ebd. (Hervorhebung im Original).

480 Vgl. ebd.

481 Ebd.

482 Vgl. ebd., S. 246 f.

483 Müller-Armack (1976 [1959]): S. 254. (Hervorhebung im Original).

Der finale Anspruch jener den Marktzusammenhang konsolidierenden Methode sei es jedoch „über marktkonforme wirtschaftspolitische Interventionen und über ein vom Marktsystem her getragenes und gestärktes System der sozialen Hilfen eine neue Wirtschaftsordnung zu schaffen“[484]. An dieser Stelle sei angemerkt, dass die Einschätzung, ob eine konkrete Maßnahme nun marktverträglich bzw. marktkonform oder vielmehr marktunverträglich bzw. marktinkonform sei, vor allem im Forum der politisch-ökonomischen Auseinandersetzung oftmals ganz unterschiedlich bewertet wird und die inhaltlich-terminologischen Demarkationslinien für Außenstehende bisweilen fließend erscheinen. So ist auch aufgrund der Unschärfe des Kriteriums der Marktkonformität nicht in jedem Fall eindeutig zu sagen, inwiefern staatliche Interventionen der Logik des Marktmechanismus entsprechen oder nicht.[485]

Müller-Armack selbst war dieses Problem bewusst und so weist er darauf hin, dass der Begriff »marktkonform« in Grenzfällen unbestimmt sei.[486] Im Wissen um die Schwierigkeit des Marktverträglichkeitspostulats, welches so manche Kritik auf sich gezogen hat, bereichert Quaas die Debatte einerseits um die kluge Forderung der „Sozialkonformität“[487] staatlicher Eingriffe sowie andererseits durch das Plädoyer für eine Doppelprüfung von Interventionen. Hierzu formuliert Quaas:

> „Dieser potentielle Widerspruch zwischen Markt und sozialer Gestaltung der Wirtschaft läßt sich im Konzept der Sozialen Marktwirtschaft dadurch aushalten, daß ein Prüfmechanismus in Gang gesetzt wird, der sowohl die Sozialkonformität als auch die Marktkonformität von Interventionen testet, wobei das Bekenntnis zu sozialen Werten ebenso unverzichtbar bleibt wie das zur Marktwirtschaft.“[488]

II.4.5. »Soziale Irenik« als integrativer Stil der Sozialen Marktwirtschaft

Für Müller-Armack als Konzeptbegründer ist Soziale Marktwirtschaft weit mehr als nur ein wirtschaftspolitisches Leitbild, sondern ebenso eine politische Strategie bzw. Technik zu Vermittlung, Ausgleich und Überwindung der inneren Gegensätze moderner Massengesellschaft im

484 Müller-Armack (1981a [1973]): S. 167.

485 Friedrun Quaas führt das Kriterium der Marktkonformität auf Wilhelm Röpke zurück. Zur Unschärfe des Begriffes der »Marktkonformität« und den Schwierigkeiten mit seinem Umgang siehe Quaas (2000): S. 130 ff.

486 Vgl. Müller-Armack (1976 [1956]): S. 246.

487 Quaas (2000): S. 228.

488 Ebd.

Zeichen sozialer Versöhnung. Müller-Armack bezeichnet diesen besonderen Charakter der Sozialen Marktwirtschaft als „soziale Irenik"[489]. In der Perspektive eines gesellschaftlich friedenstiftenden Ansatzes ist Soziale Marktwirtschaft ganz wesentlich:

> „ein irenischer Ordnungsgedanke, eine strategische Idee innerhalb des Konfliktes verschiedener Zielsituationen. Sie ist eine Stilformel, durch die versucht wird, die wesentlichen Ziele unserer freien Gesellschaft zu einem neuen, bisher in der Geschichte noch nicht realisierten, praktischen Ausgleich zu bringen."[490]

Die hiermit angesprochenen konfligierenden Zielsituationen bzw. Interessenlagen im Kontext freier Gesellschaft sind für Müller-Armack im Wesentlichen die Ziele der persönlichen Freiheit, der wirtschaftlichen und sozialen Sicherung sowie des Wachstums[491], die es in einen „möglichst realistischen Ausgleich"[492] zu überführen gilt. Vor dem Hintergrund historisch wechselnder Spannungs- und Konfliktzustände sowie in Anbetracht ihrer spezifisch irenisch-ausgleichenden also konfliktbewältigenden Perspektive erweist sich Soziale Marktwirtschaft folglich als eine „Integrationsformel, durch die versucht wird, die wesentlichen Kräfte unserer heutigen Gesellschaft in eine echte Kooperation zu führen."[493]

Als „irenische Formel"[494], die Müller-Armack deutlich von utopischen Entwürfen abgrenzt[495], verfolgt sie das richtungsweisende wie ebenso anspruchsvolle Ziel, „auf dem Boden einer freien Wettbewerbswirtschaft persönliche Freiheit und soziale Sicherheit in Einklang zu setzen."[496] Insofern stellt jener konzeptimmanente integrativversöhnende Stil einen potenziellen Interessenausgleich im Spannungs-

---

489 Zur Idee der »Sozialen Irenik« bei Müller-Armack erklärt Friedrun Quaas: „Im Allgemeinen ist mit Irenik die Lehre vom Frieden gemeint, wobei der Begriff an dem griechischen Wort εἰρήνη (Frieden) bzw. am Namen der griechischen Friedensgöttin *Eιρήνη*, Tochter des *Zeus* und der *Themis*, angelehnt ist. Im speziellen Bezug ist der Begriff der sozialen Irenik von *Müller-Armack* in doppelter Bedeutung benutzt worden. Erstens zeigt er damit die Möglichkeit einer die Weltanschauungen verbindenden Sozialidee auf. Zweitens ist der Begriff der sozialen Irenik direkt verbunden mit der Ausprägung des typischen Charakters der Wirtschaftsordnung der Sozialen Marktwirtschaft." (Quaas (2002a): S. 208, Hervorhebung im Original).

490 Müller-Armack (1976 [1962]): S. 300.

491 Vgl. ebd., S. 299.

492 Ebd., S. 300.

493 Ebd.

494 Ebd.

495 Vgl. ebd., S. 300 f.

496 Müller-Armack (1976 [1960]): S. 267.

feld wettbewerbswirtschaftlicher Effizienz und sozialer Verantwortung in Aussicht. Angesichts dessen darf die Soziale Marktwirtschaft als Prototyp einer „übergreifenden Sozialidee"[497] mithin als *„ein Instrument gesellschaftlicher Entspannung und Befreiung"*[498] verstanden werden.

Ziel der sozial-irenischen Methode ist es, auf der Basis friedenstiftender Vermittlung und Integration real gegebener gesellschaftlicher Gegensätze auf die Genese einer neuen gesamtgesellschaftlichen Balance hinzuwirken.[499] Das ist ein hochaktuelles gesellschaftspolitisches Anliegen, bedenkt man die starken Fliehkräfte und sozialen Spaltungstendenzen innerhalb der gegenwärtig krisengeschüttelten Gesellschaften Europas.

Wie schon das Beiwort »sozial« nahelegt, verfolgt die *Soziale* Marktwirtschaft als irenische „Strategie im gesellschaftlichen Raum"[500] in nuce eine dezidiert gesellschaftspolitische Zielsetzung, die den Versuch unternimmt, *„die Ideale der Gerechtigkeit, der Freiheit und des wirtschaftlichen Wachstums in ein vernünftiges Gleichgewicht zu bringen"*[501] und dadurch sozialen Frieden zu ermöglichen. Auch anhand dieser Zielbestimmung wird deutlich, dass der konzeptimmanente sozialpolitische Stil eng mit der Idee der sozialen Versöhnung verbunden ist, welche auf einen Ausgleich sowie die Befriedung der verschiedenen weltanschaulichen Positionen der Gegenwart abzielt. Insofern kann die Soziale Marktwirtschaft im Einklang mit Friedrun Quaas auch als eine „eigenständige weltanschauungsübergreifende Sozialidee zur Humanisierung der Gesellschaft durch soziale Strukturen"[502] oder schlichtweg als „Friedensordnung"[503] verstanden werden, deren finales Ziel in der friedlichen Lösung sozialer Probleme, d. h. in der Überwindung gesellschaftlicher Zielkonflikte besteht. Dabei umfasst der irenische Lösungsansatz auch die sich scheinbar unversöhnlich gegenüberstehenden „konzeptimmanenten Pole der Freiheit des Marktes und des sozialen Ausglei-

---

497 Müller-Armack (1981b [1950]): S. 575.

498 Müller-Armack (1981a [1972b]): S. 163 f. (Hervorhebung im Original).

499 Vgl. Müller-Armack (1976 [1962]): S. 302.

500 Ebd., S. 300.

501 Müller-Armack (1981a [1969]): S. 131. (Hervorhebung im Original).

502 Quaas (2000): S. 427. Quaas bezieht sich mit dieser Formulierung offensichtlich auf den Aufsatz ‚*Soziale Irenik*' (1950) von Müller-Armack. Der erste Abschnitt dieses Aufsatzes trägt die Überschrift: ‚ÜBER DIE MÖGLICHKEIT EINER DIE WELTANSCHAUUNGEN VERBINDENDEN SOZIALIDEE' (Müller-Armack (1981b [1950]): S. 559).

503 Mit dem Titel des Aufsatzes ‚*Die Soziale Marktwirtschaft als Friedensordnung*' (Müller-Armack (1981a [1972b]) gibt Müller-Armack selbst Anlass zu dieser Interpretation.

ches bzw. der sozialen Gerechtigkeit."[504] Dementsprechend besteht die Aufgabe irenisch-motivierter Gesellschaftspolitik im Kern darin:

> „für diese Verfassung unserer Gesellschaft eine Integrationsformel zu geben, die zwar Divergenzen, Konflikte und Gegensätze weder ausschließt noch endgültig zu überwinden verspricht, die aber doch gestaltend eingreift, um ein Maximum an Spannungen zu binden und eine realistische Basis der Gemeinsamkeiten aufzuzeigen."[505]

Das gesellschaftlich-politische Leitbild der Sozialen Marktwirtschaft entwickelt seine Zielsetzung mit Blick auf die Situation der Gesamtgesellschaft und ist somit entschieden auf „das Ganze der Gesellschaft gerichtet."[506] Schwerpunktmäßig widmet sich die Politik dabei speziell „dem Prozeß des Selbständigwerdens und des sozialen Aufstiegs des einzelnen"[507], indem sie demselben „Starthilfe"[508] gewährt und versucht die Gesellschaft „soweit es möglich ist, als offene Gesellschaft zu sichern."[509] Die hiermit angesprochenen gesellschaftspolitischen Leitgedanken spielen auch in der aktuellen Grundeinkommensdebatte eine zentrale Rolle, so dass sie an geeigneter Stelle dieser Untersuchung erneut aufgegriffen werden. In Anbetracht der komplexen sozialökonomischen Problemsituation heute und der richtungsweisenden gesellschaftspolitischen Aufgabe einer „inneren Integration unserer Gesellschaft"[510] ist die Soziale Marktwirtschaft eingedenk ihrer impliziten Zielorientierung sozialen Friedens ein problem- bzw. zeitadäquater und somit zukunftsfähiger Gesellschaftsentwurf.

Zusammenfassend kann festgehalten werden: Die konzeptspezifische Perspektive sozialer Irenik verdeutlicht die Stärke der Sozialen Marktwirtschaft, die in der Kraft der dialektischen Überwindung von Widerspruchsverhältnissen sowie in der friedfertigen Integration gesellschaftlicher Gegensätze liegt. Ebenso ist sie offen für Neuerungen, d. h. zur Aufnahme von Theorien bzw. Theorieelementen, wenn diese Bedingungen der Vereinbarkeit bzw. Verträglichkeit erfüllen.[511] Zu Recht weist Friedrun Quaas in diesem Zusammenhang darauf hin, dass die Offenheit und die Aufnahme- bzw. Synthesefähigkeit des Konzeptes auch klare Grenzen hat, insbesondere dann, wenn die Grundidee der

504 Quaas (2000): S. 427.

505 Müller-Armack (1976 [1962]): S. 303.

506 Ebd., S. 304.

507 Ebd., S. 305.

508 Ebd.

509 Ebd.

510 Müller-Armack (1976 [1960]): S. 288.

511 Vgl. Quaas (2000): S. 425 f.

Sozialen Marktwirtschaft selbst nachhaltig in Zweifel gezogen bzw. negiert wird.[512] Von daher müssen alle neuen Theorien bzw. theoretischen Konstrukte, die in das Konzept der Sozialen Marktwirtschaft implementiert bzw. mit diesem vereinigt werden sollen, im Voraus einer sorgfältigen Kompatibilitätsprüfung unterzogen werden.[513] Geschieht diese Prüfung nicht in ausreichendem Maße, droht die Gefahr der Verfremdung der ursprünglichen Idee der Sozialen Marktwirtschaft[514] sowie eine den vorgenannten Prinzipien indifferent gegenüberstehende konfuse Ausdeutung des Konzeptes.

Die Forderung eines Abgleichs der Leitideen potenziell kompatibler Theorien bzw. Reformvorstellungen mit dem Kernkonzept Sozialer Marktwirtschaft bezieht ihre Logik und Legitimität aus der simplen wissenschaftstheoretischen Erkenntnis, dass komplexe theoretische Systeme wie die Soziale Marktwirtschaft „keine Sammelsurien bezugsfremder sich widersprechender Aussagen darstellen."[515] Deshalb können sie nur dann erfolgreich wirtschafts- bzw. sozialpolitische Theorien aufnehmen bzw. diese in ihr Konzeptdesign integrieren, wenn sie in ihren Grundgedanken wesentlich übereinstimmen und somit kompatibel sind. Nur im Falle einer solchen ideellen Konformität bzw. prinzipienmäßigen Anschlussfähigkeit ist eine fruchtbare Verbindung der Konzepte zu erwarten. Insofern muss eine notwendige Kompatibilitätsprüfung stets die Grundaussagen bzw. Leitideen jener Theorien und Reformelemente, die einer Aufnahme harren, aufdecken, um so einen kritischen Abgleich derselben mit dem Grundkonzept Sozialer Marktwirtschaft zu ermöglichen.

II.4.6. Das Menschenbild der Sozialen Marktwirtschaft

Den Erfolg der Sozialen Marktwirtschaft macht Müller-Armack daran fest, dass diese im Grunde eine „Ordnung nach dem Maße des Menschen"[516] sei. Angesichts dieser Aussage liegt die Frage nahe, was der Mensch seiner Natur nach sei und welches Menschenbild[517] der Sozialen

512 Vgl. Quaas (2000): S. 426; Quaas (2002a): S. 211.

513 Vgl. Quaas (2000): S. 426.

514 Vgl. ebd.

515 Ebd.

516 Müller-Armack (1981a[1973]): S. 170.

517 Zu Begriff und Funktion von Menschenbildern erklärt der Ökonom Hermann Sautter: „Menschenbilder […] stellen ‚kategoreale Überzeugungen von Natur und Bestimmung des Menschen' dar, die den ‚Horizont des politischen Zielwillens definieren. Diese Funktion können sie nur ausüben, wenn sie den Wesensbegriff des Menschen zu einem hinreichend genauen Begriff vom menschlichen Zusammen-

Marktwirtschaft zu Grunde liegt. „Der Ausdruck ‚Menschenbild' meint demnach eine handlungs- und erkenntnisleitende Konzeption vom Wesen des Menschen. Aus ihr läßt sich ableiten, welche Ordnung des Zusammenlebens menschengemäß und damit ‚human' ist."[518]

Dabei gilt der einfache Zusammenhang, dass Menschenbild und gesellschaftliches Ordnungsbild miteinander korrespondieren und sich wechselseitig bestimmen.[519] Das bedeutet, dass das Menschbild als normative Leitidee den Wertehorizont einer Wirtschafts- und Gesellschaftsordnung skizziert und insoweit auch das politische Handeln verpflichtet.[520] „Die Gestaltung der Institutionen, die eine Wirtschaftsordnung ausmachen, soll auf diese normative Leitidee bezogen sein."[521] Folglich haben Menschenbilder stets auch eine bedeutende politische Funktion.[522] „Mit der Wahl eines bestimmten Menschenbildes werden also ordnungspolitische Grundsatzentscheidungen getroffen."[523]

Doch welches Menschenbild bildet nun das anthropologische Fundament der Sozialen Marktwirtschaft? Die Mehrheit der Kommentatoren erkennt im christlichen Menschenbild und seinen Kernelementen das maßgebende Leitbild dieser Wirtschaftsordnung. Der Theologe und Sozialethiker Anton Rauscher erinnert in diesem Zusammenhang an den kulturgeschichtlich äußerst bedeutenden biblischen Schöpfungsbericht, in welchem der Mensch als Geschöpf und Ebenbild Gottes vorgestellt wird.[524] Als Ebenbild bzw. Abbild eines omnipotenten Gottes empfindet der ins Dasein gerufene Mensch eine tiefe Sehnsucht nach Wahrheit und Erkenntnis, die er mit der ihm gegebenen Vernunft und Geisteskraft zu überwinden sucht. Als vernunftbegabtes Wesen ist der Mensch zur Wahrheitssuche fähig und vermag es, Entscheidungen zwischen Gut und Böse im Sinne moralischer Urteile zu fällen.[525] Als *mens rationalis* ist der Mensch überdies zur Freiheit berufen, welche eine genuine Grunddimension menschlicher Existenz darstellt. Bezüglich der Bedeutung der Freiheit für den Menschen formuliert Rauscher:

leben und den Bedingungen seiner Wohlordnung entfaltet haben'." (Sautter (1997): S. 26).

518 Ebd.

519 Bezüglich der Frage des (Interdependenz-)Verhältnisses von Menschenbild und Gesellschaftsordnung zitiert Sautter Oswald von Nell-Breuning mit dem Satz: „‚Sage mir, was für ein Menschenbild Du hast, und ich werde Dir sagen, welches gesellschaftliche Ordnungsbild Du hast.'" (Ebd.).

520 Vgl. ebd., S. 25.

521 Ebd.

522 Vgl. ebd., S. 26.

523 Ebd., S. 27.

524 Vgl. Rauscher (2002): S. 197.

525 Vgl. ebd.

> „Das heißt, er [der Mensch, S. K.] erfährt sich als ein Wesen, das eine ursprüngliche Freiheit besitzt und sich entscheiden kann. Der Mensch kann nicht nur zwischen Alternativen wählen, am meisten kommt seine Freiheit darin zum Ausdruck, daß er sich selbst bestimmen kann."[526]

Das anthropologische Kernpostulat menschlicher Freiheit sowie die damit verbundenen Akte autonomer Entscheidung und Selbstverwirklichung bedeutet ordnungspolitisch betrachtet:

> „Eine Ordnung der wirtschaftlichen und sozialen Verhältnisse, auch der kulturellen und politischen Verhältnisse, ist nur dann ‚human', wenn sie an dieser Freiheit und Selbstbestimmung des Menschen ihr Maß nimmt."[527]

Weiters impliziert die Realität menschlicher Freiheit, dass jedes Individuum vor allem im Bereich des Wirtschaftslebens frei ist und die Wahl seiner Tätigkeiten, Ziele und Entwicklungswege selbst bestimmt.[528] Zum Bild des Menschen als einem zu Selbstbestimmung und Eigenständigkeit fähigen Wesen gehört aber ebenso die Möglichkeit, „daß er Festlegungen vermeiden kann, die seine Freiheit zur Selbstbestimmung einschränken oder gar aufheben."[529]

Zu den Grundpositionen des christlichen Menschenbildes, die im Kontext der Sozialen Marktwirtschaft Wirkung entfalten, zählt ebenso die Erkenntnis, „daß die Wirtschaft zwar eine unabdingbare Voraussetzung für die Entfaltung des Menschen in allen Lebensbereichen ist, daß aber die Wirklichkeit nicht auf das Ökonomische verkürzt und beschränkt werden darf."[530] Die rechtmäßige Würdigung einer funktionierenden Wirtschaft für den gesamten Gesellschaftsprozess bedeutet jedoch nicht, dass sich der Mensch einem totalitären Rationalitätsregime im Zeichen von Ökonomismus, Materialismus und Utilitarismus beugen muss.

Vielmehr ist das selbstbestimmt und wirtschaftlich frei handelnde Subjekt, allein schon aufgrund der ihm wesenhaften Ambivalenz hinsichtlich der Möglichkeit zu konstruktiven oder destruktiven Handlungen, stets mehr als ein Vollautomat im Dienste rein rationaler Nutzenmaximierung. Diese sozialrealistische Erkenntnis bewegt Rauscher zu der für einzelne ökonomische Denkrichtungen sicherlich provokanten, aber dennoch zutreffenden Feststellung:

---

526 Rauscher (2002): S. 197.

527 Ebd.

528 Vgl. ebd., S. 198.

529 Sautter (1997): S. 29.

530 Rauscher (2002): S. 198.

> „Das anthropologische Leitbild der Sozialen Marktwirtschaft ist weit entfernt von dem ‚homo oeconomicus', bei dem der wirtschaftliche Akteur nur an der Maximierung des Eigennutzens interessiert ist, den er aus der Verfügbarkeit über materielle Güter zieht."[531]

Vielmehr sei das ordnungspolitisch relevante Bild vom Menschen „das der selbständig handelnden, mündigen und sittlich verantwortlichen menschlichen Person."[532]

Über seine ihm gegebene ursprüngliche Freiheit hinaus besitzt der Mensch auch eine Sozialnatur, d. h. er ist als soziales Wesen auf seine Mitmenschen angewiesen. Um in der Gesellschaft leben und sich als Person entfalten zu können, muss das Individuum notwendigerweise Kommunikation und Kooperation mit seinen Mitmenschen eingehen.[533] Die originäre Freiheitssituation des Individuums wird somit durch die existenziellen sozialen Beziehungen entweder erweitert oder eben eingegrenzt.

Müller-Armack und seine geistigen Mitstreiter sind Kenner der christlichen Werte sowie der katholischen Sozialverkündigung gewesen und haben sich von dieser inspirieren lassen. Die Sozialenzyklika *‚Mater et Magistra'* aus dem Jahr 1961 legt unter anderem fest, dass die für alle Zeit gültige „Soziallehre der katholischen Kirche ein integrierender Bestandteil der christlichen Lehre vom Menschen ist."[534] Die Tradition der katholischen Soziallehre ist geprägt von dem Grundsatz, dass die menschliche Person Urheber und Mittelpunkt aller sozialen Gefüge sei.[535] Der personale Tenor dieser Lehre kulminiert in der anthropozentrischen Leitidee, die Papst Johannes XXIII in *‚Mater et Magistra'* in klassisch gewordener Weise zum Ausdruck gebracht hat:

> „Nach dem obersten Grundsatz dieser Lehre muß der Mensch der Träger, Schöpfer und das Ziel aller gesellschaftlichen Einrichtungen sein. […] Dieses oberste Prinzip trägt und schützt die unantastbare Würde der menschlichen Person."[536]

Der in diesem Prinzip angelegte Schutz- und Achtungsanspruch der menschlichen Person impliziert aber auch, dass der Mensch ein Recht auf Wohlergehen, Fürsorge und soziale Sicherheit hat. Aus diesem Grund bildet er gesellschaftliche Institutionen, die einerseits sein Recht auf Selbstbestimmung sichern und ihn andererseits vor materieller Not

---

531 Rauscher (2002): S. 199.

532 Ebd.

533 Vgl. ebd., S. 201.

534 MM 222.

535 Vgl. MM 219.

536 MM 219-220.

und Ausbeutung schützen.[537] „Diese Institutionen haben immer nur vorläufigen Charakter; ihre Gestaltung ist ein offener Prozeß, in dem institutionelle Neuerungen, Anpassungen und Korrekturen ständig einander ablösen."[538] Sollen sie jedoch den Erfordernissen der Zeit entsprechen, müssen sie dem wachsenden Bedarf an individueller Flexibilität gerecht werden. Denn es kann mit guten Gründen davon ausgegangen werden, dass in Zukunft mehr noch als heute das bindungsarme und auf vielfältige Weise tätige Subjekt im Zentrum der sozialen und ökonomischen Prozesse stehen wird. Es ist also die Aufgabe der Politik, die Systeme und Institutionen der sozialen Sicherung auf diese bereits heute absehbare Entwicklung vermittels stetiger Anpassungen bzw. Erneuerung vorzubereiten.

Als Zwischenfazit kann festgehalten werden: Das anthropologische Leitbild der Sozialen Marktwirtschaft ist der freie, selbstbestimmte, eigenverantwortliche und sozial-kooperative Mensch. Eine Person also, die sich aufgrund ihrer unteilbaren Freiheit und ihres Selbststandes dem dominierenden Markt- und Wettbewerbsmechanismus nicht einfach unterwirft, sondern vielmehr bestrebt ist, diesen menschengerecht und im Dienste der Gesamtgesellschaft zu gestalten. Hierbei gilt der zentrale ethische Grundsatz, dass der letzte Zweck aller Wirtschaftstätigkeit immer der Mensch selbst ist. „Deswegen ist *ein gleichermaßen personal wie sozial ausgerichtetes Menschenbild, wie es der christlichen und auch der säkularisiert-humanistischen Tradition entspricht*, der beste Weg."[539]um eine Politik der Sozialen Marktwirtschaft zu gestalten.

II.5. Grundwerte und ordnungsrelevante Prinzipien

Nachdem das Bild vom Menschen, das der Sozialen Marktwirtschaft zugrunde liegt, erkundet und dessen Kernaussagen herausgearbeitet worden sind, soll sich das Augenmerk nunmehr auf die Grundwerte besagter Wirtschaftsordnung richten und die damit verknüpften Prinzipien näher beleuchtet werden. Wozu dient der Blick auf die Grundwerte? Die Grundwerte einer Gesellschaft geben Aufschluss darüber, an welchen normativen Vorstellungen sich das gesellschaftliche Leben orientiert und welche Formen der Organisation und des Zusammenlebens als gemeinhin erstrebenswert gelten. Des Weiteren bilden sie eine wichtige Voraussetzung für das als notwendig erachtete und aufgrund

537 Vgl. Sautter (1997): S. 31.

538 Ebd.

539 Weigelt (2002): S. 366 (Hervorhebung im Original).

vielfacher „wechselseitige[r] Interdependenzen“[540] erstrebenswerte Zusammenwirken von Wirtschaft, Staat, Einzelmensch und Gesellschaft.[541]

Was die Soziale Marktwirtschaft betrifft, so kann festgehalten werden: Das Prinzip der Freiheit des Marktes und das Prinzip des sozialen Ausgleichs repräsentieren jene einander ergänzenden Grundwerte der Freiheit und der sozialen Gerechtigkeit, „denen sich die Soziale Marktwirtschaft explizit verpflichtet fühlt.“[542] Letztere sind für Müller-Armack die ethischen Ideale seiner Konzeption schlechthin, Ideale, von denen die Soziale Marktwirtschaft überhaupt erst ihre „innere Berechtigung“[543] bezieht.[544] „Zwei großen sittlichen Zielen fühlen wir uns verpflichtet, *der Freiheit und der sozialen Gerechtigkeit.*“[545] Mit dieser Formulierung, die Müller-Armack Ende Mai 1948, also inmitten des Übergangs zur sozialmarktwirtschaftlichen Ordnung im Vorwort zu seiner Schrift ‚*Vorschläge zur Verwirklichung der Sozialen Marktwirtschaft*‘ notiert, schafft er Klarheit über die konzeptimmanente Norm- bzw. Zielsetzung. Bezüglich des Binnenverhältnisses beider Grundwerte statuiert er zudem:

> „Bloße Freiheit könnte zum leeren Begriff werden, wenn sie sich nicht mit der sozialen Gerechtigkeit als verpflichtender Aufgabe verbände. So muss die soziale Gerechtigkeit mit und neben der Freiheit zum integrierenden Bestandteil unserer künftigen Wirtschaftsordnung erhoben werden.“[546]

Unter Einbeziehung der christlichen Soziallehren werden jene beiden Grundwerte, denen sich die Idee der Sozialen Marktwirtschaft verpflichtet fühlt, um einen dritten Grundwert, nämlich den der Menschenwürde erweitert.[547] Die Anerkennung der Menschenwürde als drittem Grundwert der Sozialen Marktwirtschaft ist von großer Bedeutung, denn ohne deren Beachtung bliebe die Verschränkung der konzeptimmanenten Prinzipien der (Markt-)Freiheit mit dem der sozialen

---

540 Quaas (2000): S. 331.

541 Vgl. ebd.

542 Ebd. „Die beiden Grundwerte Freiheit und Gerechtigkeit stehen dabei repräsentativ für die beiden Säulen ‚Marktwirtschaftliches‘ und ‚Soziales‘.“ (Quaas (2002a): S. 212).

543 Müller-Armack (1981a [1948]): S. 90.

544 Vgl. ebd.

545 Ebd. (Hervorhebung im Original). Bei der Lektüre der Schriften Müller-Armacks fällt auf, dass dieser den Freiheitsgedanken in seiner Zweidimensionalität nicht differenziert betrachtet hat. Auf den Freiheitsbegriff Müller-Armacks wird in Kapitel III. noch einmal ausführlich Bezug genommen.

546 Müller-Armack (1981a [1948]): S. 91.

547 Vgl. Quaas (2000): S. 331.

Gerechtigkeit formal und damit oberflächlich.[548] Überdies kann soziale Gerechtigkeit als Grundnorm und Regulativ einer umfassenden sozialen Wohlordnung „nicht jenseits der gleichen Bestimmung und Würde der Menschen definiert werden."[549] Seine kategoriale Verankerung bzw. inhaltliche Anbindung findet der Grundwert der Menschenwürde innerhalb der Triade der Leitprinzipien der sozial-ökonomischen Systematik der Katholischen Soziallehre, also im sozialethischen Bezugssystem der Prinzipien der Personalität, der Solidarität und der Subsidiarität. Jene für die sozial- bzw. gesellschaftspolitische Debatte bedeutenden Prinzipien, die man gemeinhin auch als Sozialprinzipien bezeichnet hat, werden im Folgenden kurz erläutert.

II.5.1. Personalität

Als erstes jener drei Prinzipien der Katholischen Soziallehre ist das Prinzip der Personalität zu nennen, welches das Wesen des Menschen und seine Bestimmung reflektiert. Das Personenprinzip hebt darauf ab, dass jeder Mensch als ebenbildliches Geschöpf Gottes ein freies, vernunftbegabtes und eigenständiges Individuum ist, eine einzigartige Person[550] also, der eine unantastbare Würde[551] sowie ein damit einhergehender unverfügbarer Eigenwert zukommt.

Auf gesellschaftlicher Ebene hat die Entfaltung der menschlichen Person, d. h. seiner Individualnatur, die im Zentrum der sozialökonomischen Ordnung steht, Vorrang. Daraus ergibt sich die Verpflichtung, dass die Einrichtungen des gesellschaftlichen Zusammenlebens in solcher Weise zu gestalten sind, dass der Personenstatus eines jeden Individuums geachtet und geschützt wird und „der Mensch niemals bloß als Mittel, sondern immer auch als Zweck in sich selbst betrachtet wird."[552] Insofern artikuliert das Personalitätsprinzip einen grundsätzlichen Rechtsanspruch[553] des Einzelmenschen gegenüber der Gemeinschaft, dessen Anliegen darin besteht, die Individualität, Wür-

---

548 Vgl. Quaas (2000): S. 332.

549 Ebd.

550 Der Begriff Person (lat. = *persona*) bezeichnet im ursprünglichen Sprachgebrauch der Antike sowohl die Maske, durch die der Schauspieler bei der Aufführung im Theater spricht, als auch die Rolle insgesamt, die ein Mensch in der Gesellschaft einnimmt. Vgl. Anzenbacher (1998), S. 179.

551 Die Idee der Unantastbarkeit der Menschenwürde hat Eingang in Artikel 1 Abs. 1 des GG der Bundesrepublik Deutschland gefunden.

552 Quaas (2000): S. 332.

553 Aus dem menschenrechtlichen Status der Person leitet Anzenbacher u. a. den Anspruch auf Freiheits- und Bürgerrechte, wirtschaftlich-soziale sowie kulturelle Grundrechte ab Vgl. Anzenbacher (1998): S. 188-193.

de, Autonomie und kreative Freiheit der Person als die Basis einer wirklich menschlichen Gemeinschaft zu wahren. Die Kernaussage des Personenprinzips lässt sich mit dem Satz auf den Punkt bringen, dass Politik, Wirtschaft und Gemeinschaft für den Menschen da sind und nicht umgekehrt.

II.5.2. Solidarität

Der Gemeinschaftsbezug, der dem Prinzip der Personalität innewohnt, verweist auf das Solidaritätsprinzip[554], dem zweiten prominenten Leitprinzip christlicher Sozialethik, welches das Verhältnis von Individuum und Gemeinschaft bestimmt. „Das Solidaritätsprinzip ist in diesem Sinne ein Zuordnungsprinzip, das die gegenseitige Zuordnung Mensch-Gemeinschaft fixiert, da der Mensch die seinem Wesen eigenen Anliegen nur innerhalb der Gemeinschaft entfalten kann."[555] Das Axiom des Prinzips ist die Annahme der gegenseitigen Bezogenheit bzw. Interdependenz von Einzelmensch und dem gesellschaftlichen Ganzen. Dementsprechend formuliert der katholische Sozialethiker Walter Kerber:

> „Es ist also zunächst auszugehen von einer tatsächlichen wechselseitigen Abhängigkeit des Gliedes von der Gemeinschaft und der Gemeinschaft von den Gliedern. […] Daraus ergibt sich aber auch das Sollen, sich entsprechend dieser Abhängigkeit zu verhalten, indem der einzelne seinen Beitrag zur Gemeinschaft leistet und die Gemeinschaft allen ihren Gliedern zur Entfaltung verhilft."[556]

Als gemeinschaftsbezogener Grundsatz steht das Prinzip der Solidarität[557] für die rechtliche Verpflichtung sowie für die Bereitschaft der Gesellschaftsmitglieder zu wechselseitiger Verantwortung und Unterstützung.[558] „Insofern verpflichtet das Solidaritätsprinzip zu einer *sozialen Kooperation*, deren Ziel es ist, *den menschenrechtlichen Status der Person für alle zu gewährleisten*."[559] Hinsichtlich einer menschenrechtsbasierten Legitimation sozialer Grundsicherung argumentiert der katholische Sozialethiker Arno Anzenbacher:

---

554 Oswald von Nell-Breuning bezeichnet das Solidaritätsprinzip kurzum als „Grundgesetz der gegenseitigen Verantwortung" (Nell-Breuning (1990): S. 11).

555 Quaas (2000): S. 336.

556 Kerber (1975): S. 617.

557 Der Begriff *Solidarität* hat seine Wurzeln in der römischen Rechtssprache und lässt sich auf den lateinischen Terminus *solidus* (fest, dicht, gediegen, ganz) zurückführen Vgl. Anzenbacher (1998): S. 196.

558 Vgl. ebd., S. 196 f.

559 Ebd., S. 197. (Hervorhebung im Original).

> „So ist etwa die sozialstaatlich garantierte soziale Basissicherung der Bürger (z. B. Sozialhilfe) nicht Ausdruck ungeschuldet-mildtätiger Hilfeleistung der Gesellschaft gegenüber sozial Schwachen, sondern die Erfüllung einer Rechtspflicht der Gesellschaft, die sich aus dem menschenrechtlichen Anerkennungsverhältnis ergibt."[560]

Hinsichtlich einer solidaritätsbestimmten Wohlordnung des Gesellschaftskörpers wie auch des institutionellen Bereichs sind die oberste Norm der sozialen Gerechtigkeit, aber auch das Kriterium des Gemeinwohls[561] (Bonum commune) von großer Bedeutung. So ist das Gemeinwohl oder Bonum commune „in der katholischen Soziallehre als idealer Zielwert der Gemeinschaft zu verstehen, der gleichzeitig zum Regulativ der Politik werden muß."[562]

Im Kern betont das Solidaritätsprinzip die „grundsätzliche gemeinsame Verantwortung der Menschen füreinander auf der Ebene des Individuums wie der Gruppe"[563]. In selbiger Perspektive fordert es die Bereitstellung jener Ressourcen und Chancen durch die Gemeinschaft, die Menschen schlichtweg brauchen, um sich sowohl als Einzelperson als auch als selbstbestimmtes Glied der Gemeinschaft verwirklichen zu können.[564] So verstanden ist Solidarität „Inbegriff jener gesellschaftlichen Voraussetzungen, die den Menschen die volle Entfaltung ihrer Werte ermöglichen oder erleichtern."[565]

II.5.3. Subsidiarität

Sowohl der Verwirklichung des Gemeinwohls als auch dem Schutz der Menschenwürde dient das in Politik, Wissenschaft und Kirche vieldiskutierte Subsidiaritätsprinzip, welches als dritter maßgebender Grundsatz des klassischen Prinzipientraktat der christlichen Soziallehre in der einflussreichen Sozialenzyklika ‚*Quadragesimo anno*' aus dem Jahr 1931 erstmals ausdrücklich festgeschrieben worden ist. Nummer 79 der Enzyklika enthält jene präzise Formulierung des Prinzips, auf die sich quasi alle Interpreten beziehen. Dort heißt es wörtlich:

---

560 Anzenbacher (1998): S. 198.

561 Im Schrifttum werden Solidaritäts- und Gemeinwohlprinzip stets korreliert angeführt. Im Kontext der terminologischen Zweigliederung schließt das Solidaritätsprinzip das Gemeinwohlprinzip meist ein.

562 Quaas (2000): S. 336.

563 Schumann (2007): S. 145.

564 Wird die Hilfe der Solidargemeinschaft primär wirtschaftlich benachteiligten Personengruppen gewährt, erweist sich Solidarität als „Option für die Armen" (Schumann (2007): S. 145).

565 MM 65.

„Wenn es nämlich auch zutrifft, was ja die Geschichte deutlich bestätigt, daß unter den veränderten Verhältnissen manche Aufgaben, die früher leicht von kleineren Gemeinwesen geleistet wurden, nur mehr von großen bewältigt werden können, so muß doch allzeit unverrückbar jener höchst gewichtige sozialphilosophische Grundsatz festgehalten werden, an dem nicht zu rütteln noch zu deuteln ist: wie dasjenige, was der Einzelmensch aus eigener Initiative und mit seinen eigenen Kräften leisten kann, ihm nicht entzogen und der Gesellschaftstätigkeit zugewiesen werden darf, so verstößt es gegen die Gerechtigkeit, das, was die kleineren und untergeordneten Gemeinwesen leisten und zum guten Ende führen können, für die weitere und übergeordnete Gemeinschaft in Anspruch zu nehmen; zugleich ist es überaus nachteilig und verwirrt die ganze Gesellschaftsordnung. Jedwede Gesellschaftstätigkeit ist ja ihrem Wesen und Begriff nach subsidiär; sie soll die Glieder des Sozialkörpers unterstützen, darf sie aber niemals zerschlagen oder aufsaugen."[566]

Der zweite Satz des Zitates formuliert die tragende Kernaussage. Er besagt, dass alle Gesellschaftstätigkeit ihrem Wesen und Begriff nach *subsidiär* sei. Übersetzt man subsidiär (lat. subsidium) mit Hilfe bzw. Beistand[567] oder gar mit „hilfreicher Beistand"[568] so folgt daraus, dass die Tätigkeit der Gesellschaft dem Einzelmenschen bzw. Einzelglied dienlich, d. h. wirkliche Hilfestellung sein soll. Diese Tätigkeit darf jedoch nicht zur Negation einzelner Glieder führen.

Das Subsidiaritätsprinzip als ein hochbedeutender sozialphilosophischer Grundsatz regelt die Kompetenzen bzw. Zuständigkeiten von Einzelmensch und Gesellschaft. Als „sozialethische[s] *Organisationsprinzip* des Gemeinwohls"[569] gibt es folgende Richtlinie: Der Einzelne bzw. die kleinere gesellschaftliche Einheit ist berechtigt und verpflichtet, dasjenige, was er/sie aus eigener Kraft und Anstrengung zu leisten vermag, auch selbst zu bewältigen. Für dasjenige aber, was die Möglichkeiten des Einzelnen respektive der kleineren Einheit übersteigt, d. h. was er/sie nicht aus eigener Kraft leisten kann, erhält er/sie Hilfe von der Gemeinschaft bzw. der übergeordneten Einheit.

---

566 QA 79.

567 Vgl. Anzenbacher (1998): S. 212.

568 Nell-Breuning (1990): S. 11, 90. Der zweite Teil des Buches ‚*Baugesetze der Gesellschaft*' (1990), in welchem sich Nell-Breuning dem Subsidiaritätsprinzip zuwendet, trägt die Überschrift „Hilfreicher Beistand". In diesem Zusammenhang weist Nell-Breuning darauf hin, dass im maßgebenden lateinischen Urtext der Enzyklika die Formulierung „subsidium affere" steht, was Nell-Breuning mit „Hilfe bringen" (Ebd., S. 90, 91) verdeutscht.

569 Anzenbacher (1998): S. 212. (Hervorhebung im Original).

Vier Hauptaspekte lassen sich dem Subsidiaritätsprinzip, welches oft missverstanden bzw. einseitig interpretiert wird, mit Anzenbacher zuschreiben:

Erstens würdigt der Grundsatz ganz im Einklang mit dem Personenprinzip die autonome und eigenverantwortliche Stellung, die Freiheit und die ursprüngliche Kompetenz des Einzelmenschen in der Gesellschaft. Subsidiarität artikuliert somit ein anthropologisches Vertrauen in den Menschen, welcher seine Interessen am besten selbstständig vertritt. So darf die Gemeinschaft dem Einzelmenschen nichts entziehen, was dieser „aus eigener Initiative und mit seinen eigenen Kräften leisten kann" (QA 79). Ein solcher Entzug trüge den Charakter eines Raubes und käme geradezu einer Missachtung bzw. Herabsetzung der Person gleich.[570]

Zweitens ist der Einzelmensch als Mängelwesen aufgrund unzureichender Autarkie auf (solidarische) Hilfe bzw. Unterstützung durch die Gemeinschaft angewiesen.[571] Aus der Verschränkung von Personalitäts- und Solidaritätsprinzip ergeben sich mit dem *„Hilfestellungsgebot"*[572] sowie dem *„Kompetenzanmaßungsverbot"*[573] zwei analog gegliederte Prioritätsregeln, welche die Organisation bzw. Zuordnung der gemeinschaftlichen Unterstützung im Rahmen des Subsidiaritätsprinzips bestimmen.[574]

Drittens bestimmt das Hilfestellungsgebot eingedenk einer hierarchisch abgestuften sozialen Sphäre, *„daß die je größeren und übergeordneten Sozialgebilde im Dienst der kleineren und untergeordneten zu stehen haben."*[575] Das heißt, das Hilfsgebot koordiniert als Dienlichkeitsregel des Subsidiaritätsprinzips die Zuständigkeiten der gemeinschaftlichen Hilfestellung im Bedarfsfall. Viertens ordnet das Kompetenzanmaßungsverbot als Abgrenzungsregel des Prinzips Ausmaß und Grenzen der helfenden Intervention. Es verlangt, dass die natürliche Kompetenz und Zuständigkeit der Einzelperson gewahrt bleibt und verbietet *„daß das je größere und übergeordnete Sozialgebilde dem je kleineren und untergeordneten derartige Kompetenzen entzieht."*[576]

In Anbetracht des bis hier Gesagten wird deutlich: Der Kerngedanke von Subsidiarität postuliert „für alle gesellschaftlichen Prozesse und

570 Vgl. Anzenbacher (1998): S. 212.

571 Vgl. ebd., S. 212 f.

572 Ebd., S. 213 (Hervorhebung im Original).

573 Ebd. (Hervorhebung jeweils im Original).

574 Vgl. ebd., S. 212 f.

575 Ebd., S. 213 (Hervorhebung im Original).

576 Ebd. (Hervorhebung im Original).

Institutionen den Vorrang der Person bzw. der jeweils personennächsten Gemeinschaft."[577] Deshalb haben Gesellschaft und Staat unter Berücksichtigung personaler Freiheits- und Entfaltungsräume sowie gemäß des Anmaßungs- bzw. Interventionsverbotes prinzipiell Zurückhaltung zu üben. Daraus folgt speziell für den Bereich sozialstaatlicher Leistungssysteme, dass „die Leistungen des Sozialstaates das Ziel haben, die individuellen Anstrengungen zur eigenverantwortlichen Lebensgestaltung zu unterstützen, aber nicht zu ersetzen"[578]. Getreu dem Subsidiaritätsgedanken sollen sozialstaatliche Leistungen die Bürger vielmehr in die Lage versetzen bzw. diese befähigen, Freiheit, Eigenverantwortung sowie Selbstverwirklichung zu leben und ihre individuellen Pflichten erfüllen zu können.[579]

Die Bedeutung des Prinzips der Subsidiarität sowohl für die christliche Soziallehre bzw. Sozialethik als auch für die hier zu untersuchende Fragestellung darf nicht unterschätzt werden. Eine redliche Auseinandersetzung mit der Frage der konzeptionellen Vereinbarkeit von bedingungslosem Grundeinkommen und Sozialer Marktwirtschaft muss auf den Grundsatz der Subsidiarität als große sozialethische Leitidee gesellschaftlicher Ordnung unbedingt Bezug nehmen.

II.5.4. Zwischenbetrachtung

Im Rahmen der vorausgegangenen Abschnitte ist gezeigt worden: Sowohl das Menschenbild der christlichen Soziallehre, zu dem sich die Gründerväter der Sozialen Marktwirtschaft in ihren Äußerungen mehrheitlich bekannt haben, als auch jene drei großen Grundwerte (Freiheit, soziale Gerechtigkeit und Menschenwürde), die in der Sozialen Marktwirtschaft lebendig werden, erfahren als Grundgewissheiten über Wesen und Ziel des Menschen in der Systematik des sozialethischen Prinzipientraktats christlicher Soziallehre mal explizit mal implizit Wertschätzung und Reflexion. Als paradigmatische Wertvorstellungen, die den hier vorgestellten Sozialprinzipien zu Grunde liegen, geben sie Orientierung bei Fragen der gesellschaftlich-politischen Zukunftsgestaltung. Überdies dienen die genannten Grundwerte dem Aufbau einer wahrhaft menschlichen Gemeinschaft als korrektiver Maßstab und ethischer Bezugsrahmen.

---

577 Schumann (2007): S. 142.

578 Ebd., S. 143.

579 Vgl. ebd., S. 143 f.

II.6. Status quo der Sozialen Marktwirtschaft

Nachdem Genese und Grundprinzipien des originären Konzepts Sozialer Marktwirtschaft (Grundbild) dargestellt worden sind, sollen die nachfolgenden Punkte die gegenwärtige Situation derselben (Gegenwartsbild) skizzieren. Im Rahmen dieses Schrittes sollen zentrale Systemelemente vorgestellt sowie aktuelle sozio-ökonomische Herausforderungen überblickshaft beleuchtet werden. Vergegenwärtigung und sorgfältige Analyse der Problemkonstellation sind die notwendige Voraussetzung dafür, Defizite im bestehenden System wahrzunehmen, und darauf aufbauend problemadäquate sowie tragfähige Lösungen zu erarbeiten. Nur wenn Klarheit über die Ausgangssituation besteht, wird ersichtlich, welche politischen, wirtschaftlichen und sozialen Maßnahmen zu ergreifen sind, damit unerwünschten Entwicklungen entgegengewirkt werden kann und die Soziale Marktwirtschaft als zukunftsfähiger Realtypus intakt bleibt. Gerade für die Beantwortung der Frage, ob das Konzept eines garantierten Grundeinkommens tatsächlich einen problemlösenden Reformansatz darstellt, ist eine genaue Kenntnis der gegenwärtigen sozio-ökonomischen Situation bzw. Problematik unerlässlich.

II.6.1. Sozialstaatsprinzip und Mindestsicherung

Der juristische Ausgangspunkt der sozialen Sicherung in der BRD ist das Sozialstaatsgebot bzw. Sozialstaatsprinzip. Das in Artikel 20 und 28 des Grundgesetzes verankerte Sozialstaatsprinzip[580] verpflichtet Gesetzgeber und Verwaltung auf eine ordnungsgestaltende Tätigkeit, welche im Rahmen freiheitlich demokratischer Grundordnung auf die Ziele sozialer Gerechtigkeit und sozialer Sicherheit ausgerichtet ist.[581]

Der Schutz vor (Einkommens-)Armut und sozialer Ausgrenzung, die Ermöglichung individueller Freiheit sowie die Schaffung sozialer Sicherheit bzw. sozialer Gerechtigkeit in Form der Garantie eines soziokulturellen Existenzminimums für alle gehören zur verfassungsmäßig verankerten „Teleologie des Sozialstaats"[582], die sich unter anderem aus

---

[580] Das am 23.05.1949 in Kraft getretene Grundgesetz fordert, dass die Bundesrepublik Deutschland ein „demokratischer und sozialer Bundesstaat" (Art. 20 Abs. 1 GG) zu sein habe und die verfassungsmäßige Ordnung in den Ländern den Grundsätzen des „republikanischen, demokratischen und sozialen Rechtstaates" (Art. 28 Abs. 1GG) entsprechen müsse. Die verbreitete Ansicht, die Soziale Marktwirtschaft sei im Grundgesetz als Wirtschaftsordnung der Bundesrepublik Deutschland festgeschrieben, trifft nicht zu.

[581] Vgl. Lampert (2002b): S. 398.

[582] Spieker (1986): S. 231.

dem Postulat der Unantastbarkeit der menschlichen Würde ableitet. In Anbetracht solcher Zielbestimmung besteht eine zentrale Aufgabe des Sozialstaates nach Ansicht des Ökonomen Heinz Lampert[583] darin:

> „im Rahmen der verfassungsmäßigen Ordnung *und* des wirtschaftlich Möglichen für möglichst alle Gesellschaftsmitglieder über die formale Grundrechtsgewährleistung hinaus in einem politisch zu bestimmenden Mindestumfang die materiellen Voraussetzungen für die Wahrnehmung des Grundrechts auf persönliche Freiheit (Art. 2 II), auf freie Entfaltung der Persönlichkeit (Art. 2 I), auf Gleichheit vor dem Gesetz (Art. 3) und auf Freiheit der Berufswahl (Art. 12) zu schaffen und die Voraussetzungen für ein menschenwürdiges Dasein für alle zu sichern."[584]

Die hier von Lampert genannten sozialen und wirtschaftlichen Rechte stehen für den grundrechtlichen Anspruch der Person auf *„konkrete Freiheit"*[585], d. h. auf Lebens- und Arbeitsbedingungen im Zeichen realer Entfaltungs- bzw. Entwicklungsfreiheit, die es dem Einzelnen erlauben, ein menschenwürdiges Leben zu führen.[586] Konkrete, also wirkliche Freiheit, realisiert sich in der Möglichkeit des Einzelmenschen, selbstbestimmt am gesellschaftlichen Prozess teilzunehmen und seine Individualnatur zum Wohle aller zu kultivieren bzw. konstruktiv einzubringen. Insofern stehen Sozialstaatsprinzip, Würdepostulat und Freiheitsrechte in einem engen Zusammenhang.

Unter den Bedingungen einer marktwirtschaftlich organisierten Geld – bzw. Konsumgesellschaft, in welcher der Einzelne zum Erhalt bzw. zur Verwirklichung seiner Person auf ein regelmäßiges Einkommen angewiesen ist, bedarf es – sollen die Grundrechte über ein rein formales Bekenntnis hinaus auch de facto Verwirklichung finden – einer materiellen Grundausstattung im Sinne eines garantierten, personenbezogenen Sockelbetrages. Denn sowohl die Sicherung der reinen Existenz (Nahrung, Kleidung, Unterkunft etc.) als auch die tatsächliche Handlungs-, Entfaltungs- und Konsumfreiheit des Individuums sind in einer

---

583 Lampert definiert den Sozialstaat und dessen Aufgaben wie folgt: „Als Sozialstaat gilt ein Staat, der (1.) Hilfe gegen Not und Armut leistet und ein der Menschenwürde entsprechendes Existenzminimum sichert; (2.) auf rechtliche *und* tatsächliche Gleichheit durch den Abbau von Wohlstandsdifferenzen und Abhängigkeitsverhältnissen zielt; (3.) soziale Sicherheit gegenüber den Risiken des Unfalls, der Krankheit, der vorzeitigen Erwerbsunfähigkeit, der →*Arbeitslosigkeit*, des Alters, der Pflegebedürftigkeit und des Verlustes des Ernährers gewährleistet; (4.) den Wohlstand mehrt und für eine als gerecht beurteilbare →*Verteilung* dieses Wohlstandes sorgt." (Lampert (2002b): S. 398, Hervorhebung im Original).

584 Ebd., 398 f. (Hervorhebung im Original).

585 Anzenbacher (1998): S. 191 (Hervorhebung im Original).

586 Vgl. ebd.

entwickelten Marktwirtschaft, in welcher nahezu allen Gütern und Leistungen ein monetärer Wert zugewiesen wird, nur in dem Maße gewährleistet, wie dem Einzelnen regelmäßiges, also verlässliches und auskömmliches Einkommen zur Verfügung steht. Einkommensschwache Personen hingegen, die nicht über ein solches Mindesteinkommen verfügen, sind folglich in der Wahrnehmung ihrer Grundrechte, d. h. in der Freiheit ihrer Entwicklungs- und Teilhabechancen eingeschränkt und somit im Vergleich zu einkommensstärkeren Personen benachteiligt, was Gerechtigkeitsprobleme evoziert.

Aus dem oben beschriebenen Sozialstaatspostulat ergibt sich somit die dringliche sozialpolitische Aufgabe, „wirtschaftlich leistungsschwache Gesellschaftsmitglieder mit einem Mindesteinkommen zur Sicherung ihrer Existenz und eines Mindestspielraums zur freien Entfaltung der Persönlichkeit auszustatten.“[587] Ein differenziertes System sozialer Sicherung, das jedem Gesellschaftsmitglied die grundlegenden materiellen Mittel zum Bestreiten eines menschenwürdigen Lebens garantiert, befindet sich somit im Einklang mit dem Rechts- und Freiheitsanspruch der menschlichen Person, den gesellschaftlichen Grundwerten sowie dem Sozialstaatsprinzip als Konstituens Sozialer Marktwirtschaft.

II.6.2. Existenzminimum, soziokulturelles Existenzminimum

Das Existenzminimum ist ein zentraler Begriff der sozialpolitischen Debatte in Deutschland. Als statistisch ermittelter Wert bestimmt es den materiellen Grundbedarf des Menschen, d. h. jenen Bedarf an Finanzmitteln, die er zum rein physischen Überleben benötigt.

Die verfassungsrechtliche Grundlage einer Garantie der Existenzsicherung bzw. des Existenzminimums für alle Bürger bildet der zu Berühmtheit gelangte Artikel 1 Absatz 1 des Grundgesetzes der Bundesrepublik Deutschland: „Die Würde des Menschen ist unantastbar. Sie zu achten und zu schützen ist Verpflichtung aller staatlichen Gewalt.“ Mit Bezug auf den ethisch definierten und grundgesetzlich garantierten Würdestatus des Menschen urteilt das Bundesverfassungsgericht am 21.06.1977: „Aus Art. 1 Abs. 1 GG in Verbindung mit dem Sozialstaatsprinzip ist daher [...] die Verpflichtung des Staates herzuleiten, jenes Existenzminimum zu gewähren, das ein menschenwürdiges Dasein überhaupt erst ausmacht“.[588] Damit ist der juristische Rahmen der Ge-

---

587 Lampert (2002b): S. 399.

588 BVerfGE 45, 187 (228) vom 21.06.1977.

währleistung eines dem Menschen gemäßen Existenzminimums durch den Sozialstaat bestimmt.

Wie aber gestaltet sich die Sicherung des Existenzminimums in der sozialstaatlichen Praxis? Der Regelbedarf zur Sicherung des Lebensunterhaltes im Rahmen des ALG II, der sog. ‚*Grundsicherung für Arbeitssuchende*'[589], entspricht dem Existenzminimum. Dieser umfasst insbesondere die Kosten für Ernährung, Kleidung, Körperpflege, Hausrat, Haushaltsenergie und persönliche Bedürfnisse des täglichen Lebens gemäß § 20, Absatz 1 sowie die Kosten für Unterkunft und Heizung nach § 22, Absatz 1 des Zweiten Sozialgesetzbuches (SGB II).

Das *soziokulturelle* Existenzminimum[590] bzw. »Kulturminimum« hingegen übersteigt den rein physischen Grundbedarf und beinhaltet ebenso das Recht auf angemessene „Teilhabe am sozialen und kulturellen Leben in der Gemeinschaft" (§ 20 Abs. 1 SGB II).

Gemäß der bestehenden Sozialstaatsregelung sowie dem geltenden Grundsicherungskonzept der einschlägigen Sozialgesetzbücher wird das Existenzminimum in Form steuerfinanzierter Sozialleistungen (z. B. ALG II, Sozialgeld) *bedarfsabhängig* nur jenen Personen gewährt, die ihre Existenz nicht aus eigenen Kräften und Mitteln sichern können und die über keine weiteren Einkommen bzw. Vermögen verfügen (§ 19 Abs. 1 SGB XII). Zur Feststellung des Anspruches auf staatliche Unterstützung bzw. Sozialleistungen wird eine sozialadministrative Bedürftigkeitsprüfung vorgenommen, die vor der eigentlichen Gewährung (also ex ante) den tatsächlichen Bedarf des Antragstellers an Unterstützung ermittelt.

Im deutlichen Unterschied zur bestehenden Praxis sozialer Mindestsicherung zielt die Idee des bedingungslosen Grundeinkommens auf die *bedarfsunabhängige* und uneingeschränkte Sicherung des Existenzmini-

---

589 Der sog. Regelbedarf bzw. Regelsatz bei ALG II beträgt gemäß § 20 Absatz 2 SGB II ab dem 01.01.2014 für alleinstehende bzw. alleinerziehende Personen 391 Euro im Monat Vgl. Bundesministerium für Arbeit und Soziales (2014): S. 72.

590 Die Analyse der Literatur belegt: Unter den Anhängern eines *existenzsichernden* Grundeinkommens besteht ein breiter Konsens darüber, dass sich ein garantiertes Grundeinkommen mindestens an der Höhe des soziokulturellen Existenzminimums zu orientieren hat.

mums[591] für jedermann jenseits einer aufwendigen und kontrollaffinen Bedürftigkeitsprüfung.[592]

II.6.3. Problemhorizont: Krise und Erneuerung

Die Zeiten der Gründungsphase der Sozialen Marktwirtschaft sind längst vergangen. Das Nachkriegsdeutschland, in welchem Bevölkerung und Wirtschaft wuchsen, Arbeitskräftemangel und Vollbeschäftigung herrschten, gibt es nicht mehr. Die gesellschaftlichen Rahmenbedingungen sowie die Welt der Arbeit und des Lebens haben sich seitdem grundlegend gewandelt. Neue dynamische Entwicklungen in Markt und Gesellschaft stellen die bestehende Wirtschaftsordnung und ihre Institutionen vor gewaltige Herausforderungen.

Die globalen Megatrends unserer Zeit, wie die politische und wirtschaftliche Internationalisierung, der demographische Wandel, die accelerierende technologische Revolution, die Umwälzungen im Bereich der Produktion und Wertschöpfung, eine zunehmende Individualisierung und wachsende gesellschaftliche Heterogenität sowie die ökologische Herausforderung (Klimawandel) kennzeichnen eine gesamtgesellschaftliche Tendenz, die in den nächsten Jahren die wirtschaftliche und sozio-kulturelle Entwicklung Deutschlands nachhaltig beeinflussen werden. Jene wirtschaftlichen und sozialen Wandlungsprozesse äußern sich bereits heute in wachsenden Flexibilitäts- und Mobilitätsanforderungen, dem Zerfall traditioneller Familienstrukturen und Arbeitsformen, gebrochenen Lebensläufen, einer unverhältnismäßigen Verteilung von Einkommen und Vermögen, neuen Formen von Armut und Ausgrenzung, Finanzierungsproblemen im Sozial- und Gesundheitssystem sowie den Ängsten vieler Bürger vor sozialem bzw. materiellem Abstieg. Des Weiteren sind die Massenarbeitslosigkeit, die rasant wachsende Staatsverschuldung[593], ein verhaltenes Wirtschaftswachstum so-

---

[591] Der ‚Erfinder' der modernen Marktwirtschaft Adam Smith gibt folgenden Hinweis, was unter dem Existenzminimum zu verstehen ist: „‚Unter lebensnotwendigen Gütern verstehe ich nicht nur solche, die unerlässlich zum Erhalt des Lebens sind, sondern auch Dinge, ohne die achtbaren Leuten, selbst aus der untersten Schicht, ein Auskommen nach den Gewohnheiten des Landes nicht zugemutet werden sollte." (Smith [1776] zitiert nach Schramm (2007): S. 208).

[592] Bei Grundeinkommensmodellen, die auf einer Negativen Einkommensteuer basieren, findet insofern eine Bedarfsprüfung statt, dass von einer Steuerbehörde geprüft wird, ob das Einkommen des Transferempfängers eine zuvor definierte Armutsgrenze unterschreitet. Ist dies der Fall, wird dem Steuerpflichtigen eine Negativsteuer als Grundeinkommen ausgezahlt.

[593] Im April 2011 hat die Bundesrepublik Deutschland die zwei Billionen Euro-Schwelle an Staatsschulden überschritten.

wie eine lähmende bürokratische Überfrachtung brisante Dauerthemen in der öffentlichen Debatte.[594]

Angesichts der neuen ökonomischen und sozialen Situation scheint den Verantwortlichen in Politik und Wirtschaft bewusst zu sein, dass nur durch eine Fortentwicklung ihrer tragenden Systemelemente die Leistungs- und Zukunftsfähigkeit der Sozialen Marktwirtschaft dauerhaft gesichert werden können. So gesehen lastet auf den westlichen Wohlstandsgesellschaften und ihren Sozialsystemen schon heute ein enormer Veränderungsdruck, der speziell Wirtschafts- und Sozialpolitik zum Handeln, d. h. zur Suche nach problemlösenden Antworten zwingt.

II.6.3.1. Gesellschaftlicher Wandel und Krise des Sozialstaats

Um den sozio-ökonomischen Kontext bzw. die Ausgangssituation der aktuellen Reformdebatte in Deutschland besser verstehen zu können, werden nachfolgend zentrale Problemfelder der Sozialen Marktwirtschaft bzw. des gegenwärtig bestehenden deutschen Sozialstaats kurz skizziert.

Als eine bedeutende gesellschaftliche Entwicklung und Ursache diverser Probleme in Gesellschaft und Sozialstaat bewirkt der demographische Wandel, d. h. die Alterung der Bevölkerung bei einem zeitgleichen Rückgang der Geburten, eine Abnahme der Anzahl der Erwerbspersonen, die dem Arbeitsmarkt zur Verfügung stehen.[595] Diese Entwicklung wird von Urbanisierungs- und Wanderungsprozessen, vor allem aber einem Rückgang sozialversicherungspflichtiger Normalarbeitsverhältnisse begleitet, deren Sozialabgaben und Beiträge die sozialen Sicherungssysteme finanzieren (sollen). Durch den anhaltenden Schwund der Beitragszahler sinken die Einnahmen der umlagefinanzierten Sozialversicherungssysteme bei gleichzeitig steigenden Kosten, was wiederum enorme Zuschüsse aus Steuermitteln erforderlich macht.[596] Somit wird deutlich, dass sowohl die Bevölkerungsentwicklung als auch die

---

594 Die Schlagworte: »Wirtschaftskrise«, »Zweidrittelgesellschaft«, »Sozialabbau« oder »neue Armut« prägen die aktuelle öffentliche Debatte und verweisen auf eine ‚Renaissance' der »sozialen Frage«.

595 Vgl. Statistische Ämter des Bundes und der Länder (2009): S. 9-15.

596 Vgl. Mihm/Schwenn (2009). Den Leistungsabfall der traditionellen Beitragsfinanzierung der sozialen Sicherung und die daraus resultierende Tendenz zur Steuerfinanzierung illustriert Schramm mit folgenden Zahlen: „So wurde 1990 das Sozialbudget zu 66,7% aus Beiträgen finanziert, 2003 aber nur noch zu 59,9%, während die Steuerfinanzierung von 31,6% (1990) auf 38,9% (2003) anstieg." (Schramm (2010): S. 91).

damit verbundenen Veränderungen auf dem Arbeitsmarkt die Finanzierungsgrundlagen sowie die Stabilität der Sozialsysteme deutlich belasten, was sich in Einnahmeausfällen und Deckungslücken der Sozialkassen niederschlägt.[597] Die der bismarckschen Sozialgesetzgebung implizite Beitragsfinanzierung der Sozialversicherungen, d. h. die Koppelung der sozialen Sicherungssysteme an die Lohn- bzw. Erwerbsarbeit verteuert aufgrund einer hohen Abgabenlast die Arbeitskosten, was die Erwerbslosigkeit gerade im Bereich niedrig Qualifizierter erhöht.[598] Die historisch gewachsene Verklammerung von Arbeitsgesellschaft und beitragsfinanziertem Sozialsystem, erweist sich angesichts der Verringerung beitragsstarker Erwerbsarbeit sowie der Ausbreitung prekärer Beschäftigungsverhältnisse als kontraproduktiv und sozial ungerecht. So steigen im bestehenden System mit dem Niveau der Sozialleistungen auch die Belastungen des Faktors Arbeit, was sich wiederum negativ auf die Beschäftigung auswirkt. Diesen suboptimalen Zusammenhang kommentiert der katholische Sozialethiker Michael Schramm mit den Worten: „Mit jeder sozialen Wohltat, die wir uns gönnen, produzieren wir Arbeitslose."[599]

Ebenso wird seit Jahrzehnten die Massen- bzw. Sockelarbeitslosigkeit als ‚Geißel' der Gesellschaft und strukturelle Belastung für die sozialen Sicherungssysteme beklagt. Neben erheblichen psycho-sozialen Lasten der Arbeitslosigkeit sind auch die gesamtwirtschaftlichen Kosten derselben beträchtlich. Dauerhaft hohe Erwerbslosenzahlen belasten die Kassen der Sozialversicherungen, weil trotz der sinkenden Einnahme von Beiträgen zugleich mehr Leistungen in Anspruch genommen werden. So hat die Bundesagentur für Arbeit nach eigenen Angaben im Haushaltsjahr 2012 rund 31,08 Mrd. Euro[600] für die Grundsicherung für Arbeitssuchende ausgegeben. „Diese Summe beinhaltet rund 19,0 Milliarden Euro für die Leistungen zur Sicherung des Lebensunterhalts und rund 4,8 Milliarden Euro für die Beteiligung des Bundes an den Kosten der Unterkunft."[601] Zudem haben sich die öffentlichen Aufwendungen für Arbeitslosengeld II bzw. Sozialgeld im selben Jahr auf circa 14,51 Mrd. Euro[602] belaufen. Trotz großer Anstrengungen seitens Staat, Wirtschaft und Gesellschaft, gelingt es jedoch bislang nicht, die Er-

---

597 Allein im Haushaltsjahr 2010 hat der Bund im Rahmen seiner Defizithaftung rund 80.8 Mrd. Euro aus Steuermitteln zur Stützung der gesetzlichen Rentenversicherung bereitgestellt Vgl. Bundesministerium der Finanzen (2010).

598 Vgl. Schramm (2010): S. 90.

599 Ebd.

600 Vgl. Bundesagentur für Arbeit (2013): S. 38.

601 Ebd.

602 Vgl. ebd., S. 39.

werbslosenzahlen nachhaltig zu senken und damit die Massenarbeitslosigkeit[603] abzubauen. Daraus wird ersichtlich, dass die bislang eingesetzten beschäftigungspolitischen Maßnahmen zur Bekämpfung des Arbeitslosigkeitsproblems im Ergebnis erfolglos gewesen sind.

Auf den demographischen Wandel und die sich manifestierende Massenarbeitslosigkeit hat die Politik u. a. mit der Ausweitung sozialstaatlicher Aufgaben reagiert. So ist der Umfang sozialstaatlicher Leistungen seit Beginn der 1960er Jahre stetig erweitert worden, was zum Anwachsen des Sozialbudgets[604], d. h. zu einer Expansion des bundesdeutschen Sozialstaates geführt hat, welche Anfang der 1970er Jahre ihren vorläufigen Höhepunkt erreichte.[605] Dieser Trend hat sich auch nach der deutschen Wiedervereinigung fortgesetzt. So stieg nach Angaben des Bundesministeriums für Arbeit und Soziales (Sozialbericht 2013) der Anteil der Sozialleistungen am Bruttoinlandsprodukt (Sozialleistungsquote) von 25,9% im Jahr 1991 auf 31.5% im Jahr 2009 und sank dann im Jahr 2013 auf schätzungsweise 29,9%, was einem Leistungsumfang von insgesamt 808,3 Mrd. Euro für das Jahr 2013 entspricht.[606] Für das Jahr 2015 ist auf der Basis von ministerialen Modellrechnungen ein Sozialbudget von insgesamt voraussichtlich 852,4 Mrd. Euro (Sozialquote 29, 6%) mit steigender Tendenz für die kommenden Jahre errechnet worden.[607]

Durch die Erweiterung des sozialstaatlichen Leistungskatalogs sind die Sozialsysteme zunehmend komplexer bzw. verwaltungsintensiver geworden und damit auch für geneigte Bürger schwer zu überschauen. Insgesamt administrieren heute circa 37 verschiedene Agenturen einer kostenintensiven Sozialbürokratie rund 155 unterschiedliche Sozialleistungen.[608] Kritiker einer Expansion des Sozialstaates problematisieren die enormen wirtschaftlichen Lasten, Finanzierungprobleme

---

603 So waren nach Angaben der Bundesagentur für Arbeit im Jahresdurchschnitt 2012 2,90 Mio. Menschen arbeitslos gemeldet (davon waren 1,99 Mio. Menschen im Bereich der Grundsicherung arbeitslos) Vgl. ebd., S. 6. Die Zahl der Bezieher von ALG II betrug nach Angaben der BA im Jahr 2012 4,44 Mio. Menschen. 2,54 Mio. der Leistungsberechtigten waren nicht erwerbslos. Für eine korrekte Interpretation der Angaben muss folgender Punkt berücksichtigt werden: So zählen zum Kreis der nicht-erwerbslosen Leistungsberechtigten in der Grundsicherung u. a. auch jene Personen, die an (mehr oder weniger wirksamen) arbeitsmarktpolitischen Maßnahmen teilnehmen Vgl. ebd., S. 8-10.

604 Das Sozialbudget gibt jährlich Aufschluss über das Leistungsspektrum und die Finanzierung der sozialen Sicherung.

605 Vgl. Metzler (2003): S. 186 f.

606 Vgl. Bundesministerium für Arbeit und Soziales (2013): S. 235/Tabelle 1. (die Werte für 2013 sind Ergebnisse von Modellrechnungen).

607 Vgl. ebd. (die Werte für das Jahr 2015 basieren auf Modellrechnungen).

608 Vgl. Schramm (2007): S. 194.

und negativen Anreizstrukturen eines aus ihrer Sicht „‚überbordenden' Sozialstaats"[609]. Darüber hinaus bemängeln Sympathisanten ebenso wie Gegner des entwickelten Sozialstaates Defizite bei der Zielgenauigkeit und Effektivität staatlicher Transferleistungen sowie damit verbunden erhebliche Gerechtigkeitsdefizite. Die Historikerin Gabriele Metzler fasst die aktuelle Situation des Sozialstaates als institutionelles Scharnier von Wirtschaft, Staat und Gesellschaft aus der Perspektive vieler Bürger folgendermaßen zusammen: „Zu teuer und zu bürokratisch, hoffnungslos ineffizient, gar der Entscheidungsfreiheit der Bürger zuwiderlaufend und offensichtlich von den Problemen der Gegenwart überfordert: […] Aus dem einstigen Erfolgsmodell ist selbst ein Pflegefall geworden."[610]

Insbesondere die von vielen diagnostizierte „Schieflage"[611] bzw. „‚Krise'"[612] des deutschen Sozialstaates als einem „Konstruktionspunkt der Sozialen Marktwirtschaft"[613], spielt sowohl in der Debatte um die Zukunftsfähigkeit der Sozialen Marktwirtschaft als auch in der Diskussion um die Grundeinkommensidee eine herausgehobene Rolle. So sehen deren Anhänger in einem „sozialpolitische[n] Universaltransfer"[614] wie dem Grundeinkommen ein relativ einfaches, transparentes, unbürokratisches und ganzheitliches Instrument, das zur Lösung gleich mehrerer zentraler Probleme des gegenwärtig bestehenden Sozialstaates beitragen könne.

Darüber hinaus lässt sich ein beachtlicher Akzeptanz- und Vertrauensverlust vieler Bürger in die gegenwärtig bestehende Wirtschafts- und Sozialordnung feststellen, der in den Augen mancher Beobachter Ausdruck einer „tiefen Sinnkrise"[615] ist. Dementsprechend verliert die Soziale Marktwirtschaft nach Ansicht des Sozialethikers Michael Schramm deutlich an Attraktivität.[616] Schramm verweist in diesem Zusammenhang auf eine Meinungsumfrage des deutschen Bankenverbandes vom September 2008, die eine „Gewachsene Distanz zur Sozialen Marktwirtschaft"[617] ermittelt hat. Laut der Erhebung haben 2008 nur 50% der Befragten geglaubt, dass sich die Soziale Marktwirtschaft be-

---

609 Pilz (2009): S. 148.

610 Metzler (2003): S. 7.

611 Hohenleitner/Straubhaar (2008): S. 119.

612 Quaas (2000): S. 16.

613 Marx (2010): S. 16.

614 Hohenleitner/Straubhaar (2008): S. 20.

615 Goldschmidt (2008): S. 422.

616 Vgl. Schramm (2010): S. 88.

617 Bankenverband (2008): S. 6.

währt habe, was die Autoren der Studie auch auf einen Vertrauensverlust in das politische System insgesamt zurückführen.[618] Insbesondere die Ereignisse der Finanzmarkt- und Wirtschaftskrise im Jahr 2008 samt deren Folgen haben das Vertrauen in die Soziale Marktwirtschaft erschüttert und nähren Bedenken am gegenwärtigen System.[619] Diese Einschätzung wird von einer Emnid-Umfrage im Auftrag der Bertelsmann-Stiftung zum Thema des Zusammenhangs von Wirtschaftswachstum und Lebensqualität vom Juli 2010 gestützt. Demnach wünschen sich 88% der Deutschen eine neue Wirtschaftsordnung, die Fragen des sozialen Ausgleichs und selbstbestimmter Lebensführung stärker berücksichtigt.[620]

Resümierend lässt sich somit festhalten: In Wissenschaft und Politik besteht, von Detail- und Strategiefragen einmal abgesehen, ein breiter Konsens darüber, dass die vielfältigen strukturellen Probleme sowohl eines an der Belastungsgrenze arbeitenden sozialen Leistungsstaates und seiner Teilsysteme als auch einer an Überzeugungs- und Integrationskraft verlierenden Wirtschaftsordnung entschlossen gelöst werden müssen. Dennoch verliert sich die Politik in Ermangelung einer zukunftsweisenden Vision bzw. eines ganzheitlichen und in sich stimmigen Modernisierungskonzeptes in einer kleinteiligen und unentschlossenen Reformpolitik. Angesichts enormer gesellschaftspolitischer sowie ordnungsgestalterischer Aufgaben und der Einsicht, dass die Herausforderungen der Zukunft nicht ohne grundlegende gesellschaftliche Reformen aus einem Guss zu bewältigen sind, gleichen die konventionellen Korrektureingriffe der Politik, wie z. B. die regelmäßigen Nachbesserungen der Hartz-IV-Gesetzgebung, kurzfristigen Reparaturen und bloßem „‚Möbelrücken'"[621].

Eingedenk der hier nur skizzierten Problemkonstellation und dem verbreiteten Eindruck einer „strukturellen Blockade zwischen Ökonomie und Sozialem im jetzigen System"[622] mehren sich jene Stimmen, die eine weitreichende Reform der sozialen Sicherung bzw. einen „kompletten Neubau"[623] des deutschen Sozialstaates durch die Einführung eines garantiert gewährten Grundeinkommens befürworten.[624] Dabei setzen

618 Vgl. Bankenverband (2008): S. 6, 10.

619 Vgl. ebd., S. 4 f.

620 Vgl. TNS-Emnid (2010): S. 1-3.

621 Schramm (2008): S. 181; Schramm (2010): S. 129.

622 Mack (2008): S. 24.

623 Schramm (2008): S. 181.

624 So unterstützt die Mehrheit der Grundeinkommensbefürworter eine umfassende Neuorganisation des Sozialstaates, anstatt die bisherige recht erfolglose ‚Symptomtherapie' fortzuführen. Stellvertretend hierfür ist der Ökonom Thomas

die Befürworter einer Implementierung des Grundeinkommens in das bestehende System die konzeptionelle Vereinbarkeit von Grundeinkommen und Sozialer Marktwirtschaft schlichtweg voraus. Das ist insofern ein Problem, da die Kompatibilität der beiden Konzepte, d. h. die Anschlussfähigkeit bzw. Verträglichkeit ihrer Prinzipien und Leitideen bislang noch nicht systematisch untersucht, geschweige denn kritisch geprüft worden ist. Insoweit ist bislang völlig unklar, ob die Konzepte von bedingungslosem Grundeinkommen und Sozialer Marktwirtschaft miteinander harmonieren oder vielmehr unverträglich sind. Die Klärung dieser spannenden Frage erfolgt in Kapitel III. dieser Studie.

II.6.3.2. Der Ruf nach Erneuerung

Ein Blick in die Geschichte zeigt: Zur Sozialen Marktwirtschaft gehört die Diskussion um ihre Erneuerung. Die Frage ihrer Fortschreibung ist ein Dauerthema der wissenschaftlichen und politischen Debatte in der Bundesrepublik, welche insbesondere in Krisenzeiten Konjunktur hat.[625]

In der Rückschau erreicht der Gedanke der Erneuerung bzw. Fortentwicklung bereits im Jahr 1959 mit Müller-Armacks Postulat einer „zweiten Phase"[626] der Sozialen Marktwirtschaft einen bedeutenden Höhepunkt. Der Begründer des Konzeptes versteht darunter die Neuausrichtung der Sozialen Marktwirtschaft durch ein dezidiert gesellschaftspolitisches Programm, dass „[n]icht die materielle Güterversorgung als vielmehr die sinnvolle und lebensgemäße Gestaltung der gesellschaftlichen und natürlichen Umwelt"[627] zum Ziel erklärt und damit eine Politik verfolgt, „die jenseits des Ökonomischen auf die vitale Einheit des Menschen gerichtet ist."[628] Hintergrund hierfür bildet die kluge

---

Straubhaar zu nennen, der im Vorwort seines Buches ‚*Bedingungsloses Grundeinkommen und Solidarisches Bürgergeld – mehr als sozialutopische Konzepte*' einen „Neuanfang" bzw. einen „fundamentalen Systemwechsel" im Bereich der Sozialstaatlichkeit fordert Vgl. Straubhaar (2008a).

625 Medial intensiv begleitete ‚Höhepunkte' der Auseinandersetzung um die Reformbedürftigkeit der Sozialen Marktwirtschaft stellen z. B. die sog. »Heuschreckendebatte«, ausgelöst durch einen Interviewbeitrag des damaligen SPD-Vorsitzenden Franz Müntefering im Jahr 2005, welcher Finanzinvestoren als skrupellose kapitalistische Arbeitsplatzvernichter brandmarkte sowie das nahezu einjährige politische Ringen um die Erhöhung des ALG II-Regelsatzes um fünf Euro pro Bezugsperson, in den Jahren 2010 und 2011 dar. Vielen Beobachtern gelten diese Ereignisse als Zeichen einer strukturellen Blockade bzw. Ohnmacht in Politik und Sozialstaat.

626 Müller-Armack (1976 [1959]): S. 265; Vgl. ebenso Müller-Armack (1976 [1960]).

627 Müller-Armack (1976 [1959]): S. 265.

628 Müller-Armack (1976 [1960]): S. 280.

zukunftsorientierte Überlegung, sich nicht mit den unbestreitbaren Erfolgen des vergangenen Jahrzehnts zu begnügen, „sondern die Soziale Marktwirtschaft mit *neuen Ansätzen* in eine neue zweite Phase hinüber[zu]führen."[629]

Müller-Armacks frühe, wie ebenso entschiedene Forderung nach einer »zweiten Phase« der Sozialen Marktwirtschaft ist in nuce als ein Plädoyer für eine lebensdienliche und sozial verantwortliche Politik zu verstehen, die das »Wohlergehen« bzw. die »Lebensqualität« des Menschen in den Mittelpunkt all ihrer Bemühung rückt. In diesem Zusammenhang stellt die strukturelle Neudefinition der sozialen Sicherung im Sinne einer universalen und in jeder Lebenslage verlässlichen Daseinsvorsorge zweifellos eine zentrale Aufgabe dar.

Auch heute gibt es eine intensive Reformdebatte mit ganz unterschiedlichen Positionierungen. So plädieren zahlreiche Interessengruppen, Netzwerke, Denkfabriken und Experten entweder für eine Rückbesinnung auf das originäre Grundkonzept der Sozialen Marktwirtschaft oder aber für eine zukunftsorientierte Erneuerung derselben und damit verbunden umfassende Reformen in nahezu all ihren Kernbereichen wie Arbeitsmarkt, Sozialstaat, Gesundheitssystem, Bildungswesen usw. Im Horizont der Erneuerungsproblematik haben sich verschiedene (lagerübergreifende) Initiativen und Aktionsbündnisse herausgebildet, welche die öffentliche Meinung für ihre Reformanliegen zu gewinnen trachten. Exemplarisch hierfür seien im Folgenden nur zwei Initiativen jener »Erneuerungsbewegung« angeführt, die sich für „umfassende Strukturreformen in der Wirtschafts- und Sozialpolitik"[630] aussprechen. So ist erstens aus dem Bereich der Politik die Initiative der CDU-Führung für eine *‚Neue Soziale Marktwirtschaft'* zu nennen, die sich angesichts „neuartige[r] soziale[r] Schutzbedürfnisse"[631] seit 2001 unter anderem für die Stärkung wirtschaftlicher Freiheit sowie den Erhalt sozialer Mindeststandards engagiert.[632] Damit ist ein Reformkorridor umrissen, der die Möglichkeit einer Implementierung wirtschaftsliberaler Bürgergeldmodelle zumindest grundsätzlich nicht ausschließt. Zweitens hat aus dem Bereich von Wirtschaft und Wirtschaftswissenschaft der *‚Jenaer Aufruf'* im Jahr 2008 direkten Bezug auf die Grundeinkommensidee genommen. Im Rahmen ihres Appells für mehr Freiheit, Selbstbestimmung und Eigenverantwortung sowohl im Sozialstaat wie

629 Müller-Armack (1976 [1959]): S. 265 (Hervorhebung S. K.).

630 Clapham (2004): S. 30.

631 Ebd., S. 31.

632 Vgl. ebd.

auch im Bereich des Arbeitsmarktes formulieren die Autoren des Reformaufrufes[633] unter Punkt vier der Erklärung folgende Aufgabe:

> „Ein existenzsicherndes Mindesteinkommen ist wesentlicher Bestandteil der Sozialen Marktwirtschaft. Angesichts absehbarer finanzieller Herausforderungen an die sozialen Sicherungssysteme, offensichtlicher Fehlanreize und zunehmender Unübersichtlichkeit ist es an der Zeit, neue Konzepte wie negative Einkommenssteuer, »Flat tax«, »Solidarisches Bürgergeld« und Grundeinkommen wissenschaftlich und politisch zu analysieren."[634]

Mag auch der Duktus der Aufforderung allgemein und angesichts des enormen Problemdrucks recht verhalten ausfallen, so gibt sie doch Aufschluss über die grundsätzliche Offenheit der aktuellen wirtschafts- und ordnungspolitischen Debatte in Deutschland gegenüber der Idee eines existenzsichernden Grundeinkommens. Vor dem Hintergrund des evolutiven Grundgedankens der Sozialen Marktwirtschaft ist diese – sicher teilweise auch krisenbedingte – Offenheit letztlich positiv zu bewerten. Denn als »progressiver Stilgedanke« ist die Soziale Marktwirtschaft eine „dynamisch[e] Ordnungskonzeption, die *semper reformanda* ist"[635] und deren Anliegen sich idealtypisch in der Erschaffung und Aufnahme neuer Strukturen materialisiert.

---

633 Die Autorenschaft des Jenaer Aufrufs zur Erneuerung der Sozialen Marktwirtschaft setzt sich u. a. zusammen aus Vertretern namhafter Institute wie beispielsweise der Konrad-Adenauer-Stiftung, der Ludwig-Erhard-Stiftung, dem Wilhelm-Röpke-Institut, dem Walter-Eucken-Institut, der Aktionsgemeinschaft Soziale Marktwirtschaft, der Wirtschaftswissenschaftlichen Fakultät der Universität Jena sowie dem Bund Katholischer Unternehmer.

634 Jenaer Allianz (2008): S. 5.

635 Ockenfels (2004): S. 51 (Hervorhebung im Original).

III. KAPITEL: ZUR VEREINBARKEIT VON BEDINGUNGSLOSEM GRUNDEINKOMMEN UND SOZIALER MARKTWIRTSCHAFT – EINE KOMPATIBILITÄTSANALYSE

III.1. Zur Analyse der Kompatibilität von bedingungslosem Grundeinkommen und Sozialer Marktwirtschaft

In den vorausgegangenen Kapiteln I. und II. sind die beiden Bezugspunkte dieser Arbeit, nämlich das bedingungslose Grundeinkommen und die Soziale Marktwirtschaft, detailliert dargestellt worden. Hieraus ergibt sich nun die spannende Frage, in welchem Verhältnis die beiden Konzepte zueinander stehen. Lassen sie sich zusammendenken bzw. theoretisch integrieren oder schließen sie sich prinzipiell aus? Bestehen konzeptionelle Schnittmengen bzw. Anknüpfungspunkte oder sind sie gar unvereinbar?

Die Vereinbarkeit des bedingungslosen Grundeinkommens mit der Sozialen Marktwirtschaft wird von der Mehrheit des ökonomischen Mainstreams bestritten.[636] Dabei wird u. a. argumentiert, dass das Grundeinkommen in mancher Hinsicht zentralen sozialethischen Prinzipien (Personalität, Subsidiarität und Solidarität) widerspricht. Darüber hinaus – so wenden Kritiker ein – widerstrebe das unbedingte Grundeinkommen den Grundgedanken der Sozialen Marktwirtschaft, da es dem Einzelnen die Möglichkeit bietet, die individuelle Markt- bzw. Erwerbsarbeit frei nach Gutfinden zu reduzieren, und zudem auch all jenen Personen finanzielle Unterstützung gewährt, die in der Lage sind, sich selbst zu helfen und die somit nicht auf staatliche Unterstützung angewiesen sind.

Des Weiteren, so ein zentraler Einwand, überprüfe niemand, „ob es gute oder schlechte Gründe für eine Unterstützung gibt'."[637] Ebenso

[636] Stellvertretend für viele: Vgl. Roth (2008): S. 10-16.

[637] Ebd., S. 15.

werde im Grundeinkommenssystem, sieht man einmal von der nach Meinung vieler Grundeinkommensbefürworter zumindest aus moralischer Sicht unzweifelhaft fortbestehenden „Gegenleistungs- und Selbsthilfepflicht“[638] einmal ab, auf „angemessene Eigenanstrengungen aufseiten der Nettoempfänger“[639] leichtfertig verzichtet. Nicht zuletzt aufgrund des Verzichtes auf das Bedürftigkeits- und Gegenleistungsprinzip traditioneller Sozialstaatlichkeit sei ein erwerbsarbeits- bzw. leistungsloses Grundeinkommen nach Ansicht seiner Kritiker mit der bestehenden Wirtschafts- und Gesellschaftsordnungsordnung unvereinbar.

Um die zentrale Fragestellung der vorliegenden Studie bezüglich der Vereinbarkeit von bedingungslosem Grundeinkommen und Sozialer Marktwirtschaft hinreichend klären zu können, werden in dem wichtigen III. Kapitel der Arbeit beide Konzepte in Beziehung zueinander gesetzt und deren prinzipienmäßige Verträglichkeit bzw. Anschlussfähigkeit kritisch-unvoreingenommen untersucht. Zu diesem Zweck wird ein theoretisch abgesicherter Abgleich der Grundeinkommensidee mit den Grundgedanken der Sozialen Marktwirtschaft durchgeführt und das Grundeinkommen auf seine theoretisch-konzeptionelle Vereinbarkeit mit dem Grundkonzept Sozialer Marktwirtschaft und seinen impliziten Leitprinzipien hin geprüft. Die Analyse der Kompatibilität beider Konzepte vollzieht sich dabei in zwei großen Teilschritten: So wird in einem ersten Schritt die Grundeinkommensidee mit den zentralen Inhalten der klassischen Sozialprinzipien der Katholischen Soziallehre (Personalität, Solidarität, Subsidiarität), die zugleich bedeutende ethische Strukturprinzipien der Sozialen Marktwirtschaft sind, konfrontiert (siehe hierzu Kapitel III.2.), um die Vereinbarkeit der Grundeinkommensidee mit den normativen Grundlagen der Sozialen Marktwirtschaft zu untersuchen. Im Anschluss daran wird die Grundeinkommensidee zur Ermöglichung eines deskriptiven Abgleiches mit den konstitutiven Leitprinzipien der Sozialen Marktwirtschaft in Beziehung gesetzt (siehe hierzu Kapitel III.3.), d. h. es wird geprüft, ob und inwiefern das Grundeinkommen den Prinzipien der Freiheit auf dem Markte und des sozialen Ausgleiches entspricht bzw. diesen gerecht wird. Vorab lässt sich hierzu folgende Aussage treffen: Ist das Grundeinkommen mit jeweils beiden (oben genannten) ordnungsbegründenden Leitprinzipien der Sozialen Marktwirtschaft kompatibel, d. h. widerspricht es weder dem Marktfreiheitsprinzip noch dem Ausgleichprinzip, so kann mit guten Gründen von einer grundsätzlichen ordnungstheoretischen Vereinbarkeit beider Konzeptionen ausgegangen werden.

---

638 Roth (2008): S. 15.

639 Ebd.

III.1.1. Realtypus als Grundlage der Kompatibilitätsanalyse

Kapitel I.1-3 widmen sich der allgemeinen Idee bzw. dem idealtypischen Konzept des bedingungslosen Grundeinkommens, dessen vollständige Umsetzung aus heutiger Sicht noch in ferner Zukunft liegt. Da die Betrachtung des Idealtypus' weitestgehend auf einer abstrakten Ideenebene verbleibt, lassen sich die gesellschaftlich-politischen und kulturellen Implikationen des Grundeinkommens nur schwer abschätzen. Für die in diesem Kapitel folgende Analyse der Kompatibilität von bedingungslosem Grundeinkommen und Sozialer Marktwirtschaft erscheint es daher sinnvoll und geboten, aus der Fülle der in der Diskussion befindlichen Konzepte ein konkretes (und zugleich ambitioniertes) Grundeinkommensmodell auszuwählen, welches sowohl einen potenziell realisierbaren Ansatz darstellt als auch den dieser Arbeit zu Grunde gelegten Kriterien eines bedingungslosen Grundeinkommens[640] weitestgehend entspricht. Deshalb wird im Folgenden das Modell des »Garantierten Grundeinkommens« (GGE) der Katholischen-Arbeitnehmer-Bewegung Deutschlands (KAB) als ein elaboriertes, realtypisches und konsensfähiges Modell vorgestellt.

III.1.2. Das Garantierte Grundeinkommen der KAB

Seit ihrem Bundesverbandstag im Oktober 2007 in Erfurt befasst sich die Katholische-Arbeitnehmer-Bewegung-Deutschlands (KAB)[641] intensiv mit der Idee des bedingungslosen Grundeinkommens. Die KAB hat 2008 ein revolutionäres Konzept sozialer Sicherung entwickelt und dieses einer breiteren Öffentlichkeit vorgestellt: das Garantierte Grundeinkommen.

In vereinfachter Darstellung besteht die Idee darin, alle bisherigen steuerfinanzierten Sozialleistungen (z. B. ALG II, Sozialgeld, Grundsicherung für nicht Erwerbsfähige, Kindergeld, BAföG) zu streichen und diese durch ein bedingungsloses Grundeinkommen für alle Bürger ab Geburt zu ersetzen. Neben dem als Sozialdividende konzipierten Grundeinkommen in Höhe von 776 Euro für Erwachsende bzw. 485 Euro für Kinder besteht zusätzlich der Anspruch auf Wohngeld sowie einen Lebenslagenzuschuss (als pauschalierter Mehrbedarf für Schwangere, Alleinerziehende, chronisch Kranke etc.) in Höhe von 291

---

640 Gemeint sind die vorgenannten Kriterien des Netzwerk Grundeinkommen (siehe Kapitel I.1.1.).

641 Die Katholische-Arbeitnehmer-Bewegung Deutschlands e. V. ist ein bundesweit agierender Sozialverband, der sich für die Belange und Interessen von Arbeitnehmern einsetzt.

Euro pro Person und Monat. Erhalten bleiben die bisherigen Sozialversicherungen sowie Hilfen in besonderen Lebenslagen. Die Unbedingtheit der Transferzahlung bedeutet dabei, dass jedem Bürger (für Migranten gelten 5 Jahre Wartezeit) unabhängig von Haushalts-, Einkommens- bzw. Vermögenssituation, Lebensweise und vor allem unabhängig der Arbeitsbereitschaft das sozio-kulturelle Existenzminimum garantiert wird, welches eine dem sozialen und kulturellen Standard entsprechende Lebensführung sowie gesellschaftliche Teilhabe gewährleisten soll. Weiteres Einkommen aus Erwerbsarbeit, Kapitalerträgen etc. wird ab dem ersten Euro steuer- und sozialversicherungspflichtig.[642]

Hinsichtlich der Finanzierung des Garantierten Grundeinkommens zieht die KAB verschiedene Möglichkeiten in Betracht. So sollen (grundeinkommensbedingte) Einsparungen in der Sozial- und Kontrollbürokratie, der Wegfall von steuerfinanzierten Sozialleistungen sowie die Umgestaltung des Steuersystems ausreichende Finanzmittel bereitstellen. Ebenso sollen die Wiedereinführung der Vermögensteuer, die Erhöhung der Erbschaft- und Schenkungssteuer, die Reduzierung von Abschreibungsmöglichkeiten und Steuerfreibeträgen, die Anhebung des Höchststeuersatzes auf 53 %, eine Verstärkung der Progression im Einkommensteuertarif sowie die Besteuerung von Zinsen im Einkommensteuerrecht, die Einführung von Börsen- und Devisenumsatzsteuern sowie die Erhöhung bestimmter Verbrauchssteuern (Tabak, Branntwein, Sekt und Wein) zur Finanzierung des Grundeinkommens beitragen.[643]

Die Umsetzung des Garantierten Grundeinkommens wird zudem an Rahmenbedingungen geknüpft, zu denen die Einführung eines gesetzlichen Mindestlohns, eine allgemeine Arbeitszeitverkürzung, der Erhalt der vom Arbeitgeber und Arbeitnehmer paritätisch finanzierten Sozialversicherungen sowie eine kostenlose Bildungskette gehören.[644] Gerade weil das Garantierte Grundeinkommen im Unterschied zu anderen Grundeinkommensmodellen am Grundgefüge des bestehenden Sozialversicherungssystems festhält, bietet es Kontinuität für eine wichtige Säule des deutschen Sozialstaates und eignet sich im Sinne des Grundsatzes der Pfadabhängigkeit sozialstaatlicher Entwicklung daher gut als konsensfähige Einstiegslösung.

---

642 Alle hier gemachten Modell-Angaben entsprechen dem Entwicklungsstand April 2012.

643 Vgl. Blöcher (2008): S. 2.

644 Vgl. Blöcher (2012): o. S.

III.2. Sozialethische Diskussion: Das Garantierte Grundeinkommen im Lichte christlicher Sozialprinzipen

Die Prinzipien der Katholischen Soziallehre formulieren bewährte „Baugesetze der Gesellschaft"[645] und liefern wichtige Kriterien sowohl für den Aufbau eines menschengerechten Gemeinwesens als auch für die sittliche Beurteilung sozialer Strukturen. Somit bieten sie einen anthropologisch-soziologischen Bezugsrahmen für die Rechtfertigungsfähigkeit politischer Maßnahmen überhaupt. Zugleich zählen die Grundsätze der Personalität, Solidarität und Subsidiarität zu den traditionellen Struktur- bzw. Organisationsprinzipien der sozialen Ordnung in Deutschland sowie zum Wertefundament der Sozialen Marktwirtschaft.[646] Eine hinreichende Beantwortung der Forschungsfrage dieser Arbeit verlangt daher, im Rahmen eines kritischen Kompatibilitätsabgleiches das Verhältnis von Garantiertem Grundeinkommen und den klassischen Sozialprinzipien der Katholischen Soziallehre zu bestimmen.[647] Dabei ist es das Ziel, eventuelle Übereinstimmungen bzw. Kongruenzen und/oder Abweichungen zu identifizieren und in der Zusammenschau der einzelnen Untersuchungsergebnisse das sozialethische Profil des Garantierten Grundeinkommens zu ermitteln.

III.2.1. Garantiertes Grundeinkommen und das Prinzip der Personalität

Dass das Garantierte Grundeinkommen dem Prinzip der Personalität entspricht, erschließt sich relativ einfach. Hierfür sprechen hauptsächlich zwei Argumente: Zum einen kommt durch die strenge Personenbezogenheit der Transferzahlung (Individualprinzip), als ein zentrales Wesensmerkmal des bedingungslosen Grundeinkommens, eine grundsätzliche Achtung des Individuums bzw. der menschlichen Person zum Ausdruck. Zum anderen sichert das Garantierte Grundeinkommen den menschenrechtlichen Status der Person als einen „Status der Freiheit"[648], weil es durch die unbedingte Bereitstellung eines verlässlichen und existenzsichernden Einkommens Freiräume für individuelle Entfaltung sowie für selbstbestimmtes Handeln generiert.

645 Titel der Publikation Nell-Breuning (1990) zum Thema Solidarität und Subsidiarität.

646 Zu den inhaltlichen Kernaussagen und der Bedeutung christlicher Sozialprinzipien als den ethischen Leitorientierungen moderner Wirtschaftsordnung Vgl. Schumann (2007): S. 137-154.

647 Eine ausführliche Diskussion zum Verhältnis der allgemeinen Idee des bedingungslosen Grundeinkommens und den klassischen Sozialprinzipien der Katholischen Soziallehre bietet Schulte-Basta (2010): S. 87-113.

648 Anzenbacher (1997): S. 189.

In der Perspektive christlich informierter Sozialethik gilt hierbei, dass die menschliche Person „ihrer Bestimmung nur gerecht werden [kann, S. K.], wenn sie die Möglichkeit hat, ihre *innere Freiheit* (Freiheit des Willens) in *äußere Handlungsfreiheit* umzusetzen, sie also in die natürliche und soziale Welt einzubilden."[649] Der Personenstatus des Menschen realisiert sich folglich wesentlich in dessen Entscheidungs- und Handlungsfreiheit sowie in der auf Selbstachtung beruhenden Möglichkeit Risiken einzugehen oder Verantwortung zu übernehmen. Materielle Not hingegen beschränkt die Freiheitsfähigkeit der menschlichen Person sowie deren Aktions- und Handlungsspielraum. Vor dem Hintergrund dieser Erkenntnis besteht die zentrale Aufgabe der Gesellschaft darin, Institutionen und Ordnungen zu schaffen, die der Entwurfsoffenheit der menschlichen Person sowie ihrem Autonomiebedürfnis und Freiheitsdrang gerecht werden.

So lautet das erste Zwischenergebnis: Indem das Garantierte Grundeinkommen die sozio-ökonomische Existenz des Individuums auf ein sicheres Fundament stellt und damit ein Mehr an individueller Wahl- und Handlungsfreiheit strukturell implementiert, garantiert es die Grund- und Vollzugsbedingungen personalen Menschseins in einer zunehmend von Unsicherheiten, Nicht-Linearitäten und ökonomischen Zwängen geprägten Gesellschaft. Insoweit findet das Personalitätsprinzip speziell im wirtschaftlichen Kontext durch die Implementierung einer individuell gewährten marktunabhängigen Einkommensgarantie unmittelbaren Ausdruck. Mehr noch: Die voraussetzungslose Auszahlung des Garantierten Grundeinkommens für jedermann bringt ein grundsätzliches Vertrauen in das Individuum zum Ausdruck, das auf einem Verständnis des Menschen als einer vernünftig-freien, zu Autonomie und (Eigen-)Verantwortung fähigen, selbstzweckhaften Person beruht. Gerade weil das Garantierte Grundeinkommen einerseits das unbedingte Existenzrecht des Menschen sowie andererseits dessen Bestimmung zu Freiheit, Unabhängigkeit und Selbstregierung ernst nimmt, verhilft es dem Prinzip der Personalität zu nachhaltiger Geltung.

[649] Anzenbacher (1997): S. 189 (Hervorhebung im Original).

III.2.2. Garantiertes Grundeinkommen und das Prinzip der Solidarität

Die Begriffe Grundeinkommen und Solidarität werden schon durch die Wortschöpfungen ‚Solidarisches Grundeinkommen' (SPD Rhein-Erft)[650] oder ‚Solidarisches Bürgergeld' (Althaus/Binkert)[651] in Beziehung gesetzt. Auch der programmatische Titel des Buches *‚Solidarische Marktwirtschaft durch Grundeinkommen'*[652], welches 2003 vom Diözesanverband der KAB Aachen herausgegeben worden ist, rückt beide Begriffe nah aneinander. Der materiale Zusammenhang von Grundeinkommen und Solidarität gründet jedoch nicht in abstrakt bleibenden Begriffskombinationen, sondern vielmehr in der konkreten Erfahrung der Zusammengehörigkeit aller Gesellschaftsglieder. Ausgangspunkt von Solidarität bildet die Tatsache untrennbarer Verbundenheit bzw. wechselseitiger Abhängigkeit der Menschen im gesellschaftlichen Prozess[653], oder – in der Terminologie Nell-Breunings ausgedrückt – das Faktum der „Gemeinverstrickung"[654].

In der Perspektive solidarischer Verantwortung ergibt sich hieraus die moralische Verpflichtung der einzelnen Gesellschaftsmitglieder zu gegenseitigem Beistand.[655] Geht es dem Personalitätsprinzip um jene Anspruchsrechte, die sich aus der kooperativen Anerkennung des menschenrechtlichen Status' der Person ergeben, so geht es im Solidaritätsprinzip, das Nell-Breuning auch als „Grundgesetz der gegenseitigen Verantwortung"[656] bezeichnet, „um die diesen Rechtsanspruch entsprechenden *Pflichten,* die sich innerhalb der Rechtsgemeinschaft für jedermann sowie für die Rechtsgemeinschaft als ganze ergeben."[657] So verstanden verpflichtet das Solidaritätsprinzip gemäß Anzenbacher „zu einer *sozialen Kooperation,* deren Ziel es ist, *den menschenrechtlichen Status der Person für alle zu gewährleisten.*"[658] Folgender Punkt wird in diesem Zusammenhang deutlich: Zu den Pflichten der Rechtsgemeinschaft –

---

650 Vgl. SPD-Rhein-Erft (2010).

651 Vgl. Althaus/Binkert (2010).

652 Vgl. Welter (2003).

653 Bezogen auf die Tatsache wechselseitiger Interdependenz sowie die Erfahrung einer realen Verbundenheit im Kontext entwickelter Gesellschaft gebraucht Schulte-Basta die volkstümliche Redewendung: *„Alle sitzen im selben Boot"* (Schulte-Basta (2010): S. 47, Hervorhebung im Original).

654 Nell-Breuning (1985) zitiert nach Schramm (2007): S. 197.

655 Vgl. ebd.

656 Nell-Breuning (1990): S. 11.

657 Anzenbacher (1997): S. 197 (Hervorhebung im Original).

658 Ebd. (Hervorhebung im Original).

oder besser der *Solidar*gemeinschaft – zählt die Wahrung des menschenrechtlichen Status der Person (aller Gesellschaftsmitglieder).

Diese Aufgabe umfasst sowohl die Garantie der Freiheits- und Partizipationsrechte des Einzelnen als auch die Sicherung der sozialen Grundrechte, insbesondere des individuellen Rechtes auf soziale Sicherheit. Dementsprechend impliziert der Grundsatz der Solidarität die Pflicht der Gemeinschaft als Ganzer, für gesellschaftliche Rahmenbedingungen zu sorgen, welche die freie Entfaltung der Person sowie ein menschenwürdiges und sozial-teilhabendes Leben für all ihre Einzelglieder gewährleisten. Insofern kann jene an der Würde der menschlichen Person orientierte Solidarität als eine moralische Grundhaltung der Gemeinschaft verstanden werden, die zugleich Triebfeder einer dauerhaften Verbesserung gesellschaftlicher Strukturen ist.[659] Als Leitidee gesellschaftsübergreifender Verantwortung und Strukturprinzip wechselseitiger Unterstützung zielt Solidarität wesentlich darauf ab, die sozialen Ordnungen nachhaltig zu prägen. Dies stellt die politischen Akteure guten Willens vor die anspruchsvolle Frage, wie Solidarität dauerhaft und für alle wirksam in die sozialen Strukturen, Rahmenbedingungen und Institutionen des gesellschaftlichen Lebens implementiert werden kann.

Das Modell des Garantierten Grundeinkommens erweist sich in diesem Zusammenhang als problemlösend wie auch prinzipienadäquat, da es die ethische Forderung nach verlässlichem, wechselseitigem Beistand, also solidarischer Hilfe, für jedermann sozialpolitisch effektiv institutionalisiert. Das Garantierte Grundeinkommen basiert auf der Idee, dass das demokratische Gemeinwesen ausnahmslos allen seinen Mitgliedern ein von der individuellen Arbeitsleistung unabhängiges, armutsfestes Sozialeinkommen gewährt und dadurch die existenziellen Bedürfnisse des Einzelnen grundlegend sichert. Insofern erfüllt das uneingeschränkt alle Gesellschaftsglieder einschließende Garantierte Grundeinkommen eine universelle Solidarfunktion, da es jeden Menschen als einzigartige Person mit Würde schützt und unterstützt. Dies kann, so wie Schulte-Basta mit Bezug auf die allgemeine Idee des bedingungslosen Grundeinkommens feststellt, „auf der konkreten Handlungsebene durchaus als Option für die Armen, Ausgegrenzten und Marginalisierten zu verstehen sein, um auch ihnen das Optimum jeweils möglicher Entfaltungsbedingungen zu sichern."[660] Dem Grundsatz, dass Solidarität eo ipso keine Exklusion duldet[661] oder besser dulden darf, wäre im System des Garantierten Grundeinkommens somit Genüge getan. Insoweit ist die Konformität der allgemeinen Grundein-

---

659 Vgl. Schulte-Basta (2010): S. 97.

660 Ebd., S. 99.

661 Vgl. ebd.

kommensidee mit dem Gedanken der Solidarität für die Verfechter des Grundeinkommens evident:

> „Das Bedingungslose Grundeinkommen ist weit mehr als Solidarität des kleinsten gemeinsamen Nenners [...], sondern es spiegelt aufgrund seiner Bedingungslosigkeit ebenso den universellen Bezugsrahmen menschlicher Solidarisierung. Weil es fundamental auf der Idee der Gleichheit aller Menschen aufbaut, kennt es keine Ausnahmen. [...] Da es Existenz sichernd ist, hat es den wohl größten positiven Effekt für all jene, die sich im bestehenden System an, bzw. unter der Armutsgrenze befinden. Es hilft vor allem jenen, die an der Realisierung eines menschenwürdigen Lebens gehindert sind und denen ein Leben in unverkürzter Menschlichkeit verwehrt wird."[662]

Des Weiteren wird argumentiert, dass das Grundeinkommen, indem es die sozio-ökonomische Position des Einzelmenschen stärkt, dessen Identifikation mit der Gemeinschaft fördere.[663] So eröffne die grundeinkommensgenerierte Identifikation des Einzelnen mit der (Solidar-)Gemeinschaft laut Schulte-Basta wiederum die Möglichkeit zu sozialer Kooperation und solidarischem Handeln. Positive Teilhabeeffekte wären die Folge, was auch der Wiedererlangung eines gesamtgesellschaftlichen Wertekonsenses dienlich wäre.[664] So erscheint das unbedingte Grundeinkommen für viele seiner Anhänger als ein geeignetes Instrument um Freiheit und Solidarität in der Gesellschaft zu nachhaltiger Entfaltung zu verhelfen. Die solidaritätsstiftende Wirkung einer Einkommensgarantie sieht auch Fromm. So bildet für ihn die Einführung eines garantierten Einkommens für alle den epochalen Übergang von einer Psychologie des Mangels hin zu einer Psychologie des Überflusses, welcher gemäß Fromm mit zahlreichen positiven Effekten für das menschliche Leben verbunden sei:

> „Der Übergang von einer Psychologie des Mangels zu einer des Überflusses bedeutet einen der wichtigsten Schritte in der menschlichen Entwicklung.
>
> Eine Psychologie des Mangels erzeugt Angst, Neid und Egoismus [...] Eine Psychologie des Überflusses erzeugt Initiative, Glauben an das Leben und *Solidarität*."[665]

Die Positionen von Schulte-Basta und Fromm bieten einen Einblick in die Argumentation rund um das Solidaritätspotenzial der Grundeinkommensidee als solche. Zugleich geben sie Orientierung für die nach-

---

662 Schulte-Basta (2010): S. 100.

663 Vgl. ebd., S. 98.

664 Vgl. ebd.

665 Fromm (1989 [1966]): S. 310 (Hervorhebung, S. K.).

folgende Verhältnisbestimmung von Garantiertem Grundeinkommen und Solidaritätsprinzip.

Das zweite Zwischenergebnis fällt differenziert aus. Die Implementierung des Garantierten Grundeinkommens bewirkt ein hohes Maß an Solidarität, da mit der Auszahlung eines Transfers in Höhe des soziokulturellen Existenzminimums an alle Bürger eine weitreichende Umverteilung ins Werk gesetzt wird, welche die Bezieher niedriger Einkommen begünstigt und die Bezieher höherer Einkommen belastet. Dies entspricht einer Einkommensumleitung von oben nach unten, in welcher die Solidarität der Reichen mit den Armen zum Ausdruck kommt. Da zudem im System des Garantierten Grundeinkommens im Unterschied zu vielen anderen Grundeinkommensvorschlägen am Erhalt bzw. an der paritätischen Finanzierung der Sozialversicherung festgehalten wird, erweist es gegenüber alternativen Modellen einen komparativen Solidaritätsvorteil.

Inwieweit aber das Garantierte Grundeinkommen, wie von seinen Proponenten behauptet, auch zwischenmenschlich ein „‚Mehr' an Solidarität"[666] bewirkt, lässt sich schwer voraussagen, da soziales wie auch ökonomisches Verhalten aufgrund der Heterogenität menschlicher Vorlieben und der Komplexität individueller Entscheidungsfindungsprozesse – wie bspw. die Einführung des ALG II gezeigt hat – nur begrenzt prognostizierbar sind. Das Problem des Missbrauchs solidarischer Hilfe steht somit zweifellos im Raum und lässt sich allein im Rahmen diskursiv-analytischer Verfahren kaum bewältigen. Ob und in welchem Ausmaß das Garantierte Grundeinkommen tatsächlich solidarisches Handeln einzelner Transferempfänger positiv stimuliert, hängt auch von gesellschaftlichen Voraussetzungen ab, d. h. von der persönlichen Wertepräferenz bzw. dem individuellen Zeitbudget der Handelnden. So wird sich letztlich nur der solidarisch verhalten, der im Engagement für das Leben des anderen nicht einen Verlust an persönlicher Autonomie und Lebenszeit fürchtet. Mit Sicherheit aber würden durch die sozialen und ökonomischen Entlastungseffekte des Garantierten Grundeinkommens sozial lähmende Existenzängste relativiert bzw. gemindert und durch die Entkoppelung von Erwerbsarbeit und Einkommen Freiräume für solidarische Initiativen und zwischenmenschliche Zuwendung in nahezu allen Lebensbereichen geschaffen. Letzteres wäre gerade in Zeiten eines sich zuspitzenden Individualismus bzw. einer drohenden Atomisierung und Spaltung der Gesellschaft gewiss ein (sozial-)ethisch wie auch gesellschaftspolitisch begrüßenswerter Effekt. Insofern kann eingedenk der wirtschaftspsychologischen Erkenntnis und soziologischen Erfahrung, dass Sicherheit zur Initiative

[666] Blöcher (2012) o. S.

befreit, dem Garantierten Grundeinkommen in einer bilanzierenden Einschätzung aus sozialethischer Perspektive eine positive Solidaritätsfunktion attestiert werden. Weil das Garantierte Grundeinkommen voraussetzungslos allen Bürgern das soziokulturelle Existenzminimum gewährt und damit auch den Schwächsten in der Gesellschaft in die Lage versetzt, ein menschenwürdiges und sozial-kooperatives Leben führen zu können, trägt es ohne Zweifel zu einer solidaritätsbegründenden Wohlordnung der Gesellschaft bei.

III.2.3. Garantiertes Grundeinkommen und das Prinzip der Subsidiarität

Das Thema Subsidiarität stellt in der Debatte um die Anschlussfähigkeit des Grundeinkommens an das bestehende Gefüge von Sozialstaat und Sozialer Marktwirtschaft einen zentralen und nicht minder brisanten Aspekt dar. Viele Beiträge befassen sich mit dem Verhältnis von Grundeinkommen und Subsidiarität und gehen der kontrovers diskutierten Frage nach, ob, und wenn ja, inwiefern das unbedingte Grundeinkommen dem Gedanken der Subsidiarität und dessen implizitem Verantwortungs- bzw. Anwendungspostulat entspricht. Die Frage der Subsidiarität, die in der Debatte immer wieder problematisiert wird, „impliziert immer auch die Frage nach der Leistungsfähigkeit einzelner Teilbereiche und dem Maß an zumutbarer Verantwortung."[667] Als Prinzip kluger Kompetenzzuweisung ist Subsidiarität im Verständnis Schulte-Bastas zudem der genuine Ort der Frage wer wann was wie tun darf bzw. muss, einer Frage also, der „immer auch eine ‚institutionenkritische Dynamik' innewohnt."[668]

Bereits ein oberflächlicher Blick auf die aktuelle Grundeinkommensdebatte und ihre Kernpositionen verweist darauf: Die Vereinbarkeit des bedingungslosen Grundeinkommens mit dem *Subsidiaritätsprinzip* ist umstritten und wird von mancher Seite angezweifelt, weil ein bedarfsunabhängig gewährter Sozialtransfer prima facie der subsidiären Forderung bzw. Pflicht nach eigenverantwortlicher Existenzsicherung und individueller Leistungsbereitschaft zu widersprechen scheint.[669] Ob diese Einschätzung richtig bzw. gerechtfertigt ist oder aber vielmehr ein Missverständnis hinsichtlich des subsidiären Charakters des Grundeinkommens vorliegt, soll im Folgenden anhand des

667 Schulte-Basta (2010): S. 102.

668 Ebd.

669 Exemplarisch für Zweifel und Kritik an der Vereinbarkeit von bedingungslosem Grundeinkommen und Subsidiaritätsprinzip Vgl. Wiemeyer (1988): S. 51; Roth (2008): S. 12.

konkreten Modells des Garantierten Grundeinkommens detailliert geprüft werden.

Zwei Schritte sind in Anlehnung an Schulte-Basta notwendig, um diesbezüglich eine fundierte Antwort zu erhalten. So muss in einem ersten Schritt in gebotener Kürze noch einmal der Grundgedanke des Subsidiaritätsprinzips im Sinne der Katholischen Soziallehre[670] in Erinnerung gerufen werden. Auf der Grundlage des rekapitulierten katholischen Subsidiaritätsverständnisses ist es dann im Rahmen eines zweiten Schrittes möglich zu untersuchen, ob das bedingungslose Grundeinkommen diesem Verständnis entspricht oder ihm vielmehr entgegensteht.[671]

Schlüsselbegriff und ethischer Kristallisationspunkt des Subsidiaritätsprinzips ist das lateinische ‚subsidium affere' (QA, 79) das Nell-Breuning mit „hilfreicher Beistand"[672] verdeutscht. Dies bedeutet:

> „die Gemeinschaft ist dazu da, um ihren Gliedern hilfreich zu sein, ihnen Vorteile zu bieten oder Nutzen zu bringen. Also soll sie tun, was den Gliedern in Wahrheit und Wirklichkeit förderlich, vorteilhaft, nützlich ist, aber auch *nur* solches: was immer den Gliedern abträglich für sie nachteilig oder schädlich wäre, das hat sie zu lassen."[673]

Damit sind die zwei Seiten des Subsidiaritätsprinzips benannt. Einerseits soll die Gemeinschaft dem Einzelnen helfen (positives bzw. affirmatives Hilfestellungsgebot). Andererseits darf die Gemeinschaft nichts tun, was dem Einzelnen schadet oder diesem abträglich ist (negatives Kompetenzanmaßungsverbot).[674] Normativer Zielpunkt des Prinzips, das eng mit dem christlichen Menschenbild verbunden ist, ist kurz gesagt die Freiheit und das Wohl der menschlichen Person als „Träger, Schöpfer und Ziel aller gesellschaftlichen Einrichtungen"[675].

Betrachtet man die aktuelle Debatte näher, so fällt auf, dass bei der Beurteilung der Frage, ob das bedingungslose Grundeinkommen mit dem Prinzip der Subsidiarität konform geht oder aber diesem zuwider läuft,

---

670 Der Gedanke der Subsidiarität ist der Sache nach uralt. Das Subsidiaritätsprinzip, welches innerhalb der katholischen Soziallehre erstmalig explizit ausformuliert wurde, ist einer der charakteristischsten Leitgedanken der christlichen Soziallehre überhaupt Vgl. Schulte-Basta (2010): S. 56. Zum Anliegen und Lehrgehalt des Subsidiaritätsprinzips im Verständnis der katholischen Soziallehre siehe Nell-Breuning (1990): S. 79-148.

671 Vgl. Schulte-Basta (2010): S. 102.

672 Nell-Breuning (1990): S. 90.

673 Ebd., S. 79 (Hervorhebung im Original).

674 Vgl. ebd., S. 79 ff.; siehe hierzu ebenso Anzenbacher (1997): S. 210 ff.

675 MM, Nr. 219.

jeweils divergierende bzw. konträre Begriffs- und Deutungsvariationen des Subsidiaritätsprinzips zu Grunde gelegt werden, was dementsprechend entweder zu einem positiven oder aber negativen Urteil bezüglich der Vereinbarkeitsfrage führt. Ein Blick auf jene, die aktuelle Debatte dominierenden Begriffe, Verständnisse und Interpretationen von Subsidiarität ist für die Beantwortung der hier gestellten Frage unerlässlich. Zum Zwecke einer notwendigen Vereinfachung werden im Folgenden nur zwei Begriffe von Subsidiarität referiert bzw. einander gegenüber gestellt, die für die gegenwärtige Debatte von Bedeutung sind und diese maßgeblich prägen.

So liegt dem konventionellen bzw. konservativen Verständnis des Subsidiaritätsprinzips eine zeitliche Konzeption[676] von Subsidiarität zu Grunde, welche die gemeinschaftliche Hilfe gegenüber dem Einzelnen nach der Maßgabe zeitlicher Nachrangigkeit gewährt. Demgemäß habe die Gemeinschaft dem Einzelnen *erst dann* zu helfen bzw. beizustehen, wenn dessen eigene Leistungsfähigkeit an seine Grenzen gekommen bzw. erschöpft ist.[677] Dieser „*temporale Erschöpfungs*begriff"[678] von Subsidiarität stellt laut Schramm jedoch nur *eine* der möglichen Deutungsvarianten dar. Ihm gegenüber stellt Schramm einen weiteren Begriff von Subsidiarität, den er als „*strukturellen Befähigungsbegriff*"[679] bezeichnet. Diesem zufolge müssen die Strukturen der Gesellschaft grundsätzlich so ausgestaltet sein, „dass sie *dauerhaft* (und nicht erst dann, wenn die Leute individuell ‚erschöpft' sind) zu eigenverantwortlichem Handeln befähigen."[680] Damit kommt eine alternative (aber ebenso legitime) Per-

---

676 Vgl. Schramm (2007): S. 212 f.

677 Ein solches Verständnis von Subsidiarität wird z. B. von Heike Göbel in ihrem Leitartikel zum Solidarischen Bürgergeld in der Frankfurter Allgemeinen Zeitung vom 14.11.2006 vertreten, der in der Debatte breite Resonanz gefunden hat. Göbel referiert dort knapp: „Zudem läuft ein Grundeinkommen für jedermann einem Grundgedanken der christlichen Soziallehre zuwider [...]: dem Prinzip der Subsidiarität. Nach ihm hat das individuelle Handeln Vorrang vor dem des Staates. Er soll erst helfen, wenn private Möglichkeiten ausgeschöpft sind." (Göbel (2006): S. 1).

678 Schramm (2007): S. 212 (Hervorhebung im Original).

679 Ebd. (Hervorhebung im Original).

680 Schramm (2007): S. 213 (Hervorhebung im Original). Zur Verdeutlichung seiner Position gibt Schramm an gleicher Stelle das folgende Beispiel: „Ein Blitzgerät am Ortseingang ist ein institutionelles Mittel, um das ‚eigentlich' von allen Bürgern erwünschte Ziel der Verkehrssicherheit in geschlossenen Ortschaften subsidiär zu unterstützen. Es ist hier mitnichten so, dass diese subsidiäre Hilfe *erst dann* greift, ‚wenn private Möglichkeiten ausgeschöpft sind' (Göbel 2006). Vielmehr ‚befähigt' die Institution des Blitzgeräts *grundsätzlich* (dauerhaft) zu verantwortlichem Handeln." (Schramm (2007): S. 213 (Hervorhebung im Original).

spektive zum Tragen, die das Subsidiaritätsprinzip primär als „Befähigungsprinzip“[681], d. h. als Prinzip dauerhafter Assistenz versteht und das die „staatlichen Eingriffe insofern begrenzt, als nicht die Entmündigung der Individuen, sondern ihre Befähigung zur Eigenverantwortung die Richtung bestimmen sollte.“[682]

Für staatliches Handeln erwächst daraus die anspruchsvolle Aufgabe, Strukturen und Institutionen zu schaffen, die alle Mitglieder der Gemeinschaft in die Lage versetzen dauerhaft menschenwürdig, d. h. selbstbestimmt und eigenverantwortlich zu handeln und es dem Einzelnen gestatten, „je nach individuellen Kräften oder Befähigungen ‚das Seine‘ zu tun.“[683] Dabei gilt: „Der Staat soll sich nicht an die Stelle der Bürger setzen, aber er soll ihnen wirkliche Hilfe zur Selbsthilfe erweisen, sie zur Eigenverantwortung befähigen“[684]. Schramms Interpretation des Subsidiaritätsprinzips als ein *strukturelles,* d. h. auf Dauerhaftigkeit angelegtes Befähigungsprinzip ist unter Einbezug des sozialethischen Kriteriums der Nachhaltigkeit plausibel und gerechtfertigt, denn das Subsidiaritätsprinzip der katholischen Soziallehre zielt im Kern

> „auf nichts anderes ab als auf das, was in der neueren Moraltheorie ‚Befähigungsgerechtigkeit‘ genannt wird. Es geht sozialethisch also um eine *subsidiär organisierte Befähigungsgerechtigkeit.* Dem (Sozial-)Staat hat es darum zu gehen, die Menschen durch zweckdienliche Spielregeln zu einem gelingenden Leben zu *befähigen.* Hilfe zur Selbsthilfe, *‚Befähigung‘ zur Eigenverantwortung* sind die Ziele.“[685]

Subsidiarität hingegen, verstanden als ‚temporaler Erschöpfungsbegriff‘, das heißt, als zeitlich begrenzte Hilfestellung ausschließlich in und für die Dauer von Notsituationen, zeugt mit Schramm von einem einseitigen bzw. oberflächlichen Verständnis dessen, worum es dem Subsidiaritätsprinzip der Katholischen Soziallehre eigentlich geht.

Schon Oswald von Nell-Breuning, der Hauptautor von *‚Quadragesimo anno‘* und damit auch der klassischen Formulierung des Subsidiaritätsprinzips in Nr. 79 der Enzyklika[686], hat sich mehrfach gegen ein solches einseitiges bzw. verkürztes Verständnis von Subsidiarität im Sinne eines temporalen Nachrangigkeitsprinzips ausgesprochen. So erklärt er in seinen *‚Baugesetzen‘*, dass es Unsinn sei zu meinen, „der

---

681 Schramm (2007): S. 212.

682 Ebd., S. 218.

683 Ebd.

684 Ebd., S. 213.

685 Ebd., S. 212 (Hervorhebung im Original).

686 Man kann Nell-Breuning mit guten Gründen als den geistigen Vater des Subsidiaritätsprinzips bezeichnen, der sich in seinem Spätwerk u. a. immer wieder aus güterwirtschaftlicher Sicht für eine allgemeine Arbeitszeitverkürzung ausgesprochen hat.

Einzelmensch (die Gliedgemeinschaft) müsse sich bis zum letzten, bis zum völligen Zusammenbruch der Kräfte auspumpen, bevor die Gemeinschaft helfend beispringen darf."[687] Diesen Standpunkt teilt Schramm, gliche die 'subsidiäre' Hilfe der Gemeinschaft in diesem Fall doch einem bloßen Notbehelf (für Ausnahmesituationen), welcher nur ersatzweise, d. h. eben erst dann gewährt wird, wenn der Einzelne am Ende seiner Kräfte sei. Ein solches Verständnis von »subsidiär« sei jedoch unzureichend und entspräche nicht der originären sozialethischen Intention des Subsidiaritätsprinzips, wie Schramm richtig feststellt.[688] Für Schulte-Basta ist Subsidiarität im Verständnis einer rein zeitlich strukturierten Zuständigkeit vielmehr eine unzulässige Engführung, die an der theologischen Kernaussage des Subsidiaritätsprinzips im Sinne der Katholischen Soziallehre vorbeigeht.[689] Wie also ist der Subsidiaritätsbegriff, welcher letztlich für jede Art der Grundsicherungsreform entscheidend sein wird[690], richtig zu verstehen? Um das rechte Verständnis des Subsidiaritätsprinzips im Sinne der katholischen Soziallehre deutlich zu machen, verwendet Nell-Breuning das folgende Bild:

> „Bei schwierigen oder gefährlichen Übungen wird dem Sportler ‚Hilfstellung' gegeben. Auf diese Weise gesichert, kann er gefahrlos und daher unbesorgt Übungen ausführen, die ohne Hilfstellung waghalsig wären. Dieses Bild veranschaulicht gut: die Hilfstellung nimmt dem Sportler die eigene Leistung nicht ab, sondern ermöglicht sie ihm, *ermutigt und befähigt* ihn dazu. So kann und soll auch die Tätigkeit der Gemeinschaft dem Gliede die Eigentätigkeit nicht abnehmen, sondern es zur eigenen Höchst- und Bestleistung *ermutigen und in den Stand setzen.*"[691]

Eine als Befähigung bzw. Ermutigung verstandene Subsidiaritätsregel, so wird in dem Bild Nell-Breunings deutlich, zielt mitnichten darauf ab, die Leistungskompetenz des Einzelnen zu beschneiden oder diese gar zu negieren. Dies verstößt gegen den sozialethischen Grundsatz, dass die Gemeinschaft die Zuständigkeiten der einzelnen Glieder zu wahren und zu schützen habe. Vielmehr schafft subsidiäre Hilfe im Sinne Nell-Breunings gerade erst die Voraussetzungen für individuelle Leistungsfähigkeit, d. h. sie gibt dem Einzelnen überhaupt erst die Möglichkeit, seine Kräfte und Fähigkeiten eigentätig und produktiv zu entfalten bzw. diese zu steigern.[692] Gemeint ist also eine Art kontinuierlicher

---

687 Nell-Breuning (1990): S. 84.

688 Schramm (2007): S. 213 f.

689 Vgl. Schulte-Basta (2010): S. 104.

690 Vgl. Welter (2003): S. 209.

691 Nell-Breuning (1990): S. 93 (Hervorhebung S. K.).

692 Was die Leistungskompetenz des Einzelnen anbelangt, so plädiert Nell-Breuning für eine vernünftige bzw. maßvolle Interpretation des Subsidiaritätsprinzips.

Gemeinschaftshilfe, man kann auch sagen „*ergänzender* Hilfe'"[693], die den Einzelnen in seiner Eigenkompetenz und Selbstwirksamkeit stärkt, d. h. diesen in die Lage versetzt sich selbst zu helfen und die Selbsthilfe „wirksamer und erfolgreicher zu gestalten."[694]

Bezogen auf das System der sozialen Sicherung bedeutet das hier Gesagte: Eine dem Grundsatz der Subsidiarität verpflichtete Ausgestaltung der Existenzsicherung zielt darauf ab, die ursprüngliche Souveränität und Handlungskompetenz des Einzelnen in Gemeinschaft zu wahren und zu fördern sowie ihn zur eigentätigen Daseinsvorsorge *zu befähigen*, ohne ihn dabei zu bevormunden. Dieses Verständnis des Subsidiaritätsprinzips im Sinne eines ‚strukturellen Befähigungsprinzips' korreliert mit der von den katholischen Sozialethikern Manfred Spieker[695] und Joachim Hagel vertretenen Forderung nach einer „*subsidiäre[n] Sozialstaatskonzeption*"[696], bei der das System der sozialen Sicherung so gestaltet wird, „daß die individuelle Leistungsbereitschaft angeregt und gefördert wird und die Voraussetzungen geschaffen werden, damit das individuelle Leben der Gemeinschaftsmitglieder gelingen kann."[697] Für die Gewährleistung des Gemeinwohls ist es daher die genuine Aufgabe des Staates alle Bürger gegen soziale Risiken abzusichern.[698] Der Respekt vor dem Lebensrecht wie auch der individuellen Freiheit des einzelnen Bürgers, seine Befähigung zu freier Initiative und Verantwortungsübernahme sind, wie oben gezeigt werden konnte, we-

---

Bezüglich der Frage was in den Kompetenzbereich des Einzelmenschen (der Gliedgemeinschaft) fällt bzw. von diesem/dieser zu leisten sei, erklärt er: „Ob ich etwas ‚kann' oder ‚nicht kann', bestimmt sich nicht danach, ob meinen Kräfte, wenn ich nichts anderes zu tun und keine anderen Verpflichtungen hätte, gerade eben noch ausreichen würden, um diese eine Leistung zustande zu bringen; es bestimmt sich vielmehr danach, ob es sich *sinnvoll* und *verantwortbar* in die Gesamtheit meiner Aufgaben und Pflichten einordnen läßt oder ob ich dadurch an anderem, das wichtiger, wertvoller oder dringlicher wäre, gehindert würde. Der Familienvater, dessen Körperkräfte für einen sechzehnstündigen Arbeitstag ausreichen, kann gewiß von Zeit zu Zeit einmal zwei Acht-Stunden-Schichten nacheinander verfahren, aber er ‚kann' – vernünftigerweise – nicht täglich sechzehn Stunden in der Fabrik stehen, denn dann wäre er für seine Familie überhaupt nicht mehr da, um seine Kinder könnte er sich überhaupt nicht mehr kümmern. […] Hier muß also – auf welche Weise immer – hilfreicher Beistand geleistet werden, um einer solchen Unzuträglichkeit abzuhelfen, und dieser Beistand – wenn er in geeigneter Weise geleistet wird – ist in Wahrheit ‚hilfreich'." (Nell-Breuning (1990): S. 84 f., Hervorhebung im Original).

693 Nell-Breuning (1990): S. 92 (Hervorhebung im Original).

694 Ebd.

695 Vgl. Spieker (1986): S. 335-349.

696 Hagel (1999): S. 290 (Hervorhebung im Original).

697 Ebd.

698 Vgl. Schulte-Basta (2010): S. 104.

sentliche Implikate subsidiärer Gemeinschaftshilfe im Sinne der Katholischen Soziallehre. Subsidiarität als regulative Idee bzw. Prioritätsregel der Zuständigkeiten bzw. Kompetenzen von Individuum und Gemeinschaft geht es letztlich darum,

> „die Einzelpersonen und die untergeordneten gesellschaftlichen Ebenen zu schützen und zu unterstützen, nicht jedoch, ihnen wachsende Risiken zuzuschieben. Subsidiarität und Solidarität, Subsidiarität und Sozialstaat gehören insofern zusammen. *Subsidiarität heißt: zur Eigenverantwortung befähigen, Subsidiarität heißt nicht: den einzelnen mit seiner sozialen Sicherung allein lassen.*"[699]

Aus den Ausführungen ergibt sich das folgende dritte Zwischenergebnis: Die Beurteilung der Vereinbarkeit von Garantiertem Grundeinkommen und Subsidiaritätsprinzip ist wesentlich abhängig davon, welcher Begriff von Subsidiarität jeweils zugrunde gelegt wird. Versteht man Subsidiarität etwa als Grundsatz der Nachrangigkeit gemeinschaftlicher Hilfe in Folge des vorausgegangenen Versagens privater Leistungsfähigkeit (‚temporaler Erschöpfungsbegriff'), so werden Sozialtransferleistungen wie im bestehenden Grundsicherungssystem ausschließlich im Falle und (nur) für die Dauer der Leistungsunfähigkeit, also befristet, gewährt. Der ‚temporale Erschöpfungsbegriff' von Subsidiarität widerspricht folglich der grundlegenden Architektonik des Garantierten Grundeinkommens, welches eine unbefristete lebenslange Grundalimentierung seiner Bezieher unbeachtet ihrer Leistungsfähigkeit und Produktivität vorsieht.

Die zentralen Argumente verweisen darauf: Garantiertes Grundeinkommen und Subsidiarität im Sinne einer zeitlich strukturierten Nachrangigkeitsregel gehen nicht zusammen. Dem gegenüber steht ein anderes Subsidiaritätsverständnis, das insbesondere von den Anhängern des Grundeinkommens aufgegriffen und propagiert wird. Gemeint ist ein Verständnis, welches Subsidiarität ganz im Einklang mit der Katholischen Soziallehre und deutlich weiter gefasst, als Prinzip dauerhafter Assistenz und Befähigung (‚struktureller Befähigungsbegriff') begreift. Diesem alternativen bzw. ‚neuen' Verständnis von Subsidiarität entspricht das Garantierte Grundeinkommen, da es ausnahmslos allen Bürgern dauerhaft eine materielle Basisversorgung im Sinne einer lebensbefähigenden Vorleistung gewährt. Demzufolge kann das GGE mit guten Gründen als ein Instrument der Institutionalisierung subsidiärer Gemeinschaftshilfe im Kontext moderner Sozialstaatlichkeit verstanden werden. Mit dem Grundeinkommen wird nach Ansicht von Opielka und Strengmann-Kuhn die liberale, staatsskepti-

---

699 EKD/DBK (1997): Nr. 27 (Hervorhebung S. K.).

sche Subsidiaritätskonzeption des 19. Jahrhunderts in das 21. Jahrhundert transformiert:

> „Die Nachrangigkeit sozialstaatlicher Leistungen gegenüber der familiär-haushaltlichen Wohlfahrtsproduktion wird der doppelten Realität einerseits mobiler, verkleinerter und brüchiger Familiensysteme und andererseits faktischer sozialstaatlicher Umverteilung angepasst, seine ordnungspolitischen Grundlagen werden transformiert: Subsidiarität erfolgt nicht mehr ex post, im Nachhinein, sondern ex ante, im Vorhinein. Die Gemeinschaft aller Bürgerinnen und Bürger, der Sozialstaat, tritt mit dem [Grundeinkommen, S. K.] in Vorleistung für alle ihre Mitglieder. Der Sozialstaat folgt damit der Transformation der Wirtschaft von einer vormodernen Selbstversorgungswirtschaft zur heutigen Fremdversorgungswirtschaft."[700]

Vor dem Hintergrund dieses – wenn man so will – ‚innovativen' Subsidiaritätsverständnisses tritt die Befähigungswirkung des Garantierten Grundeinkommens klar hervor. Indem das Garantierte Grundeinkommen dem Einzelnen eine sichere sozio-ökonomische Position gewährt, befähigt es diesen strukturell zu einem Mehr an subsidiärer Selbsthilfe und Eigenverantwortung. Zudem schützt und fördert das Garantierte Grundeinkommen die Freiheits-, Entfaltungs- und Teilhabechancen des Einzelnen, weil es die Existenzgrundlage in angemessener Höhe sichert und somit die materiellen Voraussetzungen für subsidiäre Eigeninitiative und personale Entfaltung schafft. Insofern beschneidet das Garantierte Grundeinkommen nicht die Autonomie und Eigenverantwortung seiner Empfänger, wie Kritiker gerne behaupten, sondern macht diese überhaupt erst finanziell-faktisch möglich. Überdies ermöglicht das Garantierte Grundeinkommen ein mehr an Leistungsbereitschaft und Leistungsfreude, weil es leistungshemmende Existenzangst weitgehend überflüssig macht. Gerade weil das Garantierte Grundeinkommen dem Einzelnen finanziell dabei hilft und diesen ermutigt, Verantwortung für sein Leben zu übernehmen, entspricht es der Forderung des Subsidiaritätsprinzips im Sinne der Katholischen Soziallehre nach subsidiärer Befähigung.

Die vorangegangenen Ausführungen erhellen: Garantiertes Grundeinkommen und Subsidiarität verstanden als Prinzip dauerhafter Assistenz im Zeichen struktureller Befähigung sind grundsätzlich richtungsgleich und gehen durchaus konform.

An dieser Stelle muss allerdings deutlich darauf hingewiesen werden, dass im Sinne einer kritischen Folgeabschätzung letztlich nicht gesagt werden kann, inwiefern und in welchem Umfang die vom GGE begünstigten Personen tatsächlich Eigenverantwortung und Selbsthilfe praktizieren bzw. diese gemeinwohlbildend leben werden oder eben nicht. Mit Gewissheit aber kann gesagt werden: Das Garantierte

---

[700] Opielka/Strengmann-Kuhn (2007): S. 39 f.

Grundeinkommen bietet als allen zugängliche Ermöglichungsstruktur zumindest die materiellen und sozialen Voraussetzungen zur Verwirklichung einer subsidiären Lebensweise.

III.2.4. Zusammenfassung: Garantiertes Grundeinkommen und Sozialprinzipien

Das Garantierte Grundeinkommen als realtypisches Modell eines bedingungslosen existenz- und teilhabesichernden Sozialtransfers ist grundsätzlich auf das unbedingte Wohl der Einzelperson hin geordnet. Es garantiert die materiellen Existenz- und Freiheitsbedingungen des Individuums unbeachtet der praktizierten Lebensweise und orientiert sich damit an den Grundbedürfnissen der menschlichen Person nach Sicherheit, Freiheit und selbstbestimmter Lebensführung. Indem das GGE ein Mindestmaß an finanzieller Unabhängigkeit gewährt, erweitert es die Entscheidungs- und Handlungsfreiheit des Einzelnen als einer wesentlichen Voraussetzung bzw. Grundbedingung autonomer Lebenspraxis. Zugleich eröffnet es die Möglichkeit, in Berufs- oder Privatleben neue Wege einzuschlagen und die eigene Persönlichkeit bzw. ‚Personalität' freier entdecken bzw. selbstbestimmter entfalten zu können. Insoweit bildet das GGE ein solides sozio-ökonomisches Fundament, auf dessen Grundlage die Würde der Person und damit implizit die Einzigartigkeit des Menschen zur vollen Entfaltung gebracht werden kann. Insgesamt erweist das GGE als innovative sozialpolitische Reformidee im Spannungsfeld von individueller Autonomie und gesellschaftlicher Ordnung somit eine dezidiert personale bzw. personenfreundliche Ausrichtung.

Weil das Wohl des Einzelnen nicht vom Wohl der Gemeinschaft zu trennen ist, gerät auch das Solidaritätspotenzial des GGE in den Fokus der Betrachtung. Die Gesellschaft als Solidargemeinschaft gewährt in Rückbezug auf die Idee der Gleichheit aller Menschen ausnahmslos allen Bürgern eine Einkommensgarantie in Form des GGE. Die darin zum Ausdruck kommende wechselseitige Achtung sozialer Grund- bzw. Anspruchsrechte sowie die solidarische Hilfe der Gesellschaftsmitglieder untereinander, aus der im Grundeinkommenssystem niemand herausfällt, festigt letztlich den sozialen Zusammenhalt. Zudem ermöglicht das System des GGE aufgrund der darin zu erwartenden Verkürzung der individuellen Erwerbsarbeitszeit mehr Freiraum für zwischenmenschliche Zuwendung, die wiederum als Multiplikator freiwilliger solidarischer Kooperationen wirken kann. Indem das GGE als universaler Sozialtransfer die soziale und ökonomische Inklusion aller Bürger fördert, stärkt es den Gedanken der gesellschaftlichen Verlässlichkeit und Zusammengehörigkeit (getreu dem Motto: ‚Einer für alle, alle für einen') was in der Summe eine positive Solidaritätsfunktion ergibt.

Versteht man Subsidiarität theologisch-sozialethisch korrekt als strukturelle Befähigung zu Selbsthilfe und Eigenverantwortung, so ist das GGE ein geeignetes sozialpolitisches Instrument, um die Eigenkompetenz und Selbstwirksamkeit des Einzelnen nachhaltig zu stärken. Um überhaupt an der modernen Geld- und Konsumgesellschaft tätig teilhaben zu können, bedarf es eines Mindesteinkommens, das strukturell zu Privatinitiative ermutigt bzw. diese finanziell-faktisch ermöglicht. Indem das GGE dem Menschen ein Minimum an materiell-monetärer sowie sozialer Sicherheit bietet, können individuelle Fähigkeiten und alternative Lebenskonzepte erprobt werden. Dies wiederum fördert die Herausbildung von Selbstständigkeit und sozialer Phantasie. Weil das GGE günstige Rahmenbedingungen für Eigeninitiative bzw. individuelle Leistungserbringung bietet, diese aber nicht ersetzt, kann es mit guten Gründen auch als sozialstaatliches Subsidium der menschlichen Person bezeichnet werden.

Resümiert man die vorausgegangene Analyse, ergibt sich für das GGE das folgende sozialethische Profil: Das GGE entspricht grundsätzlich den zentralen Sozialprinzipien der Katholischen Soziallehre (Personalität, Solidarität und Subsidiarität) und ist mit diesen kompatibel. Somit befindet sich das Garantierte Grundeinkommen mit wesentlichen Wertkategorien unserer Wirtschafts- und Gesellschaftsordnung in Übereinstimmung. Besagte Prinzipien stehen einer möglichen Umsetzung des Grundeinkommens also nicht im Wege. In sozialethischer Schlussfolgerung bedeutet dies, dass das GGE in der normativen Logik der Sozialen Marktwirtschaft liegt und mit deren Wertgrundlagen prinzipiell vereinbar ist.

III.3. Kompatibilitätsanalyse: Das Garantierte Grundeinkommen im Lichte ordnungsrelevanter Prinzipien

Nachdem in einem ersten Schritt die sozialethische Diskussion die prinzipielle Vereinbarkeit des Garantierten Grundeinkommens mit dem Wertefundament der Sozialen Marktwirtschaft belegt hat, soll im Anschluss daran nun geprüft werden, ob das Modell des GGE den konstitutiven Ordnungsprinzipien der Sozialen Marktwirtschaft entspricht oder aber diesen entgegensteht. Daher wird im Weiteren das GGE sowohl auf seine Vereinbarkeit mit dem Prinzip der Marktfreiheit als auch mit dem Prinzip des sozialen Ausgleichs hin geprüft bzw. kritisch mit diesen abgeglichen. Verträgt sich das GGE mit beiden Ordnungsprinzipien, so gilt eine grundsätzliche systemische Vereinbarkeit[701] beider Konzepte als nachgewiesen. Die nachfolgende Analyse folgt dabei jener durch die berühmte Kurzformel Müller-Armacks implizit vorgegebenen logischen Gliederung: „*Sinn* der Sozialen Marktwirtschaft ist es, das Prinzip der Freiheit auf dem Markte mit dem des sozialen Ausgleichs zu verbinden."[702]

III.3.1. Das Ordnungselement: „...das Prinzip der Freiheit auf dem Markte"

Soziale Marktwirtschaft stellt für Müller-Armack den Versuch einer dialektischen Synthese von marktwirtschaftlicher Freiheit und gesellschaftlich-sozialem Fortschritt dar. In Kapitel II.4.3.1. der Arbeit ist dargelegt worden, worauf der Grundsatz der „Freiheit auf dem Markte" im Wesentlichen abzielt. In kurzer Perspektive geht es dabei um nicht weniger als die Verwirklichung des Ideals der Freiheit im Bereich von Markt und Wirtschaft, d. h. um das elementare Recht autonomer Individuen bzw. mündiger Wirtschaftssubjekte auf die freie Entfaltung der Person sowie eine selbstverantwortliche Lebensführung im (Arbeits-)Marktkontext, wozu u. a. ein Minimum individuell verfügbarer wirtschaftlicher Ressourcen eine wichtige Voraussetzung darstellt. Stützpfeiler der wirtschaftlichen Freiheit bilden umfassende Freiheitsrechte, die „sich auf alle Lebensbereiche beziehen und [deren, S. K.] verlässliche Sicherung den demokratischen Rechtsstaat voraussetzt[en]."[703]

Wirtschaftliche Freiheit impliziert auch das Recht des selbstbestimmten Markt*ein*- bzw. Markt*austritts* für alle Wirtschaftsakteure, welches eine konstituierende Grundbedingung jeder funktionierenden Markt- bzw. Wettbewerbsordnung darstellt.[704] Demgemäß obliegt es dem autonomen und mündigen Wirtschaftssubjekt, selbst zu entscheiden, auf welche Weise und in welchem Umfang es am Marktprozess partizipieren will und wo es die Schwerpunkte seines Engagements setzt. Träger und Ziel der marktwirtschaftlichen Freiheit ist also das sittlich-vernunftbegabte autonome Wirtschaftssubjekt, das selbstverantwortlich Entscheidungen trifft und seine eigenen Ziele verfolgt.[705] Das Prinzip der Freiheit in Markt und Wettbewerb, oder kürzer gesagt, Marktfreiheit ist ein zentrales Element einer funktionierenden Sozialen

---

701 Wird im Folgenden von einer »*systemischen* Vereinbarkeit« gesprochen, so liegt dem ein Verständnis von Grundeinkommen und Sozialer Marktwirtschaft als jeweils eigenständiges, potenziell mit dem anderen kompatibles System zu Grunde.

702 Müller-Armack (1976 [1956]): S. 243 (Hervorhebung im Original).

703 Leipold (2002): S. 233.

704 Vgl. ebd., S. 234.

705 Vgl. ebd., S. 233.

Marktwirtschaft. Schon allein deshalb, weil sich in ihm das menschliche Grundbedürfnis nach individueller Freiheit und Selbstbestimmung spiegelt.

III.3.1.1. Marktfreiheit als »Freiheit *vom* Markt« und »Freiheit *zum* Markt«

In der Perspektive des autonomen Wirtschaftssubjektes differenziert sich das für die sozialmarktwirtschaftliche Ordnung konstitutive Prinzip der „Freiheit auf dem Markte" zweidimensional. Das bedeutet, Marktfreiheit kann einerseits als »Freiheit *zum* Markt«, d. h. als die Freiheit des Einzelnen, sich aktiv in das Marktgeschehen einzubringen und dieses je nach eigenen Kräften zu gestalten, begriffen werden. Andererseits kann Marktfreiheit aber auch als »Freiheit *vom* Markt« verstanden werden, d. h. als die Freiheit des Einzelnen, den Markt bei Bedarf entweder teil- bzw. phasenweise oder sogar vollständig zu meiden bzw. diesen zu verlassen. Quaas macht in diesem Zusammenhang auf einen wichtigen Punkt aufmerksam, der an dieser Stelle Erwähnung verdient. So muss eine „pauschale Gleichsetzung von Freiheit und Markt"[706] ihres Erachtens problematisch bleiben, weil Freiheit im Sinne eines Wertes eine weit umfassendere Dimension entfaltet als den reinen Marktzusammenhang und diesen folglich transzendiert.[707] Angebrachter scheint es aus Sicht des Verfassers der vorliegenden Arbeit vielmehr, die Begriffe in eine Art Zielzusammenhang einzuordnen, den man folgendermaßen beschreiben könnte: So macht die Rede von einer »freien Marktwirtschaft« nur dann wirklich Sinn, wenn sich Freiheit nicht allein darin erschöpft, dass der Einzelne seine Arbeitskraft auf dem Markt anbietet, sondern auch im Sinne einer Wahlfreiheit bezogen auf die konkrete Angebots- bzw. Marktsituation verstanden bzw. angewendet werden kann.

Vor dem Hintergrund der strukturellen Zweiseitigkeit von Marktfreiheit wird der immanente Ermöglichungs- bzw. Befähigungscharakter des bedingungslosen Grundeinkommens umso plausibler. So versetzt ein garantiert existenzsicherndes Mindesteinkommen den Einzelnen mehr als die klassischen Instrumente sozialer Sicherung in die komfortable Lage, Freiheit sowohl als »Freiheit *zum* Markt« sowie auch als »Freiheit *vom* Markt« realisieren zu können. Diese im Grunde radikale Option eines bilateralen Freiheitsverständnisses stellt die „eingeschlos-

---

706 Quaas (2000): S. 141.

707 Vgl. ebd.

sene Novität"[708] des garantierten Grundeinkommens dar. Das heißt, der Einzelne kann mit einem existenzsichernden Grundeinkommen im Rücken ganz im Unterschied zum derzeit bestehenden ultimativ markt- bzw. erwerbsarbeitszentrierten Grundsicherungsregime ganz ohne den äußeren Zwang der ‚Hungerpeitsche' selbst bestimmen, ob, wann und in welcher Form er in den Markt bzw. in den Erwerbssektor eintritt oder aber sich von diesem zurückzieht.

Ohne die Untersuchungsergebnisse vorweg nehmen zu wollen, lässt sich an dieser Stelle bereits sagen, dass jene dem bedingungslosen Grundeinkommen immanente Ambiguität, d. h. die individuelle Möglichkeit auf der Basis eines grundgesicherten Auskommens entweder marktaffines oder aber marktaverses Verhalten realisieren zu können, mit der impliziten Zweidimensionalität von Marktfreiheit positiv korreliert. Bezüglich des Freiheitsbegriffes lässt sich also eine gewisse Konvergenz feststellen. Das heißt, sowohl dem Prinzip des Grundeinkommens als auch jenem der Marktfreiheit ist ein zweidimensionaler Freiheitsbegriff zu Grunde gelegt, der sich entweder als positive Freiheit oder aber als negative Freiheit realisiert. Die Zweidimensionalität von (‚positiver' bzw. ‚negativer') Marktfreiheit, zu der sich Müller-Armack expressis verbis nicht geäußert hat, liegt im Wesen der Freiheit selbst, welche naturgemäß universal und unteilbar ist. Eine fundierte Analyse der Verträglichkeit des bedingungslosen Grundeinkommens mit dem Marktfreiheitsprinzip muss daher ausdrücklich auf beide Aspekte von Marktfreiheit diskursiv Bezug nehmen.

Um die Frage der Vereinbarkeit des Grundeinkommens mit dem Prinzip der „Freiheit auf dem Markte" hinreichend klären zu können, wird das KAB-Modell im Folgenden mit *beiden* Dimensionen der Marktfreiheit in Beziehung gesetzt und deren jeweilige Verträglichkeit analysiert. Die aus dem kritischen Abgleich hervorgehenden Zwischenergebnisse bilden die Grundlage für das Resümee in Kapitel III.3.1.4.

III.3.1.2. Garantiertes Grundeinkommen und die »Freiheit *vom* Markt«

Das Individualprinzip, d. h. der Vorrang der persönlichen Freiheit des Einzelnen ist ein wesentlicher Bestandteil des ethischen Theoriekerns der Sozialen Marktwirtschaft. Nimmt man die Idee individueller Freiheit im Kontext pluraler Gesellschaft ernst, so kann sich diese im Einzelfall auch im Wunsch nach einem partiellen Austritt bzw. einem vollständigem Rückzug vom (Arbeits-)Markt äußern. Damit die theoreti-

---

[708] Engler (2010): S. 47.

sche Option einer »Freiheit *vom* Markt« seitens der Wirtschaftssubjekte auch faktisch realisiert werden kann, bedarf es einer stabilen sozioökonomischen Position bzw. einer sicheren Einkommensbasis, welche den eintretenden Verlust an Markteinkommen im konkreten Austritts- bzw. Rückzugsfall so weit wie möglich kompensiert und den Einzelnen gegen die Gefahr der Verarmung effektiv absichert. Das heißt, Freiheit als »Freiheit *vom* Markt« lässt sich nur dann realisieren, wenn ein marktunabhängiges Einkommen garantiert ist und wo auf die üblichen Sanktionen analog jener im bestehenden starr erwerbsarbeitszentrierten Grundsicherungssystem verzichtet wird. Der Gedanke lässt sich auf folgenden Punkt bringen: Vollumfängliche individuelle Entscheidungs- bzw. Handlungsfreiheit im Zeichen von »self-government«, welche die Option marktaversen Verhaltens implizit einschließt, setzt im Status quo moderner Geld- bzw. Konsumgesellschaft ein Mindestmaß an Einkommens- bzw. Existenzsicherheit voraus. Insofern trägt die Bereitstellung eines garantierten Sozialeinkommens auch dazu bei, dass ein individuell präferierter Marktaustritt, leichter als dies bislang möglich ist, umgesetzt werden kann.

Warum aber erscheint ein Freiheitsverständnis im Sinne einer (partiellen oder umfassenden) »Freiheit *vom* Markt« für immer mehr Menschen überhaupt als eine attraktive Option bzw. erstrebenswerter Zustand? Gründe hierfür liegen u. a. in dem tiefgreifenden Strukturwandel, der die bundesdeutsche (Arbeits-)Gesellschaft seit dem Wirken von Müller-Armack und Ludwig Erhard erfasst und umgestaltet hat. So ist die heutige Lebenswelt mit jener der 1950er Jahre, welche die Soziale Marktwirtschaft geprägt hat, nicht mehr vergleichbar.[709] Der Rückgang traditioneller Erwerbsarbeit mitsamt der Erosion normaler Erwerbsarbeitsbiographien, der Wandel der Berufs- und Beschäftigungsformen, eine höhere Erwerbsneigung speziell von Frauen, ein verlangsamtes Wachstum sowie die Zunahme von Ungleichheit innerhalb der erzielten Markteinkommen sind sinnfällige Indikatoren des sozioökonomischen Wandels. In der Aufbauphase der Nachkriegsökonomie wurde schlichtweg *jede* Arbeitskraft für die Gewährleistung der Produktion benötigt, was in Zeiten hochtechnisierter bzw. computergestützter Produktionsverfahren nicht mehr der Fall ist.

Im Gegensatz dazu wird heute für die Aufrechterhaltung der Produktion eine immer geringere Menge an menschlicher Arbeitskraft benötigt, was sich auch im Rückgang der individuellen Lebensarbeitszeit symptomatisch niederschlägt. Zudem sind im Kontext der entstehenden postindustriellen Wissensgesellschaft die Bildungs-, Flexibilitäts- und Mobilitätsanforderungen für die Mehrheit der Arbeitnehmer gestiegen, was den Zugang zu sogenannter guter, d. h. Sicherheit und

---

709 Vgl. Nordwest-Zeitung (2012): o. S.

Perspektive bietender Erwerbsarbeit sowie damit einhergehend den sozialen Aufstieg für viele deutlich erschwert. Daraus ergibt sich der erwähnenswerte Einwand, dem hier nicht näher nachgegangen werden soll, dass die Durchlässigkeit der heutigen Gesellschaft im Vergleich zur sozialen Mobilität der frühen Jahre der Bundesrepublik merklich abgenommen hat.

Vor dem Hintergrund vielfältiger Probleme bzw. Missstände im Bereich des gegenwärtigen Arbeitsmarktes wie z. B. einer massiven Arbeitsverdichtung in den einzelnen Stellen und wachsender Arbeitsplatzkonkurrenz, millionenfacher unbezahlter Überstunden, der Zunahme prekärer und befristeter Beschäftigungsverhältnisse, den unzureichenden Marktlöhnen der sog. »Aufstocker«, dem sich ausbreitenden Phänomen der sog. »working poor«[710] sowie einer wachsenden Machtasymetrie zwischen Arbeitgebern und Arbeitnehmern[711] erscheint der weitverbreitete Wunsch nach einem Mehr an individueller Entscheidungs- bzw. Handlungsfreiheit abhängig Beschäftigter verständlich. Insbesondere die Umstände, auf Dauer aus dem gesellschaftlichen Erwerbsarbeitskontext ausgegrenzt zu sein sowie trotz einer Ganztags- bzw. Vollzeitbeschäftigung den eigenen Lebensbedarf nicht bezahlen zu können, werfen nach Ansicht des Ökonomen Bischoff einen „Grundkonflikt für die bürgerliche Gesellschaft auf"[712].

Die Sehnsucht nach einer Auszeit vom täglichen Existenz- und Marktdruck, nach einem befreienden Durchatmen der Arbeitnehmerseele jenseits einer nahezu alle Lebensbereiche vereinnahmenden Ökonomie ist angesichts wachsender Leistungsanforderungen im Berufsleben nachvollziehbar groß. Das Wort der erschöpften Leistungsgesellschaft macht die Runde, was sich auch in dem Wunsch vieler Arbeitnehmer nach einer Verkürzung ihrer individuellen Arbeitszeit (Stichwort: 30-Stunden-Woche) ausdrückt.[713] Von daher wundert es kaum, dass die

---

710 Schätzungsweise 30% aller Arbeitsverhältnisse (mind. 60% aller Neueinsteiger) sind prekäre Einkommensverhältnisse. Ausführlich zum Phänomen der sog. *working poor* Vgl. Welter (2003): S. 43-46.

711 Ausführlich zu den Problemlagen des modernen Arbeitsmarktes Vgl. Bischoff (2007): S. 59-70.

712 Bischoff (2007): S. 20.

713 Das Meinungsforschungsinstitut FORSA hat im Oktober 2010 eine repräsentative Umfrage zu potenziellen Verhaltensänderungen bei Grundeinkommensbezug durchgeführt. Die Ergebnisse der FORSA-OMNINET-Umfrage zeigen, dass sich die befragten Bürger mehr Freizeit für Partnerschaft, Familie und soziales Engagement wünschen und bei einem hohen Grundeinkommen ihr Erwerbsarbeitsvolumen reduzieren würden. Zugleich ergibt die Befragung, dass nur ein Prozent aller Erwerbstätigen bei einer bedingungslosen Gewährung eines soziokulturellen Existenzminimums ihre Erwerbsarbeit aufgeben würden (Vgl. Binkert/Stock

KAB die Einführung des Grundeinkommens an eine „gerechte Verteilung der zur Verfügung stehenden Erwerbsarbeit“[714] vermittels einer allgemeinen Arbeitszeitverkürzung koppelt.[715]

Das Garantierte Grundeinkommen als Modell einer marktunabhängigen, repressionsfreien und armutsfesten Basissicherung für alle stellt nach Ansicht seiner Autoren eine problemadäquate Antwort auf die hier nur angesprochenen Missstände dar und reagiert insbesondere auf die Sehnsucht vieler Menschen nach einem Mehr an Autonomie und Humanität im Kontext einer sich wandelnden Volkswirtschaft. So soll das GGE die Wahl- und Entfaltungsmöglichkeit des Einzelnen im Erwerbsprozess fördern und den Marktverwertungszwang, welcher in zunehmendem Maße die menschliche Arbeitskraft kujoniert, mindern (zum Aspekt der Dekommodifizierung siehe Kapitel I.3.1). Zur erhofften befreienden Wirkung des Grundeinkommens erklärt die KAB:

> „Gute Arbeit, die Sicherheit und persönliche Entwicklungs- und Entfaltungsmöglichkeiten bietet, wird zur Mangelware. Die Sicherheit eines Grundeinkommens federt diese Tendenzen ab und gibt den Menschen größere Entscheidungsfreiheiten und Handlungsoptionen im Arbeitsmarkt. Durch die Macht ‚Nein‘ sagen zu können, wird die Entwicklung von Guter Arbeit befördert.“[716]

Der letzte Satz des Zitates deutet es an: Die Frage von Freiheit und Autonomie im Markt- bzw. Erwerbszusammenhang ist im Kern eine gesellschaftliche Machtfrage. Im Rahmen dieser Machtfrage zielt das GGE laut seiner Autoren darauf ab, die (Verhandlungs-)Position des Arbeitnehmers auf dem Markt sowie in der Auseinandersetzung mit dem Arbeitgeber zu stärken.[717] So soll das GGE die Beschäftigten in die Lage versetzen bzw. ermächtigen, ethisch verwerfliche oder menschenunwürdige Arbeitsbedingungen leichter ablehnen zu können.[718] Die Stärkung der Arbeitnehmerposition wäre ein Beitrag dazu, „die aufgrund des vorherrschenden Arbeitsmarktdruckes völlig aus dem Lot geratene Machtbalance zugunsten der abhängig Beschäftigten zu verschieben.“[719] Das GGE gewährt ein Minimum an materieller Unabhängigkeit, die es

---

(2010): S. 206-212). Insbesondere im Hinblick auf junge Familien und deren spezifischen Zeitbedarf sowie auf die wachsende Zahl von Arbeitnehmern mit pflegebedürftigen Angehörigen erscheint eine Reduktion der Wochenarbeitszeit bei vollem Lohn- bzw. Personalausgleich sinnvoll und geboten.

714 Blöcher (2008): S. 5.

715 Vgl. ebd.

716 Ebd., S. 4.

717 Ein zentrales Argument, das lagerübergreifend von Anhängern gerne zur Legitimierung eines bedingungslosen Grundeinkommens bemüht wird.

718 Vgl. Blöcher (2008): S. 3.

719 Ebd., S. 3 f.

dem Arbeitnehmer erlaubt, seinem Vorgesetzten aus einer sozioökonomisch relativ sicheren Position heraus selbstbewusst(er) gegenüber zu treten. Dies würde sehr wahrscheinlich mit einer Abnahme von defätistischer Kündigungsfurcht sowie des daraus resultierenden devoten Verhaltens einhergehen. Die Disziplinierungsmacht der in vielen Unternehmen top-down kommunizierten Devise »Head down and deliver« wäre im Kontext einer Einkommensgarantie deutlich geringer. Demzufolge fördert das GGE eine selbstbewusste Rollenfindung am Arbeitsplatz und ermutigt abhängig Beschäftigte, Konflikte transparenter und offensiver auszutragen.

Die vom Grundeinkommen eröffnete Option, den Zugewinn an individueller Freiheit auch als Freiheit von Markt- bzw. Erwerbstätigkeit realisieren zu können, impliziert folglich die Freiheit von dem Druck, jede Arbeitsbedingung oder jeden Arbeitgeber akzeptieren zu müssen. Für seine Urheber ist das GGE deshalb auch ein Schritt in Richtung einer arbeitnehmerfreundlichen Wirtschaftsdemokratie, in deren Rahmen Arbeitnehmer und Arbeitgeber als nahezu gleichberechtigte Partner bzw. auf Augenhöhe kooperieren.[720] In diesem Zusammenhang verstehen die Autoren des KAB-Modells dasselbe auch als zentrales Element nachhaltiger Sozial- und Wirtschaftspolitik, welches in Verbindung mit anderen gesellschaftspolitischen Maßnahmen der Verwirklichung der „Solidarische[n] Marktwirtschaft"[721] dient.

In engem Zusammenhang mit der grundeinkommensbasierten Option zur »Freiheit *vom* Markt« steht die Wiedererlangung von Zeitsouveränität, d. h. die (Rück-)Aneignung der Kontrolle des Arbeitnehmers über seine Lebenszeit bzw. Arbeitseinteilung. Auch in dieser Hinsicht erweist die Einführung des GGE laut seiner Urheber im Vergleich zum Status quo des erwerbsarbeitsgesellschaftlichen Zeitregimes einen komparativen Vorteil. So sei dasselbe ein Instrument:

> „das die flexible und selbstbestimmte Aufteilung der Lebenszeit und somit die Entwicklung von integrierten Lebens- und Arbeitsentwürfen möglich macht. Es bietet Frauen und Männern mehr individuelle Möglichkeiten und Chancen, die unterschiedlichen Arbeitsbereiche miteinander zu vereinbaren und in wechselnden Lebenssituationen unterschiedliche Schwerpunkte (Arbeit, Familie, Bildungszeiträume etc.) setzen zu können."[722]

In Verbindung mit der Wiedererlangung der Zeithoheit durch den Arbeitnehmer wird ein Zugewinn an Flexibilität angestrebt, welche neue Wertschöpfungskonstellationen diesseits und jenseits des Arbeitsmark-

---

720 Vgl. Blöcher (2008): S. 3.

721 Entnommen dem Titel der Publikation Welter (2003) zum Thema Solidarische Marktwirtschaft durch Grundeinkommen.

722 Blöcher (2008): S. 3.

tes ermöglichen soll. In diesem Zusammenhang spielt ein erweiterter Arbeitsbegriff, der von einer Pluralität der Arbeitsformen ausgeht, eine wichtige Rolle. So soll das GGE nach Ansicht seiner Verfechter den Einzelnen in die Lage versetzen bzw. diesem monetäre Anreize bieten, gesellschaftlich sinnvolle Tätigkeiten auch außerhalb des Erwerbssektors zu entdecken bzw. auszuüben sowie berufliche und private Interessen in den Wechselfällen des Lebens besser miteinander vereinbaren zu können.[723] Gemeint ist der freie und selbstbestimmte Zugang zu *allen* Formen der menschlichen Arbeit (Erwerbsarbeit, Eigenarbeit und gemeinwesenorientierte Arbeit), der durch das GGE erleichtert werden soll und welcher ebenso einen leichteren Wechsel zwischen den verschiedenen Arbeitsformen einschließt.[724] Damit ist die Entfaltung der sog. *„Tätigkeitsgesellschaft'*"[725] angesprochen, die ein zentrales gesellschaftspolitisches Ziel der KAB darstellt und welche die Achtungsgleichheit aller Formen menschlicher Arbeit postuliert.[726] Dies bedeutet kurz gesagt: »Freiheit *vom* Markt« darf nicht zwingend mit der Freiheit von Arbeit im Allgemeinen gleichgesetzt werden. Vielmehr eröffnet Marktfreiheit als »Freiheit *vom* Markt« vielfältige Chancen für kreatives und produktives Engagement sowie langfristige Fähigkeitsentwicklung im Wirkungsfeld marktferner Tätigkeiten. Weil das GGE die materiellen Voraussetzungen für alle Formen der menschlichen Arbeit schafft, wertet es sowohl Erwerbsarbeit als auch die Formen bislang nicht bezahlter Arbeit auf.

Das Verhältnis von GGE und »Freiheit vom Markt« lässt sich zusammenfassend wie folgt beschreiben: Das GGE schafft die sozioökonomischen Voraussetzungen dafür, Wahl- und Handlungsfreiheit nachhaltig, d. h. strukturell, in den Arbeits- bzw. Marktzusammenhang zu implementieren. Es eröffnet eine grundsätzliche Entscheidungsmöglichkeit, die den Einzelnen vor die generelle Wahl stellt, sich entweder für oder gegen die persönliche Marktaktivität bzw. Erwerbstätigkeit zu entscheiden. So befähigt es den Einzelnen dazu, Freiheit auch als »Freiheit *vom* Markt« realisieren zu können, so dass dieser seine Arbeitskraft nicht um jeden Preis ver*markten* muss. Gemeint ist, dass der Einzelne in eigenverantwortlicher Entscheidung dem Marktgeschehen fernbleiben bzw. sich von diesem zurückziehen kann, um sich gegebenenfalls marktfernen, aber sozial nützlichen Tätigkeiten (z. B. Ehrenamt, Kultur- und Sorgearbeit, politisches Engagement) zuzuwenden. Der tägliche

---

723 Vgl. Blöcher (2008): S. 3.

724 Vgl. ebd.

725 Schäfers (o. J.): S. 1. Ausführlich zur Idee der »Tätigkeitsgesellschaft« siehe Kapitel IV.2.1.

726 Vgl. Blöcher (2008): S. 3.

Einkommensdruck sowie der sozialgesetzlich generierte und grundgesetzlich höchst bedenkliche Erwerbsarbeitszwang[727], welcher arbeitsfähige Bezieher von Grundsicherungsleistungen zur Aufnahme von Erwerbsarbeit verpflichtet, werden mit dem GGE überflüssig. Folglich erleichtert der KAB-Vorschlag die freie Wahl des Arbeitsplatzes und eröffnet die Möglichkeit, alternative Berufswege einzuschlagen. Damit fördert das GGE im Wesentlichen einen Wandel der bestehenden Arbeitsmärkte hin zu wirklichen Märkten im Sinne der Sozialen Marktwirtschaft. Grosso modo geht es den Autoren des GGE also um eine grundlegende Umgestaltung der Arbeitswelt im Zeichen von Freiheit, Emanzipation, Pluralität und Solidarität, bei der die Implementierung eines verlässlichen Basiseinkommens ein zentrales Element darstellt.[728]

Der Lobpreis einer grundeinkommensbasierenden Option zur »Freiheit vom Markt« darf jedoch immer wieder vorgebrachte Einwände nicht einfach übertönen. So fragt Enste stellvertretend für viele, „ob ein grundloses Einkommen nicht zu einem völlig anderen Verhalten der Menschen führen"[729] und damit das traditionelle Arbeitsethos unterminieren würde.

> „Sind wirklich alle Menschen von intrinsischer Motivation durchdrungen und arbeitswillig? Oder bilden sich diese Tugenden schließlich gar nicht mehr, weil die Menschen durch das vom Staat garantierte Einkommen in ihrer Eigeninitiative, Eigenverantwortung und ihrem Engagement von vornherein gelähmt werden?"[730]

Ob nun die optionale »Freiheit *vom* Markt« mit unerwünschten Deformationen des menschlichen Verhaltens einhergeht, ist bei einem derart einschneidenden Systemwechsel grundsätzlich schwer zu prognostizieren und lässt sich in Ermangelung an Empirie ohnehin nur in Wahrscheinlichkeiten ausdrücken. Mit Sicherheit gesagt werden kann indes, dass bereits im Gegenwartsbild moderner Erwerbsarbeitsgesellschaft diverse Deformationen auszumachen sind. So sind z. B. innere Kündigung, Schwarzarbeit, Steuerhinterziehung oder der Missbrauch von Sozialleistungen Phänomene devianten Verhaltens, welche die Gemeinschaft schon heute belasten und die nicht erst mit der Einführung des

---

727 Das Grundgesetz der Bundesrepublik Deutschland verbietet Zwangsarbeit in Artikel 12 Abs. 2.

728 Vgl. Blöcher (2008); Blöcher (2012).

729 Enste (2008): S. 17.

730 Ebd.

Grundeinkommens entstünden, wie dessen Kritiker oftmals behaupten.[731]

Interessant sind in diesem Zusammenhang die Einschätzungen von Hohenleitner und Straubhaar bezüglich der potenziellen Auswirkungen eines bedingungslosen Grundeinkommens auf den Arbeitsmarkt. Demnach initiiert das Grundeinkommen in wesentlicher Tendenz eine „Umstrukturierung des Arbeitsangebots."[732] Dabei sei zu erwarten, dass bei einem relativ hohen Grundeinkommensbetrag das Arbeitsangebot für unangenehme Erwerbsarbeit sinkt und für angenehme Tätigkeiten steigt.[733] „Entsprechend würden die Löhne für angenehme Arbeiten sinken und für unangenehme steigen."[734]

Beide marktliberalen Ökonomen rechnen jedoch zunächst aufgrund einer hohen Arbeitslosigkeit sowie einer realpolitisch erwartbar bescheidenen Grundeinkommenshöhe mit sinkenden Löhnen für Geringqualifizierte, was eine steigende Beschäftigung im Niedriglohnsektor implizieren dürfte. In erster Linie aber fördere der mit dem Grundeinkommen verbundene drastische Bürokratieabbau laut Hohenleitner und Straubhaar die Flexibilisierung des Arbeitsmarktes (Flexibilisierungsargument).[735] Darüber hinaus sei unter der Prämisse vollkommen flexibler Löhne der zu erwartende Beschäftigungseffekt speziell im Niedriglohnsektor maximal, so dass es in diesem Bereich keine unfreiwillige Arbeitslosigkeit mehr gäbe.[736] Ferner begünstige das Grundeinkommen laut Hohenleitner und Straubhaar Teilzeitarbeit auf Seiten der Arbeitnehmer, weil es wie eine Bezuschussung solcher Tätigkeiten wirkt. Dies wiederum dürfte bei einem wachsenden Angebot von Teilzeitstellen zu einer Expansion der Teilzeittätigkeit führen.[737]

Die Ergebnisse der Analyse von Hohenleitner und Straubhaar resümierend, zeigt sich deutlich, dass allzu pessimistische Folgeabschätzungen weitestgehend unbegründet sind, was die Auswirkungen des Grundeinkommens auf die Arbeitsmotivation der Transferbezieher betrifft (im Sinne des populären Einwandes: „Wer geht dann noch arbeiten?"). Sehr wahrscheinlich sind hingegen eine Dynamisierung des

---

731 Enste befürchtet, ohne dies anhand empirischer Daten stichhaltig belegen zu können, dass im Rahmen eines auskömmlichen Grundeinkommens abweichendes und in seinen Konsequenzen verhängnisvolles Verhalten deutlich zunimmt. Vgl. Enste (2008): S. 17 f.

732 Hohenleitner/Straubhaar (2008): S. 67.

733 Vgl. ebd.

734 Ebd.

735 Vgl. ebd., S. 68.

736 Vgl. ebd.

737 Vgl. ebd., S. 68, 72.

Arbeitsmarktes, positive Beschäftigungseffekte im Niedriglohnsektor sowie die Zunahme von Teilzeitarbeit.[738]

Es kann also mit guten Gründen davon ausgegangen werden, dass das GGE jene dem (psychisch bzw. seelisch gesunden) Menschen innewohnende Bereitschaft zur Aktivität und Weltgestaltung keineswegs konterkariert und dass die grundeinkommensimmanente Option, Freiheit auch als »Freiheit *vom* Markt« realisieren zu können, sehr wahrscheinlich nicht zu einer massenhaften (Erwerbs-)Arbeitsverweigerung führen wird, wenn auch in den Augen einzelner die Attraktivität von dröger Erwerbsarbeit im Zuge des Grundeinkommensbezuges deutlich abnehmen wird. An dieser Stelle sei an die treffliche Aussage André Gorzs erinnert, demzufolge die Befürchtung, die Menschen würden bei Einführung des Grundeinkommens alsbald die Arbeit fliehen, nur von jenen Personen geäußert werden könne

> „für die Arbeit eine widrige Nötigung ist und die deshalb nicht einsehen, warum andere sich ihr entziehen dürfen, wenn sie sich selbst ihr unterwerfen müssen. Diejenigen hingegen, für die Arbeit Wert hat, die sie als Selbstverwirklichung und Selbstbehauptung ansehen und nutzen können, müßten die Meinung vertreten, daß Lust und Freude am Arbeiten mit Arbeitszwang unvereinbar sind, und durch dessen Abwesenheit erhöht werden."[739]

Zwar ist davon auszugehen, dass gerade in der sensiblen Einführungsphase des GGE viele Menschen ihre Erwerbstätigkeit kritisch überdenken bzw. zeitweise einstellen werden. Dennoch würden diese Menschen, eingedenk des positiven Menschenbildes der Sozialen Marktwirtschaft, nach einer überschaubaren Auszeit vom Erwerbsleben eine sinnvolle Betätigung anstreben und eine (nunmehr vielleicht neue) Erwerbstätigkeit aufnehmen.

Das GGE gewährt eine basale materielle Absicherung, die allen eine autonome Partizipationsentscheidung möglich macht. Das heißt, es eröffnet dem Einzelnen einkommensfaktisch die freie Wahl, ob und in welchem Ausmaß er am Arbeitsmarkt bzw. an der Erwerbsökonomie teilnehmen und inwiefern er sein Leistungsvermögen vorzugsweise im Rahmen marktferner Tätigkeiten unter Beweis stellen will. Folglich würde mit Einführung des garantierten Einkommens Erwerbsarbeit zur Lebensstiloption, d. h. es stünde jedem/r jederzeit frei diese teilweise oder gänzlich abzuwählen.[740] Das arbeitsgesellschaftliche Leistungsprinzip bliebe davon jedoch unberührt, da das GGE nach Vorstellungen der KAB stets mit anderen Einkünften kumulierbar ist und somit jeder

---

738 Ausführlich zu den Arbeitsmarkteffekten eines Grundeinkommens Vgl. Hohenleitner/Straubhaar (2008): S. 56-69.

739 Gorz (2000): 120 f.

740 Vgl. Engler (2010): S. 49.

hinzuverdiente Euro das Einkommen des Transferempfängers erhöht. Insofern wäre zusätzlich geleistete Erwerbs- bzw. Marktarbeit auch mit Einführung des GGE mit einem klaren finanziellen Vorteil für den Transferempfänger verbunden, was jener von manchen Kritikern befürchteten grundeinkommensgenerierten Autarkie- bzw. Trägheitstendenz entgegensteht. Erwerbsarbeit würde sich aber im Grundeinkommenssystem nicht nur (finanziell) lohnen, sie könnte auch aus einer *deutlich gelasseneren Haltung heraus* geleistet werden, was einen klaren Vorzug des GGE darstellt.

Die vielfach geäußerte Befürchtung, dass mit dem unbedingten Grundeinkommen Ausstiegsszenarien zunehmen und ein Großteil der Erwerbsbevölkerung der Lohnarbeitsgesellschaft den Rücken kehrt, kann mit Engler entgegnet werden, dass das Grundeinkommen „das Angebot »guter« Arbeit erhöht"[741] und somit das Problem löst, welches es optional selber schafft.[742] Realistisch ist allerdings davon auszugehen, dass der grundeinkommensbasierte Zugewinn an Freiheitsgraden innerhalb und außerhalb der Erwerbstätigkeit auch zu individuellen Überforderungen führen wird, sodass sich nicht wenige (Erwerbs-)Personen auch in Situationen der Orientierungslosigkeit wiederfinden werden.[743] Jedoch dürfte der ‚Freiheitsschock' in Reaktion auf die Erweiterung individueller Optionen bei der Mehrheit der Betroffenen erwartungsgemäß nach einer angemessenen Übergangszeit abklingen und der Integrationssog respektabler Lebens- und Beschäftigungsverhältnisse seine Wirkung zeitigen.

Jene (neue) Freiheit, die mit optionaler Markttätigkeit einhergeht, wirft laut dem Ökonomen Engler noch ein weiteres grundlegendes Problem auf. Demnach sei ein „allgemeines Recht auf auskömmliches Leben ohne Arbeit [...] auch rein sachlich ein Widerspruch in sich."[744] So könne dieses Recht „niemals von allen oder auch nur von vielen in Anspruch genommen werden, und falls das doch geschieht, droht der ökonomische Kollaps."[745] Oder um es anders auszudrücken: Entscheiden sich allzu viele Transferbezieher dafür, dem Arbeitsmarkt fern zu bleiben bzw. aus diesem auszutreten, so würde dem Grundeinkommenssystem die steuerliche Finanzierungsgrundlage entzogen und das System bräche schließlich in sich zusammen. Zum Schutze davor müss-

---

741 Engler (2010): S. 49.

742 Vgl. ebd.

743 Man denke hier beispielsweise an jene Erfahrungen der Orientierungslosigkeit, die im Rahmen offen gestalteter Magisterstudiengänge auf beiden Seiten des Katheders gemacht worden sind.

744 Engler (2010): S. 48.

745 Ebd.

te eine flächendeckende Aufsichtsbürokratie installiert werden, welche die Marktein- bzw. Marktaustritte kontrolliert und über deren Ausgleich wacht.[746] Damit aber wären die angestrebten Freiheitsgewinne auf der Basis des Grundeinkommens durch wachsende Staatstätigkeit ad absurdum geführt.

Die Befürchtung Englers entbehrt jedoch angesichts einer ungebrochen hohen Erwerbsarbeitsneigung bei arbeitsfähigen Männern *und* Frauen realistisch betrachtet jedweder Grundlage. Das heißt, die in der Mehrheit der Bevölkerung vorherrschende erwerbsarbeitsbejahende Mentalität, die sich in dem Wunsche vieler nach Teilhabe am Erwerbs- bzw. Marktprozess äußert, wird durch die monetären Anreize des GGE nicht desavouiert. Die meisten Menschen werden also auch mit bzw. trotz des Grundeinkommens weiterhin gerne arbeiten, und dies umso eifriger, sofern sie mit ihrer Arbeit eine sinnvolle Tätigkeit auszuüben meinen. Die hier angesprochene allgemein hohe Arbeitsmoral der heutigen Bevölkerung Mitteleuropas stellt ein tief verankertes und relativ reformresistentes psychologisches Muster dar. Somit ist die Gefahr eines spürbaren grundeinkommensbedingten Schwundes der Arbeitsmoral nach dessen Einführung mittelfristig kaum gegeben. Will sagen, dass eine merkliche grundeinkommensgenerierte Entwöhnung von jener speziell den Deutschen zugeschriebenen hohen Arbeitsmoral, wenn überhaupt, erst nach jahrzehntelanger Internalisierung der Grundeinkommenspraxis zu erwarten ist.

Ernster zu nehmen ist allerdings der Einwand, dass mit der Einführung des GGE der Anreiz zur Schwarzarbeit steigt, d. h. dass Grundeinkommensempfänger Zusatzeinkommen erzielen, ohne diese steuerlich zu belasten. Dieser Einwand kann nicht völlig entkräftet werden, da die Gefahr des Missbrauchs von Sozialtransfers schlichtweg immer besteht. Drei Aspekte sprechen jedoch gegen eine Zunahme von Schwarzarbeit im Grundeinkommenssystem. Erstens entfallen mit Einführung des GGE die hohen Transferentzugsraten der bestehenden Grundsicherung. Folglich sinkt die Grenzbelastung von Markt- bzw. Erwerbseinkommen, so dass Hinzuverdienste aus Erwerbstätigkeit für den einzelnen Transferempfänger lukrativer werden.[747] Zweitens werden durch die grundeinkommensbedingten Entbürokratisierungen bzw. den Abbau der Sozialverwaltung Staatsbedienstete freigesetzt, die dann zur Bekämpfung von Schwarzarbeit und Steuerbetrug eingesetzt werden können.[748] Drittens lässt sich ein im Zuge des GGE simplifiziertes Steuer- und Transfersystem schlichtweg einfacher überwachen. Dabei gilt:

---

746 Vgl. Engler (2010): S. 48.

747 Vgl. Hohenleitner/Straubhaar (2008): S. 75.

748 Vgl. ebd.

„Je höher die Entdeckungswahrscheinlichkeit ist, desto weniger lohnt es sich für Unternehmer, Schwarzarbeit nachzufragen."[749] Zusammenfassend wird daher die These vertreten: Zwar wird Schwarzarbeit mit der Implementierung des GGE nicht überwunden, doch verliert sie aufgrund der genannten Aspekte deutlich an Attraktivität.

III.3.1.3. Garantiertes Grundeinkommen und die »Freiheit *zum* Markt«

Nachdem gezeigt worden ist, dass das Modell des Garantierten Grundeinkommens als Ermöglichungsstruktur einer individuellen Option der »Freiheit *vom* Markt« fungieren kann, liegt der Fokus im Folgenden auf dem Verhältnis von Garantiertem Grundeinkommen und Marktfreiheit im Sinne der »Freiheit *zum* Markt«.

Laut den Autoren des KAB-Modells ist das GGE zentrales Element einer ganzheitlichen gesellschaftspolitischen Strategie zur Neuorganisation von (Erwerbs-)Arbeit und sozialer Sicherung.[750] Dieser Bestimmung gemäß verfolgt das GGE das Ziel einer freiheitlichen Ausgestaltung der Arbeitswelt, was explizit die Gewährleistung bzw. Erweiterung individueller Handlungsspielräume im Arbeitsmarkt einschließt. Im Rahmen dessen erwarten die Autoren des KAB-Vorschlags verschiedene, die »Freiheit *zum* Markt« fördernde Effekte. So soll das GGE beispielsweise den Einzelnen zur Teilnahme an den flexiblen Arbeitsmärkten der Zukunft befähigen.[751] Demzufolge eröffnet das GGE nach Ansicht Blöchers die Möglichkeit, die zunehmende Flexibilisierung der Arbeits- und Beschäftigungsverhältnisse, inklusive ihrer für Arbeitnehmer teilweise nachteiligen Seiten (wie z. B. die Zunahme befristeter und nicht existenzsichernder Beschäftigungsverhältnisse, mehrere parallel laufende geringfügige ‚Jobs') human und zeitgemäß zu gestalten.[752] Das Argument Blöchers trägt. So begünstigt das GGE durch monetäre Anreize u. a. die freie Kombination unterschiedlicher Arbeitsformen wie z. B. von Erwerbs- und Privatarbeit, was dem ursprünglichen Bedürfnis des Menschen nach selbstbestimmter Leistungserbringung in verschiedenen Tätigkeitsfeldern entgegenkommt. Dementsprechend ist das GGE keineswegs als „Stilllegungs- oder Stillhalteprämie für Erwerbsarbeitslose"[753] konzipiert, wie Kritiker des Grundeinkommens häufig polemi-

749 Hohenleitner/Straubhaar (2008): S. 75.

750 Vgl. Blöcher (2008): S. 3.

751 Vgl. ebd., S. 3 ff.

752 Vgl. ebd.

753 Ebd., S. 5.

sierend einwenden. Das Anliegen des GGE besteht laut Auskunft seiner Proponenten hingegen vielmehr in der „Aktivierung und Integration“[754] der Transferempfänger. Dementsprechend soll das GGE laut Blöcher individuelle Handlungsspielräume erweitern und „Zugänge zu allen Formen der Arbeit“[755] erschließen.

Für eine bessere Veranschaulichung der marktbefähigenden bzw. marktzugangsstiftenden Wirkung des GGE seien folgende Überlegungen angestellt: Gleichgültig ob innerhalb oder außerhalb des Arbeitsmarktkontextes, Menschen benötigen eine Grundsicherheit, um die ihnen eigenen Talente und Fähigkeiten konstruktiv entfalten bzw. produktiv tätig werden zu können. Positive Marktfreiheit, d. h. die Freiheit zur aktiven Teilnahme im Markt- bzw. Erwerbssektor setzt also eine sichere sozio-ökonomische Basis voraus, von der aus der Mensch agieren bzw. in den Markt einsteigen kann. Insoweit bildet eine solide Einkommensbasis die unbedingte Voraussetzung für den freien Zugang zum (Arbeits-)Markt.

Ein alltagsnahes Beispiel soll den Konnex von Einkommenssicherheit und einer »Freiheit *zum* Markt« näher veranschaulichen: Der frischgebackene Hochschulabsolvent, dessen BAföG-Anspruch mit dem letzten Prüfungstermin erloschen ist und der wochenlang auf die Ausfertigung seines Abschlusszeugnisses seitens der alma mater wartet, benötigt Einkommen, um täglich Brot und Unterkunft bezahlen bzw. die lebensnotwendigen Güter konsumieren zu können. Zugleich braucht er Finanzmittel, um die Suche nach einer Erwerbsarbeitsstelle erfolgversprechend gestalten sowie eine heute nicht gerade unübliche monatelange so genannte Sucharbeitslosigkeit überbrücken zu können. Dieses durchaus realistische Beispiel legt die Schlussfolgerung nahe, dass *allein der Eintritt* in den Arbeitsmarkt die Verfügbarkeit eines sicheren Minimums an Einkommen voraussetzt. Dies entspricht der liberal-egalitären Gerechtigkeitskonzeption von Vanderborght und Van Parijs, für die Gerechtigkeit „eine Frage der Verteilung der realen Freiheit [ist], so zu handeln, wie es unseren Lebenswünschen entspricht“[756] und die eine individuenbezogene materielle Basisausstattung als notwendige Voraussetzung einer jeglichen sozialen und ökonomischen Partizipation begreifen.[757] Das GGE bietet zweifelsohne die notwendige Einkommenssicherheit hierfür. Somit würde es den Zugang zu Erwerbsarbeit erleichtern, welches ein wesentliches Moment der »Freiheit *zum* Markt« ist.

754 Blöcher (2008): S. 5.

755 Ebd.

756 Vanderborght/Van Parijs (2005): S. 94 f.

757 Vgl. ebd., S. 94-98.

Vor allem der Zugang zu *guter,* d. h. Sicherheit und Perspektive bietender Erwerbsarbeit sowie die individuelle Handlungs- bzw. Bewegungsfreiheit auf dem Markt spielen für die Autoren des KAB-Modells eine entscheidende Rolle.[758] So soll beispielsweise die durch das GGE abgesicherte Arbeitnehmeroption, das Angebot an eigener Arbeitskraft verknappen bzw. Erwerbsarbeit generell ablehnen zu können, dazu beitragen, dass sogenannte »bad jobs« von Arbeitgeberseite durch qualitativ gute Arbeitsplätze ersetzt und mögliche Einkommensrisiken, die mit einem Arbeitsplatzwechsel einhergehen, aufgefangen werden. Dies ist ein Argument das überzeugt, denn in der Tat forciert ein die Verhandlungsmacht der Arbeitnehmer erhöhendes Grundeinkommen den Druck auf die Arbeitgeber, für anständige Arbeitsbedingungen bzw. attraktiv gestaltete Arbeitsplätze zu sorgen, so sie nicht einen Verlust von Angestellten durch Abwanderung in attraktivere Beschäftigungsverhältnisse riskieren wollen. Auch die Entstehung neuer Arbeitsformen sowie die Entfaltung individueller und kreativer Potenziale werden nach Ansicht der Modellautoren durch die Einführung des GGE gefördert.[759] Sogar vom GGE als „Wachstumsmodell"[760] ist die Rede.

Hohenleitner und Straubhaar attestieren dem garantierten Grundeinkommen überdies das Potenzial, positive dynamische Effekte auslösen zu können, welche zur Stärkung der wirtschaftlichen Kräfte beitragen.[761]

> „Das Grundeinkommen wirkt sich in mehrerer Hinsicht produktivitätssteigernd aus. Neben den positiven Beschäftigungseffekten bringt insbesondere eine verbesserte soziale Sicherheit günstige Folgewirkungen mit sich. Soziale Sicherheit fördert die Risikobereitschaft der Menschen und damit auch den technischen Fortschritt und andere Innovationen. Aufgrund der positiven Beschäftigungseffekte, die mit einem Grundeinkommen einhergehen, bringen sich viele Menschen in den Erwerbsprozess ein, die heute davon ausgeschlossen sind."[762]

Weitere produktivitätsstimulierende Effekte des Grundeinkommens bestehen für Hohenleitner und Straubhaar darin, dass sich infolge erwartungsgemäß sinkender Löhne neue Tätigkeitsfelder im Niedriglohnbereich auftun. So sei im Grundeinkommenssystem mit einer steigenden Nachfrage nach einfachen Dienstleistungen zu rechnen, die im Rahmen heutiger Lohnstrukturen nicht nachgefragt werden (z. B. haus-

758 Vgl. Blöcher (2008): S. 4; Blöcher (2012): o. S.

759 Vgl. Blöcher (2008): S. 4.

760 Ebd.

761 Vgl. Hohenleitner/Straubhaar (2008): S. 69.

762 Ebd., S. 70.

haltsnahe Dienstleistungen).[763] Zudem gehe die »Freiheit *zum* Markt« auf der Basis des Grundeinkommens mit dem komparativen Vorteil einher, persönliche Interessen bzw. Neigungen auf dem Arbeitsmarkt gezielter und nachhaltiger verfolgen zu können. Vom existenziellen Zwang befreit, ausschließlich zum Zwecke der Einkommenssicherung Erwerbsarbeit leisten zu müssen, können die Menschen nach Ansicht beider Ökonomen ihre berufliche Laufbahn eigeninteressenorientierter gestalten und Tätigkeiten ausüben, die sowohl ihren persönlichen Neigungen und Fähigkeiten als auch ihrem Eignungsprofil am ehesten entsprechen.[764] Der gegenwärtig wichtige Gesichtspunkt der Marktverwertbarkeit von Bildungsabschlüssen und Qualifikationen ist dann nicht länger vorrangiges Kriterium für Bildungs- bzw. Berufswahlentscheidungen. Hintergrund bildet die Erfahrung, dass Menschen mehr Freude an Leistung entwickeln und letztlich auch produktiver arbeiten, wenn sie selbstgewählte Tätigkeiten ausüben und sich mit diesen identifizieren. Dies bestätigen Hohenleitner und Straubhaar mit folgender Aussage:

> „Vor dem Hintergrund einer durch das Grundeinkommen gesicherten Existenz steigt die Bereitschaft, einen Berufswunsch zu realisieren, der den eigenen Fähigkeiten und Interessen entspricht. Dies erhöht wesentlich die Motivation und Leistungsfähigkeit der Menschen und steigert ihre Produktivität."[765]

Darüber hinaus schafft das GGE ein risikoärmeres Umfeld, um die für das gelingende Leben eminent wichtige Entscheidung der Berufswahl gelassener angehen zu können. Denn nichts wirkt sich schädlicher auf Motivation und Arbeitsproduktivität aus als eine unglückliche Berufswahl, die in Eile und unter dem Druck getroffen wurde, möglichst schnell Einkommen erzielen zu müssen. Eine durch das GGE mindestgesicherte Existenz entkrampft die Berufswahl gerade junger Menschen[766] und lässt berufliches Ausprobieren, inklusive der damit einhergehenden wertvollen Lernerfahrungen zu. Allein die dadurch möglich werdenden Experimente und Innovationsversuche werden das gesellschaftliche Leben kreativer und bunter machen.

Durch die auf der Basis des Grundeinkommens von ökonomischem Druck befreite Berufswahl steigt letztlich auch der Wert von Erwerbsarbeit. Hierzu erklären Hohenleitner und Straubhaar.

> „Denn wenn niemand mehr aus existenziellen Gründen gezwungen ist, eine solche auszuüben, bedeutet dies eine Stärkung der Freiwilligkeit auf

763 Vgl. Hohenleitner/Straubhaar (2008): S. 70.

764 Vgl. ebd., S. 70 f.

765 Ebd., S. 71.

766 Vgl. Büchele/Wohlgenannt (1985): S. 24 f.

breiter Basis. Mitarbeiter, die sich ihre Arbeit selbst wählen und diese nicht unter ökonomischem Zwang leisten müssen, werden sich mehr mit ihrer Arbeit identifizieren. Motivierte und engagierte Mitarbeiter sind auch für die Unternehmen profitabler und erhöhen darüber hinaus die volkwirtschaftliche Produktivität."[767]

Die Bedeutung der freien Wahl des Berufes für das Gelingen menschlichen Lebens wie für das Funktionieren der Sozialen Marktwirtschaft unterstreicht auch Ludwig Erhard, der 1948 mit Blick auf Kommunismus und Kapitalismus formuliert:

> „Jedes System, das dem Individuum nicht in jedem Falle die freie Berufs- und Konsumwahl offen lässt, verstößt gegen die menschlichen Grundrechte und richtet sich, wie die Erfahrung lehrt, zuletzt gerade gegen diejenigen sozialen Schichten, zu deren Schutz die künstlichen Eingriffe gedacht waren."[768]

Des Weiteren wird erwartet, dass sich das Grundeinkommen positiv auf Unternehmergeist und Selbstständigkeit auswirkt, da es laut Hohenleitner und Straubhaar die Bereitschaft erhöht, sich auf Veränderungen und Wagnisse einzulassen.[769] Auch deshalb plädieren beide Ökonomen für ein existenzsicherndes und teilhabeermöglichendes Grundeinkommen[770]:

> „Wer weiß, dass in jedem Fall zumindest das Existenzminimum gesichert ist, für den ist auch das Risiko, das mit der Gründung eines Unternehmens verbunden ist, wesentlich geringer. Je mehr die Höhe des garantierten Grundeinkommens auch gesellschaftliche Teilhabe ermöglicht, desto geringer ist die Angst, den Schritt in die Selbstständigkeit zu wagen."[771]

Auch dieses Argument verfängt, denn oftmals werden im gesellschaftlichen Status quo Risiken hinsichtlich Ausbildung und Unternehmertum oder aber biographische Kursänderungen nicht gewagt, weil das finanzielle Fiasko eines möglichen Scheiterns seitens der Betroffenen allzu sehr gefürchtet wird. Ebenso muss gesehen werden, dass ein voraussetzungslos gewährtes Grundeinkommen für viele überhaupt erst die finanzielle Möglichkeit erschließt, sich selbstständig zu machen.[772] So bietet das sichere Finanzpolster des GGE die Chance unter-

---

767 Hohenleitner/Straubhaar (2008): S. 79.

768 Ludwig Erhard (1948), zitiert nach: Werner/Häussner/Presse (2010): S. 116.

769 Vgl. Hohenleitner/Straubhaar (2008): S. 73.

770 Hierbei gilt, dass der angestrebte Teilhabeeffekt in erster Linie von der Höhe des Grundeinkommenstransfers abhängt. Dabei ist fraglich, ob der von Hohenleitner und Straubhaar angesetzte Grundeinkommensbetrag i. H. v. 625 Euro monatlich (Ebd., S. 26) tatsächlich teilhabeermöglichend wirkt.

771 Hohenleitner/Straubhaar (2008): S. 73.

772 Vgl. ebd.

nehmerisches Wagnis einzugehen und eine Geschäftsidee (z. B. im Dienstleistungsbereich) umzusetzen. Dabei könnte das GGE als „Gründungszuschuss“[773] fungieren, welcher zumindest das Existenzminimum des Existenzgründers in der ökonomisch meist schwierigen Startphase gewährleistet. Überdies mindert die mit dem Grundeinkommen verbundene Vereinfachung der Verwaltung das „‚Grenzleid der Bürokratie‘“[774], was, wie Hohenleitner und Straubhaar richtig sehen, Existenzgründungen bzw. die Umsetzung innovativer Ideen erleichtert.[775]

»Freiheit *zum* Markt«, d. h. die Option eines selbstbestimmten Markteintritts sowie die Möglichkeit individueller Entscheidungs- und Handlungsfreiheit im Arbeitsmarkt hängt in einem zunehmenden Maße von der Bildung und Qualifikation des Einzelnen ab. Für die KAB kommt der Bildung eine bedeutende Schlüsselfunktion für die Zukunftssicherung Deutschlands im Wandel von der Industrie- zur modernen Dienstleistungsgesellschaft zu.[776] Deshalb verbindet sie die Einführung des GGE mit einer Bildungsoffensive, „die eine materielle Absicherung der Individuen und der Bildungsinfrastruktur verlangt.“[777] Darunter versteht die KAB u. a. die Bereitstellung kostenlosen Zugangs zu wichtigen öffentlichen Gütern wie Schulen, Hochschulen oder Bibliotheken.[778] Der Ausbau der öffentlichen Infrastruktur einschließlich einer allen zugänglichen kostenfreien Bildungskette stellt somit für die KAB eine wichtige Rahmenbedingung für die Einführung des GGE dar.[779]

Ebenso ermöglicht das GGE die Verkürzung der individuellen Arbeitszeit bei gleichzeitiger Sicherung des Existenzminimums, was die Vereinbarkeit von Erwerbs-, Bildungs- und Familienphasen erleichtert. So können Transferempfänger auf der Basis eines grundgesicherten Auskommens in jeder Phase ihres Lebens relativ armutssicher ihre Erwerbstätigkeit reduzieren bzw. unterbrechen und in der dadurch hinzugewonnenen Zeit vielfältige Bildungsanstrengungen (z. B. Studium, Weiterbildung, etc.) auf sich nehmen. Das GGE liefert somit Anreize für Bildung im weitesten Sinne und schafft sowohl die finanziellen als auch die strukturellen Voraussetzungen für lebenslanges Lernen in der postindustriellen Wissensgesellschaft.[780] Insbesondere benachteiligte Perso-

---

773 Hohenleitner/Straubhaar (2008): S. 74.

774 Ebd., S. 75.

775 Vgl. ebd., S. 73.

776 Vgl. Blöcher (2008): S. 4 f.

777 Ebd., S. 5.

778 Vgl. ebd.

779 Vgl. Blöcher (2012): o. S.

780 Im Kontext moderner (Wissens-)Gesellschaft stehen Fragen von Arbeit und Einkommen stets in engem Zusammenhang mit dem Thema Bildung und können

nen wären laut Füllsack somit Profiteure des Grundeinkommens, weil sie in ihrer Fähigkeit zur Selbsthilfe gestärkt würden und die Chance erhielten, „sich durch Eigeninitiative selbst aus der Misere zu ziehen“[781].

Vor dem Hintergrund jener anlässlich der Festveranstaltung „60 Jahre Soziale Marktwirtschaft“ am 12. Juni 2008 von Bundeskanzlerin Angela Merkel ausgerufenen „Bildungsrepublik Deutschland“[782], im Rahmen derer wiederholte Bildungsphasen innerhalb der gesamten Erwerbs- bzw. Lebensphase zunehmend an Bedeutung gewinnen, birgt ein beispielsweise zeitlich befristeter Wechsel aus Erwerbsarbeit in private Eigenbildungsarbeit zahlreiche Entwicklungschancen, die das sogenannte Humankapital anreichern. Die damit verbundenen Zuwächse an Kreativität und Innovationsfähigkeit ziehen positive gesamtwirtschaftliche Effekte wie z. B. eine höhere Arbeitsproduktivität nach sich, die wiederum der Gesellschaft als Ganzer zugutekommen. Insbesondere individuelle Qualifizierungs- bzw. Bildungsanstrengungen, welche eine wichtige Voraussetzung für die Verwirklichung der Wissensgesellschaft darstellen, können auf der Basis des GGE jederzeit ohne Existenzgefahr und ohne die zeitliche Verzögerung aufgrund wirtschaftlich notwendiger Erwerbsarbeit in Angriff genommen werden. So wird in der großen Tendenz künftig mehr noch als heute das Bildungsniveau über „‚Einstieg und Aufstieg‘“[783] des Einzelnen in (Arbeits-)Markt und Gesellschaft entscheiden. Die erwerbsarbeitszentrierte Industriegesellschaft als Ausgangspunkt der Sozialen Marktwirtschaft weicht mehr und mehr einer tätigkeitsoffenen und bildungsintensiven Wissensgesellschaft. Stark vereinfachend wird diese überaus komplexe Entwicklung von Bundeskanzlerin Merkel mit jener – die berühmte Erhardsche Losung abwandelnden – Kurzformel auf den Punkt gebracht: „Wohlstand für alle heißt heute Bildung für alle.“[784] In der Summe also bietet

---

von diesem losgelöst nicht angemessen behandelt werden. Folglich kann auch die Grundeinkommensidee ohne einen Bezug auf die Bildungsfrage nicht hinreichend reflektiert bzw. verstanden werden. Der Konnex von Bildung, Sozialer Frage und Sozialpolitik kommt auch im jüngsten Sozialwort der beiden großen Kirchen zum Ausdruck. Dort heißt es treffend: „Es ist deshalb eine vordringliche Aufgabe der Sozialpolitik im 21. Jahrhundert, die soziale Aufstiegsmobilität zu fördern. Hierbei kommt dem Bereich der Bildung eine Schlüsselrolle zu. Denn Bildungspolitik ist vorsorgende Sozialpolitik.“ (EKD/DBK (2014): S. 21).

Insbesondere die von einigen Grundeinkommensanhängern betonte emanzipatorische Wirkung des bedingungslosen Grundeinkommens ist eng mit den Faktoren Wissen und Bildung verbunden und beruht unabhängig vom Aspekt materieller Unabhängigkeit im Kern auf kritischem Bewusstsein und (Selbst-)Erkenntnis.

781 Füllsack (2002): S. 156.

782 Merkel (2008): S. 6.

783 Ebd., S. 5.

784 Merkel (2008): S. 6.

das GGE positiv-stimulierende Rahmenbedingungen für vielfältige Bildungsinitiativen, welche die Freiheits- und Teilhabefähigkeit vieler Menschen im (Arbeits-)Markt auf lange Sicht deutlich verbessern dürfte.

»Freiheit *zum* Markt« impliziert überdies auch die Freiheit zum Konsum. Die in einer Volkswirtschaft produzierten Güter müssen nachgefragt bzw. gekauft werden, sonst droht die Depression.[785] Für die Konsumtion aber benötigen die Menschen Einkommen bzw. eine entsprechende Kaufkraft. Werden immer mehr Menschen von der Erwerbsarbeit ausgeschlossen, fehlt es an Einkommen und somit an Kaufkraft und die gesamtwirtschaftliche Nachfrage sinkt. Hinsichtlich der Notwendigkeit einer stabilen Nachfrage erklärt Füllsack:

> „Die Wirtschaft wird dann nicht durch einen Mangel an Arbeitskräften, sondern durch einen Mangel an Nachfrage nach ihren Produkten geschädigt. Die Kaufkraft muss also, um dies zu vermeiden, auf einen möglichst großen Teil der Gesellschaft verteilt bleiben."[786]

Die zur Vermeidung von schädlichen Nachfrageengpässen notwendige gesamtgesellschaftliche Kaufkraftverteilung kann vermittels des GGE organisiert werden[787], da es allen Menschen ein Kaufkraftminimum gewährt. Insofern darf das GGE auch als ein kaufkraftstabilisierendes Mini-Konjunkturpaket betrachtet werden, das den mit der Prekarisierung gewisser Bevölkerungsteile einhergehenden Kaufkraftschwund kompensiert (sogenanntes Kaufkraftargument). Für Welter implizieren die höheren Konsummöglichkeiten auf der Basis des Grundeinkommens eine „hohe Multiplikatorwirkung für das Wachstum des Volkseinkommens."[788] Gemeint ist, dass das mittels des Grundeinkommens in breiter Fläche angekurbelte Wirtschaftswachstum neue Steuereinnahmen generiert, die wiederum zur Finanzierung des Grundeinkommens herangezogen werden können.[789] Bedenkt man schließlich, dass die Marktwirtschaft wesentlich auf den Konsum hingeordnet ist, so kann das Grundeinkommen, welches ein Minimum an Kaufkraftbereitstellung für jedermann gewährleistet, als sozialstaatliches Instrument marktwirtschaftlicher Stabilisierung interpretiert werden.

Hinsichtlich des Aspektes jener zur Marktwirtschaft implizit gehörenden Freiheit des Konsums gibt es auch unter den Anhängern des

---

785 Vgl. Füllsack (2002): S. 154.

786 Ebd.

787 Vgl. ebd.

788 Welter (2003): S. 258.

789 Vgl. ebd.

garantierten Grundeinkommens deutlich kritische Stimmen, die u. a. auf dem 14. BIEN Weltkongress laut geworden sind. Die Argumentation der (Konsum-)Kritiker besagt, dass Konsumfreiheit, angesichts der dringlichen ökologischen Herausforderung und einer blühenden Nachhaltigkeitsdebatte, nicht wie bislang im Kontext der sogenannten Überfluss- bzw. Wegwerfgesellschaft üblich als *quantitativer* Konsum verstanden werden darf. Vielmehr gelte es, in Anbetracht begrenzter und überstrapazierter Natur-Ressourcen den Blick hin auf einen *qualitativen* Konsum zu lenken, d. h. auf einen Verbrauch, der einer ethischen und nachhaltigen Lebensweise verpflichtet ist. Gefordert wird also der Schritt von der Quantität zur Qualität, d. h. der vorrangige Verbrauch umwelt- bzw. ressourcenschonender und sozialverträglicher Produkte. So legitim die Kritik eines naiv-ungezügelten und somit ressourcenblinden Konsums im Kern auch ist, bleibt jedoch bis auf Weiteres ungewiss, wie das Idealziel eines qualitativen, also nachhaltigen Konsumverhaltens, vermittels einer garantierten Transferzahlung erreicht werden kann. Ebenso bleibt unklar, warum gerade die Bereitstellung eines staatlich garantierten Kaufkraftminimums für alle die Entwicklung eines umweltfreundlichen und ethisch gerechtfertigten Verbrauches fördern soll, da dieses ebenso gut der Festigung eines quantitativ orientierten Konsumismus dienen könnte. Da die Analyse des Verhältnisses von garantiertem Grundeinkommen und der Idee der Nachhaltigkeit erst in Kapitel IV.3. erfolgt, wird an dieser Stelle auf die später folgende Diskussion verwiesen.

Kritisch muss hingegen auch gesehen werden, dass das Grundeinkommen im Allgemeinen zu einer negativen Subventionierung von Löhnen instrumentalisiert werden kann.[790] So besteht auch für das GGE generell die Gefahr, dass es seitens der Unternehmen als flächendeckendes Kombilohnmodell missbraucht und im Zuge dessen eine drastische Senkung der Löhne eingeleitet wird, weil diese nunmehr von dem Druck befreit wären, „den vollständigen Lebensbedarf abdecken zu müssen."[791] Dabei gilt nach Presse grundsätzlich: „Je höher das Grundeinkommen, umso stärker können die Löhne für eine Tätigkeit sinken."[792] Die Gefahr eines potentiellen Missbrauchs des Grundeinkommens für Lohndumping haben die Autoren des KAB-Modells erkannt. Um der Tendenz zu Niedriglöhnen infolge der Implementierung des GGE vorzubeugen, koppelt die KAB die Einführung desselben an die Einführung eines gesetzlich garantierten Mindestlohns.[793] Diese

790 Vgl. Vanderborght/Van Parijs (2005): S. 77 f.

791 Thimm (2010): S. 63.

792 Presse (2010): S. 61.

793 Vgl. Blöcher (2008): S. 5; Blöcher (2012): o. S.

Koppelung ist zu begrüßen, liegt sie doch in der Logik der sozialethischen Kernforderung nach einem gerechten Lohn.

III.3.1.4. Zwischenfazit: Garantiertes Grundeinkommen und das Prinzip der Freiheit auf dem Markt

Für eine bilanzierende Beurteilung der Vereinbarkeit des Garantierten Grundeinkommens mit dem sozialmarktwirtschaftlichen Leitprinzip der Freiheit auf dem Markt werden nun die Zwischenergebnisse der vorangegangenen Analyse zusammengeführt und abschließend bewertet.

Wie in Kapitel III.3.1.2. dargelegt werden konnte, gewährt das GGE ein Minimum an Existenzsicherheit, da es dem Einzelnen ermöglicht, je nach persönlicher Präferenz Markt- bzw. Erwerbsarbeit zu reduzieren oder diese vollends niederzulegen, ohne in Folge dessen Hunger und Verelendung fürchten zu müssen. Vom Zwang befreit, das Lebensnotwendige durch Erwerbstätigkeit erwirtschaften zu müssen, eröffnet sich dem Transferbezieher die Option, den (Arbeits-)Markt jederzeit verlassen, d. h. Marktfreiheit als »Freiheit *vom* Markt« realisieren zu können. Ein vollständiger Verzicht auf Markt- bzw. Erwerbstätigkeit widerspricht dabei keineswegs dem Grundgedanken eines freien Arbeitsmarktes, der sich gemäß der klassischen Marktwirtschaftstheorie dadurch auszeichnet, dass jedes Wirtschaftssubjekt eine wirkliche Wahlfreiheit hat, seine Arbeitskraft anzubieten oder aber nicht. Für Werner folgt der echte Markt daher dem Prinzip: „Alle können, aber keiner muss arbeiten! Das wäre ein Markt im Wortsinn. [...] Nur da, wo jeder anbieten oder nachfragen kann, wo aber auch jeder die Freiheit hat, verzichten zu können, erst da entsteht ein Markt."[794]

Das GGE erweitert also den Entscheidungs- und Handlungsspielraum des Individuums, was mit einer Reihe an positiven individuellen und gesamtwirtschaftlichen Effekten einhergeht. Dazu zählen Wohlfahrtsgewinne wie beispielsweise ein Zuwachs an individueller und kollektiver Zeitsouveränität oder aber die Produktion kreativer, lebensdienlicher und gemeinwohlorientierter Leistungen in marktfernen Tätigkeitsfeldern wie dem Non-Profit-Sektor. So kann sich beispielsweise jener Grundeinkommensempfänger, der sich für eine Auszeit von der Erwerbsarbeit entscheidet, der Erziehung seiner Kinder intensiver widmen, was bei Erfolg wiederum der Gesamtgesellschaft zu Gute kommt. Des Weiteren bietet das GGE den Mitgliedern der erschöpften Arbeits-

---

794 Werner (2008): S. 73.

gesellschaft die armutsfeste Option, teil- bzw. phasenweise kürzer zu treten und sich vom Leistungs- bzw. Marktdruck zu emanzipieren oder – wenn nötig – zu erholen. Schließlich würde die vom Grundeinkommen bewirkte Entkoppelung der Einkommens- und Arbeitsverteilung „das ‚tyrannische' Durchschlagen der Regeln des Arbeitsmarktes auf die gesamte Lebenslage einer Person [...] verhindern"[795], was dem Einzelnen Schutz vor dem Ausgeliefertsein gegenüber ökonomischen Kräften bietet, die er selbst immer weniger steuern kann.

»Freiheit *vom* Markt« auf der Basis des GGE erschließt demnach vielfältige Schon- bzw. Entfaltungsräume für ganzheitliches Menschsein sowie alternative Lebensstile und dient somit der Humanisierung von Arbeit und Leben im Horizont einer wahrhaft sozialen bzw. menschengerechten[796] Marktwirtschaft. Weil das GGE als repräsentative Version eines bedingungslosen allgemeinen Sozialtransfers jedermann zu alternativen Entscheidungen sowie einem selbstbestimmten und armutssicheren Marktaustritt befähigt, entspricht es dem Prinzip der Marktfreiheit im Sinne der »Freiheit *vom* Markt«.

Aber auch mit einem Verständnis von Marktfreiheit im Sinne einer »Freiheit *zum* Markt« erweist sich das GGE grundsätzlich verträglich. Wie oben gezeigt werden konnte, gewährt das GGE ein Mindestniveau an sozio-ökonomischer Sicherheit, welche zu autonomer erwerbsorientierter Initiative auf dem Arbeitsmarkt befreit. So erleichtert das GGE als sichere finanzielle Basisausstattung die Aufnahme einer Erwerbstätigkeit bzw. den Einstieg in den Arbeitsmarkt in vielfältigen Lebenssituationen, was die Bereitschaft der Menschen zu Wagemut und Selbsthilfe sowie einer aktiven Teilnahme am Markt- und Gesellschaftsprozess positiv stimuliert. Denn es kann de facto nur derjenige selbstbestimmt bzw. souverän auf dem Markt agieren und seine Chancen im Wettbewerb angemessen nutzen, der über ein Minimum an finanziellen Mitteln verfügt und von einschränkender Armut befreit ist. Das formale Recht individueller Freiheit auf dem Markt kann ohne einen Grund-

[795] Ulrich (2005): S. 96.

[796] Das maßgebende Kriterium des »Menschengerechten« verdichtet sich in der nachfolgenden bekannten Formel, mit der Martin Hoch seine Laudatio auf Wilhelm Röpke anlässlich der Verleihung der Willibald-Pirkheimer-Medaille 1962 eröffnet: „Das Maß der Wirtschaft ist der Mensch. Das Maß des Menschen ist sein Verhältnis zu Gott", abgedruckt, in: Hoch (1964): S. 355. Der St. Galler Wirtschaftsethiker Peter Ulrich betont in diesem Zusammenhang das ethische Orientierungskriterium der »Lebensdienlichkeit« sozio-ökonomischer Ordnung im Sinnhorizont einer ganzheitlichen, lebenspraktischen Dimension vernünftigen Wirtschaftens (Vgl. Ulrich (2005): S. 27 ff.). Der Begriff der »Lebensdienlichkeit« selbst geht nach Ulrich auf die beiden bedeutenden evangelisch-theologischen Sozialethiker Emil Brunner (1889-1966) und Arthur Rich (1910-1992) zurück (Vgl. ebd., S. 187).

stock an materiellen Ressourcen kaum in wirkliche (Handlungs-)Freiheit konvertiert werden. Vielmehr gilt seit Aristoteles: Einkommenssicherheit erweitert, Armut hingegen verengt die Perspektiven und Handlungsoptionen.

Weil das GGE ein Mindestmaß an sozio-ökonomischer Sicherheit gewährt, fördert es einen gesellschaftlichen Mentalitätswandel hin zu einem Mehr an individueller Freiheit im Zeichen von Aktions- bzw. Experimentierfreude. So ist durchaus davon auszugehen, dass die Menschen auf der Grundlage gesicherter Existenz Unternehmergeist entwickeln und eher bereit sind, wirtschaftliche Risiken einzugehen, womit ein wichtiges ökonomisches Argument pro Grundeinkommen (das sogenannte Unternehmertum- oder Risikoargument) angesprochen ist. Die Chance des Einzelnen, sich selbstständig zu machen und sich beispielsweise als ein sogenannter Mini-Entrepreneur zu gerieren, wird mit dem GGE auf eine völlig neue materielle Grundlage gestellt.

In der Konzeption der KAB ist das Grundeinkommen ein Instrument zur Entwicklung und flexiblen Integration von (alternativen) Lebens- und Arbeitsentwürfen.[797] Dieser Ansatz besticht. Indem Teilzeitarbeit im Kontext des GGE attraktiver wird, fördert es eine bessere (zeitökonomische) Vereinbarkeit von Beruf und Familie, was dem Wunsch vieler Menschen nach einer sogenannten work-life-balance entgegenkommt und den Marktapparat in keiner Weise stört. So können sich die Menschen gemäß ihren persönlichen Präferenzen, Fähigkeiten und Lebenssituationen auf vielfältige Weise in (Arbeits-)Markt und Gesellschaft einbringen. Eingefahrene und starre Wege können hinterfragt oder verlassen werden; Gestaltungswille und Leistungslust in neuen Konstellationen Entfaltung finden, was ohne eine verlässliche finanzielle Basisausstattung nur schwer zu realisieren ist. Das GGE steht folglich für initiative- und teilhabeweckende Rahmenbedingungen für alle Menschen bzw. Marktteilnehmer. Es verbindet Sicherheit und Freiheit strukturell und befähigt die Transferbezieher zu eigenmotiviertem marktkompatiblem Handeln, ohne dies wie im derzeitigen Sozialstaatsregime üblich mittels sozialbehördlicher Kontrollen und Sanktionen erzwingen zu wollen. Insofern gleicht das GGE, wie Schramm es mit Bezug auf das Solidarische Bürgergeld formuliert, eher einem „aktivierende[m] ‚Sprungbrett'"[798] als einer bequemem Hängematte. Weil das GGE sowohl (neue) Zugänge zu etablierten als auch bislang nicht wahrgenommenen Arbeitsplätzen eröffnet und den Einzelnen in die Lage versetzt, einerseits alternative Entscheidungen fällen sowie andererseits sich flexibel auf dem Arbeitsmarkt bewegen zu können, ent-

---

797 Vgl. Blöcher (2008): S. 3.

798 Schramm (2007): S. 203.

spricht es dem Prinzip der Marktfreiheit im Sinne der »Freiheit *zum* Markt«. Eine pauschale Gleichsetzung von Grundeinkommen und »Freiheit *vom* Markt« allerdings verfehlt den doppelten Freiheitsbegriff und damit das eigentliche Wesen des unbedingten Grundeinkommens.

Bezüglich der Frage der Kompatibilität des Garantierten Grundeinkommens mit dem Prinzip der Freiheit auf dem Markt wird auf der Grundlage des vorliegenden Analysebefundes eine durchaus positive Bilanz gezogen. So konnte oben dargelegt werden, dass das GGE den einzelnen Transferbezieher in praxi befähigt, Marktfreiheit einerseits als Freiheit *vom* sowie andererseits als Freiheit *zum* Markt realisieren zu können, ohne dabei den Marktmechanismus als Grundregelsystem irgendwie zu beeinträchtigen. Vielmehr begünstigt das GGE als Subjekthilfe arbeitsmarktverträglichen Verhaltens das ungestörte Funktionieren des Marktapparates. Demzufolge kann das GGE als marktkonformes sozialpolitisches Modell der Einkommenssicherung verstanden werden, das dem armack´schen Prinzip der Freiheit auf dem Markte grundsätzlich entspricht.

III.3.2. Das Ordnungselement: „...mit dem [Prinzip] des sozialen Ausgleichs zu verbinden."

Neben dem Grundsatz marktwirtschaftlicher Effizienz und umfassender wirtschaftlicher Freiheiten, wie z. B. der Freiheit in oder außerhalb des Marktes selbstbestimmt agieren zu können, gehört der individuelle Rechtsanspruch auf Unterstützung durch die Allgemeinheit im Zeichen des sozialen Ausgleiches ebenso zum Prinzipien- bzw. Regelgefüge einer funktionierenden Sozialen Marktwirtschaft. Wie umfassend erläutert, erhebt die Soziale Marktwirtschaft den ambitionierten Anspruch, das marktwirtschaftliche und das sozial ausgleichende Element wirksam zu verbinden und einen Ausgleich zwischen Marktsphäre und Sozialsphäre herzustellen. Das ordnungstragende Prinzip des sozialen Ausgleichs, das der Leitnorm sozialer Gerechtigkeit folgt und welches im Wesentlichen auf die Gewährleistung sozialer Sicherheit für alle Bürger abzielt, ist gemäß Müller-Armack integraler Bestandteil der Sozialen Marktwirtschaft.

Im Rahmen sozialer Ausgleichspolitik, die im Kern die Umverteilung von ökonomischen Ressourcen, Chancen und Anrechten „im Sinne einer angemessenen Vitalsituation aller Bürger"[799] sowie die Sicherung des sozialen Friedens anstrebt, sind eine ganze Reihe wirksamer sozial-

---

[799] Quaas (2002a): S. 222.

politischer Interventionen denkbar, die jedoch dem zentralen Kriterium der »Marktkonformität« (siehe Kapitel II.4.4.) nicht entgegenstehen dürfen.

Was aber eine vernünftige wie gesellschaftlich verantwortliche Ausgestaltung der Wirtschaftsordnung anbelangt, so muss neben dem Primat der Marktkonformität sozial- und wirtschaftspolitischer Eingriffe ebenso die „Sozialkonformität"[800] derselben postuliert werden. Das heißt, staatliche Eingriffe müssen die soziale und ökonomische Lage der Bürger tatsächlich und nachhaltig verbessern sowie wirklichen sozialen Schutz gewähren. Der Grundsatz des sozialen Ausgleiches umfasst folglich sowohl die Versorgung der wachsenden Zahl bedürftiger Menschen mit ausreichendem bzw. existenzsicherndem Einkommen als auch die Auflösung bzw. Versöhnung gesellschaftlicher Gegensätze.

Zu den Maßnahmen sozialstaatlicher Ausgleichspolitik, die in Müller-Armacks Konzeption ein zentrales Element der Sozialen Marktwirtschaft darstellt, zählt vor allem die Umverteilung von materiellen Mitteln, sprich Einkommen. In Kapitel II.4.3.2. wurde die ethische Bedeutung und Tragweite einer solchen Einkommensumleitung für das soziale Ausgleichsprinzip bereits angesprochen. Im Sinne der Forschungsperspektive dieser Studie, muss im Weiteren der Frage nachgegangen werden, ob und wenn ja inwieweit das Garantierte Grundeinkommen ein *sozialkonformes*, oder anders gewendet, *sozialverträgliches*, d. h. ein ethischen Aspekten verpflichtetes Instrument ist, mit dem ein gewisses Maß an sozialer Sicherheit und gesellschaftlicher Integration erreicht werden kann. Im Mittelpunkt der folgenden Ausführungen stehen dabei zum einen der Aspekt der Umverteilung und zum anderen die Prinzipien von Teilhabe bzw. Teilnahme.

III.3.2.1. Garantiertes Grundeinkommen und die Umverteilung von Arbeit, Einkommen und Chancen

Im Zentrum vieler Argumentationen für das unbedingte Grundeinkommen steht die gerechte Umverteilung traditioneller bzw. gesellschaftlich notwendiger Erwerbsarbeit, eine Forderung, die bereits in der alten Grundeinkommensdebatte der 1980er Jahre eine wichtige Rolle gespielt hat.[801] Auch für das KAB-Modell ist der Umverteilungsgedanke, welcher explizit mit einer Reduktion von Erwerbsarbeitszeit verbunden wird, von zentraler Bedeutung. So könne, angesichts eines gesamtwirtschaftlich sinkenden Erwerbsarbeitsvolumens „nur durch eine allgemeine Arbeitszeitverkürzung eine gerechte Verteilung der zur

---

800 Quaas (2000): S. 228.

801 Vgl. stellvertretend hierfür: Opielka/Vobruba (1986); Schmid (1986).

Verfügung stehenden Erwerbsarbeit realisiert werden."[802] Jene durch die avisierten Arbeitszeitverkürzungen entstehenden zusätzlichen Freiräume und Potenziale böten wiederum Gelegenheiten für Tätigkeit bzw. Beschäftigung im Non-Profit-Sektor oder in der Eigen- bzw. Privatarbeit.[803] Zudem soll nach Meinung der Grundeinkommensbefürworter ermöglicht werden, dass alle Mitglieder der Gesellschaft eine Chance auf Erwerbsarbeit erhalten.[804] Darüber hinaus stärke das GGE die Position jener gesellschaftlich-politischen Kräfte, die für Arbeitszeitkürzungen eintreten, was die Verwirklichungschancen derselben verbessere, so die Argumentation der KAB.[805]

Für die Mehrheit seiner Anhänger stellt das Grundeinkommen daher eine *„behutsame Technik der Arbeitsumverteilung"*[806] dar, die auf den Wandel des Arbeitsmarktes und der Erwerbsarbeit im Besonderen reagiert. In diesem Sinne konstatiert der linke Grundeinkommenstheoretiker Blaschke:

> „Das Grundeinkommen ist eine adäquate Antwort auf diese Veränderungen in der Marktarbeit, weil es a) ermöglicht, unzumutbare Gestaltungen hinsichtlich Produktmenge und Entlohnung zu unterwandern bzw. abzulehnen, und weil es b) längere Auszeiten von der Marktarbeit ermöglicht, also solche Formen der Arbeitszeitverkürzung und -umverteilung materiell absichert."[807]

Bei näherer Betrachtung des Arbeitsumverteilungsmotives, das im Kontext eines zunehmend segmentierten wie prekarisierten Arbeitsmarktes auf Aspekte der Verteilungsgerechtigkeit und Existenzsicherung abzielt[808], zeichnet sich folgendes Problem ab: Eine wirkliche Umverteilung von Erwerbsarbeit kann nur unter der Voraussetzung funktionieren, dass das individuell eingekürzte Erwerbsarbeitszeitvolumen von einer anderen Erwerbsperson übernommen wird. Das heißt, wirkliche Umverteilung von Arbeit findet nur dann statt, wenn jene Menge an Erwerbsarbeit, auf die Erwerbsperson X im Kontext des Grundeinkommensbezuges verzichtet, von Erwerbsperson Y übernommen bzw. von dieser geleistet wird. Speziell hinsichtlich einiger Aspekte wie Bereitschaft und Qualifikation jener Erwerbsperson, die das von einer anderen Erwerbsperson eingekürzte bzw. überlassene Arbeitsvolumen übernimmt, bleiben Fragen offen. So kann schwer vorausgesagt bzw.

---

802 Blöcher (2008): S. 5.

803 Vgl. Adamo (2012): S. 87.

804 Vgl. Blöcher (2012): o. S.

805 Vgl. Blöcher (2008): S. 3.

806 Vanderborght/Van Parijs (2005): S. 79 (Hervorhebung im Original).

807 Blaschke (2010a): S. 248.

808 Vgl. Wagner (2009): S. 12.

kalkuliert werden, ob Erwerbstätige im Grundeinkommenssystem einerseits gewillt sowie andererseits von ihrer Qualifikation her überhaupt in der Lage sind, die von anderen Erwerbspersonen reduzierte bzw. abgetretene Erwerbsarbeitsmenge zu übernehmen und damit eine arithmetisch saubere Lösung der Umverteilungsproblematik zu erwarten ist.[809]

Die angestrebte Verteilungswirkung des Grundeinkommens zeichnet sich laut Vanderborght und Van Parijs dadurch aus, „dass die Kosten, die ein Arbeitnehmer durch eine freiwillige Kürzung der Arbeitszeit zu tragen hat, sinken und dass Teilzeitaktivitäten, die bisher aufgrund einer Entlohnung unterhalb des Sozialhilfesatzes den Lebensunterhalt nicht zu sichern vermögen, rentabel werden."[810] Oder in Anlehnung an André Presse ausdrückt: Mit dem Grundeinkommen sinken die Opportunitätskosten selbstbestimmter Zeit für den Arbeitnehmer.[811] Demnach bietet das Grundeinkommen monetäre Anreize, den Umfang der individuellen monatlichen Erwerbsarbeitszeit zu reduzieren und die damit einhergehenden Einbußen an Erwerbs- bzw. Markteinkommen mit Hilfe des staatlich garantierten Transfereinkommens zu kompensieren. Dementsprechend wäre beispielsweise ein Arbeitnehmer in der Lage, von seiner bisherigen Vollzeitarbeitsstelle in eine von ihm eher präferierte Teilzeitbeschäftigung zu wechseln, auch wenn diese schlechterdings mit einer Vergütung nahe der Armutsgrenze[812] einherginge. Gerade für Menschen, die gerne etwas weniger arbeiten wollen, sei es aus Gründen einer familiären Sonderbelastung, die besonderen Einsatz verlangt, oder aber dem Wunsch mehr Zeit für Reisen, Freunde oder eine politische Betätigung zur Verfügung zu haben, bietet das GGE die Möglichkeit, den Wunsch nach mehr Freizeit bzw. Zeitsouveränität relativ einfach und armutsvermeidend realisieren zu können. Insoweit kommt das GGE auch dem Anliegen einer wachsenden Gruppe von etablierten Leistungsträgern entgegen, welche die mittleren Lebensphasen, die sog. »rush hour« des Lebens nicht aus-

809 Ausführlich zum Motiv der Arbeitsumverteilung Vgl. Wagner (2009): S. 10-14.

810 Vanderborght/Van Parijs (2005): S. 79.

811 Vgl. Presse (2010): S. 48.

812 Entsprechend dem EU-Standard liegt die Armutsgrenze bzw. Armutsschwelle bei 60 % des Medians der Äquivalenzeinkommen der Bevölkerung. Bei Einkommen unterhalb dieses Grenzwertes wird von relativer (Einkommens-)Armut gesprochen. Das Statistische Bundesamt definiert die Armutsschwelle auf Basis des Mikrozensus für das Jahr 2012 für Gesamtdeutschland auf 869 Euro monatlich pro Alleinstehende/n bzw. Einpersonenhaushalt. Vgl. Statistische Ämter des Bundes und der Länder (2013): Tabelle A.2 Armutsgefährdungsschwelle. Addiert man das Grundeinkommen mit den vom KAB-Modell vorgesehenen Lebenslagenzuschüssen, dann wird die Einkommens- bzw. Armutsschwelle leicht erreicht oder überschritten.

schließlich einem zunehmend kraft- und nervenfressenden Karrierestreben unterordnen wollen und die sich mehr private Frei(-zeit-)räume sowie eine bessere Vereinbarkeit von Familien- und Arbeitsleben wünschen.

Eng mit der (*Um-*)Verteilung von Erwerbsarbeit verbunden ist auch die Umverteilung von Einkommen, einem zentralen Motiv vieler Grundeinkommensmodelle. Weil im KAB-Vorschlag bedingungslos *allen* Bürgern ab Geburt (zugezogene Mitbürger nach 5 Jahren Wartezeit) ein existenzsicherndes Einkommen gewährt wird, bewirkt das GGE eine weitreichende Umlenkung der Einkommensströme, was angesichts eines primär einkommensteuerfinanzierten GGE einer massiven Umverteilung von reich zu arm entspricht. Dabei ist Kemmers Einschätzung durchaus zutreffend, dass das Grundeinkommen als Nettotransfer von den Besserverdienenden zu den schlechter Verdienenden faktisch eine gewisse – wenn auch legitime – ökonomische Diskriminierung vor allem der Nettozahler, darstellt.[813]

Des Weiteren überwindet das garantierte Grundeinkommen die *derzeit* geltende Umverteilungsregelung des hiesigen Sozialstaates, wo nur der-/diejenige subsidiäre staatliche Unterstützung erfährt, „wer (unverschuldet) in Not geraten ist und zu schwach ist, sich selbst zu helfen."[814] Folglich wird Umverteilung im Rahmen des GGE auf solche Weise radikal neu organisiert, dass ausnahmslos *alle* Bürger davon profitieren bzw. ohne Angabe von Gründen wie z. B. Bedürftigkeit oder Arbeitsunfähigkeit ein Existenzminimum seitens des Staates erhalten, was zur Verbesserung der Lebensumstände weiter Teile der Bevölkerung beitragen dürfte. Insbesondere einkommensschwache Personengruppen sowie jene Menschen, die vom bestehenden Netz sozialer Sicherung nicht aufgefangen werden (Stichwort: verdeckte Armut[815]), hätten hiervon zweifelsohne einen deutlichen komparativen Vorteil. Insofern kann das GGE als probates Mittel verstanden werden, extreme einkommens-

---

813 Vgl. Kemmer (2008): S. 137.

814 Hohenleitner/Straubhaar (2008): S. 21. Hohenleitner und Straubhaar weisen darauf hin, dass es bereits heute de facto mit dem Grundeinkommen vergleichbare Sozialleistungen gibt. „Es gibt die Sozialhilfe und eine aufgeklärte und humane Gesellschaft wird niemals zulassen, dass Menschen ohne Nahrung und Kleider, obdach- und würdelos dahinvegetieren. Sie wird in jedem Fall in der einen oder anderen Weise einen Absturz ins Bodenlose zu verhindern suchen und ein wie auch immer geknüpftes Auffangnetz auslegen." (Ebd., S. 22).

815 Hierzu zählen beispielsweise Personen, die entweder nicht wissen, dass sie Anspruch auf staatliche Unterstützungsleistungen haben oder diese aufgrund behördlicher Hürden und Schamgefühlen nicht beantragen.

bedingte soziale Ungleichheit als ein Grundproblem moderner Gesellschaft dauerhaft zu reduzieren. Ebenso wäre einem einkommensbedingten Ausschluss einzelner Personen aus dem Markt- bzw. Gesellschaftsprozess mit Hilfe des GGE wirksam Einhalt geboten, was den Postulaten sozialer Inklusion wie auch sozialer Nachhaltigkeit entspricht, die ihr Ziel in der dauerhaften wie ganzheitlichen Integration des Individuums in den Gesellschaftsprozess findet.

Aber auch ein spezifisches Freiheitverständnis, nämlich das der Freiheit von Fremdbestimmung und Ausbeutung, erhielte mit dem GGE ein stabiles finanzielles Fundament. Denn wer über ein verlässliches, existenzsicheres und frei nutzbares Mindesteinkommen verfügt, ist weniger abhängig von anderen Personen, gleichgültig ob nun Eltern, Vorgesetzte oder Lebenspartner. Insofern böte eine staatlich regulierte Umverteilung nach Art und Weise des KAB-Modells allen Bürgern einen effektiven Mindestschutz vor erwerbsarbeitsbedingter Fremdbestimmung. Dies würde gerade im Kontext einer asymetrischen Machtverteilung zwischen Arbeitgeber und Arbeitnehmer, wie sie heute oftmals faktisch gegeben ist, die Position der abhängig Beschäftigten verbessern und deren Emanzipation vorantreiben. Von der Warte aufgeklärter und mündiger Staatsbürger aus betrachtet, ist das GGE somit allein schon deshalb zu begrüßen, weil es die existenzielle Erpressbarkeit von Menschen und insbesondere von Arbeitnehmern in prekären Beschäftigungsverhältnissen wirksam senkt.

Für Müller-Armack ist die staatliche Einkommensumleitung *der* zentrale Mechanismus des Ausgleichsprinzips in der Sozialen Marktwirtschaft (siehe Kapitel II.4.3.2.), ohne dass dieselbe dabei vollends in einem Umverteilungskonzept aufgeht. Des Weiteren vertritt er die Position, dass der gemeinwohlorientierte Ausgleich jener aus dem Marktprozess hervorgegangenen und als negativ empfundenen Einkommensunterschiede durch eine klare Einkommensbesteuerung zu bewerkstelligen sei.[816] Kennzeichen solidarischer Ausgleichspolitik in der Konzeption Müller-Armacks ist die sozialverträgliche Umleitung der Einkommensströme von ‚oben' nach ‚unten', verbunden mit dem Ziel, die Situation unterer Einkommensgruppen dauerhaft zu verbessern. Eine breite Eigentums- und Vermögensbildung sowie die Erhöhung des Lebensstandards nahezu aller Bevölkerungsschichten gelten ihm dabei als konzeptionelle Leitorientierungen zukunftsweisender Umverteilungs- bzw. Sozialpolitik.[817]

---

816 Vgl. Quaas (2000): S. 128.

817 Vgl. Müller-Armack (1976 [1956]): S. 248.

Die Hauptlast der Umverteilung wird heute von den sozialversicherungspflichtig Beschäftigten und deren Arbeitgebern getragen, was zu Verwerfungen auf dem Arbeitsmarkt führt.[818] Von daher ist der Forderung von Hohenleitner und Straubhaar nach einer steuerbasierten Umverteilung, die gleichermaßen alle Einkommen zur Finanzierung heranzieht, zuzustimmen.[819] Genau diese Umstellung verwirklicht das steuerfinanzierte GGE. Überdies befindet sich ein umfassendes und lückenloses Transfer- bzw. Umverteilungssystem wie das GGE, das allen Bürgern ein existenzsicherndes Mindesteinkommen zuteilt und dieselben dadurch angemessen am gesellschaftlich produzierten Wohlstand teilhaben lässt, mit dem von Müller-Armack postulierten Prinzip des sozio-ökonomischen Ausgleiches grundsätzlich im Einklang.

Umverteilung im Zeichen sozialer Balance darf aber nicht allein auf materielle Ressourcen reduziert werden, sondern beinhaltet stets auch eine Umverteilung von Anrechten, Zugangsoptionen, Entwicklungs- und Teilhabechancen. Das Leitbild einer fairen sozialmarktwirtschaftlichen Grundordnung impliziert daher auch Chancengerechtigkeit inklusive der Gewährleistung annähernd gleicher Startbedingungen. Niemand soll allein aufgrund einer schlechten Ausgangssituation wie z. B. der Herkunft aus einer einkommensschwachen Familie Nachteile im Bildungssystem oder auf dem (Arbeits-)Markt haben und dadurch bei der Realisierung eines erfolgversprechenden Lebensplanes ins Hintertreffen geraten. Doch ist die Wahrnehmung von Lebensoptionen, Entwicklungs-, Bildungs- und Aufstiegschancen noch nie so eng an die Verfügbarkeit von Einkommen als einem allgemeinen Regulations- und Kommunikationsmedium gebunden gewesen, wie dies in der heutigen Geld- und Konsumgesellschaft der Fall ist. Ein Mangel an Einkommen, welches den Zugang zu Bildung und darauf aufbauend zu Berufspositionen maßgeblich bestimmt, führt daher unweigerlich zu einer schlechteren Wettbewerbsposition im Markt sowie daraus resultierenden nachteiligen Entwicklungs- und Teilhabechancen.[820] Desgleichen hemmt persistierende Einkommensarmut die soziale Mobilität und die Aufstiegschancen der von ihr betroffenen Personen, die sich schon heute einer abnehmenden Durchlässigkeit gesellschaftlicher Schichten und Systeme ausgeliefert sehen, wie dies der vierte Ar-

---

818 Vgl. Hohenleitner/Straubhaar (2007): S. 16.

819 Vgl. ebd.

820 So haben die groß angelegten periodisch durchgeführten PISA-Bildungsvergleichsstudien der letzten Jahre belegt, dass die Bildungs- und Aufstiegschancen von Schülern in Deutschland stark vom sozialen Hintergrund und der Einkommenssituation der Herkunftsfamilien abhängen (sog. »Herkunftseffekt«).

muts- und Reichtumsbericht der Bundesregierung 2012/2013 im Rahmen eines gesonderten Analyseteils detailliert nachgewiesen hat.[821]

Sind gleiche Startchancen – wie dies etwa ein unverstellter Blick auf die gegenwärtige soziale und ökonomische Wirklichkeit in der Bundesrepublik zeigt – nicht für alle Gesellschaftsmitglieder ex aequo gegeben, liegt es in der Verantwortung der politischen Gemeinwohlautorität mittels wirtschafts- und sozialpolitischer Eingriffe, so weit wie nur eben möglich, Chancengleichheit in der Bevölkerung herzustellen.[822] Denn sowohl für die Akzeptanz einer freiheitlichen Ordnung als auch für die Genese wirtschaftlichen Wohlstandes bilden gleiche Startchancen eine ganz wesentliche Voraussetzung. Schon den Vätern der Sozialen Marktwirtschaft war bewusst, dass der gemeinwohlorientierte Gebrauch von individuellen Freiheitsmöglichkeiten stark von politischen Regelungen und subsidiär-unterstützenden Rahmenbedingungen abhängt. Unter dem Eindruck dieser Erkenntnis erklärt Müller-Armack als Urheber des wissenschaftlichen Konzeptes der Sozialen Marktwirtschaft bereits 1962, dass die Aufgabe moderner Gesellschaftspolitik im Kontext einer offenen Gesellschaft darin besteht „Starthilfe zu bieten"[823], die eigenverantwortliches Handeln fördert und den sozialen und wirtschaftlichen Aufstieg des strebenden Menschen erleichtert.[824] Dabei obliegt es dem Staat als Repräsentant der Gemeinwohlautorität, die sozio-ökonomischen Rahmenbedingungen in der Bundesrepublik so zu gestalten, dass es dem Einzelnen möglich ist, seines eigenen Glückes Schmied zu sein. Die Durchsetzung annähernd gleicher Start- bzw. Einkommenschancen für alle Mitglieder der Gesellschaft kennzeichnet somit eine wesentliche Leitorientierung Sozialer Marktwirtschaft, die angesichts einer über die Jahre stetig zunehmenden Einkommensspreizung[825] und der daraus resultierenden Verfestigung des Armutsrisikos speziell für untere Einkommensschichten nichts an ihrer Aktualität verloren hat. Insbesondere für eine gerechte Verteilung von Bildungs-

---

821 Vgl. Vierter Armuts- und Reichtumsbericht der Bundesregierung (2012/2013): S. 63 ff.

822 Diesbezüglich gilt es jedoch, einschränkend anzufügen: Eine vollkommene Angleichung der Lebens- und Einkommenschancen der Bevölkerung ist angesichts der Pluralität und Verschiedenheit der Lebenslagen illusorisch und würde den Sozialstaat restlos überfordern. Insofern ist eine Angleichung der Startchancen aller Gesellschaftsmitglieder in Anbetracht der begrenzten Finanzmittel des Staates wie auch einer Vielzahl weiterer intervenierender Variablen letztlich nur annäherungsweise möglich.

823 Müller-Armack (1976 [1962]): S. 305.

824 Vgl. ebd.

825 Sachverständigenrat zur Begutachtung der Gesamtwirtschaftlichen Entwicklung (Jahresgutachten 2012/2013): S. 319 ff.

und Arbeitsmarktchancen ist Startchancengleichheit von nicht zu unterschätzender Bedeutung.

Fähigkeiten und Ressourcen, Talente und Motivationen der Menschen unterscheiden sich naturgemäß voneinander. Dementsprechend sind die Ausgangsausstattungen der Marktteilnehmer ungleich verteilt, ein Problem, für das der Markt grundsätzlich blind zu sein scheint. Dies führt jedoch unter anderem dazu, dass einige Menschen auf dem Markt erfolgreicher agieren als andere, was Rechtfertigungsprobleme aufwirft. Teilweise verschärft der Wettbewerbsmechanismus die Ungleichheit der Marktteilnehmer noch, indem er schwächeren und weniger markt- bzw. konkurrenzfähigen Akteuren den Zugang zu attraktiven (Erwerbs-)Chancen und Vorteilspositionen im Markt erschwert oder diese ins Abseits drängt. So haben es beispielsweise Personen ohne Schul- bzw. Ausbildungsabschluss sehr schwer, sich auf dem Arbeitsmarkt zu positionieren und eine erfolgversprechende berufliche Laufbahn einzuschlagen. Eine wichtige Rolle spielen in diesem Zusammenhang auch die individuell verfügbaren finanziellen Ressourcen, von denen Bildungs- und Berufsentscheidungen oftmals unmittelbar abhängen. Damit auch Benachteiligte und im Sinne der Marktlogik weniger leistungsfähige Personen in die Lage versetzt werden, Bildungschancen wahrnehmen und einen aussichtsreichen Berufsweg verfolgen zu können, ist die periodische Bereitstellung eines ausreichenden Mindesteinkommens für alle eine zentrale Aufgabe der Institutionen des sozialen Ausgleiches.[826] Ausreichend ist die über staatlich regulierte Umverteilung zu erzielende materielle Basisausstattung aber nur dann, wenn sie mindestens den lebensnotwendigen Güterbedarf abdeckt und eine Teilnahme am gesellschaftlichen und kulturellen Leben dauerhaft ermöglicht.

Finales Ziel der Gewährleistung gleicher Startchancen für alle ist die Sicherung von Chancengerechtigkeit[827], der vielleicht wichtigsten

---

826 Schon heute stellt der deutsche Sozialstaat allen Bürgern ein Mindesteinkommen zur Sicherung der Existenz zur Verfügung. Doch ist die Bereitstellung sog. Grundsicherungsleistungen im Gegensatz zum GGE an das Erbringen von Gegenleistungen gebunden. Zudem müssen die Leistungen über einen komplizierten bürokratischen Weg beantragt werden. Die implizite Gegenleistungspflicht und die vorhandenen bürokratischen Hürden führen nachweisbar dazu, dass nicht alle tatsächlich bedürftige Personen staatliche Unterstützungsleistungen erhalten.

827 In der politischen Debatte um die Erneuerung von Staat und Gesellschaft kursieren verschiedene, oftmals nur unzureichend bestimmte Vorstellungen von Gerechtigkeit. So bleibt beispielsweise die beliebte Forderung nach „mehr sozialer Gerechtigkeit" häufig unscharf und vage. Daraus ergibt sich die methodische Notwendigkeit, Gerechtigkeitskonzeption präzise zu definieren und voneinander zu unterscheiden.

Leitnorm moderner Sozialpolitik. Chancengerechtigkeit meint mit Blick auf die Marktwirtschaft nichts anderes, als dass ausnahmslos alle Gesellschaftsmitglieder de facto Zugang zum Markt haben und über die reale Möglichkeit verfügen, gemäß ihrer individuellen Leistungsfähigkeit und Leistungsbereitschaft die von ihnen gewünschte Position in (Arbeits-)Markt und Gesellschaft einzunehmen. Chancengerechtigkeit umfasst folglich soziale, wirtschaftliche und kulturelle Teilhabechancen, die prinzipiell allen offen stehen sollen und die in Abhängigkeit zur persönlichen Leistungs- und Einsatzbereitschaft sowie dem individuellen Vermögen, Anstrengungen auf sich zu nehmen, wahrgenommen werden können.

Die katholisch-lehramtliche Sozialverkündigung hat den Begriff der Chancengerechtigkeit, der heute in aller Munde ist, mit Blick auf den sozio-ökonomischen Wandel und die zunehmende Komplexität und Unübersichtlichkeit der gesellschaftlichen Verhältnisse dynamisiert. Der Begriff „Dynamische Chancengerechtigkeit"[828], welchen die Kommission für gesellschaftliche und soziale Fragen der Deutschen Bischofskonferenz in ihrem 2011 erschienenen Impulstext ‚*Chancengerechte Gesellschaft*' entwickelt, ist dabei von der Idee inspiriert, Mensch und Gesellschaft weniger als statische Wesenheiten zu begreifen, sondern vielmehr den Freiheits-, Veränderungs- und Entwicklungscharakter derselben in den Fokus der Betrachtung zu rücken. Eine der Chancengerechtigkeit verpflichtete Gesellschaftspolitik muss daher die Zunahme von Freiheitsmöglichkeiten in vielen Lebensbereichen berücksichtigen und Rahmenbedingungen schaffen, welche die Menschen angesichts schwindender Gewissheiten[829], wachsender sozialer Ungleichheit sowie einer „zunehmende[n] Brüchigkeit moderner Biographien"[830] fortwährend ermutigen, das eigene Leben in die Hand zu nehmen und die (neuen) Chancen der Freiheit positiv zu nutzen. Die Autoren des Impulstextes paraphrasieren den Begriff dynamischer Chancengerechtigkeit, welcher keineswegs mit nivellierender Gleichmacherei (wie dies Chancen*gleichheit* im Sinne von Ergebnisgleichheit definiert) verwechselt werden darf, mit folgenden Worten:

> „Mit Freiheit ist notwendigerweise ein gewisses Maß an Ungleichheit verbunden, die sich schon aus der Einmaligkeit der Person ergibt. Ziel ist also nicht Gleichheit, es muss vielmehr um Beteiligungs- und Befähigungsgerechtigkeit gehen. Dem Einzelnen müssen Wege in die Gesellschaft eröffnet werden – und zwar nicht nur einmal, sondern *immer wieder*."[831]

---

828 DBK (2011): S. 22.

829 Vgl. ebd., S. 15.

830 Ebd., S. 23.

831 Ebd., S. 22 f. (Hervorhebung im Original).

Des Weiteren weist die bischöfliche Kommission darauf hin, dass der Freiheitsgebrauch naturgemäß stets mit dem Risiko des Scheiterns verbunden ist und dass die Gefahren der Freiheit nicht einfach beiseitegeschoben werden dürfen. Dennoch seien die Gefahren der Freiheit in vollem Bewusstsein und in Verantwortung positiv zu integrieren und als Herausforderungen konstruktiv anzunehmen – so die Kommission. Hierfür bedarf es jedoch der Grundlage einer verlässlichen Sozialordnung, die angesichts der Möglichkeit des Scheiterns unter Absicherung sozialer Risiken nachhaltige Hilfe anbietet und niemanden an den Rand drängt. In diesem Sinne fährt der Text fort:

> „Nur wer darauf vertrauen kann, nicht ins Bodenlose zu fallen, wird auch bereit sein, sich den Gefahren der Freiheit zu stellen. Deswegen muss eine freiheitliche Gesellschaft immer auch eine solidarische Gesellschaft sein. Sie muss nicht nur in Kindheit und Jugend Chancengerechtigkeit verwirklichen, sondern über den gesamten Lebensverlauf hinweg. Nur so ist zu gewährleisten, dass ein Scheitern nicht zwangsläufig zu einer sich selbst verstärkenden negativen Entwicklung führt, sondern immer wieder Möglichkeiten zur Kursänderung bestehen."[832]

Im Zentrum einer chancengerechten Gesellschaftsordnung steht also die „zur Freiheit berufene Person"[833], welche dazu angehalten ist, ihr Leben selbstbestimmt zu gestalten und die in ihr angelegten Talente und Fähigkeiten zur vollen Entfaltung zu bringen. Um aber die Chancen der Freiheit in einer offenen und komplexen Gesellschaft, in der Lebenswege häufig weniger geradlinig verlaufen und in der viele Menschen nicht über ausreichenden finanziellen Spielraum verfügen, tatsächlich nutzen zu können, bedarf es neben der individuellen Fähigkeit, Lebens- bzw. Teilhabechancen überhaupt zu erkennen, auch einer hinreichenden Ausstattung mit den dafür erforderlichen sozio-ökonomischen Ressourcen.[834] Daraus folgt, die gesellschaftlichen Strukturen müssen in solcher Weise gestaltet werden, „dass allen Mitgliedern die Chance zur Entfaltung ihrer individuellen Freiheit und damit ihrer Fähigkeiten gegeben wird. [...] Dazu reichen *formale* Chancen nicht aus, sondern es werden soziale Anrechte nötig, die sie zu *realisierbaren* Chancen machen."[835]

Der gedankliche Schritt von freiheits-, teilhabe- und chancenermöglichenden Anrechten, die allen Gesellschaftsmitgliedern freien Zugang zu basalen sozialen Grundgütern wie Bildung, Erwerbsarbeit und Frei-

---

832 DBK (2011): S. 23.

833 Ebd., S. 22.

834 Vgl. ebd.

835 Ebd., S. 22. (Hervorhebung im Original).

zeit[836] garantieren, hin zu einem Grundeinkommen, welches die Zugangschancen zu allgemeinen Grundgütern finanziell absichert, liegt nahe.

Speziell das Garantierte Grundeinkommen der KAB kann im Rahmen einer freiheitlichen gesellschaftspolitischen Gesamtstrategie als Modell eines chancengerechten Umbaus sozialer und wirtschaftlicher Strukturen fungieren. Indem das GGE allen Bürgern ex ante eine sichere materielle Anfangsausstattung in Höhe des soziokulturellen Existenzminimums gewährt, versetzt es die Transferbezieher in die Lage, alternative Lebensoptionen sowie einkommensabhängige Freiheits- bzw. Verwirklichungschancen armutsvermeidend wahrnehmen zu können. Weil das GGE an ausnahmslos alle Mitglieder des Gemeinwesens ab Geburt ungeachtet deren privater oder familiärer Einkommens- bzw. Vermögenssituation ausgezahlt wird (monatlich 485 Euro für Kinder/776 Euro für Erwachsene) verfügen die Begünstigten infolgedessen zumindest materiell über grundsätzlich vergleichbare Startchancen, was die Chancengerechtigkeit in der Gesellschaft deutlich erhöht.

Ebenso positiv würden sich gleiche Startchancen für alle auf die Bildungs- und Teilhabechancen speziell jener Kinder und Jugendlichen mit schwierigem familiärem Hintergrund auswirken. Kinderarmut, welche die Bildungs- und Entwicklungschancen nachweislich negativ beeinflusst, würde in Folge eines grundeinkommensbasierten Ausgleiches von Start- und Verwirklichungschancen der Boden entzogen.[837] Insbesondere die Entwicklungsmöglichkeiten von Menschen mit einer anfänglich ungünstigen Ausgangslage werden durch die Angleichung der Startchancen mittels eines garantierten Einkommens positiv stimuliert. Bildungs- und Sozialarbeit wird durch das GGE auf eine feste Finanzierungsgrundlage gestellt, was sich vor allem auf die Teilhabe- und Verwirklichungschancen der unteren Einkommensgruppen vorteilhaft auswirkt. So wären Bildungszugänge sowie die freie Entfaltung individueller Fähigkeiten und Potenziale (z. B. durch Teilnahme an schulbegleitenden Freizeitaktivitäten) in einem sozialen Sicherungssystem mit Grundeinkommen bereits in frühen Lebens- bzw. Schuljahren finanziell grundsätzlich abgesichert. Folglich braucht niemand aus rein pekuniären Gründen auf eine gute (Hoch-)Schulbildung oder eine interessante berufliche Perspektive verzichten, nur weil die dafür nötige Grundlage des Existenzminimums fehlt bzw. dieses erst mittels (zeitin-

836 In den letzten Jahren hat im Rahmen der sozio-ökonomischen Analyse der Faktor Freizeit als eine wohlstandsrelevante Größe zunehmend an Bedeutung gewonnen.

837 Die Verbesserung der Chancen von Kindern und Jugendlichen mit Hilfe des Grundeinkommens kann nur dann funktionieren, wenn die Eltern das Kindergrundeinkommen, welches sie bis zur Volljährigkeit ihrer Nachkommen treuhänderisch verwalten, nicht zweckentfremden.

tensiver) Erwerbstätigkeit erwirtschaftet werden müsste. Gerade weil das garantierte Grundeinkommen schon in frühen Lebensjahren direkte finanzielle Subjekthilfe gewährt, verstehen es einige seiner Anhänger auch als Initiative förderndes »Startkapital«[838].

Resümierend ist folgendes festzuhalten: Mit Blick auf die Menschheitsgeschichte wird deutlich, dass das Ideal einer gerechten Gesellschaftsordnung sowie die Leitnorm einer „gerechtere[n] Verteilung der Glücksgüter unter den Menschen"[839] seit jeher Brennspiegel der philosophisch-normativen Debatte rund um den Aufbau einer gerechten Welt gewesen sind.

> „Schon früh haben sich Sozialphilosophen und Ethiker von der Vorstellung einer *gerechteren* Umverteilung der Daseinsressourcen fasziniert gezeigt. ‚Jedem nach seinen Verdiensten', ‚Jedem nach seinen Bedürfnissen', ‚Jeden nach seinen Wünschen' oder überhaupt grundsätzlich ‚Jedem das gleiche', so lauten verschiedene Grundprinzipien zur Regelung der Verteilung der für das Leben, das Funktionieren und das Fortbestehen der Gesellschaft notwendigen Güter und Leistungen."[840]

Was aber bedeutet die Leitnorm gerechter Umverteilung im Kontext moderner Arbeitsgesellschaft? Für die moderne Welt der arbeitsteiligen Marktwirtschaft ist der Arbeitsmarkt der Ort, an dem Erwerbsplätze und damit eng verbunden Einkommens- bzw. Lebenschancen verteilt werden. Aufgrund eines durch demografische Verschiebung, Produktivitätssteigerung sowie Wachstums- und Nachfrageänderungen bedingten Strukturwandels am Arbeitsmarkt erhalten nicht mehr alle Marktteilnehmer bzw. potentiellen Arbeitnehmer die Möglichkeit, sich ein auskömmliches Markteinkommen eigenständig zu erwirtschaften. Infolgedessen sind sowohl die freie Funktion des Arbeitsmarktes als auch die gerechte Verteilung der Markteinkommen im Wettbewerb samt der daran gekoppelten Zuteilung von Lebens- und Verwirklichungschancen gestört. Staatliche Umverteilungspolitik, welche die primäre Einkommensverteilung des (Arbeits-)Marktes sekundär korrigiert, wird alsdann notwendig, wenn ein dysfunktionaler Arbeitsmarkt nicht allen

---

838 Die Soziologen Gerd Grözinger, Michael Maschke und Claus Offe plädieren für ein Startkapital zur Herausbildung einer Teilhabegesellschaft bzw. »stakeholder society«. Der Vorschlag lautet, dass jeder junge Bürger bei Volljährigkeit eine steuerfinanzierte Sozialerbschaft in Höhe von 60000 Euro erhält (Vgl. Grözinger/Maschke/Offe (2006): S. 53-72). Weil die Auszahlung der Sozialerbschaft einerseits an die Bedingung der Volljährigkeit sowie andererseits an das Vorhandensein eines Schul-, Ausbildungs- oder Studienabschlusses gekoppelt ist, handelt es sich bei diesem marktkonformen Startkapital-Einkommen nicht um ein *bedingungsloses* Grundeinkommen im eigentlichen Sinne.

839 Füllsack (2002): S. 125.

840 Ebd. (Hervorhebung im Original).

arbeitsfähigen Personen einen Arbeitsplatz zur Verfügung stellen und damit die Teilhabe der Menschen an Produktion und Verteilung des gesellschaftlichen Wohlstands nur ungenügend gewährleisten kann. Hinsichtlich des Problems der gerechten Beteiligung aller unter der Bedingung eines tendenziell sinkenden Arbeitsvolumens sowie knapper werdender Erwerbsarbeitsplätze und der daraus resultierenden unfreiwilligen Erwerbslosigkeit stellt die Denkfigur des GGE einen überaus problemadäquaten wie entspannenden Lösungsansatz dar. So ist davon auszugehen, dass die Gewährleistung einer allgemeinen Einkommensgarantie die Erwerbsneigung zumindest im Bereich ethisch, finanziell oder organisatorisch unattraktiver Erwerbstätigkeiten phasenweise senken, d. h. unfreiwillige in sog. freiwillige Erwerbslosigkeit konvertieren und infolgedessen zu einer spürbaren Entlastung auf dem Arbeitsmarkt führen dürfte.

In Anbetracht der oben erörterten Umverteilungs- und Ermöglichungseffekte, die bei realistischer Einschätzung mit der Einführung des GGE wirksam werden, kann dasselbe durchaus zur Entfaltung einer chancengerechten Gesellschaft beitragen. Weil uneingeschränkt jeder Bürger und jede Bürgerin der Bundesrepublik auf der Grundlage eines individuellen Anspruches lebenslang ein armutssicheres Mindesteinkommen bedingungslos ausgezahlt erhält, vertritt das KAB-Modell sozialpolitisch einen ressourcen- bzw. chancenegalitären wie ebenso nachhaltigen Ansatz, der alle Mitglieder der Gesellschaft befähigt, Chancen zu ergreifen. Will sagen: Die Transferempfänger können in jeder Lebenslage auf die Hilfe der politischen Gemeinschaft vertrauen und auch nach dem Scheitern einer Lebensoption auf der Basis des GGE erneut ihr Leben frei und selbstbestimmt anpacken. Das GGE gewährt jedem Bürger ohne bürokratischen Aufwand und Rechtfertigungsdruck ein monatliches Sockeleinkommen, das eine sichere finanzielle Basis für die Realisierung einer neuen Lebenschance bietet. Hierbei kommt auch das christliche Menschenbild zum Tragen, das um die Fehlbarkeit des Menschen weiß und diesem gerade deshalb die Möglichkeit des Neuanfangs in Aussicht stellt.[841]

Das Ergreifen von Lebenschancen ist stets auch von der Möglichkeit des Scheiterns bedroht, dessen Folge in Gesellschaften mit Erfolgs- und Optimierungszwang nicht selten soziale Stigmatisierung ist. Angesichts erweiterter Freiheitsmöglichkeiten und der Zunahme individueller wie auch sozialer Kontingenz fordert daher die bischöfliche Kommission für gesellschaftliche und soziale Fragen zu Recht eine Auseinanderset-

---

841 Die KAB erklärt diesbezüglich: „Dem Garantierten Grundeinkommen liegt ein positives Menschenbild zugrunde." (Blöcher (2008): S. 1).

zung mit einer „Kultur des Scheiterns"[842] in welcher menschliches Versagen nicht gegen die Einzelperson gewendet, sondern vielmehr sozial akzeptiert wird. Eine solche von anthropologischem Realismus inspirierte Kultur kann sich jedoch nur dann etablieren, wenn sie von dauerhaft befähigender und ermutigender Sozialpolitik getragen wird. Auch in dieser Hinsicht erweist sich das GGE als hilfreich. Denn dasselbe bietet allen Gesellschaftsmitgliedern eine existenzsichere sozioökonomische Basis, eine armuts- wie ebenso krisenfeste Grundposition also, die den Einzelmenschen ermutigt, sein Leben eigenverantwortlich zu gestalten, auch wenn sich der gewünschte Erfolg einmal nicht einstellt oder Schicksalsschläge diesen erschweren. Dadurch fördert das GGE ein gesellschaftliches Klima, welches das berufliche wie private Scheitern von Menschen erträglich und Neuanfänge jederzeit möglich macht. Außerdem fände Sozialneid im Grundeinkommenssystem weniger Ansatzpunkte, was zu einer „Verbesserung der ‚Atmosphäre der Wirtschaft'"[843] beitragen dürfte.[844] Dadurch stiege auch die Kooperationsbereitschaft der Marktteilnehmer, welche die Grundlage jeder modernen arbeitsteiligen Ökonomie darstellt. Nicht zuletzt deshalb entspricht das GGE als eine Idee sozialpolitischer Innovation dem Grundbild einer fairen, menschengerechten wie auch versöhnenden Wirtschaftsordnung.

Die vorangegangenen Ausführungen haben gezeigt: Der Konstruktionsidee der Sozialen Marktwirtschaft immanent ist das Prinzip einer gerechten Verteilung von Einkommens- und Verwirklichungschancen, das sich insbesondere in der Herstellung von „Startgerechtigkeit als komplementäre Ergänzung der Wettbewerbsordnung"[845] äußert. Eine unverhältnismäßige Ungleichheit der Einkommensverteilung, wie sie im Rahmen des marktwirtschaftlichen Leistungswettbewerbs sowie unvollkommener (Arbeits-)Märkte gegenwärtig hervorgebracht und von einer marktliberalen Wirtschaftspolitik noch begünstigt wird, muss im Sinne einer chancengerechten Wohlordnung der Gesellschaft vermieden werden. Die mangelnde Ausgleichsfunktion von Marktgerechtigkeit, d. h. jener Gerechtigkeitskonzeption, welche Einkommen, Chancen sowie Vorteilspositionen allein nach Maßgabe des marktwirtschaftlichen Leistungsprinzips verteilt, ist demzufolge durch verteilungspolitisch gestützte Startgerechtigkeit zu ergänzen. Bezüglich dieser Aufgabe erweist sich das GGE, wie ebenso oben gezeigt werden konnte, als geeignetes Instrument der Angleichung von Einkommen

---

842 DBK (2011): S. 23.

843 Maier-Rigaud/Maier-Rigaud (2009): S. 76.

844 Vgl. ebd.

845 Ebd., S. 72.

und bildungsbezogener (Teilhabe-)Chancen, das zudem allen Bürgern einen substantiellen weil monetären Vorteil verschafft.

Darüber hinaus fundiert es gleiche Zugangschancen für alle Mitglieder der Gesellschaft zu externen Ressourcen, was neben den Zugängen zu Einkommen, Vermögen und Infrastruktur vor allem das universelle Anrecht auf Bildung und Wissen einschließt. Somit eröffnet das GGE gerade benachteiligten Transferempfängern und Personen, die auf kurz oder lang kaum eine Chance auf dem Arbeitsmarkt haben, vielfältige Anschluss- bzw. Verwirklichungsoptionen im Sinne einer gerechten Verteilung von Einkommens- und Lebenschancen. Insgesamt also statuiert das GGE als Reformmodell sozialer Sicherung eine konsensfähige „untere Mindestgrenze in der Einkommensverteilung"[846], die nicht unterschritten werden darf und die einen minimalen Freiheits- und Sicherheitsstatus für jeden Akteur in Markt und Gesellschaft garantiert.

Insofern wird das GGE jenen zeitaktuellen Herausforderungen, die sich aus dem fortschreitenden Veränderungsprozess am Arbeitsmarkt im Zuge des Überganges vom Fordismus zum Postfordismus ergeben (wie z. B. die Zunahme einkommensprekärer Beschäftigungsverhältnisse), gerecht. Das sozialpolitische Umverteilungsziel zugunsten jener Personengruppen mit geringem oder keinem Einkommen, das im Modell des GGE implizit angelegt ist und welches allen Gesellschaftsmitgliedern das soziale Existenzminimum garantiert, entspricht letztlich dem Selbstverständnis einer modernen, zivilisierten, marktwirtschaftlichen Gesellschaftsordnung, die um ihre philosophischen wie (ordnungs-)ethischen Wurzeln in Christentum, Aufklärung, Sozialismus und Liberalismus weiß.

Als Substanz der oben dargelegten Ansichten bleibt somit festzuhalten: Weil ausnahmslos *alle* Mitglieder der Gesellschaft, gleichgültig ob erwerbstätig oder nicht, mit Einführung des GGE gleichermaßen in den Genuss eines (Einkommens-)Vorteils kommen und speziell benachteiligte Personen dauerhaft (also wenn nötig immer wieder) wirtschaftlich, kulturell wie auch mental in die Lage versetzt werden, Risiken einzugehen und Chancen zu ergreifen, erweist sich das GGE als effektiv-inkludierende, nachhaltige und ermutigende Maßnahme staatlicher Umverteilungspolitik im Zeichen des sozialen Ausgleiches.

---

846 Maier-Rigaud/Maier-Rigaud (2009): S. 75.

III.3.2.2. Garantiertes Grundeinkommen und Teilhabe

Die soziale Frage des 19. Jahrhunderts ist im 21. Jahrhundert als Frage nach der (sozialen) *Teilhabe* reformuliert worden. Das Paradigma der Teilhabe bestimmt die gegenwärtigen politischen und wissenschaftlichen Debatten bezüglich der Reform von Wirtschaft, (Sozial-)Staat und Gesellschaft. Auch die Grundeinkommensdiskussion ist ohne das Postulat der Teilhabe, das eine Querschnittsaufgabe der Sozial- bzw. Gesellschaftspolitik insgesamt darstellt, nicht zu denken. Für die überwiegende Mehrheit der derzeit zur Diskussion stehenden Grundeinkommensmodelle ist Teilhabe daher ein ganz zentraler Aspekt. Schließlich formulieren die teilhabespezifischen Argumentationen der meisten Modelle die Forderung, bestehende Formen der sozialen Teilhabe zu erweitern und Teilhabe grundsätzlich für alle Gesellschaftsmitglieder zu ermöglichen (siehe Kapitel I.3.2.).

Im Vordergrund steht hierbei ein Verständnis von Teilhabe im Sinne »*gesellschaftlicher* Teilhabe«, welches, wie Blaschke deutlich macht, zwei Teilaspekte impliziert. Danach umfasst gesellschaftliche Teilhabe einerseits die *Teilhabe* des einzelnen am Wohlstand der Gesellschaft sowie andererseits dessen *Teilnahme* am sozialen Leben.[847] Theorierahmen hierfür bildet gemäß Blaschke eine Sozialstaatskonzeption, „in der der Sozialstaat die Aufgabe hat, allen den Zugang zu den möglichen und wirklichen Bedingungen für ein gutes Leben zu eröffnen *und* die für diesen Zugang benötigten finanziellen und anderen Ressourcen allen Menschen zu gewähren."[848] Der Doppelaspekt von (passiver) Teilhabe und (aktiver) Teilnahme ist auch dem KAB-Modell immanent, dessen Autoren den bedingungslosen grundlegenden Anspruch jedes Menschen auf gesellschaftliche Teilhabe von „den elementaren Grundrechten auf Würde, Leben, Gesundheit und Freiheit"[849] ableiten.

Wie nun verhält sich das GGE zum Teilhabepostulat moderner Sozialpolitik und welche Teilhabe- bzw. Teilnahmeeffekte entfaltet dasselbe? Gemäß der hier aufgeworfenen Fragestellung gilt es, das GGE im Rahmen dieses Kapitels zunächst hinsichtlich der Frage seiner Wirkung auf die Teilhabe am gesellschaftlichen Wohlstand sowie daran anschließend in Bezug auf die sich potentiell ebenso erschließenden Teilnahmemöglichkeiten im Bereich des gesellschaftlichen Lebens zu untersuchen.

Hinsichtlich der Idee individueller Teilhabe am gesellschaftlichen Wohlstand, welche zu den Grundgedanken der Sozialen Marktwirt-

---

847 Vgl. Blaschke (2010a): S. 17.

848 Ebd., S. 17 f. (Hervorhebung im Original).

849 Blöcher (2008): S. 3.

schaft zählt und die zugleich eine ihrer zentralen Versprechen darstellt, ist folgendes zu sagen: Gemäß der hier zugrunde gelegten Definition meint *Teilhabe am gesellschaftlichen Wohlstand,* dass seitens der politischen Gemeinschaft ein personenbezogener und existenzsichernder Einkommensanspruch gewährt wird, der allen Gesellschaftsmitgliedern einen individuellen und frei verfügbaren Anteil (Dividende) an den gesamtwirtschaftlichen Erträgen garantiert. Genau dies entspricht der Konstruktionsidee des GGE als einer Sozial*dividende* durch die nach Ansicht ihrer Urheber „alle Menschen sowohl materiell als auch durch größere persönliche Freiheit an diesem Reichtum und Fortschritt teilhaben."[850] Der Sinn einer individuellen Beteiligung am Wohlstand der Gesellschaft besteht zudem im Schutz des Einzelnen vor Armut, den die Institution des Marktes allein offensichtlich nicht in ausreichendem Maße gewährleisten kann.

> „Da längst nicht alle Menschen ‚marktfähig' sind [und somit auch nicht selbstständig für sich sorgen können, S. K.], muss die Gemeinwohlautorität durch Institutionen ‚des sozialen Ausgleichs' dafür sorgen, dass alle Glieder der Gesellschaft mindestens mit jenen Gütern ausgestattet werden, die ihnen ein Leben in Würde ermöglichen."[851]

Diesem Zweck trägt das GGE genüge, da es den Mindestbedarf des Individuums deckt. Insofern erschließt das GGE als individualisiertes Teilhaberecht einen bedingungslosen und vorleistungsfreien Zugang zu den ökonomischen Ressourcen der Gemeinschaft und sichert damit das allgemeine Grund- bzw. Menschenrecht auf Teilhabe an Wohlstand und Fortschritt der Gesellschaft institutionell.

Gleichgültig ob arm oder reich, faul oder fleißig, alle Mitglieder der Gesellschaft erhalten in Form des GGE ihren persönlichen, wenn auch nur bescheidenen Anteil am sozialen Wohlstandskuchen gewährt bzw. zugeteilt. Dabei erweist das GGE insbesondere im Vergleich mit den bestehenden Existenzsicherungssystemen einen deutlichen verteilungspolitischen Vorteil, da es sicherstellt, dass wirklich ausnahmslos alle Bürger gleichermaßen und barrierefrei in den Genuss sozialer Wohlstandsteilhabe kommen und somit existierende Beteiligungsnachteile wie z. B. aufgrund bürokratischer Hürden oder unbekannter Anspruchsberechtigung vollends negiert werden.

Interessant ist in diesem Zusammenhang eine sich in der politischen und wissenschaftlichen (Reform-)Diskussion mehr und mehr durchsetzende Perspektive, die das herrschende eindimensionale Wohlstandsverständnis kritisch hinterfragt und Wohlstand zunehmend ganzheitlich, also nicht primär als rein materiell-quantitative Größe

---

850 Blöcher (2008): S. 4.

851 Roos (2002): S. 280.

(Stichwort: Bruttoinlandsprodukt), sondern vielmehr im Sinne immateriell-qualitativen *Wohlergehens* (Stichwort: Bruttoinlandsglück) versteht. Dementsprechend müsste nun die Frage gesellschaftlicher (Wohlstands-)Teilhabe auch verstärkt sowohl den Aspekt individuellen als auch kollektiven Wohlergehens fokussieren. Speziell für die Debatte innerhalb der Wohlstands- und Wachstumsforschung, in der Fragen der Lebensqualität und des nachhaltigen Wirtschaftens immer mehr an Einfluss gewinnen, stellt die Idee des Grundeinkommens einen wahren Denkimpuls dar. So regt das Grundeinkommen Fragen bezüglich der Bedeutung des Einkommens für die Verwirklichung verschiedener Konzepte des guten Lebens an und lädt dazu ein, Wohlstand und Wachstum neu oder besser nachhaltig zu denken.

Nachdem oben gezeigt werden konnte, dass dem Modell des GGE grundsätzlich eine durchaus positive Teilhabewirkung innewohnt, gerät nun der zweite Aspekt von Teilhabe, nämlich das Teilhabeverständnis im Sinne der aktiven Teilnahme am gesellschaftlichen Leben in den Fokus. Diesbezüglich kann folgendes festgestellt werden: Eine aktive Teilnahme am gesellschaftlichen und marktlichen Leben ist in der modernen Geld- und Konsumgesellschaft nur mithilfe einer Mindestausstattung an individuell verfügbaren Einkommen möglich. So sind etwa der Kinobesuch mit Freunden ohne den Erwerb eines entsprechenden Billetts oder aber die Teilnahme an Versammlungen von Bürgerinitiativen für eine ökologisch und sozial verantwortliche Stadtplanung überhaupt erst dann möglich, wenn die An- bzw. Abreise zum Versammlungsort durch ein zuvor gekauftes Bahnticket sichergestellt ist. Insbesondere für die politische Willensbildung ist eine allen zugängliche und ebenso erschwingliche informationelle Infrastruktur von großer Bedeutung. So sind demokratische Beteiligungsprozesse ohne einen freien Zugang zu Internet und Onlineplattformen künftig schlichtweg nicht denkbar. Die in diesem Zusammenhang anfallenden Mobilitäts- bzw. Transferkosten könnten schließlich aus dem individuellen Grundeinkommensbudget gezahlt werden.

Sowohl der Konsum von Kulturgütern in der Gemeinschaft mit Freunden als auch die Teilnahme an einer öffentlichen politischen Veranstaltung, ja sogar der Kauf einer Tageszeitung sind ohne ein Minimum an verfügbarem Einkommen unter den real existierenden Bedingungen nicht möglich. So fällt es beispielsweise der alleinstehenden Witwe mit einer Eigenrente in Höhe von 500 Euro monatlich oder aber dem Studenten im BAföG-Bezug schwer, das soziale Grundrecht auf Teilhabe am gesellschaftlichen Leben uneingeschränkt bzw. angemessen wahrzunehmen. Vielmehr droht akute Armut aufgrund einer Unterausstattung mit finanziellen Mitteln. Aber auch das monatliche Einkommen von Grundsicherungsbeziehern liegt häufig nur nahe bzw.

unterhalb der Armutsgrenze, was eine aktive Teilnahme am sozialen und kulturellen Leben stark einschränkt. Folglich ist für weite Teile der Bevölkerung die Teilhabe am Gemeinwesen permanent in Gefahr. In Anbetracht dieser Tatsache besteht dringender Korrektur- bzw. Handlungsbedarf für eine dem Teilhabepostulat verpflichteten Sozialpolitik, deren Ziel es ist, Ausgrenzung wirksam zu bekämpfen sowie die Teilhaberechte und Partizipationschancen aller Bürger an marktlichen und gesellschaftlichen Prozessen hinreichend abzusichern.

Die tätige Teilnahme am sozialen und kulturellen Leben der Gemeinschaft schließt freilich das Arbeitsleben mit ein. Gerade die Praxis menschlicher Arbeit in all ihren Variationen und Facetten eröffnet zahlreiche Formen der unmittelbaren Teilnahme am Gemeinwesen. Diesen Standpunkt teilen die Erfinder des KAB-Modells mit aller Entschiedenheit. So erklärt die KAB in ihrem 2008 erschienenen Positionspapier zum Garantierten Grundeinkommen: „Als Arbeitnehmerbewegung setzen wir uns für Gutes Leben und Gute Arbeit für alle ein. Aus unserer Tradition wissen wir um den besonderen Wert der Arbeit für die Teilhabe und Teilnahme an der Gesellschaft."[852] Der Zugang zu Arbeit entscheidet demnach nicht allein über Einkommens- sondern ebenfalls über Partizipationschancen. Dieser Perspektive entsprechend begreifen die Autoren des GGE dasselbe auch als Ermöglichungsstruktur für den Eintritt in die sogenannte „**Triade der Arbeit**"[853], welche das Kontinuum dreier notwendiger und tendenziell gleichrangiger Bereiche menschlicher Arbeit[854] kennzeichnet. Konkret meint der leicht mythisch anmutende Begriff der »Triade der Arbeit« das Gefüge von marktvermittelter also preisbezogener Erwerbsarbeit (gewinnorientierter Sektor), individueller Privat- bzw. Eigenarbeit (häuslicher und ehrenamtlicher Bereich) sowie gemeinnütziger bzw. bürgerschaftlicher Arbeit (Non-Profit-Sektor)[855], welches aus Sicht der KAB das zukünftige Organisationsmuster der modernen Arbeitswelt darstellt.[856] Sowohl für Gesellschaft und Wirtschaft als auch für den Einzelnen sind alle drei Basisformen menschlicher Arbeit, zwischen denen er frei wählen bzw. wechseln kann, von grundlegender Bedeutung. „Ziel der Triade der Arbeit ist die Sicherung der Teilnahme aller Menschen an der Erwerbsarbeit, der individuellen und gesellschaftlichen Arbeit."[857] Mit dieser Zielbe-

852 Blöcher (2008): S. 1.

853 Welter (2003): S. 64 (Hervorhebung im Original).

854 Vgl. Schäfers (o. J.): S. 2.

855 Vgl. Welter (2007): S. 6.

856 Vgl. Welter (2003): S. 64 ff.

857 Ebd., S. 68.

schreibung kommt der grundlegende integrative Charakter der Triade zum Ausdruck, der das Recht einer jeden bzw. eines jeden auf eine sinnvolle Arbeit in mindestens einem der drei gleichberechtigen Tätigkeitsbereiche ernst nimmt. Eine grundlegende Neuorganisation findet die Dreiteilung menschlicher Arbeitsformen in der so genannten *„Tätigkeitsgesellschaft"*[858], d. h. in einer neuen Ausprägung der Arbeitsgesellschaft, in welcher die Erwerbsarbeit nicht länger eine Vorrangstellung einnimmt.

Nicht alle Menschen haben im Status quo einer streng erwerbsarbeitszentrierten Gesellschaft bzw. Arbeitsverwaltung freien Zugang zu den drei von der KAB als gleichwertig deklarierten Konzepten menschlicher Arbeit. Daraus resultiert eine Partizipations- bzw. Gerechtigkeitslücke für all jene Personen, die vom Kosmos bzw. der Fülle menschlicher Arbeit ausgeschlossenen sind. Damit aber grundsätzlich allen Menschen die Möglichkeit gegeben ist, sich gemäß dem Personenprinzip in verschiedenen Tätigkeitsfeldern und Leistungsrollen verwirklichen zu können, bedarf es einer neuen Form von Sozialpolitik, welche die strukturellen Voraussetzungen für die Teilnahme an einem multiaktiven Arbeitsleben schafft.

Im Kontext der Ausgrenzungs-Teilnahme-Problematik ist das Modell des GGE entwickelt worden, das nach Ansicht der KAB „allen Menschen – im selbst bestimmten Maße – […] Zugang zu allen Formen der Arbeit (Erwerbsarbeit, Eigenarbeit und Gemeinwesenorientierte Arbeit) eröffnet."[859] Somit könnte auf der Basis des GGE jeder Bürger bzw. jede Bürgerin ohne finanziellen Existenzdruck frei entscheiden, welche Form der Arbeit individuell zu bevorzugen bzw. auszuüben sei.

Das Argument der KAB überzeugt, denn in der Tat ermöglicht das GGE ganz unterschiedliche Formen der arbeitsgesellschaftlichen Teilnahme, sei es nun in Form privater Eigenbildungs- bzw. Wissensarbeit oder im Rahmen ehrenamtlichen Engagements. Insbesondere jene dauerhaft von Erwerbsarbeit ausgeschlossenen Personengruppen dürften hiervon profitieren, da es sich im System des GGE grundsätzlich lohnt *jede* Form menschlicher Arbeit auszuüben, gleichgültig ob diese nun vergütet wird oder nicht. Darüber hinaus erleichtert der KAB-Vorschlag den selbstbestimmten Wechsel zwischen den verschieden Tätigkeitsarealen bzw. Leistungsrollen was zu einer Befreiung der gesamten (Erwerbs-)Arbeitswelt aus verhärteten Strukturen und Abhängigkeiten sowie einer höheren Durchlässigkeit und Flexibilität innerhalb der drei vorgenannten Arbeitsformen beiträgt.[860] Die Verflüssigung von Begriff und Grenzen traditioneller Arbeit schafft Raum für Neues. „Neue For-

---

[858] Schäfers (o. J.): S. 2 (Hervorhebung im Original).

[859] Blöcher (2008): S. 3.

[860] Vgl. Schäfers (o. J.): S. 2.

men der Arbeit insgesamt und der Erwerbsarbeit im Besonderen müssen dabei nicht neu erfunden werden, sondern sie sind in Ansätzen bereits da."[861]

Aus dem Gesagten geht hervor: Erwerbsarbeit ist nur ein – wenn auch derzeit (noch) recht dominanter – Teilbereich des arbeitsgesellschaftlichen Lebens. Eine aktive Teilnahme am gesellschaftlichen Leben kann allerdings auch außerhalb des Erwerbssektors gelingen. So wird beispielsweise im Zuge des demografischen Wandels und der Zunahme der Anzahl pflegebedürftiger Menschen die Bedeutung der Familien- bzw. Sorgearbeit als eine wichtige, ja existenzielle Form der Teilnahme am Leben der sozialen Gemeinschaft stetig wachsen. Folglich werden sich künftig auch aufgrund steigender Gesundheits- bzw. Pflegekosten noch mehr Menschen als bisher intensiver um ihre Angehörigen kümmern (müssen). Die Realität zeitaufwendiger und anstrengender Pflege wirft neben ethischen Fragen auch Fragen der Finanzierung auf. Wie soll oder besser kann die bereits heute in hunderttausenden Haushalten von Familienangehörigen unbezahlt geleistete Sorge- und Pflegearbeit entlohnt, d. h. die notwendige und menschlich fordernde Teilnahme am Leben anderer angemessen vergütet werden? Hierauf haben Politik und Gesellschaft bislang noch keine befriedigende Antwort gefunden. Auch diesbezüglich bietet das GGE einen einfachen wie effektiven Lösungsansatz. So erhalten ebenso jene Personen, die sich in Sorge- bzw. Pflegearbeit engagieren das GGE als existenzsicherndes Mindesteinkommen ausgezahlt, was die Arbeit am Menschen als intensivste Form der Teilnahme auf eine sichere finanzielle Grundlage stellt. Die durch den Transfer zum Ausdruck gebrachte monetäre und moralische Anerkennung stiftet überdies Motivation. Das GGE als Teil des Sozialsystems bietet somit einerseits monetäre Anreize sowie andererseits die strukturellen Voraussetzungen für eine Praxis sozial wertvoller bzw. menschenbezogener Tätigkeiten. Mehr noch könnte das GGE die gesamte soziale Arbeit auf eine neue wirtschaftliche und soziale Grundlage stellen und dadurch, ganz im Einklang mit den ethischen Leitprämissen moderner Gesellschaft, die Entstehung einer neuen lebenswerten Kultur der zwischenmenschlichen Zuwendung und sozialen Teilnahme unterstützen.

Aber auch ein anderer wichtiger Teilaspekt der aktuellen Grundeinkommensdebatte soll in diesem Zusammenhang nicht unerwähnt bleiben. Verfolgt man die Diskussion um eine mögliche Verbesserung der Teilhabe- bzw. Teilnahmechancen für jede(n) durch das Grundein-

[861] Schäfer (o.J.): S. 1.

kommen, so fällt auf, dass vorwiegend von Grundeinkommensanhängern der linken Seite des politischen Spektrums die Forderung nach demselben oft mit der Forderung nach einem Ausbau öffentlicher Güter, Infrastrukturen und Dienstleistungen in Verbindung gebracht wird. So fordert beispielsweise die AG linksnetz den Ausbau öffentlicher Güter, Dienstleistungen und Infrastrukturen, die begleitend zum Grundeinkommen „allen Menschen unentgeltlich zur Verfügung gestellt werden müssen."[862], weil diese aktuell von marktlichen und gemeinschaftlichen Systemen nicht in ausreichendem Umfang und für alle gleichermaßen frei zugänglich bereitstellt werden.[863] Dies umfasst laut Blaschke öffentliche Güter wie Bildung und Ausbildung, Gesundheitsvorsorge, Wohnen und Verkehr sowie das Angebot an sozialen Infrastrukturen und Dienstleistungen (z. B. Bildungs-, Kultur- und Freizeiteinrichtungen), das „allen Menschen unabhängig von sozialem Status und Arbeitsleistung ein würdiges und gesellschaftliche Teilhabe garantierendes Leben ermöglicht."[864] Sinn und Zweck einer politischen Koppelung der Grundeinkommensidee mit der Ausweitung öffentlicher Güter und Infrastrukturen, welche auch von den Autoren des KAB-Modells befürwortet und insbesondere für die Bereiche Bildung und Erziehung explizit gefordert wird[865], besteht laut Blaschke darin:

> „eine »›soziale Infrastruktur‹ zu entwickeln, die allen ein auskömmliches Leben ohne Arbeitszwang sichert«.[…] Diese Position ist menschen- und grundrechtlich konsequent: Denn das Recht auf die Teilhabe am gesellschaftlichen Reichtum und die Teilnahme am gesellschaftlichen Leben in einer demokratischen Gesellschaft ist weder an eine bestimmte Teilhabe- oder Teilnahmeform gebunden, auch nicht an die Voraussetzung der Nutzerinnen, Marktarbeit zu leisten. Die universalistische Qualität öffentlicher Güter, Infrastrukturen und Dienstleistungen vermeidet also genauso wie das universelle Grundeinkommen soziale Ausschlüsse, Diskriminierungen und Stigmatisierungen."[866]

Dieser hier freilich nur skizzierte Ansatz, nämlich die Forderung nach einem Grundeinkommen mit der Forderung des Ausbaues öffentlicher Güter und Infrastrukturen zu verbinden, ist nicht zuletzt aufgrund eines sich dadurch drastisch erhöhenden Finanzierungsdeltas (Grundeinkommen plus öffentl. Güter und Infrastrukturen) nicht ohne Kritik bzw. Invektive geblieben. Sicher bedarf dieser umstrittene Vorschlag einer weiteren ausführlichen Diskussion, welche im Rahmen der vor-

862 Blaschke (2010a): S. 62.

863 Vgl. Blaschke (2010a): S. 61 f.

864 Ebd., S. 62.

865 Stellvertretend hierfür Vgl. Blöcher (2008): S. 5 sowie Blöcher (2012): o. S.

866 Blaschke (2010a): S. 63.

liegenden Arbeit nicht geleistet werden kann. Jedoch sei an dieser Stelle notiert, dass der Ausbau und der universelle kostenlose Zugang zu wichtigen öffentlichen Gütern und Strukturen, welcher die Verwirklichungschancen der menschlichen Person sowie die Partizipationschancen des Einzelnen im Markt- und Gesellschaftsgeschehen solidarisch sichert bzw. subsidiär erweitert, zweifelsohne in der Logik einer teilhabe- und chancenermöglichenden Sozialpolitik liegt. Diesbezüglich sei auch daran erinnert, dass Müller-Armack selbst „insbesondere die Sozialgestaltung der Einkommensbildung sowie Infrastruktur- und Umweltinvestitionen für wichtig erachtet [hat], um den Wohlstand breitester Schichten der Bevölkerung zu gewährleisten."[867]

Schlussendlich sei auch auf einen Einwand hingewiesen, welcher der Idee des unbedingten Grundeinkommens in der aktuellen Debatte immer wieder entgegengebracht wird und der nicht einfach auszuräumen ist. So kann das GGE, verstanden als sog. „Stilllegungs- oder Stillhalteprämie für Erwerbsarbeitslose"[868], durchaus teilhabeverhindernd bzw. exkludierend wirken. Dies will sagen: Menschen könnten sich auf einem das Existenzminimum garantierenden Sozialtransfer ausruhen, die Hände in den Schoß legen und jegliche Eigeninitiative meiden. Das GGE würde somit nicht, wie von seinen Autoren beabsichtigt, als sichere Ausgangsbasis bzw. Hilfestellung für die aktive Teilnahme des Einzelnen am gesellschaftlichen Leben genutzt, sondern ganz im Gegenteil zur Alimentierung von Passivität oder gar Verweigerung verwandt. Im Zuge derartiger Zweckverfremdung wäre das intendierte Doppelziel von „Aktivierung und Integration"[869] aller Gesellschaftsmitglieder und speziell der erwerbsfähigen Personen konterkariert. Zwar erklären Grundeinkommensanhänger dezidiert mithilfe des garantierten Sozialtransfers insbesondere die gesellschaftlichen Partizipationsmöglichkeiten Ausgeschlossener bzw. Benachteiligter fördern zu wollen, doch kann ein potenzieller Missbrauch des GGE im Sinne einer sedierenden „‚Arbeitsplatzverzichtsprämie'"[870] im Endeffekt nicht ausgeschlossen werden.

Ob die Transferempfänger das GGE letztlich zur Realisierung von Teilhabeoptionen oder aber im Gegensatz dazu vielmehr zur Alimentierung von Inaktivität und Einkapselung verwenden, bleibt im Kontext einer freien Wirtschaftsordnung der Verantwortung des Einzelnen überlassen. Sowohl die Anhänger einer offenen, pluralen und toleranten Gesellschaft als auch die Verfechter des bedingungslosen Grund-

---

867 Quaas (2002d): S. 386.

868 Blöcher (2008): S. 1.

869 Ebd., S. 5.

870 Fetzer (2007): S. 176.

einkommens, die individuellen Freiheitsrechten gerne und leidenschaftlich das Wort reden, dürften mit dem Prinzip der Eigenverantwortung grundsätzlich jedenfalls keine Probleme haben.

III.3.2.3. Zwischenfazit: Garantiertes Grundeinkommen und das Prinzip des sozialen Ausgleiches

Soziale Marktwirtschaft beinhaltet einen „sozialgestalterische[n] Auftrag an den Staat"[871], der entsprechend den Anforderungen der jeweiligen Zeitepoche mit Inhalt ausgefüllt werden muss.[872] Das Ziel einer gerechten Einkommenspolitik beschreibt hierbei ein grundlegendes sozialpolitisches Postulat. Schon früh ist Müller-Armack evident gewesen, dass es im Rahmen sozial verantwortlicher Marktwirtschaft nicht einfach darum gehen kann „die Verteilungsergebnisse des Marktes vollständig zu akzeptieren."[873] Vielmehr bedarf es, getreu dem Ausgleichsprinzip Sozialer Marktwirtschaft, einer sozialverträglichen Korrektur der marktlichen Verteilungsergebnisse durch staatliche Umverteilungspolitik, über deren rechtes Ausmaß und Grenzen differierende Auffassungen existieren. Die vom Staat regulierte Umverteilung, welche ein Kernelement der Sozialen Marktwirtschaft darstellt, zielt auf eine gerechte Verteilung bzw. breite Streuung der Einkommen, den Abbau sozialer und wirtschaftlicher Ungleichmäßigkeiten sowie die Teilhabe aller Bürger an Wohlstand, Fortschritt und Leben der Gesellschaft. Staatliche Ausgleichspolitik richtet sich also auf die Herstellung einer sozio-ökonomischen Balance, die allen Menschen weitreichende Partizipations- und Verwirklichungschancen einräumt. Wie nun ist das Verhältnis von GGE und sozialem Ausgleichsprinzip einzuordnen?

Indem das GGE allen Mitgliedern der Gesellschaft das Existenzminimum bedingungslos zuteilt, sorgt es unter Wahrung von Freiheit und sozialer Gerechtigkeit für eine gerechte Einkommensverteilung bzw. eine Mindestversorgung aller mit lebensnotwendigem Einkommen. Die weitreichende Korrektur der primären Einkommensverteilung durch das System des GGE bietet allen Bürgern eine stabile materielle Existenzgrundlage, welche Risikoübernahme ermöglicht und die Menschen zudem in die Lage versetzt, aktiv zu werden, d. h. (Markt-)Chancen zu nutzen und ihr Einkommen aus eigener Kraft zu verbessern. Damit wird (Einkommens-)Armut wirksam bekämpft bzw. präventiv verhindert, was sowohl die Vitalsituation eines jeden Bürgers als auch – durch

871 Quaas (2000): S. 128.

872 Vgl. ebd.

873 Ebd.

die Reduktion einkommensbedingten Konfliktpotenzials – den sozialen Zusammenhalt insgesamt stärkt.

Die staatlich organisierte Umverteilung der Einkommensströme im Rahmen des KAB-Modells bewirkt überdies, dass jene durch die desintegrative Wirkung von Arbeitsmarkt und Sozialstaat in Gang gesetzte Ungleichverteilung von Einkommen und Lebenschancen aufgefangen und einer Spaltung der Gesellschaft entlang der Einkommenslinie entgegengewirkt wird. Ebenso finden aufgrund einer antragsfreien Administration des GGE bürokratiespezifische Benachteiligungen und Bevormundungen nicht statt. Folglich kann das steuerfinanzierte GGE als Entwurf eines relativ einfach umzusetzenden, transparenten, barrierefreien und lückenlosen Sozial- bzw. Umverteilungssystems bezeichnet werden, das sowohl eine Umschichtung der Einkommen von oben nach unten als auch eine breite Streuung der gesellschaftlichen Wohlfahrtsgewinne effektiv verwirklicht.

Als Modell sozio-ökonomischer Mindestsicherung, das die Wohlstandsposition eines jeden Bürgers in den Mittelpunkt rückt bzw. verbessert, festigt das GGE überdies das Verhältnis von Staat und Bürger und trägt somit zur sozialen Verlässlichkeit bei. Dabei verdeutlicht der KAB-Vorschlag den grundeinkommenstypischen Zusammenhang: All jene, die zur Umverteilung beitragen, haben davon selbst auch einen direkten monetären Vorteil in Höhe des Existenzminimums. Dieser Umstand relativiert bzw. mindert dasjenige Kritik- bzw. Konfliktpotenzial erheblich, das in staatlich erzwungener Ausgleichspolitik – und speziell im Umverteilungskonzept des bedingungslosen Grundeinkommens – immer schon angelegt ist, nämlich dass die einen vorrangig geben bzw. zahlen und die anderen vorrangig nehmen bzw. empfangen.

Gerade durch die Gewährleistung von Würde, Existenzsicherheit und subsidiärer Hilfestellung im System des GGE erweist sich dasselbe als eine wirkliche »Option für die Armen«[874], welches durch die Umverteilung von Geldmitteln, Anrechten und Chancen grundsätzlich allen ein ausreichendes Lebensniveau garantiert, das wiederum die Entfaltung von Eigeninitiative und Selbstverantwortung ermöglicht. Außerdem werden dem Wertekonsens und Ausgleichsprinzip moderner Gesellschaft folgend die sozialen Start- bzw. Zugangschancen Benachteiligter durch das GGE materiell gesichert bzw. effektiv erweitert, ohne dass dabei wichtige Anreize zur Leistungserbringung zerstört würden. Dies hat zur Folge, dass der Einstieg in die Arbeitswelt insgesamt und speziell in die Marktarbeit (z. B. durch eine bessere Vereinbarkeit von

874 Bei der »Option für die Armen« handelt es sich um einen theologisch-sozialethischen Grundsatz, der die Sache der Armen, Schwachen und Benachteiligten ins Zentrum des sozialen und politischen Handelns rückt.

Beruf und Familie) leichter zu bewerkstelligen ist. Neben der Erhöhung der Chancengerechtigkeit, als einer wichtigen Grundbedingung für die Realisierung des Leistungsprinzips, lässt korrigierende Umverteilungspolitik im Modus des GGE folglich ebenso die Freisetzung ökonomischer und sozialer Potenzen erwarten.

Wie die vorangegangene Analyse ebenfalls gezeigt hat, fundiert bzw. erweitert das GGE die individuellen Teilhabe- bzw. Teilnahmemöglichkeiten, verbunden mit dem Ziel, den Einzelnen möglichst weitgehend in das wirtschaftliche und gesellschaftliche Geschehen zu integrieren. So sichert das GGE jedem bzw. jeder den Mindestanteil am materiellen Wohlstand der Gesellschaft, was Chancen für Eigeninitiative, Selbsthilfe sowie soziale und wirtschaftliche Kooperation eröffnet. Damit dient das GGE als soziales Teilhabeminimum einerseits der Sicherung der materiellen Grundlagen des Daseins sowie andererseits der Steigerung individueller Entfaltungs- und Beteiligungsmöglichkeiten. Indem es Zugänge zu den verschiedenen Formen von Arbeit und Bildung finanziell erschließt, fungiert das GGE als Ermöglichungsstruktur für persönliche (Leistungs-)Entfaltung, lebenslanges Lernen und sozialen Aufstieg. Desgleichen können finanzielle Hürden (z. B. Eintrittsgelder oder Kommunikationskosten), die eine Teilnahme am gesellschaftlichen Leben erschweren, mit Hilfe des Grundeinkommens leichter überwunden werden. Insofern eröffnet das GGE prinzipiell allen die Möglichkeit der Mitwirkung an der Entstehung, Mehrung und Erhaltung des gesellschaftlichen Wohlstandes. Weil das GGE uneingeschränkt *allen* das Teilhabeminimum an Einkommen und gesellschaftlichem Wohlstand tatsächlich sichert, also auch denjenigen, die ihren Lebensunterhalt nicht aus eigener Kraft bestreiten können, verwirklicht es das alte und populäre Wohlstandsversprechen der Sozialen Marktwirtschaft („Wohlstand für alle"), das an seiner Aktualität und Gültigkeit kein Jota verloren hat. Sozialer Ausgleich, der im Wesentlichen durch korrigierende Umverteilungspolitik des Staates vollzogen wird, dient dazu, allen Bürgern eine faire Chance zur Teilnahme an der Gesellschaft einzuräumen und ein Leben in Würde zu ermöglichen. Dieser anspruchsvollen gesamtgesellschaftlichen Aufgabe wird das GGE als ein alternatives Konzept der Mindest(-einkommens-)sicherung nachweislich gerecht, dessen Autoren ***„Teilhabe und Teilnahme statt Armut und Ausgrenzung"***[875] zu einem zentralen gesellschaftspolitischen Ziel erklären. Resümierend kann dem Modell des GGE somit attestiert werden, dass es mit dem Prinzip des sozialen Ausgleiches kompatibel ist, welches unter Berücksichtigung sozialer Gerechtigkeit die Wohlordnung der gesellschaftlichen (Einkommens-)Verhältnisse anstrebt und sich im

---

875 Blöcher (2008): S. 3 (Hervorhebung im Original).

Zuge dessen an den konkreten Ressourcenausstattungen der Menschen orientiert.

III.3.3. Vor- und Nachteile des Garantierten Grundeinkommens gegenüber dem Status quo

Die vorangegangene Analyse hat dokumentiert, dass das Grundeinkommensmodell der KAB eine problemadäquate Antwort auf den sich gegenwärtig vollziehenden sozio-ökonomischen Strukturwandel darstellt und den damit einhergehenden Veränderungen in der Gesellschaft und am Arbeitsmarkt Rechnung trägt. Darüber hinaus weist es verschiedene Vorteile gegenüber den bestehenden Existenzsicherungssystemen auf, die es verdienen erwähnt zu werden. Die nachfolgend angeführten acht Argumente stechen dabei besonders hervor, sodass sie an dieser Stelle noch einmal überblickshaft dargelegt werden. Die vorliegende Studie will dem Anspruch einer differenzierten und ausgewogenen Analyse des GGE gerecht werden. Daher wird im Anschluss an die Darstellung der Vorteile auch auf die zentralen Nachteile des Modells eingegangen. Zu den Vorteilen des GGE zählen:

Erstens: Das GGE fundiert das Bürgerrecht auf Einkommen und gesicherte Existenz. Ausgehend von der Prämisse, dass jeder Mensch über Grundrechte verfügt, behandelt das GGE alle Bürger ohne Ansehen von Herkunft, Geschlecht, (Erwerbs-)Status, Steuerveranlagung oder Lebensstil gleich, d. h. jeder Bürger erhält gleichermaßen ein Transfereinkommen in Höhe des Existenzminimums ausgezahlt. Das bedeutet: Niemand verliert den Anspruch auf einen menschenwürdigen Mindestlebensstandard, der in Form eines Existenzgeldes gewährt wird, nur weil Markt und Gesellschaft keinen adäquaten Arbeitsplatz zur Verfügung stellen (können) oder der Einzelne aus welchen Gründen auch immer nicht in der Lage ist, Erwerbs- bzw. Lohnarbeit zu leisten bzw. die Grundlage seines Lebens eigenständig zu erwirtschaften.

Zweitens: Das GGE entkoppelt Arbeit und soziale Sicherung. Das derzeit bestehende Sozialsystem koppelt die eigenständige soziale Sicherung an lebenslange kontinuierliche Erwerbstätigkeit (das sog. Normalarbeitsverhältnis), die jedoch als arbeitsgesellschaftlicher bzw. erwerbsbiographischer Normalfall zunehmend an Bedeutung verliert. Das GGE reagiert auf den Bedeutungsverlust von Erwerbsarbeit und Normalarbeitsverhältnis, welcher dazu führt, dass immer weniger Menschen in ausreichendem Maße Zugang zu einträglicher Erwerbsarbeit und – weil damit verknüpft – zu den Systemen der sozialen Sicherung haben. Das GGE löst dieses Problem, indem es Erwerbs- und Sozialsystem entkoppelt und gleichzeitig allen Zugang zu sozialer Sicherung in Form eines allgemeinen steuerfinanzierten Sozialeinkommens verschafft.[876]

Drittens: Das GGE verbindet (Markt-)Freiheit und soziale Sicherheit auf innovative Weise. Weil das GGE bedingungslos und unbürokratisch allen das Existenzminimum gewährt, ermöglicht es selbstbestimmtes Leben und Arbeiten. So können auf der Basis einer gesicherten Lebensgrundlage kreative Fähigkeiten geweckt werden sowie wirtschaftliche und soziale Potenzen Entfaltung finden. Außerdem kann individuelle Risiko- bzw. Verantwortungsübernahme armutsvermeidend gestaltet werden, was zu ökonomischer Initiative ermutigt und positive gesamtwirtschaftliche Multiplikatoreffekte wie beispielsweise erhöhte Wachstumsmöglichkeiten nach sich zieht.[877] Mit der Einführung des GGE steigt die (wirtschaftliche) Wahl- und Handlungsfreiheit der Arbeitnehmer, „gemäß ihrer Fähigkeiten die Wertschöpfung unserer Gesellschaft zu erweitern"[878] sowie die Flexibilität der Arbeitnehmer insgesamt. Überdies können Beschäftigungsverhältnisse und Arbeitsbedingungen jenseits von Existenz- bzw. Erwerbsdruck oder aber sozialbehördlicher Sanktionsandrohung frei ausgehandelt werden. „Die nach Arbeitszeit strebenden Menschen müssen sich nicht mehr unwürdigen Vermittlungsprozeduren hingeben, sondern können gemäß ihren Fähigkeiten ihr Humankapital ausleben und die Wertschöpfung unserer Gesellschaft mehren."[879] Das GGE erweitert somit individuelle Handlungsspielräume in marktlichen wie gemeinschaftlichen Systemen und ermöglicht eine selbstbestimmte Einteilung bzw. Integration von Lebens- und Arbeitszeit.

Viertens: Das GGE fördert die Wirtschaftsdemokratie. Weil das GGE alle Bürger auf eine stabile sozio-ökonomische Grund- bzw. Ausgangsposition in Höhe des Existenzminimums stellt, stärkt es die Verhandlungsmacht der Arbeitnehmer und eröffnet zugleich die Option, ausbeuterische oder anderweitig fragwürdige Beschäftigungsverhältnisse sowie menschenunwürdige Arbeitsbedingungen ablehnen zu können.[880]
Darüber hinaus erweitert es den (Ver-)Handlungsspielraum der Gewerkschaften im Kampf um bessere Arbeitsbedingungen und höhere Löhne.[881] Durch die Stärkung der monetär-materiellen Unabhängigkeit

876 Vgl. Blöcher (2008): S. 4.

877 Vgl. Welter (2007): S. 9.

878 Ebd., S. 3.

879 Welter (2007): S. 3.

880 Vgl. Blöcher (2008): S. 3.

881 Vgl. ebd., S. 3.

der Arbeitnehmer verbessert das GGE die Position abhängig Beschäftigter, was sowohl der Herstellung von ‚Waffengleichheit' zwischen Arbeitgebern und Arbeitnehmern als auch der Entstehung von sog. guter bzw. attraktiver Arbeit dient.

Fünftens: Das GGE fördert eine gerechtere Verteilung von Arbeit und Wohlstand. Mit einem garantierten Mindesteinkommen im Rücken fällt es leichter, in gewissem Umfang auf Erwerbsarbeit zu verzichten. So würden im Grundeinkommenssystem viele Arbeitnehmer ihre Wochenarbeitszeit auf 20-30h reduzieren, was wiederum anderen Menschen den Zugang zu Erwerbsarbeit erleichtern dürfte. Folglich könnte das GGE dazu beitragen, Erwerbsarbeit so zu verteilen, dass alle Bürger (selbstbestimmt) Anteil daran haben. Des Weiteren befähigt das GGE zu einem freien Wechsel zwischen verschiedenen Arbeitsformen und Tätigkeitsbereichen, was die Teilhabe am gesamten Kosmos menschlicher Arbeit ermöglicht. So kann etwa ein Arbeitnehmer, der sich vom Grundeinkommen getragen weiß, abhängige Erwerbsarbeit zugunsten einer selbstgewählten gemeinnützigen Tätigkeit aufgeben. Das GGE hilft die bisherige Organisation bzw. Verteilungspraxis der Erwerbsarbeit zu überwinden und ermöglicht somit allen unterschiedliche Formen der Teilhabe an einer multipolaren Arbeits- und Lebenswelt. Auch die Teilhabe am gesellschaftlichen Wohlstand und Fortschritt wird von einer Sozialdividende in Form des GGE neu definiert.[882] Das heißt, jedem einzelnen Bürger wird sein Anteil vom gesellschaftlich erwirtschafteten Wohlstand bedingungslos zugeteilt und nicht, wie im bestehenden Sozial- bzw. Existenzsicherungssystem üblich, erst auf Antrag bzw. nach vorausgegangener sozialbehördlicher Bedarfsprüfung. Gerecht ist das GGE aber auch deshalb, weil es auf die hohen Anrechnungssätze bei Hinzuverdiensten, wie sie im bestehenden Sozialsystem existieren, verzichtet, so dass sich zusätzliche Markteinkommen stets lohnen.

Sechstens: Das GGE schafft die Voraussetzungen für qualitatives Wachstum und die Entwicklung der Kultur- bzw. Wissensgesellschaft. Das Grundeinkommen fördert einen kulturellen Wandel, der immaterielle Bedürfnisse wie Bildung, Kunst und Kultur sowie Vergesellschaftung und Selbstfindung vor die Befriedigung durch materielle Güter setzt.[883] Im Zuge jenes von den Proponenten des Grundeinkommens angestrebten Kultur- bzw. Wertewandels sollen ebenso Fragen nachhaltiger Entwicklung und eines gerechten Ressourcenverbrauchs größere Beach-

---

882 Vgl. Blöcher (2008): S. 4.

883 Vgl. ebd., S. 4.

tung finden. Das GGE eröffnet die Option des »Weniger ist Mehr« und unterstützt die freie Entfaltung der Person jenseits von Leistungsdruck sowie ein balanciertes Leben. „Das garantierte Grundeinkommen schafft eine Option, das rechte Maß zu finden, zu erkennen, was dem Menschen und der Gesellschaft gut tut.“[884]

Siebtens: Die Implementierung des GGE führt zum Wegfall der steuerfinanzierten Sozialleistungen nach dem Fürsorgeprinzip und lässt erhebliche Einsparungen in der Sozial- und Kontrollbürokratie erwarten.[885] Die mit der Rationalisierung von Sozialleistungen verbundenen Einsparungen an Bürokratiekosten tragen unter anderem zur Finanzierung des Grundeinkommens bei. Jene staatlichen Behörden, die heute mit der Bedürftigkeitsprüfung oder der Überwachung von Sozialleistungen befasst sind, würden im System des GGE entlastet und könnten als Service-Agenturen Arbeitssuchende bei ihren Bemühungen begleiten und unterstützen. Weil überdies sowohl auf die Verrechnung von Einkommenszuflüssen und Vermögen als auch auf eine aufwendige bürokratische Berechtigungsprüfung verzichtet wird, ist das GGE ein einfaches und transparentes Verfahren. So bietet das GGE im Unterschied zu den gegenwärtig bestehenden überaus komplexen Mindestsicherungssystemen eine einfache und treffsichere Risikoabsicherung für alle Gesellschaftsmitglieder, was eine elementare Stärke des Modells darstellt.

Achtens: Ein weiterer Vorzug des KAB-Modells besteht darin, dass die paritätische Finanzierung der Sozialversicherungen fortbesteht. Somit wird der traditionelle Pfad der Sozialversicherung nicht verlassen, wie dies bei Grundeinkommenstypen wie der Negativen Einkommensteuer oder dem Bürgergeld der Fall ist. Dies sorgt für Kontinuität bei einer zentralen Säule der Sozialen Marktwirtschaft und erhöht die Konsensfähigkeit und damit letztlich die Umsetzungschancen des Modells.

Nachdem hiermit ein gebündelter Überblick über die wichtigsten Vorteile des GGE im Vergleich zum Status quo sozialer Sicherung gegeben worden ist, muss aus Gründen analytischer Objektivität und Ausgewogenheit nunmehr auch auf zwei wesentliche Nachteile des KAB-Modells eingegangen werden. Als Nachteil des Modells erweist sich bei näherer Betrachtung:

Erstens: Die Angaben bezüglich der Finanzierung des GGE sind unzureichend. Zwar werden von den Autoren des GGE verschiedene Vor-

---

884 Blöcher (2008): S. 4.

885 Vgl. ebd., S. 2.

schläge zu dessen Finanzierung gemacht, wozu u. a. eine Generalreform des Steuersystems zählt[886], doch ist eine entsprechende Modellrechnung bislang nicht vorgelegt worden. Die von Ralf Welter erstellte und vom KAB-Diözesanverband Aachen im Jahr 2003 veröffentlichte Finanzierungsrechnung[887], die das Finanzierungsvolumen des GGE mit knapp 498,7 Mrd. Euro pro Jahr beziffert (Basisjahr der Berechnung ist das Jahr 2000), beruht auf inzwischen veralteten Daten und geht im Unterschied zu den Angaben Blöchers aus dem Jahr 2008 (GGE i. H. v. 660 Euro pro Erwachsener und 400 Euro pro Kind[888]) zudem von einem weitaus geringeren monatlichen Grundeinkommensbetrag in Höhe von 600 Euro für jede volljährige Person aus.[889] Welters veraltete Berechnungen können also nicht für eine (finanztechnische) Bewertung des aktuellen Modells des GGE, das die KAB Deutschlands im April 2012 veröffentlich hat[890], herangezogen werden.

In Anbetracht der Diskrepanz der Angaben von Welter (2003) und Blöcher (2008; 2012) hinsichtlich der Höhe des Grundeinkommens und der Tatsache, dass gegenwärtig keine detaillierte Finanzierungsrechnung der KAB existiert, bleibt zusammenfassend nur festzustellen, dass die Informationen bezüglich der Finanzierung des GGE insgesamt recht vage bzw. unterkomplex sind, sodass dem Finanzierungsaspekt im Rahmen der vorliegenden Studie in Ermangelung gesicherter Daten nicht weiter nachgegangen werden kann.

Grundsätzlich aber kann gesagt werden, dass aufgrund des aus soziologischer und wirtschaftlicher Sicht weitgehend experimentellen Charakters des allgemeinen Grundeinkommens und der Komplexität makroökonomischer Zusammenhänge eine valide Einschätzung des realen Finanzierungsaufwandes nur schwer möglich ist. Das bedeutet, dass ein großer Teil der wirtschaftlichen Effekte und Folgeeffekte a priori, also vor der Einführung des Grundeinkommens, schlichtweg nicht vorhersagbar ist. Folglich wird der tatsächlich erforderliche Finanzbedarf erst im Zuge der Implementierung bzw. der eigentlichen Praxis des GGE offenbar.[891] Nichtsdestotrotz sind in Anbetracht man-

886 Vgl. Blöcher (2008): S. 2.

887 Vgl. Welter (2003): S. 259.

888 Vgl. Blöcher (2008): S. 2.

889 Vgl. Welter (2003): S. 219.

890 Vgl. Blöcher (2012).

891 Angesichts der Tatsache, dass das Sozialbudget der Bundesrepublik Deutschland im Jahr 2013 schätzungsweise 808,3 Mrd. Euro betragen hat (Vgl. Bundesministerium für Arbeit und Soziales (2013): S. 235/Tabelle 1.), kann davon ausgegangen werden, dass das Gesamtvolumen jener Finanzmittel, die schon heute dem Sozialsystem zu Verfügung stehen, grundsätzlich ausreicht, um den Modellvorschlag der KAB finanzieren zu können.

nigfaltiger Imponderabilitäten rund um die Frage der Finanzierung des Grundeinkommens weitere Untersuchungen zu diesem notorischen Aspekt sinnvoll und geboten.[892]

Zweitens: Die veranschlagte Grundeinkommenshöhe ist zu niedrig. So liegt der reine Grundeinkommensbetrag für den Erwachsenen gemäß Blöcher bei aktuell 776 Euro monatlich (bzw. 485 Euro pro Kind)[893] und befindet sich damit deutlich unterhalb der Armutsrisikoschwelle von 993 Euro monatlich im Jahr 2010 für alleinstehende Personen[894], sodass der Grundeinkommensbetrag allein für sich genommen nicht existenzsichernd ist. Das Problem der Versorgungslücke löst sich jedoch auf, sobald eventuelle Beiträge zur (weiterhin bestehenden) Sozialversicherung, Wohngeldanspruch und Lebenslagenzuschuss (i. H. v. 291 Euro/Monat), die einem Jeden zustehen, hinzuaddiert werden. In der Summe liegt der Transferendbetrag dann deutlich oberhalb der gegenwärtig festgeschriebenen Armutsgrenze. Dennoch bleibt im Hinblick auf die veranschlagten GGE-Beträge ein skeptischer Vorbehalt: So kann in vorausschauender Perspektive, also vor der faktischen Umsetzung des GGE, nicht zweifelsfrei festgestellt werden, ob ein Grundeinkommen in vorgenannter Höhe tatsächlich jene sozialen und ökonomischen Rahmenbedingungen statuiert, die es allen Gesellschaftsmitgliedern ermöglichen, ihre formal garantierten Freiheits- und Teilhaberechte effektiv einzulösen. Mit einiger Gewissheit kann aus heutiger Sicht nur gesagt werden, dass der von der KAB kalkulierte Grundeinkom-

---

892 Mit seiner 2010 veröffentlichten Dissertationsschrift hat der Ökonom André Presse eine Studie zur Frage der Realisierbarkeit eines Grundeinkommens in Deutschland vorgelegt, in welcher er bisherige Ansätze zur Finanzierung desselben beleuchtet und Finanzierungsfragen rund um das Grundeinkommen aus quantitativer sowie mathematisch-statistischer Sicht erörtert. Als ein zentrales Ergebnis seiner Untersuchung hält Presse – ganz der Argumentation seines Doktorvaters Götz Werner folgend – auf der Basis einer konsum- bzw. mehrwertsteuerorientierten Neuordnung des Steuerwesens ein allgemeines, armutsvermeidendes und anreizkompatibles Grundeinkommen in Höhe von monatlich 800-900 Euro sowohl steuertechnisch als auch fiskalisch für realisierbar. Darüber hinaus erkennt Presse in einem derart konstruierten bedingungslosen Grundeinkommen ein probates Mittel zur Reduzierung von Ungerechtigkeiten in der Einkommensverteilung Vgl. Presse (2010): S. 119-151.

893 Vgl. Blöcher (2012): o. S.

894 Die Armutsrisikoschwelle (60% des Medianeinkommens) hängt deutlich vom nationalen Wohlstandsniveau ab. Aufgrund des insgesamt relativ hohen Wohlstandsniveaus in Deutschland, liegt auch die Armutsrisikoschwelle im Vergleich zu anderen Ländern auf einem relativ hohen Niveau. Gemäß dem Sozioökonomischen Panel (2011) liegt die Armutsrisikoschwelle nach dem Einkommensjahr 2010 bei 993 Euro monatlich für einen Einpersonenhaushalt. Vgl. Vierter Armuts- und Reichtumsbericht der Bundesregierung (2012/2013): S. 462.

mens(end)betrag (also Grundeinkommen plus Wohngeld, Lebenslagenzuschuss, etc.) deutlich oberhalb der aktuell geltenden Regelsätze der durchschnittlichen Grundsicherungsleistung liegt, was für die Betroffenen de facto eine Besserstellung darstellt.

III.3.4. Zur Kompatibilität von Garantiertem Grundeinkommen und Sozialer Marktwirtschaft

Die Soziale Marktwirtschaft ist eine Ordnungskonzeption, die auf den Grundwerten von Freiheit, Solidarität und Gerechtigkeit beruht und „eine angemessene Synthese zwischen der Freiheit auf dem Markt und dem staatlich bewirkten sozialen Ausgleich anstrebt."[895] Marktfreiheit als zentrales Prinzip Sozialer Marktwirtschaft meint hierbei im Grunde nichts anderes, als dass die Menschen ihr Verhalten auf dem Markt gemäß ihren individuellen Präferenzen gestalten, was insbesondere einen *selbstbestimmten Markteintritt* bzw. *Marktaustritt* einschließt.

Freiheit auf dem Markt wie wirtschaftliches Handeln im Allgemeinen beruht also ganz wesentlich auf der Freiheit menschlicher Entscheidung, d. h. der Möglichkeit einer realen Wahl zwischen alternativen Handlungsmustern. Von individueller Freiheit kann also erst dann die Rede sein, wenn wirkliche Entscheidungs- bzw. Handlungsfreiheit besteht. Eine wahrhaft autonome Entscheidungsfindung ist dem Menschen jedoch nur dann möglich, wenn das zum Leben Notwendige sicher-gestellt, d. h. seine Sicht auf die Dinge nicht von Existenzangst beeinträchtigt wird. Die Freiheit von existenzieller Not zählt somit zu den unerlässlichen Grundvoraussetzungen einer wirklich freien Willensbildung.

Im Kontext moderner Marktwirtschaft, deren zentrales Element und Allokationsort ein freier Arbeitsmarkt ist, bedeutet dies, dass mündige Menschen frei und selbstbestimmt darüber entscheiden, welchen Beruf sie ergreifen (Berufsfreiheit nach Art. 12 Abs. I GG) und welche Form von (Erwerbs-)Arbeit sie zu welchen Konditionen (Vertragsfreiheit nach Art. 2 Abs. I GG) ausüben *wollen*. Diese für eine humane und sozial verantwortete Marktökonomie grundlegende Wahl- und Entscheidungsfreiheit souveräner Wirtschafts- bzw. Staatsbürger, nämlich die berufliche(n) Tätigkeit(en) selbstbestimmt wählen bzw. zwischen diesen frei wechseln zu können, wird immer häufiger von der mitunter harten Notwendigkeit eingeschränkt, lebensnotwendiges Einkommen eigentätig erwirtschaften zu müssen. Folglich subordiniert sich die Freiheit der Entscheidung in der Praxis (leider) allzu oft der Verfügbar-

[895] Leipold (2002): S. 233 f.

keit ausreichender Geldmittel. Diesem Missstand begegnet das GGE, indem es jedermann ein existenzsicherndes Mindesteinkommen und damit eine sichere materielle Grundposition gewährt, die ohne jegliche Gegenleistungs- bzw. Mitwirkungspflichten und befreit von permanentem Erwerbszwang wirkliche Wahl-, Entscheidungs- und Gewissensfreiheit sowie die freie Entfaltung der Person in nahezu allen Lebenslagen ermöglicht. Insofern eröffnet das garantiert gewährte Einkommen vielfältige Handlungsressourcen, was beispielsweise die Realisierung eigensinniger Lebensentwürfe einschließt.

Die von Erwerbsarbeit unabhängig gesicherte Existenz ermutigt die Menschen überdies dazu, eine Arbeit bzw. Tätigkeitsform zu wählen, die ihren Fähigkeiten und Neigungen entspricht, was eine effiziente Arbeitsteilung fördert und damit der Verdrängung niedrig Qualifizierter durch höher Qualifizierte im Stellenmarkt entgegenwirkt.[896] Speziell der Marktzugang Geringqualifizierter wird dadurch erleichtert. Die freilich begrenzten, aber dennoch nicht zu unterschätzenden autonomie- und motivationsstiftenden Effekte des garantierten Grundeinkommens kommentierten Hohenleitner und Straubhaar wie folgt:

> „Überdies verbessert das Grundeinkommen die nichtmonetären Leistungsanreize. Infolge der größeren Freiheit bei der Berufswahl und der Freiwilligkeit bei der Erwerbsentscheidung verbessert das Grundeinkommen die Leistungsbereitschaft und Motivation. Der Aspekt der Sinnhaltigkeit von Arbeit gewinnt an Bedeutung."[897]

Die mit dem Grundeinkommen bewirkte „Trennung von Sozial- und Arbeitsmarktpolitik"[898] trägt überdies zur Flexibilisierung des Arbeitsmarktes bei und stärkt die Effizienz der Marktwirtschaft nachhaltig, was wiederum die Finanzierungsmöglichkeiten des Grundeinkommens verbessert.[899]

Die vorliegende Analyse macht zudem deutlich: Als konsequent individuenbezogenes und zugleich egalitäres Modell sozialer Sicherung schützt das GGE die wirtschaftliche und soziale Freiheit eines jeden Einzelnen gleichermaßen, ohne dabei die konventionellen Mechanismen der kollektiven Absicherung von Lebensrisiken durch die Sozialversicherungen oder aber das Prinzip einer freien Preisbildung zu (zer-)stören. Vielmehr schließt es die Lücken des bereits bestehenden Netzes zur Sicherung des Existenzminimums und schafft somit die sozioökonomischen Voraussetzungen für eine einheitliche Mindestbeteili-

---

896 Vgl. Hohenleitner/Straubhaar (2007): S. 18.

897 Ebd., S. 14.

898 Ebd., S. 17.

899 Vgl. ebd.

gung aller in Markt und Gesellschaft. Mit der strukturellen Ermöglichung von Freiheit und selbstbestimmtem Leben sowie der „Sicherung von Emanzipation und gleich-berechtigter Teilhabe innerhalb der bestehenden Marktordnung“[900] realisiert das GGE elementare Grundziele der Sozialen Marktwirtschaft. Indem es einerseits das Teilhabeminimum aller Menschen an den Früchten gesellschaftlicher Produktivität garantiert sowie andererseits dieselben dauerhaft dazu befähigt, selbstbestimmt Erwerbstätigkeit aufzunehmen, d. h. aus freien Stücken und damit eigen*motiviert* in den marktwirtschaftlichen Wettbewerb einzutreten, verbindet es das Leistungsprinzip der Marktökonomie mit dem Teilhabeprinzip des Sozialstaates.

Darüber hinaus unterstützt ein garantiert gewährtes Grundeinkommen nach Ansicht von Hohenleitner und Straubhaar „die Selbstorganisationskräfte der Gesellschaft und fördert die Entwicklung dezentraler Problemlösungen“[901], welche „zumeist passgenauer und flexibler [sind, S. K.] als zentral und hierarchisch gesteuerte Lösungsversuche.“[902] Aus dieser These kann geschlussfolgert werden, dass das GGE die Eigenkompetenz kleinerer Einheiten wie die des Individuums, als dem eigentlichen Ausgangs- bzw. Mittelpunkt aller die freie Grundordnung verwirklichenden, sozialen und ökonomischen Prozesse, stärkt. Zugleich begünstigt es damit auch die Entwicklung jener, dem Menschenbild der Sozialen Marktwirtschaft (siehe Kapitel II.4.6.) entsprechenden subsidiär-eigenverantwortlichen und solidarisch-kooperativen Habitusmuster.

Des Weiteren bricht das KAB-Modell mit der Workfare-Doktrin der derzeit praktizierten Hartz-IV-Gesetzgebung, welche gemäß dem herrschenden Paradigma aktivierender Grundsicherung Erwerbslose unter der Androhung von Sanktionen zur Arbeitsaufnahme zu bewegen sucht. Indem das GGE den Einzelnen von lähmender Existenzangst sowie sozialstaatlicher Repression befreit und dem Individuum einen quasi unantastbaren subsidiär greifenden Freiheitsstatus zuerkennt, erleichtert es, bislang verborgen gebliebene schöpferische Potenziale freizusetzen, die eine Vorbedingung für produktive Leistungsentfaltung, qualitatives Wachstum und ganzheitlichen gesellschaftlichen Fortschritt darstellen. „Denn nachhaltiger ökonomischer Erfolg wird nicht durch Gängelung und Zwang erreicht, sondern durch Innovation und Bildung. Und dazu braucht es freie Bürger, die selbstbestimmt leben und arbeiten.“[903]

---

900 Wagner (2009): S. 34.

901 Hohenleitner/Straubhaar (2007): S. 18.

902 Ebd.

903 Ebd.

Genau dies ermöglicht das GGE, weil es die ökonomischen und sozialen Voraussetzungen für neue Wissens- und Kompetenzaneignung, alternative Bildungswege sowie die freie bzw. (markt-)unabhängige Entwicklung von Arbeits- und Lebensmodellen schafft. Als Institution dauerhaft unterstützender und damit ermutigender Sozialpolitik schützt und fördert das GGE also die fundamentale Freiheit sowie den kreativen Elan des Bürgers und stärkt den Einzelnen in seiner Fähigkeit, „Initiativen zu ergreifen, die Anstrengungen auf sich zu nehmen und die Leistungen zu erbringen, die zum Gelingen seines Lebens notwendig sind."[904] Das GGE als (Re-)Form staatlich garantierter Grundversorgung hält folglich ganz im Einklang mit der Kernidee Sozialer Marktwirtschaft am Primat der Freiheit fest, d. h. der Freiheit zu eigenverantwortlicher Leistungs- und Lebensgestaltung.

Um aber individuelle Freiheit konstruktiv und gemeinwohlorientiert leben zu können, bedarf es eines soliden monetär-matierellen Fundamentes bzw. einer sicheren ökonomischen (Ausgangs-)Position. Erst auf der Basis materiell grundgesicherter Freiheit können menschliche Fähigkeiten und Potenziale optimale Entfaltung finden, die sonst von Existenzangst oder Erwerbsdruck erstickt würden. Diesbezüglich erweist das GGE im Vergleich zu den bestehenden Systemen sozialer Mindestsicherung deutliche Vorteile, weil es als Institution „gesellschaftlicher Verläßlichkeit"[905] ökonomische Sicherheit in ausnahmslos allen Lebenslagen gewährt. Gerade weil es eine stabile Einkommenssituation für jedermensch garantiert, schafft es die Voraussetzungen, unter welchen sowohl individuelle Freiheit und Selbsthilfe als auch soziale Liebe und kommunikativer Einsatz für den anderen bewusst und aktiv gelebt werden können. Als sozialstaatliche Institution einer solidarisch und subsidiär konstruierten einheitlichen Mindestsicherung fördert das GGE private Initiative, Risikoübernahme sowie die freie Entfaltung marktgerichteter Aktivität, welche für das Gedeihen von Wirtschaft und Gesellschaft von grundlegender Bedeutung sind. Damit entspricht es der Grundkonfiguration Sozialer Marktwirtschaft, deren bestimmendes Moment die spezifische Dialektik des inneren Bedingungsgefüges bzw. Interdependenzverhältnisses von Freiheit und Sicherheit ist.

Weil das GGE als innovative Sozialtechnik seiner impliziten Systematik entsprechend die Möglichkeit bietet, das Markt-Prinzip mit dem Sozial-Prinzip zu vereinen und dadurch die Initiativ-, Entwicklungs- und Lebenschancen aller verbessert, schafft es integrierende Rahmenbedingungen für Wettbewerb, wirtschaftliche Dynamik und tätige Teilhabe

---

904 Spieker (1986): S. 336.

905 Büchele/Wohlgenannt (1985): S. 94.

im Ordnungskontext moderner Marktökonomie. Das Modell des Garantierten Grundeinkommens verbindet also den Gedanken individueller Freiheit mit dem der sozialen Ordnung und ist somit ein geeigneter sozialpolitischer Ansatz zur Verwirklichung des Kernanliegens der Sozialen Markwirtschaft. Mehr noch verkörpert es den „Gedanke[n] der Sozialen Marktwirtschaft in Reinkultur."[906]

Deutlich wird überdies: Ein System der sozialen Sicherung nach Art und Weise des GGE bietet soziale Basissicherheit, die zur Initiative in einer wettbewerblich organisierten und flexiblen Wirtschaftsordnung anregt bzw. diese freisetzt. Ein Transfereinkommen nach Vorstellungen der KAB ermutigt den Einzelnen dazu, langfristige und möglicherweise risikoträchtige Investitionen in das (eigene) Humankapital vorzunehmen, da er im Falle des individuellen Scheiterns niemals unter das armutsfeste Mindestplafond des Grundeinkommens fallen kann. Speziell das Grundeinkommensmodell der KAB garantiert eine armutssichere sozio-ökonomische Grundposition von der aus der Einzelne jederzeit einen erneuten Versuch wagen kann, sich in die (Markt-)Gesellschaft einzubringen, was die Entwicklung hin zu einer Kultur des Zutrauens und der Verantwortungsübernahme begünstigt und dem Grundbild einer humanen und lebensdienlichen Wirtschaftsordnung entspricht. Verantwortungsübernahme setzt jedoch denknotwendig Freiheit und Handlungsmöglichkeiten voraus. Da diese immer öfter von vermeintlich unüberwindbaren Sachzwängen, bürokratischen Vorgaben und enger werdenden Zukunftsperspektiven eingeschränkt werden, ist die Zeit nunmehr reif für eine strukturell und damit dauerhaft befähigende Sozialpolitik in Form des GGE, welche „das System der sozialen Sicherheit in dem Sinne erweiter[t], daß nicht nur Notstände beseitigt werden, sondern die Gesamtstruktur des gesellschaftlichen Gefüges zu einem größeren Spielraum befreit wird."[907] Die Rede ist von einem System einkommensmäßiger Mindestsicherung, dass „Atemraum für die Suche nach dem je eigenen Lebensentwurf [– vor allem, S. K.] in den Krisenpunkten des Lebens, die oft auch Wachstumspunkte der persönlichen Lebensgestaltung sind"[908], gewährt und darüber hinaus Entfaltungsmöglichkeiten für biographische Flexibilität, autonome Selbstverwirklichung sowie alternative Arbeits- bzw. Lebensmodelle bietet.

Zusammenfassend kann somit festgestellt werden: Das Grundeinkommensmodell der KAB in Form einer garantierten Sozialdividende für

906 Nord-West Zeitung (2012): o. S.

907 Büchele/Wohlgenannt (1985): S. 94.

908 Büchele/Wohlgenannt (1990): S. 235.

jedermann lässt sich sowohl ordnungstheoretisch als auch sozialethisch-normativ schlüssig mit dem Grundkonzept Sozialer Marktwirtschaft vereinbaren. Es ist mit der Sozialen Marktwirtschaft system-, oder anders ausgedrückt, ordnungskompatibel, weil es – wie im Rahmen der vorliegenden Studie bereits gezeigt worden ist – sowohl den ethischen Grundlagen einer modernen Gesellschaft entspricht als auch mit den Ordnungsprinzipien einer freien und sozial verantworteten Marktökonomie konform geht. Das GGE gewährleistet ein Minimum an materieller Unabhängigkeit, sozialer Sicherheit und Teilhabe bedingungslos für alle Mitglieder der Gesellschaft. Des Weiteren respektiert das GGE die menschlichen Grundbedürfnisse nach Selbstbestimmung, sozialer Integration und Anerkennung. Zudem ermöglicht es die autonome Entfaltung des handlungsfähigen Individuums diesseits und jenseits des (Arbeits-)Marktes und rückt den Einzelnen wieder in den Mittelpunkt einer solidarisch verfassten Marktgesellschaft. Darüber hinaus entspannt es das Arbeitskräftepotenzial, weil marktaverses Ausweichverhalten erwerbsfähiger Personen weder mit existenzbedrohenden Folgen für den Einzelnen verbunden ist noch mit sozialbehördlichen Sanktionen belegt wird. Außerdem wird der Faktor Arbeit inklusive der Sozialversicherungen im System des garantierten Grundeinkommens entlastet, weil die gewünschte Umverteilung nun vorrangig durch den steuerbasierten Sozialtransfer vollzogen wird.[909]

Als Ermöglichungsstruktur individueller Freiheit und alternativer Arbeits-, Beteiligungs- bzw. Lebensmodelle schafft das GGE zudem Raum für neue Ideen, private Initiative und soziales Engagement. Insofern hilft es bei der Erschließung neuer Denkräume und darauf aufbauend neuer Politikmuster. Speziell für die Innovationskraft im Bereich der Wirtschaft und des Sozialen sowie für die Fortentwicklung der gesellschaftlich-politischen Ordnungsform hin zu einer sozial verpflichteten wie auch effizienten Marktwirtschaft leistet das Modell des GGE somit einen wichtigen Beitrag. Insbesondere für die Sicherung der Zukunftsfähigkeit der Sozialen Marktwirtschaft als einer menschengerechten, solidarischen und Initiative weckenden Wirtschafts- und Gesellschaftsordnung ist die Implementierung GGE daher unerlässlich.

III.3.5. Garantiertes Grundeinkommen als Moment Sozialer Irenik?

Zum Schluss dieses dritten großen Abschnittes zur Frage der Kompatibilität sei ein weiterer Aspekt angesprochen, der für die bilanzierende Bewertung der Vereinbarkeit des GGE mit der Sozialen Marktwirt-

---

909 Vgl. Hohenleitner/Straubhaar (2007): S. 16.

schaft ebenfalls von Bedeutung ist. Wie in Kapitel II.4.5. dargelegt, beschreibt Müller-Armack Wesen, Methode und Ziel der Sozialen Marktwirtschaft mit der Formel »Soziale Irenik«. Unter Sozialer Marktwirtschaft versteht er also die Stilform eines irenischen, d. h. friedenstiftenden Verhaltens, einen auf Versöhnung zielenden Ordnungsgedanken also, der zum einen die Überwindung weltanschaulicher Antagonismen sowie zum anderen den Ausgleich im Dreieck der Ziele persönlicher Freiheit, wirtschaftlicher und sozialer Sicherung und Wachstum sucht.[910]

Die gesellschaftspolitische Zielsetzung der Sozialen Marktwirtschaft besteht für Müller-Armack primär darin, wirtschaftliche Freiheit und soziale Sicherung in einen harmonischen Ausgleich zu bringen.[911] Diesbezüglich hielt Müller-Armack eine breite und insofern gesellschaftliche Armut vermeidende soziale Einkommenssicherung für geeignet.[912] Genau dies kann durch das GGE als einer innovativen sozialpolitischen Institution realisiert werden. Indem das GGE gleichermaßen sowohl eine freie marktgerichtete Initiative als auch sozialen Ausgleich gewährleistet und beide Ziele dergestalt in Einklang bringt, dass keines der beiden allzu sehr beeinträchtigt wird, verfolgt es einen dezidiert irenischen also versöhnenden Ansatz. Der irenische Effekt kommt auch dadurch zum Tragen, weil das Modell des GGE eine angemessene Mindest(-wohlstands-)beteiligung für jedermann garantiert, was die ökonomische Sicherung und Verbesserung der sozialen Bedingungen breitester Schichten hebt und darüber hinaus dem genuin sozialmarktwirtschaftlichen Ziel einer breiten Wohlstandsverteilung dient. Dies wiederum entspannt das konfliktreiche Ringen um eine gleichmäßige und in diesem Sinne gerechte Teilhabe aller am gesellschaftlichen Reichtum und trägt somit maßgeblich zur sozialen Befriedung bei.

Als sozialstaatliches Instrument egalitärer bzw. sozial ausgleichender Existenzsicherung ebnet das GGE allzu extreme Gegensätze zwischen Armut und Reichtum ein. Durch diesen sozial-irenischen Eingriff werden insbesondere benachteiligte Personengruppen versöhnlich gestimmt und soziale Ressentiments entschärft, was eine dauerhafte friedliche Koexistenz im Sinne des sozialen Zusammenhaltes fördert. Aufgrund des strikt individuenbezogenen Ansatzes des KAB-Modells rückt der „in die Vereinzelung gedrängt[e] Mensc[h] unserer Zeit"[913] in den Mittelpunkt versöhnender Sozial- bzw. Gesellschaftspolitik, welcher durch das GGE eine objektive Sicherung seiner im Kontext einer von Krisen erschütterten Marktwirtschaft stets labilen sozio-öko-

910 Vgl. Müller-Armack (1976 [1962]): S. 299.

911 Vgl. Müller-Armack (1976 [1960]): S. 272.

912 Vgl. Quaas (2000): S. 323.

913 Müller-Armack (1976 [1960]): S. 272.

nomischen Situation erfährt. Dies bedeutet in der Summe: Weil es die implizite Systematik des KAB-Modells ermöglicht auf moderne und relativ einfache Weise den marktwirtschaftlich-liberalen mit dem sozialausgleichenden Aspekt zu vereinen und somit zwischen den (vermeintlich) konfligierenden Interessen von Freiheit und Sicherheit, Allokation und Distribution ein verträgliches Gleichgewicht herzustellen, entspricht es der ursprünglichen Intention der gesellschaftspolitischen Akzentuierung der Sozialen Marktwirtschaft als einer irenisch-vermittelnden Sozialidee.

Darüber hinaus kann gesagt werden, dass speziell der Modellvorschlag der KAB maßgeblich dazu beitragen könnte, den irenischen Charakter der Sozialen Marktwirtschaft zu verwirklichen, mehr noch als dies im Rahmen des gegenwärtigen Sozialstaatsregimes möglich ist. Das GGE wirkt der Spaltung der Gesellschaft an der Einkommensgrenze wirksam entgegen, eröffnet zahlreiche individuelle Entfaltungsmöglichkeiten, bietet nachhaltige, den sozialen Aufstieg fördernde monetäre (‚Start'-)Hilfe für jedermann und leistet somit einen wichtigen Beitrag zum Aufbau einer gerechten und damit sozial befriedeten Gesellschaft. Die Herstellung Letzterer ist in ihrer ökonomischen Bedeutung nicht zu unterschätzen, denn gerade Stabilität und sozialer Frieden sind aus Sicht der Unternehmen die vielleicht bedeutendsten Produktionsfaktoren überhaupt, ohne die es schlichtweg zu gefährlich wäre, Investitionen jeglicher Art zu tätigen.

Das häufig bemühte Argument, aufgrund von Geldmangel bzw. einer unzureichenden materiellen (Mindest-)Beteiligung am gesellschaftlichen Reichtum eigene Projekte und Lebensziele nicht umsetzen zu können, wird mit dem GGE hinfällig wie ebenso andere einkommensbezogene Ausreden. Da ausnahmslos alle Gesellschaftsmitglieder ihren Teil in Form des Grundeinkommens gleichermaßen ausgezahlt erhalten, kann sich keiner gegenüber dem Mitbürger übervorteilt, benachteiligt oder ungerecht behandelt fühlen. Dem Sozialneid als einer Quelle vieler Konflikte, Spaltungen und Friktionen wird somit der materielle Stachel genommen. Insofern erweist sich das GGE als Reformmodell umfassender sozialer Mindestsicherung, das einen nachhaltigen Beitrag zur Integration und Befriedung der Gesellschaft leistet und damit zur Überwindung der Trennungs-gesellschaft beitragen kann.

Mit dem GGE schlägt die KAB also ein Modell sozial befriedender Daseinsvorsorge vor, das (Verteilungs-)Konflikten wie auch Neidgefühlen effektiv entgegenwirkt und die Zukunftsfähigkeit der Gesellschaft ausgehend vom Individuum verbessert. Beim GGE handelt es sich somit um ein innovatives Sozialstaatsprojekt, das dem sozial-irenischen Grundkonzept bzw. der friedenstiftenden Methodik Sozialer Marktwirtschaft weitgehend entspricht und den ordnungsspezifischen Versöhnungsgedanken institutionell verankert.

IV. KAPITEL: PERSPEKTIVE ERNEUERUNG

IV.1. Chancen und Effekte einer Alternative im Horizont der Erneuerung

Im Rahmen der in Kapitel III durchgeführten Kompatibilitätsanalyse ist am Beispiel eines konkreten Grundeinkommensmodells, nämlich des Garantierten Grundeinkommens nach Vorstellungen der KAB Deutschlands, nachgewiesen worden, dass die Idee des bedingungslosen Grundeinkommens mit dem Konzept der Sozialen Marktwirtschaft nach Müller-Armack grundsätzlich vereinbar ist, weil sie weder dem Freiheits- bzw. Rational-Prinzip noch dem Sozial- bzw. Ausgleichsprinzip derselben entgegensteht. Nachdem die prinzipienmäßige Verträglichkeit beider Konzepte damit als erwiesen gilt, stellt sich die prospektive Frage, welche Wirkungen und Chancen mit der Einführung eines Grundeinkommens einhergehen und worin genau dessen Innovationspotenzial besteht.

In Kapitel IV dieser Arbeit soll daher untersucht werden, welchen Beitrag ein bedingungslos gewährtes Grundeinkommen zur sozialen und wirtschaftlichen Erneuerung der Gesellschaft leisten kann und inwiefern Veränderungen gesellschaftlicher und ökonomischer Strukturen mit dessen Einführung zu erwarten sind. Dies schließt auch die Frage ein, welche Vor- bzw. Nachteile ein jedermann garantiertes Existenzgeld für die entwickelte Arbeitsgesellschaft bietet.

Mit Gewissheit kann bereits an dieser Stelle gesagt werden: Das Spektrum der Anhängerschaft eines garantierten Grundeinkommens ist breit und heterogen. Genauso vielfältig und teilweise auch gegensätzlich sind dementsprechend die gesellschaftlich-politischen Intentionen bzw. Zielvorstellungen, die mit dessen Umsetzung verbunden werden. Diese reichen von der Rettung bis zur Überwindung der (kapitalistischen) Marktwirtschaft. Als ebenso gewiss gilt auch: Das ohne Bedingungen gewährte und damit zugangs- bzw. sanktionsfreie Grundeinkommen ist eine echte Alternative zum bestehenden erwerbsarbeitszentrierten System sozialer Sicherung in Deutschland. Gerade weil es den Einzelnen ein Stück weit von sozialgesetzlich gestütztem Erwerbszwang sowie lähmendem Existenzdruck befreit und somit eine Entfesselung der Kräfte verantworteter Freiheit fördert, birgt es ein enormes gesellschaftsveränderndes Potenzial in sich. So kann im Bewusstsein eines jedermann garantiert zur Verfügung stehenden Finanzstocks eine neue Qualität gesellschaftlicher Dynamik entstehen, welche erwerbsgesellschaftliche Verkrustungen wie beispielsweise die durch mediale Dauervermittlung verfestigte Existenzangst und sozialbehördliche Zwangsmittel am Leben erhaltene Formen der Beschäftigung aufbricht und die Verhältnisse von Leben und Arbeiten zum ‚Tanzen' bringt. Die oft bemühte und nicht minder eingängige Metapher vom sozialstaatlichen (Auffang-)Netz wird freilich mit der Implementierung eines allgemein garantierten Grundeinkommens überflüssig, da es entsprechend der Kernidee desselben keine Netzlücken mehr gibt, durch die eine gewisse Anzahl bzw. Gruppe von Menschen in Notsituationen oder bei sozial unerwünschtem Verhalten fallen kann. Insofern beschreibt das bedingungslose Grundeinkommen ein Mindestniveau menschlicher Existenz, unter das niemand fallen kann, unabhängig der objektiv oder subjektiv geleisteten Erwerbsarbeit oder irgendeiner anderen Gegenleistung. Zudem entfiele im Zuge der Einführung eines allgemeinen Grundeinkommens ebenso eine den sozialen Frieden als wichtige Säule des gesellschaftlichen Wohlstandes bedrohende Stigmatisierung von Versorgungsklassen wie auch der große bürokratische Aufwand der sozial-administrativen Bedarfsprüfung und Kontrolle von Sozialleistungen.

In diesem Zusammenhang ist die Idee des bedingungslosen Grundeinkommens klar von (neoliberalen) Bürgergeld- bzw. Negativsteuermodellen abzugrenzen, welche primär eine Rationalisierung bzw. Substitution von Sozialleistungen bezwecken, verbunden mit dem Ziel, eine Stabilisierung des Status quo zu bewirken. Gemeint sind all jene Modellentwürfe, die an den bestehenden Kategorien der Arbeitsgesellschaft mitsamt der sie dominierenden Erwerbsdoktrin festhalten und dem Einzelnen nur dann einen bescheidenen bzw. aufstockenden Sozialtransfer gewähren, wenn das am Markt erzielte Einkommen unter der gesellschaftlich definierten Armutsgrenze liegt.

Eine wirkliche Entkoppelung von Existenz- bzw. Teilhabesicherung und Erwerbsarbeit auf individueller Ebene, wie sie insbesondere von Grundeinkommensanhängern der linken Seite des politischen Spektrums durch dessen Einführung bezweckt wird, kann jedoch mit Hilfe jener in der Literatur auch als ‚partielle Grundeinkommen' bezeichneten Modelle nicht erreicht werden.[914] Und es entspricht auch

914 Vgl. Blaschke (2010a): S. 20.

nicht deren zentralen Konstruktionsgedanken, welche um die Kompensation nicht existenzsichernder Marktlöhne bei zeitgleich anvisierter Vollbeschäftigung kreisen. Dabei wird gerade von linkspolitischer Seite die geringe Transferhöhe der sogenannten partiellen Grundeinkommen kritisiert. Insbesondere weil durch das Hinzuverdienenmüssen, d. h. das notwendige Aufstocken allzu niedriger Transferbeträge mit Markteinkommen schließlich eine (re-)kommodifzierende Wirkung erzeugt bzw. aufrecht erhalten werde. So wohnt beispielweise nach Ansicht Blaschkes den partiellen, also in nicht existenz- oder teilhabesichernder Höhe angelegten Grundeinkommen ein von ihren Urhebern bewusst kalkulierter „»stummer Arbeitszwang«"[915] inne. Insofern verharren jene zumeist im bürgerlichen Lager Anklang findenden Transfereinkommensmodelle in der Logik einer weitestgehend erwerbszentrierten Grundsicherung, in deren Rahmen die Integration der erwerbsfähigen Leistungsberechtigten in verschiedene als zumutbar definierte Marktarbeiten stets das finale Ziel jeglicher Sozialtransferpolitik darstellt.[916] Ungeachtet dessen ist die Bündelung von Transferleistungen im Zuge einer wurzelhaften Neuorganisation der sozialen Sicherung konzeptimmanenter Bestandteil der meisten Grundeinkommensmodelle, und dies unabhängig der politischen Heimat ihrer Autoren.

Um den spezifischen Charakter der Grundeinkommensidee verstehen zu können, gilt es, die zwei Grundebenen des Konzeptes näher zu betrachten. So handelt es sich beim Vorschlag des bedingungslosen Grundeinkommens auf einer ersten Ebene um einen konkreten Ansatz zur Neuorganisation der Grundsicherung über den hier bereits viel gesagt worden ist. Darüber hinaus handelt es sich auf einer zweiten Ebene auch um ein Projekt gesellschaftlicher Erneuerung, das eine Transformationsperspektive eröffnet, „die über die (Erwerbs-)Arbeitsgesellschaft hinausweist."[917] Verstanden als korrektive Systemänderung oder „Chiffre gesellschaftspolitischen Wandels"[918] bereitet das bedingungslose Grundeinkommen somit all jenen schöpferisch-produktiven Impulsen den Nährboden, welche jener dem Marktmechanismus eigentümlich innewohnenden Verwertungslogik enthobenen sind. Insofern kann das allgemeine Grundeinkommen durch die unbedingte Bereitstellung einer materiellen Minimalabsicherung zur Neugründung einer tätigkeitsbefreiten und lebenswerten Gesellschaft beitragen, die sich weniger an den Kategorien traditioneller Erwerbsarbeitsgesellschaft orientiert als dies im derzeitigen sozio-ökonomischen Arrangement der

915 Blaschke (2010a): S. 22.

916 Vgl. ebd.

917 Gorz (2000): S. 127.

918 Lessenich (2009): S. 17, 32.

Fall ist. So verstanden gleicht das garantierte Grundeinkommen einer sozialpolitischen *conditio sine qua non,* welche eine nicht schon von vornherein auf Markt- bzw. Verwertungszwecke hingeordnete Persönlichkeitsentfaltung finanziell grundhaft absichert und somit ganzheitliche, d. h. spontane richtungs- wie auch ergebnisoffene gesellschaftliche Entdeckungs- und Entwicklungsprozesse im Zeichen einer zivilisierten Marktökonomie ermöglicht.[919] Verschiedene Szenarien hierzu sind denkbar. Beispielsweise kann eine garantiert gesicherte Existenzgrundlage das Entstehen neuer sozialer Bindungen, Netzwerke und Initiativen anregen und damit die Entwicklung einer aktiven Zivil- bzw. Bürgergesellschaft fördern. Auch die Belebung jenes für die Entfaltung einer vitalen demokratischen Verantwortungskultur existenziell notwendige öffentlich-politische Engagement dürfte Bestandteil des zu erwartenden gesellschaftlichen Aufschwunges sein. Darüber hinaus versprechen sich gerade linkspolitisch orientierte Grundeinkommensanhänger im Zuge der mit dem Sozialtransfer einhergehenden Reduktion lähmender Existenzangst ein Wiedererstarken demokratisch-politischen Denkens und Handelns. Für sie steht fest: ein Grundeinkommen erleichtert politische Partizipation und Zivilcourage.[920] Demgemäß erklärt Katja Kipping in ihrem 2010 verfassten politischen Essay, welcher die Argumentation für die positiven Effekte eines allgemeinen Grundeinkommens auf die Demokratie aus der Perspektive emanzipatorischer Politik wie folgt zusammenfasst:

> „Die garantierte materielle Absicherung ermöglicht Freiheit von Existenzangst – eine wichtige Voraussetzung für demokratisches Verhalten. Um es in Anlehnung an den berühmten Filmtitel des Regisseurs Rainer Werner Fassbinder auszudrücken: Existenzangst fressen demokratische Seele auf. Wer jedoch frei von Existenzängsten ist, bringt sich eher in die Gesellschaft ein. Wer politisch aktiv sein will, muss sich die Fahrt zur Demo oder die Tageszeitung leisten können. Schon deswegen setzt politische Partizipation ein Mindestmaß an materieller Absicherung voraus."[921]

Oder aber das Grundeinkommen fundiert als allen gleichermaßen und lebenslang zur Verfügung stehende Bildungskostenpauschale den Übergang zu einer, zumindest was die finanzielle Grundversorgung anbelangt, bildungsgerechten bzw. barrierefreien Wissensgesellschaft. Denn Mut und Muße zum Eintritt in neuerliche Phasen der Bildung und regenerativen Erneuerung an verschiedenen Punkten der gesamten

---

919 Durch die implizite Relativierung der Gegenleistungspflicht bzw. Erwerbsdoktrin erscheint das bedingungslose Grundeinkommen speziell dem marktliberalen, einem bürgerlichen Leistungsethos verbundenen Lager als eine geradezu unerhörte Forderung.

920 Vgl. Kipping (2007): S. 10.

921 Kipping (2010): S. 298.

Lebensspanne hat nur derjenige, dessen Aus- bzw. Einkommen verlässlich gesichert ist. Das insbesondere in Politik und Wissenschaft vielbeschworene Entwicklungsziel Teilhabe ermöglichender Wissensgesellschaft bedarf jedoch sozio-ökonomischer Rahmenbedingungen, die es auch einer Person in der Mitte des Lebens erlaubt, auf der Basis einer verlässlichen materiellen Grundversorgung erneut eine Ausbildung oder ein Studium aufzunehmen. Dies macht aus Sicht des Verfassers dieser Arbeit gerade in Anbetracht eines zunehmend selektiven Arbeitsmarktes, der Verbreitung flexibler Arbeitsmodelle, steigender Qualifikationsanforderungen im Beruf bei zugleich sinkender Arbeitsplatzsicherheit sowie eines ansteigenden gesetzlichen Renteneintrittsalters durchaus Sinn. So erscheint ein gesellschaftliche Verlässlichkeit und individuelle Handlungsfreiheit stärkendes Grundeinkommen in Anbetracht eines unübersichtlichen, fragmentierten Arbeitsmarktes, eines in den entwickelten Industrienationen seit den 1980er Jahren langsam aber kontinuierlich sinkenden Erwerbsarbeitsvolumens[922] sowie der Abnahme der Planungs- bzw. Entwicklungssicherheit von Erwerbs- bzw. Einkommensbiographien als zukunftsweisende und problemadäquate sozialpolitische Antwort. Doch worin genau bestehen die Chancen und Effekte eines solchen Grundeinkommens?

Eine sehr wahrscheinliche Einwirkung einer allgemeinen Einkommensgarantie auf den Menschen könnte also darin bestehen, dass sich der Einzelne in Anbetracht einer staatlich verbürgten finanziellen Grundausstattung in einem größerem Maße als dies unter den heute gegebenen sozio-ökonomischen Bedingungen möglich ist für die Ausübung jener Erwerbs-, Bildungs- bzw. Kulturtätigkeit entscheidet, die ihn wirklich innerpersönlich interessiert, ungeachtet der objektiven Vorgaben einer sich in der Spanne weniger Jahre durchaus veränderlichen Nachfragesituation eines zu weiten Teilen volatilen Marktes.[923]

Insbesondere Engagement und Tätigkeiten, die hauptsächlich auf der Basis intrinsischer Motivation gründen, würden hierdurch nachhaltig gestärkt. Das heißt, die Entscheidung für eine mehr oder weniger marktnahe (Berufs-)Tätigkeit, welche primär der subjektiven Interessenlage anstatt der objektiven Bedarfslage des Marktes entspricht, wäre unter der Voraussetzung eines gesicherten Einkommens für viele leichter zu treffen.

---

922 Vgl. Zenker (2007a): S. 120.

923 Die Nachfrage am Markt nach bestimmten Fachkräften bzw. Spezialisten unterliegt bei genauer Beobachtung deutlichen Schwankungen. Eine alleinige Ausrichtung des Ausbildungs- bzw. Berufswunsches an der Marktsituation ist in Zeiten kontinuierlicher Veränderung jedoch nicht ratsam. Denn es kann zu Beginn einer Ausbildung nicht sicher gesagt werden, ob auch nach Beendigung derselben die zuvor festgestellte spezifische Bedarfslage am Markt hinsichtlich einer bestimmten Gruppe von Fachkräften auch weiterhin besteht.

Schließlich könnte sich auf der Basis einer existenzsichernden Einkommensgarantie der Kosmos menschlicher Beziehungen grundlegend neu formieren, insbesondere angesichts einer gerade im Erwerbszusammenhang zu beobachtenden Zunahme sozialer Ungleichheit. Denn sowohl die vielen unter- als auch überbeschäftigten Erwerbspersonen innerhalb der bestehenden Marktökonomie könnten auf der Basis eines in jeder Lebenssituation gesicherten Mindesteinkommens alternative Arbeits(-zeit-)modelle bzw. Erwerbsbiographien entwickeln und diese schließlich ohne Furcht vor einem finanziellen Engpass oder gar ökonomischen Abstieg verwirklichen. Gerade weil Erwerbsarbeit ein, oder besser, *das* dominierende Moment des gegenwärtig herrschenden Verständnisses von Wirtschaft, Gesellschaft und menschlichem Leben ist, wenden sich die folgenden Kapitel schwerpunktmäßig dem Themenkreis von Arbeit und Erwerbsgesellschaft als den wesentlichen Bestimmungsgrößen individueller Identifikation und gesellschaftlicher Gestaltung zu. Besonderes Augenmerk soll hierbei auf jenen im Rahmen des Grundeinkommensdiskurses verhandelten Ideen und Ansätzen einer Erneuerung bzw. humanen Umgestaltung sozio-ökonomischer Ordnung liegen.

Einen Einstieg in die hier angesprochene Thematik bietet die im nachfolgenden Kapitel dargelegte grundsätzliche Überlegung Müller-Armacks bezüglich der Möglichkeit gesellschaftlicher Fortentwicklung mittels der Verwirklichung einer neuen Gesellschaftspolitik, welche ganz in Übereinstimmung mit dem sozial-marktwirtschaftlichen Paradigma die Prinzipien individueller Freiheit, gerechter Verteilung und sozialer Verantwortung positiv integriert.

IV.1.1. Das Postulat einer »zweiten Phase« der Sozialen Marktwirtschaft

Den Gedanken der Neuausrichtung findet man bereits im Postulat einer „zweite[n] Phase der Sozialen Marktwirtschaft“[924], das Müller-Armack bereits 1960 nach rund zehn Jahren Erfahrung mit der real existierenden Sozialen Marktwirtschaft zur richtungweisenden Agenda gesellschaftspolitischer Zukunftsgestaltung erklärt hat. Damals hat Müller-Armack die „Ergänzung“[925] bzw. Fortschreibung der ‚ersten‘ Phase der Sozialen Marktwirtschaft durch das „Leitbild einer neuen Gesellschaftspolitik“[926] gefordert, deren erstes Ziel es sei, „das Dreieck der Spannung zwischen

924 Müller-Armack (1976 [1960]): S. 267.

925 Ebd.

926 Ebd.

dem Wachstum, der persönlichen Freiheit und Initiative sowie dem sozialen Gleichgewicht, das den ganzen Komplex sozialer Sicherung von der Vollbeschäftigung bis zur individuellen Hilfe umfaßt, zu finden."[927]

Diese recht komplexe Zielbestimmung macht deutlich, dass es Müller-Armack bei dem von ihm entworfenen Gesellschaftsleitbild einer sozial ausgerichteten Marktwirtschaft um nichts weniger geht, als um den Ausgleich innergesellschaftlicher Kräfte, um ein gesellschaftsübergreifendes ökonomisches wie sozio-politisches Projekt also, dessen ambitionierter Anspruch primär darin besteht, „auf der Basis der Wettbewerbswirtschaft die freie Initiative mit einem gerade durch die marktwirtschaftliche Leistung gesicherten sozialen Fortschritt zu verbinden."[928] Dabei sei das Leitbild der Sozialen Marktwirtschaft an sich stets „auf das Ganze der Gesellschaft gerichtet."[929]

Der Gedanke einer gesellschaftspolitischen Neujustierung der Sozialen Marktwirtschaft hat indes nicht an Aktualität verloren und es scheint, als entfalte er gerade vor dem Hintergrund des sich gegenwärtig vollziehenden tiefgreifenden sozio-ökonomischen Wandels und der daraus resultierenden gesellschaftlichen Verwerfungen seinen ursprünglich intendierten Reformimpuls. Will sagen, die Idee einer Neuformulierung der Sozialen Marktwirtschaft, wie sie von Müller-Armack bereits zu Hochzeiten derselben ins Gespräch gebracht worden ist, ist – nicht zuletzt aufgrund wachsender sozialer und wirtschaftlicher Unsicherheiten – aktueller denn je. Überträgt man Müller-Armacks Forderung nach einer ‚zweiten Phase' der Sozialen Marktwirtschaft auf die heutige sozio-ökonomische Situation, so erwächst daraus eine der wohl wichtigsten gesellschaftlich-politischen Aufgaben unserer Zeit, nämlich Maßnahmen und Instrumente zu entwickeln, welche geeignet sind, die vielleicht erfolgreichste Wirtschafts- und Sozialordnung der europäischen Geschichte zukunftssicher, d. h. ‚fit' bzw. ‚wetterfest' für das 21. Jahrhundert zu machen. Der Frage, welche Rolle in diesem Zusammenhang das zur Diskussion stehende Reformkonzept eines bedingungslosen Grundeinkommens spielen kann, wird in Kapitel V.3. nachgegangen.

---

927 Müller-Armack (1976 [1962]): S. 303.

928 Müller-Armack (1976 [1956]): S. 245.

929 Müller-Armack (1976 [1962]): S. 304.

IV.1.2. Grundeinkommen als Impulsgeber gesellschaftlicher Transformation

Unter dem Eindruck verschiedener globaler Krisenereignisse, die seit dem Jahr 2007 die Welt der Wirtschaft erschüttern, hat die Debatte um die Neubegründung der Sozialen Marktwirtschaft einen Aktualitätsschub erfahren. Weitere Beweggründe des neuerlich aufkommenden Erneuerungsdiskurses sind das Phänomen der bislang nicht überwundenen Sockel- bzw. Massenarbeitslosigkeit, die vielfältigen Probleme im Kontext eines hochselektiven und fragmentierten Arbeitsmarktes sowie die Marginalisierung guter Erwerbsarbeit zugunsten einer wachsenden Anzahl atypischer bzw. geringfügiger Beschäftigungsverhältnisse mitsamt der daraus resultierenden Einkommensproblematiken. Die heutige Realität faktischer Armut trotz Vollzeitarbeit für eine wachsende Zahl von Arbeitnehmern in Deutschland sowie das Ausbleiben wichtiger Strukturreformen insbesondere in den Bereichen Arbeitsmarkt und sozialer Sicherung zieht die Aufmerksamkeit jener in Politik, Wirtschaft, Wissenschaft und Zivilgesellschaft Verantwortlichen auf sich und befeuert die Debatte um eine Neuausrichtung der bestehenden Wirtschafts- und Sozialordnung. Als wichtiger Bestandteil der Reformdebatte erfährt das Thema der Ausgestaltung der sozialen Sicherung große Resonanz, was zu einer Reihe an Reformvorschlägen ganz unterschiedlicher Akteure führt. Einer dieser Vorschläge ist das in der vorliegenden Arbeit bereits vorgestellte Grundeinkommensmodell der KAB (siehe Kapitel III.1.2.), das auf eine „grundlegende Reform der sozialen Sicherung“[930] abstellt.

Nach Ansicht seiner Autoren trägt das Garantierte Grundeinkommen jenem sich gegenwärtig vollziehenden tiefgreifenden sozioökonomischen Wandel Rechnung, in dessen Folge Erwerbsarbeit als „sinnstiftendes und gesellschaftlich integrierendes Element“[931] zunehmend an Bedeutung verliert.[932]

Der von vielen diagnostizierten Krise der Erwerbsarbeit setzt die KAB die Vision einer „sozial befriedeten Gesellschaft“[933] entgegen, in welcher Kapital- und Humaninteressen in Ausgleich gebracht und ‚Kollateralschäden‘ wie Arbeitslosigkeit und Armut sozial nicht akzeptiert werden.[934] Angestrebt wird nach Welter, einem bedeutenden Grundeinkommenstheoretiker der KAB, die Transformation der bestehenden Wirtschaftsordnung in eine sogenannte „Solidarische Marktwirt-

---

930 Blöcher (2012): o. S.

931 Ebd.

932 Vgl. ebd.

933 Ebd.

934 Vgl. ebd.

schaft"[935]. Damit ist eine weitere wohlklingende Kurzformel in die Debatte eingebracht, welche zwar vom Autor inhaltlich nicht näher bestimmt, aber durch die angelehnte Bezeichnung unmittelbar mit dem von Müller-Armack und Ludwig Erhard entwickelten Gesellschaftsentwurf in Verbindung gebracht wird.

Studiert man die Lektüre Welters aufmerksam, so deutet vieles darauf hin, dass unter dem Begriff »Solidarische Marktwirtschaft« eine ganz im Sinne Müller-Armacks gestaltete, den Prinzipien von Freiheit und Menschenwürde (Individualprinzip), sozialer Verantwortung und ethischer Kooperation (Sozial- bzw. Ausgleichsprinzip) verpflichtete Marktökonomie verstanden wird, die von Konzepten streng marktliberaler bzw. kapitalistischer Wirtschaftssysteme deutlich abzugrenzen ist.

Damit wird deutlich: die KAB verfolgt mit ihrem Grundeinkommensprojekt nicht allein die Neuorganisation bzw. Verbesserung des bestehenden Sozialsystems (,kleiner' Ansatz), sondern auch ein dezidiert gesellschaftsveränderndes bzw. transformatorisches Anliegen (,großer' Ansatz). Hierzu gehört vor allem „die Überwindung der jetzigen Arbeitsgesellschaft"[936] samt der für sie typischen Dominanz heteronomer Erwerbsarbeit, in welcher das Individuum in zunehmendem Maße die Selbstverfügbarkeit an der eigenen Arbeitskraft (und Arbeits*zeit*) verliert und somit in wachsendem Ausmaß an der freien Entwicklung seiner Fähigkeiten gehindert wird.[937] „Denn weder Konkurrenz noch Angst sind die Triebfedern von individueller, wirtschaftlicher und gesellschaftlicher Entwicklung, es sind vielmehr die Potenziale, die jedem Menschen gegeben sind."[938] Gemäß den Vorstellungen der KAB müssen die Schätze der individuellen Potenziale vom täglichen Existenzdruck, d. h. von der Angst vor Erwerbslosigkeit und sozialem Abstieg, von Fremdbestimmung und Funktionalisierung wie auch von Armut und Ausgrenzung befreit werden.[939] Darüber hinaus sollen die Megatrends

935 Entnommen den Titeln der Publikationen Welter (2003/2007).

936 Blöcher (2012): o. S.

937 Diese Einschätzung stimmt aus Sicht des Verfassers dieser Studie insofern, dass durch eine straffe hierarchische Ordnung, eine kleinteilige Regulierung von Arbeitsprozessen sowie die zunehmend verpflichtende Einbindung innerbetrieblicher Gremien in Entscheidungsfindungsprozesse der individuelle Gestaltungsspielraum des Arbeitnehmers in vielen Berufszweigen und Branchen stetig abnimmt. Zwar gibt es nach wie vor eine große Anzahl qualifizierter Arbeitsplätze, die dem Arbeitnehmer zumindest *formal* ein großes Maß an Eigenverantwortung und Selbstbestimmung gewähren, doch werden diese formalen Freiräume immer öfter durch gesetzliche oder bürokratisch-administrative Vorgaben begrenzt, was mit dem faktischen Verlust an Handlungs- bzw. Gestaltungsfreiheit einhergeht.

938 Blöcher (2012): o. S.

939 Vgl. ebd.

unserer Zeit, wie die fortschreitende Globalisierung, Flexibilisierung, Individualisierung und der Klimawandel, welche die bestehende Arbeitsgesellschaft unter enormen Veränderungsdruck setzen und die für den Einzelnen schlimmstenfalls in Form von prekären Beschäftigungsverhältnissen, sozialen Exklusionen, Zukunftsängsten, Perspektivlosigkeit und Armut durchschlagen[940], mithilfe einer bedingungslos gewährten Existenzpauschale aufgefangen bzw. humanisiert werden. Eingeführt werden soll eine neue Form der sozialen Sicherung, „die den Wandel der Arbeit berücksichtigt und den gesellschaftlichen Individualisierungs- und Privatisierungstendenzen nicht mit einem ‚Weniger' sondern einem ‚Mehr' an Solidarität, individueller Freiheit und Selbstbestimmung begegnet."[941]

Einen entsprechenden Effekt verspricht nach Ansicht der KAB das Garantierte Grundeinkommen in Höhe des soziokulturellen Existenzminimums. Die im Sinne der KAB existenzsichernde bzw. armutsvermeidende Höhe des Grundeinkommens sei dabei enorm wichtig, weil die Garantie des soziokulturellen Existenzminimums laut Blöcher „eine Mindestanforderung zur Durchsetzung der Tätigkeitsgesellschaft"[942] darstellt. Die Verwirklichung der Tätigkeitsgesellschaft ist ein zentrales gesellschaftspolitisches Anliegen der KAB. Gefordert wird die Gestaltung einer neuen Gesellschaftsformation, die sich „an der Würde der Menschen und an ihren Bedürfnissen"[943] orientiert und „in der neben Arbeit auch Freizeit, Muße und andere Kulturbereiche in ein neues Verhältnis zueinander gebracht werden."[944] Dies schließt freie „Zugänge zu allen Formen der Arbeit, also zur Erwerbsarbeit, zur Eigenarbeit und zur gemeinwesenorientierten Arbeit"[945] ebenso ein wie die Anerkennung der Gleichwertigkeit derselben. Die Umsetzung der Tätigkeitsgesellschaft in ihrem Sinne koppelt die KAB an die Einführung eines garantierten Grundeinkommens, das die materiellen und sozialen Voraussetzungen dafür bieten soll, „dass eine neue Bewertung und Verteilung der verschiedenen Formen von Arbeit nicht Vision bleibt, sondern zu gelebter Realität wird."[946] Grundeinkommen und Tätigkeitsgesellschaft sind somit integrale und einander bedingende Bausteine eines umfassenden gesellschaftlich-politischen Reformprojektes, welches

---

940 Blöcher (2012): o. S.

941 Ebd.

942 Blöcher (2008): S. 1.

943 Blöcher (2012): o. S.

944 Michael Schäfers zitiert nach Welter (2007): S. 5.

945 Blöcher (2008): S. 1.

946 Ebd., S. 3.

gemäß den Vorstellungen der KAB einerseits eine richtungsweisende Antwort auf die Krise des (europäischen) Wohlfahrts- bzw. Sozialstaatsmodells formulieren sowie andererseits den Impuls dafür geben soll, Arbeit und Leben neu bzw. in integrativer Balance zu denken. Der darin zum Ausdruck gebrachte reformpolitische Ansatz schließt den in seiner Bedeutung wachsenden Aspekt nachhaltiger Entwicklung ausdrücklich ein, welcher einen dauerhaften bzw. generationsübergreifenden Ausgleich zwischen wirtschaftlichen, ökologischen und sozialen Zielen sucht.[947]

Richten wir, die Ebene des konkreten Modells verlassend, abschließend den Blick auf die Grundeinkommensidee im Allgemeinen. Auf welche Art und Weise ein allen garantiertes Grundeinkommen das bestehende Sozial- und Wirtschaftsmodell transformiert, hängt neben der (modellabhängig verschiedentlich) intendierten gesellschaftspolitischen Zielrichtung von vielen anderen Faktoren ab und kann daher nur schwer vorhergesagt werden. Alle Prognosen bleiben somit vorläufig. Dass aber die Einführung eines bedingungslosen Grundeinkommens für alle zu signifikanten Veränderungen in den Bereichen von Wirtschaft, Kultur und Gesellschaft führen wird, gilt lagerübergreifend als gewiss. Wird dadurch aber das bestehende System grundlegend verändert bzw. gekippt? Steht etwa der Kapitalismus selbst zur Disposition oder sind letztlich nur graduelle Modifikationen zu erwarten? Katja Kipping als Verfechterin eines dezidiert gesellschaftsverändernden Grundeinkommens beantwortet die Frage nach dem Transformationspotenzial desselben zusammenfassend so:

> „Ob ein solches Grundeinkommen wie ein 'Trojanisches Pferd' den Kapitalismus sprengen wird oder zum gemütlichen Einrichten im Kapitalismus führt, ist umstritten. Auf jeden Fall bricht es mit der dem Kapitalismus innewohnenden Verwertbarkeitslogik und bewirkt, dass Menschen auf Grund der garantierten materiellen Sicherheit weniger erpressbar sind. Damit erleichtert es politische Teilhabe und Zivilcourage. Ein bedingungsloses Grundeinkommens ist kein Garant für eine Systemtransformation, aber es würde deutlich bessere Voraussetzungen für Wirtschaftsformen jenseits der Profitlogik und für die Aneignung von Verfügungsgewalt über die Produktionsbedingungen schaffen."[948]

---

947 Vgl. Blöcher (2012): o. S.

948 Kipping (2007): S. 10.

IV.2. Ursprung und Begriff der Tätigkeitsgesellschaft

Der in den letzten Jahren zu einem geflügelten Wort avancierte Begriff der Tätigkeitsgesellschaft, welcher von Ralf Dahrendorf erstmals erwähnt worden ist, entspringt der sozialwissenschaftlichen Analyse, dass die gegenwärtig existierende arbeitsgesellschaftliche Formation, die „vom Vorrang der Erwerbsarbeit geprägt ist“[949], in eine tiefgreifende (Struktur-)Krise geraten ist, welche mit konventionellen sozialpolitischen Maßnahmen nicht behoben werden kann und folglich auf anderem Wege überwunden werden muss. Symptome der Krise der Erwerbsarbeitsgesellschaft sind mit Joachim Zimmermann die

> „seit Jahren anhaltend hohe Quote der Erwerbsarbeitslosen, die Zunahme der prekären Arbeitsverhältnisse, die Verunsicherung der an Erwerbsarbeit gekoppelten sozialen Sicherungssysteme: all dies signalisiert eine Krise der gesellschaftlichen Formation, die wir ‚Arbeitsgesellschaft‘ nennen, einer Gesellschaftsformation, die uns seit der industriellen Revolution geläufig ist, die uns sozusagen in Fleisch und Blut übergegangen ist.“[950]

Zentrales Charakteristikum der (nunmehr lädierten) erwerbszentrierten Gesellschaftsformation ist die klare Dominanz der Erwerbsarbeit. Sie „bestimmt den Rhythmus des individuellen und sozialen Lebens der Menschen, ist die wesentliche Quelle ihrer Existenzsicherung, finanziert fast ohne Ausnahme die soziale Sicherheit, bestimmt Status und Teilhabe in der Gesellschaft.“[951] Die berufs- und branchenübergreifend zu beobachtende Prekarisierung sowie die wachsende Instabilität von Erwerbsarbeit erzeugen wirtschaftliche und soziale Verwerfungen, welche strukturnotwendig auf das sozialstaatliche Gefüge rückwirken und diesem Finanzmittel entziehen.

Die bereits vor Jahrzehnten von Seiten der Sozialwissenschaft diagnostizierte und sich seither kontinuierlich verschärfende ‚*Krise der Arbeitsgesellschaft?*‘ (Matthes (1983)) hat Experten dazu veranlasst, von einem ‚*Kapitalismus ohne Arbeit*‘ (Beck (1996)) oder gar dem ‚*Ende der Vollbeschäftigungsgesellschaft*‘ (Vobruba (1998)) zu sprechen. Ungeachtet von Sinn oder Unsinn, von der Möglichkeit oder Unmöglichkeit eines aus der Nachkriegszeit stammenden wohlfahrtsstaatlichen Vollbeschäftigungsziels im Kontext einer digital-beschleunigten und zugleich hochautomatisierten Marktwirtschaft, die immer weniger auf den Einsatz lebendiger Arbeitskraft angewiesen ist, lässt sich mit Gewissheit sagen: Jene aus der Erwerbsarbeitsproblematik resultierenden Verunsicherungen sind gravierend und rühren an das Fundament des (arbeits-)gesellschaftlichen Grundkonsens'. Hinsichtlich der Universalität und

---

949 Zimmermann (2004): S. 2.

950 Ebd., S. 1 f.

951 Ebd., S. 2.

Tragweite jener in der Literatur ausführlich problematisierten Krise von Arbeit und Arbeitsgesellschaft schreibt Zimmermann:

> „Der Befund von der Krise oder dem Ende der Arbeitsgesellschaft ist nicht der Befund über irgendeine Krise in unserer Gesellschaft. Und folglich geht es auch nicht um eine Reform hier oder dort. Die Herausforderung an uns ist grundsätzlicher Natur: Stimmen noch die Grundlagen für das Selbstverständnis der Gesellschaft, in der wir leben?“[952]

Im Zuge der Auseinandersetzung um die These vom Ende der (Erwerbs-)Arbeitsgesellschaft, wie sie Anfang der 1980er Jahre im deutschen Sprachraum entfacht ist, tritt die Idee der Tätigkeitsgesellschaft hervor. Damit ist eine Gesellschaftsformation gemeint, welche die kulturhegemoniale Dominanz der Erwerbsarbeit aufbricht, den Arbeitsbegriff in Richtung nicht erwerbsförmiger Tätigkeiten weitet und eine gleichwertige Anerkennung aller Formen der menschlichen Arbeit anstrebt.

IV.2.1. Die Idee der Tätigkeitsgesellschaft bei Arendt und Dahrendorf

Die Kritik der traditionellen Arbeitsgesellschaft, die auf einem einseitigen Verständnis von Arbeit im Sinne von Erwerbsarbeit beruht, geht auf die politische Theoretikerin und Publizistin Hannah Arendt (1906-1975) zurück. Arendt beschreibt 1958 in ihrem philosophischen Hauptwerk *‚Vita activa oder Vom tätigen Leben‘*, das um die Frage kreist „»Was wir tun, wenn wir tätig sind«“[953] wie es in Folge des Siegeszuges industriegesellschaftlicher Produktionstechniken in der Neuzeit zur „Verengung des Arbeitsbegriffs“[954] und damit zur Vorherrschaft der Erwerbsarbeit gekommen ist.[955]

Im Rahmen ihrer umfassenden Analyse jener drei menschlichen Grundtätigkeiten, die Arendt mit dem Begriff »Vita activa« zusammenfasst, nämlich Arbeiten, Herstellen und Handeln[956], plädiert sie für die Erweiterung bzw. Neuinterpretation der Begriffe von Arbeit und Produktivität im Sinne klassisch-aristotelischer Denktradition.[957] Einer Denktradition also, die im Unterschied zur Auffassung Arendts, das Leben in geschäftiger Unruhe bzw. beweglichem Tätigsein jeglicher Art (schlechterdings Aktionismus), das sie als *vita activa* bezeichnet, dem

---

952 Zimmermann (2004): S. 2.

953 Arendt (2008 [1958]): S. 14.

954 Mutz (2001): S. 16.

955 Vgl. ebd.

956 Vgl. Arendt (2008 [1958]): S. 16 f.

957 Vgl. ebd., S. 22-27.

Primat eines Lebens in Theorie und Muße, der sogenannten *vita contemplativa*, klar unterordnet.[958]

Ihre Kritik an der Erwerbsarbeitszentrierung der modernen Industriegesellschaft hat Arendt überdies mit der pessimistischen Prognose verbunden, dass Industrie- bzw. Erwerbsarbeit unter anderem in Folge der fortschreitenden „Ausbreitung der Automation"[959] künftig ihre Vorrangstellung im Kosmos der Arbeit verlöre. Hierzu schreibt sie:

> „Wir wissen bereits, ohne es uns doch recht vorstellen zu können, daß die Fabriken sich in wenigen Jahren von Menschen geleert haben werden und daß die Menschheit der uralten Bande, die sie unmittelbar an die Natur ketten, ledig sein wird, der Last der Arbeit und des Joches der Notwendigkeit."[960]

Und sie fügt den bemerkenswerten Satz hinzu: „Was uns bevorsteht, ist die Aussicht auf eine Arbeitsgesellschaft, der die Arbeit ausgegangen ist, also die einzige Tätigkeit, auf die sie sich noch versteht. Was könnte verhängnisvoller sein?"[961] In der Tat könnte das Verhängnis größer nicht sein, denn die moderne Erwerbsarbeitsgesellschaft, „die von den Fesseln der Arbeit befreit werden soll, [...] kennt kaum noch vom Hörensagen die höheren und sinnvolleren Tätigkeiten, um derentwillen die Befreiung sich lohnen würde."[962] Bezogen auf das arbeitsgesellschaftlich sozialisierte Individuum der Gegenwart bedeutet dies: Jener von der Last abhängiger (und oftmals dröger) Erwerbsarbeit befreite Arbeiter, wüsste mit dem Zugewinn an Lebenszeit und Autonomie schlichtweg nichts anzufangen, denn die Praxis edler, d. h. eigenbestimmter Tätigkeiten ist ihm im Laufe seiner mono-fixierten (*Erwerbs-*) Biographie fremd geblieben. Von daher ist es plausibel, dass unfreiwillig Erwerbslose gerade darunter leiden, keiner anerkannten Erwerbstätigkeit nachzugehen und vielen von ihnen sich ganztägig in ihrer Unterkunft aufhaltend mit der Zeit nach eigener Aussage „die Decke auf den Kopf fällt."

Die in den 1950er Jahren formulierte These Arendts vom zukünftigen Verschwinden der Arbeit hat in der Literatur weite Verbreitung gefunden. Diesbezüglich muss jedoch kritisch festgestellt werden, dass den

---

958 Vgl. Arendt (2008 [1958]): S. 24 ff.

959 Ebd., S. 12.

960 Ebd. Arendts Bild menschenleerer Fabrikhallen entspricht beispielsweise weitestgehend der Realität moderner Automobilproduktion, in welcher der Einsatz lebendiger Arbeit aufgrund des hohen Automatisierungsgrades der Fertigungsprozesse stetig abnimmt.

961 Arendt (2008 [1958]): S. 13.

962 Ebd.

sich im Wandel befindlichen erwerbsarbeitszentrierten Industriegesellschaften Europas im Laufe der letzten Jahrzehnte keineswegs die Arbeit abhanden gekommen ist. Eine sorgfältige Analyse der Entwicklung zeigt vielmehr, dass der von Arendt prognostizierte Verlust der (Erwerbs-)Arbeit in absehbarer Zukunft wahrscheinlich ausbleibt bzw. hauptsächlich gute, d. h. (Einkommens-)Perspektiven bietende Erwerbsarbeit betrifft, an deren Stelle zumeist prekäre, d. h. unsichere und schlecht bezahlte Arbeit im Sinne von »Job«[963] tritt. Das vorausgesagte Verschwinden der Arbeit äußert sich also konkret in einer Verschiebung von attraktiver, weil Sicherheit und Perspektive bietender Erwerbsarbeit hin zu unsicheren bzw. weitestgehend instabilen Beschäftigungsformen.

Hannah Arendt, die ihre Vision einer Tätigkeitsgesellschaft am klassisch-antiken Ideal der *vita activa* orientiert, ist die wohl bekannteste Vordenkerin jener neuen Arbeitsgesellschaft, deren Konturen sich schon heute in einer zunehmenden „*Pluralisierung* bzw. *Diversifizierung* der Erwerbsformen"[964], einer aufgrund gewandelter Lebensführungsmuster stattfindenden „Dezentrierung der Erwerbsarbeit"[965] wie auch der „zunehmenden Ausdehnung bzw. Entgrenzung der Arbeitsgesellschaft"[966] insgesamt abzeichnen. Der Weg in die neue Arbeitsgesellschaft, soviel ist mit Arendt gewiss, führt über eine Transformation der bestehenden Erwerbsarbeitsgesellschaft[967] in die sogenannte Tätigkeitsgesellschaft.

Auch in der Tätigkeitsgesellschaft spielt (traditionelle) Arbeit nach wie vor eine bedeutende individuelle und gesellschaftliche Rolle, doch eben nicht mehr ausschließlich bzw. vorrangig in Form (abhängiger) Erwerbsarbeit. Die Idee der Tätigkeitsgesellschaft kennzeichnet nach Ansicht von Experten einen notwendigen arbeitsgesellschaftlichen Moduswandel mit dem Ziel, das gesamte Spektrum gesellschaftlich

---

963 Etymologisch bedeutet der Begriff »Job« die ungesicherte Fracht an Bord eines Schiffes, welche durch das auf und ab des Seeganges hin und her geworfen wird. Ähnlich geworfen fühlen sich die Inhaber eines sog. Jobs, die von den Bewegungen eines aus- bzw. einatmenden Arbeitsmarktes durchgeschüttelt werden.

964 Mutz (2001): S. 14 (Hervorhebung im Original).

965 Ebd., S. 15.

966 Ebd., S. 16.

967 Die öffentlich immer wieder (re-)produzierte (Selbst-)Beschreibung der Bundesrepublik Deutschland als einer »Erwerbsarbeitsgesellschaft« wirkt befremdlich vor dem Hintergrund aktueller Arbeitszeitstatistiken, welche belegen, dass bereits heute mehr Arbeitsstunden außerhalb der Erwerbsarbeit geleistet werden als etwa in ihr. Diesbezüglich liefert Blaschke folgende Zahlen: So sind im Jahr 2001 circa 56 Milliarden Arbeitsstunden im Erwerbssektor abgeleistet worden, hingegen entfielen rund 96 Milliarden Stunden auf die unbezahlte Arbeit. Vgl. Blaschke (2010a): S. 111.

sinnvoller Arbeit auszuschöpfen und nicht etwa wie bisher geschehen nur deren warenförmigen und damit von Angebot und Nachfrage abhängigen Teil. In der Entwicklungsperspektive freien Tätigseins verliert (unfreie, weil abhängige bzw. fremdbestimmte) Erwerbsarbeit als ein die menschliche Existenz sowie den Gesellschaftszusammenhang strukturierendes Prinzip merklich an Einfluss, wenn auch der normative Primat derselben in den Köpfen vieler Menschen noch sehr lange fortbestehen dürfte. An die Stelle der immer weiter zurückweichenden Erwerbsarbeit tritt in der Vorstellung Arendts die ins Eigene befreite und deregulierte mehr oder weniger markgängige Tätigkeit eines jeden Gesellschaftsmitgliedes.

Die ernüchternde Analyse Arendts bezüglich der zu erwartenden Verringerung von Erwerbsarbeit teilt knapp drei Jahrzehnte später der renommierte Soziologe Dahrendorf, welcher sich neben der Einführung einer Art konstitutionell garantierten Grundeinkommens immer wieder für das Entwicklungsziel der Tätigkeitsgesellschaft ausgesprochen hat. Mit ostentativer Gewissheit bestätigt Dahrendorf 1986 die lange vorausgegangene Analyse Arendts mit den Worten:

> „In der Tat hat ja die Erwerbsarbeit längst jene zentrale Stellung im Leben der meisten Menschen verloren, die die Rede von der Arbeitsgesellschaft rechtfertigte. Aus gutem Grund liegt etwas Schrilles in der unternehmerisch-gewerkschaftlichen Forderung, die Bedeutung der Erwerbsarbeit nur ja nicht geringzuschätzen. Das liegt quer zu den Entwicklungen eines Jahrhunderts, in dem im Namen der Erleichterung der Arbeit, auch der Befreiung von (»falscher«) Arbeit, das »Reich der Freiheit« ständig ausgeweitet worden ist."[968]

Die Ausführungen Dahrendorfs sind bemerkenswert, belegen sie doch, dass die Rede von der Arbeitsgesellschaft bereits in der Endphase der Bonner Republik schon nicht mehr die gesellschaftliche Realität der damaligen Gegenwart beschrieb. Zudem springt dem Leser das Wort vom „»Reich der Freiheit«" ins Auge, das für Dahrendorf eine erfreuliche Nebenwirkung einer in seinen Augen unabwendbaren Entwicklung der Verringerung der Erwerbsarbeit darstellt. Mit dem „Reich der Freiheit" spricht Dahrendorf einen Gedanken des jungen Marx an, der diesem im Zusammenhang mit der (Fort-)Entwicklung menschlicher Arbeit als Chiffre freien bzw. selbstbestimmten Tätigseins dient.[969] Gemeint ist ein Leben und Wirken im Modus autonomen Tuns als Grundlage jedweder Tätigkeits-gesellschaft, „bei dem Zweck und Methode vom Einzelnen selber gewählt werden"[970]. Dem gegenüber stehen

---

968 Dahrendorf (1986): S. 132.

969 Vgl. Dahrendorf (1983): S. 89 f.

970 Ebd., S. 90.

alle Formen heteronomen Tuns, „das also nicht selbstgewählten Zwecken unterliegt."[971] Der „Verfall der Arbeitsgesellschaft"[972] in Folge der Verflüchtigung attraktiver weil perspektivenbietender Erwerbsarbeit einerseits sowie die Sehnsucht vieler Menschen nach mehr Entscheidungs-, Gestaltungs- und Chancenfreiheit andererseits veranlasste Dahrendorf in Anlehnung an Arendts Forderung nach einer Neuausrichtung der Arbeitsgesellschaft zu der richtungsweisenden Einschätzung: „Wir müssen bewußt und ohne Angst den Weg zur Tätigkeitsgesellschaft gehen."[973]

Darunter versteht er zunächst und vor allem „das Hineintreiben der Tätigkeit in die Welt der Arbeit."[974] Will sagen, „Arbeit kann mindestens zu Arbeitstätigkeit werden, das heißt sie kann Elemente der Autonomie enthalten."[975] Beispiele hierfür sind eine höhere Flexibilsierung der Arbeitszeit aber auch die Mitbestimmung im Betrieb.[976] „Die Liste von Maßnahmen, die zu einer stärkeren Humanisierung der Arbeit führen können, ist lang. Sie enthält lauter Entwicklungen, die die Tätigkeitsgesellschaft fördern."[977] Das Postulat der Tätigkeitsgesellschaft verfolgt nach Ansicht Dahrendorfs außerdem ein zutiefst liberales Anliegen, nämlich „daß der Versuch vieler Menschen, ihr eigenes Leben nach ihren eigenen Vorstellungen zu gestalten, Unterstützung verdient."[978] Dabei ist Dahrendorf evident, dass der Tätigkeitscharakter menschlicher Arbeit im Sinne autonomen bzw. selbstzweckhaftem Tuns mitnichten ferne Zukunftsmusik darstellt, sondern teilweise bereits in vielen Lebensbereichen Wirklichkeit geworden ist. Eingedenk dieser Entwicklung formuliert er: „Die Tätigkeitsgesellschaft ist schon unter uns. Sie ist die bewegende Kraft der Zukunft. Sie voranzutreiben ist eine liberale Forderung."[979]

Mit der politischen Philosophin Hannah Arendt und dem politischen Soziologen Ralf Dahrendorf sind angesichts der natürlichen Grenzen dieses Beitrags hier nur zwei namhafte Vordenker einer neuen Gesellschaftsformation vorgestellt worden, die in dem Ideal freien bzw. autonomen Tätigseins eine zukunftsfähige und humane Alternative zu der

---

971 Vgl. Dahrendorf (1983): S. 89 f.

972 Ebd., S. 94.

973 Ebd., S. 95.

974 Ebd.

975 Ebd., S. 95 f.

976 Vgl. ebd., S. 96.

977 Ebd.

978 Ebd., S. 95.

979 Ebd., S. 96.

sich in fortschreitender Auflösung befindenden Erwerbsarbeit erkennen. In der Analyse übereinstimmend plädieren beide sozialwissenschaftlich versierten Denker für einen Übergang von der normativ verankerten und kulturell stark (nach-)wirkenden erwerbszentrierten Arbeitsgesellschaft, in welcher der Einzelne in ökonomischer und soziokultureller Hinsicht über weite Strecken des Lebens in hohem Maße von heteronomer Lohn-, bzw. Marktarbeit abhängig ist, in die Tätigkeitsgesellschaft, in welcher es dem Individuum freisteht, jederzeit autonome Tätigkeiten und spontane Aktivitäten frei zu kombinieren bzw. zwischen diesen zu wechseln. Im Rahmen dieser neuen Form der Arbeitsteilung wäre es beispielsweise auch leichter einen konventionellen Erwerbsarbeitsplatz auf zwei Arbeitnehmer mit jeweils ausgeprägtem Freizeit- und Sozialverhalten aufzuteilen oder aber die laufende Berufsvita nach Belieben durch ein Sabbat- und/oder Bildungsjahr zu unterbrechen.

Zugegeben hat sich die Arbeitswelt in den letzten 20 Jahren immer mehr für die spezifischen Bedürfnisse und Wünsche von Arbeitnehmern geöffnet, sodass im Zuge dieser Öffnung mancherlei notwendige Flexibilisierung und (Spannungs-)Ausgleich stattgefunden hat. Dennoch haben in gleichem Maße sowohl die gesetzliche Regulierung und Fremdbestimmung erwerbsbezogener Aktivitäten als auch die individuelle Abhängigkeit von einem regelmäßigen Einkommen zugenommen, sodass in diesem Bereich noch vieles zu tun ist.[980]

Grundlage eines Lebens in (selbstbestimmter) Tätigkeit ist für Dahrendorf eine umfassende bzw. talentbezogene (Aus-)Bildung. Nur sie schafft Menschen, „die wissen, was sie mit ihrer freien Zeit anfangen können, die also morgens fischen, nachmittags jagen, abends Viehzucht treiben und nach dem Essen kritisieren wollen."[981] Verwirklicht werden soll demnach eine Gesellschaftsformation, die den Gedanken der Freiheit kultiviert und diesen in die Arbeitswelt einbettet. Eine Gesellschaft also, die der freien Entwicklung sozial sinnvoller, lebensdienlicher wie auch schöpferischer Aktivitäten und Kompetenzen den nötigen Atem- bzw. Gestaltungsraum bietet. Die Rede ist von einer neuen Ausprägung der Arbeitsgesellschaft, die menschliches Leben bzw. Selbstverwirklichung zunächst und in erster Linie als selbstgesteuertes Tätigsein begreift.

---

980 Man denke hier beispielsweise nur an die optimierbaren Rückkehrkonditionen beruflicher Wiedereinsteiger nach Ablauf von Erziehungszeiten.

981 Dahrendorf (1983): S. 95.

Die Positionen von Arendt und Dahrendorf, welche von der deutschsprachigen Grundeinkommensdiskussion intensiv rezipiert worden und diese bis heute beeinflussen, beschreiben mit dem Rückgang respektabler Erwerbsarbeit zweifelsohne ein gravierendes gesamtgesellschaftliches (Struktur-)Problem, dass sich über einen großen Zeitraum aufgebaut bzw. schleichend zugespitzt hat. Was die Problemanalyse beider Autoren anbelangt, so ist diese aus Sicht des Verfassers dieser Arbeit zutreffend und hochaktuell. Was jedoch an der Analyse von Ahrend und Dahrendorf irritiert, ist die Tatsache, dass Erwerbsarbeit und freies bzw. selbstbestimmtes Tätigsein als kategoriale und einander ausschließende Gegensätze verstanden werden. So unterscheidet Dahrendorf (aber im Grunde auch Arendt) unter Rückbezug auf die Tradition von Aristoteles, Kant und Marx zwischen heteronomer *Arbeit* und autonomer *Tätigkeit* als zwei grundsätzlich verschiedenen Arten menschlichen Tuns.[982] Diese strikte Unterteilung in fremdbestimmtes oder selbstbestimmtes, in abhängiges oder freies Tun wird jedoch der Realität der modernen Arbeitswelt nicht ganz gerecht. Hier sind die Grenzen mitunter fließend, so dass berufliches Tun mal den Charakter von unfreier Arbeit (labour), mal den freier Tätigkeit (free activity)[983] aufweist. Mischformen von Arbeit und Tätigkeit, sprich Arbeits*tätigkeit* sind in vielen Professionen an der Tagesordnung und finden immer weitere Verbreitung. So werden beispielsweise leitende Angestellte bzw. Führungskräfte, die in einem modernen Unternehmen angestellt sind und damit formal einer abhängigen Beschäftigung mit Erwerbsziel nachgehen, ihre tagtägliche Berufspraxis nicht primär und ausschließlich als ein fremdbestimmtes bzw. nicht selbstständiges Tun wahrnehmen, sondern genauso die hohen Freiheits- bzw. Verantwortungsgrade ihrer in aller Regel selbstorganisierten Tätigkeit erfahren und zugleich wertschätzen. Kurzum: In immer mehr Berufen und Arbeitsfeldern kommen mehr oder weniger *beide* Aspekte menschlichen Tuns zum Tragen. Deshalb umfasst jener, dieser Studie zu Grunde gelegte Begriff der »Tätigkeit«, dessen Zielperspektive „‚Freiheit' in und durch Arbeit"[984] ist, ebenso Formen der Erwerbsarbeit bzw. schließt diese explizit nicht aus.

Konstatiert werden muss daher: Die Fortentwicklung der Erwerbsarbeitsgesellschaft mit Vollbeschäftigungsziel hin zu einer freien Tätigkeitsgesellschaft, wie von Arendt und Dahrendorf gefordert, findet angesichts wachsender Autonomie-Elemente in vielen Berufs- und Ar-

---

982 Vgl. Dahrendorf (1983): S. 90.

983 Blaschke führt die grundlegende Unterscheidung zwischen »labour« und »free activity« auf Marx zurück. Vgl. Blaschke (2010a): S. 67.

984 Zimmermann (2004). S. 4.

beitsformen bereits heute statt. Die Idee der Tätigkeitsgesellschaft hebt darauf ab, die Zentralität von Erwerbsarbeit durch eine Ausdehnung der Tätigkeitsförmigkeit von Arbeit sowie die Deregulierung und Integration aller Formen menschlichen Tuns zu überwinden. Sie gibt Raum und Zeit für lebensdienliche Aktivitäten der Kommunikation, der zwischenmenschlichen Zuwendung und Eigenbildung sowie für Identitätsfindung, Mußetreiben und kreative Selbstverwirklichung. Ebenso umfasst das Leitbild eines neuen Verhältnisses von menschlichem Zusammenleben und Wirtschaften die Praxis sozialer Selbstorganisation sowie gesellschaftlich notwendiger Arbeit und damit wertvolles Tätigsein für Mitmenschen. Die hier beschriebene sozioökonomische Formation bzw. Ordnungsfigur der Tätigkeitsgesellschaft begünstigt individuell passgenaue Lösungen für Engagement in Betätigungsfeldern diesseits und jenseits des Erwerbssektors. Zudem ermöglicht es jener aus der Pluralisierung und (Rück-)Aneignung menschlicher Arbeit resultierende wachsende Autonomie- und Zeitwohlstand den Gesellschaftsmitgliedern sich mehr noch als bisher an den für eine funktionierende Bürgerdemokratie grundlegenden politischen Prozessen zu beteiligen, was dem Aufbau einer lebendigen Zivilgesellschaft und damit verbunden auch einer Bekämpfung des politischen Reformstaus dienlich wäre. Insofern formuliert die Tätigkeitsgesellschaft als progressiver gesellschaftspolitischer Reformansatz zur (marktkonformen) Krisenbewältigung eine problem- und zeitadäquate Antwort auf den sich vollziehenden sozio-ökonomischen Wandel. Indem sie die sinnhafte wie auch lebensdienliche Integration von Arbeit und Leben in Form eigenbestimmten Tätigseins fördert, stellt sie zudem einen visionären Gegenentwurf zur sozialstaatlich kontrollierten Mobilmachung von Erwerbsarbeit um jeden Preis (frei nach der Devise: „Jede Erwerbsarbeit ist besser als keine“) im Zeichen der Hartz-Gesetzgebung dar.

IV.2.2. Das Leitbild der Tätigkeitsgesellschaft im Konzept der KAB

Eine der christlichen Soziallehre verpflichtete (kapitalismus-)kritische Stimme in der gesellschaftspolitischen Debatte der Bundesrepublik ist die Katholische Arbeitnehmer-Bewegung Deutschlands. Im Beschluss zu ihrem 14. Bundes-verbandstag, der im Oktober 2011 in Würzburg unter dem Motto: *‚Fair teilen statt sozial spalten – Nachhaltig leben und arbeiten‘* stattgefunden hat, wirbt die KAB mit zahlreichen Argumenten unter anderem für „die Ökologisierung der Wirtschaft und die soziale Erneuerung der Arbeitsgesellschaft“[985]. Ausgehend vom unbedingten Existenzrecht des Menschen, stehen vor allem die Bekämpfung von Armut, die Förderung sozialer Gerechtigkeit sowie der effektive Schutz

985 KAB (2011): S. 9.

der natürlichen Lebensgrundlagen im Mittelpunkt der Reformbemühungen der kirchennahen Bewegung.[986]

Politisches Ziel und Leitbild der KAB ist die Entwicklung einer solidarischen und gerechten Gesellschaft im Modus der Tätigkeitsgesellschaft.[987] Dabei lautet das zentrale Axiom der Tätigkeitsgesellschaft gemäß den Vorstellungen der KAB: „*Alle Formen der menschlichen Arbeit, die Erwerbsarbeit, Privatarbeit und gemeinwesenbezogene Arbeit, sind gleichwertig* und müssen zur Selbstentfaltung und Selbstbestimmung der Menschen beitragen."[988]

Auf der Basis eines weit gefassten Arbeitsbegriffes, der das gesamte Spektrum menschlicher Arbeit einschließt, formuliert die KAB ganz im Einklang mit einer alten Forderung der christlich-sozialen Bewegung Europas das zentrale Entwicklungsziel der Tätigkeitsgesellschaft: „Arbeit soll zur befreiten Arbeit, zur ‚Tätigkeit' werden, um den Menschen und dem sozialen Zusammenleben gerecht zu werden."[989] Dies beinhaltet nach Ansicht der KAB neben einer Umwandlung der von jeglichen Formen der Entfremdung befreiten Arbeit in selbstbestimmte Tätigkeit auch eine gleichermaßen faire und gerechte Verteilung der Arbeit zwischen Männern und Frauen.[990] Überhaupt setze die (letztlich auch normativ richtungsweisende) Leitorientierung der Tätigkeitsgesellschaft angesichts struktureller Arbeitslosigkeit „*auf eine umfassende Verteilungsgerechtigkeit*"[991], die durch ordnungspolitische Weichenstellungen nach Maßgabe des Solidaritätsprinzips zu erreichen sei. Hierzu zählen laut KAB insbesondere die gerechte (Neu-)Verteilung lebensnotwendiger Güter, welche die Grundlage für ein gutes Leben bilden, sowie der faire Zugang zu Ressourcen, die speziell von den Armen benötigt werden.

Ebenso setze die Tätigkeitsgesellschaft nach Ansicht der KAB „*auf ein nachhaltiges soziales und wirtschaftliches Handeln in einer ‚Ökonomie der Gerechtigkeit'*, die Gemeinschaft stiftet."[992] Das Dreieck ökologischer, sozialer und ökonomischer Ziele bedarf daher einer zeitgleichen und gleichberechtigten Umsetzung, so die KAB.[993] Insbesondere das Prinzip der Nachhaltigkeit wirtschaftlichen Handelns spielt bei der ökologischen und sozialen Erneuerung im Sinne der Tätigkeitsgesellschaft eine eminent wichtige Rolle. Denn: „Die Wirtschaftsweise der Zukunft muss

---

986 Vgl. KAB (2011): S. 9.

987 Vgl. ebd.

988 Ebd. (Hervorhebung im Original).

989 Ebd.

990 Vgl. ebd., S. 10.

991 Ebd. (Hervorhebung im Original).

992 Ebd. (Hervorhebung im Original).

993 Vgl. ebd.

auf Dauerhaftigkeit und Beständigkeit sowie auf die Belange kommender Generationen angelegt sein."[994] Kurzfristigen Profitsteigerungen oder etwa Formen der Arbeit, welche sich gegen die natürlichen Lebensgrundlagen der menschlichen Gemeinschaft richten oder etwa die Ausbeutung von Natur und Mensch bewirken, wird damit eine deutliche Absage erteilt. Insofern hilft das Leitbild der Tätigkeitsgesellschaft (hier im Verständnis der KAB) zu erkennen, „dass wir von der Schöpfung und in ihr leben, dass wir die Grenzen und die Endlichkeit der natürlichen Ressourcen und deren Sicherung auch für kommende Generationen anerkennen."[995]

Für mindestens ebenso wichtig erachtet die KAB das Zusammenwirken von Tätigkeitsgesellschaft und politischem Gemeinwesen. So wachse die Tätigkeitsgesellschaft *„mit einer Erneuerung der sozialen Demokratie, mit einer ‚Politik von unten'"*[996]. Um den Weg der Umstrukturierung im Zeichen nachhaltiger Entwicklung gehen zu können, bedarf es aus Sicht der KAB deshalb der demokratischen Kooperation sowie der Stärkung der Zivilgesellschaft. Hierfür gelte es gemäß dem Subsidiaritätsprinzip, politisch engagierten Personengruppen Teilhabe- bzw. Teilnahmemöglichkeiten einzuräumen und diese zur aktiven Beteiligung zu befähigen.[997] Notwendig sei deshalb eine „Ausweitung der Selbst- und Mitbestimmungsrechte für alle wirtschaftlichen und gesellschaftlichen Bereiche."[998] Dies beinhaltet sowohl die freie Wahl von Umfang, Dauer und Professionalisierungsgrad der ausgeübten (Berufs-)Tätigkeit als auch die selbstbestimmte Genese eines integrativen Lebensplanes.

Die breit angelegte wie ebenso engagierte Argumentation der KAB für die Tätigkeitsgesellschaft berührt überdies einen weiteren für die sozialpolitische Debatte einer alternden Gesellschaft (wie der unseren) hochaktuellen Aspekt. So sei dieselbe auch eine Antwort auf den bevorstehenden demographischen Wandel und erleichtere „die Situation der Pflegebedürftigen ebenso wie das Miteinander der Generationen in den Betrieben."[999] Mehr noch ermögliche sie nach Angaben der KAB in Verbindung mit einer erweiterten Einnahmebasis in den sozialen Sicherungssystemen ein „‚Gutes Leben für alle'"[1000].

---

994 KAB (2011): S. 10.

995 Ebd., S. 11.

996 Ebd. (Hervorhebung im Original).

997 Vgl. ebd.

998 Ebd.

999 Ebd.

1000 Ebd.

Was das Problem einer sich mit aller Wahrscheinlichkeit in den nächsten Jahren vermehrt zuspitzenden Pflegesituation in Deutschland anbelangt, so besticht die Argumentation der KAB. Denn die Vereinbarkeit von Erwerbsarbeit (beispielsweise im Teilzeitmodus) mit einer simultanen Pflegetätigkeit im familiären Umfeld dürfte im Rahmen der Tätigkeitsgesellschaft mit Sicherheit leichter zu gestalten sein, als dies im Status quo einer hauptsächlich auf Erwerbsarbeit hin linearisierten Gesellschaftsformation möglich ist. Da die Tätigkeitsgesellschaft *alle* Formen menschlicher Arbeit auf eine Stufe stellt und die Gleichwertigkeit von marktvermittelter Erwerbsarbeit, marktbefähigender Eigenarbeit oder aber marktferner Privat- bzw. Sorgearbeit postuliert, wird insbesondere die Pflegearbeit im Rahmen der avisierten Neuordnung Aufschwung und Renommeegewinn erfahren, was wiederum die Situation der Pflegebedürftigen entspannen und somit auch den sozialen „‚Beziehungswohlstan[d]'"[1001] der Gemeinschaft heben dürfte. Denn der Wohlstand und Fortschritt einer Gesellschaft misst sich nicht allein am Umfang der produzierten Waren und Dienstleistungen, sondern auch am Grad des subjektiv empfundenen Wohlergehens bzw. der Lebensqualität der einzelnen Gesellschaftsmitglieder. Speziell dieser Aspekt wird in Anbetracht der natürlichen Begrenztheit materieller Ressourcen sowie einem bereits eingesetzten Bewusstseinswandel hinsichtlich der ethischen Bewertung steigendender Produktivitäts- und Wachstumsraten künftig eine bedeutendere Rolle spielen.

Darüber hinaus fungiert die Zukunftsvision der Tätigkeitsgesellschaft nach Vorstellungen der KAB auch als Impuls für notwendiges gesellschaftliches Umdenken, das die Suche des Einzelnen nach Sinn, Individualität, verlässlicher Orientierung und Halt in den Mittelpunkt rückt.[1002] Hierzu heißt es im Beschlusstext des Bundesverbandstages der KAB 2011: „Die Tätigkeitsgesellschaft stellt die grundsätzliche Frage *nach dem Sinn des Lebens, nach einem gelingenden Leben.*"[1003] Ausgehend von der Relativierung jener das gesellschaftliche Denken und Handeln dominierenden Erwerbsdoktrin soll der Einzelmensch möglichst ergebnisoffen erforschen dürfen, was ein erfülltes (Arbeits-)Leben sein kann, worin die Hoffnung seines tätigen Daseins besteht und was ihm gut tut. Es soll Raum und Zeit bestehen, jenseits der gängigen sozialen Muster individuelle Wege zu suchen und diese in einen stimmigen Arbeits- bzw. Lebensentwurf zu integrieren.[1004] Voraussetzung hierfür bildet eine sichere materielle Existenzgrundlage für jedermann. Ein *„garantier-*

1001 EKD/DBK (2014): S. 22.

1002 Vgl. KAB (2011): S. 11.

1003 Ebd. (Hervorhebung im Original).

1004 Vgl. ebd.

tes Grundeinkommen als soziales Menschenrecht"[1005] ist nach Ansicht der KAB deshalb Fundament und Motor der Umsetzung einer in der sozialen Demokratie verankerten Tätigkeitsgesellschaft.[1006] Der damit definierte funktionale Zusammenhang von Grundeinkommen und Tätigkeitsgesellschaft entspringt der Einsicht, dass die Freiheit der Tätigkeit in der Sicherheit der Existenz gründet bzw. ohne diese nicht in vollem Umfang realisiert werden kann.

Insgesamt ist der Gesellschaftsentwurf der Tätigkeitsgesellschaft positiv zu bewerten, da er den zur Überwindung der Krise der heutigen Arbeitsgesellschaft dringend notwendigen sozio-ökologischen Umbau auf die politische Agenda setzt. Leitgedanken dieses Umbaus sind die Stärkung bzw. Erweiterung individueller Freiheit in den Bereichen von Arbeit und Leben, ein gerechter Umgang mit begrenzten wirtschaftlichen und sozialen Gütern sowie die Förderung einer nachhaltigen, d. h. dauerhaften menschen- und umweltgerechten Entwicklung. Soziale Erneuerung ist also nicht ohne ein tiefgreifendes Umdenken, ohne eine wirkliche Veränderung der bestehenden sozio-ökonomischen Formation möglich. Die Situation der Krise jedenfalls eröffnet stets auch Chancen für die Genese von Wahlmöglichkeiten und alternativen gesellschaftlichen Entwicklungspfaden. Die gesellschaftlich-politischen Akteure haben in einem offenen Diskurs eine Vielzahl von alternativen Gesellschaftsentwürfen und Reformkonzepten vorgestellt. Dabei verfügt der Vorschlag der Tätigkeitsgesellschaft im Sinne der KAB, welcher sich durch das entschiedene Vertrauen in die schöpferischen Potenziale des Menschen sowie durch seine befreiende und integrative Grundausrichtung auszeichnet, über den klaren Vorzug „Soziales, Ökologie und Ökonomie als unabdingbar miteinander verbunden zu gestalten."[1007]

Gerade diese Gestaltungseinheit ist für eine erfolgreiche Durchführung weitreichender wirtschaftlicher und sozialer Umstrukturierungen, wie sie mit dem Übergang zur Tätigkeitsgesellschaft verbunden sind, von großer Bedeutung, weil nur ein kohärenter, d. h. in sich schlüssiger und die verschiedenen Bereiche integrierender Gesellschaftsentwurf politischem Denken und Handeln eindeutige Orientierung zu geben vermag.[1008]

Der KAB-Vorschlag überzeugt aber auch deshalb, weil er die Leitprinzipien gesellschaftlich-politischer Zukunftsgestaltung wie Selbstbe-

---

1005 KAB (2011): S. 11. (Hervorhebung im Original).

1006 Vgl. ebd. Weitere Belege hierfür bieten: Zimmermann (2004); Welter (2003, 2007); Blöcher (2008).

1007 KAB (2011): S. 11.

1008 Vgl. ebd.

stimmung, Teilhabe bzw. Teilnahme und Nachhaltigkeit respektiert und darauf aufbauend einen neuen Ausgleich zwischen weisungsgebundener bzw. marktvermittelter Arbeit, autonomem Tun und multipolarem Leben ermöglicht. Der Entwurf der Tätigkeitsgesellschaft stellt dem starren wie monotonen Arbeitsmarkt der Gegenwart sowie einem einfallslosen wie ebenso gefährlichen ökonomischen „Weiter so!“ die reizvolle Alternative einer entgrenzten und damit reicheren Arbeitswelt gegenüber, welche dem anthropologischen Ideal der *vita activa,* d. h. einem Leben in frei gestaltender Tätigkeit folgt. Demzufolge stellt das Leitbild der Tätigkeitsgesellschaft sowohl für jene Menschen, die von einem verbarrikadierten und hochselektiven Arbeitsmarkt nicht viel zu erwarten haben, als auch für die gut ausgebildeten und leistungsstarken sogenannten ‚High-Potentials‘, deren erklärtes Ziel es ist, ihre schöpferischen Potenziale in möglichst vielen Arbeits- und Gesellschaftsbereichen fruchtbringend einzubringen, ein Symbol der Hoffnung dar.

IV.2.2.1. Die »Triade der Arbeit« als Grundstruktur der Tätigkeitsgesellschaft

Die Fortentwicklung einer erwerbsarbeitszentrierten Gesellschaft wie der heutigen Bundesrepublik in eine Tätigkeitsgesellschaft, wie sie unter anderem die KAB anstrebt, zielt ***„auf einen neuen Ausgleich und eine neue Verhältnisbestimmung der ‚Triade der Arbeit‘***.“[1009] Der Begriff »Triade der Arbeit« meint, wie oben bereits erläutert, das Gefüge bzw. die Dreiteilung menschlicher Arbeit in gewinnorientierte Erwerbsarbeit, individuelle Eigen- bzw. Privatarbeit und gemeinwesenbezogene Arbeit, welche auf dem Weg zur Tätigkeitsgesellschaft neu bestimmt bzw. austariert werden muss.[1010] So verlange das Entwicklungsziel der Tätigkeitsgesellschaft nach Ansicht der KAB, dass zwischen jenen drei tendenziell gleichberechtigten Sektoren menschlicher Arbeit „eine größere Durchlässigkeit und mehr Flexibilität geschaffen werden“[1011] muss. Die Anerkennung der Gleichberechtigung der Arbeitsformen bedinge zudem, „daß soziale Sicherheit in einer ‚Tätigkeitsgesellschaft‘ nicht mehr ausschließlich über die Erwerbsarbeit gewährleistet werden kann.“[1012] Damit ist ein Punkt angesprochen, der an späterer Stelle einer näheren Erörterung unterzogen wird.

1009 Schäfers (o. J.): S. 2 (Hervorhebung im Original).

1010 Vgl. ebd.

1011 Ebd.

1012 Ebd.

Was aber ist die Funktion der sogenannten »Triade der Arbeit« und welche Bedeutung kommt ihr hinsichtlich der Gestaltung der beschriebenen Zielorientierung der Tätigkeitsgesellschaft zu? Ganz grundsätzlich bringt die so bezeichnete Triade der Arbeit den „hohe[n] Stellenwert der Arbeit für den Menschen"[1013] zum Ausdruck, woraus nach Ansicht der KAB für jede Gesellschaft unter anderem die Verpflichtung erwächst, „menschenwürdige Erwerbsmöglichkeiten zu schaffen."[1014] Zugleich überwindet die Neudefinition menschlicher Arbeit in der Triade der Arbeit die rückwärtsgewandte Vorstellung „Privatarbeit (insbesondere Kindererziehung) und gemeinwesenbezogene Arbeit (ehrenamtliche Tätigkeit, Tätigkeit im 2. Arbeitsmarkt) seien in ihrer Wertigkeit anders zu behandeln, als die Tätigkeit im 1. Arbeitsmarkt."[1015]

Die Triade der Arbeit **„als zukünftige Organisationsform der Arbeit"**[1016] umfasst nahezu alle Arbeits- bzw. Tätigkeitsformen und wirkt hierdurch als Transformationsriemen zum Aufbau der Tätigkeitsgesellschaft. „Ziel der Triade der Arbeit ist die Sicherung der Teilnahme aller Menschen an der Erwerbsarbeit, der privaten =individuellen und nicht zuletzt der gesellschaftlichen Arbeit."[1017]

Die von der KAB propagierte Neudefinition menschlicher Arbeit in Form der Triade hebt im Kern also darauf ab, den Menschen als naturgemäß tätiges Wesen zu respektieren. Mehr noch, es findet jedwede sinnvolle menschliche Tätigkeit im Rahmen der Triade Anerkennung, gleichgültig, ob diese nun bezahlt wird oder nicht. Angestrebt wird zudem die Integration möglichst aller Gesellschaftsmitglieder in den Zusammenhang der besagten Arbeits- bzw. Tätigkeitsbereiche[1018], was dem inkludierenden Charakter des Triadenkonzeptes geschuldet ist. Von daher lautet die (ethische) Grundaussage der Triade der Arbeit, dass jeder wie auch immer tätige Mensch ein wertvolles Mitglied der Gesellschaft ist und somit in dieser seinen legitimen Platz hat.

Die Ausweitung des Arbeitsbegriffes, die dem Triadenkonzept zu Grunde liegt, eröffnet somit ein neues Verständnis der Arbeitsgesellschaft. Der Perspektivwechsel ermöglicht eine Neuausrichtung der Arbeitsgesellschaft, die mehr Raum für Multiaktivität (siehe Kapitel IV.2.2.4.), d. h. für eine multipolare bzw. abwechslungsreiche Lebens-

---

1013 Welter (2007): S. 10.

1014 Ebd.

1015 Ebd.

1016 Welter (2003): S. 64 (Hervorhebung im Original).

1017 Ebd., S. 65.

1018 Vgl. Blöcher (2008): S. 3.

praxis bietet, in deren Bahnen Erwerbsarbeit nur eine von vielen Aktivitäts- bzw. Beschäftigungsformen ist. Von daher konstituiert die Triade der Arbeit die Grundstruktur der darauf aufbauenden Tätigkeitsgesellschaft. Die Dreigliederung der Arbeit in Form der Triade der Arbeit führt überdies zu einem Mehr an Durchlässigkeit bzw. fließenden Übergängen zwischen den drei Arbeitsbereichen, was deren Vereinbarkeit erleichtert und damit unkomplizierte Kombinationen wie auch eine gerechtere Aufteilung der Arbeit zwischen Männern und Frauen möglich macht.[1019]

Mit Blick auf die Herausforderungen der Vereinbarkeit von Beruf und Familie, denen sich insbesondere junge Familien, d. h. erwerbstätige Mütter und Väter, ausgesetzt sehen, ermöglicht die Dreigliederung der Arbeit somit völlig neue Lösungsansätze. Dabei gilt der Grundsatz, dass jede Tätigkeit gleichermaßen ihre Berechtigung, Funktion und Würde besitzt und die einzelnen Tätigkeitsformen sich in ihrer Wertigkeit nicht unterscheiden. Demgemäß erklärt die KAB in dem bereits erwähnten Beschlusstext: „Tätigkeitsformen jenseits der Erwerbsarbeit sind keine Übergangsformen in Erwerbsarbeit, sondern eigenständige Arbeitsformen neben der Erwerbsarbeit."[1020] Die angestrebte Neuorganisation der bisherigen Arbeitsgesellschaft auf Basis der Triade der Arbeit fußt also auf einem neuen bzw. erweiterten Verständnis menschlicher Arbeit. Die Neudefinition des Arbeitsbegriffs ist dabei Ausdruck der Bemühungen, den sich abzeichnenden ökonomischen und sozialen Entwicklungen Rechnung zu tragen.[1021]

Festzuhalten bleibt daher: Die Argumentation der KAB für die strukturelle Verwirklichung der Triade der Arbeit überzeugt, gibt sie doch eine Antwort auf das Problem der Dominanz bezahlter also marktvermittelter Arbeit gegenüber anderen (meist nicht bezahlten) Arbeits- bzw. Tätigkeitsformen im Status quo europäischer Erwerbsarbeitsgesellschaften. Der Umstand, dass, getreu der schon in den Kindergärten und Schulen vermittelten aber selten in Frage gestellten Logik der Erwerbsarbeitsgesellschaft, Privat- bzw. Eigenarbeit aber auch Formen gemeinnütziger Tätigkeit gemeinhin der Erwerbsarbeit untergeordnet werden, entspricht weder der tatsächlichen Bedeutung nicht markt- bzw. gewinnorientierter Arbeit für das reibungslose Funktionieren der Gesellschaft noch der Arbeits- bzw. Lebenswirklichkeit vieler Menschen in unserem Land. Und noch fataler: Oftmals geht mit der Fokussierung der Erwerbsarbeit als der einzig lohnenden Tätigkeit die mehr oder minder offen geäußerte Diskriminierung anderer Arbeitsformen einher.

1019 Vgl. KAB (2011): S. 20.

1020 Ebd.

1021 Vgl. Welter (2003): S. 64.

So ist nach Maßgabe dieser recht eindimensionalen Betrachtungsweise nur derjenige Mensch ein vollwertiges Mitglied der Gesellschaft, welcher einer allgemein akzeptierten Erwerbstätigkeit nachgeht, d. h. dessen Arbeit am Markt taxiert, gehandelt und schließlich (gut) bezahlt wird. Dabei ist die Sinnhaftigkeit der ausgeübten Tätigkeit bei der Gesamtbewertung der Ware Arbeit oftmals nur von nachrangiger Bedeutung. So erscheint im Sinne der Fokussierung der Erwerbsarbeit auch das gegen die Vitalinteressen des Menschen gerichtete Abholzen der Regenwälder oder aber die Produktion von Massenvernichtungswaffen als äußert sinnvolle und zugleich lukrative Tätigkeit, was sich nicht zuletzt in den vergleichsweise hohen Arbeitslöhnen dieser Branchen sowie den Produktpreisen widerspiegelt. Ein umfassendes und die einzelne Tätigkeit achtendes Verständnis menschlicher Arbeit, wie es das KAB-Konzept der Triade der Arbeit stark macht, ist der Gegenentwurf hierzu und kann helfen die unzulässige Verkürzung eines auf reine Erwerbstätigkeit beschränkten Arbeitsbegriffes aufzuzeigen. Darüber hinaus kann das oben beschriebene Triadenkonzept durch den ihm innewohnenden herrschaftsnivellierenden wie entdiskriminierenden Ansatz dabei helfen, eine geschlechterhierarchische Einteilung der Arbeit in ‚männliche' Vollerwerbsarbeit und ‚weibliche' Familien- bzw. Sorgearbeit zu überwinden und somit die im Kontext moderner Arbeitswelt längst als überholt geltenden, aber sich dennoch beharrlich haltenden Rollenmuster schrittweise aufzulösen. Wie durch das Gesagte deutlich geworden ist, steht die Triade der Arbeit für eine Neubewertung von Arbeit und Tätigkeit sowie für das gleichberechtigte Zusammenspiel der drei großen Bereiche sinnhaften werteschaffenden menschlichen Wirkens. Eine Organisation menschlicher Arbeit im Sinne der Triade der Arbeit, welche versucht die Gedanken der Gleichberechtigung, der Teilhabe und des Ausgleiches in die moderne Arbeitswelt hineinzuretten, entspricht einerseits den Anforderungen einer erwartungsgemäß künftig noch zunehmenden Arbeitsteilung und Spezialisierung sowie einer gesellschaftspolitischen und ökonomischen Grundorientierung im Sinne der Sozialen Marktwirtschaft.

IV.2.2.2. Zum Verhältnis von Erwerbsarbeit und Tätigkeitsgesellschaft

In vielen Beiträgen der bundesrepublikanischen Grundeinkommensdebatte, also nicht nur in jenen der KAB, taucht stets der teilweise unscharf bleibende Terminus der Tätigkeitsgesellschaft auf. Der Begriff Tätigkeitsgesellschaft ist somit zweifelsfrei ein fester, nicht wegzudenkender Topos der aktuellen Grundeinkommensdebatte. Mehr noch beschreibt er für das Gros der Grundeinkommensanhänger eine positive Zukunftsoption, oder anders gesagt, ein überzeugendes sozioökonomisches Leitbild, das es mit Hilfe der Einführung eines unbedingt garantierten Grundeinkommens zu verwirklichen gilt. Die Tätigkeitsgesellschaft wird hierbei als langfristig anzustrebendes Entwicklungsziel bzw. Idealbild einer freien Arbeitsgesellschaft verstanden, in welcher sich menschliches Arbeiten, Leben und Tätigsein in einer neuen Art harmonischer Koexistenz zusammenfinden und sich wechselseitig bereichern.

Es ist also die Rede davon, dass im Rahmen der anvisierten Gesellschaftsformation grundsätzlich jeder Bürger in jeder Lebenssituation freien Zugang zu den unterschiedlichen Formen menschlicher Arbeit hat und unter denselben kein negativer Wettbewerb stattfinden soll, d. h. die Wahl der Ausübung einer Tätigkeit nicht die Praxis einer anderen ausschließt oder diese etwa diskriminiert. Im Gegenteil hebt der Kerngedanke der Tätigkeitsgesellschaft darauf ab, dass grundsätzlich alle Tätigkeitsformen frei miteinander kombinierbar bzw. austauschbar sind, so dass sich die verschiedenen tätig-schöpferischen Akte des Menschen in einem freien und bunten Miteinander der unterschiedlichsten Arbeitsformen abbilden. Die Tätigkeitsgesellschaft steht dabei, wie bereits gezeigt worden ist, sowohl für die freie Tätigkeitswahl des Einzelnen, ein gleichberechtigtes wie ausgewogenes Miteinander unterschiedlichster Arbeitsformen und Arbeits(-zeit-)modelle als auch für die Diversität individueller Lebensentwürfe im Zeichen flexibler Lösungen. Vor dem Hintergrund verschwimmender Aktivitätsgrenzen sowie einer erhöhten Durchlässigkeit zwischen den verschiedenen Tätigkeits- bzw. Arbeitsformen werden – selbstverständlich unter Berücksichtigung objektiver Sachnotwendigkeiten sowie subjektiver Präferenzen der Interaktionspartner – unzählige Konstellationen für unterschiedliche Lebensphasen und Lebensstile denkbar. So soll beispielsweise der selbstgewählte Wechsel von einer bezahlten Tätigkeit in eine unbezahlte oder umgekehrt im Rahmen solcher Ordnung problemlos zu realisieren sein. Die Idee der freien oder besser entgrenzten Tätigkeitsgesellschaft gleicht also der Vision einer von Zugangsschranken, Hierarchiegefällen, Machtasymmetrien oder anderen Barrieren befreiten, ausdifferenzierten und zugleich einladenden Arbeitswelt, in welcher weder der konzentrierte Erwerbskarrierist mit Vollzeitstelle gegen die alleinerziehende Mutter in Teilzeit, noch der dauerhaft geringfügig beschäftigte Freelancer gegen den ausschließlich ehrenamtlich tätigen Sozialartisten ausgespielt wird. Vielmehr erfährt in der angestrebten Gesellschaftsordnung jede Form menschlichen Arbeitens und Tuns als Akt menschlicher Wesensäußerung die gebotene Wertschätzung und wird darüber hinaus als individuell und gesellschaftlich notwendige Tätigkeit anerkannt. Damit verbunden ist die Überwindung kapitalistisch orientierter Wirtschaftsmuster, in deren Logik die Arbeitskraft zur bloßen Ware herabgewürdigt und allein der Profit die zentrale Bewertungsgröße menschlicher Tätigkeiten darstellt. Folglich sind sowohl der spirituell produktive Ordensmann, der sozial und politisch engagierte Langzeitstudent, der ehrenamtlich aktive Pensionier, der Polizeibeamte im Sabbatical, die Fachverkäuferin in Teilzeit als auch die sich um ihre pflegebedürftige Schwiegermutter kümmernde Langzeitarbeitslose ein ebenso willkommenes und wertvolles Mitglied der Tätigkeitsgesellschaft, wie die Hotelmanagerin oder der Chefarzt mit einer rollenden 60-Stunden-Woche.

Die Tätigkeitsgesellschaft lebt, wie es der Begriff nahe legt, von der qualitativen und quantitativen Vielfalt jener in ihr praktizierten Tätigkeiten bzw. Aktivitätsformen, wobei die Verwertbarkeit jener aus freien Stücken erwählten Tätigkeit am Markt nur eine nachgeordnete Rolle spielt. „Entscheidend für diese Perspektive ist die Abkehr von der menschlichen Arbeit als Ware, ihre Verwandlung in freiheitliche und selbstbestimmte Tätigkeit."[1022]

In diesem Zusammenhang begreift Zenker die Idee der Tätigkeitsgesellschaft auch als Antithese zu einer zweifelhaften wie ebenso unzulässigen kapitalistischen Verkürzung menschlicher Arbeit, Wirtschafts- und Lebensweise. Die aussagekräftige und nicht minder vehement formulierte Kritik Zenkers an der zuvor diagnostizierten gesellschaftlich-kulturellen Hegemonie der Erwerbsarbeit in der Gegenwart soll dem Leser an dieser Stelle nicht vorenthalten werden. In ihrem 2007 verfassten Aufsatz *‚Frei und selbstbestimmt dem Fortschritt auf der Spur'* erklärt Zenker hierzu:

> „Wir dürfen nicht zulassen, dass die Rede von der Erwerbsarbeit als oberste Begehrlichkeit weiterhin die gesellschaftliche Richtung vorgibt. Erwerbsarbeit kann, darf und wird nicht die einzige Hoffnung des Lebens sein. Zu allen Zeiten in der Geschichte der kapitalistischen Wirtschaftsweise hat das Streben der Menschen nach Freiheit und Selbstbestimmung den Kapitalismus in seine Schranken gewiesen. Das Konzept der Tätigkeitsgesellschaft setzt auf dieses Bestreben, Freiheit und Selbstbestimmung sind in ihrem Selbstverständnis tief verankert. Sie machen den Blick frei für den Sinn des Lebens und sind damit der eigentliche Motor für den individuellen und gesellschaftlichen Fortschritt."[1023]

Im Zuge des Nachdenkens über das innere Verhältnis von Erwerbsarbeit und Tätigkeitsgesellschaft sowie der Notwendigkeit einer Relativierung der gegenwärtig bestehenden gesellschaftlichen Vorrangstellung der Erstgenannten als einer zwingenden Voraussetzung für die Entwicklung der Letztgenannten tritt ein weiterer, ganz wesentlicher Punkt hervor, welcher eng mit dem Diskurs zur Tätigkeitsgesellschaft

---

1022 Zenker (2007a): S. 126.

1023 Ebd., S. 124.

verbunden ist und in diesem Zusammenhang angesprochen werden muss. Gemeint ist der Aspekt der Arbeitszeitverkürzung, ohne die ein Übergang von der gegenwärtig bestehenden Arbeitsgesellschaft hin zu jener, von der Mehrheit der Grundeinkommensanhänger befürworteten Tätigkeitsgesellschaft nur schwer zu verwirklichen ist. Die Forderung einer individuellen Verkürzung der Arbeitszeit wird daher im Rahmen vieler Beiträge zur Tätigkeitsgesellschaft erhoben und zugleich eng an eine gesamtgesellschaftliche Umverteilung von Arbeit gekoppelt.[1024] So erkennen beispielweise neben linken Befürwortern einer von primär emanzipatorischen Motiven inspirierten Umverteilung von Erwerbsarbeit wie Blaschke[1025] auch Vertreter einer christlich-sozial orientierten Gesellschaftspolitik wie die schon mehrfach erwähnte KAB in einer weitgehenden Arbeitszeitverkürzung ein wesentliches Moment zukunftsweisender Arbeits(-zeit-)politik. So sieht beispielsweise Blöcher angesichts eines real stetig sinkenden Arbeitszeitvolumens in der Verkürzung der Arbeitszeit eine notwendige Rahmenbedingung für eine gerechte Umverteilung von Erwerbsarbeit.[1026] Ein weiteres Argument für eine allgemeine und gesellschaftlich akzeptierte Verkürzung der Arbeitszeit erblickt Zenker in der erfreulichen historischen Entwicklung, dass die Produktivität der entwickelten Ökonomie inzwischen derart angestiegen ist, dass mit einem immer geringeren Einsatz an menschlicher Arbeit die benötigte Menge an Gütern und Dienstleistungen bereitzustellen sei.[1027] Wirksam wird also ein epochaler Produktivitätsfortschritt mit dem sich nach Ansicht Zenkers schließlich ein alter Traum der Arbeiterbewegung erfüllt.[1028] Deshalb sei es auch widersinnig, dass die Gesellschaft jene im Grunde positive Entwicklung nicht zu schätzen weiß, sondern diese vielmehr als „Albtraum in Form von Arbeitslosigkeit und Ausgrenzung bei gleichzeitiger Arbeitszeitverlängerung der Beschäftigten"[1029] interpretiere. In diesem Zusammenhang verweist Zenker auch auf von Nell-Breuning, welcher nach ihren Angaben bereits in den 1980er Jahren sein Unverständnis darüber geäußert habe, dass die Gesellschaft mit dem eigentlichen Erfolg des marktwirtschaftlichen Wirtschaftssystems, nämlich der erfreulichen Produktivitätsentwicklung, nicht umzugehen weiß und somit die eigentliche Wohltat nicht für die Mehrheit der Menschen nutzbar mache.[1030] Damit

---

1024 Exemplarisch hierfür Zenker (2007b): S. 16 f.

1025 Vgl. Blaschke (2010a): S. 245 f.

1026 Vgl. Blöcher (2008): S. 5.

1027 Vgl. Zenker (2007a): S. 124.

1028 Vgl. ebd.

1029 Ebd.

1030 Vgl. ebd., S. 125.; Zenker (2007b): S. 17.

ist ohne Zweifel ein zentrales Paradoxon der entwickelten Arbeitsgesellschaft angesprochen.

Der Einschätzung Nell-Breunings ist insbesondere vor dem Hintergrund einer an Gütern aber zugleich auch an Verlustängsten reichen Überflussgesellschaft, „in der schon jetzt weit mehr Menschen allein aus ihren Kapitaleinkünften (und damit ohne Arbeit) dem Luxus frönen"[1031], zuzustimmen. Denn es ist eine durchaus bedenkliche und irritierende Tatsache, dass die aus der gestiegenen Produktivität resultierende Arbeitszeitersparnis nicht gleichermaßen allen Arbeitnehmern zu Gute kommt und der Zugewinn an arbeitsfreier (Lebens-)Zeit sowohl vom kollektiven als auch vom individuellen Bewusstsein mehr als Bedrohung denn als Ausdruck von Wohlstand und Lebensqualität wahrgenommen wird. Wir befinden uns also in der verhängnisvollen Situation, dass sich viele über den – vom Standpunkt ausgewogenen Lebens aus betrachtet eigentlich begrüßenswerten – Fortschritt der Reduktion der Arbeitszeit[1032] nicht freuen können, gerade weil damit auch eine Reduktion von Einkommen verbunden ist. Gefürchtet wird also weniger die Kürzung der Arbeitszeit als die damit verbundene Reduktion individuell verfügbaren Einkommens, auf das im Kontext einer veloziferisch getakteten Konsumgesellschaft keiner verzichten will, oder besser *kann*. Als Lösung des Problems hat Nell-Breuning schon vor Jahrzehnten für eine radikale Arbeitszeitverkürzung plädiert, vor allem „um Arbeitslosen wieder eine Chance auf dem Arbeitsmarkt zu geben, um uns endlich intensiver um die wirklich wichtigen Dinge des Lebens kümmern zu können."[1033] So verstanden, könnte die im Rahmen der Reduktion von Arbeitszeit hinzugewonnene arbeitsfreie Zeit von den mit nunmehr einem Mehr an frei verfügbarer Zeit bzw. Zeitwohlstand begünstigten Personen sowohl in die Theorie als auch die Praxis eines guten Lebens ‚investiert' werden. Eine Vorstellung, die angesichts einer Zunahme von Phänomenen personalen Ausbrennens (burn out), der sog. inneren Kündigung sowie der Zunahme von Suchterkrankungen aufgrund einer andauernden Arbeitsüberlastung oder aber der wachsenden Anzahl vernachlässigter Kinder in Folge einer ein dimensionalen bzw. streng erwerbszentrierten Lebensführung durchaus zu begrüßen sei. Die hiermit angesprochene Aufgabe einer gelingenden Verein-

1031 Zenker (2007a): S. 127 f.

1032 Die KAB bietet hierzu folgende Zahlen: „In der alten Bundesrepublik ist das Erwerbsarbeitsvolumen von 1970 bis 1991 um 7 Prozent, in der Phase von 1991 bis 2008 für Gesamtdeutschland um 4 Prozent gesunken. Das preisbereinigte Bruttoinlandsprodukt stieg in der ersten Phase um 76, in der zweiten Phase um 29 Prozent. Die Arbeitsproduktivität um 89, anschließend um 34 Prozent. Die durchschnittliche Erwerbsarbeitszeit sank im ersten Zeitraum um 22, im zweiten um 9 Prozent und hat sich damit deutlich verlangsamt." (KAB (2011): S. 20).

1033 Zenker (2007a): 125.

barkeit von Arbeitszeit und Freizeit, von Beruf, Familie und Hobby gehören unabdingbar zu einer ehrlichen Situationsanalyse, die der Entwicklung neuer Aktivitäts- und Lebensmodelle im Sinne der Tätigkeitsgesellschaft vorgeschaltet werden muss. „Neue Formen der Arbeit bieten sich geradezu an, die Arbeit in das Leben einzubetten, statt das Leben ihr unterzuordnen."[1034] Sozusagen eröffnet die Tätigkeitsgesellschaft vielfältige Möglichkeiten, die individuelle Lebenszeit, also das kostbarste und nicht in Marktpreisen darstellbare Gut eines jeden Menschen, in selbstbestimmte Tätigkeiten mit hohen Freiheitsgraden anzulegen, anstatt – wie heute allgemein üblich – über weite Strecken der Biographie hinweg ausschließlich in fremdbestimmte Erwerbsarbeit. Die Tätigkeitsgesellschaft schafft also Raum und Bewusstsein sowie ein Integrationsfeld für alternative Formen der Aktivität und Arbeit, der Produktion bzw. Wertschöpfung (z. B. solidarische Ökonomie, Schenkökonomie, regional-ökologisches Wirtschaften, Urban Gardening etc.), was es so bisher nicht gibt.

Die schillernde und methodisch weit angelegte Idee der Tätigkeitsgesellschaft lädt nach Ansicht des Verfassers schließlich dazu ein, die Verschränkung von Arbeit, Leben, sozialem und wirtschaftlichem Miteinander neu zu denken. Dabei stößt die Idee Tür und Tor für individuelle Lösungen und Lebensentwürfe auf, die sich eng an den Bedürfnissen des modernen Menschen bzw. Arbeitnehmers orientieren und mit deren Hilfe die bislang ungenutzt gebliebenen Potenziale ausgeschöpft werden können. Dies schließt ebenso die zugunsten beruflicher Entwicklungs- und Karriereperspektiven immer weiter verzögerte physische Reproduktion mit ein, was ein zentrales Problem der alternden Gesellschaft darstellt. „Denn es kann nicht sein, dass durch den zunehmenden Druck und die Erfordernisse der Erwerbsarbeit die nichtmarktfähigen menschlichen Begabungen und Kompetenzen unberücksichtigt bleiben oder Menschen gar davon abgehalten werden, Familien zu gründen."[1035] In diesem Zusammenhang gilt es überdies deutlich zu machen, „dass die Idee der Tätigkeitsgesellschaft nicht darauf angelegt ist, Arbeitslosen (insbesondere den Frauen) die Arbeit jenseits der Erwerbsarbeit zu überlassen, sondern durch Umverteilung des vorhandenen Arbeitsvolumens allen eine gleichberechtigte Teilnahme an allen Formen der Arbeit und Muße zu ermöglichen."[1036]

Die von den Freunden des Grundeinkommens angestrebte Umgestaltung der bestehenden Wirtschafts- und Sozialordnung hin zu einer freien bzw. entgrenzten, d. h. eine die Vielfalt menschlicher Schaffens-

---

1034 Zenker (2007a): S. 126.

1035 Zenker (2007b): S. 16.

1036 Ebd.

formen begrüßenden Tätigkeitsgesellschaft setzt weitreichendes Umdenken voraus. Im Zuge dieses Umdenkens ist davon auszugehen, dass gewohnte Auffassungen und Denkmuster wie beispielsweise die etablierten Verständnisse und Kategorien von Wohlstand hinterfragt bzw. zur Disposition gestellt werden. So wird mit der Abkehr von der Vorstellung der Erwerbsarbeit als der einzig selig machenden bzw. dem Gesellschaftsganzen allein dienlichen Form menschlicher Arbeit einhergehen mit einer Infragestellung jener eindimensionalen aber ubiquitären Vorstellung von Wohlstand im Sinne eines rein materiellen Niveaus. Den zu erwartenden Wandel der Auffassungen bringt Zenker folgendermaßen auf den Punkt: „Es liegt auf der Hand, dass der Transformation der Erwerbsarbeitsgesellschaft in eine Tätigkeitsgesellschaft eine Transformation der gängigen Wohlstandskriterien vorausgehen müsste."[1037] Darüber hinaus offenbart sich, wie Zenker in oben genanntem Aufsatz bemerkt, in der Tatsache, dass Erwerbsarbeit heute oftmals die alleinige bzw. erste Quelle von Einkommen, sozialer Sicherheit, gesellschaftlicher Anerkennung und Integration darstellt, „ein Anachronismus sondergleichen"[1038]. Und sie fügt diesbezüglich ein paar Sätze später an: „Das ist zutiefst unmenschlich und widerspricht den Aktivitäten der Menschen im Bereich privater und gemeinwesenbezogener Arbeit. Gemessen an ihrem Umfang ist diese Arbeit volkswirtschaftlich sogar höher zu bewerten als die Erwerbsarbeit."[1039] Mit dieser Äußerung lenkt Zenker völlig zu Recht den Blick auf das Problem der mangelnden Anerkennung bzw. Aufmerksamkeit, welche private und gemeinwesenbezogene Arbeit heute in Politik und Öffentlichkeit erfährt. So muss bei allen Versuchen einer Aufwertung der häuslichen und gemeinwesenbezogenen Arbeit seitens der Politik in den letzten Jahren leider bilanziert werden, dass die im Kontext von Haushalt, Familie und Ehrenamt geleistete Arbeit, zumindest was das Maß öffentlicher Wertschätzung anbelangt, noch immer weit hinter jenem herkömmlicher Erwerbsarbeit zurückbleibt. Die vergleichsweise hohe Wertschätzung, welche Erwerbsarbeit gegenüber anderen Formen menschlicher Arbeit erfährt, gründet nicht zuletzt auch in deren Bezahlung. So verleiht in den Augen vieler gerade die Bezahlung der abgeleisteten Arbeit ihren unverwechselbaren Charakter und spezifischen Wert. Eine solche, tendenziell hierarchisierende Wahrnehmung fördert jedoch eine einseitige Betrachtungsweise, welche die natürlichen Bedürfnisse und Rechte des Menschen verkennt und führt unter anderem dazu, dass die (auch künftig) für den Wohlstand einer Gesellschaft so wichtige elterliche Reproduktions-, Erziehungs- und Fürsorgearbeit in

---

1037 Zenker (2007a): S. 126.

1038 Ebd., S. 124.

1039 Ebd.

Ermangelung einer Bezahlung weniger Wertschätzung erfährt, als die von den Eltern verrichtete Erwerbsarbeit. Die hier skizzierten Paradoxien und Verwerfungen innerhalb der bestehenden Arbeitsgesellschaft können jedoch nach Meinung Zenkers im Rahmen einer mit individueller und kollektiver Arbeitszeitverkürzung einhergehenden Tätigkeitsgesellschaft ausgeglichen bzw. überwunden werden.[1040] So wird gemäß heutigem Kenntnisstand aller Wahrscheinlichkeit nach die Relativierung der Erwerbsarbeit zu einer Aufwertung anderer Tätigkeiten und Lebensziele führen. Dies wiederum entspräche der Idee der Tätigkeitsgesellschaft, dergemäß nach Ansicht Zenkers Freizeit und Muße „wichtig[e] Bestandteil[e] des gesellschaftlichen Fortschritts“[1041] darstellen.

Dabei ist den Anhängern der Tätigkeitsgesellschaft sehr bewusst, dass die heutige Realität der erwerbsarbeitszentrierten Arbeitsgesellschaft gänzlich anders aussieht und allein von sich aus keine Öffnung eines gegenwärtig überregulierten und wenig Phantasie zulassenden Arbeitsmarktes gegenüber alternativen Formen von Arbeit und Tätigkeit jenseits trister Lohnarbeit zu erwarten ist. Hierfür bedarf es vor allem eines politischen Gestaltungswillens sowie mannigfaltiger sozial,- wirtschafts- und ordnungspolitischer Eingriffe zur Herausbildung tätigkeitsfreundlicher Rahmenbedingungen. Ein zentraler Baustein jener die Tätigkeitsgesellschaft begründenden Rahmenbedingungen ist – so kann am Beispiel der für den Diskurs repräsentativen Argumentation der KAB gezeigt werden – das garantierte Grundeinkommen. So wie das Haus der Tätigkeitsgesellschaft selbst ist auch der Eckstein eines unverdienten Garantieeinkommens umstritten und einer Reihe an kritischen Einwänden ausgesetzt, auf die an anderer Stelle noch näher eingegangen wird. Das Verhältnis von Erwerbsarbeit und Tätigkeitsgesellschaft kann indes mit der folgenden Formel auf den Punkt gebracht werden: Die Entwicklung der Tätigkeitsgesellschaft geht mit einer Relativierung der Erwerbsarbeit und ihrer gesellschaftlichen Vorrangstellung einher. Die daraus resultierende Aufweichung traditioneller arbeitsgesellschaftlicher Muster stellt gewohnte Denk- und Handlungsweisen zur Disposition und führt zu einer Neubewertung von Arbeit, Einkommen und (Zeit-)Wohlstand. Insbesondere Konzepte der Arbeitszeitverkürzung wie auch des guten Lebens werden speziell im Kontext einer gerechteren Verteilung von (Erwerbs-)Arbeit und Arbeitszeit an Bedeutung gewinnen. Diese so grundlegende gesellschaftliche Auseinandersetzung wird freilich nicht ohne Konflikte entlang der Scheidelinie von Arbeit und Kapital sowie der sich gegenüberstehenden gesellschaftlichen Mentalitäten vonstattengehen können. Als ein liberaler, ethisch und demokratisch vertretbarer Entwurf des guten Lebens

1040 Vgl. Zenker (2007a): S. 125.

1041 Ebd.

kann aber nur derjenige gelten, welcher „die Pluralität der Menschen und deren Recht auf ein Leben in Autonomie und Solidarität"[1042] ausnahmslos anerkennt.

IV.2.2.3. Bedingungsloses Grundeinkommen als Ermöglichungsstruktur der Tätigkeitsgesellschaft

Nachdem in den vorangegangen Kapiteln Idee, Wesen und sozioökonomische Zielrichtung der Tätigkeitsgesellschaft beschrieben worden sind, gilt es nun, das Verhältnis von Grundeinkommen und Tätigkeitsgesellschaft, also zweier in der Literatur oft aufeinander bezogener Begriffe, näher zu bestimmen. Dabei sollen die zwei folgenden Fragen im Mittelpunkt stehen: Erstens gilt es zu klären, in welchem Verhältnis Grundeinkommen und Tätigkeitsgesellschaft zueinanderstehen, d. h. ob und inwiefern die Verwirklichung des Entwicklungsziels Tätigkeitsgesellschaft eines Grundeinkommens bedarf. In Folge der Klärung dieser Frage soll anschließend untersucht werden, welchen spezifischen Beitrag das Grundeinkommen zur Herausbildung einer tätigkeitsoffenen und die verschiedenen Formen menschlicher Arbeit integrierenden Gesellschaftsformation leisten kann.

Die Beantwortung der ersten Frage fällt leicht, da die Literatur diesbezüglich umfassend und präzise Auskunft gibt. Als wesentliche Voraussetzung zur Verwirklichung der Tätigkeitsgesellschaft wird in vielen Diskursbeiträgen die Entkoppelung von Erwerbsarbeit und soziale Sicherheit mit der Begründung gefordert, dass der Zugang zu einträglicher Erwerbsarbeit und damit zu einem Sicherheit gewährenden Einkommen für eine wachsende Zahl von Menschen immer schwieriger wird. Das aus dem Verlust von Erwerbsperspektiven für weite Teile der Bevölkerung resultierende Sicherheitsdefizit hat das Nachdenken über alternative Formen der sozialen Absicherung beflügelt. „Wenn heute immer mehr Menschen ihrer Chance beraubt werden, ihr Recht auf Arbeit zu nutzen, um eine ausreichende soziale Sicherheit zu erwerben, dann müssen die Mittel zur Existenzsicherung auf andere Weise bereitgestellt werden."[1043] Dies soll beispielsweise laut Zenker mit Hilfe der Einführung eines existenzsichernden Grundeinkommens, verbunden mit der bereits erwähnten Arbeitszeitverkürzung als einer flankierenden Maßnahme, geschehen.[1044] Die Verwirklichung der Tätigkeitsgesellschaft wird also an das Vorhandensein einer allen zugänglichen, garantierten Grundversorgung geknüpft, welche die materielle Existenz des

[1042] Blaschke (2010a): S. 79.

[1043] Zenker (2007b): S. 16.

[1044] Vgl. Zenker (2007a): S. 127.

einzelnen Bürgers grundhaft sichert und darüber hinaus eine Verkürzung der individuellen Arbeitszeit (finanziell) gestattet. Insofern stellt das bedingungslose Grundeinkommen aus der Sicht des Einzelnen das sozio-ökonomische Fundament der angestrebten Gesellschaftsformation dar. Es bietet eine Form verlässlicher Existenzsicherung, die es dem Menschen in jeder Phase seines Lebens ermöglicht, frei von Existenzangst oder Erwerbsdruck der von ihm favorisierten Tätigkeit nachzugehen.[1045] Denn die freie und selbstbestimmte Entscheidung für eine mehr oder weniger marktnahe Tätigkeit, wie sie im Rahmen der Tätigkeitsgesellschaft als sozial anerkannte Handlungsroutine jedermensch möglich sein soll, bedarf eines Minimums an materieller Sicherheit in Form eines garantierten, nicht verhandelbaren Mindesteinkommens, welches zu einer wirklich freien, d. h. von keinerlei Zwängen und Befürchtungen vernebelten Tätigkeitswahl befähigt.

Dieser Überlegung liegt die simple Einsicht zu Grunde, dass die Menschen erst in die ökonomische Lage versetzt werden müssen, um die von ihnen gewünschte Tätigkeit frei wählen und damit eventuell verbundene finanzielle Nachteile bzw. Einschränkungen kompensieren zu können. So geht beispielsweise der selbstbestimmte bzw. frei gewählte Wechsel von einer Vollzeiterwerbsstelle in eine Teilzeiterwerbsstelle gemeinhin mit einer Reduktion von Einkommen einher. Diese (mitunter empfindliche) Einbuße an Erwerbseinkommen kann gemäß der Grundeinkommensidee vermittels eines sicheren staatlichen Transfereinkommens ausgeglichen werden. Insofern ermöglicht ein bedingungslos und in ausreichender Höhe gewährtes Transfereinkommen gleichsam die Ausübung einer finanziell weniger attraktiven Tätigkeit. In diesem Zusammenhang wird die kompensatorische Funktion eines garantierten Transfer- bzw. Grundeinkommens, welches unter anderem die Aufwertung gering entlohnter Tätigkeiten begünstigt, deutlich sichtbar. Ein bedingungslos zugestandenes Grundeinkommen soll also den Menschen, jenseits einer reinen Prävention vor Einkommensarmut, das nötige Maß an Sicherheit gewähren, jene (Erwerbs-)Tätigkeit zu wählen, die sie wirklich wollen, und „Freiräume zur gesellschaftlichen und individuellen Weiterentwicklung"[1046] zu nutzen. Dies schließt jene Freiräume ein, „die bereits im Kern zerstört würden, wenn das Grundeinkommen an das Prinzip der Gegenleistung gebunden wäre."[1047] Der Individualbezug des Transfers, für den das Grundeinkommen steht, ist hierbei „ein zentrales Element zur Relativierung der Dominanz der Erwerbsarbeit und ein wichtiger Schritt zur gleichwertigen Anerken-

1045 Dabei versteht es sich von selbst, dass die individuell avisierte Tätigkeit stets auch eine geeignete Qualifikation der tätigen Person voraussetzt.

1046 Zenker (2007b): S. 16.

1047 Ebd.

nung und neuen Verteilung der unterschiedlichen Formen von Arbeit."[1048] Degradiert also Erwerbsarbeit im Rahmen des Grundeinkommensbezuges aus Sicht des Transferempfängers zu bloß einer Möglichkeit der Einkommenserzielung neben anderen, so sinkt der Grenznutzen der Erwerbstätigkeit und die Ausübung anderer, dem Erwerbskontext mehr oder weniger ferner Arbeitsformen gewinnt indes an Attraktivität. Dies würde über kurz oder lang zu einer ‚Explosion' der Tätigkeiten führen und die Welt der Arbeit schließlich bunter bzw. reicher machen. Insofern stellt das die individuelle wirtschaftliche Existenz sichernde Grundeinkommen für die Protagonisten der Tätigkeitsgesellschaft sowohl notwendige Grundbedingung als auch finanzielle Ermöglichungsstruktur derselben dar.[1049] Als eine Vertreterin linker Wirtschafts- und Gesellschaftspolitik erklärt Kipping diesbezüglich: „Das Grundeinkommen verwirklicht das Recht auf selbst bestimmte Tätigkeit, denn die Sicherheit eines in jeder Lebenssituation vorhandenen Einkommens erleichtert Existenzgründungen ebenso wie Formen solidarischer Ökonomie."[1050] Ferner erkennen die Anhänger einer der katholischen Gesellschaftslehre verpflichteten Perspektive in der „Garantie des soziokulturellen Existenzminimums [...] eine Mindestanforderung zur Durchsetzung der Tätigkeitsgesellschaft."[1051] Dementsprechend formuliert die KAB in ihrer Beschlussschrift zum 14. Bundesverbandstag in Würzburg 2011:

> „Eine in der sozialen Demokratie gründende Tätigkeitsgesellschaft setzt auf ein *garantiertes Grundeinkommen als soziales Menschenrecht*. Die in der Soziallehre der Kirche geforderte Vorordnung des Gebrauchs der Güter zur Bedürfnisbefriedigung aller verlangt eine auch materielle Sicherstellung des soziokulturellen Existenzminimums."[1052]

Die in den verschiedenen gesellschaftspolitischen Lagern anzutreffenden Befürworter der Tätigkeitsgesellschaft stellen somit klar, dass die Verwirklichung einer tätigkeits- wie auch entwicklungsoffenen Gesellschaftsformation wesentlich auf der ökonomischen Existenzsicherheit all ihrer Mitglieder ruht. Damit ist nichts anderes gesagt, als dass die freie Wahl der Tätigkeit ein Mindestmaß an materieller Sicherheit voraussetzt. Oder andersherum ausgedrückt: Die freie und selbstbestimmte Entscheidung für oder gegen die Ausübung einer bestimmten (Erwerbs-)Tätigkeit ist für den Einzelnen nur dann erst wirklich möglich, wenn für das materielle Dasein grundlegend gesorgt ist und nicht

---

1048 Zenker (2007b): S. 16.

1049 Vgl. Zenker (2007a): S. 126 f.

1050 Kipping (2007): S. 9.

1051 Blöcher (2008): S. 1.

1052 KAB (2011): S. 11 (Hervorhebung im Original).

etwa finanzieller Druck die Wahlmöglichkeiten einschränkt. An dieser Stelle wird ein Kausalzusammenhang deutlich, der auf die komplizierte ökonomische Dialektik von Freiheit und Sicherheit verweist: Nämlich, dass die freie Wahl der Tätigkeit wesentlich in der Sicherheit der individuellen Existenz, also einem verfügbaren Minimum an lebensnotwendigem Einkommen gründet. Im garantierten Grundeinkommen erkennen die Anhänger einer den Idealen von Freiheit, Selbstbestimmung und (Verteilungs-)Gerechtigkeit verpflichteten Tätigkeitsgesellschaft sodann das probate Mittel zur Bereitstellung eines dieselbe fundierenden Existenzminimums.[1053] Die Antwort auf die Frage nach dem Verhältnis von Tätigkeitsgesellschaft und bedingungslosem Grundeinkommen lässt sich mit der folgenden Kurzformel treffend auf den Punkt bringen: Ohne Grundeinkommen keine Tätigkeitsgesellschaft.

Als theoretisch gesichert gilt somit: Das garantierte Grundeinkommen als Instrument einer allgemeinen und verlässlichen Existenzsicherung bildet die notwendige finanzielle Voraussetzung und zugleich Ermöglichungsstruktur der Tätigkeitsgesellschaft. Diese Position teilt Zenker, verweist aber zudem darauf, dass das Grundeinkommen allein nicht ausreiche um der Tätigkeitsgesellschaft zum Durchbruch zu verhelfen, sondern diesbezüglich weitere flankierende Maßnahmen (wie Arbeitszeitverkürzung und Bewusstseinswandel) nötig seien.[1054]

Als eine sichere ökonomische Grundversorgung des Bürgers ermöglicht das garantierte Grundeinkommen die selbstbestimmte und von marktgerichteten Zwängen befreite Wahl der (Erwerbs-)Tätigkeit sowie die freie Kombination verschiedener Aktivitäts- und Arbeitsformen. Das Grundeinkommen ist somit auch ein starkes Mittel wirtschaftlicher Deregulierung, welches auf die Gestaltungskompetenz und Innovationskraft kleiner Einheiten vertraut. Durch die oben beschriebene Ermöglichungswirkung fördert es die Durchlässigkeit und Koexistenz verschiedener Aktivitäts-, Tätigkeits- bzw. Arbeitsformen, was die Flexibilität und Vielfalt des Arbeitslebens erhöht und somit zu einer neuen Balance von Arbeit und Leben beiträgt.

Die hier anschließenden Ausführungen befassen sich indes mit der Beantwortung der zweiten Frage nach dem besonderen Beitrag des Grundeinkommens für die Entwicklung der Tätigkeitsgesellschaft. Folgendes ist hierzu zu sagen: Durch den Empfang des garantierten Grundeinkommens von destabilisierender Existenzangst und oktroyiertem Erwerbszwang befreit, kann der Bürger der Tätigkeitsgesellschaft sich anderen, nicht einem Erwerbszweck dienenden aber für das gelingende Leben dennoch wichtigen Aufgaben zuwenden. Das Spektrum

1053 Vgl. Blöcher (2008): S. 1, 3.

1054 Vgl. Zenker (2007a): S. 126 f.

der hier gemeinten Aufgaben ist breit. So kann es sich beispielsweise etwa um die Rettung der eigenen Ehe oder die Klärung biographischer wie auch beruflicher Sinn- und Richtungsfragen handeln. Aufgaben, welche dem Einzelnen ein nicht geringeres Maß an Gestaltungskompetenz abverlangen als das Auf- und Absteigen so mancher Karriereleiter. Der Beitrag des Grundeinkommens zur Konversion des nach Maßgabe des Marktmechanismus funktionierenden und in vielerlei Hinsicht zu kurz geratenen homo oeconomicus in einen ganzheitlich denkenden und agierenden Menschen darf nach Ansicht Zenkers in diesem Zusammenhang nicht unterschätzt werden. „Das Grundeinkommen kann hier einen entscheidenden Beitrag leisten, wieder dem Sinn des Lebens auf die Spur zu kommen. Es macht den Blick frei, Dinge in die Hand zu nehmen, die einfach brach liegen, weil sie nicht über den Markt vermittelbar sind."[1055] So ermöglicht das Grundeinkommen dem modernen Arbeitnehmer jene zur Beschäftigungstherapie oder bloßem Selbstzweck entartete Arbeit niederzulegen und sich ohne dem Druck, die eigene Daseinssicherung erwerben zu müssen, ausgesetzt zu sein, (erneut) auf die Suche nach einer sinnvollen, der eigenen Lebensfrequenz entsprechenden und damit wirklich menschlich produktiven Tätigkeit zu begeben. Das Grundeinkommen ermöglicht gemäß Zenker somit ergebnisoffene Suchprozesse, unternehmerisches Experimentieren und das Ergreifen von Initiativen, „die in der heutigen Erwerbsarbeitsgesellschaft mit einem hohen sozialen Risiko verbunden sind."[1056] Das Grundeinkommen ertüchtigt und ermutigt also den Menschen neue Wege zu gehen bzw. neue Formen von Arbeit und Tätigkeit auszuprobieren, ohne dabei Gefahr zu laufen, aus dem gesellschaftlich anerkannten Rahmen zu fallen. Überhaupt ist im Kontext der Grundeinkommensgesellschaft von einer Erweiterung des Kanons sozial akzeptierter Tätigkeiten auszugehen. In dieser Logik werden beispielsweise nicht wenige Menschen, die sich auftuenden neuen Freiräume erkundend, von unternehmerischer Neugier und subsidiärem Eigenengagement geleitet, einen beruflichen Neuanfang wagen. Ein solches durch das garantierte Einkommen ermöglichte bzw. ausgelöste Verhalten, entspräche sogar jener, der bestehenden Grundsicherungspolitik zu Grunde liegenden Aktivierungslogik. Das Bild der auf dem Grundeinkommen basierenden, tätigkeitsfrohen und vorrangig eigenmotivierten Gesellschaft mutet durchaus sympathisch an und gewinnt Menschen guten Willens leicht zum Freunde. Doch hat uns die bisherige Sozialstaatspraxis auch anderes gelehrt. Kenner des gegenwärtig bestehenden Grundsicherungssystems und der darin gemachten Erfahrungen wissen, dass sich eine bestimmte Gruppe von Menschen aus ganz verschiedenen Grün-

[1055] Zenker (2007b): S. 17.

[1056] Zenker (2007a): S. 127.

den einfach nicht aktivieren lässt. So verzweifeln selbst gestandene Arbeitsvermittler der Jobcenter landesweit an der beharrlichen Verweigerungshaltung, der therapiebedürftigen Lethargie sowie dem aktivierungsresistenten Verhalten mancher (Dauer-)Kunden. Diese Tatsache ist in diesem Zusammenhang auch deshalb so brisant, stützt sich das Leitbild der Tätigkeitsgesellschaft neben einem umfassenden Arbeitsbegriff doch auch „auf die Überzeugung, dass ein Mensch grundsätzlich ‚tätig' sein will."[1057]

Dies evoziert die Frage: Und was, wenn dem nicht so ist? Wird die Sache mit dem Grundeinkommen dann zum Problem? Lädt eine unverdiente Daseinspauschale nicht geradezu dazu ein, sich aus der Welt der Arbeit und des tätigen Engagements zu verabschieden? Legt sich die Gesellschaft mit der Einführung eines Garantieeinkommens für alle schließlich selbst lahm? Dieser, dem Grundeinkommen immer wieder entgegengebrachte Einwand ist natürlich auch den Freunden desselben bekannt. Auf diesen Bezug nehmend formuliert Zenker folgende Position:

> „Natürlich werden sich auch in einer Grundeinkommensgesellschaft Menschen der moralischen Verpflichtung entziehen, der Gesellschaft etwas zurückzugeben, dennoch bietet sie weit mehr als die jetzige Erwerbsarbeitsgesellschaft eine Chance, Passivitäts-spiralen zu überwinden und am gesellschaftlichen Leben teilzunehmen. Die Abwesenheit von Existenzängsten sowie von Sanktions- und Kontrollmechanismen könnte ungeahnte Energien frei setzen, sich seiner selbst in dieser Gesellschaft zu vergewissern und damit erst die Voraussetzung schaffen, nach den eigenen Möglichkeiten zu fragen."[1058]

Das hier Gesagte zeichnet ein insgesamt positives, die Teilhabechancen fokussierendes Bild einer auf dem Grundeinkommen basierenden Tätigkeitsgesellschaft. Gleichwohl rechnet Zenker als eine prominente Verfechterin derselben in nüchtern-realistischer Einschätzung auch mit Phänomenen der Verweigerung, wie sie schon heute bei Personengruppen mit komplexen Problemlagen festzustellen sind. So wird es immer Menschen geben, die den Transfer und die sich auftuenden Chancen nicht konstruktiv nutzen und jener rein moralisch begründbaren Verantwortung gegenüber der Gesellschaft nicht Folge leisten werden. Diese Menschen werden aber eingedenk der im Rahmen der Aktivierungspolitik der letzten Jahre gemachten Erfahrungen und in Anbetracht des individuellen Leides, welches bei gesunden Menschen mit Selbstausschluss und sozialer Verweigerung sowie dem daraus resultierendem Mangel an Interaktion naturgemäß verbunden ist, aller Wahrscheinlichkeit nach eine Minderheit darstellen. Im Kern aber, so

---

[1057] Zenker (2007b): S. 16.

[1058] Ebd., S. 17.

geht aus der Aussage Zenkers hervor, gehen vom Grundeinkommen und den damit verbundenen sozio-ökonomischen Veränderungen neue Dynamik, Chancen und Initiative weckende Impulse aus. So soll beispielsweise das Fehlen von Existenzängsten und sozialbehördlichen Strafen, wie diese dem Einzelnen im Falle mangelnder Mitwirkung im Rahmen des heutigen Sozialstaatsgefüges drohen, neue Energien freisetzen und Identitätsfindung ermöglichen. Bezüglich der kontraproduktiven, weil lähmenden und einschüchternden Wirkung von Existenzängsten ist in dieser Arbeit bereits viel gesagt worden, was mit Zenkers Position übereinstimmt. Doch auch die Möglichkeit einer das sozialgesetzlich verbriefte Existenzminimum reduzierenden Sanktion[1059] macht Menschen Angst und bringt das auf wechselseitigem Vertrauen beruhende Verhältnis von Integrationsfachkraft und Leistungsempfänger (in der dienstleistungsorientierten Sprache des Jobcenters ‚Kunde' genannt) in eine Schieflage. So ist nur schwer nachvollziehbar, wieso das Existenzminimum einer erwerbsfähigen, aber bedürftigen Person in Form der ALG II-Leistung, nimmt man den Gedanken des Existenzminimums bzw. einer stabilen Existenzsicherung tatsächlich ernst, bei sozialbehördlich nicht gewünschtem Kundenverhalten durch das Verhängen einer Sanktion eingekürzt werden kann. Dies scheint eingedenk jener Überlegung widersinnig, die dem Begriff des Existenzminimums zu Grunde liegt. Denn entweder ist das Existenzminimum ein echtes, d. h. ein vom Verhalten des Leistungsempfängers unabhängiges und durch keinerlei sozialbehördliche Akte reduzierbares, also unantastbares Mittel der Existenzsicherung oder aber es handelt sich im Gegensatz dazu um einen bloßen grundsätzlich reduzierbaren Versorgungsbetrag, welcher bei behördlich gewünschtem Verhalten des Leistungsempfängers in uneingeschränkt voller Höhe gewährt wird, jedoch bei behördlich nicht erwünschtem Verhalten des Kunden im Extremfall vollstän-

[1059] Das SGB II sieht bei Pflichtverletzungen des Empfängers von Grundsicherungsleistungen Sanktionen vor (siehe hierzu SGB II, Kapitel 3, Abschnitt 2, Unterabschnitt 5). Im Bereich des SGB II sind die Sanktionen in folgende Stufen gestaffelt: Kürzungen der Regelleistung treten ein in Höhe von 10% für Meldeversäumnisse (gemäß § 32 SGB II) sowie jeweils 30% für das Ablehnen einer als zumutbar deklarierten Arbeit (gemäß § 10, 31 f. SGB II), das grundlose Abbrechen einer Weiterbildungsmaßnahme (gemäß § 31 f. SGB II) sowie bei Verstößen gegen die Eingliederungsvereinbarung (nach § 15 SGB II). Können hingegen für die genannten Sanktionstatbestände akzeptable bzw. belastbare Gründe seitens des Kunden angegeben werden, tritt keine Sanktion in Kraft. Sanktionen sind grundsätzlich kumulierbar. Bei wiederholten Verstößen in oben genannten Punkten addieren sich die Sanktionen bis zur vollständigen Kürzung der ALG II-Leistung. Sanktionen werden in der Regel für die Dauer von drei Monaten verhängt. Die vielfältigen Bestimmungen und Spezifizierungen des deutschen Sozialgesetzbuches bzgl. der Sanktionen im Bereich der Grundsicherung für Arbeitssuchende sind dargelegt und nachzulesen, in: www.sozialgesetzbuch-sgb.de/sgbii/1.html.

dig, also bis zu 100%[1060], eingekürzt werden kann. Ein solches grundsätzlich reduzierbares Existenzminimum entspräche sozusagen einem unsicheren, weil einschränkbaren Versorgungsbetrag mit impliziter Erziehungs- bzw. Disziplinierungsfunktion, welche darauf abzielt, das Verhalten des Leistungsempfängers in eine bestimmte Richtung zu lenken, d. h. diesen beispielsweise zur Aufnahme einer vom Jobcenter angebotenen Erwerbsarbeit zu bewegen. Lehnt ein Kunde ein als zumutbar eingestuftes Erwerbsangebot ohne Angabe eines wichtigen Grundes ab, so ist die Integrationsfachkraft im Rahmen des SGB II verpflichtet, eine Sanktion in Höhe von 30% des Regelsatzes (Regelsatz für Singles ab 2014 = 391,- Euro) zu verhängen, was für den Sanktionierten einen empfindlichen Einkommensausfall darstellt. Die hiermit angesprochene Kürzung des Regelsatzes und damit des Existenzminimums im Rahmen einer Sanktion geschieht in deutschen Jobcentern tagtäglich. Diese Praxis des Strafens gilt es jedoch in zweifacher Hinsicht zu hinterfragen. Erstens weil sie einen seriösen Begriff des Existenzminimums selbst in Gefahr bringt und zweitens weil sie das auf Öffnung, Vertrauen und Kooperation elementar aufbauende Verhältnis zwischen Integrationsfachkraft und Leistungsempfänger sabotiert. So ist das Arbeitsklima zwischen Arbeitsvermittler und Kunden in Folge einer Sanktion oftmals belastet, was für eine vertrauensvolle Zusammenarbeit nicht förderlich ist. Aber auch jene, die Sanktion verhängenden Integrationsfachkräfte tun sich hin und wieder (insbesondere dann, wenn Kinder von den Leistungskürzungen betroffen sind) schwer mit dem Strafen bzw. Kürzen jener das Existenzminimum darstellenden Regelleistung, was in offenen Personalgesprächen oder Dienstberatungen immer wieder von Vermittlern geäußert wird.[1061]

Diesen Punkt abschließend bleibt festzuhalten, dass ein durch sozialbehördliche Sanktionen reduzierbares Existenzminimum gerade keine

---

1060 Die einschlägigen Statistiken der Bundesagentur für Arbeit belegen: Eine 100%-Sanktion der ALG II-Leistung durch die Integrationsfachkraft gehört zum Alltagsgeschäft der Arbeitsvermittlung. Hierbei werden sowohl die Kosten der Unterkunft als auch der Regelsatz komplett eingestellt, so dass die leistungsberechtigte Person definitiv keine Leistung mehr erhält, d. h. ohne jegliches Einkommen ist. Eine solche Sanktion ist insbesondere dann bedenklich, wenn indirekt Kinder, die in der Bedarfsgemeinschaft leben, von der kompletten Einstellung der Leistung betroffen sind. Weiterhin werden in dieser Zeit keine Beiträge zur Krankenversicherung gezahlt, sodass kein Versicherungsschutz mehr besteht. Lediglich Lebensmittelgutscheine werden dem Leistungsempfänger angeboten.

1061 Der Verfasser dieser Dissertationsschrift hat im Jahr 2013 selbst als Integrationsfachkraft im Jobcenter Erfurt gearbeitet. Daher sind ihm die vielfältigen Probleme, die sich sowohl für die Kunden als auch die Arbeitsvermittler aus dem Sanktionieren ergeben, aus eigener Anschauung vertraut.

Sicherheit der Existenz gewährleisten kann, was dem eigentlichen Sinn eines Existenzminimums widerspricht und dazu führt, dass die gängige Sanktionspraxis sowohl aus begriffslogischen als auch aus ethischen Gründen kritisch zu bewerten ist. Darüber hinaus degeneriert ein jederzeit von Kürzungen bedrohter staatlicher Versorgungsbetrag zum bloßen Spielball sozialbehördlicher Machtausübung, was am Gedanken eines wirklich sicheren, weil unantastbaren Existenzminimums vorbei geht.

Zurück zum Grundeinkommen: Die hier skizzierte gegenwärtig bestehende Praxis der Grundsicherung für erwerbsfähige Personen würde mit der Einführung eines an keinerlei Bedingungen oder Mitwirkung gebundenen Grundeinkommens abgeschafft. Anstatt sich dem sozialgesetzlich fixierten Erwerbszwang zu beugen und die angebotenen, meist schlecht bezahlten Jobs anzunehmen[1062], sähen sich die Mitglieder einer grundeinkommensbasierten Tätigkeitsgesellschaft vor die existenzielle Frage gestellt, welcher Tätigkeit sie nachgehen bzw. wie sie leben wollen. Das Grundeinkommen eröffnet also die nur individuell zu beantwortende Frage: Was will ich arbeiten oder tun, wenn für mein Einkommen bereits grundhaft gesorgt ist. „Nicht mehr nur die Bedürfnisse des Marktes und des Kapitals würden die Regeln diktieren und die Gewohnheiten prägen, sondern auch die Bedürfnisse und Vorstellungen der Menschen."[1063]

Dabei hätten die Menschen auf der Basis eines das Lebensnotwendige absichernden Grundeinkommens tatsächlich die Wahl zwischen Erwerbsarbeit, freier Eigenarbeit, Tätigsein für Mitmenschen, anderen Freizeittätigkeiten, launigem Müßiggang oder bloßem Nichtstun. All dies können die Menschen zwar schon heute tun, doch müssten sie im Rahmen einer auf dem Grundeinkommen basierenden Existenzsicherung im Falle der Wahl einer erwerbsfernen und damit unbezahlten Tätigkeit nicht auf ein Mindestmaß an Einkommen bzw. Konsum verzichten. Das Ausüben einer nur gering oder gar unbezahlten Tätigkeit wäre folglich nicht länger mit dem Schatten eines finanziellen Makels belegt. Ein so verstandenes Grundeinkommen steht also für die strukturelle Implementierung der Freiheit in Gesellschaft und Ökonomie, was die Herausbildung alternativer Formen des Zusammenlebens, des Produzierens und des Wirtschaftens begünstigt bzw. diese überhaupt erst ermöglicht. Die Herausbildung neuer Lebens-, Aktivitäts- und Produktionsweisen im Geiste der Konvivialität setzt jedoch ein hohes Maß

[1062] Dabei gilt es zu bedenken, dass das geringe Qualifikationsniveau vieler Grundsicherungsempfänger und die damit verbundenen fachlichen Defizite oftmals keine höhere Entlohnung rechtfertigen.

[1063] Händel (2011): S. 92.

an Wissen, Reflexion und Urteilsvermögen des Einzelnen voraus. So müssen beispielsweise Entwicklungsziele definiert sowie mehr oder weniger klare Vorstellungen davon entworfen werden, wie man leben und arbeiten will oder aber welche Existenzmuster man für sich ausschließt. Das einzelne Mitglied der Tätigkeitsgesellschaft muss folglich angesichts der Fülle der Optionen und möglich werdender Entwicklungspfade im Rahmen intensiven Nachdenkens die eigenen Präferenzen ergründen und eine Auswahl treffen. Die hier angesprochene Ermöglichungswirkung des Grundeinkommens, so wird deutlich, wirft den Einzelnen auf sich selbst zurück und mutet diesem, mehr noch als dies heute möglich ist, die durchaus anspruchsvolle Aufgabe einer Lebensgestaltung in Freiheit und Selbstbestimmung zu. Die hiermit angesprochene, dem unbedingten Grundeinkommen implizite Freiheits- bzw. Autonomiezumutung verlangt vom Einzelnen eine Vielzahl an Fähigkeiten im Bereich eigenverantwortlicher Entscheidungsfindung, Umsetzungskompetenz und autonomer Lebensführung, aber auch die Fähigkeit, nach den eigenen Bedürfnissen, Zielen und Chancen zu fragen. Dies ist, wie Zenker richtig sieht, ganz im Sinne des Subsidiaritätsprinzips, nach dessen Maßgabe „es eben nicht darum geht, Menschen ihrem Schicksal zu überlassen, sondern sie zur Eigenverantwortung zu befähigen."[1064] In diesem Zusammenhang tritt erneut die Notwendigkeit ganzheitlicher Bildung deutlich hervor, welche die Voraussetzungen für eine verantwortungsbewusste und überlegte Lebensgestaltung schafft, ohne die ein souveräner und sinnvoller Umgang mit den neuen Wahl- und Betätigungsmöglichkeiten im Kontext der Tätigkeitsgesellschaft nur schwer zu bewerkstelligen sein wird.[1065]

Folgendes Fazit lässt sich aus dem Gesagten ziehen: Die Idee des bedingungslosen Grundeinkommens, so ist gezeigt worden, eröffnet einen weiten gesellschaftlich-politischen Fragehorizont hinsichtlich der Zukunft von Arbeit und Einkommen und richtet an jedes Individuum die unbedingte Frage, was er oder sie mit dem eigenen Leben anfängt, wenn für seinen Unterhalt bereits gesorgt ist. Dies führt den Einzelnen wie auch die Gesellschaft unweigerlich in eine Auseinandersetzung um die Fragen (individueller) Freiheit und (sozialer) Verantwortung, der Aufgabe des Individuums in der Gesellschaft sowie der Fürsorgepflicht der Gemeinschaft gegenüber dem Einzelnen. Aber auch Fragen zu den Bedingungen eines guten bzw. ausgewogenen Lebens geraten in den Blick, eines Lebens also, in dem die Menschen in stabilen und gesunden

---

1064 Zenker (2007b): S. 17.

1065 Kipping weist diesbezüglich darauf hin, dass die Frage des Grundeinkommens eng in Zusammenhang mit der Frage eines anderen Bildungsansatzes steht Vgl. Kipping (2007): S. 13.

gesellschaftlichen Beziehungen leben, Aktivitäten einem eigendefinierten Selbstzweck folgen und sinnstiftende sowie fähigkeitsentwickelnde Tätigkeitsformen die materielle Produktion bestimmen. Gemeint sind Fragen, die für eine redliche Auseinandersetzung mit dem Grundeinkommen schlichtweg unerlässlich sind und die auch nicht ausgeblendet werden können.

Somit wird deutlich: Das Grundeinkommen schafft nicht nur die sozialen und ökonomischen Strukturvoraussetzungen für die Verwirklichung alternativer Aktivitäts- bzw. Erwerbsoptionen, sondern ist zugleich auch Impulsgeber für die je neu zu beantwortende Frage nach dem Sinn des eigenen Lebens, Strebens und Arbeitens. Das Grundeinkommen ist sozusagen dekommodifizierende Verweisungsstruktur und Nährboden für Denkprozesse, die den Menschen wieder nach dem Ziel und Zweck des eigenen Tuns fragen lassen. Novum hierbei ist, dass im Kontext des Grundeinkommens nicht länger die Notwendigkeit besteht, die inhaltliche Beantwortung dieser existenziellen Sinnfrage tendenziell einseitig – wie dies heute in Ermangelung an individueller und kollektiver Phantasie allzu oft geschieht – schlichtweg auf das Ableisten von Erwerbsarbeit zu verengen (frei nach dem Motto: Das war schon immer so und mir fällt auch nichts Besseres ein.), sondern darüber hinaus auch die Möglichkeit in Betracht gezogen werden kann, den Sinn menschlicher Existenz in anderen, weniger regulierten und lebensdienlicheren Formen des Tätigseins anzusiedeln.

Vor dem Hintergrund der in die Krise geratenen Lohnarbeit verweist Kipping diesbezüglich auf einen Wandel in den Einstellungen zur Erwerbsarbeit und das wachsende Bedürfnis nach sinnstiftender Arbeit. „Das bisherige moralische Postulat, Erfolg in der Erwerbsarbeit sei eine der wichtigsten Bestimmungsgrößen für den Wert und den Selbstwert eines Menschen, wird zunehmend hinterfragt."[1066] Das Grundeinkommen macht also den Weg frei für eine Reihe an notwendigen, aber bislang zu kurz gekommenen Debatten, welche die ökonomischen Veränderungen der letzten Dekaden reflektieren und die Auswege aus der moralischen und wirtschaftlichen Krise der gegenwärtigen (erwerbszentrierten) Arbeitsgesellschaft aufzeigen. Mit dem bedingungslosen Grundeinkommen steht folglich ein umgreifender Politikvorschlag zur Debatte, welcher nicht nur die finanziellen Voraussetzungen für die Entwicklung einer freien Tätigkeitsgesellschaft schafft, sondern darüber hinaus auch einen Referenzrahmen für eine geistige Auseinandersetzung hinsichtlich der Bedeutung der menschlichen Arbeit für das individuelle und kollektive Leben bietet. Salopp ausgedrückt lässt sich also sagen: Das Grundeinkommen dialektisch verstanden versorgt nicht nur den Bauch, sondern auch den Kopf!

1066 Kipping (2007): S. 10.

Wie sich die Dinge im Rahmen einer grundeinkommensbasierten Gesellschaftsformation schließlich entwickeln, d. h. welche Tätigkeiten die Menschen ausüben bzw. welche Formen der Kooperation sie praktizieren, kann nicht vorausgesagt werden und bleibt somit im Bereich der Spekulation.[1067] Es kann jedoch mit Blaschke als soziologische Tatsache angesehen werden, dass bestimmte institutionelle Rahmen gewisse Verhaltensweisen bestimmen können.[1068] In Anbetracht des auf Initiative, Teilhabe und Entwicklung setzenden Kerngedankens der Tätigkeitsgesellschaft scheint allerdings vieles denkbar und wird letztlich von den konkreten Rahmenbedingungen abhängen, „die gegenwärtig je nach Perspektive und Begründungszusammenhang sehr unterschiedlich diskutiert werden."[1069] Die Substanz der Idee einer auf dem Grundeinkommen basierenden Gesellschaftsformation lässt sich auf die Aussage verkürzen: Jeder arbeitet nur, weil er wirklich will und was er wirklich will.

In dieser Perspektive würde das gesamte kreative Potenzial der Bevölkerung in den Dienst der Freiheit und der Bedürfnisse aller Gesellschaftsmitglieder gestellt – eine Sichtweise, die in den Augen mancher Zeitgenossen mehr den Charakter einer Utopie als den eines Wirklichkeitsbildes hat. Dabei würde das Grundeinkommen weder den für die entwickelte Wirtschaft maßgeblichen Marktmechanismus noch jene für das Gelingen einer ausgeprägten Gesellschaft notwendige moralische Verpflichtung eines jeden Individuums, die ihm gegebenen Talente und Fähigkeiten zum Wohle aller einzubringen, außer Kraft setzen. Die Existenzberechtigung der Tätigkeitsgesellschaft bestünde also wesentlich auch darin, dass diese insbesondere jenen, nicht am Markte vermittelbaren menschlichen Fähigkeiten und Potenzen vielfältige Frei- bzw. Entwicklungsräume böte. Schöpferische Energien erhielten Perspektive, kein Talent müsste der Gesellschaft verloren gehen, nur weil der materielle Nährboden für dessen Entfaltung fehlt. Das bedingungslose Grundeinkommen stellt folglich eine individuell verfügbare finanzielle Ressource dar, die den Einzelnen in Form struktureller Hilfestellung befähigt, sich als ganzen Menschen in die Ökonomie einzubringen und eben nicht nur in der Facette einer marktkonformen Erwerbsperson. Das Grundeinkommen als dekommodifizierende Ermöglichungsstruktur gesellschaftlicher Teilhabe und Entwicklung versteht den Einzelnen demnach als Ausgangspunkt sozialer und wirtschaftlicher Innovation, wobei der Autonomiestatus des Einzelnen stets als höchstes Gut gewahrt bleibt.

1067 Vgl. Zenker (2007b): S. 17.

1068 Vgl. Blaschke (2010a): S. 76.

1069 Zenker (2007b): S. 17.

IV.2.2.4. Multiaktivität als gesellschaftliche Alternative

‚Multiaktivität als gesellschaftliche Alternative' so lautet der erste, programmatische Untertitel des IV. Kapitels des Buches *‚Arbeit zwischen Misere und Utopie'* aus dem Jahr 2000, in welchem der Neomarxist André Gorz seine Ideen bezüglich einer Arbeitsgesellschaft jenseits der Lohngesellschaft skizziert und das neben *‚Wege ins Paradies – Thesen zur Krise, Automation und Zukunft der Arbeit'* (1983) den vielleicht wichtigsten Beitrag Gorz' zur Grundeinkommensdebatte darstellt.

Begriff und Konzept der »Multiaktivität« sind somit eng mit dem Kapitalismuskritiker André Gorz verbunden, der zu einem der prominentesten Verfechter einer Neuausrichtung der krisengezeichneten und profitgeleiteten Arbeits- bzw. Lohngesellschaft zählt. Zentrale Eckpunkte der Multiaktivität bilden sowohl eine weitreichende Umverteilung qualifizierter Arbeit, die Wiederaneignung persönlicher (arbeitsfreier) Lebenszeit als auch die Bereitstellung einer festen Einkommensgarantie.[1070] Gorz, als ein entschiedener Befürworter der Bedingungslosigkeit eines allgemeinen und ausreichenden (also nicht minimalen) Grundeinkommens[1071] sowie einer flankierenden drastischen Arbeitszeitverkürzung[1072], entwickelte im Rahmen seiner Kritik heteronomer, also fremde Zwecke verfolgender Marktarbeit das Konzept der Multiaktivität im Sinne eines Rechtsanspruches.[1073] Multiaktivität meint hier – ähnlich wie bei Büchele/Wohlgenannt – „die Möglichkeit jedes einzelnen Menschen, sein Leben so zu gestalten, dass »Berufsarbeit und unbezahlte Aktivitäten einander ablösen und ergänzen«."[1074] Das freie Zusammenwirken bezahlter und unbezahlter Aktivitäten und Tätigkeiten ist gemäß Gorz, dessen Denken stark vom Gegensatz von Arbeit und Kapital geprägt ist, im bestehenden kapitalistischen Wirtschaftssystem nicht in vollem Maße möglich, weil die Kapitalseite an der Entfaltung nicht am Markte verwertbarer und damit lohn- und profitfreier Aktivitäten kein Interesse hat. Deswegen, aber auch aus Gründen einer in Anbetracht sich verfestigender Arbeitslosigkeit notwendig werdenden Relativierung von Erwerbsarbeit, plädiert Gorz im Rahmen einer „vollständige[n] Umwälzung der Arbeitsorganisation"[1075] für die Ablö-

---

1070 Vgl. Gorz (2000): S. 102-143.

1071 Gorz hatte lange Widerstand gegen ein bedingungsloses bzw. gegenleistungsfreies Grundeinkommen für alle geleistet und erst nach Jahren des Nachdenkens im Grundeinkommen eine zentrale Vorbedingung für die Entwicklung einer den Kapitalismus transzendierenden Perspektive erkannt (Vgl. ebd., S. 126 f.).

1072 Vgl. Gorz (2000): S. 113-140.

1073 Vgl. Blaschke (2010a): S. 71.

1074 Ebd.

1075 Gorz (2000): S. 107.

sung der bestehenden Arbeitsgesellschaft durch eine Gesellschaft der »Multiaktivität«.[1076]

Um die Argumentation Gorz' für das Konzept Multiaktivität deutlich zu machen, muss an dieser Stelle etwas ausgeholt und eine zentrale Unterscheidung, derer sich Gorz in seiner Analyse bedient und die ganz zentral für seine Reformüberlegungen ist, fokussiert werden. So unterscheidet er das unabdingbare Bedürfnis des Menschen nach einem ausreichenden und sicheren Einkommen von jenem ebenso existenziellen Bedürfnis, sich mit anderen zu messen und von ihnen geachtet zu werden.[1077] Beide Bedürfnisse gehen laut Gorz weder in einander auf, noch fallen sie notwendigerweise zusammen, wie dies seiner Ansicht nach vom Kapitalismus suggeriert bzw. vorgetäuscht werde.[1078] Gorz erkennt vielmehr in der Verknüpfung der Bedürfnisse der Einkommenssicherheit mit jenem des Tätigsein-Wollens eine unzulässige ideologische Konstruktion des Kapitalismus. Demgemäß formuliert er:

> »Der Kapitalismus dagegen verkoppelt diese beiden Bedürfnisse systematisch, verwirrt und verschmilzt sie und gründet darauf die Macht des Kapitals und seine ideologische Vorherrschaft: keine Tätigkeit, die nicht von jemandem in Auftrag gegeben und bezahlt wäre, kein ausreichendes Einkommen, das nicht Entlohnung einer »Arbeit« wäre."[1079]

Und Gorz präzisiert seine Kritik an dieser, aus seiner Sicht unlauteren kapitalistischen Methode anschließend: *„Das unabdingbare Bedürfnis nach einem ausreichenden Einkommen dient als Vehikel, um »ein unabdingbares Bedürfnis nach Arbeit« einzuschmuggeln."*[1080] Somit, so ist sich Gorz sicher, wird das menschliche Bedürfnis, zu werken, zu wirken und anerkannt zu werden dazu benutzt, „um unter der Hand das Bedürfnis nach einer Bezahlung für alles, was man tut, einzuschleusen."[1081] Weil aber die gesellschaftliche Produktion immer weniger bezahlte, also lohngewährende Arbeit erfordert, wird es nach Ansicht Gorz` für viele zunehmend schwieriger, sich vermittels bezahlter Arbeit ein ausreichendes und stabiles Einkommen zu sichern. Gerade weil die Erwirtschaftung des gesellschaftlichen Reichtums in Anbetracht enormer Produktivitätsfortschritte immer weniger Arbeitsaufwand erfordert, entsteht ein ernstzunehmendes Verteilungsproblem, welches gemäß Gorz nicht etwa durch die künstliche Schaffung von Arbeit, sondern vielmehr durch die kluge Verteilung des erwirtschafteten Reichtums zu

---

1076 Gorz (2000): S. 107.

1077 Vgl. ebd., S. 102.

1078 Vgl. ebd.

1079 Ebd.

1080 Ebd. (Hervorhebung im Original).

1081 Ebd.

bewältigen sei.[1082] Die von Gorz kritisierte künstliche und verwirrende Verknüpfung der beiden oben genannten Bedürfnisse im kapitalistischen Wirtschaftssystem könnte dann im Rahmen einer Neuverteilung des erwirtschafteten Reichtums rückgängig gemacht bzw. aufgelöst werden. Das sich im Zuge jener die bestehende Lohngesellschaft überwindenden ökonomischen Neuordnung statuierende Verhältnis von Einkommen und Arbeit kennzeichnet Gorz wie folgt:

> „Das Recht auf ein ausreichendes und sicheres Einkommen muß nicht mehr an einer dauerhaften und festen Stelle hängen und das Bedürfnis, zu wirken, zu werken und von anderen anerkannt zu werden, nicht mehr die Form einer bezahlten und fremdbestimmten Arbeit annehmen. Diese wird im Gegenteil einen immer geringeren Stellenwert im gesellschaftlichen Leben und im Leben der einzelnen besitzen."[1083]

In Folge jener Neuordnung dürfte es schließlich im Lebensalltag zu einem multiplen, d. h. bunten Mit- bzw. Ineinander verschiedenster Tätigkeiten kommen, so dass sich „vielfache Aktivitäten gegenseitig ablösen und abwechseln, ohne daß deren Entlohnung und Rentabilität noch notwendige Bedingung oder gar ihr Ziel wären."[1084] Die Befreiung bzw. Entbindung des gesellschaftlichen Aktivpotenzials aus dem Korsett kapitalistischer Macht-, Verwertungs- und Profitlogik bliebe nach Einschätzung Gorz´ zudem nicht ohne Auswirkungen auf das soziale und individuelle Leben. „Die sozialen Beziehungen, die Kooperationszusammenhänge, ja der Lebenssinn eines und einer jeden werden nur mehr durch diese nicht vom Kapital verwerteten und aufgewerteten Aktivitäten hervorgebracht. *Die Arbeitszeit hört schließlich auf, die gesellschaftlich vorrangige Zeit zu sein.*"[1085]

Der letzte Satz, dessen Bedeutung Gorz selbst vermittels kursiver Schreibweise hervorhebt, verweist auf einen weiteren zentralen Punkt in Gorz´ Denken, nämlich die Forderung nach einer kollektiven und individuellen Aufwertung und Wiederaneignung von (arbeitsfreier) Zeit. Damit ist die Überwindung des Arbeitsverhältnisses als einer Form der Herrschaft über die individuelle Arbeits- und damit Lebenszeit als gesellschaftliches Ziel ausgerufen. Ausgangspunkt hierfür bildet die logische Überlegung, dass Arbeitszeit letztlich Lebenszeit ist und dass folglich der Herr über die individuelle Arbeitszeit (Arbeitgeber) zugleich auch Herr über kostbare Lebenszeit ist.

Gefordert wird also die Wiedererlangung einer souveränen Zeiteinteilung in Beruf, Arbeit und im Privatbereich. Im Rahmen der Wie-

---

1082 Vgl. Gorz (2000): S. 102.

1083 Ebd., S. 102 f.

1084 Ebd., S. 103.

1085 Ebd. (Hervorhebung im Original).

deraneignung der Herrschaft des Einzelnen über die eigene Zeit würden ungeahnte Möglichkeiten eröffnet, „die persönlichen Talente und Interessen zu entdecken, sie zu entwickeln und mit ihnen zu experimentieren."[1086] Überdies würde Zeit frei, „die die Menschen nutzen könn[t]en, um sie in die Entwicklung ihrer Persönlichkeit um ihrer selbst willen zu investieren."[1087] Die Anhänger eines multiaktiven Lebens- und Gesellschaftsentwurfes erkennen also gerade in dem selbstbestimmten bzw. eigenverantwortlichen Umgang mit der persönlichen Lebenszeit eine Grundvoraussetzung für die Möglichkeit individueller und gesellschaftlicher Entwicklung im Zeichen freiwilliger Tätigkeiten. Dabei gilt: Die Befreiung von fremdbestimmter (Lohn-)Arbeit geht untrennbar mit der Befreiung von fremdbestimmter Zeit einher. „Ein solcher Anspruch auf »Zeitsouveränität« muß einen neuen Zugang zur Arbeit mit sich bringen, »der jeden einzelnen von uns zu neuen Arten der Teilhabe am kollektiven und gesellschaftlichen Leben bewegt«."[1088]

Dieses Wort Gorz´ bekräftigt noch einmal das Wissen darum, dass die Entwicklung eines multiaktiven, d. h. in alle Richtungen tätigen wie partizipierenden Lebens eine Reform des gesellschaftlichen Arbeits- und Zeitregimentes bedingt bzw. darauf aufbaut. Gorz selbst fasst den (kulturellen und politischen) Hauptkonflikt, welcher der gegenwärtigen Lohngesellschaft durch die aufkommenden Multiaktivitätsbestrebungen entsteht, in folgende Alternative:

> „Entweder integriert man die Arbeit in die Multiaktivität als eine ihrer Bestandteile oder die Multiaktivität in die »Arbeit« als eine ihrer Erscheinungsformen. Entweder integriert man die Arbeitszeit in die differenzierte Zeitlichkeit eines multidimensionalen Lebens in Übereinstimmung mit den herrschenden kulturellen Bestrebungen, oder man unterwirft die Lebenszeiten und -rhythmen den Rentabilitätsansprüchen des Kapitals und den »Flexibilitäts«ansprüchen des Unternehmens. Kurz, entweder erobern die lebendigen Aktivitäten die Macht über den gesellschaftlichen Produktionsapparat und -prozeß zurück, oder sie lassen sich von jenen immer umfassender unterwerfen. Der Kampf um die Zeitsouveränität ist der Kampf um die Macht selbst: um ihre gesellschaftliche Verteilung und um die Richtung, in der sich die Gesellschaft entwickelt. Im Kampf um das Recht auf Zeit ragt der kulturelle Konflikt unweigerlich in den politischen Konflikt hinein."[1089]

Gorz macht damit deutlich: Der hier angesprochene Konflikt beim Übergang von der Lohngesellschaft hin zu einer Gesellschaft multipler Aktivitätsentfaltung ist schließlich unvermeidlich, da es sich dabei um

---

1086 Händel (2011): S. 61.

1087 Ebd.

1088 Gorz (2000): S. 107.

1089 Ebd., S. 103 f.

einen Kampf um die arbeitsgesellschaftliche Definitions-, Deutungs- und Regulationshoheit und damit um einen Kampf um die gesellschaftliche Macht selbst handelt. Gorz ist überdies beizupflichten in der Aussage, dass Multiaktivität ein Kulturmuster ist, nach dem die Mehrheit der Erwerbstätigen strebt, weil es deren individuellen und privaten Wünschen und Absichten entspricht.[1090] So bildet sie eine Form, in der sich beispielsweise das Autonomiestreben der Personen zu verwirklichen sucht. Darüber hinaus beschreibt Gorz Multiaktivität als die „Subjektivierung jener Autonomiefähigkeit, die die immaterielle Ökonomie und die Unternehmen selbst von ihrem Personal fordern."[1091] In ihren Multiaktivitätsbestrebungen suchen die Erwerbstätigen laut Gorz auf eben diese Autonomiefähigkeit Anspruch zu erheben, welche die von den Unternehmen definierten Grenzen und Bedarfe transzendiert.[1092] Dies aber schürt den Konflikt um die Macht bzw. das Verfügungsrecht über die einzelne Person. Einen Konflikt also, der sich auf den Status der Autonomie richtet und deren Ausmaß und Selbstverfügungsrecht zum Gegenstand hat.

> „Er richtet sich also auf das Recht der Personen, über sich selbst zu verfügen, *auf die Autonomie der Autonomie*, die nicht mehr als ein notwendiges, den Erfordernissen der Konkurrenzfähigkeit und der Rentabilität unterworfenes Mittel angesehen und gewertet werden soll, sondern als der wichtigste Wert, auf den sich alle anderen gründen und von dem aus sie zu bewerten sind."[1093]

Gefordert wird mit Gorz also die Möglichkeit, die individuelle Autonomie in einem Umfang und auf eine Weise zu entfalten, die sich nicht länger an den Bedürfnissen und Vorgaben der Arbeitgeber im Kontext kapitalistischer (Markt-)Wirtschaft ausrichtet. Mit einem Wort: Es geht dem Postulat der Multiaktivität um die Möglichkeit, „der Macht des Kapitals, des Marktes und der Ökonomie Aktivitätsfelder zu entziehen, welche die von Arbeit befreite Zeit eröffnet."[1094] Multiaktivität kann folglich als ein für die Entwicklung von Autonomie geeigneter Arbeits- und Gesellschaftsmodus betrachtet werden, der dem Einzelnen Raum zur Selbstentfaltung auch jenseits der Interessen von Kapital und Unternehmen bietet. Damit ist eine Alternative zur bestehenden Arbeitsgesellschaft entworfen, deren Zentrum das Ideal der selbstorganisierten Selbsttätigkeit als wichtigste Tätigkeitsform bildet, „»bei der das, was

---

1090 Vgl. Gorz (2000): S. 104.

1091 Ebd.

1092 Vgl. ebd.

1093 Ebd. (Hervorhebung im Original).

1094 Ebd.

getan werden soll, ebenso wie die Art, wie es getan werden soll, in den Händen derjenigen liegt, die es tun«."[1095]

Die Idee der Multiaktivität gemäß Gorz beschreibt also ein Konzept gesellschaftlich-kulturellen Wandels, welches aus der Not eines soziologischen Faktums, nämlich der Rückläufigkeit von ein ausreichendes Einkommen gewährender Arbeit, eine Tugend macht. Gemeint ist der Wandel von einer Gesellschaft, in welcher (fremdbestimmte) Erwerbsarbeit die dominante Form der Tätigkeit darstellt, hin zu einer Gesellschaft „multiaktiven Leben[s], worin jeder der Arbeit den ihr angemessenen Platz einräumen kann und nicht wie bisher das Leben auf Freiräume zu beschränken hat, die die Zwänge der »Arbeit« noch übrig lassen."[1096] Die Not des Schwundes von ein ausreichendes Einkommen generierender Arbeit wird also durch die gesellschaftliche Relativierung der Erwerbsarbeit sowie durch die daraus resultierende Entstehung neuer Freiräume bewältigt. Die hier angesprochene tiefgreifende gesellschaftliche Veränderung setzt aber gemäß Gorz einen ideologischen Bruch voraus, welcher auch Veränderungen in der gesellschaftlichen Anerkennungskultur impliziert. Bezüglich dieses Wandels in Denken und Mentalität spezifiziert Gorz:

> „Es setzt voraus, daß das Bedürfnis, zu handeln und gesellschaftlich anerkannt zu werden, sich von bezahlter und fremdbestimmter »Arbeit« unabhängig macht, daß die Arbeit sich aus der Herrschaft des Kapitals befreit und daß die Einzelnen sich von der Beherrschung durch die Arbeit emanzipieren, um sich in der Vielfalt ihrer mannigfaltigen Aktivitäten zu entfalten. Es setzt mit einem Wort das Ende jener Verwirrung voraus, auf die das Kapital seine ideologische Vorherrschaft und seine Macht gründet."[1097]

Aus den vorliegenden Teilanalysen geht deutlich hervor, welche sozialen und ökonomischen Veränderungen mit der Verwirklichung der multiaktiven Gesellschaft einhergehen könnten. Dabei handelt es sich um Veränderungen, welche in ihrer Tragweite nicht größer sein könnten und die über die bestehenden Sinn- und Anerkennungsstrukturen der modernen Arbeitswelt hinausweisen.

Die Politikwissenschaftlerin Sarah Händel fasst die Kernsubstanz der angestrebten Gesellschaftsformation in ihrem 2011 erschienen Text ‚*Von der Erwerbsgesellschaft zur Multiaktivität*' treffend wie folgt zusammen: „In ihrem Fokus steht das Individuum: heterogen in seinen individuellen Talenten und Lebenswünschen, aber homogen in seinem Bedürfnis nach und in seiner Abhängigkeit von wertschätzender Aner-

---

1095 Gorz (2000): S. 124.

1096 Ebd., S. 103.

1097 Ebd.

kennung durch die soziale Gemeinschaft, von der es ein Teil ist."[1098] Die Analyse Händels, die im Einzelmenschen den Ausgangs- und Mittelpunkt der multiaktiven Gesellschaft erkennt, ist korrekt und verweist zugleich auf den individual-emanzipatorischen Anspruch, welcher dem multiaktiven Gesellschaftskonzept innewohnt. Hinsichtlich des Zusammenhanges von sozialer Anerkennung und gesellschaftlicher Teilhabe sowie der Möglichkeit der Genese neuer Anerkennungsareale führt sie in oben erwähntem Text aus:

> „Durch eine Defokussierung der Lohnarbeit würden sich die Aktivitätsfelder der Menschen diversifizieren und neue Anerkennungskontexte könnten entstehen, die die Chancen auf Partizipation und Teilhabe kontinuierlich erweitern würden. Wenn die Dominanz der Lohnarbeit und ihr Modus der Anerkennungsverteilung in Form von Einkommen durchbrochen werden kann, wird sich Anerkennung wieder nach neuen Kriterien bemessen lassen können. Dann werden Aufgaben und Tätigkeiten geschätzt werden können, die merkliche Beiträge zum Allgemeinwohl leisten und zwar nicht nur in materieller Form."[1099]

Einen Beitrag zum Allgemeinwohl leisten, begrenzt sich nach Ansicht Händels dabei nicht etwa auf die Ausübung irgendeines Berufes, nur um nicht von sozialen Transferleistungen abhängig zu sein und so nicht die Gemeinschaft zu belasten. Vielmehr würde dieser „negative Beitragsbegriff eines ‚nicht zur Bürde werden' [...] abgelöst durch einen proaktiven positiven Beitragsbegriff."[1100] In diesem Zusammenhang rekurriert Händel auf das Beispiel der Familiengründung inklusive der damit verbundenen enormen Leistungen kleiner Lebenskreise auf lokaler Ebene, die in ihrer Nachhaltigkeit einen unverzichtbaren Beitrag zum sozialen Ganzen darstellen.[1101] Was heute noch auf Unverständnis stößt oder mit Nachteilen für die berufliche Entwicklung und den Lebensstandard verbunden ist, würde im Kontext einer Multiaktivitätsgesellschaft von Seiten der Gesellschaft und ihren Arbeitgebern mit Unterstützung und Wertschätzung goutiert, so Händel.[1102] Insofern entstünden im Rahmen eines proaktiv bzw. multiaktiv verstandenen Beitragsbegriffes vielfache Anerkennungsareale bzw. Teilhabeformen, was einer Reetablierung subsidiärer und solidarischer Verantwortungsübernahme förderlich wäre. Die sozialen und individuellen Implikationen einer multiaktiven Normorientierung skizziert Händel wie folgt:

1098 Händel (2011): S. 59 f.

1099 Ebd., S. 60.

1100 Ebd.

1101 Vgl. ebd.

1102 Vgl. ebd.

> „Es wäre nicht nur möglich auf vielen Ebenen einen Beitrag zu leisten und daraus Selbstachtung zu ziehen, sondern geradezu unvermeidbarer würden sich die Menschen wieder stärker miteinander auseinander setzen, sich auf einander beziehen und aufeinander reagieren. Indem sich ihre soziale Einbindung intensiviert entwickeln die Menschen Solidaritäten und damit die Bereitschaft füreinander einzustehen und Verantwortung für den anderen und die Gemeinschaft zu übernehmen."[1103]

Die Kernaussage dieses Zitates lautet: Im Kontext einer multiaktiven Lebensform würde der Mensch also den Mitmenschen (re-)cognoszieren. Als sehr wahrscheinliche Begleiteffekte einer multiaktiven Ausrichtung der Gesellschaft können demnach eine Intensivierung der sozialen Interaktion, die Stabilisierung zwischenmenschlicher Beziehungen sowie eine Stärkung der sozialen Inklusion gelten. Insbesondere im Hinblick auf die soziale Verarmung und krankmachende Isolation des Einzelmenschen in der modernen Massengesellschaft sowie die fortschreitende Schwächung der sozialen Integrationsnetze (Familienstrukturen, berufsweltliche Verankerung) stellt dies vom Standpunkt ethischer Betrachtung aus eine begrüßenswerte Entwicklungsperspektive dar. Aber auch unter ökonomischen Gesichtspunkten wäre eine solche Entwicklung günstig. Denn nur ein in ein stabiles soziales Nahumfeld eingebundener und in seinen privaten Beziehungen zufriedener Mensch vermag sich erfolgreich in das Arbeitsleben einzugliedern und zum Wohle aller produktiv tätig zu werden.

Zweifelsohne hat Gorz mit dem Konzept der Multiaktivität einen entwicklungsoffenen und integrierenden Gesellschaftsentwurf in die Diskussion eingebracht, welcher – wie gezeigt werden konnte – eine Reihe gesellschaftsverändernder Absichten und Bestrebungen beinhaltet. Völlig zu Recht fallen dem aufmerksamen Leser hierbei zahlreiche Parallelen bzw. Kongruenzen hinsichtlich der Konzepte von Multiaktivität(-sgesellschaft) und Tätigkeitsgesellschaft auf. Diesbezüglich kann konstatiert werden, dass das Konzept der Tätigkeitsgesellschaft auf dem Gedanken der Multiaktivität aufbaut und nicht ohne diesen gedacht werden kann. Denn die freie Entfaltung der Tätigkeit im beispielsweise erzieherischen, künstlerischen, philosophischen oder politischen Bereich bedarf der Voraussetzung eines ganzheitlichen Verständnisses menschlicher Aktivität als lebendige Wesensäußerung des autonomen Subjektes im Sinne seiner Gesamtperson. Die mannigfaltigen Aktivitäts- und Tätigkeitsformen, zu denen der Mensch – auch jenseits der markt- und gewinnorientierten Arbeit – in der Lage ist, bilden sozusagen den Referenzrahmen der nachholenden gesellschaftlichen Erneuerung. Die Idee der Multiaktivität ist somit der normative

---

1103 Händel (2011): S. 61.

Konstruktionspunkt und das Leitbild jedweder Tätigkeitsgesellschaft, welche auch dem evolutiven und freiheitlichen Prinzip der Sozialen Marktwirtschaft nicht entgegensteht.

Bezüglich des Konzeptes der Multiaktivität kann folgendes Fazit gezogen werden: Die grundlegende Forderung der multiaktiven Gesellschaft besteht laut Händel „in der Diversifizierung menschlicher Tätigkeiten und damit auch in der letztendlichen Rückgewinnung der Zeitsouveränität für das Individuum."[1104] Der Einzelne soll wieder Herr über die von ihm ausgeübten Aktivitäten und die hierfür in Anspruch genommene Zeit werden. Als unabdingbare Voraussetzung hierfür erscheint Händel „die Aufhebung oder zumindest Abschwächung der multiplen Abhängigkeit der Subjekte von der Lohnarbeit, finanziell und sozial im Kontext von Integration und Partizipation."[1105]

Was die Forderung einer Aufhebung der finanziellen Abhängigkeit von der Lohnarbeit anbelangt, so liefert Gorz mit dem Vorschlag der Einführung einer allgemeinen und gegenleistungsfreien Einkommensgarantie[1106] selbst die Antwort darauf, wie dieses Ziel erreicht werden kann. Damit sind wir beim bedingungslos garantierten Grundeinkommen angelangt, das für Gorz eine notwendige Voraussetzung für die Entfaltung vielfacher kreativer Arbeits- und Produktionsprozesse im Zeichen einer tätigkeitspluralen bzw. multiaktiven Gesellschaft darstellt.[1107] Der Zusammenhang von Multiaktivität und Grundeinkommen im Denken Gorz′ sowie die Bedeutung einer kontinuierlichen Einkommensgarantie für die Emergenz neuer Formen von Gesellschaftlichkeit bedarf daher einer näheren Betrachtung, die im nachfolgenden Kapitel geleistet wird.

IV.2.2.5. Multiaktivitätsgesellschaft und bedingungsloses Grundeinkommen

In der Garantie eines allen zugänglichen, staatlich gewährten, ausreichenden Mindesteinkommens, eines ökonomischen Minimums also, welches die freie Wahl, Einteilung und Organisation der individuell favorisierten Tätigkeit für jedermann finanziell möglich macht, erkennt Gorz eine zentrale Grundbedingung für ein zwangloses, ausgewogenes bzw. entmachtetes Miteinander von bezahlter und unbezahlter Arbeit sowie das spontane Ausprobieren in (selbstorganisierten) Aktivitäten

1104 Händel (2011): S. 60.

1105 Ebd.

1106 Vgl. Gorz (2000): S. 113 ff.

1107 Vgl. ebd., S. 120 ff.

im Zeichen einer zeitsouveränen Multiaktivitätsgesellschaft. In diesem Sinne formuliert er kurz und prägnant: „Ein bedingungslos garantiertes Grundeinkommen für alle ist die erste Voraussetzung für eine Multiaktivitätsgesellschaft."[1108] Dabei unterscheidet Gorz seine Vorstellungen einer angemessenen, d. h. Autonomie und Teilhabe ermöglichenden Einkommensgarantie klar von einem unterhalb des Existenzminimums liegenden und den größten Teil der Einkünfte aus Umverteilungsprozessen ersetzenden Grundeinkommens, das die Aufgabe hat, „die Arbeitslosen zur Annahme von mühsamen und erniedrigenden Niedriglohnbeschäftigungen zu zwingen."[1109] Gorz kritisiert in diesem Zusammenhang die gängige Sozialstaatspraxis der Subvention wenig rentabler Arbeitsplätze durch Transferleistungen, im Rahmen derer unzureichende Niedriglöhne mit ebenfalls unzureichenden Grundsicherungsleistungen aufgestockt werden.[1110]

Im Rahmen einer solchen Sozialpolitik gilt laut Gorz die folgende Regel:

> „Je geringer die Grundsicherung ausfällt, desto stärker der »Anreiz«, jede beliebige Arbeit anzunehmen, und desto stärker entwickelt sich auch ein Unternehmertum von »Sklavenhändlern«, die sich auf Billigarbeitskräfte in äußerst instabilen Leih- und Unterverleihfirmen von Dienstleistungen spezialisiert hat."[1111]

Ein solches Vorgehen gliche de facto also einer Subvention zugunsten jener Arbeitgeber, die für die abgeleistete Arbeit eine Entlohnung unterhalb des Subsistenzniveaus für angemessen halten. Diese Erkenntnis Gorz′ verfügt, betrachtet man die Ausbreitung ungerechter, weil prekärer Leih- und Werksverträge, über eine ungebrochene Aktualität. Gorz nimmt im Unterschied dazu dezidiert Abstand von Modellen einer unzureichenden, den Niedriglohnsektor sowie den Erwerbs- bzw. Verwertungsdruck fördernden Grundsicherung und plädiert stattdessen für die Implementierung einer allgemeinen Einkommensgarantie in Form eines „allen garantierte[n], *ausreichende[n]* soziale[n] Grundeinkommen[s]"[1112].

Dieses soll seine Empfänger ausdrücklich nicht zu jeder beliebigen Arbeit zu mehr oder weniger guten Bedingungen zwingen, vielmehr

---

1108 Gorz (2000): S. 113.

1109 Ebd.

1110 Genau dies passiert, wenn aufgrund niedriger Löhne und Gehälter Arbeitnehmer in Deutschland gezwungen sind, ihr Erwerbseinkommen mit Grundsicherungsleistungen für Erwerbsfähige nach dem SGB II in Form des ALG II aufzustocken (sog. Aufstocker), um ihr Existenzminimum zu sichern. Hierbei handelt es sich um eine in Politik und Wissenschaft umstrittene Praxis der Niedriglohnsubvention.

1111 Gorz (2000): S. 113 f.

1112 Ebd., S. 115 (Hervorhebung im Original).

ziele es, so Gorz, auf deren Befreiung von sich verstärkenden Arbeitsmarktzwängen.[1113] Dafür braucht es ein allgemeines und stabiles Grundeinkommen bzw. „»Existenzgeld«“[1114] in angemessener Höhe, das dem Arbeitnehmer in ausreichendem Maße Schutz vor Existenznot gewährt, so dass dieser nicht gezwungen ist, jedwede Arbeit auch zu den widrigsten Bedingungen anzunehmen. Ein zu knapp bemessenes Grundeinkommen jedoch bleibt wirkungslos und kann den Einzelnen nicht von dem Zwang befreien, nur um des reinen Überlebens willen einen schlecht bezahlten Arbeitsplatz annehmen zu müssen. Fehlt es aber an einem ausreichenden Existenzgeld, so ist der Bedürftige in ständiger Unsicherheit und Unruhe, d. h. er befindet sich permanent auf der Suche nach einem Arbeitsplatz bzw. einer Einkommensquelle, was die Verwirklichung einer multiaktiven Lebensweise nach Einschätzung Gorz′ schlichtweg unmöglich macht.[1115] Gorz plädiert daher für ein allen garantiertes Grundeinkommen in ausreichender Höhe, welches es den Arbeitnehmern ermöglichen soll

> „»unwürdige« Arbeit und Arbeitsbedingungen abzulehnen, und es soll darüber hinaus *einem sozialen Umfeld zugehören, das jedem Einzelnem erlaubt, jederzeit zwischen dem Nutzwert seiner Zeit und ihrem Tauschwert zu entscheiden,* das heißt zwischen den »Gebrauchswerten«, die er durch den Verkauf seiner Arbeitszeit erwerben, und den Nutzwerten, die er durch eigenständige Verwendung dieser Zeit schaffen kann.“[1116]

Auch hier tritt noch einmal der Zweck der Autonomiebefähigung (welche ggf. auch die Möglichkeit eines freiwilligen Rückzuges aus dem Arbeitsmarkt einschließt) hervor, die die Anhänger eines emanzipatorischen, d. h. die kapitalistischen Zwangs- bzw. Machtverhältnisse überwindenden Grundeinkommens mit demselben verbindet und die den Einzelnen in die Lage versetzt zu entscheiden, in welche Formen der Aktivität und zu welchem Ziel er Zeit investieren möchte. So kann ein derart gefasstes Existenzgeld den einzelnen Transferempfänger beispielsweise vor die Frage stellen, ob er die persönliche Arbeitszeit und -kraft entweder zur Erwirtschaftung verschiedener Gebrauchs- und Konsumgüter an einen lohnzahlenden Arbeitgeber verkauft oder aber dieselbe alternativ in den Nutzwert eines selbsttätigen (die beruflichen Perspektiven möglicherweise verbessernden) Studiums einbringt. Des Weiteren soll ein allgemeines und ausreichendes Grundeinkommen nach den Vorstellungen Gorz′ die Möglichkeiten der Selbstverantwortung sowie das Gestaltungsvermögen von Einzelnen

---

1113 Vgl. Gorz (2000): S. 115.

1114 Ebd.

1115 Vgl. ebd.

1116 Ebd., S. 115 f (Hervorhebung im Original).

wie auch von Gruppen im Hinblick auf die konkreten Lebenspläne bzw. -bedingungen stärken, um die Zugänge und Möglichkeiten der Selbstverwirklichung zu erweitern.[1117]

Um alle Missverständnisse hinsichtlich eines möglichen Gegensatzes von Arbeit und Grundeinkommen zu vermeiden, bekräftigt Gorz auch die aktivitäts- bzw. arbeitsfreundliche Grundrichtung des Grundeinkommens, wobei er dessen Funktion bei der Verwirklichung des Zuganges zu selbstgewählter Arbeit hervorhebt:

> „Es soll nicht von aller Arbeit entheben, sondern im Gegenteil das Recht auf Arbeit zu einem wirklichen Recht machen: Nämlich nicht als das Recht auf abstrakte »Arbeit«, die einem zur Verrichtung »gegeben« wird, sondern auf konkrete Arbeit, die man, ohne dazu genötigt zu sein und ohne deren Rentabilität und Tauschwert berechnen zu müssen, macht.[1118]

Demzufolge, das geht aus dem Zitat hervor, lässt sich das allgemein garantierte, soziale und ausreichende Grundeinkommen nach den Vorstellungen Gorz´ nicht von der Entwicklung von und dem Zugang zu Möglichkeiten trennen, „die Selbsttätigkeit zulassen und fördern, durch die also Einzelne oder auch Gruppen über ihre frei gewählte Arbeit einen Teil der von ihnen definierten Bedürfnisse und Wünsche befriedigen können."[1119] Gorz sieht seine Forderung nach einem unbedingten und ausreichenden Grundeinkommen schließlich durch den sich vollziehenden Wandel der Ökonomie, d. h. des Absterbens der Lohnarbeit sowie des Arbeits- bzw. Dienstleistungsmarktes und der Entfaltung von nichtmonetären Tauschbeziehungen und Selbstversorgung begründet.[1120] Hiermit eröffnet sich eine Entwicklungsperspektive, die seitens der Gesellschaft angenommen und sodann gezielt gestaltet werden muss.

Hinsichtlich der Renaissance von Selbstversorgung bezieht sich Gorz auf Konzepte des deutsch-amerikanischen Soziologen Frithjoff Bergmann, denen zufolge 70% der menschlichen Bedürfnisse und Wünsche in je zwei Arbeitstagen pro Woche zu befriedigen seien.[1121]

In Anbetracht dieser komplexen (Reform-)Aufgabe hält Gorz die Diskussion um die definitive Höhe eines angemessenen Grundeinkommens für nachrangig und wenig sinnvoll.[1122] Das ist insofern richtig, weil das eigentliche Verständnis und die Annahme der Grundeinkommensidee an sich vor jeder weiterführenden Detailüberlegung Vorrang

---

1117 Vgl. Gorz (2000): S. 116.

1118 Ebd.

1119 Ebd.

1120 Vgl. ebd.

1121 Vgl. ebd.

1122 Vgl. ebd.

haben. Mit anderen Worten, das Verständnis ihrer qualitativen gesellschaftspolitischen Intention geht der Diskussion ihrer quantitativen Ausgestaltung voraus. Das heißt, eine Auseinandersetzung über den konkreten Umfang bzw. die Art und Weise der strukturellen Modernisierung (in Form des Grundeinkommens) ergibt überhaupt erst dann Sinn, wenn die eigentliche Möglichkeit der Innovation tatsächlich *gedacht* werden kann bzw. verinnerlicht ist.

Kommen wir zu einem weiteren Punkt, der im Hinblick auf die Postulate von Multiaktivität und Grundeinkommen von zentraler Bedeutung ist, nämlich zu jenen Forderungen, an welche die Einführung eines unbedingten Grundeinkommens gekoppelt wird. Gorz präzisiert die Rahmenbedingungen bzw. Maßnahmen, unter denen das Grundeinkommen realisiert werden soll unter Rückbezug auf die hierzu angestellten Überlegungen Michael Opielkas, in wesentlich zwei Punkten:

> „I. Das Grundeinkommen muß »systematisch mit einer Konzeption von Arbeitsumverteilung verkoppelt werden – ohne dafür das ›Recht‹ auf Arbeit mit der ›Pflicht‹ zu ihr zu verschränken«. 2. Es muß mit einem »einlösbaren Recht auf eigene Produktivmittel« verbunden sein. Denn ohne diese bliebe es »in der kapitalistischen Logik gefangen«."[1123]

Das Recht auf eigene Produktionsmittel verdient nach Ansicht Gorz in diesem Zusammenhang besondere Aufmerksamkeit. So befähigt allein dieses Recht als ein einlösbares die Menschen, sowohl die grundsätzliche Abhängigkeit vom Arbeitgeber und den sozialen Implikationen des kapitalistischen Industrie- bzw. Marktsystems als auch die Abhängigkeit vom Staat als Generalversorger zu durchbrechen.[1124] Diese Forderung bezieht ihre Plausibilität und Überzeugungskraft insbesondere aus dem Umstand, dass die kapitalistische Gesellschaft die Menschen zur Verrichtung heteronomer, funktional spezialisierter Arbeit geschult und sozialisiert, dieselben zugleich aber für die Entfaltung von Eigenarbeit, Selbstversorgung und Muße unbrauchbar gemacht habe.[1125] Der seit Ende der 1980er Jahre sich beschleunigende technologische Wandel habe nach Ansicht Gorz nun die vom Kapital betriebene Monopolisierung der Arbeits- und Produktionsmittel aufgebrochen und somit die Voraussetzungen für eine „Wiederaneignung der Arbeit"[1126] geschaffen, für die das allgemein garantierte Grundeinkommen den Weg bereiten soll.[1127]

[1123] Gorz (2000): S. 117.

[1124] Vgl. ebd., S. 118.

[1125] Vgl. ebd.

[1126] Ebd.

[1127] Vgl. ebd.

Kennzeichen der neuen Ökonomie ist unter anderem der enorme Bedeutungszuwachs, den das Humankapital als vielleicht wichtigste Produktivkraft der Zukunft erfährt. Einer Produktivkraft also, „an der sich kein Alleinbesitz, kein Monopol gewinnen lässt und die dank der Verbreitung und Verbilligung von allgemein zugänglichen Kommunikations- und computergesteuerten Fertigungssystemen jedem und jeder, allein oder auf gemeinsamer Basis potentiell unbegrenzte Selbstversorgungs- und Selbsttätigkeitsmöglichkeiten eröffnet."[1128]

Diese Entwicklung bahnt laut Gorz einen Ausweg aus dem „kapitalistisch-industrialistischen System in Richtung einer »people`s economy«"[1129], in welcher der Standard und die Qualität des Lebens weit mehr von der Dichte und dem Vernetzungsgrad eigenständiger Selbstversorgungseinrichtungen abhängen als von der Höhe des monetären Einkommens.[1130] Gorz bekräftigt an dieser Stelle, dass die Funktion des garantierten Grundeinkommens im Rahmen einer solchen Perspektive nicht etwa darin besteht, ein Leben ohne Arbeit zu ermöglichen, „sondern, wie Frithjoff Bergmann sagt, »die Arbeit von der Tyrannei des Lohnsystems zu befreien« und in Selbsttätigkeit aufzuheben."[1131]

Wie im Rahmen der Ausführungen gezeigt werden kann, erkennt Gorz in einem allen gesicherten und ausreichenden Grundeinkommen eine notwendige Voraussetzung „für das freiwillige, eigenständige Engagement in selbstgewählten Aktivitäten"[1132], welches das eigentliche Ziel der angestrebten Multiaktivitätsgesellschaft darstellt. Welchen Grund aber liefert Gorz für die Forderung der Bedingungslosigkeit des Grundeinkommens, die er aufgrund der Erkenntnis, „dass Arbeit [...] eine für alle Gesellschaften geltende ökonomische Notwendigkeit [sei, S. K.], von der man Menschen nur gänzlich entlasten kann, wenn man andere verstärkt damit belastet"[1133] , lange abgelehnt hat?

Das Hauptargument für die Bedingungslosigkeit des Grundeinkommens ergibt sich für Gorz aus den Veränderungsprozessen, welche die Produktion auf dem Weg zur Wissensgesellschaft bestimmen. Ausgangspunkt ist die Überlegung: Wenn Intelligenz und Phantasie zur zentralen Produktivkraft werden, dann kann die Herstellung von Gebrauchswerten nicht länger an der für sie aufgewendeten Arbeitszeit gemessen werden, so dass die Arbeitszeit aufhört, alleiniges Maß der

---

1128 Gorz (2000): S. 118.

1129 Ebd, S. 118 f.

1130 Vgl. ebd., S. 119.

1131 Ebd.

1132 Ebd., S. 124.

1133 Ebd., S. 119.

Arbeit zu sein.[1134] „Es wird immer schwieriger, ein Mindestmaß an Arbeit zu definieren, das von jeder und jedem in einer bestimmten Zeit zu leisten ist."[1135] Lässt sich im Rahmen der materiellen Produktion der Anteil des Einzelnen am erzeugten Produkt kaum noch zuordnen, so ist es geradezu unmöglich „die Arbeitszeit von Selbstständigen, Künstlern und denjenigen, die immaterielle Dienste anbieten, zu messen."[1136] Gorz zieht daraus den richtigen Schluss, dass allein das Grundeinkommen jenen Personen einen wirklichen Anreiz oder für die Mehrzahl der Betroffenen gar erst die Möglichkeit dazu bieten könne, ihre beruflichen Tätigkeiten zugunsten eines „multiaktiven Lebens"[1137] zu reduzieren.[1138] Insofern stellt für Gorz das parallel zu Erwerbs- bzw. Markteinkommen beziehbare allgemeine und bedingungslos garantierte Grundeinkommen das geeignetste Mittel dar, „um so weitgehend wie möglich sowohl die bezahlte Arbeit als auch die unbezahlten Aktivitäten umzuverteilen."[1139] Folglich stützt Gorz sein Plädoyer für die starke bzw. uneingeschränkte Bedingungslosigkeit des Grundeinkommens auf dessen Nutzen speziell für die Entfaltung der immateriellen Produktion sowie den Aufbau eines multiaktiven Lebens, welche im Rahmen der sich abzeichnenden Kultur- und Wissensgesellschaft eine bedeutende Rolle spielen. Die kritische Frage, warum sich Menschen mit gesamtgesellschaftlich notwendiger Arbeit plagen sollten, wenn sie dank eines sicheren Grundeinkommens und effektiver Selbstversorgungsarbeit auch ohne Erwerbsarbeit gut auskommen könnten, pariert Gorz mit der scharfsinnigen Bemerkung, dass eine solche Frage nur von denjenigen gestellt werden könne, „für die Arbeit eine widrige Nötigung ist und die deshalb nicht einsehen, warum sich andere ihr entziehen dürfen, wenn sie sich selbst ihr unterwerfen müssen."[1140] Hingegen müssten all jene Personen, welche in ihrer Arbeit einen Ausdruck der eigenen Identität sehen und die darin Selbstverwirklichung und Selbstbehauptung suchen (und bestenfalls finden), für die also Arbeit einen subjektiven Wert darstellt, den Standpunkt vertreten, „daß Lust und Freude am Arbeiten mit Arbeitszwang unvereinbar sind und durch dessen Abwesenheit erhöht werden."[1141] So ist Gorz in der Einschätzung beizupflichten, dass sich hauptsächlich jene Arbeitgeber an der Abschaffung des Arbeitszwanges (via garantiertem Grundeinkommen) stören, deren

1134 Vgl. Gorz (2000): S. 120.

1135 Ebd.

1136 Ebd.

1137 Ebd.

1138 Vgl. ebd.

1139 Ebd.

1140 Ebd., S. 120 f.

1141 Ebd., S. 121.

Macht über die Arbeitenden sich allein auf die Unfreiwilligkeit der Arbeit stützt.[1142] Dabei ist sich Gorz in diesem Zusammenhang der ubiquitären und von vielen getragenen Sichtweise, dass jene Personen, die nicht arbeiten, auf Kosten der anderen, d. h. der Arbeitenden leben und folglich der Arbeitszwang für alle gelten müsse, wohl bewusst. Interessanterweise findet diese Behauptung sowohl bei der traditionellen Linken als auch der neoliberalen Rechten bis heute Anklang.[1143] Beide Lager fordern wie selbstverständlich, dass das Überangebot an Arbeitskraft, die das kapitalistische Wirtschaftssystem aus welchen Gründen auch immer nicht zu verwerten weiß, in gemeinnützige bzw. mehr oder weniger sinnvolle Niedriglohnarbeiten abgedrängt bzw. gezwungen wird.[1144]

Die Befürworter eines uneingeschränkten Arbeits- bzw. Verwertungszwanges stoßen dabei auf das Problem, dass die „obligatorische Arbeit"[1145], welche die Gegenleistung zum Grundeinkommen darstellt, bestimmt, gemessen und verteilt werden muss. Ebenso muss geklärt werden, wie verhindert werden kann, dass die verpflichtende Arbeit in Konkurrenz zu einer wachsenden Anzahl von normal entlohnten Tätigkeiten tritt oder aber diese schlechterdings verdrängt. Lösungsvorschläge dieses Problems meint Gorz in den Überlegungen von Claus Offe und Jeremy Rifkin zu finden, die die Pflichtarbeit in einem dritten Tätigkeitssektor ansiedeln, welcher Bedürfnisse einbezieht, „die nicht zahlungskräftig und im Rahmen einer Marktwirtschaft nicht rentabel sind, etwa »ehrenamtliche und gemeinnützige Tätigkeiten im Pflege- und Erziehungsbereich im Rahmen offiziell anerkannter Verbände«."[1146] Dementsprechend würde das allen garantierte Grundeinkommen der Entstehung „»eines postindustriellen Haushaltssektors«"[1147], d. h. der Entlohnung freiwilliger Arbeit im Dienste von Verbänden mit anerkannt gemeinnütziger Zielsetzung, also der Vergütung „pflichtmäßiger freiwilliger Arbeit"[1148] dienen.[1149] Mit dem Begriff „pflichtmäßiger Freiwilligkeit"[1150] ist allerdings ein Widersinn konstruiert, den Gorz im Rahmen seiner Ausführungen nicht aufzulösen vermag und der den für das Grundeinkommen ganz wesentlichen Gedanken einer *wirklich frei-*

[1142] Vgl. Gorz (2000): S. 120 f.

[1143] Vgl. ebd.

[1144] Vgl. ebd.

[1145] Ebd.

[1146] Ebd., S. 121.

[1147] Ebd., S. 122.

[1148] Ebd.

[1149] Vgl. ebd.

[1150] Ebd.

willigen Aktivitäts-, Leistungs- und Teilhabeentfaltung ad absurdum führt. Überhaupt hat die Überlegung, den Bezug des Grundeinkommens an eine wie auch immer geartete Gegenleistung zu knüpfen, für Gorz allein im Vorfeld Sinn, d. h. der Phase der Übergangsperiode zu dessen Einführung. Allerdings sollte die Gegenleistung dann so beschaffen sein, „daß *man sie ihrer Bezahlung wegen übernehmen kann, ohne sie dadurch ihres Sinns zu berauben.*"[1151] Mit diesem Statement Gorz' enden an dieser Stelle die Ausführungen zur Möglichkeit der Implementierung eines bedingten bzw. gegenleistungsbezogenen Grundeinkommens.

Das Recht auf ein bedingungslos garantiertes Grundeinkommen, so ist sich Gorz sicher, lässt sich nicht ad hoc bzw. „nicht von heute auf morgen gewinnen."[1152] Zwar sind gemäß Gorz weiterhin Zwischenschritte in Richtung Grundeinkommen zu erwarten[1153], doch scheint eine vollständige Einführung desselben in Anbetracht der realpolitischen Gemengelage derzeit noch nicht absehbar.[1154] Entscheidet sich die demokratische Gesellschaft aber für das allgemein garantierte Grundeinkommen und damit für die Förderung von freiwilligen Tätigkeiten sowie künstlerischen, kulturellen, familiären und gemeinhin kooperativen Aktivitäten, so muss es gemäß Gorz für jedermann bedingungslos gewährleistet sein.[1155] „Denn nur *seine Bedingungslosigkeit kann die Unbedingtheit der Aktivitäten wahren,* die nur um ihrer selbst willen ausgeführt sinnvoll sind."[1156] Gemeint sind all jene Aktivitäten und Tätigkeiten, die nur als Selbstzweck Wert haben, d. h. in denen das Individuum die Erfahrung der Souveränität macht und sich als Person entfaltet[1157] und die es einerseits der drohenden Sozialisierung und Ökonomisierung zu entziehen sowie andererseits allen zugänglich zu machen

1151 Gorz (2000): S. 126 (Hervorhebung im Original).

1152 Ebd.

1153 Vgl. ebd.

1154 So hat die sich im Ergebnis der Bundestagswahl am 22.11.2013 konstituierte schwarz-rote Regierungskoalition in der Einführung eines gesetzlichen Mindestlohnes das attraktivere bzw. konsensfähigere politische Projekt erkannt.

1155 Vgl. Gorz (2000): S. 126.

1156 Ebd. (Hervorhebung im Original).

1157 Gemeint sind hier »autonome Tätigkeiten«, die Gorz wie folgt definiert: „»Autonom sind Tätigkeiten, die sich selbst ihr eigener Zweck sind. Das Subjekt macht in ihnen die Erfahrung seiner Souveränität und entfaltet sich als Person. Damit sind Erwerbstätigkeiten eo ipso ausgeschlossen.«" Gorz (1994) zitiert nach Blaschke (2010a): S. 66.

gilt.[1158] Darüber hinaus erkennt Gorz im allgemeinen Grundeinkommen eine angemessene Antwort auf eine Entwicklung,

> „die das »allgemeine gesellschaftliche Wissen, *knowledge,* zur unmittelbaren Produktivkraft« macht und die die unmittelbare Arbeitszeit auf ein weniges reduziert verglichen mit der Produktions-, Reproduktions- und erweiterten Reproduktionszeit von Fähigkeiten und Kompetenzen der Arbeitskraft in der sogenannten immateriellen Produktion."[1159]

Für eine Entwicklung in Richtung einer „Ökonomie des Immateriellen"[1160] also, in der der Arbeiter die Arbeitskraft *ist,* die er zugleich befehligt.[1161] Persönliche Arbeitskraft und Person des Arbeiters, aber auch die (Fort-)Entwicklung derselben fallen im Rahmen der immateriellen Ökonomie zusammen. Die Möglichkeit der Einsparung von individueller Arbeitszeit, die dem Grundeinkommen implizit ist, gibt dem Arbeiter Zeit für die freie Entwicklung der eigenen Individualität sowie zur Entfaltung seiner besten also kreativ-produktiven Fähigkeiten. Den Zusammenhang von (grundeinkommensgestützter) Selbstentwicklung und der Ausdehnung der Produktion beschreibt Gorz wie folgt:

> „Diese freie Entwicklung der Individualitäten erscheint in der Produktion wieder als Fähigkeit, eine unbeschränkte Vielfalt an Reichtümern mit einem sehr geringen Zeit- und Energieaufwand hervorzubringen. Anders gesagt: Die Steigerung der produktiven Fähigkeiten der Individuen ist die *Folge und nicht das Ziel* ihrer vollen Entfaltung."[1162]

Damit sind schließlich die positiven Wirkungen hinsichtlich der vollen Entfaltung individueller Persönlichkeits- und Produktivkräfte benannt, die Gorz dem garantierten Grundeinkommen zuschreibt und die für ihn den eigentlichen Reichtum der Gesellschaft ausmachen. Mehr noch kann gezeigt werden: Gorz versteht das Grundeinkommen und die damit verbundene Einsparung an notwendiger Arbeitszeit nicht als soziales Sedativum oder gar Passivitätsprämie, sondern ganz im Gegenteil als Katalysator und Garant individueller und kollektiver Aktivität bzw. Entwicklung, oder, anders ausgedrückt, als eine Ermöglichungsstruktur aktiver Teilnahme, die ausnahmslos allen Gesellschaftsmitgliedern zugänglich ist.

Dementsprechend verfasst Gorz gleich zu Beginn des Kapitels ‚*Die Stadt verwandeln*' in dem oben erwähnten Buch folgende Zeilen, die eine zu vielfacher Aktivität und Interaktion in ganz unterschiedlichen Möglichkeitsfeldern einladende Grundeinkommensgesellschaft skizzieren:

1158 Vgl. Gorz (2000): S. 126.

1159 Ebd., S. 127 (Hervorhebung im Original).

1160 Ebd.

1161 Vgl. ebd., S. 127 f.

1162 Ebd., S. 134 (Hervorhebung im Original).

„Die Garantie eines sozialen Grundeinkommens und die Ausdehnung frei verfügbarer Zeit sind nicht Aktivitätshemmer, sondern als Aktivitätsmultiplikatoren zu verstehen, nicht als Freistellung zum Nichtstun, sondern, im Gegenteil, eine für alle eröffnete Möglichkeit, tausend individuelle und kollektive, private und öffentliche Aktivitäten zu entfalten, die zu ihrer Ausbreitung und Entwicklung nicht mehr rentabel sein müssen. Jede und jeder muß von Kindheit an durch die Fülle der sie umgebenden Gruppen, Verbände, Werkstätten, Klubs, Kooperativen, Vereinigungen und Organisationen, die sie für ihre Tätigkeiten und Projekte zu gewinnen suchen, mitgerissen und umworben werden. Es geht dabei um künstlerische, politische, wissenschaftliche, ökosophische, sportliche, handwerkliche und Beziehungsaktivitäten, Selbstversorgungs- und Reparaturarbeiten, Restaurierungsarbeiten des natürlichen und kulturellen Erbes, um die Gestaltung des Lebensraumes und Energieersparnisse, um »Kinderläden«, »Gesundheitsläden«, Netzwerke zum Austausch von Dienst- und Hilfeleistungen, gegenseitiger Unterstützung etc. Diese eigenständigen Aktivitäten, als selbstorganisierte und selbstverwaltete, als freiwillige und allen offenstehende, dürfen nicht als unselbständige Ergänzung der kapitalistischen Marktwirtschaft und auch nicht als pflichtgemäße Gegenleistung für das sie ermöglichende Grundeinkommen angesehen werden."[1163]

Und Gorz schließt an: Da nun diese Aktivitäten weder des Kapitals noch seiner Verwertung bedürfen, sind sie geradezu dafür prädestiniert, jenen durch die Rückläufigkeit des Arbeitsvolumens freigesetzten gesellschaftlichen Raum der (kapitalistischen) Marktlogik zu entziehen und somit die Lohnarbeit von ihrer Machtposition in eine Minderposition zu drängen, um im Rahmen dieses Prozesses wiederum „assoziative und freie soziale Bindungen"[1164] zu initiieren.

Gorz sieht in den autonomen und selbstverwalteten Aktivitäten also den Nährboden für sozial-innovative Prozesse, welche die herrschenden Verhältnisse zu überwinden trachten. Ebenso erschließen sie für ihn potentiell Räume sowohl des praktischen Widerstandes als auch „des Experimentierens mit und der Erarbeitung von alternativer Gesellschaftlichkeit und gesellschaftlichen Alternativen zur sich auflösenden Gesellschaft."[1165] Gorz verortet diesen von ihm als „Gärungsprozeß [...] eigenständige[r] Aktivitäten"[1166] bezeichneten Vorgang, „in denen der Entwurf einer anderen Gesellschaft Gestalt und Bewußtsein gewinnt"[1167], primär auf der lokalen bzw. kommunalen Ebene. In einer Politik der Stadterneuerung, die zur Entwicklung eigenständiger Aktivitäten aufruft, erkennt er daher den geeigneten Rahmen, um der im

1163 Gorz (2000): S. 144 f.

1164 Ebd., S. 145.

1165 Ebd.

1166 Ebd.

1167 Ebd.

Entstehen begriffenen Gesellschaft entscheidende Impulse zu geben.[1168] Somit bilden die urbanen Zentren die Keimzellen alternativer Arbeits- und Kooperationsformen und damit zugleich die Ausgangspunkte einer neuen Ökonomie wie auch einer neuen Gesellschaftlichkeit.

Die Stadt ist also der eigentliche Ort der Multiaktivität, die Ermöglichungssphäre multiaktiver ökonomischer und sozialer Praktiken, die den „Exodus"[1169] aus einer Gesellschaft unter dem Primat entfremdeter (Lohn-)Arbeit befördern. Daraus kann geschlussfolgert werden, dass die von Gorz geforderte Veränderung der Stadt[1170] Ursprung, Grundlage und zugleich Motor einer jedweden Veränderung von Gesellschaft bildet, ohne die der Struktur- und Mentalitätswandel in Richtung einer multiaktiven Gesellschaftsform nicht zu bewerkstelligen ist. Dabei hat Gorz klar vor Augen, dass es, um die Möglichkeiten und Chancen, welche durch die bedingungslose Garantie eines allgemeinen Grundeinkommens eröffnet werden, individuell und kollektiv nutzen zu können, der Gestaltung sozialer Räume und gesellschaftlicher Zeit durch die Bereitstellung geeigneter Anlagen, Einrichtungen und Infrastrukturen bedarf.[1171] Die Zielstellung, die Gorz mit dem Konzept der Multiaktivität verbindet, charakterisiert Blaschke als ein Befürworter der Ausweitung von Autonomie bzw. Freiheit in den Bereichen von Tätigkeit und Arbeit treffsicher. Demnach zielt das Postulat der Multiaktivität auf den schrittweisen Aufbau einer Gesellschaft,

> „in der die Menschen a) die Arbeit sich als eine autonom gestaltete und nicht den Rentabilitätslogiken der heteronomen Marktarbeit unterliegende Tätigkeitsform aneignen und b) in der die gesellschaftliche und entfremdende Teilung der Arbeit weitgehend überwunden wird, vielfältige Tätigkeitsformen jeder und jedem ermöglicht sind."[1172]

Dabei soll bzw. kann die bezahlte Tätigkeit in Form der Lohn- bzw. Erwerbsarbeit keineswegs vollständig überwunden werden. Vielmehr soll in der Ausdeutung des gorzschen Ansatzes nach Auffassung Blaschkes die bezahlte Tätigkeit „als ein Moment in die Multiaktivität eingelassen und zunehmend von dessen Autonomie-Prinzip bestimmt werden – zumindest aber stark in ihrer Herrschaft über das Leben und die Zeit des Menschen zurückgedrängt werden."[1173] Denn Marktarbeit kann, so erklärt Blaschke, unter Rückbezug auf Gorz, „prinzipiell kein Ort autonomer Tätigkeit sein, »auch wenn sie – sofern sie kooperativ,

[1168] Vgl. Gorz (2000): S. 145.

[1169] Ebd., S. 111.

[1170] Vgl. ebd., S. 144 ff.

[1171] Vgl. ebd., S. 145.

[1172] Blaschke (2010a): S. 71.

[1173] Ebd., S. 71 f.

selbstorganisiert, selbstverwaltet ist – Dimensionen von Selbstbestimmung beinhalten kann, die sie angenehm und zum Element von Selbstentfaltung werden lassen«."[1174]

Vor dem Hintergrund dieser Erkenntnis und eingedenk eines in der Gesellschaft stets gegebenen Grundbedarfes an unbedingter, d. h. notwendig zu erledigender Arbeit (z. B. im Bereich der Abfallbeseitigung oder aber im Gesundheitswesen) erscheint marktförmige Erwerbs- bzw. Lohnarbeit mit Gorz als eine gesellschaftliche Notwendigkeit, die im Kontext einer multiaktiven Gesellschaft zwar weitestgehend zurückgedrängt und mit erhöhten Autonomiegraden modifiziert, aber letztendlich nicht vollends überwunden werden kann. Das allen garantierte und ausreichende Grundeinkommen verschafft jedoch einen zwangfreieren Zugang und verhilft damit zu einem freiheitlich-leichteren Umgang mit bezahlter und unbezahlter Arbeit. Damit ist ein Struktur- und Mentalitätswandel angepeilt, der mit dem (oben dargelegten) Gedanken der Sozialen Marktwirtschaft durchaus vereinbar ist.

Bleibt zu fragen, welche Gesellschaftsperspektive das bedingungslose Grundeinkommen eröffnet. Gorz selbst beschreibt die Gesellschaft des Grundeinkommens als eine differenzierte, interaktive und zugleich allseitig integrierende Multiaktivitäts- bzw. Wissensgesellschaft. Als eine Gesellschaft,

> „in der die Notwendigkeit der Arbeit sich *als solche* nicht mehr bemerkbar macht, weil jeder von Kindheit an von einer Fülle künstlerischer, sportlicher, wissenschaftlich-technischer, kunstgewerblicher, politischer, philosophischer, ökosophischer und kooperativer Aktivitäten beansprucht und mitgerissen wird. Eine Gesellschaft, in der die Produktionsmittel und die Mittel zur Selbstversorgung allen jederzeit zugänglich sind wie heute schon die Datenbanken und die Telearbeitsmittel. Eine Gesellschaft, in der sich Tausch prinzipiell als Austausch von Wissen und nicht von Waren begibt und also keiner Vermittlung des Geldes mehr bedarf. Eine Gesellschaft, in der die Immaterialität der wichtigsten Form von Produktionsarbeit der Immaterialität der wichtigsten Form von fixem Kapital entspricht. Das fixe Kapital, einmal *als separate und verselbständigte Macht beseitigt*, besteht dann hauptsächlich in der Fähigkeit, von dem akkumulierten Wissen Gebrauch zu machen, es zu erweitern und auszutauschen, *ohne daß seine Verwertung sich den Individuen als eine fremde Forderung aufzwingt* oder ihnen die Natur, die Intensität, die Dauer und die Zeiten ihrer Arbeit diktierte."[1175]

Der Zielpunkt jener auf dem garantierten Grundeinkommen basierenden Multiaktivitätsgesellschaft ist eine in die Autonomie und Vielfalt befreite bzw. bunt differenzierte Arbeitswelt, in welcher die verschiedenen Aktivitäts-, Tätigkeits- und Lebensformen des Menschen eine

---

1174 Blaschke (2010a): S. 72.

1175 Gorz (2000): S. 133 (Hervorhebung im Original).

abwechslungsreiche und produktive Koexistenz zeitigen. Es ist die Rede von einer Gesellschaft multiplen Lebens, *in welcher die Arbeit in ihrer ganzen Fülle und Vielschichtigkeit für den Menschen da ist* und nicht der Mensch sich einzig und allein dem eindimensionalen Charakter erwerbszentrierter Arbeits- und Produktionsformen subordiniert. Oder anders gesagt, eine Gesellschaft, in der der Mensch als vielseitig interessiertes und begabtes Wesen willkommen und geachtet ist und dessen Bedürfnis nach Selbstentwicklungsarbeit sowie der freien Entfaltung der persönlichen Produktivkräfte, ja der Wunsch in verschiedenen Richtungen und Sinnzusammenhängen aktiv zu werden, problemlos, d. h. ohne ökonomische oder soziale Nachteile auch jenseits ausgetretener oder aber einengender Wege realisiert werden kann. Vereinfacht ausgedrückt: Es geht schlichtweg um die volle Entwicklung des Individuums als Quelle gesellschaftlichen Reichtums.

Zu Recht verweist Händel in diesem Zusammenhang auf die Tatsache, dass insbesondere vor dem Hintergrund der gesellschaftlichen Weiterentwicklung hin zur Wissensgesellschaft die „eindimensionale Reduktion des Menschen auf seine Funktionalität im Lohnarbeitskontext"[1176] geradezu anachronistisch anmutet.[1177] Vielmehr gilt es Raum zu schaffen, in dem der Mensch seine mannigfaltigen Talente und Fähigkeiten entwickeln, miteinander kombinieren, erproben und verfeinern kann, aber auch für das Sammeln von Erfahrungen in unterschiedlichen Aktivitäts- und Berufsfeldern. Dies scheint mit Händel gesprochen insbesondere im Hinblick auf die sich abzeichnende vernetzte Wissensgesellschaft, „in welcher Phantasie, Wissen und Kreativität die wertvollsten Ressourcen sind, als Königsweg zu einer neuen Produktivität."[1178] Eine nicht zu vernachlässigende Größe stellt in diesem Zusammenhang auch der Bedarf an Raum für die Reproduktion der einzelnen Gesellschaftsteilnehmer dar, denn um den Menschen bei Kraft und Laune sowie „Effizienz, Motivation und Kreativität auf hohem Niveau zu erhalten, ist Raum und Zeit für Erholung und Müßiggang ein unverzichtbares Mittel."[1179]

Die Idee multiaktiven Arbeitens und Produzierens und die damit verbundene Zeitsouveränität impliziert folglich auch die Unterbrechung jedweder menschlicher Aktivität zugunsten einer für die positive Integration verschiedener Wissens-, Erfahrungs-, und Erlebnishorizonte erforderlichen Mußezeit. Denn gerade im Genuss jener der geistigen und körperlichen Ertüchtigung dienenden Muße akkumuliert der

1176 Händel (2011): S. 62.

1177 Vgl. ebd.

1178 Ebd.

1179 Ebd.

Mensch Ideen, Kräfte und Willen zur Produktion des eigenen Selbst wie auch der gesellschaftlichen Beziehungen und Werte.

> „Die Multiaktivität mit der daran gebundenen Möglichkeit der selbstzweckorientierten multiplen Entfaltung des Selbst und der multiplen Vernetzung mit anderen erscheint somit als veritable Blaupause für die Zielorientierung der gesellschaftlichen Entwicklung. Wie hier deutlich wird steht die Multiaktivität für ein Konzept, das neue Räume eröffnen kann, die nicht von einer kapitalistischen Logik der Verwertbarkeit bestimmt sein müssen. Die Art und Weise der Nutzung dieser Räume von den Subjekten ist zunächst einmal offen und muss unbestreitbar von der Etablierung bestimmter Rahmenbedingungen begleitet werden, um die Multiaktivität für eine größtmögliche Zahl von Menschen zur Realität zu machen."[1180]

Eine für die Emergenz von Multiaktivität zentrale Bedingung ist das allgemeine und bedingungslos garantierte ausreichende Grundeinkommen, welches eine sichere finanzielle Basis für die aktive Teilhabe und die freie Entfaltung aller Gesellschaftsmitglieder und deren Fähigkeiten in sinnschöpfenden Aktivitäten darstellt. So ermöglicht das in ausreichender Höhe gewährte Grundeinkommen, verstanden als ein lebenslang zur Verfügung stehendes ‚Überbrückungsgeld', sowohl den freien Wechsel zwischen als auch die selbstinitiierte Unterbrechung der verschiedenen Aktivitätsformen, indem es die damit gegebenenfalls verbundenen finanziellen Härten abfedert bzw. überbrückt. Damit wird die Entscheidung bezüglich der Einteilung von Arbeits- und Ruhezeiten, d. h. die Entscheidung über individuelle Aktivität oder Passivität dem Herrschaftsbereich der Arbeitgeberseite entzogen und wieder der Souveränität des Subjektes überantwortet.

Aber auch die ausschließliche Konzentration auf die Entwicklung einer selbstgewählten und eigenorganisierten Aktivität jenseits von Marktarbeit und Lohnprinzip, also einer autonomen, aber unbezahlten Aktivität wird auf der Basis eines allen garantierten Grundeinkommens für jedermann in jeder Phase des Lebens möglich. Insofern bildet das allen bedingungslos und in ausreichender Höhe gewährte Grundeinkommen die materielle Voraussetzung für die Entstehung von Multiaktivität und damit eine Grundbedingung für die Genese einer neuen Balance von Arbeit, Einkommen und Leben. Oder wie Händel es auszudrücken pflegt: „Die Abkehr vom Erwerbsvorbehalt sozialer Sicherung ist somit ein unverzichtbarer erster Schritt auf dem Weg vom vorrangigen Selbstverständnis als Arbeits- und Erwerbsgesellschaft zur Multiaktivität als neue gesellschaftlich anerkannte Normalität."[1181]

1180 Händel (2011): S. 62.

1181 Ebd., S. 86 f.

Damit ist eine tiefgreifende gesellschaftspolitische Weichenstellung in Richtung einer „multiaktive[n] Kulturgesellschaft"[1182] aufgezeigt, in der die freie Entfaltung der kreativ-schöpferischen, kulturellen, sozialen und politischen Kräfte sowie der lebensdienlichen Fähigkeiten des Menschen stets Entfaltungsraum, Zeit und Anerkennung finden,[1183] gleichgültig ob sich diese nun in ihrer Warenform am Markte verwerten lassen oder aber nicht. Das allgemein und bedingungslos garantierte Einkommen ist also die ökonomische Grundermöglichung einer anderen, die erwerbszentrierte Arbeitsgesellschaft transzendierenden Gesellschaft, die eine Organisation des gesellschaftlichen Raumes, der gesellschaftlichen Arbeit und der gesellschaftlichen Zeit realisiert, die die Rahmenbedingungen und das geistige Klima dafür schafft, „daß abwechselnd oder gleichzeitig betriebene Tätigkeiten und entsprechende Zugehörigkeiten jeder und jedem als normal, von allen erwünscht und erwartet erscheinen."[1184] Im Fokus steht eine Gesellschaftsform, die zum einen dem Menschen vielfältige Möglichkeitsfelder für die subjektive Verwirklichung verfügbar macht und zum anderen die Entwicklung menschengerecht(er)er Formen der sozialen Kooperation und des ökonomischen Wettbewerbs befördert. Die antike athenische Polis, eine Stadtgesellschaft also, in welcher die Unterscheidung zwischen hervorbringender Arbeit und dem Engagement für das Gemeinwesen im kollektiven Bewusstsein fest verankert war, stellt für Gorz den Prototyp einer solchen „»Kulturgesellschaft«"[1185] dar.

In Anlehnung an das griechische Ideal spricht sich Gorz für die Etablierung einer Multiaktivitätsgesellschaft aus, deren gesellschaftlich-politisches Anliegen weder in der Auslese, der Separation oder aber der Hierarchisierung aufgehen, sondern deren Ziel vielmehr darin besteht, *„jedes einzelne Mitglied dazu zu ermutigen, sich fortlaufend im Wettstreit und im Zusammenspiel mit den anderen neu zu definieren und zu überbieten."*[1186] Insofern wird das Streben eines jeden einzelnen nach Vortrefflichkeit im Kontext von Multiaktivität zur gemeinschaftlichen Zielorientierung aller.[1187]

1182 Gorz (2000): S. 110.

1183 Vgl. Blaschke (2010b): S. 6.

1184 Gorz (2000): S. 109.

1185 Ebd.

1186 Ebd. (Hervorhebung im Original).

1187 Vgl. ebd.

IV.2.2.6. »In Freiheit tätig sein« – Zur Bedeutung des Grundeinkommens für die wissensbasierte Tätigkeitsgesellschaft

Wer über das bedingungslose Grundeinkommen nachdenkt, nähert sich schnell der impliziten Frage, wie die Zukunft der Arbeit (insbesondere auf der Basis einer Einkommensgarantie) aussehen, d. h. wie sie organisiert, gehandhabt und bewertet werden könnte. Die in dieser Dissertation bereits ausführlich erörterte Vision der Tätigkeitsgesellschaft bietet diesbezüglich eine sinnvolle und zielführende Orientierung. Mit dem Entwurf der Tätigkeitsgesellschaft verfügt der gesellschaftlich-politische Diskurs zur Neuorganisation von Ökonomie und Gesellschaft bereits über eine veritable Blaupause einer auf dem Grundeinkommen basierenden, neu verfassten Arbeitsgesellschaft, deren gesellschaftspolitische Substanz mit dem Leitspruch ‚*In Freiheit tätig sein*' gut zusammengefasst werden kann. Bevor aber der Frage nach dem Zusammenhang von Wissen und Grundeinkommen sowie dem Nutzen desselben für die Entwicklung einer wissensbasierten Tätigkeitsgesellschaft nachgegangen wird – was das Ziel dieses Kapitels ist – sollen die nun anschließenden Vorüberlegungen das Wesen der vielzitierten Krise der Erwerbsarbeit sowie die Kluft zwischen dem Gegenwartsbild einer von Fremdbestimmung und Zwängen imprägnierten Erwerbsarbeit (Ist-Zustand) und dem Zukunftsbild einer in die Multiaktivität befreiten Arbeit (Soll-Zustand) veranschaulichen.

Wie bereits erwähnt, wird der Forderung nach einem garantierten Grundeinkommen oft der Einwand entgegengebracht, dass sich dieses negativ auf den Anreiz zur Arbeit auswirken würde und in Folge dessen der Wirtschaft die Arbeitskräfte ausgehen.[1188] Gorz liegt richtig mit seiner Einschätzung, dass ein solcher Einwand eigentlich nur von denen zu erwarten sei, „die selbst ungern arbeiten und es ohne Zwang unterlassen würden."[1189]

Dieser Einwand ist hinsichtlich der Frage nach der Zukunft der Arbeitsgesellschaft und ihrer Ausgestaltung hilfreich, verweist er doch implizit auf die Bedeutung einer menschengemäßen Organisation, d. h. auf die Notwendigkeit Arbeit und Gesellschaft in solcher Weise zu organisieren, „daß es keine Anreize (in Wirklichkeit Zwänge) braucht, um die Menschen zur Arbeit zu motivieren."[1190] Hintergrund dieser Überlegung bildet ein im Innersten der Arbeitsgesellschaft existierender Widerspruch, den die französische Soziologin Dominique Méda mit

---

1188 Vgl. Gorz (2000): S. 141.

1189 Ebd.

1190 Ebd.

dem Verdacht paraphrasiert, dass die Arbeit in der modernen Erwerbsgesellschaft anscheinend doch nicht so attraktiv, befriedigend und integrierend sei, dass man den Einzelnen nicht mit Anreizen (etwa in Form zu knapp bemessener, d. h. das Existenzminimum nicht gewährender Sozialleistungen für Erwerbslose) zur Ausübung derselben bewegen bzw. locken müsste.[1191] Mit Karl Marx gesprochen heißt dies, dass die Menschen die Arbeit ohne die Anwendung von Zwang und die Aussicht auf Bezahlung fliehen würden wie die Pest, gerade weil es sich hierbei weitestgehend um heteronome also fremden Willen und Zwecken dienende bzw. entfremdete Arbeit handelt. Die Annahmen von Marx und Méda beschreiben dabei einen Trend, welcher die gegenwärtige gesellschaftliche Situation der Arbeit treffsicher extrapoliert. Denn nicht wenige Menschen geben auf Nachfrage unumwunden zu, dass sie ihre zum *Job* verkümmerte Erwerbstätigkeit umgehend beenden bzw. ihren Arbeitsplatz aufgeben bzw. wechseln würden, wenn ihr Einkommen auf anderem Wege als durch Markt- bzw. Lohnarbeit gesichert sei.

Gerade dem gesellschaftlichen Diskurs bezüglich der Entwicklung einer multiaktiven Tätigkeitsgesellschaft, die eine humane Umstrukturierung der gesellschaftlichen Arbeit und Produktion verspricht, geben diese Ausführungen wichtige Impulse. Sie verweisen auf die Relation und die Wechselwirkung von Arbeit und Gesellschaft und verdeutlichen die Funktion der Arbeit als entscheidende Stellschraube gesellschaftlicher (Verteilungs-)Mechanismen und Entwicklungsprozesse. Gorz vereinfacht das komplexe Rückkoppelungsverhältnis auf die kurze Formel, „um die Gesellschaft zu verändern, muß man »die Arbeit« verändern – und umgekehrt"[1192]. Für ihn gilt es, die Arbeit vermittels der Befreiung von allen verdinglichenden Zwängen (Gorz nennt hier speziell Arbeitszeit-, Leistungs- und Hierarchiezwänge) zu verändern, welche in erster Linie die Unterordnung derselben unter das Kapital zum Ausdruck bringen, Zwänge also, die das Wesen der Arbeit bis heute prägen.[1193]

Darüber hinaus gilt es gemäß Gorz, das, was man gemeinhin Arbeit nennt, mit einer Alltagskultur und einer Lebenskunst, deren eigentliche Erweiterung und Quelle sie dereinst werden soll, in Einklang zu bringen und dadurch zu verändern. Last but not least aber gilt es, die »Aneignung« der Arbeit derart zu modifizieren, dass sie „nicht mehr als [biblische, S. K.] Strafe, sondern als eine in die Lebenszeit eingelas-

---

1191 Vgl. Gorz (2000): S. 142.

1192 Ebd.

1193 Vgl. ebd.

sene Aktivität gelebt wird, als ein Weg zur Entfaltung der Sinne, zur Macht über sich und die Dinge und als Bindung an die anderen."[1194]

Die beabsichtigte Veränderung der Aneignung gilt es, laut Gorz, bereits in der frühen Kindheit „durch die Verknüpfung des Wissenserwerbs mit dem Stolz auf erworbene Fertigkeiten"[1195] grundzulegen.[1196] Bildung und der Zugang zu dieser sind also entscheidende Bausteine, wenn es darum geht, ein neues Verhältnis zur gesellschaftlichen Arbeit zu entwickeln. Gerade was die Aneignung der Arbeit im Rahmen neuer Lern-, Trainings- und Bildungsformen anbelangt, sind für einen historisch informierten Gesellschaftswissenschaftler wie Gorz, der Lernen und Arbeiten in antik-aristotelischer Tradition in einem ganzheitlichen bzw. interdisziplinären, d. h. alle menschlichen Potenzen und Wirkungsfelder aufnehmenden Sinne versteht, eine Vielzahl an Arrangements und Neuerungen denkbar.

> „Es ist vorstellbar, daß man in dieser Richtung noch sehr viel weiter geht und das (autodidaktische) Lernen mit ökologischen, sozialen und kulturellen Gruppenprojekten kombiniert, die mit Arbeit, Studien, Experimentieren, Austausch, künstlerischer Praxis und persönlicher Entfaltung Hand in Hand gehen."[1197]

Das Ziel all dieser Übungen von Kindheit an ist die Genese von Multiaktivität, in der die Arbeit auf natürlichem Wege zu einer integrierten Dimension des Lebens unter vielen wird.[1198]

> „Sie [die Arbeit, S. K.] kann mit einer Reihe von anderen Aktivitäten einhergehen und sich abwechseln, Aktivitäten, deren »Produktivität« nicht in Betracht kommt, obwohl sie indirekt durch die Ausbildung schöpferischer, phantasievoller und expressiver Fähigkeiten zur Produktivität der Arbeit beitragen."[1199]

Die hier angestellten Überlegungen zeigen Auswege aus einer zunehmend selektiven und zugleich verkrampfenden Arbeitsgesellschaft auf, die aufgrund einer einseitigen geradezu neurotischen Fixierung auf Erwerbsarbeit all jene Aktivitäts- bzw. Tätigkeitsformen jenseits derselben sträflich außer Acht lässt, die sowohl für das Funktionieren einer produktiven Wirtschaft als auch für das Gelingen menschlicher Existenz in einem prosperierenden Gemeinwesen nicht minder wichtig sind. Die Idee der Multiaktivität zeichnet die Umrisse künftiger Ökonomie und Gesellschaft. Sie bietet das gesamte schöpferische Aktivpo-

1194 Gorz (2000): S. 142.

1195 Ebd.

1196 Vgl. ebd.

1197 Ebd.

1198 Vgl. ebd., S. 143.

1199 Ebd.

tenzial des Menschen integrierende Ansätze. Ansätze, die zeigen, wie die Konflikte, aber auch die Sinnkrise am Arbeitsmarkt gelöst und der sozio-ökonomische Wandel menschengerecht gestaltet werden können.

Auf der Basis dieser Vorüberlegungen sollen nun im Folgenden einige Argumentationen ausgeführt werden, die den Zusammenhang von Wissen und bedingungslosem Grundeinkommen sowie dessen Nutzen für die Entwicklung einer wissensbasierten Tätigkeitsgesellschaft verdeutlichen. Vorab jedoch einige Anmerkungen zu dem in dieser Arbeit grundlegend verwendeten Begriff der Wissensgesellschaft, die sich im Wesentlichen an den Gedanken des Kommunikationswissenschaftlers Christian Fuchs anlehnen. Da sich alle Gesellschaften auf das subjektive und objektive, d. h. vergegenständlichte Wissen von Menschen stützen, können diese nach Ansicht Fuchs´ gewissermaßen als Wissensgesellschaften verstanden werden. Die Begriffe der Informationsgesellschaft oder der Wissensgesellschaft bezeichnen gemeinhin das gesellschaftliche Entwicklungsstadium der letzten Jahrzehnte, das zumeist von der Industriegesellschaft unterschieden wird.[1200] Wissensgesellschaft impliziert jedoch kein Ende der industriellen Produktion, sondern deren Transformation in ein informationelles Entwicklungsstadium, in welchem geistige Arbeit zu einer unmittelbaren, zunehmend auch industriell organisierten Produktivkraft wird.[1201] Die Existenz von Wissensprodukten wie Software, CDs, DVDs, Zeitungen oder Bücher zeugen von der „Tendenz zur Industrialisierung des Wissens."[1202] In den Augen Fuchs´ ist die Wissensgesellschaft folglich ein Resultat der kapitalistischen Entwicklung der Produktivkräfte. „Die Wissensgesellschaft ist keine postkapitalistische gesellschaftliche Entwicklungsphase, vielmehr tritt der Kapitalismus in ein informationelles Entwicklungsstadium ein."[1203] Gemeint ist ein neues kapitalistisches Entwicklungsmodell, das Fuchs auch als „informationellen Kapitalismus"[1204] bezeichnet. Kennzeichen dieser Phase ist, mit Marx gesprochen, dass die Produktion in einem immer stärkeren Grade von der „‚allgemeinen Arbeit des menschlichen Geistes', dem ‚allgemeinen gesellschaftlichen Wissen'"[1205] (also vom – wie Marx es ausdrückt – „‚General Intellect'"[1206]) abhängig wird, das so immer mehr zur

1200 Vgl. Fuchs (2006): S. 187.

1201 Vgl. ebd.

1202 Ebd.

1203 Ebd.

1204 Ebd.

1205 Marx (1894) zitiert nach Fuchs (2006): S. 189.

1206 Marx (1857/8) zitiert nach Fuchs ebd.

„‚unmittelbaren Produktivkraft‘“[1207] wird.[1208] Die Wissensbasierung moderner Gesellschaft selbst beruht laut Fuchs auf „der dem Kapitalismus innewohnenden Tendenz des Wachstums der organischen Zusammensetzung des Kapitals, die an einem bestimmten Knotenpunkt zum Umschlag von Quantität in eine neue Qualität, d. h. einer qualitativ neuen Phase der kapitalistischen Entwicklung, führt.“[1209] In diesem Entwicklungsstadium, das als wissensbasierte Gesellschaft oder »Wissensgesellschaft« bezeichnet werden kann

> „sind alle Bereiche der Gesellschaft durch Wissen, d. h. durch geistige Arbeit, Kognition, Kommunikation und Kooperation, geprägt. Es kommt zur Hegemonie von geistiger über körperliche Arbeit, Wissen wird zu einem entscheidenden Produktionsfaktor und in der Form von Wissensprodukten zu einem profitablen, ökonomisch verwertbaren Gut. Computer und Internet als neue Produktions-, Kommunikations-, Informations- und Kooperationssysteme prägen alle Teile der Gesellschaft und beschleunigen die raumzeitliche Ausdehnung sozialer und politischer Beziehungen sowie der kapitalistischen Produktion und Zirkulation (Globalisierung).“[1210]

Wissen und Denken, aber auch kreative und soziale Kompetenzen, d. h. all jene menschlichen Potenzen, die unter dem Begriff Humanvermögen bzw. Humankapital subsumiert werden, sind folglich sowohl Basis als auch Kraftquelle und Ingenium jener Gesellschaft, in der wir heute leben. Die Zunahme der Bedeutung von Dienstleistungen, Wissensprodukten und Wissensarbeit, aber auch der Relevanzgewinn von Innovation, Wissenschaft, Expertise, Forschung sowie von Computer- und Internettechnologien[1211] zeugen davon, dass Wissen in seinen verschiedenen Formen heute neben Arbeit, Kapital, Eigentum und Macht eine entscheidende Größe bzw. ein „definierendes Charakteristikum der modernen Gesellschaft“[1212] ist. Zusammenfassend lässt sich mit Fuchs also festhalten:

> „In der Wissensgesellschaft haben geistige Arbeit, gesellschaftliche Arbeit, d. h. die Produktion sozialer Beziehungen durch Kommunikations- und Kooperationsarbeit, und affektive Arbeit, eine zentrale Bedeutung. Die Emergenz der Wissensgesellschaft ist eine mehrdimensionale Wende und Transformation, im Zuge derer Wissen zu einer strategischen Ressource in allen Teilsystemen der Gesellschaft wird.“[1213]

1207 Fuchs (2006): S. 189.

1208 Vgl. ebd.

1209 Ebd.

1210 Ebd.

1211 Vgl. ebd., S. 189 f.

1212 Ebd., S. 189.

1213 Ebd.

Wie alle Dinge zwischen Himmel und Erde hat auch die zunehmende Wissensbasierung eine Kehrseite. So hat laut Fuchs mit dem beständig anwachsenden Wissenscharakter und der Globalisierung der Moderne neben der Problemlösungsfähigkeit auch die Zerbrechlichkeit bzw. Verwundbarkeit der Gesellschaft zugenommen.[1214] Denn Globalisierung und Informatisierung erhöhen nicht nur die Summe der Handlungsoptionen, sondern ebenso „das Ausmaß der sozialen Risiken."[1215] Die Ambivalenz jener der Wissensgesellschaft immanenten Entwicklung bringt Fuchs mit der Aussage auf den Punkt: „In der Wissensgesellschaft sind wir zugleich mit Chancen und Risiken von Informatisierung und Globalisierung konfrontiert."[1216] Bezüglich dessen, was im Rahmen dieser Arbeit unter dem Begriff Wissensgesellschaft zu verstehen ist sowie zur Erhellung der sie bestimmenden Funktionslogiken und Bedingungsgefüge wird im Folgenden der Zusammenhang von Grundeinkommen und Wissen untersucht.

Zur Begründung eines bedingungslosen Grundeinkommens im Kontext einer wissensbasierten Gesellschaft bietet Fuchs einen interessanten Vorschlag, der es wert ist, an dieser Stelle referiert zu werden. Hierfür gilt es, das Wesen des Wissens als eine „**kollektive Ressource**"[1217] herauszuarbeiten. (Neues) Wissen ist gemäß Fuchs ein soziales und historisches Produkt, das aus dem historisch- gesellschaftlichen Erbe an Wissen hervorgeht und zumeist kooperativ erzeugt wird.[1218] Wissen ist also nie das Produkt eines Einzelnen, sondern, mit Marx gesprochen, das Ergebnis der Kooperation der Lebenden unter der Verwendung vorausgegangener Arbeiten, es hat also einen deutlich sozialen bzw. kollektiven Charakter.[1219] Hier ist in Anlehnung an Fuchs die Parallele zu einem anderen Gut feststellbar: Weil die Natur sich eo ipso erzeugt und erhält, ist sie ein selbstorganisierendes System und somit der Kategorie des Privateigentums enthoben. „Beide Güter (Wissen und Natur) entziehen sich auf Grund ihrer (kollektiven bzw. natürlichen) Produktionsform an sich dem Privateigentum, da sie nicht von einzelnen Menschen (re-)produziert und kontrolliert werden können."[1220] Demzufolge, so schlussfolgert Fuchs, sind Wissen, Natur und öffentliche Dienste kollektive Güter (auch bezeichnet als »Allmende-

1214 Vgl. Fuchs (2006): S. 190.

1215 Ebd.

1216 Ebd.

1217 Ebd., S. 191 (Hervorhebung im Original).

1218 Vgl. ebd.

1219 Vgl. ebd.

1220 Ebd.

güter«[1221]), „die dem Kapital nichts kosten, aber doch eine Voraussetzung der Kapitalakkumulation darstellen, in diese eingehen und ihr nützen."[1222]

Auf die Resultate der gesellschaftlichen Produktionsprozesse im Rahmen von Ausbildung, Erziehung, Wissenschaft, Gesundheit etc. greift das Kapital allerdings gratis zu. Das heißt, Bildung und Wissen der Arbeitskräfte, die von diesen selbsttätig sowie von der Gesellschaft produziert werden, stehen der Kapitalseite als kostenlose sich selbst (re-)produzierende Ressource zur Verfügung.[1223] Fuchs verwendet in diesem Kontext den Begriff der „‚Wissensallmende'"[1224], welcher 2005 von Sebastian Bödeker, Oliver Moldenhauer und Benedikt Rubbel in die Diskussion eingebracht worden ist und der den öffentlichen Charakter des Gutes Wissen betont. Hier setzt die Rechtfertigung des allgemeinen Grundeinkommens an. Dafür bedient sich Fuchs der Argumentation Van Parijs', welcher das Recht auf ein bedingungsloses Grundeinkommen aus dem jedem gleichermaßen zustehenden, möglichst hohen Anteil an unverdienten externen Ressourcen ableitet, zu denen Van Parijs beispielsweise Natur, Technik und Arbeitsplätze zählt.[1225] Als eine solche unverdiente externe Ressource identifiziert Fuchs das Wissen, als eine Form des gesellschaftlichen Reichtums also, die ohne das Zutun des Einzelnen vorhanden ist und diesem sozusagen unverdient zufällt.[1226]

Das Kapital und die Unternehmen als Teil desselben konsumieren gratis das gesellschaftliche Wissen, das mit Marx gesprochen aus der kollektiven gemeinhin unbezahlten Aktivität der Gesellschaft emergiert, und ziehen daraus Profit.[1227] Vereinfacht ausgedrückt: Die Entstehungskosten allen Wissens trägt größtenteils die Gesamtgesellschaft, aus den gesellschaftlichen Vorleistungen der Wissenserzeugung profitiert das Kapital gratis bzw. zieht daraus kostenlos seinen Vorteil.[1228] Das Humankapital, also das akkumulierte subjektive Wissen, auf das die Unternehmen zurückgreifen und welches sie verwerten, ist also mit

---

1221 Die sog. »Allmendegüter« sind Güter, die als natürliches oder kulturelles Erbe in der Vergangenheit entstanden sind und der heutigen Generation zur Verfügung stehen. Sie lassen sich grundsätzlich in natürliche (Luft, Wasser, Böden, Biodiversität etc.) und kulturelle (Werke der Weltliteratur, Musik, Architektur, Malerei, Wissenschaft) Güter unterteilen.

1222 Fuchs (2006): S. 191.

1223 Vgl. ebd.

1224 Ebd.

1225 Vgl. ebd.

1226 Vgl. ebd.

1227 Vgl. ebd., S. 191 f.

1228 Vgl. ebd., S. 192.

Gorz gesagt nichts anderes als „eine kostenlose Ressource, eine ‚Externalität', die sich von selbst produziert hat und sich fortwährend weiter produziert."[1229]

Weil nun die Unternehmen das gesellschaftliche Wissen wie auch die Natur als (Gratis-)Ressource verbrauchen, um daraus einen ökonomischen Vorteil bzw. Profit zu schöpfen, ergibt sich für Fuchs die Frage, ob es aus Gerechtigkeitsgründen nicht sinnvoll wäre, die (von der Nutzung der gesellschaftlichen Wissensgütern profitierenden) Unternehmen zur Finanzierung eines allgemeinen bedingungslosen Grundeinkommens heranzuziehen.[1230] Das Argument lautet also, weil die Unternehmen die kollektive Ressource *Wissen* billig bzw. gratis verwerten und zu ihrem Vorteil nutzen, schulden sie der Gesellschaft Kompensation. Gemeint ist eine Entschädigungs- bzw. Ausgleichszahlung, die in Form einer Besteuerung organisiert zur Co-Finanzierung eines allgemeinen Grundeinkommens herangezogen werden soll.[1231] Als eine Möglichkeit der Finanzierung schlägt Fuchs die Einführung einer Wertschöpfungsabgabe vor, d. h. einer Steuer, welche auf die kostenlose Nutzung von gesellschaftlichen Kollektiv- bzw. Allmendegütern (z. B. Wissen, Technik, Wissenschaft, Natur, Infrastruktur, Reproduktionsarbeit) gegenüber den Unternehmen erhoben wird und die nicht die Ware Arbeitskraft, sondern den gesamten Umsatz eines Unternehmens besteuert.[1232]

Der Verbrauch öffentlicher Güter als einer Existenzbedingung autonomen Lebens durch Privatunternehmen bildet somit die finanzielle Basis eines allen Gesellschaftsmitgliedern zu Gute kommenden Grundeinkommens. Die Idee der Kompensation des Verbrauches öffentlicher bzw. kollektiver Güter in Form einer Besteuerung, die wiederum zur Finanzierung des Grundeinkommens beiträgt, stellt zweifelsohne einen interessanten und in Zeiten des Nachhaltigkeitspostulates sicherlich demokratisch mehrheitsfähigen Ansatz dar, dem aber an dieser Stelle nicht weiter nachgegangen werden kann.

1229 Gorz (2004), zitiert nach Fuchs (2006): S. 192.

1230 Vgl. ebd.

1231 Vgl. ebd., S. 193.

1232 Vgl. ebd., S. 194.

Die folgenden Ausführungen widmen sich dem Zusammenhang von Grundeinkommen und Wissen anhand ausgewählter für die Wissensgesellschaft relevanter Aspekte.

1. Zum Zusammenhang von Grundeinkommen und (De-)Kommodifizierung des Wissens

Kommodifizierung bezeichnet die Konversion von Gebrauchswerten in Tauschwerte. Darunter ist die Umwandlung von Gütern, die menschliche Bedürfnisse befriedigen, in Waren zu verstehen.[1233] Der umgekehrte Prozess, bei dem der Warencharakter aufgehoben wird, d. h. ein Produkt seinen Tauschwert verliert und nur dessen Gebrauchswert zurückbleibt, kann als Dekommodifizierung bezeichnet werden.[1234] Der zentrale Konflikt der fortschreitenden Wissensgesellschaft stellt sich für Fuchs als ein Antagonismus zwischen Kommodifizierung und Dekommodifizierung und Reappropriation (d. h. der Wiederaneignung) von Wissen dar. Dieser äußert sich in Kämpfen um den offenen und geschlossenen Charakter von Wissen, d. h. um die gegensätzlichen Verständnisse des Wissens entweder als Open-Source-Gut oder aber als Ware.[1235]

Zwei große gesellschaftliche Bewegungen, nämlich die Kommodifizierungsbewegung auf der einen Seite, und die Dekommodifizierungsbewegung auf der anderen Seite streiten hierbei um die Vorherrschaft in der Wissensgesellschaft. Ziel der Kommodifizierungsbewegung ist es nach Ansicht von Fuchs, das Wissen in seine Warenform, d. h. in eine dem Privateigentum genehme Form zu konvertieren, indem das soziale bzw. kollektive Wesen des Wissens enteignet bzw. entfremdet und damit aufgehoben wird. Die Dekommodifizierungsbewegung, zu der beispielsweise die freie Software-Bewegung oder die Filesharing-Bewegung zählen, strebt im Gegenteil nach einer Schwächung bzw. Negation des Warencharakters von Wissen.[1236] Sie trachtet danach, den wahren Charakter des Wissens wiederherzustellen und vermittels der „Schaffung von kollektiven, frei zugänglichen Wissensgütern"[1237] deren Warenform in Frage zu stellen.[1238]

Eine verstärkte Kapital- bzw. Unternehmensbesteuerung, die als Entschädigungszahlung für die (Ver-)Nutzung der Natur und des Wissens an den Fiskus abgeführt und mit deren Hilfe ein allgemeines

---

1233 Vgl. Fuchs (2006): S. 194.

1234 Vgl. ebd.

1235 Vgl. ebd., S. 195 f.

1236 Vgl. ebd., S. 196.

1237 Ebd.

1238 Vgl. ebd.

Grundeinkommen finanziert wird, kann als ein geeignetes Mittel betrachtet werden, um die „Asymetrie des Konsums an kollektiven Ressourcen"[1239] zum Vorteil der Kapitalseite ansatzweise zu kompensieren.[1240] Mit einem solchen vermittels einer Kapital- bzw. Unternehmensbesteuerung finanzierten Grundeinkommen wären laut Fuchs zwei richtungsweisende Vorteile verbunden. Zum einen würde es ökonomische Interessen schwächen und zugleich Dekommodifierungsprozesse stärken, indem es die von der Kapitalseite produzierten Gewinne in Form des allgemeinen Grundeinkommens sozial verteilt. Im Rahmen dessen böte es den Menschen mehr Zeit für freie (Wissens-)Tätigkeiten (z. B. im Bereich des politischen, kulturellen oder ehrenamtlichen Engagements) jenseits der Lohnarbeit.[1241] Kurzum, das bedingungslose Grundeinkommen als progressive politische Forderung ist ein geeignetes Instrument zur Stärkung von Dekommodifizierungsprozessen wie auch zum Schutze der Wissensallmende. Verstanden als Kompensationszahlung trägt es zum sozialen Ausgleich zugunsten Benachteiligter innerhalb der von kapitalistischen Tendenzen bedrohten Wissensgesellschaft bei und fördert durch die Stärkung der Zeitsouveränität die Transformation derselben in eine wissensbasierte Tätigkeitsgesellschaft.

2. Grundeinkommen und vernetzte Tätigkeitsgesellschaft

Auch ökonomischen Laien ist evident, dass die in den letzten Jahrzehnten gestiegene Wissensbasierung die Art und Weise der Produktion nachhaltig verändert hat. In der spezialisierten arbeitsteiligen Gesellschaft ist die Produktion eines Gutes nicht ohne die Tätigkeiten anderer Menschen in vielen anderen Bereichen denkbar, d. h. „Arbeit ist in der Wissensgesellschaft hochgradig global, vernetzt und kooperativ"[1242]. Arbeit wird immer öfter zur *Zusammen*arbeit. Das heißt, alle menschlichen Tätigkeiten, gleichgültig ob bezahlte oder unbezahlte, tragen zur Schöpfung des gesellschaftlichen Reichtums bei und sind voneinander abhängig bzw. aufeinander angewiesen.[1243] Hinzu tritt laut Fuchs der Umstand, dass die Bezahlung der Arbeitenden zu bestimmten Marktpreisen nicht etwa Ausdruck einer konkreten Arbeitsleistung ist, sondern vielmehr eine „beliebige Festlegung"[1244] darstellt.[1245] Füllsack nennt

---

1239 Fuchs (2006): S. 196.

1240 Vgl. ebd.

1241 Vgl. ebd.

1242 Ebd., S. 197.

1243 Vgl. ebd., S. 197.

1244 Ebd.

1245 Vgl. ebd.

dies die Zufälligkeit des Arbeitslohnes.[1246] Dies erklärt sich damit, dass in der vernetzten Gesellschaft die individuelle Arbeitsleistung nicht genau feststellbar bzw. in einer eindeutigen Geldsumme darstellbar ist.[1247] Speziell unbezahlte Arbeit, die für die Wissensproduktion eminent wichtig ist, erfährt in der vernetzten Gesellschaft nahezu keine (wirtschaftliche oder soziale) Wertschätzung. Das unbedingte Grundeinkommen für alle könnte indes zur gesellschaftlichen Anerkennung sowie „teilweisen finanziellen Kompensation unbezahlter Arbeit beitragen"[1248] und somit den Wandel hin zu einer vernetzten Tätigkeitsgesellschaft befördern, in der ausnahmslos jede Tätigkeit als sozial produktiv und Teil des gesellschaftlichen Gesamtarbeiters gewürdigt wird.[1249] Das bedingungslose Grundeinkommen trägt folglich der Vernetzung der Arbeit in der Wissensgesellschaft Rechnung.[1250]

3. Grundeinkommen und selbstorgansierte Produktionsformen

Das bedingungslose Grundeinkommen entkoppelt materielles Überleben, (Erwerbs-)tätigkeit und Lohneinkommen[1251], was eine historische und kulturelle Zäsur darstellen, zugleich aber die Kreativität und den Handlungsmut der Menge beflügeln würde. Alternative ökonomische Ansätze und Projekte, die sich nicht über Lohnarbeit und Marktmechanismus definieren, erhielten eine Finanzierung und damit eine wirkliche Umsetzungschance.[1252] Auf der Basis des Grundeinkommens könnten selbstorganisierte Produktions- und Versorgungsnetzwerke bzw. lokale Tauschringe an Bedeutung gewinnen, die Entwicklung kooperativer, basisdemokratischer und partizipativer Organisationsmodelle (wie das der Freien-Software-Bewegung) würde ebenso begünstigt.[1253] Insgesamt würde das Grundeinkommen „zur Demokratisierung von Wirtschaft und Gesellschaft beitragen."[1254]

4. Grundeinkommen und die entscheidungsfähige Wissensgesellschaft

Die zunehmende Wissensbasierung und die wachsende Komplexität der modernen Gesellschaft erweitern den individuellen und kollektiven Entscheidungsbedarf, aber auch die Anzahl der Entscheidungsalterna-

---

1246 Vgl. Füllsack (2002): S. 49-54.

1247 Vgl. Fuchs (2006): S. 197.

1248 Ebd.

1249 Vgl. ebd.

1250 Vgl. ebd.

1251 Vgl. ebd.

1252 Vgl. ebd.

1253 Vgl. ebd.

1254 Ebd.

tiven steigt beständig.[1255] Die Grundlage jedweder Entscheidung und damit aller Problembewältigung ist Wissen. Die Produktion von Wissen dient sowohl der Bewältigung von ansteigenden Problemen bzw. Risiken als auch dem ansteigendem Entscheidungsbedarf.[1256] Ein hoher Entscheidungsdruck sowohl im Kleinen beim Individuum als auch im Großen innerhalb der Gremien in Politik und Wirtschaft kennzeichnet die moderne wissensbasierte Gesellschaft.

Wird kein Wissen produziert bzw. werden keine Entscheidungen getroffen, blockieren Gesellschaft und Ökonomie, was (nicht nur) zu ökonomischen Verlusten führt. Das heißt, die Produktion von (neuem, bestenfalls kritischem) Wissen stärkt die Entscheidungs- und damit Überlebensfähigkeit einer Gesellschaft im Kontext globaler Vernetzung und Konkurrenz. Damit also die Wissensgesellschaft funktionsfähig, d. h. problem- bzw. risikobewältigend ist *und* bleibt, muss sie beständig neues Wissen produzieren.[1257]

Der Hervorbringung kritischen Wissens kommt in diesem Zusammenhang eine besondere Bedeutung zu, da es die Voraussetzungen sowohl für das Entstehen kritischen Bewusstseins und das Denken in ganzheitlichen Zusammenhängen (Stichwort: big picture-Perspektive) als auch für das eigenständige Entwickeln eines alternativen, die oftmals problem- bzw. soziologieblinden und nur wenig lösungsorientierten Mainstreampositionen in Wissenschaft, Politik und Ökonomie überwindenden Analyse- bzw. Lösungsansatzes bietet.

Die spontane und kreative Erzeugung von Wissen bedarf jedoch einer finanziell gesicherten Existenz, jenseits des Überlebensdrucks.[1258] Das bedingungslose Grundeinkommen für alle stellt die freie Wissensproduktion auf eine neue sozio-ökonomische Basis, was sich positiv auf die Entwicklung innovativer Lösungen zur Problem- bzw. Risikobewältigung der Wissensgesellschaft auswirkt.

Vitalität und Viabilität der Wissensgesellschaft sind unmittelbar abhängig von der Fähigkeit zur fortwährenden Produktion neuen Wissens. Die Garantie einer allen zugänglichen, verlässlichen sowie armutsvermeidenden Mindestsicherung in Form des Grundeinkom-

---

1255 Vgl. Fuchs (2006): S. 197.

1256 Vgl. ebd.

1257 Vgl. ebd.

1258 So konnte beispielsweise der Staatsmann und Dichter Johann Wolfgang von Goethe (1749-1832) seinen naturwissenschaftlichen Forschungen nur deshalb so umfang- bzw. ertragreich nachgehen, weil sein Existenzminimum durch das üppige väterliche Erbe sowie die finanziellen Zuwendungen des herzoglichen Hauses Weimar zeitlebens gesichert war.

mens begünstigt die freie Wissensproduktion und trägt somit zur sozialen Risikobewältigung bei.[1259]

5. Grundeinkommen und der Digital Divide[1260]

Das Internet ist ein autonomiefreundliches, auf Pluralität, freien Datenfluss und Teilhabe angelegtes Medium, dass prinzipiell allen Menschen als Umschlagsort für Informationen, Wissen und Kompetenzen offensteht. Dennoch gibt es aus verschiedenen Gründen einen ungleichen Zugang zu modernen digitalen Informations- und Kommunikationsmitteln wie dem Internet, der die Gesellschaft entlang der Dimensionen Einkommen, Wohlstand, Herkunft, Geschlecht, Alter, Bildung und Sprache etc. spaltet.[1261] Folge dieser digitalen Spaltung (engl. *digital divide*) ist der Ausschluss vieler Menschen von relevanten Informationen, Wissen und Know-How, wodurch eine gesellschaftliche Kluft des Wissens (auch des Wissens über die Technik selbst) entsteht. Das Internet ist ein vielgliedriger virtueller Raum in dem sich soziale Segmentarisierungen, gesellschaftliche Ab- bzw. Ausgrenzungen sowie die asymmetrische Verteilung von Kompetenzen, Wissen und allokativen Ressourcen widerspiegelt[1262] und somit Ausdruck einer komplexen, in ihren Organisations-, Interaktions- und Funktionsverhältnissen differenzierten (Netzwerk-)Gesellschaft. „Solange nicht alle Menschen Zugang zu Wissen und Informationstechnologien haben und dies so nutzen können, dass ihr Leben dadurch bereichert wird, kann es keine ‚virtuelle Gemeinschaft', kein ‚globales Dorf', keine ‚Cyberdemokratie' und keine ‚elektronische Agora' geben."[1263]

Zur Überwindung des Digital Divide bedarf es daher neben dem Zugang *zur* auch des erforderlichen (anwendungsbezogenen) Wissens *über* die neuen Technologien, d. h. wie diese funktionieren und dauer-

---

1259 Vgl. Fuchs (2006): S. 197.

1260 Die englischen Begriffe *digital divide* oder *digital gap* (dtsch. = digitale Spaltung/Kluft) artikulieren die These einer digitalen Spaltung, die mit einer Wissenskluft einhergeht. Die Begriffe stehen also für die Befürchtung, dass der ungleiche Zugang zu modernen digitalen Informations- und Kommunikationstechniken zu unterschiedlichen Entwicklungs- bzw. Wohlstandschancen in der Bevölkerung und damit zu sozialen und wirtschaftlichen Verwerfungen führt. Es wird davon ausgegangen, dass jene Personen, die nur über geringen oder keinen Zugang zu digitalen Kommunikationstechniken verfügen (sog. »Offliner«) von der modernen Wissens- bzw. Kommunikationsgesellschaft abgekoppelt sind und gegenüber jenen Personen, die über einen umfassenden Zugang zu o. g. Techniken verfügen (sog. »Onliner«) in ihren Bildungs-, Wohlstands- und Entwicklungschancen vergleichsweise benachteiligt sind.

1261 Vgl. Fuchs (2006): S. 198.

1262 Vgl. ebd.

1263 Ebd.

haft zum Wohle der Menschen eingesetzt werden können, so dass niemand vom Genuss ihrer Vorteile ausgeschlossen bleibt.[1264] Der Digitale Divide meint also nicht nur eine Kluft im Zugang zu moderner Technik, sondern er impliziert ebenso eine „Wissens- und Qualifikationskluft"[1265] bezogen auf den Umgang mit derselben.[1266] Demgegenüber steht die Forderung eines „‚Access for all'"[1267], der seine Voraussetzungen wiederum in einem ‚Time for all' bzw. ‚Education for all' findet. An dieser Stelle kommt das bedingungslose Grundeinkommen ins Spiel, weil es dem Menschen erwerbsarbeitsfreie Zeit verfügbar macht, welche für die Aneignung von Wissen und Fähigkeiten im Umgang mit den neuen Technologien genutzt werden kann.[1268] Für die Erkundung und Anwendung moderner Informationstechnologien bedarf es eines Mindestmaßes an Einkommen und vor allem Zeit. Mit Hilfe des Grundeinkommens könnten beide Minima zumindest ein Stück weit bereitgestellt werden. Von daher könnte das bedingungslose Grundeinkommen zur Überwindung des Digital Divides wesentlich beitragen.[1269]

6. Grundeinkommen und kritisches Wissen

In der Wissensgesellschaft überfluten die Massenmedien die Menschen ununterbrochen mit mehr oder weniger wichtigen Informationen. Der rechte Umgang mit der enormen Fülle an Informationen und Daten sowie deren Management stellt daher ein zentrales Problem des Einzelnen innerhalb der gegenwärtigen Wissensgesellschaft dar.[1270] Die Auswahl und Einordnung der einströmenden Informationen in qualitativ wertvolle und nützliche oder aber in wert- bzw. anspruchslose Informationen, die oftmals kommerziellen, bestenfalls aber Unterhaltungszwecken dienen, ist daher eine lebenswichtige Aufgabe, die den Einzelnen jeden Tag aufs Neue herausfordert. Die Masse an inhaltslosen, oberflächlichen und der bloßen Unterhaltung dienenden Informationen deformiert das Denken der Menschen und erzeugt schließlich „falsches Bewusstsein"[1271].

Dabei kommt es zu eindimensionalen Formen des Denkens, wie sie der deutsch-amerikanische Soziologe Herbert Marcuse mit seinem

1264 Vgl. Fuchs (2006): S. 198.

1265 Ebd.

1266 Vgl. ebd.

1267 Ebd.

1268 Vgl. ebd.

1269 Vgl. ebd.

1270 Vgl. ebd.

1271 Ebd.

Konzept des „eindimensionalen Menschen“[1272] beschreibt. Dem wachen Beobachter bleibt nicht verborgen: Der heutige Medienmarkt bietet größtenteils eine „Vielfalt der Einfalt“[1273], die immerfort das gleiche inhalts- und anspruchslose Standardprogramm (re-)produziert.[1274] Mit dem steten Konsum gleichförmiger, oberflächlicher und belangloser TV-Formate soll eine als sinn- bzw. inhaltslos erkannte Existenz überdauert werden. Ohne die Anwendung einer Medienkompetenz drohen dem Einzelnen informationelle Überforderung, kognitive Verflachung und schlimmstenfalls die täglich geseifte Realitätsflucht (engl. ‚Daily Soap‘ = tägliche Seifenoper). „Zur Entwicklung und Pflege kritischen Denkens brauchen die Menschen ausreichende Zeit und ausreichenden Raum.“[1275] Eine Gesellschaft aber, die entwicklungs- und überlebensfähig sein bzw. bleiben will, ist auf die Fähigkeit zu Kritik und Selbstkritik angewiesen. Sie gründet auf kritikfähigen Menschen, Menschen also, die das Bestehende hinterfragen, sich politisch engagieren und sozial beteiligen.[1276] Benötigt werden Reflexionsmechanismen, mit deren Hilfe die gesellschaftliche Entwicklung kritisch begleitet bzw. überprüft und totalitäre Tendenzen identifiziert werden können.[1277] Denn eine „eindimensionale Wissensgesellschaft ist eine totalitäre Gesellschaft, die ihre Möglichkeiten unzureichend nutzt und gewisse Denkoptionen ökonomisch, ideologisch und politisch ausschaltet.“[1278] Sowohl die Herausbildung von kritischem Bewusstsein, welches Denk-, Reflexions- und Revisionsprozesse stimuliert, Wissen in seiner breiten Vielfalt fördert und die Gesellschaft vor Fehlentwicklungen schützt als auch die Entwicklung politischer Fähigkeiten brauchen freie Zeit, die heute meistens fehlt. Unter den Bedingungen einer taktschnellen, wissensbasierten Leistungsgesellschaft ist freie (Muße-)Zeit Wohlstand.[1279] In Anbetracht dessen böte eine allgemeine staatliche Einkommensgarantie klaren Vorteil. „[Das bedingungslose, S. K.] Grundeinkommen könnte eine Zeitbasis schaffen, die kritisches Denken stärken könnte, wenn die Menschen diese Zeit für Bildung, Diskussion, Politik und Kritik nutzen.“[1280] Eine vernünftige Nutzung der gewonnenen erwerbsarbeitsfreien Zeit seitens der Transferempfänger kann freilich nicht garantiert

---

1272 Fuchs (2006): S. 198.

1273 Ebd.

1274 Vgl. ebd.

1275 Ebd., S. 198 f.

1276 Vgl. ebd., S. 199.

1277 Vgl. ebd.

1278 Ebd.

1279 Vgl. ebd.

1280 Ebd.

werden, *aber mit dem Grundeinkommen steigen zumindest die Chancen für eine kritische Auseinandersetzung des Einzelnen mit sich selbst und seiner Umwelt.* Das Grundeinkommen bietet einen Nährboden für kritisches Bewusstsein und begünstigt somit die Entstehung kritischen Wissens. Damit verbunden stärkt es die gesellschaftliche Reflexions- sowie Innovationsfähigkeit und leistet durch die Entkoppelung von Erwerbsarbeit und Überleben einen Beitrag zur diskurs- bzw. aushandlungsorientierten Demokratisierung.[1281]

7. Grundeinkommen und der paradoxe Charakter von Arbeit

Die Anwendung moderner Technik hat zu folgendem, den Kapitalismus kennzeichnenden Paradoxon geführt: Einerseits konnte die Produktivität derart gesteigert werden, dass es möglich ist, das notwendige Arbeitszeitvolumen für die Mehrheit der Bevölkerung gering zu halten und gleichzeitig allen Menschen die Grundbedürfnisse für ein gutes Leben zu garantieren.[1282] Andererseits hat die Unterordnung der modernen Technik unter das Kapital – trotz eines insgesamt hohen gesellschaftlichen Reichtums – soziale Probleme wie Armut, Arbeitslosigkeit, prekäre Lebens- und Beschäftigungsverhältnisse und Naturzerstörung produziert.[1283] Der Prozess der Technisierung hat also unter den Bedingungen der modernen kapitalistischen Produktionsweise in mancher Hinsicht die Form einer Destruktivkraft angenommen oder wie mit Marcuse gesprochen, „ihr Wesen und ihre Existenz treten immer weiter auseinander."[1284] Desgleichen ist auch die Lohnarbeit von der dem Kapitalismus innewohnenden Entfremdungstendenz nicht verschont geblieben. Weil sie von der Technik in vielen Bereichen ersetzbar ist, gleicht die Lohnarbeit heute einem entbehrlichen Prinzip.[1285] Im Absterben begriffen, wandelt sich die Lohnarbeit vielerorts in ein instabiles, jederzeit disponibles, häufig nicht existenzsicherndes, auf Fremdbestimmung und Zwang beruhendes Beschäftigungsverhältnis, genannt »Job«. Die zum Job degenerierte Lohnarbeit bietet den Menschen zumeist weder Sicherheit noch bietet sie Chancen der Besserstellung oder gar Auswege aus der Armutsfalle. Sie wirkt desintegrierend und entfaltet somit teilweise eine gesellschaftszersetzende Kraft. Diese Entwicklung verweist auf die Notwendigkeit einer armutsfesten staatlichen Mindestsicherung, mit deren Hilfe pervertierte, d. h. die Auflösung von Individuum und Gesellschaft bewirken-

---

1281 Vgl. Fuchs (2006): S. 199.

1282 Vgl. ebd.

1283 Vgl. ebd.

1284 Ebd.

1285 Vgl. ebd.

de Arbeits- bzw. Beschäftigungsverhältnisse verdrängt und stattdessen menschengerecht(er)en Formen des Arbeitens zur Geltung verholfen werden könnte.

> „Ein ausreichendes, bedingungsloses Grundeinkommen könnte dazu beitragen, den paradoxen Charakter der Arbeit abzuschwächen, es könnte Tätigkeit und Einkommen entkoppeln und damit den humanistischen Charakter der Gesellschaft stärken. Das Sein könnte sich so schrittweise zum wahren An-und-für-sich-Sein aufheben, einem Reich der Freiheit, einer freien Tätigkeitsgesellschaft."[1286]

Die Ausführungen haben anhand der hier diskutierten Aspekte gezeigt, dass Wissen und Grundeinkommen in engem Zusammenhang stehen und das unbedingte Grundeinkommen eine für Wissen und Wissensbasierung positive Perspektive eröffnet.

Zusammenfassend bleibt festzuhalten: Das bedingungslose Grundeinkommen schafft Bedingungen, die den gesellschaftlichen Charakter des Wissens als kollektive, allen zugängliche Ressource (Stichwort: Wissensallmende) und unmittelbare Produktivkraft stärken. Es kann steuerlich so konstruiert werden, dass es die kostenlose (Ver-)Nutzung von Allmendegütern wie Wissen durch die Privatunternehmen belastet und damit zu einer sozial verträglichen finanziellen Kompensation des gewinnbringenden Gratiskonsums beiträgt. Darüber hinaus stärkt ein aus Kapital- und Unternehmenssteuern finanziertes Grundeinkommen Dekommodifizierungsprozesse, die den offenen Charakter von Wissen zu erhalten trachten und verschafft den Menschen eine Zeitbasis, die sie für freie (Wissens-)Tätigkeiten nutzen können. Weiter begünstigt das garantierte Grundeinkommen alternative (solidar-)ökonomische Ansätze, so dass sich basisdemokratische und kooperative Organisationsmodelle entwickeln können und selbstorganisierte Produktionsformen eine Verwirklichungschance erhalten. Darüber hinaus ermöglicht es die freie Wissensproduktion sowohl diesseits als auch jenseits der Erwerbsarbeit, was der Risikobewältigung einer entscheidungsfähigen Gesellschaft dient.

Das Grundeinkommen fördert einen gerechten Zugang zu Wissen, was sich positiv auf die Ressourcenallokation auswirkt, und hilft somit, die Wissenskluft in der Gesellschaft zu überwinden. Ebenso bietet es den Menschen Zeit und Raum zur Entfaltung selbstbestimmter Tätigkeiten im Sinne der Produktion kritischen bzw. lösungsorientierten Wissens, was der Entwicklung innovativer Ansätze und gesellschaftlicher Alternativen wie beispielsweise der vernetzten Tätigkeitsgesellschaft dient. Schließlich kann das bedingungslose Grundeinkommen

---

1286 Fuchs (2006): S. 200.

einen Beitrag dazu leisten, die destruktiven Effekte der kapitalistischen Produktionsweise zu entschärfen und den paradoxen Charakter der Lohnarbeit einerseits als Quelle gesellschaftlichen Reichtums sowie andererseits als Ursprung sozialer Armut abzuschwächen.

IV.2.3. Perspektive Transformation: Tätigkeitsgesellschaft als Leitbild einer neuen Sozialen Marktwirtschaft

In den vorangegangenen Kapiteln ist das Konzept der Tätigkeitsgesellschaft (konkret am Vorschlag der KAB) detailliert vorgestellt und untersucht worden. Es ist gezeigt worden, dass die Tätigkeitsgesellschaft eine (sozial-)ethisch vertretbare, innovative und nachhaltige Gesellschaftsformation ist, zu deren maßgebenden Prinzipien wirtschaftliche Freiheit, sozialer Ausgleich sowie wirtschaftliche und soziale Teilhabe zählen. Im Rahmen der detaillierten Konzeptanalyse ist überdies herausgearbeitet worden, dass der Idee der Tätigkeitsgesellschaft zukunftsorientierte Ansätze von Arbeit, Wirtschaft und Gesellschaft immanent sind und diese somit als richtungsweisendes Leitbild der sozio-ökonomischen Transformation in Frage kommt.

Der Zusammenhang von Tätigkeitsgesellschaft und Sozialer Marktwirtschaft offenbart sich nicht prima vista, sondern bedarf einer fokussierten Betrachtung. Er ergibt sich aber spätestens mit Blick auf die Lage am Arbeitsmarkt und die Krise der Erwerbsarbeit, welche zentrale Problemfelder der heutigen Sozialen Marktwirtschaft darstellen. Insbesondere aufgrund der strukturellen Probleme am Arbeitsmarkt sowie einer als ungerecht empfundenen Verteilung von Einkommen und Vermögen hat die Soziale Marktwirtschaft an Überzeugungskraft verloren. Sozio-ökonomischer Wandel und Wirtschaftskrise haben zu weiteren Erschütterungen geführt. So kann Erwerbsarbeit, einst das dominante Medium der Sozialintegration, längst nicht mehr allen Bürgern die gesellschaftliche Teilhabe garantieren. Viele Erwerbsfähige fühlen sich ausgeschlossen oder schlimmer noch *überflüssig*. Angesichts des Verlustes der Integrationskraft der klassischen Arbeitsgesellschaft als einer zentralen Dimension der Sozialen Marktwirtschaft, ist eine Neubestimmung dessen notwendig, was künftig als Arbeit gelten und welcher Stellenwert ihr zukommen soll. Die Diskussion über die Zukunft der Arbeit, d. h. darüber, wie Arbeit künftig organisiert werden soll und in welcher Form wir künftig arbeiten wollen, führt unweigerlich zu der Frage der Ausgestaltung einer zukunftsfähigen Arbeitsgesellschaft.

Wie wichtig die Frage der Zukunft von Arbeit und Arbeitsgesellschaft ist, zeigt unter anderem die in den letzten Jahren beständig angestiegene Zahl der sozial- und wirtschaftswissenschaftlichen Publikationen zum Thema. Politik und Öffentlichkeit sehen sich mit immer neuen Ansätzen und Reformvorschlägen konfrontiert. Von der Vielzahl der gegenwärtig diskutierten Gesellschaftsmodelle hebt sich das Konzept der Tätigkeitsgesellschaft auf besondere Weise ab, da es für einen Ansatz steht, welcher Gesellschaft von der sie konstituierenden Basis her begreift, nämlich der *menschlichen* Arbeit. Arbeit als Ausgangs- bzw. Konstruktionspunkt von Gesellschaft wird hierbei in einem erweiterten Sinne verstanden, der ausnahmslos alle Formen menschlicher Arbeit einbezieht (z. B. Erwerbsarbeit, Eigen- bzw. Privatarbeit, gemeinwesenbezogene Arbeit)[1287].

Mit der Neuformulierung des Arbeitsbegriffes, also einer Hinwendung zur bzw. neuen Wahrnehmung dessen, was menschliche Arbeit ist (oder sein *soll*), setzt das Konzept der Tätigkeitsgesellschaft genau dort an, wo die klassische Arbeitsgesellschaft versagt. Es geht um das rechte Verständnis menschlicher Arbeit in der gesamten Breite des ihr innewohnenden Spektrums, was sowohl bezahlte als auch unbezahlte Arbeiten einschließt.

Die Idee der Tätigkeitsgesellschaft geht folglich weit über das hinaus, was man als kritische Denkfolie bezeichnen könnte, also ein analytisches Mittel, das die Dysfunktionalitäten und Missstände der gegenwärtigen erwerbszentrierten Arbeitsgesellschaft sichtbar macht. Einerseits hilft die Idee der Tätigkeitsgesellschaft die Tendenz der Kujonierung menschlicher Arbeit innerhalb der klassischen Erwerbsarbeitsgesellschaft zu erkennen, andererseits bietet sie zugleich auch die Lösung des Problems.

Durch eine „deutliche gesellschaftliche Aufwertung derjenigen menschlichen Tätigkeiten, die jenseits der Erwerbsarbeit liegen"[1288], trägt die Tätigkeitsgesellschaft zur Relativierung des Markt- und Verwertungszwanges bei, dem die Arbeit im Rahmen der bestehenden Wirtschaftsordnung ausgesetzt ist und hilft somit die Übermacht des Kapitals gegenüber der menschlichen Arbeit aufzubrechen. Auch Tätigkeiten außerhalb des klassischen Arbeitsmarktes haben dann ihren Wert und erfahren Anerkennung, die ihnen heute oftmals verwehrt bleibt. Möglich wird die Befreiung bzw. Entbindung der gesellschaftlichen Arbeit in verschiedene Tätigkeiten durch ein jedermann gewährtes bedingungsloses Grundeinkommen, d. h. eine solide materielle Existenzsicherung, welche die Attraktivität von Arbeitsformen jenseits der Erwerbsarbeit stärkt.

Das Grundeinkommen selbst, so ist gezeigt worden, widerspricht dezidiert nicht, wie marktliberale Kritiker gerne behaupten, den zentra-

1287 Siehe hierzu Kapitel IV.2.2.1.

1288 Schäfers (o. J.): S. 1.

len Leit- und Ordnungsprinzipien der Sozialen Marktwirtschaft. Vielmehr geht es mit den Grundsätzen wirtschaftlicher Freiheit und sozialen Ausgleiches konform und bildet zugleich das Mittel, diese in die Gesellschaft hinein zu erweitern. Ebenfalls wird deutlich, dass das bedingungslose Grundeinkommen ein enormes gesellschaftsveränderndes Potenzial birgt, das über die bestehende Wirtschafts- und Sozialordnung hinausweist. Aus dem einerseits kompatiblen andererseits hinausweisenden Doppelcharakter des Grundeinkommens ergibt sich ein Spannungsfeld von Systemimmanenz und Systemtranszendenz. Das bedeutet, das Grundeinkommen lässt sich problemlos in die Soziale Marktwirtschaft implementieren, ohne dabei den Markt oder den Umverteilungsmechanismus zu stören bzw. zu beeinträchtigen. Darüber hinaus eröffnet es eine Perspektive, welche die Soziale Marktwirtschaft transzendiert und die Entwicklung einer neuen Gesellschaftsformation ermöglicht. Das Spektrum der möglichen Entwicklungspfade ist denkbar breit und reicht von sanften Übergängen bis zu drastischen Brüchen.[1289] Am wahrscheinlichsten ist jedoch die Entwicklung einer wissens- und kreationsbasierten Tätigkeitsgesellschaft, weil sie die Soziale Marktwirtschaft im Bereich einer ihrer konstitutiven Hauptsäulen, der menschlichen Arbeit, humanisiert und Lösungen für die Allokations- und Integrationsprobleme in weiten Bereichen der gespaltenen Erwerbsarbeitsgesellschaft liefert.

Die Tätigkeitsgesellschaft bietet der Sozialen Marktwirtschaft eine realistische über die heutigen Sackgassen hinausweisende Entwicklungsperspektive, in welcher Marktökonomie und Sozialordnung als interdependente Bestandteile einer integrierenden multipolaren Gesellschaftsformation verstanden werden. Eine Perspektive, welche die Freiheit des Individuums diesseits und jenseits des Marktes behauptet und in der die verschiedenen Arbeits- und Tätigkeitsformen als soziale Anerkennungsmodi gleichberechtigt sind. Eine Perspektive, die die Freiheit des Einzelnen nachhaltig und ganzheitlich sichert und die verschiedenen bezahlten und unbezahlten Arbeitsformen in einen ausgewogenen solidarischen Formzusammenhang eingliedert. Eine Perspektive also, in der Multiaktivität als natürliche und produktive Existenzform des Menschen ihren festen Platz hat und die Subjekte die Verfügungsgewalt über den (zeitsouveränen) Einsatz ihrer Fähigkeiten und Potenzen wiedererlangt haben.

1289 Bezüglich des Transformationspotenzials erklärt Händel, dass der Reformansatz des Grundeinkommens im Prinzip „anti-kapitalistisch" (Händel (2011): S. 73) sei, weil es die kapitalistische Verknüpfung von Bezahlung für messbare und geldwerte Leistung konterkariert und stattdessen eine Einkommensverteilung ohne explizite Gegenleistung gewährt. Vgl. ebd.

Die entscheidende Schnittstelle von Sozialer Markwirtschaft und Tätigkeitsgesellschaft ist die menschliche Arbeit als gesellschaftsbegründende Organisationsform. Von hier aus nimmt die von den Anhängern der Tätigkeitsgesellschaft intendierte Umstrukturierung der bestehenden Wirtschafts- und Sozialordnung ihren Lauf. Wie alle wertigen Gesellschaftsentwürfe hat ebenso die Tätigkeitsgesellschaft nicht nur Anhänger, sondern auch entschiedene Kritiker. Diese befürchten, dass mit der Verwirklichung derselben die Arbeitsgesellschaft als solche negiert werde. Diese Befürchtung beruht größtenteils auf einem mangelnden Verständnis von Wesen und Intention der Tätigkeitsgesellschaft. In diesem Punkt kann Entwarnung gegeben werden, denn Arbeitsgesellschaft und Tätigkeitsgesellschaft sind keineswegs einander ausschließende Antagonismen. Vielmehr muss die Tätigkeitsgesellschaft als Evolutionsstufe bzw. qualitative Erweiterung der Arbeitsgesellschaft verstanden werden.

> „So wie die Erwerbsarbeitsgesellschaft eine bestimmte Form der Ausprägung der Arbeitsgesellschaft darstellt, so beschreibt der Begriff ‚Tätigkeitsgesellschaft' die Absicht, die Erwerbsarbeitsgesellschaft zu transformieren. Die ‚Tätigkeitsgesellschaft' stellt kein Modell jenseits der Arbeitsgesellschaft oder einen Kontrast zu ihr dar, sondern bedeutet eine Fortentwicklung und ‚Integrationsleistung'. Die ‚Tätigkeitsgesellschaft' ist eine spezifische Ausprägung der Arbeitsgesellschaft. Sie ist eine transformierte Erwerbsarbeitsgesellschaft."[1290]

Die hiermit gegebene Verhältnisbestimmung beider Gesellschaftsformationen zeigt, dass die Transformation der gegenwärtigen Erwerbsarbeitsgesellschaft in die Tätigkeitsgesellschaft mehr den Charakter einer evolutiven Entwicklung trägt als den eines unvermittelten Bruches. Entscheidende Voraussetzung für die ‚Fortentwicklung' der Arbeitsgesellschaft in Richtung Tätigkeitsgesellschaft ist die Implementierung eines ausreichenden, bedingungslos garantierten Grundeinkommens als Impulsgeber und Ermöglichungsstruktur sozialer und ökonomischer Entwicklung. Denn die Entkoppelung von Arbeit und Einkommen, d. h. also die Entbindung der menschlichen Arbeitskraft von Markt- und Verwertungszwängen durch die Bereitstellung einer unbedingten Einkommensgarantie bildet eine zentrale Grundbedingung für die herrschaftsfreie (Wieder-)Aneignung der Arbeit(-szeit) durch den Menschen. Das heißt, erst das Grundeinkommen ermöglicht die real freie Wahl der Tätigkeit, also auch jener Tätigkeiten, deren Verwertbarkeit gegeben ist, ohne dass diese zuvor die schmale Gasse des Marktes haben passieren müssen.

1290 Schäfers (o. J.): S. 1.

Was aber würde mit einer grundeinkommensgestützten Transformation der Sozialen Marktwirtschaft in eine Tätigkeitsgesellschaft gewonnen? Welche Vorteile wären mit einer weitreichenden Umstrukturierung der sozio-ökonomischen Formation verbunden? Diese Fragen sind mehr als berechtigt, denn es steht nicht weniger auf dem Spiel als die Zukunft einer Wirtschafts- und Gesellschaftsordnung, die, unbeachtet krisenhafter Phasen, im Großen und Ganzen weiten Teilen der Bevölkerung über Jahrzehnte hinweg Frieden und Wohlstand gesichert hat. Warum also soll die Gesellschaft das Risiko der Veränderung eingehen?

Die Beantwortung dieser Frage in Form von Thesen erscheint angesichts des spekulativen Charakters des Gegenstandes sinnvoll. Die folgenden Thesen sollen unter der Perspektive gelesen werden, dass es zumindest einer abwägenden Auseinandersetzung mit diesen Punkten bedarf, wenn die Gesellschaft zu einer neuen Ordnung von Arbeit und Wirtschaft finden soll.

1. Die Tätigkeitsgesellschaft erweitert die individuelle und kollektive Freiheit und stärkt die soziale Akzentuierung der Wirtschaftsordnung. Das heißt, die Tätigkeitsgesellschaft gewährt eine freiere Entwicklung menschlicher Arbeit und Fähigkeiten sowie die Entfaltung vielseitiger Aktivitäten, ohne dabei die subjektiven Wünsche und Präferenzen der klassischen Fremdbestimmung einer marktwirtschaftlichen Verwertungslogik subsumieren zu müssen. Dies wird der zeitgemäßen Forderung nach mehr Flexibilität und einer weitestgehend selbstbestimmten Arbeitsorganisation gerecht. Zugleich ermöglicht die Tätigkeitsgesellschaft den Menschen ihr Recht auf Arbeit auch jenseits des Erwerbszusammenhanges aktiv wahrzunehmen, was insbesondere die Ausübung sozial sinnvoller und auf menschlicher Zuwendung beruhender Tätigkeiten fördert. Dies wiederum stärkt die soziale Interaktion und den Zusammenhalt der Gemeinschaft.

2. Die Tätigkeitsgesellschaft begünstigt die »Arbeit am eigenen Leben«, d. h. jene Formen der Eigen- bzw. Privatarbeit, die auf Selbstentwicklung oder Selbstbildung abzielen. Insbesondere Tätigkeiten, die Wissen hervorbringen oder auf dessen Verbreitung bzw. Steigerung hinwirken, wie beispielsweise die differenzierten Tätigkeiten im Bildungssystem, die auf intellektuellen, affektiven und kommunikativen Leistungen beruhen, würden aufgrund einer zeitsouveräneren Arbeitsorganisation und einer gerechteren Anerkennungskultur im Kontext der Tätigkeitsgesellschaft besser gestellt. Deswegen wird die Tätigkeitsgesellschaft der Entwicklung einer zunehmenden Wissensbasierung von Gesellschaft, Arbeit und Wirtschaft gerecht. Die Debatte über die wissens- und kreationsbasierte Tätigkeitsgesellschaft bringt zum Ausdruck, dass die Entfaltung selbstbestimmter Tätigkeiten immer

ein Minimum an Wissen und Fähigkeiten zur Voraussetzung hat und aufgrund der offensichtlichen Tendenz zur Wissensbasierung auf absehbare Zeit der Umfang jener Tätigkeiten zunehmen wird, die auf Hingabe, Imagination, Kreativität, Vernetzung und Reflexion beruhen. Wissen und freie Tätigkeit stehen in einem engen Zusammenhang, sie sind zwei Seiten einer Medaille. Hinzu kommen all jene Tätigkeiten des sog. dritten Sektors wie etwa ehrenamtliche oder gemeinnützige Dienste, welche individuelle und kollektive Bedürfnisse bedienen, die nach Marktpreisen weder bezahlbar noch profitbringend sind. Auch diese Arbeitsformen erführen im Rahmen der Tätigkeitsgesellschaft bessere Rahmen- bzw. Entwicklungsbedingungen.

3. Hinsichtlich der drängenden Frage der Verteilungsgerechtigkeit verspricht die Tätigkeitsgesellschaft eine ordnungspolitische Neujustierung. Eine ungerechte Verteilung des gesellschaftlichen Reichtums sowie des Zugangs zu knappen Ressourcen und öffentlichen Gütern (beni comuni) aber auch eine geschlechtshierarchische Arbeitsteilung, welche derzeit der Fall ist und die die gegenwärtige Gesellschaft zu spalten droht, soll im Rahmen einer »Politik des freien Zugangs« überwunden werden. Besondere Beachtung verdient in diesem Zusammenhang der Aspekt der Notwendigkeit der Teilung des knappen Gutes *Arbeit*, der für ein zukunftsfähiges Gesellschaftsprojekt gleich welcher Provenienz und Intention eine zentrale Rolle einnimmt. Die Tätigkeitsgesellschaft (im Verständnis der KAB) bedingt, dass die vorhandene Erwerbsarbeit weiter geteilt werden muss, da eine Ausweitung des Erwerbsarbeitsvolumens angesichts der weiteren technologischen Entwicklung nicht zu erwarten ist.[1291] Im Gegenteil laufen die von den Unternehmen getätigten Rationalisierungsinvestitionen darauf hinaus, Erwerbsarbeitskraft tendenziell durch Maschinen zu ersetzen.[1292] Erwerbsarbeit bleibt auch in Zukunft Ausdruck eines menschlichen Grundbedürfnisses, nämlich des Bedürfnisses, etwas in die Welt zu bringen und diese zu gestalten, aber auch des Wunsches, einer (betrieblichen) Gemeinschaft anzugehören.[1293] Die gerechte Auf- bzw. Umverteilung von Erwerbsarbeit als einer wichtigen Säule von Lebenszufriedenheit und gesellschaftlichem Zusammenhalt ist daher der Ansatz der Tätigkeitsgesellschaft, diesem Bedürfnis Rechnung zu tragen. Die Gesellschaft der freien Tätigkeit folgt der Maxime: Erwerbsarbeit ist nicht alles, aber ohne Erwerbsarbeit ist alles Nichts.[1294]

1291 Vgl. Schäfers (o. J.): S. 2.

1292 Vgl. ebd.

1293 Vgl. ebd.

1294 Vgl. ebd.

4. Die Tätigkeitsgesellschaft stärkt dezentrale Organisationsformen der Wirtschaft und des menschlichen Handelns.[1295] Insbesondere auf lokaler Ebene wird somit größere Vielfalt, aber auch ein Mehr an unternehmerischer Dynamik und Verantwortung möglich. Alternative (subsistenzwirtschaftliche) Produktionsformen können vor Ort beim Endverbraucher erprobt werden, teure und energieaufwendige Transportwege werden überflüssig. Dies kommt nicht nur dem Ökosystem zu Gute, sondern stärkt auch die verschiedenen Formen subsidiärer Teilhabe und Teilnahme, die für die Entwicklung einer lebendigen Zivil- bzw. Bürger-gesellschaft jenseits von Kapitalismus und Laborismus unerlässlich sind.[1296]

5. Die postlaboristische Tätigkeitsgesellschaft der Zukunft beantwortet die Frage nach der sozialen Sicherheit mit einem „‚Recht auf Einkommen'"[1297]. Der Sozialstaat der gegenwärtigen Sozialen Marktwirtschaft koppelt soziale Sicherung eng an die Erwerbsleistung. Ungefähr 85% der Bevölkerung *muss* heute einer Erwerbstätigkeit nachgehen, um Einkommen zu erzielen und damit die Existenz zu sichern bzw. soziale Sicherheit herzustellen.[1298] Wenn aber das Erwerbsarbeitsvolumen in der großen Tendenz künftig weiter schrumpft und folglich immer weniger Erwerbsarbeit zur Verfügung steht, so führt das dazu, dass die soziale Absicherung für immer mehr Menschen unsicher wird. Wird darüber hinaus die vorhandene Erwerbsarbeit immer weiter aufgeteilt, dann muss die Frage von Einkommen und sozialer Sicherheit anders als bisher beantwortet werden.[1299] Viele Menschen können sich vorstellen ihre ‚Erwerbsperformance' einzuschränken oder gänzlich auf Erwerbarbeit zu verzichten, wenn Einkommen und soziale Absicherung (anderweitig) gewährleistet sind.[1300]

Die Tätigkeitsgesellschaft im Allgemeinen wie auch nach Vorstellungen der KAB im Besonderen eröffnet eine entwicklungsoffene und tolerante Perspektive in deren Rahmen alternative multipolare Arbeits- und Lebensmodelle möglich werden, welche die verschiedenen Energie- und Sinnzentren des Lebens einbeziehen. Ziel ist es, eine neue Balance zwischen (Erwerbs-)Arbeit, Einkommen und sozialer Absicherung herzustellen. Um dies zu erreichen, setzt die Tätigkeitsgesellschaft „aus Gerechtigkeitswägungen neben der Umverteilung von Arbeit [und dem, S. K.] Ausbau der staatlichen Bildungsinfrastruktur [vor allem,

1295 Vgl. Schäfers (o. J.): S. 2.

1296 Vgl. ebd.

1297 Ebd., S. 3.

1298 Vgl. ebd.

1299 Vgl. ebd.

1300 Vgl. ebd.

S. K.] auf einen Erhalt der Solidarität bei der Absicherung der Risiken des Lebens."[1301] Das Recht auf Einkommen und ausreichende soziale Sicherung ist daher eines der zentralen politischen Anliegen einer zukünftigen Tätigkeitsgesellschaft[1302], gleichgültig der Form ihrer konzeptionellen Inklination, Ausprägung oder Akzentuierung.

Zusammenfassend lässt sich Folgendes sagen: Die Tätigkeitsgesellschaft ist Ausdruck einer normativen Neuausrichtung, die den Subjekten ein größtmögliches Maß an Autonomie erlaubt, damit diese ihre individuellen Lebenspläne verwirklichen können. Dabei orientiert sie sich an elementaren Werten wie individueller Freiheit und freier Fähigkeitsentwicklung, der Pluralität menschlicher Lebens- und Sinnvollzüge sowie einer ökonomischen, sozialen und ökologischen Nachhaltigkeit im Bereich von Produktion und Konsumtion.[1303] Darüber hinaus bietet die freie Tätigkeitsgesellschaft eine Antwort auf die gegenwärtige Wirtschafts-, Umwelt- und Sinnkrise der Erwerbsgesellschaft, die sich aus der vorrangigen Vergesellschaftung durch Erwerbs- bzw. Marktarbeit ergibt.[1304] Sie ist die Blaupause einer künftigen postlaboristischen Gesellschaft, in der aufgrund ausgeprägter Automatisation mit immer weniger Einsatz lebendiger Arbeitskraft die grundlegenden Konsumbedürfnisse der Menschen abgesichert werden können.[1305] Die somit frei gesetzte menschliche Arbeits- und Geisteskraft könnte anstatt zur Steigerung der Produktion materieller Güter für die Lösung der großen Probleme bzw. Fragen der (globalen) Zivilisation verwendet werden (z. B. die Beendigung der Umweltzerstörung, die Überwindung des Nord-Süd-Gefälles, der rechte Umgang mit Überbevölkerung und Risikotechnologien, ausgewogenes Wirtschaftswachstum, regionale und globale Friedenssicherung).

Tätigkeitsgesellschaft beschreibt einen Weg zur Herausbildung eines neuen Verhältnisses von materieller und immaterieller Produktion und hilft somit, die Krisen einer „marktdominierten Produktion und Konsumtion"[1306] abzumildern. Der Gewinner der Debatte um die Transformation des (formal wie real) gegenwärtigen erwerbsarbeitszentrierten sozial-marktwirtschaftlichen Gesellschaftsmodells in die freie Tätigkeitsgesellschaft steht dabei schon jetzt fest. Es ist die offene demokrati-

---

1301 Zenker (2007b): S. 17.

1302 Vgl. Schäfers (o. J.): S. 3.

1303 Vgl. Blaschke (2010b): S. 1.

1304 Vgl. ebd.

1305 Vgl. ebd., S. 5.

1306 Ebd.

sche Auseinandersetzung um die Zukunft von Arbeit und Einkommen, aus der sich die Vision eines guten Lebens für alle speist. Gerade diese Auseinandersetzung ist charakteristisch für eine vitale, sich technisch wie geistig-mental fortentwickelnde Gesellschaft. Dabei wächst die Überzeugung, dass eine Alternative zur gegenwärtigen Politik der Sachzwänge real möglich und machbar ist. Auftrieb erfährt die Chance eines neuen Politikstiles durch den nicht zu leugnenden Fakt, dass Leben und Arbeiten bereits heute für viele Menschen *Tätigkeit* geworden ist. So gibt es gegenwärtig in nahezu jedem Lebensbereich Menschen, die selbstbestimmt tätig sind und somit zur Entwicklung der Tätigkeitsgesellschaft beitragen.[1307]

Addiert man die der Idee innewohnenden Vorteile und Chancen und bedenkt man, dass die Soziale Marktwirtschaft von ihrem theoretischen Urkonzept her ein auf Freiheit, Teilhabe, Entwicklung und sozialen Ausgleich angelegtes Gesellschaftsmodell ist, so kommt man zu dem Schluss, dass die freie Tätigkeitsgesellschaft eine überzeugende, den sozio-ökonomischen Herausforderungen des 21. Jahrhunderts entsprechende Zukunftsoption darstellt. Eine Transformationsoption also, welche die Forderungen der individuellen Freiheit, des sozialen Ausgleiches und des nachhaltigen gesellschaftlichen Fortschrittes in eine neue, d. h. zeit- und problemgemäße Balance führt und damit der bürgergesellschaftlichen Gestaltungsaufgabe einer sozialen und (markt-) ökonomischen Erneuerung gerecht wird. Insofern entspricht die Tätigkeitsgesellschaft dem Leitbild einer neuen, Freiheit ermöglichenden Gesellschaftspolitik, welche der von Müller-Armack postulierten »zweiten Phase der Sozialen Marktwirtschaft« (siehe Kapitel IV.1.1.) den Weg bereitet.

IV.3. Grundeinkommen im Horizont nachhaltiger Entwicklung

Der Gedanke einer allgemeinen Einkommensgarantie zur Sicherung der Existenz reicht weit in die Geschichte zurück und beschäftigt die Menschheit schon seit Jahrhunderten. Auch der Gedanke der Nachhaltigkeit, der heute in aller Munde ist, hat alte Wurzeln und feierte 2013 bereits 300jähriges Jubiläum. Im Jahr 1713 hatte der sächsische Oberbergbaumann Hans Carl von Carlowitz (1645-1714) angesichts einer drohenden Rohstoffkrise in seinem Werk ‚*Sylvicultura oeconomica*' das Prinzip der Nachhaltigkeit für die Forstwirtschaft seiner Zeit erstmalig formuliert.[1308] Der Grundsatz „nachhaltende[r]"[1309] Waldbewirtschaftung

---

1307 Vgl. Dahrendorf (1983): S. 96.

1308 Vgl. Lexikon der Nachhaltigkeit (2013): o. S.

1309 Ebd.

besagt, dass immer nur so viel Holz geschlagen werden solle, wie durch planmäßige Aufforstung, durch Säen und Pflanzen nachwachsen könne.[1310] Schon der lateinische Titel des epochemachenden Werkes verweist auf die grundlegenden kulturellen und wirtschaftlichen Implikationen des Nachhaltigkeitsprinzips, die von jeder Generation aufs Neue wahrgenommen und erschlossen worden sind bzw. werden müssen. Der Begriff der Nachhaltigkeit hat im Laufe der letzten Jahrhunderte Wandlungen und Differenzierungen erfahren und ist über die Forstwirtschaft hinaus auf andere Lebens- und Gesellschaftsbereiche ausgedehnt und für diese interpretiert worden. Im 20. Jahrhundert fand das Nachhaltigkeitspostulat sowohl Eingang in Politik und Wirtschaft als auch in das kollektive Bewusstsein der westlichen Industrienationen.

Spätestens seit der Vorlage des Abschlussberichtes *‚Our Common future‘* der nach ihrer Vorsitzenden benannten Brundtland-Kommission der Vereinten Nationen (richtig: United Nations World Commission on Environment and Development[1311]) im Jahr 1987 „ist die Diskussion über eine nachhaltig zukunftsverträgliche Entwicklung (Sustainable Development) aus der wissenschaftlichen und politischen Diskussion nicht mehr wegzudenken."[1312]

Die nationale und internationale Diskussion der letzten Jahrzehnte hat jedoch gezeigt, dass sehr unterschiedliche Auffassungen darüber bestehen, was unter nachhaltig zukunftsverträglicher Entwicklung[1313] konkret zu verstehen, wann diese vorliegt und wie diese zu initiieren ist, sodass sich die Diskutanten bislang nicht auf eine allgemeinverbindliche Definition geeinigt haben.[1314] Dabei stellt sich insbesondere mit Blick auf die komplexen, funktional hochgradig ausdifferenzierten Gesellschafts- und Wirtschaftssysteme der Gegenwart die Frage, wie die „umfassende, normative Idee der nachhaltig zukunftsverträglichen Entwicklung"[1315] verwirklicht werden kann.[1316]

Welcher sozio-ökonomische Gegenwartszustand dem Leitbild nachhaltiger Entwicklung entspricht, entscheidet sich stets im Rekurs auf den gesellschaftlich-historischen Kontext und ist nach Einschätzung der

---

1310 Vgl. Lexikon der Nachhaltigkeit (2013): o. S.

1311 Vorsitzende der Weltkommission für Umwelt und Entwicklung ist die norwegische Ministerpräsidentin Gro Harlem Brundtland gewesen.

1312 Abschlussbericht Enquete-Kommission ‚Schutz des Menschen und der Umwelt‘ (1998): S. 16.

1313 Im Folgenden einfachheitshalber kurz »nachhaltige Entwicklung« genannt.

1314 Vgl. Abschlussbericht Enquete-Kommission ‚Schutz des Menschen und der Umwelt‘ (1998): S. 16.

1315 Ebd.

1316 Vgl. ebd.

Enquete-Kommission „sowohl zeit-, situations- als auch kultur- und wissensabhängig."[1317] Weil die Bestimmung dessen, was nachhaltige Entwicklung ist, immer auch vom gesellschaftlichen und wirtschaftlichen Entwicklungsstand abhängt, kann folglich nicht verbindlich „vorgegeben oder definiert werden, wie eine nachhaltig zukunftsverträgliche Gesellschaft oder eine nachhaltige Wirtschaft konkret auszusehen hat."[1318] Insofern gleicht das Bestreben nachhaltiger Entwicklung einem offenen „Such-, Lern- und Erfahrungsprozes[s]"[1319]. Gemeint ist ein gesamtgesellschaftlicher Erkundungsprozess, aus dem sich kein allgemein verpflichtender Zielzustand ableiten lässt.[1320] Was im Rahmen des Gegenwartsdiskurses unter dem Leitbild nachhaltiger Entwicklung verstanden wird, knüpft an das vom Brundlandt-Bericht propagierte Handlungsprinzip des Sustainable Development[1321] an. Hieraus wird der normative Anspruch abgeleitet, „die Bedürfnisse einer wachsenden Zahl von Menschen heute und in Zukunft befriedigen zu können und gleichzeitig eine auf Dauer für alle unter menschenwürdigen, sicheren Verhältnissen bewohnbare Erde zu erhalten."[1322] Diese Leitbildbestimmung macht deutlich: Nachhaltige Entwicklung reicht weit über Umweltfragen hinaus und berührt sowohl entwicklungspolitische, demographische, kulturelle als auch soziale und ökonomische Entwicklungslinien bzw. Problemdimensionen.[1323]

Das offenkundige Definitions- bzw. Theoriedefizit, das hinsichtlich der normativen Vereinbarung nachhaltiger Entwicklung besteht, wirft die Frage auf, wie das Leitbild nachhaltiger Entwicklung für die im Rahmen dieses Kapitels zu bearbeitende Frage operationalisierbar gemacht werden kann. Eine probate, für diese Untersuchung nutzbare Operationalisierung des Nachhaltigkeitsbegriffs ist im Abschlussbericht der Enquete-Kommission *‚Schutz des Menschen und der Umwelt – Ziele und Rahmenbedingungen einer nachhaltig zukunftsverträglichen Entwicklung'*[1324] grundgelegt, die sich mit dem Konzept und Leitbild der Nachhaltigkeit befasst hat.

1317 Vgl. Abschlussbericht Enquete-Kommission ‚Schutz des Menschen und der Umwelt' (1998): S. 16.

1318 Ebd.

1319 Ebd.

1320 Vgl. ebd.

1321 Im englischen Wortlaut des sog. Brundlandt-Berichtes heißt es: „Sustainable development meets the needs of the present without compromising the ability of future generations to meet their own needs" (Ebd.).

1322 Ebd.

1323 Vgl. ebd., S. 16 f.

1324 Mit Beschluss des Deutschen Bundestages vom 1. Juni 1995 eingesetzt.

Nachhaltige Entwicklung wird hier als dreidimensionale Perspektive begriffen, welche die Dimensionen bzw. Sichtweisen von Ökologie, Ökonomie und Sozialem synoptisch integriert.[1325] Ausgehend von den Darlegungen bzw. Definitionen der beiden genannten Berichte hat sich im aktuellen sozialwissenschaftlichen Nachhaltigkeitsdiskurs das sogenannte »Drei-Säulen-Modell der Nachhaltigkeit«[1326] bzw. der nachhaltigen Entwicklung herausgeschält und manifestiert. Nachhaltige Entwicklung wird hier vereinfachend als Zusammen- bzw. Wechselwirkung dreier gleichberechtigter, aufeinander bezogener, interdependenter Dimensionen gesellschaftlicher Wirklichkeit, nämlich der Säule der Ökologie, der Ökonomie und des Sozialen, verstanden. Demgemäß besteht nachhaltige Entwicklung aus der gelingenden Integration ökologischer, ökonomischer und sozialer Aspekte, verstanden als qualitative Zielvorstellung zur „Erhaltung der ökonomischen und sozialen Stabilität von Entwicklungsprozessen"[1327]. Der integrative Ansatz des Drei-Säulen-Modells verdeutlicht das zentrale Ziel des Nachhaltigkeitsanliegens, das nach Ansicht der Enquete-Kommission in der „Sicherstellung und Verbesserung ökologischer, ökonomischer und sozialer Leistungsfähigkeiten"[1328] besteht.

> „Diese bedingen einander und können nicht teiloptimiert werden, ohne Entwicklungsprozesse als Ganzes in Frage zu stellen. So ist die Herstellung von Gerechtigkeit oder Chancengleichheit aus primär sozialpolitischem Interesse nicht allein ein soziales Ziel, sondern auch Voraussetzung für langfristige ökonomische Leistungsfähigkeit und folglich auch ein ökonomisches Ziel."[1329]

Dieser Auszug aus dem Bericht der Enquete-Kommission macht deutlich: Die drei Dimensionen des Säulenmodells bedingen einander und

---

1325 Vgl. Abschlussbericht Enquete-Kommission ‚Schutz des Menschen und der Umwelt' (1998): S. 18.

1326 Das sog. »Drei-Säulen-Modell« der Nachhaltigkeit findet über den Diskurs hinaus Wahrnehmung sowie Anwendung. Dennoch bleibt das theoretische Säulenmodell der Nachhaltigkeit in der Fachwelt stets umstritten und zieht vermehrt Kritik auf sich. So wird beispielsweise von Diskursteilnehmern häufig dessen Unvollständigkeit kritisiert und eine Erweiterung desselben um weitere Nachhaltigkeits-Säulen gefordert. Ebenso vernachlässige die Drei-Säulen-Modellierung nach Ansicht mancher Kritiker andere, für den Nachhaltigkeitsgedanken wichtige Dimensionen der gesellschaftlichen Realität wie beispielsweise die Dimension von Kultur und Bildung. Zur komplexen Systematik des Drei-Säulen-Modells, dem inneren Beziehungsgeflecht der einzelnen Nachhaltigkeitsfelder und impliziten Abstufungen vgl. Hauff v. (2007): S. 372 ff.

1327 Abschlussbericht Enquete-Kommission ‚Schutz des Menschen und der Umwelt' (1998): S. 19.

1328 Ebd.

1329 Ebd.

bilden einen komplexen eng vernetzten Gesamtzusammenhang, wobei die Verwirklichung eines Zieles nur in Wechselwirkung mit den anderen Zielen zu erreichen ist, was auf Dauer eine ausgewogene Koordination aller Dimensionen verlangt. Kennzeichnend für die deutschsprachige Debatte ist die Tendenz Nachhaltigkeitspolitik als Gesellschaftspolitik zu begreifen, welche die hier genannten Teilbereiche prinzipiell gleichberechtigt und gleichrangig behandelt.[1330] Ein solches umfassendes Verständnis der Nachhaltigkeitsthematik entspricht der holistischen Perspektive moderner Gesellschaftspolitik und bildet daher die Leitperspektive dieser Untersuchung. Erwähnenswert ist in diesem Zusammenhang auch, dass trotz der beachtlichen Karriere des Nachhaltigkeitsgedankens im Laufe der letzten Jahrzehnte[1331] die Leitbilder von nachhaltiger Entwicklung und Sozialer Marktwirtschaft im deutschen Diskurs „weitgehend unverbunden nebeneinander"[1332] stehen.

Damit ist ein Problempunkt angesprochen, der zweifelsohne im Zusammenhang mit dem bereits erwähnten Theoriedefizit steht und sich auch zu großen Teilen daraus erklärt.

Nachdem der Kerngedanke von Nachhaltigkeit bzw. nachhaltiger Entwicklung hinreichend umrissen worden ist, wenden sich die folgenden Ausführungen dem Nachhaltigkeitsprofil des bedingungslosen Grundeinkommens zu. Der Begriff der Nachhaltigkeit, auch verstanden als Ausgewogenheit, ist ein integraler Bestandteil und Themenschwerpunkt zeitgenössischer Reformdebatten. Keine soziale, wirtschaftliche oder kulturelle Neuerung kommt heute um die Frage herum, wie sie es mit dem Nachhaltigkeitspostulat und seinen impliziten ökologisch-politischen Aspekten hält. Insbesondere die Grundeinkommensidee mit dem ihr innewohnenden starken transformatorischen Moment, mit welchem viele Diskursteilnehmer das Zukunftsbild einer heileren bzw. konvivialeren Gesellschaft verbinden, bietet zahlreiche Anknüpfung für Nachhaltigkeitsfragen.

1330 Abschlussbericht Enquete-Kommission ‚Schutz des Menschen und der Umwelt' (1998): S. 18.

1331 So ist sowohl in der christlichen Ethik und Soziallehre als auch im Nachhaltigkeitsdiskurs selbst eine Diskussion darüber entbrannt, welche konkrete Bedeutung und Zuordnung dem ökologisch-politischen Leitbegriff der Nachhaltigkeit im 21. Jahrhundert zukommt. Im Rahmen der intra- und interdisziplinären Such- bzw. Klärungsprozesse wird u. a. auch diskutiert, ob Nachhaltigkeit nicht sogar als ein neues Sozialprinzip zu verstehen ist.

1332 Hauff v. (2007): S. 349.

Im Fokus der nachfolgenden Analyse steht der Nachhaltigkeitsgehalt des bedingungslosen Grundeinkommens.[1333] Herausgearbeitet werden soll, ob und auf welche Art und Weise das Grundeinkommen nachhaltig ist bzw. inwiefern es zu einer nachhaltigen Entwicklung beiträgt. Das Vorgehen der Untersuchung ergibt sich aus dem Drei-Säulen-Modell selbst. Das heißt, die Grundeinkommensidee wird entlang der einzelnen Dimensionen (Ökologie, Ökonomie, Soziales) rekursiv gespiegelt und kritisch befragt, ohne das damit eine Aussage über die Gewichtung der Nachhaltigkeitsfelder getroffen würde. Im Rahmen der nachfolgenden Unterpunkte wird das Grundeinkommen in den Kontext jeweils einer konkreten Nachhaltigkeitsdimension gestellt und auf das spezifische Nachhaltigkeitspotenzial (ökologisch, ökonomisch, sozial) hin geprüft. Den Anfang macht die Nachhaltigkeitsdimension des Sozialen, gefolgt von der des Wirtschaftlichen, sodass die Perspektive der Ökologie die Trias-Analyse komplettiert.

IV.3.1. Bürgereinkommen und soziale Nachhaltigkeit

Soziale Nachhaltigkeit besagt, dass Staat und Gesellschaft auf solche Weise organisiert sind, dass Gemeinwesen und Zivilgesellschaft prosperieren, die Existenz und Teilhabe eines jeden Gesellschaftsmitgliedes gesichert ist und das Engagement der Bürger dauerhaft, d. h. auch für kommende Generationen gute Lebensbedingungen hervorbringt. Dies impliziert auch, dass soziale Friktionen in Grenzen gehalten und Konflikte friedlich gelöst werden können. Die Forderung sozialer Nachhaltigkeit zielt auf den „Erhalt des sozialen Kapitals."[1334] Bei der Verwirklichung dieses Zieles spielen beispielsweise die Intensivierung sozialer Beziehungen mitsamt ihren positiven, sozial lenkenden, d. h. umweltschädliches Verhalten ächtenden Effekten eine ganz wesentliche Rolle. Von eben solcher Bedeutung sind eine nachhaltige, d. h. eine auf die Anpassungsfähigkeit bedachte Gestaltung der sozialen Sicherung, aber auch eine gerechte intragenerationelle Verteilung von Einkommen und Vermögen.[1335]

Das bedingungslose Grundeinkommen weicht den Primat des Marktes als zentrale Organisations- und Machtstruktur moderner Gesellschaft zugunsten des Stellenwertes anderer Lebens- und Teilbereiche auf. Es bietet dem einzelnen Bürger die Freiheit, selbstbestimmt zu entschei-

---

[1333] Weiterführende Informationen zum Zusammenhang der Themen Grundeinkommen und Nachhaltigkeit siehe Biedenkopf/Hosang (2008).

[1334] Hauff v. (2007): S. 353.

[1335] Vgl. ebd., S. 354 f.

den, wann, wo und auch auf welche Art und Weise er sich in Gesellschaft und Wirtschaft einbringen möchte. Verstanden als *„Bürger-Einkommen"*[1336] stärkt es die Autonomie der Bürger als hohes Gut und Selbstzweck.[1337] Es legt die Entscheidung eines jeden Bürgers, wie und wofür er sein Leben nutzen will, vollkommen in dessen Hände. Dadurch bringt das Grundeinkommen ein Vertrauen in den Einzelnen zum Ausdruck, auf das jedes Gemeinwesen angewiesen ist, wenn es auf Dauer bestehen will. Wichtig hierbei ist: Die Gewährung des Grundeinkommens wäre an einen Status gebunden, nicht an eine Leistung.[1338] Die bedingungslose Gewährung des Grundeinkommens untermauert den unbedingten Bürgerstatus als tragendes Fundament des bürgerlich-freiheitlichen Gemeinwesens. Sie „entspricht der bedingungslosen Verleihung der Bürgerrechte in einer Demokratie, denn auch sie ist an keine Leistungsverpflichtung gebunden."[1339]

Weil die umfassende Gewährung lebenslang und ohne Bedürftigkeitsprüfung garantiert wird und weder Staat noch Regierung diese limitieren oder jemanden davon ausschließen können, bedeutet das Grundeinkommen für den Einzelnen reale Freiheit statt Bevormundung.[1340] Gemeint ist die Freiheit, sowohl den Lebensstil als auch den Beitrag zum Gemeinwohl – gleichgültig, ob in Form von Erwerbsarbeit oder nicht – bestimmen zu können.[1341] Ein weit gefasster Beitragsbegriff, der grundsätzlich keine konstruktive, d. h. individuell oder kollektiv sinnvolle Aktivität ausschließt, schafft ein engagementfreundliches Klima: Jegliches Engagement ist erwünscht und wird durch das Grundeinkommen honoriert. In Anbetracht jener dem Grundeinkommen impliziten Autonomieermöglichung kommt der Soziologe Sascha Liebermann zu der richtigen Erkenntnis, dass, indem das Grundeinkommen die Bürger stärkt, es auch das Gemeinwesen stärkt.[1342]

Die Stärkung des bürgerlichen Gemeinwesens zeigt sich unter anderem an den positiven Effekten für die Familie, also der tragenden Mikrostruktur eines jeden Solidarverbandes. Grundeinkommen erweitert die Wahlmöglichkeiten der Eltern, entweder ihr Kind im familiären Schonraum selbst aufzuziehen oder aber dieses in die Obhut einer Be-

1336 Liebermann (2008): S. 90 (Hervorhebung im Original).

1337 Vgl. ebd.

1338 Vgl. ebd., S. 89.

1339 Ebd., S. 90.

1340 Vgl. ebd., S. 91: Liebermann weist in diesem Zusammenhang ausdrücklich darauf hin, dass ein hohes Grundeinkommen die Freiheit des Einzelnen zur Verantwortungsübernahme im Gemeinwesen grundsätzlich fördere, hingegen ein niedrig angesetztes Grundeinkommen diese eher senke (Vgl. ebd., S. 91).

1341 Vgl. ebd., S. 90.

1342 Vgl. ebd.

treuungseinrichtung zu geben.[1343] Das garantierte Einkommen erleichtert die elterliche Entscheidung für (zeitlich längere) Erziehungs- und Sorgearbeit im häuslichen Kreis, gerade wenn damit sonst ein drastischer Einkommensausfall verbunden wäre. Zudem können mit dem Grundeinkommen auch ergänzende Erziehungsleistungen wie Tagesmütter oder Betreuungsplätze eingekauft werden.[1344] Eltern könnten schließlich ganz ohne Druck selbst entscheiden, wie sie für ihre Kinder sorgen wollen. Insbesondere jungen Familien bzw. Eltern mit oftmals geringem Einkommen eröffnet das Grundeinkommen die Möglichkeit, der Familienarbeit gegenüber dem beruflichen Erfolg zeitweise den Vorzug zu geben. Dies wäre gerade vor dem Hintergrund einer alternden Gesellschaft, in der die traditionellen familialen Lebensformen mehr und mehr erodieren und die Zahl der Fälle verwahrloster Kinder steigt, ein wichtiges Signal.

Auch der Jugend bietet das Grundeinkommen ein Mehr an Handlungsoptionen und entlastet diese von ökonomisch bedingtem Entscheidungsdruck.[1345] Heranwachsende wären von dem Druck befreit, sich so schnell wie möglich in den Ausbildungs- bzw. Arbeitsmarkt einzugliedern, nur um dann eine Berufs- und damit Einkommensperspektive vorweisen zu können. Dieser von Eltern, Autoritäten oder der öffentlichen Meinung geschürte (Zeit-, Eingliederungs- bzw. Anpassungs-)Druck, dem sich Jugendliche heute vermehrt ausgesetzt sehen „ist der Feind jeden Wagnisses"[1346] und kann zu voreiligen Entscheidungen führen, die sich über kurz oder lang als falsch herausstellen.[1347] So wirken sich die unter Druck gefällten Entscheidungen oft negativ auf Mensch, Arbeit und Wirtschaft aus, was letztlich auch zu Lasten des gesellschaftlichen Wohlstandes geht. Die finanzielle Sicherheit des Grundeinkommens hingegen erlaubt es jungen Menschen sich auszuprobieren, ihren Interessen nachzugehen und die einmal getroffene Ausbildungs- bzw. Berufswahl zu revidieren, wenn dies in Folge einer Gesamtrevision vernünftig erscheint. Bedingungsloses Grundeinkommen ermöglicht eine »Kultur des Scheiterns« und damit eine neue Verantwortungskultur, die hierzulande gegenwärtig kaum existiert, aber gerade unter dem Aspekt eines menschenfreundlichen und nachhaltigen gesellschaftlichen Erfolgs dringend notwendig ist. Gemeint ist ein gesellschaftliches Klima, das – mehr als dies heute möglich ist – ein Lernen aus Fehlern erlaubt[1348] und damit die Resilienz, d. h. die Lebens-

1343 Vgl. Liebermann (2008): S. 92 f.

1344 Vgl. ebd., S. 93.

1345 Vgl. ebd.

1346 Ebd.

1347 Vgl. ebd.

1348 Vgl. ebd.

tauglichkeit des Einzelnen stärkt. Dies ist insbesondere in einer Zeit erstrebenswert, in der planungssichere Karrierewege immer seltener werden und das Leben dem Einzelnen immer „größere Autonomieherausforderungen"[1349] zumutet.[1350]

Zu erwähnen ist auch, dass sich die Halbwertzeit von Wissen rasant verkürzt und die Relevanz von problemlösendem Denken wächst.[1351] Gleichzeitig nehmen die Qualifikations- und Bildungsanforderungen im heutigen Erwerbsleben stetig zu. Es kommt zukünftig mehr darauf an, sich schnell in Problemlagen hineinzudenken und eigenständig Lösungen zu suchen. Für das Entstehen solcher Lösungskompetenz braucht es „Selbständigkeit im Denken und die Fähigkeit, sich zu bilden."[1352] Jugendliche stehen vor der Herausforderung, einen Beruf zu finden, der zu ihnen passt und darüber hinaus gute Perspektiven bietet. Das bedingungslose Grundeinkommen wirkt wie eine Ausbildungsförderung, die (wenn nötig) mehrere Bildungsanläufe finanziell absichert und alle Bildungsbestrebten von der Last befreit, nebenher den Lebensunterhalt verdienen bzw. ‚jobben' zu müssen.[1353] Grundeinkommen erleichtert es Jugendlichen, – auch über Umwege – *ihren* Beruf in der komplexer werdenden Wissensgesellschaft zu finden. Es bietet ein notwendiges Minimum an wirtschaftlicher Sicherheit in einer immer unüberschaubarer werdenden Welt. Bedingungsloses Grundeinkommen befreit Qualifikationswillige von der unbedingten Pflicht, sich einzig und allein für den Arbeitsmarkt qualifizieren zu müssen.[1354] Interessen auch jenseits des Erwerbszusammenhanges können dann zum selbstorganisierten Lebensmittelpunkt werden, Muße erhält somit einen anderen Stellenwert.[1355] Dank des garantierten Einkommens wären Menschen mehr als bisher in der Lage, an Stelle abhängiger Erwerbstätigkeit vermehrt ihren persönlichen Interessen und Neigungen nachzugehen. Neugierde als Voraussetzung für Forschung, kreatives Denken und Innovation erhielte eine neue monetär-materielle Basis. Die Sicherheit des Einkommens entgrenzt auch das Denken und erlaubt soziale Phantasie. Fragen werden anders gestellt, Menschen trauen sich eher ins Unbekannte vorzustoßen. „Etwas um seiner selbst willen zu erkunden, kann zur Maxime des Lebens werden."[1356] Neugierde, Interesse, Hingabe und Engagement bilden in der Moderne den Nähr-

---

1349 Vgl. Liebermann (2008): S. 93.

1350 Vgl. ebd.

1351 Vgl. ebd.

1352 Ebd., S. 94.

1353 Vgl. ebd.

1354 Vgl. ebd.

1355 Vgl. ebd., S. 94 f.

1356 Ebd., S. 95.

boden, auf dem Leistung gedeiht.[1357] Wo innerer Antrieb und nicht etwa Konformität das Leitmotiv einer Tätigkeit ist, da steigen auch die Chancen auf sinnvolle und produktive Ergebnisse.[1358] Eine leistungsfreundliche und humane Gesellschaft ist also gut beraten, Bedingungen zu schaffen, die freies Denken, eigenverantwortliches Forschen und selbstbestimmtes Arbeiten ermöglichen. Das Grundeinkommen erhöht die Freiheit losgelöst von Existenzsorgen, die eigene Berufung zu entdecken und dieser mit Neugierde nachzugehen.[1359] Ebenso schafft es Raum für (schöpferische) Muße, welche die Grundlage freier Entwicklung und Innovation ist.[1360] Mit dem Mußeargument ist ein wichtiger Punkt im Diskurs angesprochen. Muße, kontemplative Besinnung und Reflexion bilden die Grundlage sowohl für kritische Denkprozesse als auch die Entwicklung von Alternativen und Innovation. Muße, verstanden als freie Zeit für Genuss, eigenbewegte Bewusstseins-, Charakter- und Willensbildung sowie für autonomes, selbstzweckhaftes Tätigsein, macht das menschliche Leben erst lebenswert. Außerdem ist sie Ausgangspunkt und Inspirationsquelle wissenschaftlicher, philosophischer und kreativer Betätigung. Darüber hinaus bietet sie Zeit für menschliche Individuierungs- und Reifeprozesse. Bedauernswerterweise werden durch die Zunahme hektischer und komprimierter Arbeits- und Lebensstile die Räume für Muße- und Besinnungszeiten immer knapper. Verschwindet die Muße und mit ihr das Innehalten der Seele, so fühlen sich die Menschen im Hamsterrad ihrer alltäglichen Aufgaben und Sachzwänge eingesperrt und es ist nur noch eine Frage der Zeit, bis sie ausbrennen und kollabieren. Ohne Muße(-zeit) können auch Reformgedanken oder der Mut zur Utopie nicht reifen. So ist die Freiheitsidee des Grundeinkommens selbst eine Frucht der Muße.[1361]

Die finanzielle Absicherung, die das Grundeinkommen gewährt, bietet Raum für kognitive Reifeprozesse und stärkt die Möglichkeiten langfristigen Denkens. Davon profitieren die Wirtschaft und der von Budgetkürzungen betroffene Wissenschaftsbetrieb. Junge Unternehmen können Ideen zu Produkten entwickeln und auch bei anfänglich schlechtem Absatz geduldig an diesen festhalten. Das heißt, kein Produkt muss zu früh, also vor dem kommerziellen Durchbruch, vom Markt genommen werden.[1362] Das bedingungslose Grundeinkommen stärkt folglich die unternehmerische Vielfalt bzw. Ausdauer und fördert

1357 Vgl. Liebermann (2008): S. 95.

1358 Vgl. ebd., S. 94.

1359 Vgl. ebd., S. 95.

1360 Vgl. ebd.

1361 Der Zusammenhang von Freiheit und Muße ist schon Aristoteles bekannt, welcher beide gar für Geschwister hält.

1362 Vgl. Liebermann (2008): S. 95.

den Geist der Erneuerung in Wirtschaft und Gesellschaft.[1363] Insbesondere im Bereich von Forschung und Lehre könnten neue Freiheiten Einzug halten. Weil dank des Grundeinkommens für das Auskommen gesorgt ist, können (Nachwuchs-)Wissenschaftler an ihren Forschungsprojekten festhalten, auch wenn sie an den Hochschulen und Forschungseinrichtungen keine Stellen erhalten. Sie wären mit dem Transfer in der Lage, sich mit Kollegen frei zu assoziieren und unabhängig von Vorgaben der Hochschulverwaltung und Förderzeiträumen zu forschen.[1364] Dasselbe gilt für Lehrer und Künstler, die sich ihre Wirkungsstätte und Partner frei auswählen könnten. Die Unabhängigkeit von Dozenten, Forschern und Lehrern und damit auch der Lehre wäre also durch das Grundeinkommen weitgehend gewährleistet.[1365] Misslingt jedoch die Zusammenarbeit oder es wird nötig, sich von einem Kollegen zu trennen, so wäre der Einzelne nicht in seiner wirtschaftlichen oder beruflichen Existenz gefährdet.[1366]

Auch das Verhältnis von Unternehmen und Mitarbeitern würde sich neu formieren. Schlechte Arbeitsbedingungen oder ein von Druck, Angst, Misstrauen und Negativkonkurrenz geprägtes Betriebsklima würden schnell zum Verlust der Mitarbeiter führen, denn das bedingungslose Grundeinkommen gäbe jedem Mitarbeiter jederzeit die Freiheit, seine Anstellung ohne die Furcht vor einem existenzgefährdendem Einkommensausfall oder aber berufsbezogenen Nachteilen aufzugeben.[1367] Öffentliche wie private Unternehmen müssten sich überlegen, wie sie für qualifizierte und leistungsbereite Arbeitnehmer attraktiv werden und wie sie diese als Mitarbeiter gewinnen bzw. halten können.[1368] Mit dem Grundeinkommen im Rücken wäre die Position des Arbeitnehmers nachhaltig gestärkt: Konditionen wie Abfindungsregelungen, Arbeits- oder Urlaubszeiten könnten wirklich partnerschaftlich *ausgehandelt* werden.[1369] Verstanden als armutsfeste Lebensrente, auf die ausnahmslos jedermensch zeitlebens Anspruch hat, würde das Grundeinkommen dem Einzelnen erlauben, selbstbestimmt und frei zu entscheiden, wann das Berufsleben beginnt bzw. wann es endet. Ein gesetzlich festgelegtes Renteneintrittsalter wäre damit obsolet.[1370]

1363 Vgl. Liebermann (2008): S. 95.

1364 Vgl. ebd., S. 96.

1365 Vgl. ebd.

1366 Vgl. ebd.

1367 Vgl. ebd.

1368 Vgl. ebd.

1369 Vgl. ebd.

1370 Vgl. ebd., S. 96 f.

Weil das bedingungslose Grundeinkommen Sicherheit mit Flexibilität verbindet, ermöglicht es die kreative Neugestaltung von Arbeitsverhältnissen sowie eine weitreichende Umgestaltung des Arbeitsrechtes.[1371] Arbeitgeber müssten dann größere Anstrengungen unternehmen, um leistungs- und familienfreundliche Arbeitsplätze kreieren bzw. anbieten zu können. Mit dem Anstieg grundeinkommensgestützter Arbeitnehmersouveränität wächst sowohl die Bedeutung dialogorientierter Unternehmensethik, innerbetrieblicher Mitbestimmung als auch des Arbeitsschutzes. Große Verantwortung fällt hierbei der Unternehmensführung zu. Mehr noch als heute muss sie künftig Sorge dafür tragen, dass Mitarbeiter in Entscheidungen eingebunden werden, die für sie Konsequenzen haben. Innerbetrieblicher Interessenausgleich, ein gesundes bzw. wertschätzendes Arbeitsklima, betriebliche Gesundheitsförderung sowie Maßnahmen eines nachhaltigen Empowerment stellen künftig Primäraufgaben des Managements dar. Eine neue mitarbeiterorientierte Unternehmenskultur kann den Akteuren jedoch nicht aufoktroyiert werden, sondern bedarf vielmehr der tagtäglichen Einübung. Ein allen Menschen bzw. Mitgliedern des Unternehmens gewährtes Grundeinkommen gibt den handelnden Akteuren hierfür die nötige Sicherheit, Gelassenheit und Souveränität.

Eine beliebte Forderung der Politik an die Wirtschaft besteht darin, Arbeitsplätze zu schaffen. Doch gehört es ebenso zu den Aufgaben der Wirtschaft, neue Technologien der Produktion zu nutzen. Das Grundeinkommen bietet Chancen, die Vorteile der Automatisierung in einem weiteren Umfang als bislang abzuschöpfen. Es erweitert die Möglichkeiten, wo dies erstrebenswert und machbar ist, die menschliche Arbeitskraft durch Maschinenleistung zu ersetzen, ohne dabei deren Träger in Existenznot zu stürzen. Im Fokus der Anwendung technischer Apparate und Problemlösungen steht letztendlich die „Rückgewinnung von Lebenszeit zur freien Verfügung der Bürger."[1372] Also jener kostbaren Ressource, die der Einzelne dann in freier Wahl beispielsweise in die Familien- oder Beziehungsarbeit oder aber in den Aufbau des politischen Gemeinwesens ‚investieren' kann, d. h. in kooperative Projekte, welche direkten und dauerhaften Einfluss auf die Lebensbedingungen des Einzelnen haben.[1373] Insgesamt gewönnen nachhaltige Problemlösungen gegenüber schnellem Profit an Attraktivität.

1371 Vgl. Liebermann (2008): S. 97.

1372 Ebd.

1373 In einer soziologischen Perspektive kann durch die Einführung eines bedingungslosen Grundeinkommens auch mit einem Wandel sozialer Beziehungen (v. a. der Zweierbeziehungen und Familienformen) gerechnet werden. So haben nicht zuletzt die Erfahrungen im Rahmen der Umsetzung der Hartz IV-Gesetzgebung gezeigt, dass die Reform der Grundsicherung durch die veränderte Rechts-, Berech-

Das Grundeinkommen würde auch die Subventionspolitik revolutionieren.[1374] Unproduktive Industrien und nicht marktfähige Wirtschaftszweige müssten nicht länger aus Gründen der Sozialverträglichkeit künstlich am Leben erhalten werden.[1375] Förderung erhielten nur noch Branchen, die langfristige Perspektiven versprächen. Zu weitreichenden Veränderungen würde das bedingungslose Grundeinkommen auch in der Landwirtschaft führen.[1376] Die etablierte Agrarpolitik würde auf den Kopf gestellt: Mit Grundeinkommen wären Landwirte zur Erzielung eines Einkommens nicht länger auf zweckgebundene Subventionen angewiesen. „Alternative Landwirtschaftsformen [würden durch das Grundeinkommen, S. K.] mittelbar gefördert."[1377] Bedingungsloses Grundeinkommen ermöglicht Freiheit, es ist keine (Individual-) Subvention, „die nur erhält, wer sich einem bestimmten Zweck verpflichtet."[1378]

Auch die Freizügigkeit würde real gestärkt: Niemand in den östlichen Bundesländern wäre gezwungen abzuwandern, nur um das Einkommen zu sichern.[1379] Eine auf Dauer angelegte Wahl von Wohn- und Arbeitsort, die das, was man landläufig Heimat nennt, gelten lässt, stärkt die Zukunftsperspektiven gerade wirtschaftlich schwacher Regionen.

Aus dem Dargelegten ergibt sich: Bedingungsloses Grundeinkommen stiftet gesellschaftliche und wirtschaftliche Innovation und fördert neue Formen der Selbstbestimmung und Kooperation. Es stärkt die Verhandlungsmacht der Arbeitnehmer und erweitert zugleich den Handlungsraum der Unternehmen[1380], mit positiven Folgen für die Motivation und Leistungsbereitschaft der Beschäftigten. „Wer [in der Grundeinkommensgesellschaft, S. K.] einer Erwerbsarbeit nachgeht, tut dies aus freien Stücken."[1381] Einsatzfreude, Identifikation und Produktivität steigen, da niemand mehr aus Gründen der Einkommens(-un)sicherheit zu einer Leistung gezwungen werden kann. Die Angst, mit dem Arbeitsplatz jegliches Einkommen zu verlieren, gehört der Vergangenheit an.

nungs- und Bewertungsgrundlage einen signifikanten Effekt auf die Form des Zusammenlebens der Bezieher von Sozialleistungen hat.

1374 Vgl. Liebermann (2008): S. 97 f.

1375 Vgl. ebd., S. 97.

1376 Vgl. ebd., S. 98.

1377 Ebd.

1378 Ebd.

1379 Vgl. ebd.

1380 Vgl. ebd.

1381 Ebd.

Verbreitete Phänomene berufsbezogener Zersetzung wie ‚innere Kündigung' oder Sabotage am Arbeitsplatz sind eine Reaktion auf diese Angst.[1382]

Mit dem Rückgang dieser Angst wachsen Leistungsbereitschaft, Motivation und Engagement der Menschen. Prinzip des Grundeinkommens ist es „Engagement für das Gemeinwesen und Bereitschaft zu innovativer Leistung zu ermutigen und zu stärken."[1383] Gemeint sind all jene Bestrebungen, die unser Gemeinwesen langfristig stärken, d. h. welche die Bedürfnisse des Einzelnen und der Familien in den Mittelpunkt stellen und diesen die Mitwirkung am gesellschaftlichen Fortschritt gestatten.

Nachhaltig ist, was friedlich Bestand hat. Weil das bedingungslose Grundeinkommen vielen Konflikten um Arbeit und Einkommen den ökonomischen Stachel nimmt, trägt es zur gesellschaftlichen Befriedung und damit zur sozialen Nachhaltigkeit bei. Dem großen Drama unserer Gesellschaft und Zeit, der chronischen (Sockel-)Erwerbsarbeitslosigkeit, nimmt das gegenleistungsfreie Grundeinkommen mittelbar die Brisanz. „*Arbeitslos* kann mit einem bGE [bedingungslosen Grundeinkommen, S. K.] niemand mehr werden, denn was wir heute darunter verstehen, ist zukünftig bedeutungslos. Jeder kann initiativ sein, und zwar dort, wo er es für wichtig und richtig erachtet."[1384]

Eine solche Wirkung des allgemeinen Grundeinkommens dürfte zu einer großen Entspannung der gesellschaftlichen Verhältnisse und zu einer neuen Synthese von Person und Tätigsein führen. Eine angebotene Leistung, die heute (noch) keine Nachfrage findet, kann trotzdem weiterhin angeboten und kultiviert werden, bis sie schließlich nachgefragt wird. Oder aber der Anbieter orientiert sich um und wechselt in ein anderes Betätigungsfeld.[1385] Das Spektrum menschlicher Engagementformen ist breit, das Grundeinkommen verhilft gleichermaßen allen zur Geltung.

Das unbedingte Grundeinkommen steht für eine Gesellschaftsform der Autonomie und des freien Tätigseins, es setzt bedingungslos Vertrauen in den Menschen. Die Alternative hierzu wäre Misstrauen, Kontrolle und Zwang, eine Kultur, die den Einzelnen verzwergt und die auf Dauer nicht ohne Kollateralschäden durchzuhalten ist. Zentral für den Wohlstand und Fortschritt einer Gesellschaft ist das Vertrauen, dass der Einzelne jenseits von Zwang seinen Beitrag leisten will.[1386] Das Vertrau-

1382 Vgl. Liebermann (2008): S. 98.

1383 Ebd., S. 101.

1384 Ebd., S. 103 (Hervorhebung im Original).

1385 Vgl. ebd.

1386 Vgl. ebd., S. 104.

en in den individuellen Eigenbeitrag ist bis auf wenige Ausnahmen durchaus berechtigt, denn dass die Mehrheit der Menschen diesen freiwilligen Beitrag tatsächlich leisten möchte, davon zeugen unter anderem die jährlich erhobenen Statistiken zur Schwarzarbeit und ihrer Ausbreitung.

Insbesondere für die Entwicklung und das Wachstum einer lebendigen politisch-demokratischen Kultur ist der Beitrag des Einzelnen unerlässlich. Die liberal-demokratisch verfasste Gesellschaft fußt auf der Souveränität des (Staats-)Bürgers, denn nur souveräne, d. h. wirklich unabhängige und handlungsfreie Subjekte können in den Wettbewerb politischer Ideen, ökonomischer Konzepte und pluraler Lebensentwürfe eintreten bzw. dauerhaft in diesem bestehen. Das bedingungslose Grundeinkommen in armutsfester Höhe sichert die Meinungs- und Handlungsfreiheit des Einzelnen in der Demokratie wurzelhaft, da die eventuell negativen Konsequenzen freien Denkens und Handelns nie die wirtschaftliche Existenz des Individuums selbst bedrohen können.

Blaschke[1387] versteht das bedingungslose Grundeinkommen daher als sozialökonomischen Grund der Handlungsfreiheit (des Bürgers) und der liberalen Demokratie.[1388] Gemeint ist ein Einkommen, das den Bürgerstatus sozial begründet und den Menschen im Bürger uneingeschränkt anerkennt.[1389] Das Bürgerverständnis des bedingungslosen Grundeinkommens transzendiert folglich den Arbeits- bzw. Wirtschaftsbürger, dessen Handeln weitestgehend durch Fragen und Probleme der Teilbereiche Arbeit und Wirtschaft[1390] sowie von den (Kapital-) Interessen der „‚Herren der Arbeitsgesellschaft' (Ralf Dahrendorf)"[1391] bestimmt wird. Eigentliche Bezugsperson des Grundeinkommens ist der Bürger als politisches Wesen bzw. das ihm zugrunde liegende Subjekt mit all seinen lebendigen sozialen Bedürfnissen.[1392] Blaschke versteht das Grundeinkommen im Sinne Dahrendorfs daher als sozialökonomischen Grund bzw. ‚Fußboden',

> „auf dem der Mensch als Mitglied eines politischen Gemeinwesens steht, die individuelle sozialökonomische Basis der (Aus-) Handlungsfreiheit al-

1387 Blaschke hat in seinem Beitrag *‚Freiheit-Liberale Demokratie-Bedingungsloses Grundeinkommen'* den Nutzen des Grundeinkommens für eine liberal-demokratisch verfasste Gesellschaft präzise herausgearbeitet. Für weiterführende Informationen zum Zusammenhang von Freiheit, liberaler Demokratie und bedingungslosem Grundeinkommen sowie den sozialökonomischen Bedingungen individueller Freiheit und liberaler Demokratie empfiehlt sich als Lektüre: Blaschke (2006).

1388 Vgl. Blaschke (2006): S. 39 f.

1389 Vgl. ebd., S. 39.

1390 Vgl. ebd.

1391 Ebd., S. 41.

1392 Vgl. ebd., S. 39.

ler Menschen und damit des öffentlich-privaten Raumes. Denn: Wenn die Handlungsfreiheit an den Status Mensch als bios politikos, als Mitglied eines Gemeinwesens, geknüpft, aber ansonsten voraus-setzungslos ist, muss die für die Handlungsfreiheit nötige sozialökonomische Grundbedingung dies ebenfalls sein."[1393]

Die zentrale Aufgabe des liberal-demokratisch verfassten Staates besteht laut Blaschke folglich auch darin, jene sozialökonomischen Grundbedingungen zu sichern, welche die individuelle Handlungsfreiheit eines jeden Gesellschaftsmitgliedes stützen, von der das republikanische Gemeinwesen (polis) letztlich lebt.[1394] Mit der programmtischen Kurzformel: *„Habe Mut dich deiner Handlungsfreiheit zu bedienen, für dein Leben ist gesorgt!"*[1395] fasst Blaschke den individualethischen Imperativ einer durch das bedingungslose Grundeinkommen zu begründenden wie zu sichernden liberal-demokratischen Gesellschaft zusammen.[1396]

Der freie Austausch über die öffentlichen Dinge (res publica), die politisch diskursiven Prozesse einer lebendigen Demokratie, aber auch der Wettbewerb der Interessen, welcher sich aus der pluralen Situation moderner Gesellschaft ergibt und der für die Demokratie konstitutiv ist, bedürfen souveräner, d. h. in ihrer wirtschaftlichen und sozialen Existenz gesicherter Bürger. Kongenial hierzu wirkt das bedingungslose Grundeinkommen. Es stärkt die sozial-ökonomische Position des einzelnen Bürgers und damit die Grundfesten der Demokratie. Es versetzt seine Bezugspersonen, die Gemeinschaft der Staatsbürger in die Lage, politisch-öffentliches Engagement zu entfalten und somit am Aufbau der politischen Ordnung mitzuwirken. Die Mitwirkung in politischen Parteien, Bürgerinitiativen oder Protesten kostet den Einzelnen Geld in Form von Mitgliedsbeiträgen, Eintrittsgeldern, Reisekosten oder Gebühren. Prekarität, Armut und soziale Ungleichheit, aber auch sozialadministrative Zwänge gefährden die individuelle Handlungsfreiheit und mit ihr die (politischen) Beteiligungsmöglichkeiten vieler Bürger.[1397] Die durch öffentliche Faulheits-, Dekadenz- und Schmarotzerdebatten forcierte innere und äußere Aufrüstung führt überdies dazu, dass die eigentlich mündigen Bürger des demokratischen Gemeinwesens auf „das Niveau verängstigter, entpolitisierter, also atomisierter Marktwesen"[1398] herabgewürdigt werden[1399], die angesichts der Prekarität ihrer

1393 Blaschke (2006): S. 40.

1394 Vgl. ebd.

1395 Ebd. (Hervorhebung im Original).

1396 Vgl. ebd.

1397 Vgl. ebd., S. 36 f.

1398 Ebd., S. 38.

Situation und der Sorge um das eigene bzw. familiäre ökonomische Überleben verständlicherweise oftmals nicht die nötige Nervenstärke bzw. Muße aufbringen (können), um sich in die demokratisch-politischen Meinungsbildungsprozesse einzubringen.

In Anbetracht der ökonomischen Ausgrenzung und politischen Ohnmacht Vieler in der bundesdeutschen Gegenwartsgesellschaft steht die diabolische und keineswegs rhetorisch bemühte Frage auf: Ist die Teilhabe an der Demokratie und beim Aufbau der politischen Ordnung künftig etwa nur noch privilegierten ‚Lohn-Bürgern' vorbehalten, also jenen Personen, die sich aufgrund eines geregelten Erwerbseinkommens die Teilhabe am politisch-demokratischen Prozess leisten können? Das aber würde der Demokratie, die von der Beteiligung aller lebt, schaden und kann daher von keinem Demokraten gewollt sein.

Frei nach Max Weber (1864-1920) ist Politik das langsame Bohren harter Bretter, welches Ausdauer und Zähigkeit verlangt. Auch die politische Partizipation in der modernen, vom Wettstreit partikulärer Interessen dominierten Demokratie bedarf eines langen Atems und muss stets aufs Neue eingeübt werden. Vor allem aber erfordert sie ein Minimum an individuell frei verfügbarer Zeit und Geldmittel. Das allgemeine existenz- und teilhabesichernde Grundeinkommen gibt allen Mitgliedern der politischen Gemeinschaft die finanziellen Mittel in die Hand, sich in die öffentlichen Geschäfte des Gemeinwesens einzubringen. Niemand kann mehr behaupten, ihm fehle das nötige Kleingeld für den Parteimitgliedsbeitrag oder das Zugticket zur An- bzw. Abreise zur Demonstrationsveranstaltung. Verstanden als „»Diäten light« für alle"[1400], ermöglicht das Grundeinkommen dem Einzelnen ein Mindestmaß an gesellschaftlicher und demokratischer Teilhabe, unabhängig von dessen Stellung am Arbeitsmarkt.[1401] Jenseits Engagement hemmender Existenzangst erlaubt es demokratisches Lernen und Experimentieren direkt an der Basis. Neue, bürgernahe Formen der Partizipation und des politischen Engagements fernab der gewohnten Politikmuster können entstehen und insbesondere die Kommunalpolitik dürfte einen Kreativitäts- und Beteiligungsschub (Stichwort: Stuttgart 21) erfahren.

Als verlässliches Bürger-Einkommen befähigt es den Einzelnen über die Dauer des gesamten Lebens am Aufbau von Demokratie und Bürgergesellschaft aktiv mitzuwirken. „Angelegt als Demokratiepauschale steht das Grundeinkommen für die materielle Vollendung des Anspruchs einer Demokratie für alle."[1402] Mit dem Zitat Kippings ist der

---

1399 Vgl. Blaschke (2006): S. 38.

1400 Kipping (2010): S. 298.

1401 Vgl. ebd., S. 298 f.

1402 Ebd., S. 299.

Zusammenhang von bedingungslosem Grundeinkommen und Demokratie trefflich beschrieben.

Überdies kann festgehalten werden: Das Grundeinkommen sichert die sozial-ökonomischen Grundlagen für die politische Gestaltungskompetenz des Einzelnen und hat somit einen günstigen Einfluss auf die Zivilgesellschaft. Es erleichtert allen den Zugang zur politischen Sphäre, stärkt die politische Unabhängigkeit des Individuums und somit die demokratischen Arenen. Außerdem fundiert es die (monetäre) Freiheitsposition des einzelnen Bürgers und ‚erzwingt' realiter die Erweiterung des öffentlich-privaten Raums in die politische Sphäre hinein.

Das Grundeinkommen als Idee beflügelt (reform-)politische Diskussionsprozesse und fördert das Entstehen politischer Phantasie.[1403] Die Sicherheit eines über die gesamte Lebensspanne verfügbaren Mindesteinkommens erlaubt es zudem, die traditionellen Konzepte von Politik und Staat zu hinterfragen. Mehr noch kann es Menschen zur Vision und Gestaltung einer *„wahrhaft autonome*[n] [(Bürger-), S. K.] *Gesellschaft"*[1404] als einer freien Assoziation autonomer sowie (aus-)handlungsfähiger Individuen im Rahmen einer pluralen und von öffentlich-politischen Setzungen determinierten Gesamtsituation befähigen.[1405]

Indem das Grundeinkommen Prozesse der Selbstbestimmung bzw. Selbstbindung fördert und somit den Respekt vor dem mündigen Bürger zum Ausdruck bringt, belebt es die demokratische Seele. Ebenso evident ist: Bedingungsloses Grundeinkommen garantiert die materiell-monetäre Absicherung bürgerlicher und politischer Grundrechte, welche die Basis einer funktionierenden liberalen Demokratie bilden.

Die Freiheit der Gestaltung des eigenen Lebens mündet schließlich in der Freiheit der Gestaltung des Gemeinwesens.[1406] Beide Freiheiten bedingen einander und das Grundeinkommen bietet eine günstige Rahmenbedingung zur Verwirklichung derselben im Sinne des Gemeinwohls. Indem das bedingungslose Grundeinkommen die individuelle Freiheit dauerhaft stützt, schützt es die Lebensgrundlagen der liberal-demokratisch verfassten Gesellschaft nachhaltig. Es erweitert die Handlungs- und Zukunftsfähigkeit des Bürgers in seinen gemeinschaftsbezogenen Interessen und ermöglicht somit eine Politik gesellschaftlicher Nachhaltigkeit und Ausgewogenheit. Als Ermöglichungsstruktur individueller Wahl- und Handlungsfreiheit wie auch sozialer Sicherheit fungiert es zugleich als sozialökonomische Infrastruktur einer wirklich demokratisch verfassten zukunftsfähigen Gesellschaft jen-

---

1403 Vgl. Blaschke (2006): S. 41.

1404 Ebd., S. 33 (Hervorhebung im Original).

1405 Vgl. ebd., S. 33 f.

1406 Vgl. ebd., S. 34.

seits kapitalistischer oder laboristischer System- bzw. Sachzwänge. Mit anderen Worten ausgedrückt: Bedingungsloses Grundeinkommen ist die materiell-monetäre Basis jenes autonomen Entschlusses wirtschaftlich unabhängiger Bürger, der die freie demokratische Ordnung konstituiert. „Unser Gemeinwesen kann nur bestehen, wenn wir Bürger frei sind, uns zu entscheiden, darauf gründet unsere freiheitlich – demokratische Ordnung – das Grundeinkommen wäre bloß ihre Fortentwicklung."[1407]

IV.3.2. Wirtschaftsbürgereinkommen und ökonomische Nachhaltigkeit

Modernes Wirtschaften ist dann nachhaltig und ausgewogen, wenn es ethischen Aspekten der Lebensdienlichkeit und der Menschenwürde entspricht. Sowohl die Achtung und Gewährleistung der realen Freiheit des einzelnen Gesellschaftsmitgliedes bzw. Bürgers als auch die Einhaltung der natürlichen Grenzen der Volkswirtschaft sind Merkmale einer lebensdienlichen und menschenfreundlichen Marktwirtschaft.

Ökonomische Nachhaltigkeit bedeutet in diesem Zusammenhang: Zum einen darf die Freiheit des Einzelnen nicht hinter die Freiheit des Marktes zurücktreten. Zum anderen darf eine wohlgeordnete Gesellschaft die Leistungsfähigkeit der Volkswirtschaft nicht überstrapazieren oder gar wirtschaftlich über ihre Verhältnisse leben. In diesem Sinne wird im Kontext des Postulates ökonomischer Nachhaltigkeit das Streben nach einem rein quantitativen Anwachsen der Wirtschaft zunehmend kritisch hinterfragt und die Forderung nach einem qualitativen Wachstum forciert.[1408] Das bedeutet, das konventionelle Streben nach mehr Wachstum tritt hinter das Ziel eines langfristigen Gleichgewichtes zurück. Kernaussage ist: „Eine auf Nachhaltigkeit ausgerichtete Marktwirtschaft wird stärker auf qualitative Wohlstandssteigerungen setzen."[1409] Zwar wird wirtschaftliches Wachstum nach Einschätzung der beiden großen Kirchen (als wichtige wirtschafts*ethische* Stimmen in der Debatte) in Deutschland auch weiterhin von großer Bedeutung sein, doch gilt es im Sinne einer auf Nachhaltigkeit umgestellten Wirtschaft, Entwicklungspfade zu finden bzw. einzuschlagen, die ein ressourcenschonendes und umweltfreundliches Wirtschaftswachstum verspre-

---

1407 Liebermann (2008): S. 104.

1408 Vgl. Hauff v. (2007): S. 353.

1409 EKD/DBK (2014): S. 35.

chen.[1410] Das übergeordnete Ziel ökonomischer Nachhaltigkeit besteht in der „Erhaltung des ökonomischen Kapitalstocks."[1411]

Im Bewusstsein, dass die Aktionsräume und Handelsbeziehungen der Wirtschaft heute längst die Grenzen der Staaten und Kulturkreise überschritten haben, wendet sich der St. Galler Wirtschaftsethiker und Ökonom Peter Ulrich gegen eine Beschränkung des grundrechtlichen Anspruches auf Grundeinkommen allein auf Staatsbürger.

Ulrich will den Kosmos der Grundeinkommensberechtigten über den Kreis aller Staatsbürger hinaus erweitert wissen. Er schlägt vor, den Kreis der Bezugsberechtigten mit der „Gesamtheit aller *WirtschaftsbürgerInnen*"[1412] zu definieren.[1413] „Nicht die Nationalität ist das Zugehörigkeitskriterium, sondern die Beteiligung am volkswirtschaftlichen Produktionsprozess eines Landes."[1414] Wirtschaftsbürger in einem Land sind laut Ulrich all jene Personen, die arbeits- und aufenthaltsberechtigt sind, dort ihren faktischen Wohnsitz haben und Steuern zahlen.[1415] Bei Erfüllung dieser Kriterien sind die Voraussetzungen für die „Inanspruchnahme grundlegender *Wirtschaftsbürgerrechte*"[1416] im Sinne von wirtschaftlichen Betätigungs- sowie sozialen Schutz- und Teilhaberechten gegeben.[1417]

„*Wirtschaftsbürgerrechte* sind somit nicht einfach sozioökonomische Staatsbürgerrechte, sondern bestimmte wohlerworbene Rechte der Wirtschaftsbürger-innen."[1418] Mit der Festlegung rechtstaatlicher Kriterien, das ist Ulrich wichtig, sollen nicht zuletzt „unerwünschte Anreize auf Zuwanderer und entsprechende ‚Mitnahme-Effekte'"[1419] juristisch unterlegt bzw. eingehegt werden.[1420] Der von Ulrich in die Debatte eingebrachte Begriff des »Wirtschaftsbürgerrechtes«[1421] ist wesentlich abgeleitet von der Idee des Bürgerrechtes als einem Menschenrecht. In der Perspektive einer wohlgeordneten Gesellschaft freier und gleichberechtigter Bürger geht es beim Wirtschaftsbürgerrecht daher um ein Bürger-

1410 Vgl. EKD/DBK (2014): S. 35.

1411 Hauff v. (2007): S. 352.

1412 Ulrich (2007): S. 1 (Hervorhebung im Original).

1413 Vgl. ebd.; zudem Ulrich (2005): S. 102.

1414 Ulrich (2007): S. 1.

1415 Vgl. ebd.

1416 Ebd. (Hervorhebung im Original).

1417 Vgl. ebd.

1418 Ebd., (Hervorhebung im Original).

1419 Ebd.

1420 Vgl. ebd.

1421 Vgl. Ulrich (2005): S. 94 f.; Ulrich (2007).

recht „im Sinne der voll berechtigten Partizipation an der ‚res publica'."[1422]

Ein weiteres Moment thematisiert der Begriff des Wirtschaftsbürgers im hier gemeinten Sinn. Es ist die Rede von der Integrität der Wirtschaftsbürger als »Citoyens«, d. h. als Wirtschaftssubjekte bzw. moralische Personen mit einer bestimmten Bürgertugend.[1423] Gemeint ist ein republikanisch gesinnter Staatsbürger, der sein ökonomisches Handeln „nicht privatistisch von seinem staats-bürgerlichen Verantwortungsbewusstsein abspaltet, sondern es in dieses *integriert.*"[1424] Die integrative Perspektive dieser Bürgertugend, die Ulrich als „republikanische[s] *Wirtschaftsbürgerethos*"[1425] bezeichnet, zielt darauf ab, dass der Staatsbürger im Bewusstsein seiner Mitverantwortung an der öffentlichen Sache (res publica) des guten Zusammenlebens im Rahmen einer wohlgeordneten, d. h. chancengerechten Gesellschaft freier und gleicher Bürger aktiv Anteil nimmt.[1426] Im Mittelpunkt steht die Idee der zivilisierten, gerechten und lebensdienlichen Koexistenz aller Gesellschaftsmitglieder *„als real Freie unter lauter freien BürgerInnen."*[1427]

Mit der republikanisch-ethischen Organisationsfigur des Wirtschaftsbürgers erteilt Ulrich dem theoretischen Modell des egoistischen Eigennutzenmaximierers (Homo oeconomicus), der sein wirtschaftliches Tun vom Selbstverständnis guter Bürgerschaft (Economic Citizenship) abspaltet, eine klare Absage.[1428]

Die politische Ideen- und Realgeschichte hat überdies gezeigt, dass sich mit dem rücksichtslosen Eigennutzenmaximierer kein Staat machen, d. h. keine „einigermassen gerechte und solidarische Gesellschaft aufbauen [lässt, S. K.], in der *alle bedingungslos real frei* sind."[1429] Die tiefe Überzeugung „von der moralischen Gleichheit aller Menschen in ihrer ‚unantastbaren' humanen Würde als Subjekten selbstbestimmten Denkens und Handelns"[1430] bildet dabei den ethischen Nukleus des von Ulrich postulierten „**republikanischen Liberalismus**"[1431]. In diesem

---

1422 Ulrich (2007): S. 1.

1423 Vgl. ebd., S. 2.

1424 Ulrich (2005): S. 102 (Hervorhebung im Original).

1425 Ebd., S. 103 (Hervorhebung im Original).

1426 Vgl. ebd., S. 102 ff.

1427 Ulrich (2007): S. 2 (Hervorhebung im Original).

1428 Vgl. ebd.

1429 Ebd. (Hervorhebung im Original).

1430 Ebd.

1431 Ebd. (Hervorhebung im Original).

Zusammenhang betont Ulrich, dass das von ihm präferierte republikanisch-liberale Leitbild einer voll entwickelten Bürgergesellschaft „einen **dritten Weg** jenseits der Markt- *und* der Staatsgläubigkeit eröffnet."[1432] Ulrich geht es dabei explizit nicht um die alte, im politischen Alltagsgeschäft noch immer mitschwingende Systemalternative von marktradikalem Wirtschaftsliberalismus und staatsdogmatischen Sozialetatismus, „sondern um die rechtsstaatlichen *und* sozioökonomischen Voraussetzungen *realer* Freiheit."[1433]

Die Perspektive eines »dritten Weges« (Synonym einiger Autoren für die Soziale Marktwirtschaft) und das Postulat der realen Freiheit aller Wirtschaftsbürger ruft das bedingungslose Grundeinkommen auf den Plan, das Ulrich als emanzipatorisches Gesellschaftsprojekt denkt.[1434] In diesem Sinne plädiert er zudem dafür, das Grundeinkommen „primär als ***gesellschaftspolitisches*** *Organisationsprinzip von ‚real freedom for all' (Van Parjis) zu verstehen, nicht einfach als neues* ***sozialpolitisches*** *Instrument.*"[1435] Sich von der das gegenwärtige System sozialer Sicherung dominierenden Workfare-Doktrin abgrenzend, bekennt sich Ulrich zum emanzipatorischen Leitgedanken einer selbstbestimmten Lebensführung.[1436] An die Stelle einer mit existenziellem Druck und Disziplinierung einhergehenden aktivierenden Arbeitsmarktpolitik (im Geiste der sog. Hartz-Reformen) sollen ganz im Zeichen einer emanzipatorischen Gesellschaftspolitik *„faire Selbstbehauptungsmöglichkeiten für alle statt ‚milde Gaben' für die Schwächeren"*[1437] treten.[1438]

Die Analyse Ulrichs trifft die bestehende Arbeitsmarkt- und Grundsicherungspolitik im Kern, denn sie zeigt, dass es im gegenwärtigen Sozialstaatsregime nicht gut um die Freiheit des Einzelnen bestellt ist. Statt die Bürger zum Broterwerb in Arbeitsverhältnisse zu zwingen, komme es vielmehr darauf an, sie ein Stück weit vom existenziellen Zwang zu befreien, aus Gründen des reinen Existenzerhaltes ihre Arbeitskraft um nahezu jeden Preis am Markt verkaufen zu müssen.[1439]

Die Argumentation Ulrichs für ein bedingungsloses und einklagbares Grundeinkommen zielt auf folgenden Punkt: So soll die Form der

---

1432 Ulrich (2007): S. 2 (Hervorhebung im Original).

1433 Ebd., S. 3 (Hervorhebung im Original).

1434 Vgl. ebd., S. 5 ff.

1435 Ebd., S. 3 (Hervorhebung im Original).

1436 Vgl. ebd.

1437 Ebd. (Hervorhebung im Original).

1438 Vgl. ebd.

1439 Vgl. ebd.

sozialen Unterstützung selbst der Emanzipation der Bürger von jeder Art der Abhängigkeit, d. h. sowohl der Anhängigkeit vom Markt als auch von den sozialbehördlichen Ermessensentscheidungen, dienen.[1440] Ulrich ist sich dabei stets bewusst: Ein Ökonom guten Willens verliert bei seiner Analyse das ethische Kriterium einer (ge-)rechten Ordnung von Gesellschaft und Ökonomie nie aus den Augen.

Eine wohlgeordnete bzw. gerechte Gesellschaft wirklich freier Menschen, so die Argumentation Ulrichs, erkenne man nicht daran,

> „dass sie *möglichst viel* kompensatorische ‚Sozialhilfe' (im weitesten Sinn des Begriffs) leistet, sondern vielmehr daran, dass sie die *Ursachen* der Angewiesenheit von Bürgern auf solche Sozialhilfe *minimiert*, indem sie den Bürgern von vornherein einen ‚starken' Status als freie und unabhängige Subjekte gibt – auch in ihrem Wirtschaftsleben."[1441]

In der Perspektive emanzipatorischer Gesellschaftspolitik ist der Schritt zum allgemeinen bedingungslosen Grundeinkommen folgerichtig wie angemessen, steht es doch für einen starken Bürgerstatus und die (zumindest teilweise) materielle Unabhängigkeit aller das Grundeinkommen beziehenden Wirtschaftssubjekte. Um das gesellschaftspolitische Ziel Ulrichs, nämlich die faktische Emanzipation des Bürgers sowie die lebensdienliche Stärkung von Bürgerstatus und Bürgerfreiheit in Marktwirtschaft und Gesellschaft, ein wenig bewusster zu machen, hilft es, sich die reale Erscheinungsform der bestehenden Wirtschaftsordnung vor Augen zu führen bzw. diese kritisch zu betrachten.

Das gesellschaftspolitische Leit- und Menschenbild des republikanischen Liberalismus, für das Ulrich wirbt, unterscheidet sich vom real existierenden Marktliberalismus und muss von diesem deutlich abgegrenzt werden. Eigentlicher Zielpunkt der „voll entfalteten Bürgergesellschaft"[1442] ist *nicht* etwa der freie Markt, sondern die *„Bürgerfreiheit"*[1443] als die „gleiche größtmögliche reale Freiheit aller Bürger."[1444] Daher geht es emanzipatorischer Gesellschaftspolitik nach den Vorstellungen Ulrichs durchaus auch „um die zumindest partielle Emanzipation aller Bürger aus dem marktwirtschaftlichen Wettbewerb."[1445] Ein Ziel, das aus seiner Sicht einer zivilisierten (Markt-)Gesellschaft würdig ist.[1446]

1440 Vgl. Ulrich (2007): S. 3.

1441 Ebd. (Hervorhebung im Original).

1442 Ebd., S. 4.

1443 Ebd. (Hervorhebung im Original).

1444 Ulrich (2005): S. 84.

1445 Ulrich (2007): S. 4.

1446 Vgl. ebd.

Getragen wird Ulrichs Forderung von der wertvollen Erkenntnis, dass Bürgerfreiheit nicht automatisch Ergebnis des freien Marktprozesses ist oder etwa notwendig aus diesem hervorgeht. Im Gegenteil, so Ulrich, laufe der total freie bzw. deregulierte Markt auf einen „fast totalitären lebenspraktischen Zwangszusammenhang hinaus."[1447] Warnzeichen hierfür seien beispielsweise die Prekarisierung der Beschäftigungsverhältnisse für die schwächeren Teilnehmer am Arbeitsmarkt.[1448] Als Kritiker eines ethisch verwahrlosten und ökonomistisch verkürzten Wirtschaftsliberalismus als dem Ausdruck eines marktradikalen Zeitgeistes analysiert Ulrich treffsicher und korrekt, dass der marktwirtschaftliche Wettbewerb insgesamt ganz und gar nicht ‚neutral' ist, sondern vielmehr „*hochgradig parteilich* zugunsten der in seinem Sinne Starken"[1449], d. h. jener Personen, die im weitesten Sinne über verwertbares Kapital verfügen.[1450]

Wenn es aber darum geht, sowohl eine leistungsfähige Marktwirtschaft als auch eine Bürgergesellschaft zu erlangen bzw. dauerhaft zu erhalten, ist es gemäß Ulrich von Nöten, Wirtschafts- und Gesellschaftspolitik systematisch auseinander zu halten. Das fällt insbesondere einer Realpolitik schwer, welche die aktuellen sozio-ökonomischen Probleme gemeinhin mit wirtschaftspolitischen Maßnahmen, häufig auch in Verbindung mit kompensatorischer Sozialpolitik zu lösen sucht.[1451] Als Ausweg aus der in zunehmenden Maße einfalls- und erfolglosen Realpolitik schlägt Ulrich vor, die aktuelle Problemlage (gemeint ist u. a. die Spaltung der Gesellschaft durch eine strukturell bedingte Arbeitslosigkeit) anders zu deuten, nämlich „nicht als Ausdruck mangelnder Leistungsfähigkeit des Wirtschaftssystems, sondern als dessen ‚normale' gesellschaftliche Konsequenz."[1452]

In der Perspektive der Neuinterpretation dessen, was ist, kann mit Ulrich festgestellt werden, dass die Industriegesellschaften von heute offensichtlich noch nicht gelernt haben

> „eine hochproduktive Volkswirtschaft in eine intelligente und zeitgemässe *Gesellschafts*ordnung so einzubetten, dass möglichst alle Gesellschaftsmitglieder [dauerhaft, S. K.] an den an sich reichlich vorhandenen Früchten

---

1447 Ulrich (2007): S. 4.

1448 Vgl. ebd.

1449 Ebd. (Hervorhebung im Original).

1450 Vgl. ebd.

1451 Vgl. ebd.

1452 Ebd.

partizipieren, *ohne* dass dies auf Kosten der Wettbewerbsfähigkeit im globalen Standortwettbewerb oder auf Kosten unserer realen Freiheit geht."[1453]

Zur Überwindung der Kluft schlägt Ulrich in Anlehnung an die sozialhumanistische Tradition des Ordoliberalismus (gemäß Alexander Rüstow und Wilhelm Röpke) vor, gute bzw. nachhaltige Ordnungspolitik zweistufig zu denken. Eine Stufe ist die Wettbewerbspolitik, die andere Vitalpolitik, „die ‚alle Faktoren in Betracht zieht, von denen in Wirklichkeit Glück, Wohlbefinden und Zufriedenheit des Menschen abhängt' (Rüstow)."[1454] Hierbei statuiert Ulrich die systematische Nachrangigkeit der Wettbewerbspolitik, weil der Markt als reiner Mechanismus aus sich heraus nicht wissen kann, wofür er effizient wirken soll. Dies aber, so schließt Ulrich, müsse dem Markt „‚vitalpolitisch'"[1455] mitgeteilt, oder besser, vorgegeben werden.[1456] „Schliesslich ist Wirtschaften nicht Selbstzweck, sondern Mittel dafür, dass möglichst alle Wirtschaftsbürger ein selbstbestimmtes gutes Leben führen können."[1457] Für gute, d. h. nachhaltend menschengerechte Ordnungspolitik gilt also der ***„‚vitalpolitische' Primat der Gesellschafts- vor der Wirtschaftsordnung.***"[1458]

Gewendet in republikanisch-liberaler Perspektive bedeutet dies, den Vorrang des (starken) Bürgerstatus vor der Freiheit des wirkmächtigen Marktmechanismus. Das heißt, dass der unbedingte bzw. „‚unantastbare' wirtschaftsbürgerliche Status aller Gesellschaftsmitglieder"[1459] *vor* der bedingten Entfesselung der marktwirtschaftlichen (Wettbewerbs-)Kräfte zu sichern ist.[1460] Unzulässig ist demzufolge eine marktradikale Verkürzung von Bürgerfreiheit auf pure Marktfreiheit, wie dies legitimiert durch eine wirtschaftsliberale bzw. marktfundamentale Mainstream-Ökonomie gegenwärtig oft geschieht und fraglos hingenommen wird.

Eine „zivilisierte Marktwirtschaft"[1461] als Ziel emanzipatorischer, also nachhaltig freiheitsfördernder Gesellschaftspolitik hingegen bedarf normativer Vorgaben, welche „den gleichen Bürgerstatus für alle si-

---

1453 Ulrich (2007): S. 4. (Hervorhebung im Original).

1454 Ebd.

1455 Ebd.

1456 Vgl. ebd.

1457 Ebd.

1458 Ebd., S. 4 f. (Hervorhebung im Original).

1459 Ebd., S. 5.

1460 Vgl. ebd.

1461 Peter Ulrich entfaltet in seinem 2005 veröffentlichten Buch ‚*Zivilisierte Marktwirtschaft. Eine wirtschaftsethische Orientierung*' seine Vorstellungen zu den Grundlagen modernen menschenfreundlichen Wirtschaftens sowie einer lebensdienlichen Ökonomie. Siehe hierzu: Ulrich (2005).

chert"[1462]. Nur unter dieser bürgergesellschaftlichen Voraussetzung, konstatiert Ulrich, kann wettbewerbspolitisch konsequent den ungebundenen Marktkräften freier Lauf gelassen werden.[1463]

Die republikanische Gleichheit freier Bürger im Sinne eines *„real freedom for all"*[1464] markiert folglich die gesellschaftspolitische Grundbedingung einer zivilisierten bzw. *„lebensdienlichen Marktwirtschaft"*[1465].

Gemeint ist hier eine dem Nachhaltigkeitsgedanken verpflichtete Marktwirtschaftsordnung, welche die Markt- und Wettbewerbskräfte durch ethisch-politische Direktiven auf „‚vitale' [d. h. *dauerhaft* lebensdienliche, S. K.] Gesichtspunkte *ausrichtet* und wo nötig *begrenzt."*[1466] Die unverzichtbare Voraussetzung einer republikanischen Gleichheit freier Bürger besteht aber in der „Gewährleistung **tragfähiger materieller Lebensbedingungen** für alle."[1467] Für die Genese einer dauerhaft dem Leben und der Freiheit dienenden Marktwirtschaft muss folglich sichergestellt werden, „dass der Status und die Selbstachtung jedes Bürgers als *real* freie Person nicht verletzt wird."[1468]

Folgendes Zwischenfazit kann an dieser Stelle festgehalten werden: Die von Ulrich postulierten Wirtschaftsbürgerrechte sind als subjektbezogene sozio-ökonomische Grundrechte dauerhaft lebbarer Bürgerfreiheit zu verstehen, die eine Ausrichtung bzw. Begrenzung der an sich „‚blinden' Marktkräfte"[1469] an ethischen Kriterien der Lebensdienlichkeit gewährleisten.[1470] Ein Wirtschaftsbürgerrecht auf ein allgemeines erwerbsunabhängiges Grundeinkommen hätte eine „systematische Politik der teilweisen Entkoppelung von Einkommen- und Arbeitsverteilung zur Konsequenz."[1471] Es würde sowohl den Freiheitsstatus des Wirtschaftssubjektes als auch die Sicherung der sozialen Integration auf eine neue zukunftsfähige Grundlage stellen und als kontinuierlich gewährtes Sockeleinkommen den Einzelnen „ein Stück weit aus den immer härter werdenden Sachzwängen der Selbstbehauptung im (Arbeits- oder Unternehmer-) Markt"[1472] befreien. Ein so verstandenes, bedin-

---

1462 Ulrich (2007): S. 5.

1463 Vgl. ebd.

1464 Ebd. (Hervorhebung im Original).

1465 Ebd. (Hervorhebung im Original).

1466 Ulrich (2005): S. 174 (Hervorhebung im Original).

1467 Ulrich (2007): S. 5 (Hervorhebung im Original).

1468 Ebd. (Hervorhebung im Original).

1469 Ebd.

1470 Vgl. ebd.

1471 Ulrich (2005): S. 96.

1472 Ulrich (2007): S. 6.

gungslos gewährtes *Wirtschaftsbürger*einkommen ist ein hilfreiches Mittel, wenn es darum geht, die real vorhandene marktwirtschaftliche Ordnung in Richtung einer wirklich freiheitlichen, d. h. die Freiheit des Einzelbürgers dauerhaft gewährleistenden Gesellschaftsordnung fortzuentwickeln. Vereinfacht ausgedrückt: Die Freiheit des Marktes endet dort, wo die Freiheit des Wirtschaftsbürgers beginnt.

Darüber hinaus passt das Wirtschaftsbürgereinkommen kongenial zu den normativen Grundgedanken einer Politik der *„embedded economy"*[1473], d. h. einer von Alexander Rüstow und Wilhelm Röpke inspirierten ordoliberalen Politik der „Einbettung des marktwirtschaftlichen Systems ‚in eine höhere Gesamtordnung, die nicht auf Angebot und Nachfrage, freien Preisen und Wettbewerb beruhen kann'"[1474]. Ganz wesentlich dient es auch der Herausbildung einer **„voll entfalteten Bürgergesellschaft"**[1475], die ihre Voraussetzungen in einem umfassenden, materiell grundgesicherten Bürgerstatus, einem ausgeprägten Bürgersinn sowie einer zivilisierten, d. h. sozial gebändigten Marktwirtschaft findet.[1476]

Das Grundeinkommen, im Sinne eines unbedingten Wirtschaftsbürgereinkommens für jedermann, entspricht überdies den steigenden Flexibiliätsanforderungen diskontinuierlicher Erwerbsarbeit bzw. projektbezogener Beschäftigungsverhältnisse im Kontext freier Märkte. Aber auch den Verlierern eines zunehmend brutaler werdenden Wettbewerbes sichert es den Status vollwertiger Bürgerschaft und damit einen bescheidenen, aber akzeptablen Lebensmindeststandard, der die Würde und Selbstachtung der Betroffenen nicht diskreditiert. Denn ökonomische Nachhaltigkeit im Kontext zivilisierter Marktwirtschaft heißt auch: „Bürger *verdienen* unbedingt die gesellschaftliche Achtung ebenso wie die faire Chance auf Wahrung ihrer Selbstachtung."[1477] Wirtschaftsbürgereinkommen als erwerbsunabhängiges Sockelein-

---

1473 Ulrich (2005): S. 174 (Hervorhebung im Original).

1474 Ebd., S. 173. Wilhelm Röpke hat in seinem meistzitierten Werk *‚Jenseits von Angebot und Nachfrage'* aus dem Jahr 1958 ganz im Geiste des Ordoliberalismus den Primat von Politik und Ethik gegenüber der Logik des Marktes postuliert. Im Verständnis Röpkes ist Marktwirtschaft stets nur Mittel zum Zweck einer effizienten Ökonomie. Dementsprechend kann Marktwirtschaft an sich nie Selbstzweck oder letztes Ziel sein. Vielmehr ist sie ein Instrument, das der Erlangung höherer, d. h. gesamtgesellschaftlicher Ziele dient. Röpke formuliert in o. g. Buch expressis verbis: „Die Marktwirtschaft ist nicht alles. Sie muss in eine höhere Gesamtordnung eingebettet werden, die nicht auf Angebot und Nachfrage, freien Preisen und Wettbewerb beruhen kann." (Röpke zitiert nach Ulrich (2005): S. 172).

1475 Ulrich (2005): S. 84 (Hervorhebung im Original).

1476 Ebd., S. 86 f.

1477 Ebd., S. 88 (Hervorhebung im Original).

kommen aller an der Ökonomie partizipierender Personen ist somit Ausdruck einer wahrhaft bürgerfreundlichen Gesellschaft, einer humanen (Markt-)Gesellschaft also, deren „Institutionen und Regeln *niemanden demütigen,* d. h. niemanden systematisch in seiner Würde, seinen Grundrechten und eben in seiner Selbstachtung verletzen."[1478] Als Ermöglichungsstruktur wirtschaftlicher Selbstbehauptung und selbstbestimmter Lebensführung aller Mitglieder der politischen Gemeinschaft ist das Wirtschaftsbürgereinkommen somit wesentlicher Baustein einer solchermaßen „‚anständige[n]' [und damit ethisch dauerhaft zukunftsfähigen, S. K.] Gesellschaft (*decent society*)"[1479].

Ökonomische Nachhaltigkeit bedeutet schließlich auch, dass das Grund- bzw. Wirtschaftsbürgereinkommen auf Dauer volkswirtschaftlich vertretbar ist und dessen Kosten gemäß dem Grundsatz intergenerationeller Gerechtigkeit nicht (in Form von Schulden) an die Folgegeneration weitergegeben werden. Sichergestellt werden kann dies beispielsweise mittels eines an die jeweilige volkswirtschaftliche Leistungsfähigkeit gekoppelten Grundeinkommens, wie unter anderem von Van Parijs und Ulrich vorgeschlagen. Das bedeutet, der auszuzahlende Grundeinkommensbetrag entspricht stets dem Produktivitätsniveau der Wirtschaft und kann bei konjunkturellen Schwankungen sukzessive angeglichen, bestenfalls aber erhöht werden. Grundsätzlich aber würde jeder (weitere) Produktivitätsfortschritt die schrittweise Anhebung des Grund- bzw. Bürgereinkommens ermöglichen und erhielte damit wieder einen „lebens- und gesellschaftsdienlichen *Sinnhorizont*".[1480] Insbesondere Ulrich geht, dem Plädoyer Van Parijs' für ein „volkswirtschaftlich ‚nachhaltig' tragbares Grundeinkommen"[1481] beipflichtend, davon aus, dass ein so angelegtes Grundeinkommen wahrscheinlich „noch für einige Jahrzehnte unter den üblichen Standards des Existenzminimums"[1482] liegen werde.[1483] Die Höhe eines an die wirtschaftliche Leistungsfähigkeit bzw. den produzierten Wohlstand der Gesellschaft gekoppelten (vorerst partiellen) Grundeinkommens zum Zeitpunkt seiner Einführung (Start-Höhe) müsste schließlich das Volk als Gemeinschaft seiner Empfänger auf dem Wege der üblichen parlamentarisch-demokratischen Verfahren entscheiden. Wann schließlich die Übergangsphase endet, d. h. ein wirklich existenzsicherndes

---

1478 Ulrich (2005): S. 88 (Hervorhebung im Original).

1479 Ebd. (Hervorhebung im Original).

1480 Ulrich (2007): S. 6 (Hervorhebung im Original).

1481 Ebd.

1482 Ebd.

1483 Vgl. ebd.

Grundeinkommen erreicht ist, hinge somit wesentlich von der gesamtwirtschaftlichen Entwicklung ab. Damit ist ein ökonomisch wie auch finanzpolitisch nachhaltiger Ansatz beschrieben, weil das Grundeinkommen unmittelbar mit den Produktivitätsfortschritten (und nur in dieser Höhe!) wächst, sodass sozialstaatlich nur das Transfervolumen (um-)verteilt wird, was auch an (monetären) Gütern real zur Verfügung steht.

Ein Verständnis des unbedingten Grundeinkommens als ein „schrittweises, **dynamisches Generationenprojekt**"[1484], wie dies Ulrich befürwortet, erscheint ebenfalls sinnvoll. Denn gerade im Rahmen einer etappenweisen Einführung (ansteigend bis zur Höhe vollumfänglicher Existenzsicherung) ließen sich die komplexen wirtschaftlichen und sozialen Auswirkungen gut beobachten und, wenn nötig, gezielter steuern.[1485] Zugleich wäre damit ein langfristiges Einstiegsszenario gegeben, in dessen Rahmen der ökonomische Nachhaltigkeitseffekt des Grundeinkommens anhand der vollzogenen Entwicklungsschritte ersichtlich und gut nachvollziehbar wäre.

IV.3.3. Genügsamkeitspauschale und ökologische Nachhaltigkeit

Nachdem im Rahmen der vorangegangen Kapitel die Zusammenhänge von bedingungslosem Grundeinkommen und den Dimensionen sozialer bzw. ökonomischer Nachhaltigkeit beleuchtet worden sind, wird im Folgenden der Zusammenhang von Grundeinkommen und ökologischer Nachhaltigkeit als der (gemäß dem Drei-Säulen-Modell der Nachhaltigkeit) noch ausstehenden Nachhaltigkeitsdimension fokussiert. Im Zentrum ökologischer Nachhaltigkeit steht der Schutz der Natur, ohne deren Nutzung bzw. Verbrauch der Mensch nicht überleben kann. Da die Vernutzung der natürlichen Ressourcen teilweise schon das Niveau kritischer Übernutzung erreicht hat, zielt ökologische Nachhaltigkeit auf die Sicherung des ökologischen Systems, welches die „Lebensgrundlage (life support system) aller Aktivitäten bildet."[1486]

In den modernen Industrienationen hat sich in den vergangenen Jahrzehnten eine konsumorientierte Wirtschafts- und Lebensweise herausgebildet, die mit einem exorbitanten Ressourcenverbrauch einhergeht, der die ökologische Balance stark gefährdet.[1487] Ein durch die profitorientierte kapitalistische Produktionsweise angeheizter, die natürlichen

1484 Ulrich (2007): S. 6 (Hervorhebung im Original).

1485 Vgl. ebd.

1486 Hauff v. (2007): S. 352.

1487 Vgl. Linz (2007): S. 181.

Bedürfnisse überschreitender „Überkonsu[m]“[1488] belastet Mensch und Natur. Sowohl die ununterbrochene Produktion geringfügiger Massengüter (billige Wegwerfartikel) als auch die in ihrer Qualität und Haltbarkeit häufig auf Kurzlebigkeit angelegten elektronikbasierten Waren[1489] im Bereich von Haushalt, Kommunikation und Information bedürfen stets einer konsumbereiten Nachfrage in Form kaufwilliger und (vor allem) kaufkräftiger Kunden. Stark vereinfacht und salopp ausgedrückt, lässt sich die gegenwärtige arbeitsgesellschaftliche Situation folgendermaßen zusammenfassen: Menschen arbeiten in ungeliebten Jobs (wohlgemerkt nicht Berufen!) und kaufen sich mit ihrem hart verdienten zumeist bescheidenen Nettoeinkommen Produkte, die ihnen ausgebuffte Marketingstrategien ans Herz legen, die sie aber in Wirklichkeit nicht brauchen. Damit konsumiert werden kann, muss zuvor gearbeitet werden, also Einkommen erwirtschaftet werden. Das bedeutet, künstlich erzeugte Bedürfnisse (wie z. B. nach Luxusgütern) rufen einen künstlichen Erwerbsdrang hervor. Entstanden ist ein *circulus vitiosus* von prekärer Erwerbsarbeit (analog zu prekären Produktionsverhältnissen) und überzogenem Konsum, der wiederum mittels eines jederzeit mobilisierbaren Großaufgebotes an prekärer Beschäftigung am Laufen gehalten wird. Im Ergebnis des teuflischen Kreislaufs stehen die von künstlich stimuliertem Dauerkonsum erschöpften Verbraucher vor Müllbergen, mit deren Beseitigung auch die nachfolgenden Generationen noch zu kämpfen haben werden.[1490] Heruntergebrochen trifft also die Einschätzung zu, dass die ständige Produktion und Kosumtion neuer Güter zugleich auch neue Probleme hervorbringt.

Folgende Fragen gilt es zu klären, will man die ökologische Dimension des Grundeinkommens ermitteln: Wie verhält sich das Grundeinkommen zum (Über-)Konsum und welche (ökologischen) Effekte sind insgesamt von ihm zu erwarten? Erhöht das Grundeinkommen insgesamt die Kaufkraft, befeuert es merklich den Konsum? Werden die bislang im Konsum zu kurz Gekommenen schließlich das Grundeinkommen für den Erwerb von Statusgütern verbrauchen? Oder zeitigt es keine spürbaren Auswirkungen auf Kaufkraft und Konsum?

Erhellend ist in diesem Zusammenhang der Hinweis des Theologen und Sozialwissenschaftlers Manfred Linz, der die (ökologische)

1488 Linz (2007): S. 181.

1489 Diese Konstruktionsweise wird von Fachleuten als sog. integrierte bzw. geplante Obsoleszenz bezeichnet.

1490 Insbesondere das Problem der Entsorgung des (bereits vorhandenen) atomaren Abfalls ist politisch, sozial, ökonomisch sowie ökologisch hochbrisant und umstritten. Eine adäquate Lösung dieses generationsübergreifenden Problems ist heute noch nicht absehbar.

Wirkung des Grundeinkommens in Abhängigkeit zu dessen Höhe sieht.[1491] So lässt ein nicht existenzsicherndes Grundeinkommen in Höhe von monatlich vierhundert Euro keine signifikante Steigerung des Konsums erwarten, hingegen ein Grundeinkommen, das über dem schon heute üblichen Existenzminimum liegt, durchaus.[1492] Die möglicherweise konsumfördernde- oder konsumreduzierende Wirkung des Grundeinkommens hängt schließlich wesentlich davon ab, ob dessen Empfänger sich mit dem finanziellen Grundstock bescheiden werden oder aber ihr Budget lieber mit möglichst großen Hinzuverdiensten aus traditioneller Erwerbsarbeit erhöhen wollen.[1493] Die Entscheidung für das eine oder das andere hängt auch wesentlich von den Rahmenbedingungen bzw. individuellen Begleitumständen (wie z. B. Lebenssituation, Arbeitsplatzangebot, Arbeitsplatzsicherheit, Partnereinkommen, individuelle Wertestruktur usw.) ab und wird sich erst dann zeigen, wenn die Menschen tatsächlich über das Grundeinkommen verfügen. Mit Linz kann daher resümiert werden: Wie das Grundeinkommen letztlich das Verhalten der Menschen beeinflusst, kann a priori, also vor dessen Einführung, nicht gesagt werden. Erst die Erfahrungen aus einer mehrjährigen Praxis, wenn also der Reiz des Neuen der Macht der Gewöhnung gewichen ist, werden zeigen, was das Grundeinkommen mit den Menschen tut.[1494]

Auch die Frage der Finanzierung des Grundeinkommens ist aus ökologischen Gesichtspunkten durchaus von Belang, sodass an dieser Stelle ein Exkurs hierzu sinnvoll erscheint. Verschiedene Diskursteilnehmer wie beispielsweise der BDKJ schlagen „sukzessiv steigende Ökosteuern auf Ressourcenverbrauch und Umweltbelastung“[1495] zur Finanzierung des Grundeinkommens vor. Ziel einer solchen Steuer ist es, Produktionen wie auch Konsumtionen mit hohem Umweltverbrauch preislich zu belasten und somit unattraktiver zu machen, ohne dabei direkt einen Lebens- bzw. Konsumstil zu verbieten. Neben der Finanzierung des Grundeinkommens wäre ein weiterer Effekt mit einer stufenweise wachsenden Öko-Steuer verbunden: Sie würde aller Erwartung nach den Konsum abschwächen.[1496] Um genug Ertrag einzubringen, müsste die Öko-Steuer jedoch, nach Einschätzung Linz′, in relativ

---

1491 Vgl. Linz (2007): S. 181 f.

1492 Vgl. ebd., S. 182.

1493 Vgl. ebd.

1494 Vgl. ebd.

1495 Blaschke (2010c): S. 355. Eine vergleichende Darstellung über die aktuellen Grundeinkommensansätze und konkreten Finanzierungvorschläge bietet Blaschke (2010c).

1496 Vgl. Linz (2007): S. 182.

kurzen Zeitabschnitten erheblich erhöht werden.[1497] Die Kehrseite einer Erhöhung der Ökosteuer ist jedoch die daraus resultierende Erhöhung der Gesamtsteuerlast, da die Menschen wahrscheinlich dann nicht schnell genug in Ausweichverhalten, d. h. in verbrauchsärmere Autos und/oder umweltfreundlichere Wohnungen wechseln können, um die stufenweise Erhöhung der Steuer zu kompensieren.[1498] Ebenso würde eine progredierende Öko-Steuer gerade die kleinen Einkommen mit ressourcenverbrauchendem Konsumverhalten und geringer Sparquote über Gebühr belasten, was dem Gerechtigkeitsempfinden Vieler zuwiderlaufen und damit die politische Konsensfähigkeit des Grundeinkommens gefährden würde.[1499] Einer das Grundeinkommen finanzierenden Öko-Steuer stehen also schon heute ernstzunehmende Einwände gegenüber. Dennoch wäre es prinzipiell möglich die Steuer finanzpolitisch gerecht zu konstruieren, sodass sie hauptsächlich die großen Umwelt- und Ressourcenverbraucher belastet.

Für eine Öko-Steuer spricht, dass diese entsprechend der ökologischen Zielsetzung, aber auch anhand sozialer Erwägungen immer wieder neu justiert werden kann, womit die Treffsicherheit derselben sichergestellt wäre. Auch würde mit steigendem Steuersatz und den daraus resultierenden Steuereinnahmen der Umverteilungseffekt steigen. Bezüglich der Öko-Steuer kann in Anlehnung an den Sozialwissenschaftler und Attac-Referenten Ulrich Schachtschneider folgende Regel formuliert werden: Ist der Öko-Steuersatz zu niedrig, bewirkt er nichts. Je höher aber der Steuersatz angesetzt ist, desto größer ist auch der soziale (Umverteilungs-)Effekt.[1500] Die Erträge aus den Öko-Steuern könnten dann als sogenannter „‚Öko-Bonus'"[1501] bzw. als „‚ökologische[s] Grundeinkommen'"[1502] jedem Bürger ausgezahlt werden. Umweltpolitik und Sozialausgleich würden somit im Konzept des ökologischen Grundeinkommens auf kluge, d. h. problem- und zeitgerechte Weise miteinander verbunden.

Wird nun in Folge der deproduktivistisch, d. h. ressourcenschonend wirkenden ökologischen Besteuerung immer weniger konsumiert (und im Zusammenhang damit zwangsläufig auch weniger produ-

---

1497 Vgl. Linz (2007): S. 182.

1498 Vgl. ebd. Die Bezeichnung »Öko-Steuer« wäre insofern problematisch, weil der Begriff suggeriert, dass die Steuereinnahmen direkt zur Förderung umweltfreundlicher Bedingungen und nicht etwa zur Finanzierung einer bedarfsunabhängigen Grundsicherung herangezogen würden. Der politische Vorwurf des Etikettenschwindels stünde somit unweigerlich im Raum (Vgl. ebd.).

1499 Vgl. Linz (2007): S. 182 f.

1500 Vgl. Schachtschneider (2011): S. 4.

1501 Ebd.

1502 Ebd.

ziert), was aus umweltpolitischen, sozialen und emanzipatorischen Gründen durchaus wünschenswert ist und damit dem ökologischen Grundeinkommen die Finanzierungsgrundlage teilweise entzogen, so kann der Steuersatz in der Abwägung sozialer und umweltpolitischer Ziele jederzeit schrittweise kompensatorisch erhöht werden.[1503] Somit bliebe das ökologische Steueraufkommen gleich und die Finanzierungsfunktion gesichert.[1504] „Die Aufrechterhaltung des Ausschüttungsvolumens wird also bei diesem Prinzip gerade nicht über die Aufrechterhaltung einer bestimmten Menge einer womöglich auch noch unerwünschten, umweltbelastenden Produktion erreicht"[1505]. Sozialausgleich kann folglich mit Hilfe des Öko-Bonus' umweltfreundlich organisiert werden.

Zukunftsfähige Gesellschaftspolitik weiß um die nicht zufällige Gleichzeitigkeit der Anliegen sozialer Umverteilung und Ökologie sowie um die vielen Anknüpfungspunkte beider Themen. Seit der Jahrtausendwende hat die Zahl jener Diskursbeiträge deutlich zugenommen, die sich mit der Verbindung der existenziellen Zukunftsfragen von sozialer Gerechtigkeit und Ökologie beschäftigen. Immer mehr Protagonisten sehen im (ökologischen) Grundeinkommen ein „geschicktes Finanzierungs- und Steuerungsinstrument"[1506], um die Prinzipien von Sozialausgleich und ökologischer Besteuerung zu kombinieren.[1507]

Interessant ist, dass die Idee des Öko-Bonus' bzw. des ökologischen Grundeinkommens ganz verschiedene Denkrichtungen und Ansätze zu den Themen Markt, Staat und Kommune integriert und die Aspekte Innovation durch Markt, Umverteilung nach unten und Stärkung von Gemeingut miteinander verknüpft.[1508] Damit integriert das ökologische Grundeinkommen drei zentrale Ideen, die den sozialökologischen Diskurs der letzten zwei Jahrzehnte bestimmt haben.[1509]

> „Der Anspruch der Kommune auf autonome Selbstbestimmung des Austausches mit der Natur wird durch die Aufwertung dekommodifizierter Eigen- und Gemeinschaftsarbeit eingebracht. Der Anspruch auf Nutzung der Marktkräfte zur ökologischen Steuerung im Ansatz der ökologischen

1503 Vgl. Schachtschneider (2011): S. 4.

1504 Vgl. ebd.

1505 Ebd.

1506 Ebd., S. 6.

1507 Weiterführende Informationen zum Thema Grundeinkommen und Ökosteuer bzw. den verschiedenen Ansätzen eines ökologischen Grundeinkommens siehe Schachtschneider (2011).

1508 Vgl. ebd., S. 6.

1509 Vgl. ebd., S. 11.

> Modernisierung geschieht durch die Art der Finanzierung, durch die Besteuerung unerwünschten Verbrauchs von Ressourcen. Und der Anspruch der gesamtgesellschaftlichen Regulierung wird durch das Gesamtprinzip, durch die Kombination aus Ressourcenbesteuerung und Ausschüttung an jeden Bürger, eingelöst."[1510]

Gerade der Mix unterschiedlichster Ansätze und Denkrichtungen eröffnet ein enormes Crossover-Potenzial für gesellschaftliche Auswege aus der ökologischen und sozialen Mehrfachkrise.[1511] Das (ökologische) Grundeinkommen befeuert die Debatte um die „sozial-ökologische Transformation"[1512] und stützt Tendenzen zur Begründung eines über den Kapitalismus hinausweisenden Gesellschaftsvertrages.[1513] Interessante Berührungspunkte ergeben sich beispielsweise zu den Konzepten einer öko-sozialen Marktwirtschaft oder einem wirtschaftliches Wachstum und ökologischen Fortschritt verbindenden „‚sozial-ökologische[n] New Deal'"[1514], deren zentrales Element und Regulierungsprinzip ein ökologisches Grundeinkommen sein könnte.[1515] Damit sind emanzipatorische, sozial-ökologisch orientierte Gesellschaftsprojekte gemeint, die durch eine neue Balance von sozialen, ökonomischen und ökologischen Zielen ein Mehr an Lebensqualität sowohl für heutige wie auch künftige Generationen anstreben. Die Rede ist von einer öko-sozialen Neuorganisation der Wirtschafts- und Gesellschaftsordnung hin zu einem verantwortungsbewusst und nachhaltig handelnden Gemeinwesen. Anvisiert wird eine Gesellschaft, die allen ihren Mitgliedern dauerhaft sowohl das Recht gewährt als auch die reale Chance einräumt, ihre jeweils normativ eingefärbten Vorstellungen des guten Lebens umzusetzen. Es geht also um die Herausbildung einer gesellschaftlichen Systemstruktur, „die ein solches einer größtmöglichen Anzahl von Individuen ermöglicht und dabei sowohl den Bedingungen sozialer, natürlicher als auch ökologischer Reproduktion gerecht werden kann."[1516] Voraussetzung hierfür ist auch ein neues bzw. qualitatives Verständnis von Wachstum und Konsum sowie ein Bewusstseinswandel, der im schonenden Umgang mit den natürlichen Ressourcen eine notwendige Bedingung für ökonomischen Wohlstand erkennt. Wachstum gilt der bürgerlichen Gesellschaft in Europa seit rund zweihundert Jahren als Heilsbringer und Versprechen, dass es jeder neuen Generation besser

---

1510 Schachtschneider (2011): S. 11.

1511 Vgl. ebd., S. 6.

1512 Ebd.

1513 Vgl. ebd., S. 6 f.

1514 Ebd., S. 2.

1515 Vgl. ebd., S. 2 ff.

1516 Händel (2011): S. 9.

gehen wird. Angesichts der enormen Nachhaltigkeitsaufgaben, vor denen eine moderne, d. h. die Existenzbedürfnisse kommender Generationen berücksichtigende Gesellschaftspolitik heute steht, belegt die Notwendigkeit und wachsende Bedeutung einer Bildung für Nachhaltigkeit. Die vielen Querverbindungen und Anknüpfungspunkte zeigen überdies deutlich, dass das (ökologische) Grundeinkommen ein enormes transformatorisches Potenzial birgt, das für die Genese bzw. Verwirklichung einer „alternativen, neuen Regulationsweise"[1517] von Marktwirtschaft und Gesellschaft fruchtbar gemacht werden kann.

Das bedingungslose, ökologisch orientierte Grundeinkommen jedenfalls erleichtert „die ökonomisch-gesellschaftliche Machbarkeit einer alternativen Regulation"[1518] in Richtung einer die destruktiven Tendenzen des modernen Kapitalismus abschwächenden „„öko-fairen Marktwirtschaft'"[1519]. Ziel ist eine marktwirtschaftliche Neuorientierung, welche mit dem Krisen verstärkenden »*business as usual*« bricht und an dessen Stelle einen integrativen Ordnungsrahmen setzt, der die Komponenten ressourcenschonendes und solidarisches Wirtschaften, faire Chancen für alle auf eine ganzheitliche Verwirklichung des guten Lebens sowie einen wirkungsvollen generationsgerechten Sozialausgleich zum Wohle des Gemeinwesens dauerhaft in Einklang bringt.[1520]

Angesichts der sich auftuenden Reformmöglichkeiten und des enormen gesellschaftsverändernden Potenzials ist die Rede vom garantierten Grundeinkommen als einer sozialen und ökologischen Utopie im Sinne eines konstruktiven, vom „Beigeschmack des Utopismus"[1521] gereinigten Entwurfes alternativer Lebensmöglichkeiten durchaus gerechtfertigt. Á propos Utopie: Die Realisierung folgender sinn- und richtungsweisender gesellschaftlicher Utopien wird nach Ansicht vieler Autoren durch das ökologische Grundeinkommen befördert:

1517 Schachtschneider (2011): S. 11.

1518 Ebd., S. 10.

1519 Ebd.

1520 Diesbezüglich erklären die beiden großen Kirchen in ihrem jüngsten Sozialwort: „Es braucht eine weltweit greifende grundlegende Transformation der Wirtschafts- und Lebensstile, um auch für kommende Generationen eine hohe Lebensqualität zu erhalten. Dieser anspruchsvolle Veränderungsprozess wird nur dann gelingen, wenn das neue Ziel der ökologischen Verantwortung mit den herkömmlichen Prinzipien der marktwirtschaftlichen Freiheit und des sozialen Ausgleichs verbunden wird. Das ist die notwendige und durchaus konfliktreiche Zielpluralität der ökologisch-sozialen Marktwirtschaft." (EKD/DBK (2014): S. 35).

1521 Händel (2011): S. 16. Bezüglich der Rezeption der Utopie als eines unverdächtigen, im Geschichtsprozess implizit angelegten Mediums reform- bzw. fortschrittsorientierter Gesellschaftsvorstellung vgl. ebd.

1. *Haltung der Genügsamkeit und des Sein-Lassens*

Das mittels einer Öko-Steuer finanzierte Grundeinkommen verteuert den Naturverbrauch der Produktion und damit ressourcenaufwendigen Konsum. Einerseits steigt damit der Anreiz für eine höhere Ressourcenproduktivität, d. h. die Verbesserung der Ökoeffizienz und Konsistenz von Produktionsverfahren.[1522] Eine andere wahrscheinliche Reaktion auf die Verteuerung von Produktion und Konsumtion besteht laut Schachtschneider im Aufkommen einer Haltung „der Genügsamkeit, [und, S. K.] des Sein-Lassens"[1523]. Das ökologisch konstruierte Grundeinkommen befähigt zur Konsumbegrenzung. Es wirkt daher wie eine Genügsamkeitspauschale, die im Geiste eines »Weniger ist mehr« zum Verzicht einlädt und damit nachhaltige Lebensstile begünstigt.

2. *Ein Mehr an Autonomie in Leben und Arbeit*

Indem das ökologische Grundeinkommen vom allgegenwärtigen Erwerbs- und Verwertungsdruck befreit, fördert es die „Sensibilisierung gegenüber einer konsumistisch-produktivistischen Haltung"[1524]. Dies kann zu einem Umdenken beitragen, im Rahmen dessen ein weniger an Konsum möglicherweise als ein „Mehr an Lebensqualität"[1525] erkannt wird.[1526] „Durch den gesellschaftlich garantierten Freiraum kann erfahren werden, dass mit Teilzeitarbeit ein besseres Leben entsteht, können kreative Fähigkeiten jenseits von Verwertungsdruck ausprobiert, neue Formen der Gemeinschaft als erfüllend erfahren werden."[1527]

Der hinzugewonnene zeitliche und finanzielle Freiraum ermöglicht es zudem, Kapitalverwertungsinteressen als charakteristische Macht- und Herrschaftskatalysatoren des kapitalistischen Systems zugunsten eines geringeren Ressourcenverbrauches zu dekonstruieren.[1528] Ebenso geraten vor dem Hintergrund des ökologischen Grundeinkommens die Nachteile bzw. die sozialen und ökologischen Kosten rein am Erwerb orientierter Tätigkeiten in den Fokus.[1529] Das Individuum gewinnt diesseits und jenseits des Arbeitsmarktes an Autonomie während die Entfremdung abnimmt.[1530] Infolgedessen steigen die Qualitätsanforderungen an Erwerbskontrakte. Formen von Arbeit und Beschäftigung, die in

---

1522 Vgl. Schachtschneider (2011): S. 7.

1523 Ebd.

1524 Ebd.

1525 Ebd.

1526 Vgl. ebd.

1527 Ebd.

1528 Vgl. ebd.

1529 Vgl. ebd., S. 7 f.

1530 Vgl. ebd., S. 8.

sozialer, ökologischer oder persönlichkeitsfördernder Hinsicht bedenklich bzw. kritikwürdig sind, können ohne die Gefahr des ökonomischen Absturzes sowie die Furcht vor diesem abgelehnt werden und finden somit weniger Nachfrage.[1531]

3. *Entmaterialisierung des Konsums*

Spannend ist auch ein weiterer konsumpolitischer Aspekt: Mit dem Grundeinkommen verbinden viele ökologisch orientierte Diskursteilnehmer die Erwartung, dass es den Konsum entmaterialisieren werde.[1532] Ökonomen hoffen, dass im Rahmen nachhaltigen Wirtschaftens ein „*qualifiziertes* Wirtschaftswachstum"[1533] mit ausgeprägter Dienstleistungsorientierung möglich bleibt.[1534] Mit der starken Dienstleistungsorientierung wird die vielleicht nicht ganz realistische Erwartung verbunden, dass allein dadurch weniger Materie aufgebraucht bzw. weniger Schadstoffe ausgestoßen werden. Diese Erwartung kann jedoch mit Linz nicht uneingeschränkt geteilt werden, da auch Dienstleistungen eine materielle Basis haben. Ihre Produktion benötigt ebenso Orte, Logistikaufwand und Einrichtungen.[1535] Auch hier können Mengenprobleme auftreten und durch den industriellen Stoffwechsel Schadstoffe emittiert werden, „wenn auch voraussichtlich in geringerem Maße."[1536]

4. *Kultur und Wertewandel*

Geht es um die ökologische Dimension des Grundeinkommens, so verbinden viele Autoren damit die Hoffnung auf einen Kultur- und Wertewandel. Gemeint ist eine Neuorientierung, welche die Befriedigung von immateriellen Bedürfnissen nach Bildung, Kunst, Selbstfindung sowie den Erwerb sozialer und kommunikativer Fähigkeiten in den Vordergrund stellt.[1537] Das Grundeinkommen erleichtert und fördert die Relevanzverschiebung von materiellen zu immateriellen Bedürfnissen, die auch Teil einer kommerziellen Wirtschaft werden kann.[1538] „Der sich in Teilen der Gesellschaft vollziehende Wertewandel von materiellen zu immateriellen Werten könnte umgekehrt eine Veränderung der Pro-

1531 Vgl. Schachtschneider (2011): S. 8.

1532 Vgl. Linz (2007): S. 183.

1533 Ebd. (Hervorhebung im Original).

1534 Vgl. ebd.

1535 Vgl. ebd., S. 184.

1536 Ebd.

1537 Vgl. ebd.

1538 Vgl. ebd.

duktionsweise mit sich bringen."[1539] Die Dringlichkeit dieses Wandels jedenfalls ist in Anbetracht des gegenwärtigen Ressourcenverbrauches nicht von der Hand zu weisen. »Suffizienter Konsum« ist das Stichwort und wichtiger Bestandteil dieser unentbehrlichen Wende. Gemeint ist ein abwägender wohldosierter Überblickskonsum (für den beispielsweise der Oldenburger Umweltökonom und Nachhaltigkeitsforscher Niko Paech wirbt), d. h. ein bewusst qualitativer Konsum, der das rechte Maß findet und einhält. Will sagen, der Mensch kauft in freier Wahl nur die Produkte, die er wirklich zum guten Leben braucht und nutzt, die er also regelmäßig gebraucht oder verwendet.

Von diesem Standpunkt aus betrachtet, macht ein „extravagante[r] Geltungskonsum"[1540] der urbanen ‚happy few' wie das *nicht nutzende* Horten von Statussymbolen (wie z. B. teuren Bekleidungsstücken, Möbeln, technischen Geräten oder gar Automobilen) nur wenig Sinn. Mehr noch, handelt es sich dabei um reine Verschwendung von Ressourcen, die wiederum anderen zur Verwirklichung ihrer Lebenschancen fehlen. Vergeudet wird auch die kostbare Ressource Lebenszeit, da die steigende Anzahl nur wenig reflektierter Konsumhandlungen immer mehr Zeit beansprucht. Das Zustellen des individuellen Lebens mit irgendwelchem Zeug verweist allerdings auf die Notwendigkeit eines Paradigmenwechsels, d. h. eines grundlegenden Wandels der Lebenseinstellungen und lebensweltlichen Zusammenhänge im Zeichen einer „»Ökonomie der Genügsamkeit«"[1541]. Hierunter versteht der Ökonom und Grundeinkommensbefürworter Hans Diefenbacher eine die traditionelle Wachstumsstrategie überwindende Suffizienzwirtschaft, mit deren Hilfe der Übergang in eine die „Grenzen der ökologischen Tragfähigkeit dieses Planeten"[1542] berücksichtigende „Postwachstumsgesellschaft"[1543] erreicht werden kann.[1544] Eingeschlagen werden soll ein Entwicklungspfad der Genügsamkeit, in welchem ausbleibendes Wachstum und die damit verbundene Einschränkung im Bereich der materiellen Bedürfnisbefriedigung dennoch zu einer Wohlfahrtssteigerung führt, so Diefenbacher.[1545]

Die selbstbestimmte Reduktion des äußeren, gütermateriellen Seins, also die „bewusste Konzentration auf ein geringeres Verbrauchs-

---

1539 Abschlussbericht Enquete-Kommission ‚Schutz des Menschen und der Umwelt' (1998): S. 29.

1540 Skidelsky (2013): S. 273.

1541 Diefenbacher (2013): S. 174.

1542 Ebd.

1543 Ebd.

1544 Vgl. ebd.

1545 Vgl. ebd., S. 175.

niveau, das jedoch die Qualität des Konsums steigert"[1546], soll bestenfalls zu einem Zuwachs an Genuss, Nachhaltigkeit und Lebensqualität führen.[1547] Vor dem Hintergrund dieses weitreichenden wirtschaftlichen, kulturellen und mentalen Wandels sind Wohlstand und Wert auf der „Suche nach dem rechten Maß"[1548] bzw. einer neuen Balance im Spannungsfeld von *,Haben oder Sein'*[1549] neu zu denken.

Wohlstand ist dann weniger als das kontinuierliche Anwachsen bzw. die bloße Quantität gütermateriellen Besitzes oder etwa als saturierender Lebensstandard, sondern vielmehr als immaterieller Wert des Wohlbefindens zu verstehen.[1550] Desgleichen wird künftig all jenen Aktivitäten ein größeres Maß an Sinn und damit zugleich Wert zugesprochen werden, in denen ganzheitliches Menschsein erfahrbar wird und die gerade im ethischen Akt des Teilens eine Möglichkeit der sozial verträglichen Ressourcennutzung eröffnen. Insbesondere das selbstbestimmte und solidarische Teilen von (Lebens-)Zeit bzw. das flexible gemeinschaftliche Verrichten formeller und informeller Tätigkeiten wird künftig für eine wachsende Gruppe (sozial entwurzelter) Arbeitsmenschen emotional attraktiv und human kostbar sein.

1546 Diefenbacher (2013): S. 175.

1547 Vgl. ebd.

1548 Linz (2007): S. 184.

1549 So lautet der Titel des wohl berühmtesten sozialkritischen Werkes Erich Fromms (erschienen 1976), in welchem er die seelischen Grundlagen einer humanen und bedürfnisintegriert-konvivialen Gesellschaft skizziert.

1550 Den Wandel im Verständnis dessen, was Wohlstand ist, kommentiert die Enquete-Kommission *,Schutz des Menschen und der Umwelt – Ziele und Rahmenbedingungen einer nachhaltig zukunftsverträglichen Entwicklung'* in ihrem Abschlussbericht 1998 wie folgt: „Weiterhin sollte beachtet werden, daß der Wohlstandsbegriff aus der Nachkriegsära, und erst recht das damalige Motto Ludwig Erhards ,Wohlstand für alle', im Sinne von ständig anwachsenden Besitz materieller Güter, ausgedient haben. Das damalige Wachsen des Wohlstands, gespeist durch Ausbeutung von Natur und Ressourcen, entsprach nur in den ersten beiden Jahrzehnten einem Anwachsen der Einkommen der Bevölkerung. Nachfolgend resultierten die noch möglichen Steigerungen des Bruttosozialprodukts aus Investitionen in den Ersatz menschlicher Arbeit durch Maschinen und aus der insbesondere seit den achtziger Jahren stattfindenden Staatsverschuldung. In Zukunft werden wir uns weder ein Anwachsen noch einen Erhalt des materiellen Wohlstands auf Kosten der Natur und der nachfolgenden Generationen leisten können. Dagegen müssen wir uns die Zunahme des immateriellen Wohlbefindens leisten können: die Freude über die eigene Gesundheit und die der Kinder, der Genuß eines natürlich gewachsenen Apfels, der Spaß an bunt blühenden Wiesen und an einem zwitschernden Frühling sollten zu wertvolleren Zielen werden als bisher." (Abschlussbericht Enquete-Kommission ,Schutz des Menschen und der Umwelt' (1998): S. 226.).

Worin genau besteht der Paradigmenwechsel? Inwiefern bzw. auf welche Weise beeinflusst das ökologische Grundeinkommen Lebenswirklichkeit und Konsum? Das ökologisch finanzierte Grundeinkommen verteuert faktisch den Konsum und macht damit Eigenarbeit attraktiver. Selbsttätigkeit und Eigenlösungen rangieren dann vor dem Einkauf fertiger fremdproduzierter Waren und Dienstleistungen. Oder anders gesagt: Der Einzelne steht vor der Entscheidung, ob er eine Fremdleistung einkauft oder lieber selbst tätig wird. Statt Gemüse einzukaufen, kann der Schrebergärtner dieses eigenhändig anbauen. Anstatt alljährlich einem exzessiven Weihnachts(-geschenke-)konsum zu frönen, können Geschenke in kreativer Heimarbeit eigenhändig hergestellt werden, was deren ideellen Wert nur erhöhen und zugleich den absoluten Ressourcenverbrauch senken dürfte.

Das garantierte Grundeinkommen stellt den Bürgern die hierfür nötige erwerbsfreie Zeit (die eben keinesfalls *untätige* Zeit sein muss!) sowie basale Finanzmittel potenziell zur Verfügung. Viele Bedürfnisse des Eigenbedarfes können so ohne den (oftmals zeitaufwendigen!) Konsum marktfähiger Produkte umweltschonend befriedigt werden. Außerdem würde durch die Selbsttätigkeit sowohl das Gefühl der Selbstwirksamkeit im Sinne des Selbstkönnens als auch des Stolzes auf die eigene Leistung gefördert. Menschen würden mehr noch als heute die lebensdienliche Erfahrung machen, selbstständig etwas hervorbringen und die Umwelt mit den eigenen Ideen und Händen gestalten zu können. Die möglich werdenden Aktivitäten eines bürgerschaftlichen Mit- und Selbermachens sind gerade in einer Zeit, in der die Abhängigkeit von den Leistungen anderer deutlich zugenommen hat und in der nahezu alle lebensnotwendigen Güter Warenform angenommen haben, eine existenziell wichtige und daher begrüßenswerte Erfahrung.

Ein zentraler Aspekt ökologischer Nachhaltigkeit besteht in der Überlegung, dass ein Weniger an Konsumtion gemäß einer modernen „»Suffizienzstrategie«“[1551] (im Sinne Diefenbachers) ein Weniger an Produktion impliziert bzw. nach sich zieht, was zwangsläufig den Ressourcenverbrauch senkt und schließlich die Umwelt entlastet. Konsum aber, und das ist ein gravierendes Problem, ist eine tragende Säule der gegenwärtigen Markt- bzw. *Konsum*gesellschaft. Er hält die Produktion am Laufen und sichert somit Arbeitsplätze, ein zentrales Argument in der politischen Debatte, das oft auch zur Legitimation ethisch bzw. ökologisch bedenklicher Arbeitsverhältnisse missbraucht werden kann. Ressourcen- bzw. umweltschonender Konsumverzicht gleicht damit einem Angriff auf die Fundamente marktgerichteter Wirtschaft und Gesellschaft und dennoch ist er aus Gründen ökologischer Nachhaltig-

[1551] Diefenbacher (2013): S. 174.

keit wie dem Schutz der Lebensgrundlagen kommender Generationen dringend notwendig.

Machen wir uns nichts vor: Konsum verfügt im Kontext der Konsumgesellschaft über eine enorme soziale Funktion, er stiftet individuelle und kollektive Identität.[1552] Frei nach dem Motto: „»*Consumo ergo sum*« (Ich konsumiere, also bin ich)"[1553].

Ausgehend von einer konsumorientierten Logik gesellschaftlicher Anerkennung wird der Aufruf zu einem „anderen Lebensstil jenseits des Konsums [zum Problem und stößt bereits heute, S. K.] auf massive gesellschaftliche Widerstände."[1554] Gegenwärtig, so scheint es zumindest, ist trotz einer zunehmenden Erschöpfung von Mensch und Natur kein Ende des (Über-)Konsums absehbar. In Anbetracht der Herausforderung der sozialen, ökonomischen und ökologischen Frage nach der Zukunft menschlicher Arbeit, Produktion und Konsum ist daher die Suche nach Auswegen aus der Tretmühle der Konsumgesellschaft und der sie kennzeichnenden inhumanen, weil entfremdeten Konsummuster angezeigt. Sie ist eine zentrale wie auch dringliche Aufgabe zukunftsgestaltender Politik. „Es gilt den Konsum seiner sozialen Funktion zu entledigen."[1555]

Hinsichtlich der Aufgabe der ökologischen Neugestaltung von Wirtschaftszusammenhängen vertritt der Politikwissenschaftler Chris Methmann, der im bedingungslosen Grundeinkommen eine wegweisende Weichenstellung zur Überwindung der Konsumgesellschaft erkennt, eine interessante These: Indem das Grundeinkommen, so Methmann, jedem Bürger von Geburt an unbedingte Anerkennung als Mitglied der Gesellschaft gewährt, muss diese nicht durch den Verbrauch von Waren und Dienstleistungen konstruiert bzw. erworben werden. Dementsprechend „schwindet die Notwendigkeit, durch Konsum Vergesellschaftung herzustellen."[1556] Nicht also die leistungsbezogene Befriedigung von Bedürfnissen am Markt sichert die soziale Eingebundenheit des Einzelnen, sondern allein der leistungslose Erhalt des Transfers. „Das Grundeinkommen eröffnet einen Raum gesellschaftlicher Teilhabe, in dem Konsum seine zentrale Vergesellschaftungsfunktion einbüßt und damit politisiert werden kann."[1557]

1552 Vgl. Methmann (2007): S. 191.

1553 Ebd. (Hervorhebung im Original).

1554 Ebd.

1555 Ebd.

1556 Ebd., S. 192.

1557 Ebd.

Ein solches Prinzip sozialer Sicherung bringt vieles, vor allem aber etablierte Konsummuster ins Rutschen. Befreit vom Zwang, konsumieren zu müssen, könnten alle Mitglieder der Gesellschaft aus sich heraus ein ökologisches Bewusstsein von suffizientem, d. h. maßvollem natur- und lebensverträglichen Konsum entwickeln. Ein politisch dekretierter Verzicht aber, für den primär jene Kräfte eintreten, die den Menschen wenig Vertrauen entgegenbringen, ist gemäß Methmann dann überflüssig, weil die Gesellschaft von sich aus, also ganz natürlich, die Grenzen des Wachstums achtet.[1558] Die Argumentation Methmanns ist Ausdruck einer genuin emanzipatorischen Perspektive, in deren Rahmen das bedingungslose Grundeinkommen „nicht nur als Befreiung von der Arbeit, sondern gleichzeitig auch als Befreiung vom Konsum"[1559] gedeutet wird.

Denkt man über das gute, also das selbstbestimmte und sozial ausgewogene Leben nach, kommt man an einem Begriff nicht vorbei, der sowohl im Grundeinkommensdiskurs als auch in der Nachhaltigkeitsdebatte eine zentrale Rolle spielt, nämlich dem Begriff der *Muße*. Muße, die „einen anderen Umgang mit der Zeit erlaub[t]"[1560], ist dank der erwähnten Reformdiskurse längst zum Schlüsselbegriff einer „nachhaltigen Moderne"[1561] geworden. Doch worin besteht der Wert von Muße und warum brauchen wir mehr von ihr, „um nicht zu verblöden"[1562], wie es der Schweizer Philosoph Stefan Brotbeck ausdrückt?[1563] Für die Beantwortung dieser Frage sollen die nachfolgenden Ausführungen näher beleuchten, was Muße im Kern ausmacht, welchen Stellenwert sie im Kontext moderner Gesellschaft hat und welchen Anteil das Grundeinkommen schließlich an ihrer Emergenz hat.

Das bedingungslose Grundeinkommen provoziert mit der immanenten Möglichkeit zum Verzicht auf Erwerbsarbeit und Konsum individuelle Wägungsprozesse und schafft damit Freiräume für Fragen hinsichtlich einer ausgewogenen bzw. suffizienten Wirtschafts- und Lebensweise. Mit Grundeinkommen im Rückhalt kann der Einzelne souverän und ergebnisoffen fragen: Wieviel Konsum tut mir und der Umwelt gut und wieviel Arbeit bin ich bereit, dafür zu leisten? Wie wichtig ist mir Freizeit und was stelle ich mit ihr an? Was sind die Schwerpunkte und Kraftquellen meines Lebens und wofür lohnt es

1558 Vgl. Methmann (2007): S. 191.

1559 Ebd., S. 192.

1560 Kovce (2013): S. 2.

1561 Ebd.

1562 Ebd.

1563 Vgl. ebd.

sich, Zeit und Anstrengungen zu investieren? Wahrscheinlich müsste im Grundeinkommenssystem die Frage nach dem, was das gute Leben ausmacht, völlig neu gestellt werden. Insbesondere antike Vorstellungen eines guten Lebens bieten hierfür erfahrungsschwangere Orientierung und ja – *weisen Rat*.

Die Autoren Robert und Edward Skidelsky (der Vater Ökonom, der Sohn Philosoph) haben in ihrem 2013 erschienenen Buch mit dem Titel *‚Wie viel ist genug?'* sieben allgemeingültige Grundbedürfnisse bzw. Basisgüter eines guten Lebens herausgearbeitet, die es Wert sind, an dieser Stelle erwähnt zu werden. Die Grundbedürfnisse sind universell, d. h. sie sind kulturübergreifend für jedermann unverzichtbar und sie haben in vielfältigen Ausformungen weltweit Geltung.[1564] Nur wenn ausnahmslos alle Basisgüter mehr oder weniger verwirklicht sind, kann von einem guten Leben gesprochen werden, fehlt auch nur eines, leiden die Menschen ernsthaften Mangel.[1565]

In Anbetracht jener, aus der conditio humana notwendig hervorgehenden komplexen und auch unter Aufbietung allmöglicher materieller und immaterieller Güter stets nur annäherungsweise zu befriedigenden menschlichen Bedarfslage plädieren die Skidelskys für ein garantiertes Grundeinkommen[1566] als „Teil eines umfassenderen Maßnahmenpakets, das die Menschen zu einem guten Leben führen soll."[1567] Die von den Autoren identifizierten Basisgüter guten Lebens sind Gesundheit, Sicherheit, Respekt, Autonomie der Persönlichkeit, Harmonie mit der Natur, Freundschaft und *Muße*.[1568] Das garantierte Grundeinkommen trägt auf verschiedene Weise zu deren Verwirklichung bei, indem es eine ganzheitliche Lebensweise fördert, allen eine materielle Grundabsicherung gewährt, jedem Gesellschaftsmitglied durch eine ‚Respektpauschale' zu unbedingtem Bürgerstatus und sozialer Anerkennung verhilft, ein Mehr an Freiheit, selbstbestimmter Lebensplanung und Individualität ermöglicht, verfügbare Zeit für Naturgenuss und Freundschaft freisetzt und vielfältige Räume für Muße(-tätigkeit) eröffnet.

Speziell dem Basisgut Muße, so zeigt nicht allein die Lektüre der Skidelskys (jun./sen.), kommt in der Diskussion darüber, wie wir leben und arbeiten wollen, eine zentrale Rolle zu. Der Zusammenhang von Grundeinkommen und Muße ist bereits mehrfach angesprochen wor-

---

1564 Vgl. Skidelsky (2013): S. 204 ff.

1565 Vgl. ebd., S. 206 f.

1566 Vgl. ebd., S. 266 ff.

1567 Ebd., S. 273.

1568 Eine ausführliche Erörterung der Basisgüter guten Lebens findet sich ebd., S. 204-241.

den. Doch gerade wenn es darum geht, die ökologische Dimension des Grundeinkommens zu eruieren, bedarf es einiger ergänzender Anmerkungen: beide Autoren legen ihrer Analyse einen älteren Begriff von Muße zugrunde, der nicht etwa wie im heutigen Sprachgebrauch üblich, dieselbe als Synonym von Entspannung und Erholung deutet, sondern vielmehr als *selbstzweckhaftes Tätigsein* eigenen Rechtes versteht.[1569] So verstanden ist Muße nicht einfach nur arbeitsfreie Zeit, sondern eine besondere Form der Tätigkeit, also das „was wir um seiner selbst willen tun, nicht als Mittel zu etwas anderem."[1570] Muße in diesem Sinn hat wenig zu tun mit untätiger Freizeit, vielmehr kann auch bezahlte Arbeit Mußetätigkeit sein, „wenn sie nicht primär dem Geldverdienen dient, sondern um ihrer selbst willen geleistet wird."[1571] Das Verfassen einer Dissertationsschrift beispielsweise ist im Idealfall reine Mußetätigkeit, wenn das Hauptziel der Studie in einem erkenntnisorientierten Beitrag zur Wissenschaft besteht. Freizeitaktivitäten allerdings, die vornehmlich „instrumentell betrieben werden"[1572], wie zum Beispiel Sport mit dem Ziel der Steigerung der allgemeinen Fitness, sind keine Mußetätigkeiten in dem hier verstanden Sinn.[1573] Muße im Verständnis der Skidelskys „zeichnet sich nicht durch das Fehlen von Ernsthaftigkeit oder Nachdrücklichkeit aus, sondern durch die Abwesenheit von äußerem Zwang."[1574] Insofern kommt Mußetätigkeit nach Einschätzung der Autoren jener freien Lebensäußerung ziemlich nahe, die Marx „als nicht entfremdete Arbeit bezeichnete."[1575]

Warum aber ist Muße ein Basisgut guten Lebens, das es mit Hilfe des Grundeinkommens zu stärken bzw. zu sichern gilt? Auch diesbezüglich liefern die Skidelskys aufschlussreiche Antworten: Ein mußefreies Leben, ein Leben also, in dem keine Tätigkeit sich selbst Zweck ist und nur um einer anderen Willen getan wird, sei nutzlos und gliche letztlich einem „Leben in beständiger Vorbereitung, das nie richtig beginnt."[1576] Der Wert von Muße, die im Rahmen einer rastlos rotierenden leistungs- und konsumorientierten Marktgesellschaft immer seltener wird,[1577] für Individuum und Gemeinschaft darf nach Ansicht der Skidelskys nicht unterschätzt werden: „Muße ist die Quelle von Nach-

---

1569 Vgl. Skidelsky (2013): S. 223.

1570 Ebd.

1571 Ebd.

1572 Ebd.

1573 Vgl. ebd.

1574 Ebd.

1575 Ebd.

1576 Ebd., S. 224.

1577 Vgl. ebd., S. 239.

denklichkeit und Kultur, denn erst wenn wir uns vom Druck der Notwendigkeit befreit haben, *sehen* wir die andere Welt wirklich, nehmen wir sie in ihrem anderen Charakter und Umriss wahr."[1578] Insofern ist Muße eine Voraussetzung für die Genese erhabener und kreativer Geistesprozesse, die dem Menschen ein schöpferisches Selbst- und Weltgestalten überhaupt erst möglich machen. Muße als charakter- und kreativitätsbildender Zeitbogen ist jedoch an ökonomische Bedingungen geknüpft. Sie kann nur entstehen, wenn lästige Pflichten (wie z. B. bezahlte Arbeit oder unbezahlte, aber notwendige Tätigkeiten im häuslichen Bereich) reduziert werden und die sich damit ergebenden Freiräume für »zweckhaftes Tun ohne Zweck« genutzt werden.[1579] Die Emergenz von Muße bedarf jedoch nicht allein der Abwesenheit lästiger Pflichten, sondern erfordert ebenso zwanglose Minima an frei verfügbarer Zeit und Räume für spontane, aktiv-ambitionierte und kenntnisreiche Teilnahme an den Künsten und Praktiken des guten Lebens (die Skidelskys nennen hier exemplarisch Konversation, Tanz, gemeinsames Musizieren).[1580]

Das bedingungslose Grundeinkommen als egalitärer Sozialtransfer steht für soziale und ökonomische Abundanz. Es befreit jeden Einzelnen ein Stück weit von der Erwerbsverpflichtung und schafft somit mußefreundliche Rahmenbedingungen im professionellen wie im privaten Leben. An die Stelle von Arbeitshetze, Nützlichkeitsfetisch und Konsumrausch könnten mehr noch als heute selbstgewählte bzw. bewusst selbstzweckhafte Tätigkeiten voller Spontanität und Kenntnisreichtum treten. „Eine Wirtschaft, die auf den maximalen Ausstoß marktfähiger Produkte ausgerichtet ist, wird eher vorgefertigte als spontane Formen der Muße hervorbringen."[1581] Muße jedenfalls, so kann gezeigt werden, ist die Essenz bzw. Würze eines ganzheitlichen, wirklich menschlichen Lebens. Sie ist die Verewigung der Gegenwart, jener zauberhafte Moment, in dem sich der selbsttätige Mensch als einzigartiges und harmonisch-kontingentes Wesen begreift (z. B. in der Erfahrung von Schönheit, Ordnung und Sinn). Als Gegensatz zu passiv-dröger und stupider Tätigkeit bietet sie notwendige Pause für die Seele und damit Gelegenheit für schöpferische Prozesse im Zeichen innerer Produktivität, auf die eine nachhaltig agierende Gesellschaft wesentlich angewiesen ist.

Das bedingungslose Grundeinkommen als innovative Form egalitärer sanktionsfreier Daseinssicherung ermöglicht durch „neue Mi-

---

1578 Skidelsky (2013): S. 224 (Hervorhebung im Original).

1579 Vgl. ebd., S. 225.

1580 Vgl. ebd.

1581 Ebd.

schungsverhältnisse von Arbeitszeit und Freizeit“[1582], aber auch durch die Möglichkeit zum Verzicht auf Erwerbs- und Konsumdrang eine lebensdienliche Entschleunigung und Entrümpelung des Lebens. Eine selbstbestimmte Unterbrechung der Tretmühle von Arbeiten und Konsumieren für einhaltende Kontemplation und sinnbezogene (metaphysische) Betrachtung wird möglich. Das Grundeinkommen stellt allen die finanziellen und infrastrukturellen Ressourcen für frei gewählte Mußetätigkeit und damit auch Zeit für die Erquickung der Seele bedingungslos zur Verfügung.

Zusammenfassend kann festgehalten werden: Hinsichtlich der ökologischen Nachhaltigkeit des Grundeinkommens kann mit Linz nur ein verhaltenes Fazit gezogen werden. So kann a priori, also vor jeder Empirie, schlichtweg nicht ermittelt werden, ob das Grundeinkommen wirklich einen Werte- bzw. Kulturwandel initiiert und infolgedessen der Konsum und damit der Ressourcenverbrauch sinkt bzw. abnimmt.[1583] Es kann vorausschauend nicht gesagt werden, wie sich die Menschen entscheiden bzw. letztendlich verhalten werden. Dies wird definitiv erst die Erfahrung der Grundeinkommenspraxis zeigen, vorab wissen kann man es nicht.[1584] Es bleibt also abzuwarten, ob, und wenn ja, inwiefern das Grundeinkommen tatsächlich zur ökologischen Nachhaltigkeit und Ressourcenschonung beiträgt. Die Chancen hierfür stehen allerdings gut, weil das Grundeinkommen die Möglichkeiten erhöht, (umwelt-)schädliche Arbeits- und Konsummuster abzulehnen, was Formen nachhaltiger Produktion stärken dürfte. Es befähigt einkommensfaktisch zur Reduktion, zu einem Verzicht auf fremdbestimmtes Arbeiten und Konsumieren und macht den Weg frei für die vorrangige Befriedigung immaterieller Bedürfnisse (Bildung, Politik, Kunst, Religion, Naturgenuss, Sport etc.) und eine genügsame nachhaltige Lebensweise. Evident ist: Im Grundeinkommenssystem wächst der Mut, alternative (Konsum-)Entscheidungen zugunsten verbrauchschonender und harmonischer Lebensstile zu treffen. Es stärkt die Position des Einzelnen gegenüber einem konsum- und karrierefixierten Zeitgeist, sodass der Verzicht auf Verbrauchsoptionen nicht zwangsläufig als Verlust an Lebensqualität begriffen werden muss. Manche Befürworter eines ökologischen Grundeinkommens vertreten die Meinung, dass bedingungslose Sozialtransfers eher noch als die heutige Grundsicherung geeignet sind, eine suffiziente Wirtschafts- und Lebensweise zu fördern.[1585] Mehr noch sei das Grundeinkommen in der Lage, das

1582 Kovce (2013): S. 2.

1583 Vgl. Linz (2007): S. 184.

1584 Vgl. ebd.

1585 Vgl. ebd.

Positive im Menschen zutage zu fördern, da „es sie unabhängiger von Zerstörungskräften in unserer Gesellschaft werden lässt.“[1586]

Die Hoffnung einer ‚Verbesserung‘ des Menschen durch die Zahlung eines staatlichen Transfers scheint dem Verfasser enthusiastisch und vor dem Hintergrund eines realistischen Menschenbildes naiv. Zumindest aber erlaubt es das Grundeinkommen in der limitierten Höhe des Existenzminimums, destruktiven Angeboten der Gesellschaft den Rücken zu kehren. Eines vor allem muss deutlich vermerkt werden: Erst wenn das Grundeinkommen gesellschaftliche Realität geworden ist, werden die gemachten Erfahrungen zeigen, welche ökologische Nachhaltigkeitsbilanz gezogen werden kann. Das Grundeinkommen macht es jedoch in der großen Tendenz den Menschen leichter, auf ökologische Belange Rücksicht zu nehmen. Es befähigt den Transferempfänger zu einem entspannten *weniger ist mehr*.

IV.3.4. Bedingungsloses Grundeinkommen und nachhaltige Entwicklung

Um die Analyse des Zusammenhangs von bedingungslosem Grundeinkommen und Nachhaltigkeit abzurunden, wird die Grundeinkommensidee in einem letzten Untersuchungsschritt mit dem Konzept nachhaltiger Entwicklung als dem „Leitbild einer zukunftsfähigen Gesellschaft und Wirtschaft“[1587] in Beziehung gesetzt. Das Konzept nachhaltiger Entwicklung bildet die Summe aus sozialen, ökonomischen, ökologischen, kulturellen und demografischen Aspekten, lässt sich also keineswegs auf bloße Umweltbelange begrenzen.[1588] Nachhaltige Entwicklung als normative Zielvereinbarung beschreibt folglich eine genuin interdisziplinäre Problemstellung, zu deren Lösung es einer Integration unterschiedlicher Theorieansätze und fachspezifischer Methodenzugänge bedarf. Gemäß dem oben erwähnten Brundtland-Bericht zielt die entwicklungspolitische Komponente des Leitbildes auf die Erhaltung der Lebens- und Produktionsgrundlagen heute und in der Zukunft.[1589] Eine Entwicklung ist also nachhaltig, wenn sie der Bedürfnisbefriedigung der gegenwärtigen Generation(en) dient, ohne dabei die Möglichkeiten der Bedürfnisbefriedigung künftiger Generationen zu gefährden.[1590]

1586 Linz (2007): S. 184.

1587 Scherhorn (2012): S. 68.

1588 Vgl. Abschlussbericht Enquete-Kommission ‚Schutz des Menschen und der Umwelt‘ (1998): S. 16.

1589 Vgl. ebd.

1590 Verkürzte Definition gemäß dem Brundlandt Bericht (1987), nachzulesen ebd.

Gemäß dem forschungsleitenden Zielinteresse dieser Arbeit geht es um die Frage, ob und inwiefern das Grundeinkommen zur nachhaltigen Entwicklung beiträgt. Und präziser gefragt: Kann das unbedingte Grundeinkommen der „rasant fortschreitende[n] Exploitation der Natur und der Umweltressourcen"[1591] im Zeichen eines vulgärmaterialistischen, d. h. rein quantitativen Wirtschaftswachstums entgegenwirken oder diese sehr einseitige und zugleich irreversible Entwicklung abbremsen? Für eine zufriedenstellende Beantwortung dieser Frage müssen vorab ein paar grundlegende Zusammenhänge transparent gemacht werden: Für Umweltschützer liegen die Ursachen eines pervertierten, d. h. zunehmend schädigenden Wirtschaftsgebarens in der Verknüpfung der Bestrebungen von Wachstum und Wohlfahrt. „Gerade die Aneinanderkoppelung von Wirtschaftswachstum und Wohlfahrt sei ein fataler Fehlschluss einer durchökonomisierten Arbeits- und Wachstumsethik, der dazu führt, dass zukünftigen Generationen anstelle eines komfortablen sozialen Netzes nur ausgebeutete und beschädigte Umwelt bleiben wird."[1592]

Aufgrund seiner positiven, sozialen Frieden stiftenden Wirkung möchte niemand auf Wohlfahrt verzichten. Ebenso kann das im kollektiven Bewusstsein der westlichen Industriegesellschaften tief verankerte Wachstumsparadigma nicht ohne die Gefahr ökonomischer und politischer Konflikte aufgegeben bzw. negiert werden. Bezüglich der wirtschaftspolitischen Grundorientierung der von ihm entwickelten Ordnungskonzeption erklärt Müller-Armack im Jahr 1956, also in einer Zeit, in der die ökologische Frage noch weit weniger bedeutend gewesen ist, als dies heute der Fall ist, dass eine Politik der Sozialen Marktwirtschaft „eine *bewußte* Politik des wirtschaftlichen Wachstums"[1593] verlange, womit freilich keine Aussage über die eigentliche Qualität bzw. die ökologische oder soziale Verträglichkeit des Wachstums getroffen worden ist. Als theoretisch gesichert gilt: Wirtschaftliche Prosperität und eine positive sozioökonomische Entwicklung versteht Müller-Armack vorrangig als gesellschaftspolitische Gestaltungsaufgabe. Seinen Standpunkt zur (schon damals virulenten) Wachstumsfrage fasst Müller-Armack 1960 mit folgender These zusammen:

> „Es wird kaum bestritten werden, daß in der nächsten Phase der Sozialen Marktwirtschaft gesellschaftspolitische Probleme vor die ökonomischen treten werden. [...] Nach der Lösung der Produktionsprobleme im Rahmen einer vollbeschäftigten Wirtschaft verschiebt sich der Aufgabenbereich der

---

[1591] Füllsack (2002): S. 162.

[1592] Ebd.

[1593] Müller-Armack (1976 [1956]): S. 247 (Hervorhebung S. K.).

Sozialen Marktwirtschaft. Sie muß künftig als Politik einer freien Gesellschaft begriffen werden."[1594]

Zwei Jahre später definiert Müller-Armack die von ihm vertretene wirtschafts- bzw. gesellschaftspolitische Leitidee mit folgendem Postulat: „Weiteres ökonomisches Wachstum genügt nicht und wird relativ uninteressant gegenüber Aufgaben anderer Art, die ihre Bewältigung verlangen."[1595] Zur Bedeutung des Wachstumsparadigmas als normative Leitorientierung Sozialer Marktwirtschaft sei an dieser Stelle genug gesagt. Die frühen wachstumsrelativierenden Aussagen Müller-Armacks können allerdings nicht darüber hinwegtäuschen, dass Wirtschaftswachstum nach wie vor eine weithin unhinterfragte Kerndoktrin hochproduktiver Volkswirtschaft ist.

In Folge der aufsehenerregenden Prognosen des Club of Rome[1596] hat sich jedoch die wohlbegründete Meinung durchgesetzt, dass wirtschaftliches Wachstum *in seiner gegenwärtigen Form* aus ethischen, sozialen, ökologischen und ästhetischen Gründen „dringend gebremst werden müsse"[1597]. Einen Ausweg verspricht laut Füllsack die Auflösung beider sich in einer „fatale[n] Aneinanderkoppelung"[1598] befindlichen Größen.[1599] Verschiedentlich haben Grundeinkommenstheoretiker darauf hingewiesen, „dass auch ein Grundeinkommen dazu beitragen könnte, die Koppelung von Wirtschaftswachstum und Wohlfahrt zu durchtrennen."[1600] Die hiermit angesprochene Entkoppelung würde schließlich einer aus umweltpolitischen Erwägungen notwendigen Neudefinition von Wachstum und Wohlfahrt den Weg bereiten.

Gegenwärtig hängen die sozialstaatlichen Unterstützungsleistungen entsprechend dem Äquivalenzgedanken weitgehend vom Umfang jenes Beitrages ab, den der Hilfebedürftige zum Bruttosozialprodukt

---

1594 Müller-Armack (1976 [1960]): S. 273, 289.

1595 Müller-Armack (1976 [1962]): S. 295.

1596 Grundlage der Prognosen bildet die 1972 vom Club veröffentlichte und seither anhaltend kontrovers diskutierte Studie *‚Grenzen des Wachstums'*, welche sich schwerpunktmäßig mit Fragen eines die natürlichen Grenzen achtenden und intergenerationell gerechten Wirtschaftswachstums befasst. Der Bericht des Club of Rome analysiert die Begrenzung wirtschaftlichen Wachstums angesichts limitierter, nicht erneuerbarer Naturressourcen in einer endlichen Welt. „Das Streben nach permanentem Wachstum durch ökonomische Aktivitäten wird kritisch hinterfragt und als unvereinbar mit den natürlichen Grenzen des menschlichen Handelns angesehen." (Hauff v. (2007): S. 357). Insofern wird der Bericht des Club von mancher Seite auch als „Fundamentalkritik an der neoklassischen Ökonomik" (ebd.) verstanden.

1597 Füllsack (2002): S. 162.

1598 Ebd.

1599 Vgl. ebd.

1600 Ebd.

beigesteuert hat.[1601] „Ein bedingungsloses Grundeinkommen würde demgegenüber die Unterstützungen von diesem Beitrag unabhängig machen und damit die Produktionsethik des gegenwärtigen [beitragsfinanzierten, S. K.] Systems unterwandern."[1602] Hierdurch würden Formen nachhaltigen Wirtschaftens jenseits eines auf die Annahmen ökonomischen Wachstums und Leistungsäquivalenz setzenden Zeitgeistes begünstigt. Dies sind ökonomistisch geprägte Annahmen, die ohnehin nicht genügen, um die neuen vornehmlich qualitativen Aufgaben des gesellschaftlichen Zusammenlebens zu bewältigen.[1603]

Darüber hinaus würde das garantierte Grundeinkommen nach Ansicht Füllsacks den „Gemeinschaftssinn stärken"[1604] und ferner dazu beitragen, dass die Verantwortung für den kollektiven Besitz und Gebrauch der natürlichen Güter und Ressourcen demokratisiert, d. h. „wirklich von allen geteilt wird."[1605] Gerade die aus dem Erwerbszusammenhang ausgeschlossen Personen (bzw. jene, die sich explizit herausgenommenen haben), also jene „‚Müßiggänger', ‚Nichtstuer' und ‚Parasiten'"[1606], welche die Umwelt am Wenigsten belasten, wären nach Ansicht Füllsacks hierfür zu belohnen.[1607] Demgemäß schlussfolgert er: „Je höher deren [der von Arbeit Befreiten, S. K.] Grundeinkommen angesetzt würde, desto nachhaltiger würde [...] das Wirtschaftswachstum gebremst."[1608]

Erhellend ist in diesem Zusammenhang der Einwand, dass ein wachstumsbremsendes Grundeinkommen, aufgrund dessen die Produktion und damit auch das Steueraufkommen gemindert würde, sich negativ auf die Finanzierungsmöglichkeiten desselben auswirken würde.[1609] Verbunden mit dem Effekt einer starken Wachstumsminderung würde sich das Grundeinkommen schließlich selbst entgegenwirken bzw. die eigene Finanzierungsbasis schmälern.[1610] Grundeinkommensfreundliche Ökonomen und Ökologen betonen daher immer wieder die Bedeutung alternativer Finanzierungsquellen wie beispielsweise einer Boden- und/oder Energiebesteuerung.[1611]

1601 Vgl. Füllsack (2002): S. 162 f.

1602 Ebd., S. 163.

1603 Vgl. Ulrich (2009): S. 377.

1604 Füllsack (2002): S. 163.

1605 Ebd.

1606 Ebd.

1607 Vgl. ebd.

1608 Ebd.

1609 Vgl. ebd.

1610 Vgl. ebd.

1611 Vgl. ebd. Die Frage einer Boden- und Energiebesteuerung als Finanzierungsquelle eines allgemeinen Grundeinkommens hat ein Schwerpunktthema des

Zu Bedenken ist in diesem Zusammenhang laut Füllsack auch, dass ein den Ausstieg aus Materialismus und Produktivismus in Aussicht stellendes Grundeinkommen keineswegs ein Garant dafür ist, dass all jene Tätigkeiten, welche von den einzelnen Gesellschaftsmitgliedern anstatt der üblichen wachstumsorientierten Produktionsarbeiten ausgeübt würden, ökologisch einwandfrei sind. Das garantierte Sozialeinkommen allein bewirkt noch kein ökologisches Umdenken, ebensowenig garantiert es eine umweltbewusste Produktions- und Lebensweise.[1612] So besteht auch im Grundeinkommenssystem weiterhin die Möglichkeit einer rohstoffintensiven Massenfertigung wie auch eines unreflektierten ‚Schrottkonsums'. Dies verdeutlicht noch einmal: Das bedingungslose Grundeinkommen kann mit Blick auf den notwendigen öko-sozialen Umbau nur als Teil eines umfangreicheren gesellschaftspolitischen Maßnahmenpaketes verstanden werden[1613], denn als isolierte Leistung sozialstaatlicher Daseinssicherung ändert es wenig an den bestehenden Verhältnissen.

Wie bereits erwähnt, werden dem Grundeinkommen über die Grenzen wissenschaftlicher Disziplinen und politischen Lager hinweg von verschiedenen Theoretikern wirtschaftsstimulierende Effekte zugeschrieben und kritisch diskutiert. Ob nun dieser oder aber der von Ökologen betonte „wirtschafts*bremsende* Effek[t]"[1614] dominiert, wird schließlich erst die mehrjährige Grundeinkommenspraxis zeigen. Letzte Gewissheit hierüber kann nur die Empirie geben.[1615] Grundsätzlich aber stehen die Chancen gut, dass das Grundeinkommen dabei helfen könnte, „das wirtschaftliche Wachstum in Ökologie-freundliche Richtung zu lenken."[1616] In Anbetracht der realpolitischen Vorrangstellung des traditionellen Wachstumsparadigmas neoklassischer Ökonomik wird ein wie auch immer akzentuierter Grundeinkommensentwurf primär ökonomische, also wesentlich wirtschaftsstimulierende Aspekte nicht ausblenden können und wird sich diesen folglich stellen müssen.[1617] Durch diese Konfrontation aber wird die Vision einer alternativen, ökologisch und sozial verträglichen Wirtschaftsweise in die Debatte um eine nachhaltige Ausrichtung von Ökonomie und Gesellschaft hineingetragen.

---

14. BIEN Grundeinkommens-Weltkongress vom 14.-16. September 2012 in München gebildet.

1612 Vgl. Füllsack (2002): S. 163.

1613 Vgl. ebd.

1614 Ebd., S. 164 (Hervorhebung im Original).

1615 Vgl. ebd.

1616 Ebd.

1617 Vgl. ebd.

Für die Erlangung eines tieferen Verständnisses des Zusammenhangs von Grundeinkommen und nachhaltiger Entwicklung gilt es, folgende Überlegungen zu berücksichtigen: Verschiedentlich haben Ökonomen und Wachstumsforscher darauf hingewiesen, dass der ökologische und soziale Kollaps nur dann abgewendet werden kann, „wenn die Erhaltung der Gemeingüter in die Marktwirtschaft inkorporiert wird".[1618] Nur so sei zu gewährleisten, dass sich diese gegen einen zerstörerischen Kapitalismus durchsetze.[1619] Dementsprechend fordern ökologisch orientierte Grundeinkommenstheoretiker wie der Nachhaltigkeitsforscher Gerhard Scherhorn, dass das Grundeinkommen als Gemeingut verstanden und schließlich als solches behandelt werden müsse, soll das Ziel nachhaltiger Entwicklung erreicht werden.[1620]

Ein so verstandenes Grundeinkommen kann laut Scherhorn gerade wohlhabenden Ländern die Abkehr von der Wachstumsfixierung erleichtern, indem es „die individuellen Ängste vor dem Schrumpfen der weniger nachhaltigen Wirtschaftsbereiche aufhebt"[1621] und „das Gefühl des Aufgehobenseins in der Solidarität der Gesellschaft die innere Verantwortung für die Erhaltung der Gemeingüter weckt oder bestärkt."[1622] Das positive Zusammenwirken von Sicherheit und Verantwortung, wie es im Grundeinkommenskonzept möglich wird, „kann eine Ahnung davon vermitteln, ‚dass die Probleme von Integration und Verteilung anders als durch Wachstum gelöst werden können, und insofern die Perspektive einer Emanzipation vom Wachstum eröffnen.'"[1623] Dies gilt, mit Scherhorn gesagt, freilich nur dann, wenn das Grundeinkommen „als *managed commons* organisiert, also unter Regeln verantwortlichen Handelns gestellt wird"[1624] und nicht etwa einer kontraproduktiven Übernutzung durch die unverantwortliche Aneignung ihrer Erträge im Negativbild der sogenannten „‚tragedy oft the commons'"[1625] anheimfällt.[1626] Das heißt, erst der rechte Umgang mit den Allgemeingütern bewirkt eine wirklich dauerhafte Verbesserung der Lebensbedingungen. „Ein Bürgerrecht auf Grundeinkommen schafft ein soziales Gemeingut; es unterliegt wie alle Gemeingüter der Gefahr,

1618 Scherhorn (2012): S. 79.

1619 Vgl. ebd.

1620 Vgl. ebd.

1621 Ebd., S. 80.

1622 Ebd.

1623 Ebd.

1624 Ebd. (Hervorhebung im Original).

1625 Ebd.

1626 Vgl. ebd.

übernutzt zu werden, wenn es nicht nach dem Prinzip einer funktionsfähigen Allmende organisiert und wie diese selbstverwaltet wird."[1627]

Folgender Punkt wird mit Blick auf die Nachhaltigkeitsforderung deutlich: Das Grundeinkommen, verstanden als ein soziales Gemeingut, darf nicht wie ein Bonus für ressourcenverzehrendes Konsumverhalten oder einen wohlstandsvernichtenden Substanzverbrauch wirken, sondern vielmehr als eine Ermöglichungsstruktur „für eine verantwortliche Beteiligung an der Zukunftsfähigkeit der Gesellschaft."[1628] Grundeinkommen darf also mit Scherhorn gesprochen den Gesamtkonsum nicht noch weiter steigern, soll die bestehende „Wachstumsfixierung"[1629] zugunsten eines nachhaltigen, also maßvollen Umgangs mit den natürlichen Ressourcen überwunden werden.[1630] Nicht in der Konsumsteigerung liegt also der gesellschaftspolitische Zweck des Grundeinkommens, sondern vielmehr in den erwartbar positiven Effekten hinsichtlich ressourcenschonender Selbstbeschränkung und verantworteter Teilhabe. Es soll laut seiner Urheber zu lokaler Kooperation und produktiver Aktivität ermutigen und dort, wo es in ein bereits existentes Einkommen hineinwächst, eher das zivilgesellschaftliche Engagement stärken als den Konsum.[1631] Zur Förderung nachhaltiger Entwicklung soll die Einführung des Grundeinkommens laut Scherhorn „vom Abbau des Kapitalvorrangs begleitet und von einem Bildungssystem, einer Unternehmenskultur und einem bürgerschaftlichen Engagement flankiert"[1632] werden. Begleitmaßnahmen also, welche „selbstbestimmtes *und* zugleich sozial verantwortliches Handeln"[1633] fördern und dessen Einübung ermöglichen.[1634] Eingebunden in einen Katalog emanzipatorisch wirkender Maßnahmen steht das bedingungslose Grundeinkommen nicht zuletzt für die Ermächtigung des Einzelnen, als den Urheber und Ausgangspunkt gesellschaftlicher Realität sowie eine Hinwendung zum Lokalen im Sinne tätiger Teilhabe vor Ort.

Scherhorn ist beizupflichten: Richtig verstanden folgt das Grundeinkommen dem Prinzip der Allmende.[1635] Die mündigen Empfänger des

---

1627 Scherhorn (2012): S. 80.

1628 Ebd., S. 81.

1629 Ebd.

1630 Vgl. ebd.

1631 Vgl. ebd.

1632 Ebd.

1633 Ebd. (Hervorhebung im Original).

1634 Vgl. ebd.

1635 Vgl. ebd., S. 79 ff.

Gemeingutes Grundeinkommen wachen selbst über dessen idealerweise konstruktive Nutzung, über dessen ressourcenschonende und substanzerhaltende Verwendung. Dazu gehört auch der freiwillige „Verzicht auf Mehrverbrauch von Marktgütern“[1636]. Grundeinkommen als Infrastruktur selbstbestimmten und lebensdienlichen Handelns eröffnet zahlreiche Wege der Substitution gewohnter Konsummuster. Die kognitiv-anspruchslose und seltsam passive Konsumtion von Marktgütern kann im Grundeinkommenssystem mehr noch als heute durch nachhaltige, also nicht kurzfristig-illusionäre Lösungen ersetzt werden. So ist davon auszugehen, dass mittels einer als Gemeingut gestalteten Existenzsicherung die Eigenproduktion marktferner Güter, aber auch Beziehungsarbeit und gemeinschaftsbezogenes Handeln deutlich an Attraktivität gewinnt. Attraktiv wird kurz gesagt all das, „was man nicht gegen Geld bekommt, sondern durch eigene Achtsamkeit und die Zuwendung der Mitmenschen.“[1637] Hierin liegt die eigentliche Stärke des Grundeinkommens und seine Legitimation.

Die Verwirklichung nachhaltigen Denkens und Handelns bedarf wie alles im Leben der Einübung. Ebenso notwendig ist der Austausch der Grundeinkommensnutzer über die gemachten (Nachhaltigkeits-)Erfahrungen. Von Bedeutung ist in diesem Zusammenhang die Auseinandersetzung über die Arbeit *mit dem* bzw. *am* Gemeingut.[1638] Ziel ist die Herausbildung eines kollektiven Nachhaltigkeitswissens, das wiederum allen Transferbeziehern barrierefrei zugänglich ist. Das Internet kann hier eine entscheidende Rolle spielen. Grundeinkommensbezieher können sich online über die gemachten Erfahrungen im Bereich von Selbstwirksamkeit oder gemeinnütziger Arbeit austauschen und sich wechselseitig über den bestehenden gesellschaftlichen Engagementbedarf informieren. Grundeinkommen und Internet sind sozusagen als korrespondierende Entwicklungen zu verstehen. Zum einen bietet der Sozialtransfer Zeitfreiräume zur flexiblen Nutzung moderner Informations- und Kommunikationsmittel. Das nützt auch dem wohlgeordneten Aufbau von Demokratie und Zivilgesellschaft. Zum anderen bietet das Internet eine allen zugängliche und kostengünstige Plattform für grundeinkommensbezogenen Informationsaustausch (frei nach dem Motto: Wie und wofür nutzt du eigentlich dein Grundeinkommen?). Überdies bietet das Internet Chancen und Raum für globale Gruppierungen, doch sind laut Scherhorn vor allem „nachhaltige Kooperations-

1636 Scherhorn (2012): S. 83.

1637 Ebd.

1638 Vgl. ebd.

strukturen"[1639] primär auf lokale Vernetzung und räumliche Nähe angewiesen.[1640]

Nachhaltige Entwicklung, das haben die Erfahrungen gezeigt, beginnt stets beim Einzelnen, bei der Gestaltung des näheren Umfeldes der handelnden Akteure. Unentbehrlich und zugleich förderwürdig erscheint daher „die Rückbesinnung auf die eigene Umgebung, die dezentrale Kommunikation in Unternehmen, Gemeinden, Initiativen, Vereinen, Tauschringen [und, S. K.] Nachbarschaften."[1641] Ohne eine breite Bewusstseins- und Willensbildung jedenfalls kann der ökosoziale Umbau oder das Erreichen von Nachhaltigkeitszielen nicht gelingen. Demgemäß bemerkt Scherhorn: „Ziel muss es sein, dass alle ein Gewahrsein dafür entwickeln, dass ein Grundeinkommen mehr ist als ein Rechtsanspruch auf Einnahmen, nämlich eine Befreiung zu eigener, zukunftsfähiger Aktivität, und damit eine Chance und eine Herausforderung."[1642] Mit der Bewusstwerdung eben dieser emanzipatorischen Zielperspektive gereicht das Grundeinkommen geradezu zum Unterpfand nachhaltiger Entwicklung.[1643]

Der Diskurs lässt sich folgendermaßen zusammenfassen: Bedingungsloses Grundeinkommen als innovative Systemkorrektur erleichtert die individuelle Entscheidung zur aktiven Mitgestaltung einer nachhaltigen, d. h. dauerhaft menschen- und umweltgerechten Gesellschaft; es ermutigt und befähigt zum Einüben in die Kunst fruchtbringender Reduktion und Selbstbeschränkung. Getragen wird dieser aus individualethischer Sicht wünschenswerte Lebensmoduswechsel von der Hoffnung, dass durch die Konzentration auf das Wesentliche der Blick frei wird für die existenzielle Bedeutung von Autonomie, Partizipation und Kooperation für ein zukunftsorientiertes Miteinander sowie das menschliche Leben im Allgemeinen.

Wie die Analyse gezeigt hat, ermöglicht das Grundeinkommen eine Entwicklung, die auf die natürlichen Lebensgrundlagen Rücksicht

---

1639 Scherhorn (2012): S. 83.

1640 Vgl. ebd.

1641 Ebd.

1642 Ebd.

1643 In einer holistischen Perspektive kennzeichnen Wohlgenannt und Büchele die Nachhaltigkeits-, Emanzipations- und Innovationswirkung des bedingungslosen Grundeinkommens wie folgt: „Grundeinkommen kann im Rahmen eines ökosozialen Umbaus als Weg betrachtet werden, die alte und die neue Armut dauerhaft aus der Welt zu schaffen, als Instrument zu einer flexibleren Gestaltung der Arbeitswelt und der Wirtschaft, und als Voraussetzung eines selbstbestimmten Lebens mit Freiräumen für Kreativität und gesellschaftliche Innovation." (Wohlgenannt/Büchele (1990): S. 17).

nimmt und somit den Bedürfnissen heutiger und künftiger Generationen gerecht wird. Es fördert die soziale Vernetzung durch die Alimentierung auch marktferner Tätigkeiten und bietet Freiräume zur Befriedigung immaterieller Bedürfnisse im Zeichen kooperativer Sorge. Als Neudesign sozialer Grundversorgung schafft es die Voraussetzungen für ein menschenwürdiges Leben und begünstigt die Herausbildung nachhaltiger Strukturen in Markt und Gesellschaft. Durch die angemessene Sicherung der materiellen Existenzbedingungen begünstigt es außerdem eine lebensdienliche und umweltfreundliche Reorganisation der Arbeitswelt, weil sozial oder ökologisch bedenkliche Arbeiten jederzeit abwählbar sind.

Unter Berücksichtigung der enormen Ausdifferenzierung wie auch der steigenden Gesamtvernetzung entwickelter Gesellschaft (Stichwort: Retinität) führt das Grundeinkommen die soziale, ökonomische und ökologische Dimension moderner Gesellschaft zusammen. Das heißt, die inhärenten Logiken und Sachzwänge der jeweiligen Wirklichkeitsbereiche werden als gleichberechtigt anerkannt und eingebunden; keine der Dimensionen wird ausgeblendet oder gegen eine andere ausgespielt.

Die Integration der verschiedenen gesellschaftlichen Teilsysteme mit ihren je eigenen Funktionslogiken, wie es dem normativen Gestaltungsanspruch des allgemeinen Grundeinkommenskonzeptes entspricht, weckt mehr noch als bisher das Bewusstsein von der wachsenden Vernetzung der sozialen, ökonomischen und ökologischen Wirklichkeitsfelder bzw. Problematiken. Zugleich zeugt der integrative Ansatz von der Problem- und Wirklichkeitstauglichkeit sowie der politischen Konsensfähigkeit des Grundeinkommensschemas.

Als generationsübergreifende Nachhaltigkeitsinnovation ermöglicht das Grundeinkommen eine grundlegende Werteentscheidung, welche die Nachhaltigkeits- bzw. Ausgewogenheitsforderung zu einer durchgehenden Gestaltungsperspektive werden lässt. Die Voraussetzungen gelingenden Lebens, die Bedürfnisse und Lebensqualität des einzelnen Menschen rücken stärker in den Fokus politischer Erwägung. In seinem Kerngedanken untermauert Grundeinkommen mit quasi revolutionärem Elan die alte wirtschaftstheoretische Maxime, dass die Wirtschaft für den Menschen da ist und nicht der Mensch für die Wirtschaft. Vom Primat des Humanen ausgehend, werden Arbeit und Produktion nur dann dem Aufbau einer zukunftsfähigen und lebenswerten Gesellschaft dienen, wenn sie die Lebensgrundlagen heutiger und künftiger Generationen erhalten bzw. diese nicht ausbeuten.

Das bedingungslose Grundeinkommen als Nachhaltigkeitspauschale anerkennt im Sinne der normativen Übereinkunft intra- bzw. intergenerationeller Gerechtigkeit das Existenzrecht der gegenwärtig wie auch zukünftig lebenden Menschen und fördert durch die finanzielle Absicherung eines bescheideneren Lebensstils den solidarischen und bewahrenden Umgang mit grundsätzlich limitierten Ressourcen[1644], sodass diese auch nachfolgenden Generationen zur einträglichen Nutzung zur Verfügung stehen. Grundeinkommen verbindet also soziale und ökologische Sorge um die Integrität der lebensatmenden Materie (mitsamt deren natürlichen Existenzgrundlagen) mit dem ökonomischen Nutzen und entspricht somit einer zunehmenden Vernetzung der ökonomischen, sozialen und ökologischen Wirklichkeits- bzw. Handlungsfelder moderner Marktgesellschaft.

Das Verhältnis von bedingungslosem Grundeinkommen und nachhaltiger Entwicklung kennzeichnet sich wie folgt: Indem das Grundeinkommen den materiellen Grund des Lebens und damit die Arbeitskraft des Einzelnen sichert, stärkt es auf ökologisch vertretbare Weise die Funktions- und Leistungsfähigkeit der Marktwirtschaft. Als sowohl synchron (alle Gesellschaftsmitglieder) als auch diachron (heute und morgen) tragfähige Existenzsicherung stimuliert das Grundeinkommen lebensförderliche Zivilisationsprozesse. Gemeint sind solche Prozesse, welche auf die Herausbildung einer dauerhaft menschen- und naturgerechten Wirtschafts- und Sozialordnung hinwirken, weg von einer kapitalistischen, die Trage- und Regenerationskapazität von Mensch und Natur überstrapazierenden Marktwirtschaft hin zu einer *nachhaltigen*, die Forderung intergenerationeller Gerechtigkeit berücksichtigenden Marktwirtschaft. Das Argument in seinem Kerngedanken besagt: bedingungsloses Grundeinkommen inkulturiert das Nachhaltigkeitsethos in alle Bereiche bzw. Funktionsebenen der Wirtschafts- und Gesellschaftsordnung und fördert somit die Weiterentwicklung von der Sozialen zur Nachhaltigen Marktwirtschaft.[1645]

Das bedingungslose Grundeinkommen als intertemporäres Band bzw. lebenslange Rückkoppelungsstruktur der Solidarität zwischen den Generationen[1646] fügt sich kongenial in die normative Perspektive einer auf Dauerhaftigkeit und Zukunftsfähigkeit angelegten Entwicklung, welche die Existenzbedürfnisse der Gegenwart befriedigt, ohne dabei die Möglichkeiten der Befriedigung der Bedürfnisse kommender Generationen

---

1644 Von der grundsätzlichen Begrenztheit der natürlichen Ressourcen kündet die Rede vom »peak oil«, »peak soil«, »peak earth« etc.

1645 Zum Konzept und normativen Anspruch einer Nachhaltigen Marktwirtschaft vgl. Hauff v. (2007).

1646 Das Prinzip der Solidarität bezieht sich denknotwendig nie nur auf die gegenwärtig lebenden Generationen, sondern schließt stets auch die Verantwortung für künftige Generationen ein.

zu beschneiden. Das Grundeinkommen ist also Ausdruck einer zukunftsorientierten und lebensdienlichen Gesellschaftspolitik, deren Ziel es unter anderem ist, dass sozio-ökonomischer Fortschritt nicht zu Lasten der ökologischen Existenzbedingung der Menschheit geht. Ebenso gilt: Das Prinzip adäquater Zukunftsverantwortung als ethischer Kern des Nachhaltigkeitspostulates wird vom bedingungslosen Grundeinkommen, das sowohl die Existenzbedingung und Autonomie des Einzelnen als auch die Teilhabevoraussetzungen aller Gesellschaftsmitglieder dauerhaft und armutsfest absichert, in angemessener Form zur Geltung gebracht. Versteht man unter der Forderung nachhaltiger Entwicklung vorrangig das Anliegen einer effektiven (materiellen) Grundbedürfnisbefriedigung heutiger wie auch kommender Generationen auf der Basis einer starken Subjektposition des Einzelnen, so ist festzustellen, dass die Idee eines existenz- und teilhabesichernden Grundeinkommens mit diesem Anliegen prinzipiell übereinstimmt.

V. KAPITEL: FAZIT UND ABSCHLIEßENDE ÜBERLEGUNGEN

V.1. Ergebniszusammenfassung und Rekonstruktion des Argumentationsweges

Ausgangspunkt der vorliegenden Arbeit ist die Frage nach der Vereinbarkeit der Konzepte von bedingungslosen Grundeinkommen und Sozialer Marktwirtschaft. Wie im ersten Kapitel erläutert, würde das unbedingte Grundeinkommen aufgrund der Entkoppelung von Arbeit und Einkommen einen wahren Paradigmenwechsel im deutschen Sozialstaat als einer tragenden Säule der Sozialen Marktwirtschaft darstellten. Die Gewährung eines garantierten, von sämtlichen Bedarfsprüfungen und Arbeitspflichten befreiten Grundeinkommens entspräche einem kulturellen Bruch, mit welchem zwar neue Freiheiten, Sicherheiten und Möglichkeiten erschlossen, zugleich aber die Selbstverständnisse der Erwerbsarbeitsgesellschaft erheblich erschüttert würden. Hieran anschließend wird die einleitende These formuliert, derzufolge erstens Grundeinkommen und Soziale Markwirtschaft ordnungstheoretisch, d. h. in ihren grundlegenden Konzeptionen und Leitgedanken kompatibel sind und zweitens das Grundeinkommen eine vorteilhafte und zukunftsorientierte Reformperspektive zur Verwirklichung bzw. Fortentwicklung der Sozialen Marktwirtschaft darstellt.

Zur Klärung dieses Forschungsvorhabens wird im ersten Abschnitt der Arbeit das allgemeine Konzept des bedingungslosen Grundeinkommens detailliert vorgestellt und hinsichtlich seiner Leitideen untersucht (siehe Kapitel I.3.). Im Rahmen der Analyse können die Garantie einer bedingungslosen Existenzsicherung sowie die Ermöglichung von Freiheit und Teilhabe für alle als gesellschaftspolitisches Substrat des Grundeinkommensvorschlags herausgearbeitet werden. In einer emanzipatorischen Perspektive erweist sich allerdings der Aspekt der Stärkung bzw. Ausweitung individueller Freiheit im Sinne einer autonomen Lebensgestaltung als der zentrale Leitgedanke des Grundeinkommenskonzeptes. Der zweite Abschnitt der Studie widmet sich dem Konzept der Sozialen Marktwirtschaft, ihren konstituierenden Systemprinzipien und Wertgrundlagen (siehe Kapitel II.4.-5.). Im Rahmen dieser Teilanalyse erweist sich die Soziale Marktwirtschaft als eine elastische und entwicklungsoffene Ordnungsidee, deren paradigmatische Zielorientierung in der Verbindung der Prinzipien von (Markt-)Freiheit und sozialem Ausgleich besteht. Zudem tritt deutlich hervor, dass die Soziale Marktwirtschaft von ihrem ursprünglichen Konzept her keineswegs eine statisch-stationäre oder gar dogmatisch fixierte Ordnung ist, sondern, um für sich die Möglichkeit des Fortbestehens zu erhalten, auf eine Anpassung an die jeweils gegebenen Verhältnisse sowie eine zeit- und problemgerechte Fortentwicklung ihrer Systemelemente angewiesen ist (siehe Kapitel II.4.1-3.). Das heißt, kulturelle oder sozioökonomische Veränderungen werden von ihrem flexiblen bzw. ‚lernbereiten' Ordnungsrahmen aufgefangen und adaptiert. Gerade in dieser konzeptionellen Offenheit und Entwicklungsfähigkeit, welche eine kontinuierliche Aktualisierung der sozio-ökonomischen Ordnungsfigur ermöglicht, liegt die eigentliche Stärke der Sozialen Marktwirtschaft. Trotz des positiven theoretischen Grundbildes können im Rahmen einer kritischen Gegenwartsanalyse gravierende Missstände in den Wirklichkeitsfeldern der demografischen Entwicklung, des Arbeitsmarktes (persistente Sockelarbeitslosigkeit), der Einkommens- und Chancenverteilung sowie der sozialbürokratischen Hypertrophie (Stichwort: Verwaltungsdschungel) festgestellt werden. In Anbetracht dessen, aber auch aufgrund zahlreicher Indizien für die Zunahme prekärer (Arbeits-) Verhältnisse in der Bundesrepublik kann erheblicher Reformbedarf in den Bereichen von Arbeitsmarkt und Sozialstaat festgestellt werden. Hierbei hat sich die Notwendigkeit einer zeit- und problemadäquaten Erneuerung der sozialen Sicherung herausgestellt. Als eine mögliche Antwort auf die strukturelle Krise der Sozialen Marktwirtschaft und ihrer Sicherungssysteme wird in jüngerer Zeit von Diskursteilnehmern verschiedenster Provenienz und Lagerzugehörigkeit die Idee eines bedingungslosen Grundeinkommens immer wieder zur Diskussion gestellt (siehe Kapitel II.6.3.1-2.). Hieran anschließend ist im Rahmen einer Kompatibilitätsanalyse (siehe Kapitel III.) gezeigt worden, dass die Konzepte von bedingungslosem Grundeinkommen und Sozialer Marktwirtschaft systemisch, also ordnungstheoretisch miteinander vereinbar sind. So ist am Beispiel eines realtypischen Grundeinkommensmodells (Garantiertes Grundeinkommen der KAB) nachgewiesen worden, dass sowohl eine ethische als auch konzeptionelle Anschlussfähigkeit der Grundeinkommensidee an das Ordnungsmodell der Sozialen Marktwirtschaft besteht. Konkret ergibt der diskursiv-analytische Abgleich beider Konzepte, dass das Garantierte Grundeinkommen sowohl mit den Sozialprinzipien als den Strukturprinzipien wohlgeordneter Gesellschaft (siehe Kapitel III.2.) als auch den zentralen Ordnungselementen der Sozialen Marktwirtschaft, nämlich den Prinzipien von Marktfreiheit und sozialem Ausgleich, grundsätzlich konform geht, ja diese teilweise erst verwirklicht (siehe Kapitel III.3.). Ferner ist herausgearbeitet worden, dass das Garantierte Grundeinkommen durch die strukturelle Sicherung individueller Existenz-, Freiheits- und Teilhabeminima für ausnahmslos alle Gesellschaftsmitglieder sowohl innerhalb als auch außerhalb der Marktordnung den elementaren Grundzielen der Sozialen Marktwirtschaft entspricht. Eine anschließende Bilanzierung der Vor- und Nachteile ergibt überdies, dass der sozialpolitische Vorschlag des Garantierten Grundeinkommens (unbeachtet der hier nicht klärbaren Finanzierungsfrage) ein (breiten-)wirksames, problemlösendes und zukunftsfähiges Instrument zur Verwirklichung der Sozialen Markwirtschaft *in einer völlig neuen Qualität* ist. Indem das unbedingte Grundeinkommen die Bestrebungen individueller Freiheit, gesellschaftlicher Teilhabe und Solidarität von seiner inneren Systematik her strukturell integriert und somit für jedermann auf angemessene Weise erfahrbar macht, entspricht es weitgehend der originären Intention und konzeptionellen Zielperspektive Sozialer Marktwirtschaft.

Das zentrale Ergebnis der Arbeit lautet: Die Frage nach der Vereinbarkeit der Konzepte von bedingungslosem Grundeinkommen und Sozialer Marktwirtschaft lässt sich sowohl aufgrund einer nachgewiesenen sozialethischen als auch einer ordnungstheoretischen Kompatibilität mit guten Gründen nachweisbar positiv beantworten. Mehr noch kann das bedingungslose Grundeinkommen helfen, die Soziale Marktwirtschaft unter den veränderten Bedingungen des 21. Jahrhunderts zu verwirklichen und zu erhalten. Die Analyse hat ergeben: Das unbedingte Grundeinkommen steht nicht für Problemkosmetik oder Symptomlinderung wie andere derzeit diskutierte Reformansätze, sondern für eine tiefgreifende und nachhaltig problemlösende Systemkorrektur im Sinn- bzw. Zielhorizont der Sozialen Marktwirtschaft (nach Müller-Armack). Weil es effektive, gerechte und vor allem nachhaltige Lösungen für die zentralen Probleme in den Bereichen Arbeitsmarkt, Sozialstaat und Zivilgesellschaft bietet, erweist es sich als zukunftsfähiges Basis- bzw. Gestaltungselement moderner Wirtschafts- und Gesellschaftsordnung. Nachdem die theoretische Kompatibilität beider Konzeptionen in Kapitel III. detailliert nachgewiesen worden ist, widmet sich die Untersuchung in einem letzten großen Abschnitt dem Thema der Transformation, also der Frage, ob und inwieweit das unbedingte Grundeinkommen zur Erneuerung der Sozialen Marktwirtschaft bzw. deren qualitativen Umwandlung beitragen kann. Ausgangspunkt und Orientierungshilfe bei der Klärung dieser Frage bildet unter anderem das Postulat einer »zweiten Phase der Sozialen Marktwirtschaft« (siehe

Kapitel IV.1.1.), das die Notwendigkeit einer gesellschaftspolitischen Reform bzw. Fortentwicklung der Wirtschaftsordnung betont.

Sieht man von den üblichen Robinsonaden ab, erweist sich das unbedingte Grundeinkommen in einer soziologischen Perspektive durchaus als Impulsgeber und Ermöglichungsstruktur gesellschaftlicher Erneuerung. Wie die Analyse in Kapitel IV. zeigt, ermöglicht das Grundeinkommen durch seine impliziten Rahmensetzungen die Fortentwicklung des Status quo in Richtung einer freien Tätigkeitsgesellschaft (siehe Kapitel IV.2.2.3), die wesentlich auf einer Neudefinition des Arbeitsbegriffes beruht und in der Formen der Erwerbsarbeit wie auch andere Tätigkeitsformen als gleichwertig anerkannt werden. Gemeint ist eine Gesellschaft, in der jeder Mensch, ohne von ökonomischen oder sonstigen Zwängen eingeschränkt zu sein, selbst bestimmen kann, welche Tätigkeiten er ausüben will. In emanzipatorischer Perspektive zeigt sich zudem, dass die Institution des bedingungslosen Grundeinkommens individuelle und kollektive Freiräume armutsvermeidend erweitert und damit autonome Tätigkeits- und Lebensmodelle im Sinne einer von Werner prognostizierten nachindustriellen Wissens-, Dienstleistungs- und Kulturgesellschaft[1647] ermöglicht.

Multiaktivität als Idealform selbstorganisierter Tätigkeit und kulturelles Kernmoment der Tätigkeitsgesellschaft ist die vom Grundeinkommen getragene gesellschaftliche Alternative zur traditionellen Arbeitsgesellschaft (siehe Kapitel IV.2.2.4). Die Alternative einer grundeinkommensbasierten Tätigkeits- bzw. Multiaktivitätsgesellschaft, so wie sie vor allem von Gorz entwickelt und vertreten worden ist, eröffnet eine neue Sicht auf Erwerbsarbeit, selbstbestimmte Aktivität und Freizeit sowie deren Bedeutung für das gelingende (idealerweise zeitsouveräne) Leben.

Vom real-libertären Standpunkt aus gesehen, rückt das bedingungslose Grundeinkommen die Frage in den Vordergrund, wie wir (als Individuum und Gesellschaft) künftig leben und arbeiten wollen und wo wir unsere Schwerpunkte setzen. Die Kernidee lässt sich wie folgt zusammenfassen: Wenn das unbedingte Grundeinkommen den Einzelnen in der Höhe des Transfers vom Erwerbszwang befreit, kann über kurz oder lang eine Gesellschaft der selbstbestimmt, bestenfalls multiaktiv tätigen Bürger entstehen. Für die Mehrheit der Grundeinkommensanhänger artikuliert die Formel „In Freiheit tätig sein" den zentralen Leitgedanken einer zukünftigen Wirtschafts- und Gesellschaftsordnung[1648], „in der der Gesamtzusammenhang von Arbeit und

---

[1647] Vgl. Werner (2008): S. 74 ff.

[1648] Für einen Überblick über das Gedankenfeld der Grundeinkommensanhänger im deutschen Sprachraum heute sowie das Portfolio grundeinkommensbezogener

Leben, von Existenzsicherung und Eigentätigkeit, von Individuum und Gesellschaft neu gestaltet wird."[1649]

Wie aus der Diskussion hervorgeht, wird hinsichtlich der Frage der ökonomischen Transformation in die kommende (Arbeits-)Gesellschaft anderer Art dem Postulat der Nachhaltigkeit (Ausgewogenheit) eine signifikante Bedeutung zugemessen. Den Grundeinkommensvorschlag entlang der sozialen, ökonomischen und ökologischen Nachhaltigkeitsdimension durchdacht (siehe Kapitel IV.3.1.-3.), ergibt die Einschätzung, dass das Grundeinkommen, gemäß Scherhorn als soziales Gemeingut verstanden, durchaus dazu beitragen kann, das konventionelle Wachstumsregime zugunsten einer nachhaltigen Entwicklung zu überwinden (siehe Kapitel IV.3.4.). In Anlehnung an die Argumentation Scherhorns kann zudem festgestellt werden, dass die Politikentwürfe von unbedingtem Grundeinkommen und nachhaltiger Entwicklung insbesondere darin übereinstimmen, dass sie dem Einzelnen in bislang nicht gekanntem Ausmaß eine individuelle Entscheidungs-, Handlungs- und Zukunftsverantwortung zumuten. Gilt es doch, im Rahmen beider Politikmuster, eigenverantwortlich zu entscheiden was bzw. *wieviel* genug ist.

Die vor allem in diesem Punkt konvergierenden ethischen Anliegen von Grundeinkommensidee und Nachhaltigkeitsprinzip, welche beide seit den 1980er Jahren die Reformdebatte in Deutschland prägen, bieten einen Erklärungsansatz für die in den Augen mancher „nicht zufällige Gleichzeitigkeit beider Themen"[1650].

Die Ergebnisse der Analyse der Vereinbarkeit von bedingungslosem Grundeinkommen und Sozialer Marktwirtschaft sind unerwartet eindeutig und überraschen. Tatsächlich sprechen verschiedene Argumente dafür, dass die Konzepte von bedingungslosem Grundeinkommen und Sozialer Marktwirtschaft grundsätzlich kompatibel sind, dass also das Grundeinkommen als sozialpolitisches Basis- bzw. Innovationselement in die bestehende Wirtschafts- und Gesellschaftsordnung eingebettet werden kann. Plausible Argumente dafür, dass das unbedingte Grundeinkommen zudem eine anwendbare und in vielfacher Hinsicht nutzbringende Entwicklungsperspektive darstellt, sind in Kapitel IV. der Untersuchung herausgearbeitet worden.

Inwiefern das jedoch tatsächlich der Fall wäre, kann bis dato nur bedingt vorhergesagt werden, denn die theoretischen Analysen allein (die empirische Datenlage beschränkt sich bislang auf wenige Feldexpe-

---

Reformansätze vgl. u. a. Netzwerk Grundeinkommen und sozialer Zusammenhalt – Österreich, Netzwerk Grundeinkommen Deutschland (2006).

1649 Martin Kempe (1995) zitiert nach Krüsselberg (2009): S. 320.

1650 Entnommen dem Titel der Publikation Biedenkopf et al. (2008).

rimente außerhalb Europas) ermöglichen keine valide Folgenabschätzung. Das Problem besteht darin, dass sich viele Faktoren wie beispielsweise Verhaltensänderungen oder ökonomische Effekte (wie Erwerbsneigung, Lohnentwicklung, Produktivität etc.) nicht vor der eigentlichen Einführung abmessen bzw. kalkulieren lassen und damit nicht seriös vorhergesagt werden können.

Nachvollziehbar ist somit: Aufgrund einer in weiten Teilen unklaren Folgenabschätzung besitzt die tatsächliche Einführung eines bedingungslosen Grundeinkommens in verhaltens- bzw. sozialpsychologischer Hinsicht einen experimentellen Charakter und wird daher „immer mit großen Unsicherheiten einhergehen."[1651] Man weiß einfach bislang nicht, wie sich die Menschen mit einem existenzsichernden Garantieeinkommen verhalten bzw. was genau sie mit diesem anfangen werden. Aus diesem Grund kann man schlichtweg nicht prognostizieren, ob sie sich eher mit dem Sozialtransfer bescheiden oder aber auf diesem aufbauend mehr Einkommen erwirtschaften werden.

V.2. Praktische Relevanz der Ergebnisse

Die vorliegende Arbeit versteht sich als ein Versuch zur Klärung und Strukturierung einer hochaktuellen und nicht minder komplexen Debatte am Schnittpunkt ganz unterschiedlicher (Reform-)Diskurse. Die erarbeiteten Forschungsergebnisse sind dabei für eine Reihe von Anwendungsfeldern von Bedeutung. Der hier erbrachte Nachweis der konzeptionellen bzw. prinzipienmäßigen Vereinbarkeit von bedingungslosem Grundeinkommen und Sozialer Marktwirtschaft fördert die Orientierungs- und Entscheidungskompetenz der verantwortlichen Akteure in Wissenschaft, Politik und Gesellschaft als den Teilnehmern an einer polyphonen und kontrovers geführten Zukunftsdebatte. Das Wissen um die grundsätzliche Ordnungs- bzw. Systemkompatibilität des Grundeinkommens stärkt die Legitimität und die Akzeptanz der theoretischen wie auch realpolitischen Auseinandersetzung mit der Grundeinkommensthematik.

Die vorliegende Studie gibt Wissenschaftlern zudem gute Argumente an die Hand, sich auch weiterhin kritisch und vor allem in einer interdisziplinären Perspektive mit Modellen des Grundeinkommens auseinanderzusetzen und dessen Einführung prospektiv-konzeptionell vorzubereiten.

Speziell für die politischen Akteure bedeuten die Ergebnisse eine Erweiterung ihrer Argumentations-, Interpretations- und Handlungsmöglichkeiten. So können sie, auf diesen aufbauend, konkrete Schritte zur sukzessiven Umsetzung eines an das bestehende Grundsicherungs-

[1651] Kemmer (2008): S. 205.

system anknüpfenden (systemimmanenten) Grundeinkommens erarbeiten (Stichwörter sind: Verbesserung der Hinzuverdienstmöglichkeiten sowie Aufhebung der Sanktionen im ALG II, Ausweitung existenz- und teilhabesichernder Grundsicherungsansprüche auf ausnahmslos alle Bürger) und perspektivisch die hierfür nötigen demokratisch-parlamentarischen Mehrheiten sondieren bzw. organisieren. Gegenwärtig noch werden Problemlagen vorwiegend als isolierte Einzelprobleme gesehen, Arbeitslosigkeit beispielsweise als ein von der Umweltverschmutzung unabhängiges Problem verstanden.[1652] Nur langsam scheinen ganzheitliche Betrachtungsweisen und komplexere Kausalketten in der politischen Diskussion an Bedeutung zu gewinnen.[1653] Übergeordnete Lösungsansätze wie das bedingungslose Grundeinkommen können dabei helfen, eine holistische Problemwahrnehmung in Politik und Gesellschaft zu etablieren und den Blick für die zunehmende Differenzierung und Vernetzung der Gesellschaft zu schärfen. Gestützt auf das Wissen um die prinzipielle Systemverträglichkeit des unbedingten Grundeinkommens können ferner gesellschaftlich-politische Denkblockaden bzw. Tabus gelöst und grundeinkommensfreundliche Argumentationen mit größerer Expertise und Sicherheit im öffentlichen Raum promoviert werden. Die Ergebnisse der vorliegenden Studie belegen, dass die notwendige Fortentwicklung der Wirtschafts- und Gesellschaftsordnung mit Hilfe des Grundeinkommens durchaus positiv gestaltet werden kann und nicht zwangsläufig in ein individualistisches Chaos einmünden muss. Dies und der Fakt, dass seine Einführung eine (ökonomische) Besserstellung für jedermann bedeutet, dürfte sowohl die Konsensfähigkeit als auch die politische Zündkraft der Grundeinkommensidee fördern.

Dem Einzelnen als Teilglied der Gesellschaft hingegen geben die Untersuchungsergebnisse Anregung und Orientierung bei der kritischen Auseinandersetzung einerseits mit existenziellen Fragen hinsichtlich seiner Gesellschaftsrolle als (Arbeits-)Mensch und (Wirtschafts-)Bürger sowie andererseits mit dem Zusammenhang von Einkommen, Arbeit und Leben. Fragen (lebens-)praktischer Bedeutung können beispielsweise sein: Was würde ich tun, wenn für meinen Lebensunterhalt bereits gesorgt ist? Welche Form von Arbeit oder Produktivität hilft mir, gemeinwohlfördernd und nachhaltig tätig zu werden, und gestattet mir darüber hinaus eine gesunde Lebensweise? Was ist für mich ein gutes Leben und wie kann ich es (sozial) sinnvoll gestalten?

Im Ganzen liefert die vorliegende Studie einen konzisen Beitrag zur Debatte um die systemische Anschlussfähigkeit der Grundeinkommensidee, auf dessen Grundlage Politik, Wissenschaft und Gesell-

---

1652 Vgl. Füllsack (2002): S. 185.

1653 Vgl. ebd.

schaft die Diskussion um eine ordnungskonforme sowie zeit- und menschengerechte Ausgestaltung der sozialen Sicherung fokussieren können, an deren Ende schließlich das Ziel einer praktischen Verbesserung der Lebensbedingungen aller Gesellschaftsmitglieder steht.

V.3. Perspektive Erneuerung: »Soziale Marktwirtschaft 2.0« durch Grundeinkommen?

Müller-Armack als konzeptioneller Urheber und kritischer Begleiter der Sozialen Marktwirtschaft selbst fordert schon recht früh die Reform derselben durch den Eintritt in eine sogenannte »zweite Phase« als Antwort auf die neue sozio-ökonomische Realität des 20. Jahrhunderts. In den Mittelpunkt seiner Argumentation für eine zweite Phase stellt Müller-Armack das Problem der sozialen Desintegration: So seien durch die Industrialisierung enorme Kräfte entfaltet worden, welche die junge demokratische Gesellschaft in Bewegung gebracht, ja geradezu durcheinander geschüttelt habe.[1654] Durch die Dynamik der ökonomischen Entwicklung sei es zu Verflüssigungen althergebrachter sozialer Strukturen gekommen, die schließlich zu einer Entwurzelung des modernen Menschen geführt haben.[1655] Die mit dem Verlust der alten Ordnung einhergehende Entwurzelung habe den Menschen nach Ansicht Müller-Armacks zwar flexibler und mobiler gemacht und damit auch sozialen Aufstieg ermöglicht, zugleich aber sei er seiner sicheren gesellschaftlichen Position beraubt worden und finde sich nun in einer (psychisch) belastenden Situation der Unsicherheit und Kontingenz wieder.[1656] Auch die ökonomischen Erfolge in der Aufbauphase der Sozialen Marktwirtschaft wie beispielsweise die Überwindung des Versorgungsproblems können „die Mobilisierung der Unruhe in unserer demokratischen Gesellschaft"[1657] und die daraus resultierende mentale Verunsicherung nicht ausgleichen.[1658] In der Verlorenheit des Einzelnen im Gewirr einer traditionelle Bindungen verlustig gegangene Massengesellschaft erkennt Müller-Armack ein gravierendes soziales Problem, das er unter anderem mit Hilfe der Implementierung einer neuen, wirklich integrativen Gesellschaftspolitik zu lösen gedenkt. Seine Überlegungen zur Notwendigkeit einer neuen, tatsächlich irenischen Gesellschaftspolitik, deren Kernanliegen in der dauerhaften sozialen Einbettung des Einzelnen besteht, haben schließlich in dem noch immer

[1654] Vgl. Müller-Armack (1976 [1960]): S. 271.

[1655] Vgl. ebd.

[1656] Vgl. ebd.

[1657] Ebd., S. 270.

[1658] Vgl. ebd.

hochaktuellen Postulat einer »zweiten Phase« der Sozialen Marktwirtschaft gemündet.

Das Ziel der müller-armackschen Forderung einer »zweiten Phase« der Sozialen Marktwirtschaft (siehe Kapitel IV.1.1.) besteht in Anbetracht der beschriebenen Problematik in einer bürgergesellschaftlichen Perspektive primär in der ökonomischen und sozialen Sicherung des modernen Menschen sowie dessen Teilhaberessourcen. Die materielle Sicherung des Einzelnen ist dabei von größter Bedeutung für den sozialen Frieden, weil in Folge der ökonomischen Knappheitsüberwindung die „zentrifugalen Kräfte"[1659] unserer Gesellschaft deutlich angewachsen sind.[1660] Dabei fällt auf: Die historische Problemanalyse Müller-Armacks ist gekennzeichnet durch eine frappierende Aktualität, gleicht also in vielen Punkten einer präzisen Gegenwartsbeschreibung. Ihr Inhalt knapp zusammengefasst besagt: Trotz einer gewissen Wohlstandssituation ist das Leben des modernen Menschen geprägt von einer seltsamen Unruhe, Unsicherheit, ja labilen Gesamtsituation.[1661] Hierin offenbart sich für Müller-Armack die eigentliche „Schwäche der freien Gesellschaft, die sich überall manifestiert und kaum beinflussbar erscheint."[1662] Gleichzeitig drohen individuelle Freiheiten durch die Expansion anonym wirkender marktlicher- und sozialer Mechanismen zu erodieren. In der klassenlosen Massengesellschaft wächst das Gefühl von Ortlosigkeit, Ohnmacht und Fremdbestimmung; „es ist der Mensch, der sich dem Ganzen gegenüber unterlegen und ungesichert fühlt, und das Problem, wie und wo er seine Stelle findet, stärker spürt, als es in gebundenen Ordnungen der Fall war."[1663] Unbestimmte Lebens- und Zukunftsängste erfassen den Einzelnen und nähren dessen innere Unruhe, welche über kurz oder lang auf die Gemeinschaft insgesamt übergreift.[1664] Damit ist die soziale Situation am Vorabend jener in der Perspektive evolutiver Gesellschaftspolitik geforderten »zweiten Phase« hinreichend beschrieben.

Die zentrale Reformaufgabe nach Überwindung der Produktions- und Versorgungsengpässe besteht für Müller-Armack in der „entscheidende[n] Ergänzung der Sozialen Marktwirtschaft durch ein gesellschafts-

---

1659 Müller-Armack (1976 [1962]): S. 310.

1660 Vgl. ebd.

1661 Müller-Armack (1976 [1960]): S. 270 ff.

1662 Ebd., S. 270.

1663 Ebd., S. 271.

1664 Vgl. ebd., S. 271 f.

politisches Programm"[1665], welches die allgemeine und immer wieder vorgetragene Forderung präzisiert, dass der Mensch, so wie er ist, im Mittelpunkt allen wirtschaftlichen und gesellschaftlichen Geschehens zu stehen habe.[1666] Angestrebt wird der Eintritt in die »zweite Phase«, d. h. die Erneuerung der bestehenden Wirtschaftsordnung in Richtung einer »*Sozialen Marktwirtschaft 2.0*« mittels des „Einbaus gesellschaftlicher *Stabilisatoren*"[1667]. Gemeint ist hiermit die bewusste Schaffung von „Einrichtungen, die geeignet sind, den in die Vereinzelung gedrängten Menschen unserer Zeit das Bewußtsein und die objektive Sicherung in einer ganzheitlichen gesellschaftlichen Konzeption zu geben."[1668]

Bei tieferer Überlegung wird deutlich: Die nach den Vorstellungen Müller-Armacks (und aus Sicht des Verfassers dieser Arbeit mit guten Gründen) zu verwirklichende neue Gesellschaftspolitik trägt den Charakter einer Politik der weitreichenden sozialen Sicherung unter den Bedingungen einer freien Ordnung. Müller-Armack selbst empfiehlt zur Besserung der sozio-ökonomischen Gesamtsituation, getreu dem Prinzip der Sozialen Marktwirtschaft, notwendige gesellschaftliche Korrekturen mit Hilfe einer kontrollierten „staatliche[n] Einkommensumleitung"[1669] zu steuern.[1670] Damit gibt Müller-Armack selbst das Stichwort, welches den politisch interessierten Diskursteilnehmer von heute in einer bürgerliberalen Perspektive schnell zum Konzept des unbedingten Grundeinkommens führt.

Setzt man beide Postulate (bedingungsloses Grundeinkommen und »zweite Phase«) in Beziehung zueinander, so ergeben sich bei kritischer Prüfung zahlreiche Anknüpfungspunkte, die sicher auch Müller-Armack überrascht hätten. Mehr noch: Grundeinkommen als gesellschaftspolitische Innovation scheint geradezu prädestiniert dafür, den Übergang in eine zweite Phase der Sozialen Marktwirtschaft strukturell zu begründen und damit den Weg für eine den Postulaten Müller-Armacks entsprechende »Soziale Marktwirtschaft 2.0« frei zu machen.

Zum einen entspricht die Grundeinkommensidee, gemäß ihrer eigenen Systematik, der von Müller-Armack empfohlenen Methode der

---

1665 Müller-Armack (1976 [1960]): S. 272.

1666 Mit Blick auf den anthropozentrischen Basiscode sozialmarktwirtschaftlicher Ordnungstheorie bemerkt Krüsselberg: „Zu erinnern ist daran, dass Erhard Ordnungen immer als ‚Ordnungen des Menschen' verstand, als Lebensordnungen innerhalb einer Gemeinschaft, als Lebensordnungen, die von der Familie bis zum Staat in ihren Ordnungsprinzipien übereinstimmen müssen, Ordnungen, über deren Sinn die Menschen selbst zu befinden haben." (Krüsselberg (2009): S. 319 f.).

1667 Müller-Armack (1976 [1960]): S. 272 (Hervorhebung im Original).

1668 Ebd.

1669 Müller-Armack (1976 [1962]): S. 309.

1670 Vgl. ebd.

sozialen Korrektur durch Einkommensumleitung. Zum anderen entspricht ein garantierter Sozialtransfer zentralen Kriterien der von Müller-Armack geforderten gesellschaftspolitischen Reform im Sinne der Schaffung einer tragfähigen, wirklich integrierenden sozialen Sicherung, die dem Einzelnen einerseits eine prästabile Position seiner Existenz gewährt und diesen andererseits davor bewahrt, von den widerstreitenden Kräften der modernen (Markt-)Gesellschaft zerrieben zu werden.

Die tiefere Analyse zeigt zudem, dass das bedingungslose Grundeinkommen als „universales Sockeleinkommen"[1671] sowohl Ausdruck als auch zentrales Gestaltungselement jener gesellschaftspolitischen Neuorientierung ist, welche die Verwirklichung der Sozialen Marktwirtschaft auf einer neuen Niveaustufe begründet. Vieles spricht dafür, dass das Grundeinkommen der sozialpolitische Katalysator für eine Fortentwicklung der sozialmarktwirtschaftlichen Gegenwartsform in Richtung einer sozial wie auch freiheitlich erweiterten »Sozialen Marktwirtschaft 2.0« sein kann und diese Entwicklung ausgehend vom Individuum, als der Keimzelle jedweder Art von Gesellschaft, fördert.

Grundeinkommen stabilisiert jeden seiner Empfänger durch die Bereitstellung einer verlässlichen materiellen Basisausstattung. Es bildet einen gesellschaftlich gewährten soliden Einkommenssockel, der existenzielle (Planungs-)Sicherheit sowie Stabilität in einer insgesamt unübersichtlichen wie ebenso dynamischen Mark- und Gesellschaftssituation bietet. Als sozialpolitische Infrastruktur einer neuen Stabilität bietet es zugleich Chancen zur Überwindung verschiedener Situationen des sozialen Schicksals. Das heißt, niemand muss sich mehr mit einer schlechten ökonomischen (Ausgangs-)Lage abfinden oder gar über diese resignieren, denn das existenz- und teilhabesichernde Grundeinkommen gibt per definitionem ausnahmslos jedem die Mittel zur Überwindung prekärer Lebenslagen in die Hand. Als individueller ‚Rettungsschirm' bewahrt es den Einzelnen dauerhaft vor ökonomischem Absturz und ermutigt so zur aktiven sowie selbstbestimmten Teilhabe in Wirtschaft und Gesellschaft. Damit erweist sich das unbedingte Grundeinkommen als problemadäquate Institution armutsvermeidender sowie zukunftssichernder Risikovorsorge, die dem universellen ethischen Anspruch der Menschenwürdesicherung strukturell gerecht wird.

Darüber hinaus erweitert das Grundeinkommen den Sozialstaat in Hinsicht seines Adressatenkreises. Indem es das sozialstaatliche Freiheit-, Sicherheit- und Teilhabeversprechen lückenlos auf alle Gesellschaftsmitglieder ausweitet und den Leistungsbeziehern zugleich eine autonome Mittelverwendung zugesteht, realisiert das bedingungslose

---

[1671] Ulrich (2009): S. 376.

Grundeinkommen einen grundlegenden Systemwechsel in der sozialen Sicherung, ohne dabei das sozialmarktwirtschaftliche Paradigma[1672] zu unterminieren. Nicht nur die Existenz des Einzelnen wird auf eine neue ökonomische Grundlage gestellt, nein, die Wirtschafts- und Gesellschaftsordnung insgesamt erhält mit der Implementierung des Grundeinkommens ein neues, sozial tragfähiges Fundament. Indem das Grundeinkommen eine ‚unverdiente' Existenzsicherung garantiert, die den Lebensunterhalt eines jeden ungeachtet seines Erwerbsbeitrages bedingungslos sichert, realisiert es eine gänzlich neue Qualität des sozialstaatlichen Fürsorgeprinzips und damit der Sozialen Marktwirtschaft als einer wahrhaft (d. h. auch materiell faktisch) integrierenden Ordnung.

Das bedingungslose Grundeinkommen garantiert jedem die physische und kulturelle Existenz und sichert somit als ein streng individuenbezogener ‚Überlebensplafond' die Soziale Marktwirtschaft effektiv nach unten hin ab. Durch den Schutz vor existenziellen Lebensrisiken gehören zermürbende Existenzängste, die den Menschen destabilisieren und ihn an der Entfesselung seiner Potenzen hindern, der Vergangenheit an. Hingegen ermutigt eine materiell stabile Ausgangs- bzw. Gesellschaftsposition Menschen darin, sich in Situationen der Kooperation, aber auch der Konkurrenz zu entfalten und zu beweisen. Darüber hinaus fördern Mindeststandards eines garantierten Versorgungsniveaus die produktiven bzw. leistungsfreundlichen Kräfte einer Ökonomie (getreu dem Sprichwort: „Mit leerem Magen ist nicht gut arbeiten."), was wiederum die Effizienz der Wirtschaft steigert. Hierbei gilt der ökonomische Grundsatz, dass sich die Hebung des individuellen Wohlstandniveaus positiv auf die Wohlstandsituation der Gesamtgesellschaft auswirkt.

Indem das Grundeinkommen als unbedingte Befähigungspauschale die Wettbewerbs- und Marktbedingungen auf der Mikroebene humanisiert, fördert es auch den Erfolg der Wirtschaftsordnung auf der Makroebene, was erfahrungsgemäß deren Überzeugungs- bzw. Bindungskraft erhöht. Was die Frage der Zukunftsgestaltung anbelangt, so stellt Ulrich überzeugend klar, dass die Probleme im Zusammenhang mit Phänomenen der sozialen Desintegration und einer unsicheren, d. h. potenziell prekären sozio-ökonomischen Existenzsituation des modernen Einzelmenschen „kaum mehr mit den herkömmlichen *wirtschafts*politischen Rezepten, sondern nur mehr mit neuen *gesellschafts*politischen Ansätzen zu lösen sind."[1673]

1672 In seinem komprimierten Gedanken: „*Sinn* der Sozialen Marktwirtschaft ist es, das Prinzip der Freiheit auf dem Markte mit dem des sozialen Ausgleichs zu verbinden." (Müller-Armack (1976 [1956]): S. 243; Hervorhebung im Original).

1673 Ulrich (2009): S. 377 (Hervorhebung im Original).

Unter all diesen Gesichtspunkten wird deutlich, inwieweit die Einführung eines allgemeinen, von jeglichen Bedürftigkeitsprüfungen und Arbeitszwängen befreiten Grundeinkommens einerseits die bestehende Wirtschaftsordnung verändern sowie andererseits zur Lösung problematischer Tendenzen beitragen würde. Die Implementierung eines bedingungslos garantierten, bedarfsunabhängigen Grundeinkommens führt sehr wahrscheinlich zu einer qualitativen Steigerung der Sozialen Marktwirtschaft, die erwartungsgemäß in einem neuen Verständnis von sozialstaatlicher Solidarität und bürgergesellschaftlicher Freiheit ihren Ausdruck findet. Die hierdurch entstehende »Soziale Marktwirtschaft 2.0« ist gekennzeichnet durch die uneingeschränkte (bestenfalls lebenslange) Gewährleistung einer armutsfesten Ausgangs- bzw. Existenzposition für ausnahmslos *alle* Gesellschaftsmitglieder sowie erweiterte (Handlungs-)Freiräume und Entwicklungsmöglichkeiten diesseits und jenseits des Arbeitsmarktes. Dies unterscheidet sie grundlegend vom Sozialstaatsverständnis im bestehenden sozialmarktwirtschaftlichen Ordnungsgefüge, in welchem Grundsicherungsleistungen nur bei und nur für den Zeitraum nachgewiesener Bedürftigkeit ausgezahlt werden.

Das bedingungslos garantierte Grundeinkommen hingegen verwirklicht den radikal inklusorischen Ansatz einer ausnahmslos *alle* Bürger einschließenden Mindestsicherung. Angestrebt wird ein ‚Netz' sozialer Sicherung durch das niemand hindurchfallen kann (Individualanspruch) und das mit keinem Stigma verbunden ist. Zumindest die drängendsten Probleme sozialer Ausgrenzung und Benachteiligung wären nach Ansicht der Sozialwissenschaftlerin Katrin Mohr dann gelöst.[1674] Mehr noch, verbessert ein an Armutsvermeidung, Individualisierung und Inklusion orientiertes unbedingtes Grundeinkommen auf lange Sicht die Teilhabe- und Wohlstandsmöglichkeiten sowohl für Erwerbstätige wie auch Nichterwerbstätige. Erwerbsarbeitslosigkeit ist dann nicht länger die zentrale Quelle von Armut und sozialer Ausgrenzung, ebenso sinkt die Gefahr einer „Spaltung der Gesellschaft in ‚Arbeitsmarktinsider' und ‚Arbeitsmarktoutsider'"[1675]. Als Infrastruktur sozialer Inklusion verbessert das Grundeinkommen die Entfaltungs- bzw. Selbstverwirklichungsmöglichkeiten in nahezu allen sozialen Schichten und Lebenskonstellationen.[1676] Entstehen würde nicht etwa ein neuer Egalitarismus, sondern lediglich eine „»Gesellschaft der Ähn-

---

1674 Vgl. Mohr (2005): S. 2 f.

1675 Ebd., S. 3.

1676 Auch hier gilt und ist nachvollziehbar: Das bedingungslose Grundeinkommen allein genügt nicht, um alle Probleme sozialer Ausgrenzung und Benachteiligung zu lösen. Vielmehr muss es um andere bzw. strukturelle Maßnahmen zur Förderung sozialer Inklusion ergänzt werden vgl. ebd.

lichen«, in der sich alle als Bürger unter Bürgern begegnen und anerkennen können."[1677] Dies entspricht im Wesentlichen der Zielorientierung der Sozialen Marktwirtschaft als einer Bedürfnisbefriedigung, Teilhabe und Perspektive bietenden Wirtschafts- und Gesellschaftsordnung.

Die Abwägung aller Argumente führt zu der Einschätzung, dass die bürgerliche Rede vom *Wohlstand für alle* mit dem bedingungslosen Grundeinkommen als materielles und ideeles Basiselement künftiger Sozialordnung nicht länger eine schmückende Floskel artiger Sonntagsreden bleibt, sondern vielmehr zu einer für jeden Menschen monetär greifbaren Realität wird.

Die bisherigen Ausführungen haben gezeigt: Weil das bedingungslose Grundeinkommen gemäß seiner Struktur die Bestrebungen individueller (Markt-)Freiheit mit denen sozialer Verantwortung systemisch verbindet und dadurch dazu beiträgt, den gesellschaftlichen Ausgleich nachhaltig zu sichern, entspricht es den Grundanforderungen einer zukunftsorientierten Gesellschaftspolitik nach Müller-Armack. Nachgewiesen werden kann außerdem, dass das bedingungslose Grundeinkommen im Dienste des modernen Menschen und dessen innersten Lebensinteressen (Freiheit, Sicherheit, Teilhabe, Frieden) wirkt und daher mit dem Prinzip einer im Sinne des Zweite-Phasen-Postulates qualitativ umorientierten, d. h. wesentlich vitalpolitisch akzentuierten Wirtschaftsordnung freier und gleichberechtigter Bürger grundsätzlich konform geht.

Zu bilanzieren bleibt also: Das Zukunftsbild der Sozialen Marktwirtschaft hängt ganz wesentlich von dem zugrunde gelegten gesellschaftspolitischen Leitbild ab.[1678] Bedingungsloses Grundeinkommen steht in seinem sozialpolitischen Vektor für eine freie, solidarische, gerechte und inkludierende Gesellschaft, welche die Würde eines jeden Menschen achtet und in deren Zentrum der freie, zu Selbstbestimmung und Eigenverantwortung berufene Bürger steht. Als effektives Mittel der (Einkommens-)Umverteilung, das jedem Gesellschaftsmitglied ein menschenwürdiges Dasein sichert, trägt es wesentlich dazu bei, die ethischen Mindeststandards einer nachhaltig gerechten und lebenswerten Wirtschaftsordnung dauerhaft zu gewährleisten. Zudem eröffnet es als materielle Grundausstattung multiple Zugänge zum Wirtschaftssystem und befähigt jedes Gesellschaftsmitglied, die eigene Lebensplanung in Abhängigkeit der persönlichen Leistungsfähigkeit frei und selbstbestimmt zu gestalten.

1677 Engler (2010): S. 50.

1678 Vgl. Enste (2008): S. 21.

Weil Grundeinkommen jedermann faktisch in die Lage versetzt, nach persönlichem Gutfinden an der Sozialen Marktwirtschaft teilzuhaben, entschärft es soziale Verteilungskämpfe um Versorgungsansprüche, Vorteilspositionen (z. B. Erwerbsarbeitsplätze) sowie Einkommen und wird somit dem irenischen Auftrag einer modernen sozial verpflichteten Gesellschaftspolitik gerecht. Indem das Grundeinkommen die Autonomie, Sicherheit und Partizipationsmöglichkeiten aller Gesellschaftsmitglieder basisstrukturell stärkt, trägt es wesentlich dazu bei, die freiheitlich-demokratische Grundordnung als kulturelles Kernelement des sozial-marktwirtschaftlichen Gesellschaftsmodells auch künftig zu realisieren. Insofern ist das unbedingte Grundeinkommen Garant dafür, dass die sozialmarktwirtschaftliche Ordnungsidee auch unter den Bedingungen des 21. Jahrhunderts ihre volle Entfaltung bzw. Verwirklichung finden kann.

Als Substanz der hier gemachten Ausführungen kann festgehalten werden: Zur Erhaltung der Zukunftsfähigkeit der Sozialen Marktwirtschaft als einer menschengerechten sowie freiheitlichen Wirtschafts- und Gesellschaftsordnung gilt es, „das an sich reichliche Sozialprodukt teilweise nach neuen gesellschaftspolitischen Prinzipien unter den Bürgern zu verteilen – um ihrer realen Freiheit willen und zugleich zur Entlastung des Arbeitsmarktes."[1679] Zur Bewältigung dieser originär bürgergesellschaftlichen Gestaltungsaufgabe ist das Konzept des bedingungslosen Grundeinkommens als eine den Bürgerstatus realer Freiheit nachhaltig sichernde materielle Grundausstattung angesichts der veränderten sozio-ökonomischen Rahmenbedingungen des 21. Jahrhunderts sehr geeignet – ja bietet sich geradezu an. Nicht zuletzt deshalb, weil es auch dem „(ordoliberal verstandenen) Erfordernis der Marktkonformität bestens entspricht"[1680].

Der Logik einer bürgergesellschaftlichen Grundausstattung folgend, hilft das unbedingte Grundeinkommen dabei, die Hauptziele der Sozialen Marktwirtschaft (gemäß dem originären Konzept Müller-Armacks) wie individuelle Freiheit, soziale Gerechtigkeit und Teilhabe sowie die breitenwirksame Sicherung gesellschaftlichen Wohlstandes in einer gänzlich neuen Qualität, nämlich gesellschaftsübergreifend und dauerhaft für *ausnahmslos alle* Gesellschaftsmitglieder, zu verwirklichen. Ebenso dient ein allgemeines Grundeinkommen „als Orientierungshorizont für eine schrittweise Umgestaltung der sozialen Sicherungssysteme"[1681] in Verbindung mit anderen Wirtschaftsbürgerrechten „als *Voraussetzung* dafür, dass die weitere Verteilung des Sozialprodukts in

1679 Ulrich (2009): S. 376.

1680 Ebd.

1681 Ebd.

legitimer Weise den Marktkräften überlassen werden darf."[1682] Deswegen, aber auch wegen seiner objektiv ausgleichenden und Sozialfrieden stiftenden Wirkung trägt es wesentlich zur „inneren Integration unserer Gesellschaft"[1683] bei, die nach Ansicht Müller-Armacks die zentrale gesellschaftlich-politische Zukunftsaufgabe einer wirklich sozialen Marktwirtschaft darstellt.[1684] Die Abwägung aller Argumente ergibt die finale Einschätzung: Die Implementierung des bedingungslosen Grundeinkommens ermöglicht die Realisierung einer Form von Sozialer Marktwirtschaft, die den Hauch einer Utopie atmet, nämlich in der Phänomene wie (Einkommens-)Armut, Entmündigung und Manipulation durch negative Abhängigkeit, soziale Ungleichheit und Desintegration (inklusive der daraus resultierenden Dequalifikation betroffener Personengruppen) zumindest für jene Transferempfänger nahezu vollständig beseitigt sind, die das Grundeinkommen konstruktiv verwenden.

Abschließend soll noch einmal der utopische Charakter des Grundeinkommens beleuchtet werden: Der bisherige Gang der Untersuchung hat gezeigt, dass das bedingungslose Grundeinkommen über ein enormes utopisches Potenzial verfügt. Zu seinem semantischen Kosmos gehören dabei sowohl systemimmanente als auch systemtranszendierende Gesellschaftsleitbilder, wodurch es den diskursiven Horizont für Alternativentwürfe unterschiedlichster (politisch-weltanschaulicher) Herkunft und Akzentuierung offen hält. Bedingungsloses Grundeinkommen steht also mit Booms gesprochen „ganz allgemein für die Veränderbarkeit von Gesellschaft [...], indem es Gesellschaft als aktiv zu gestaltenden und auch gestaltbaren Handlungsraum neu in Geltung setzt und damit eine grundsätzliche Möglichkeit aufzeigt, aus dem vorherrschenden Muster reaktiven Sachzwangdenkens auszubrechen."[1685] Grundeinkommen utopisch-visionär verstanden, hält also den Gedanken, dass Gesellschaft als Interaktionsraum von Menschen *immer auch anders geht*, am Leben und damit die Denkenden geistig in Bewegung. Diesen Gedanken konsequent weiter gedacht, leuchtet ein, dass eine grundeinkommensbasierte »Soziale Marktwirtschaft 2.0« nicht etwa das Ende der Fahnenstange bzw. der ordnungspolitischen Entwicklung ist, sondern vielmehr als Transitus und Entwicklungsstadium begriffen werden muss, das den Ausgangspunkt für weitere Transformationsetappen in Richtung einer »Sozialen Marktwirtschaft 3.0« (und fortlaufend) bildet.[1686]

1682 Ulrich (2009): S. 376. (Hervorhebung im Original).

1683 Müller-Armack (1976 [1960]): S. 288.

1684 Vgl. ebd.

1685 Booms (2010): 17.

1686 Dieser Gedanke folgt einer Anregung des Erfurter Finanzsoziologen Helge Peukert.

In Zeiten zunehmender ökonomischer und politischer Vermachtung aber, in der das Regierungswort der »Alternativlosigkeit«[1687] die Runde macht und in der Ideen einer systemischen bzw. institutionellen Fortentwicklung aus einer ängstlichen Grundhaltung heraus zuerst einmal kritisch beäugt werden, in einer Zeit also, in der soziale Fantasie oder der Wunsch nach Veränderung vom politischen Routinebetrieb als Störmomente wahrgenommen werden und daher unerwünscht sind, hat es die Idee des bedingungslosen Grundeinkommens nicht gerade leicht.

Erschwerend hinzu kommt ein gesellschaftliches Klima, das sozialutopisches Denken allzu leichtfertig unter Ideologieverdacht stellt und jedwede nicht-instrumentelle, d. h. visionäre Zukunftsplanung dem phantasielosen Festhalten am Status quo opfert. Was dann bleibt, ist die Diktatur der Gegenwart, d. h. die kritiklose Ausdehnung des normenstarren (oftmals sinnarmen bzw. sinnvergessenen) Ist-Zustandes, die keine wirkliche, also ideen- und entwicklungsoffene Zukunftsgestaltung zulässt. Das aber ist schlecht für die Soziale Marktwirtschaft, die als genuin evolutive Ordnungsidee notwendig darauf angewiesen ist, durch die Aufnahme und Adaption neuer Gedanken und Gestaltungselemente mit den Erfordernissen der Zeit zu gehen bzw. für die Herausforderungen des 21. Jahrhunderts gerüstet zu werden.

Soziologisch betrachtet ergeben sich aus dem Gesagten folgende Schlussfolgerungen: Die Idee des bedingungslosen Grundeinkommens als Matrix und Realisationsstruktur alternativer Gesellschaftsentwürfe bricht klar mit einer gänzlich undemokratischen wie fantasielosen Politik der Alternativlosigkeit. Der kreativen Verlegenheit der monokulturellen Gegenwartsgesellschaft zum Trotz, verfügt sie über das Potenzial, die Soziale Marktwirtschaft – und heruntergebrochen auf die Mikroebene – das Denken und Handeln der Menschen nachhaltig zu verändern, ohne dabei das Markt- bzw. Sozialprinzip der bestehenden Wirtschaftsordnung zu verletzten. Insofern fügt sich die Grundeinkommensidee problemlos in das Konzeptdesign der Sozialen Markt-

---

[1687] Bezogen auf demokratische Staats- und Gesellschaftsformen ist die Rede von einer angeblichen »Alternativlosigkeit« politischer Entscheidungen denknotwendig widersinnig. Insbesondere die Staatsform der Demokratie lebt geradezu von der Existenz und allzeitigen Verfügbarkeit einer tragfähigen Alternative, d. h. der Möglichkeit einer anderen Entscheidung und Politik. In der modernen parlamentarischen Demokratie kommt dies in der Opposition als einer jederzeit zur Verfügung stehenden Regierungsalternative zum Ausdruck. Die (unbedacht-fahrlässige) Rede von der »Alternativlosigkeit« negiert also die Demokratie selbst, weil dadurch andere, möglicherweise bessere politische Konzepte bzw. Lösungen a priori ausgeschlossen werden. Der Begriff der »Alternativlosigkeit« führt Demokratie ad absurdum und steht in letzter Konsequenz für die Aufhebung derselben.

wirtschaft als einer elastischen sowie gestaltungs- und entwicklungsoffenen Gesellschaftsformation.

V.4. Schlussbetrachtung: Wohlstand und Sicherheit für alle durch Einkommen für alle!

‚Wohlstand für alle durch Einkommen für alle?', so lautet der Titel eines Artikels eines wirtschaftsnahen Autorenkreises um den prominenten Grundeinkommensverfechter Götz Werner aus dem Jahr 2010, dessen inhaltliches Ziel es ist, die Grundzüge der Sozialen Marktwirtschaft im 21. Jahrhundert zu skizzieren. Werner und Coautoren gelingt es hierbei, wichtige Eckpunkte einer Grundeinkommen und Soziale Marktwirtschaft integrierenden Perspektive kenntlich zu machen, sodass ihre Ausführungen die Grundlage dieser finalen Schlussbetrachtung bilden sollen.

Schon der Titel des Artikels greift die berühmt gewordene Losung (»Wohlstand für alle«) auf, mit welcher Ludwig Erhard bei der deutschen Nachkriegsgesellschaft um Zustimmung für die neue Wirtschaftsordnung mit dem wohlklingenden und nicht minder verheißungsvollen Namen *Soziale Marktwirtschaft* warb. An der wirtschaftspolitischen Zielsetzung, nämlich »Wohlstand und Sicherheit für alle« zu schaffen, hat sich in den vergangenen 60 Jahren seit Erhards Wirken als Wirtschaftsminister der jungen Bundesrepublik nichts geändert. Sie bleibt, zumindest vom ideellen Kern des sozialmarktwirtschaftlichen Grundkonzeptes her gedacht, uneingeschränkt gültig und ist gesellschaftspolitisch aktueller denn je. Von diesem hehren Ziel ist die Gegenwartsgestalt der Sozialen Marktwirtschaft aber weit entfernt. Fehlentwicklungen wie beispielsweise die zunehmende Armut und Ungerechtigkeit sind für viele Bürger spürbar. „Wir verzeichnen einen Überfluss in den Warenregalen des Handels und gleichzeitig von engagierten Bürgerinnen und Bürgern organisierte Tafeln“[1688]. Die prekäre Einkommenssituation von Millionen von Menschen hat „die Akzeptanz der Sozialen Marktwirtschaft als Wirtschaftsordnung für unsere freiheitlich verfasste Gesellschaft mit dem Staatsverständnis eines demokratischen und sozialen Rechtsstaats“[1689] schwer in Mitleidenschaft gezogen.[1690] Fakt ist: Der Mangel an Einkommen und monetären Mitteln macht Menschen unfrei und beraubt sie auf lange Sicht um vielfältige

[1688] Werner/Häussner/Presse (2010): S. 111.

[1689] Ebd.

[1690] Vgl. ebd.

Möglichkeiten wirtschaftlicher und gesellschaftlicher Teilhabe und stärkt das Gefühl existenzieller Unsicherheit.

Angesichts dieser Gegenwartsrealität wird die Notwendigkeit grundlegender Reformen sowie die Verwirklichung einer neuen Balance der Bestrebungen von individueller (Markt-)Freiheit und sozialem Ausgleich, nachhaltiger Entwicklung und Wirtschaftswachtum (Wohlstandsgenese), Konvivialität und entfremdendem technischen Fortschritt, Bürgerwohl und Gemeinwohl immer greifbarer. Werner und seine Mitstreiter sehen in der Einführung eines existenzsichernden Grundeinkommens die Lösung einer Vielzahl ökonomischer sowie sozialer Probleme und zugleich die Chance, durch die Gewährung einer allgemeinen Einkommensgarantie *Wohlstand und Sicherheit für alle* zu realisieren.[1691] Wie dies funktionieren soll, darüber geben die folgenden Ausführungen in groben Zügen Auskunft.

Moderne Gesellschaften basieren auf den Werten Freiheit, Gleichheit, Brüderlichkeit.[1692] Letzterer Wert ist, verstanden als legitimer Anspruch auf gegenseitige Hilfe und Versorgung im Rahmen einer arbeitsteiligen Ökonomie, das „Ordnungsprinzip des Wirtschaftslebens"[1693]. Dies umfasst gemäß Werner eine „Einkommens- und Vermögensverteilung mit dem Ziel, alle Menschen an der Produktivität der arbeitsteiligen Wirtschaft so teilhaben zu lassen, dass ein Leben in Würde möglich ist (Art. 1GG)."[1694] Brüderlichkeit als Prinzip solidarischen Beistandes ist folglich eine tragende Wertgrundlage sowohl eines gelingenden Lebens als auch einer florierenden Wirtschaft. Ergänzt wird es zum einen durch das Prinzip der Freiheit, das die Selbstbestimmungs- und Verwirklichungsrechte jedes Individuums sichert und zum anderen durch das Prinzip der Gleichheit, welches die „Bürger- und Menschenrechte, der demokratischen Mitwirkung an der staatlichen Willensbildung sowie der privaten Vertrags- und Vereinigungsfreiheit in Kultur und Wirtschaft (Gleichheit aller vor dem Gesetz)."[1695] wahrt.[1696]

Gemäß ihrer jeweils unterschiedlichen Binnenlogik stehen die Prinzipien in einem komplementären Verhältnis zueinander. Umso verständlicher ist es, dass nur ein konstruktives Zusammenwirken der Prinzipien eine gedeihliche Entwicklung des gesamten Gesellschaftskörpers ermöglichen kann.[1697] „Im Sinne einer Sozialen Marktwirtschaft

---

1691 Vgl. Werner/Häussner/Presse (2010): S. 112 ff.

1692 Vgl. ebd., S. 112 f.

1693 Ebd., S. 113.

1694 Ebd.

1695 Ebd., S. 112.

1696 Vgl. ebd.

1697 Vgl. ebd., S. 113 f.

heißt dies, Initiative weckende Rahmenbedingungen zu schaffen: Initiative fördern und dafür sorgen, dass jeder davon partizipiert."[1698] Viele Vorschläge von Mindest- bis Kombilohn sind diesbezüglich in Öffentlichkeit, Politik und Wissenschaft diskutiert – und schließlich verworfen worden.

Eine veritable Chance zur Schaffung einer initiative- und teilhabefördernden Infrastruktur sehen Werner und Co. in der Einführung eines bedingungslosen Grundeinkommens. Im Sinne des hier zu Grunde gelegten Konzeptes der Sozialen Marktwirtschaft ist den Autoren diesbezüglich durchaus beizupflichten. Das unbedingte Grundeinkommen ist zur Verwirklichung der erklärten Zielsetzung gerade deshalb prädestiniert, weil es zur Initiative ermutigt und die Menschen befähigt, in der Wirtschaft und der Gesellschaft aktiv zu wirken.

Folgende zwei Schritte schlagen die Autoren zur Umsetzung eines die Transformation forcierenden Grundeinkommens vor[1699]: 1. die deutliche Anhebung des Mehrwertsteuersatzes, um mittels der erhöhten Steuereinnahmen sowohl die Sozialkassen als auch den Faktor Arbeit zu entlasten.[1700]

Daran anknüpfend: 2. die Übertragung des Prinzips des Einkommensteuerfreibetrages auf die Konsumbesteuerung, welche die Auszahlung eines steuerfreien (Grund-)Einkommens an alle gestattet und (dadurch) zur Ausübung speziell jener Tätigkeiten befreit, „die nicht oder nur eingeschränkt nach objektiven betriebswirtschaftlichen Kriterien vergütet werden können."[1701] Motiv für eine „Ersetzung der Einkommensteuer durch die Konsumsteuer"[1702], mit der laut Werner das Grundeinkommen finanziert werden soll, ist die Überlegung, dass damit ein monetärer Sockel geschaffen würde „auf dessen Grundlage menschliche Arbeit in automatisierbaren wie nichtautomatisierbaren Tätigkeitsfeldern ermöglicht wird."[1703] Die Einrichtung eines Freibetrages in der Konsumsteuer wäre auch deshalb interessant, weil hierdurch der individuelle Mindestkonsum steuerfrei gestellt würde, „indem die bei Erwerb der für den Mindestkonsum erforderlichen Waren und Dienstleistungen anfallende (Mehrwert-)Steuer im Voraus oder rückwirkend [per Grundeinkommen, S. K.] erstattet wird."[1704]

1698 Werner/Häussner/Presse (2010): S. 115.

1699 In extenso nachzulesen in: Werner/Häussner/Presse (2010): S. 119-122.

1700 Vgl. ebd., S. 119.

1701 Ebd., S. 121.

1702 Ebd., S. 120.

1703 Ebd.

1704 Ebd., S. 121.

Im Rahmen einer „Umgestaltung des derzeitigen Steuerwesens in Richtung Konsumsteuer“[1705] könnten sukzessive alle übrigen Steuerfreibeträge angepasst und alle bisherigen Transferleistungen durch das Grundeinkommen ersetzt werden.[1706] Dies würde den Produktionsfaktor Arbeit und die bestehenden Sozialsysteme massiv entlasten, sodass Tätigkeiten auch in jenen Bereichen bezahlbarer würden, „die sich nach betriebswirtschaftlich-industriellen Maßstäben nicht rechnen oder sich nicht berechnen lassen, wie Familienarbeit, Erziehungsarbeit, Lernarbeit, sozial-karitative Arbeit und kulturell-kreative Arbeit.“[1707] Hierzu zählen insbesondere nichtautomatisierbare bzw. kulturfördernde Tätigkeiten, die auf zwischenmenschlicher Fürsorge beruhen.[1708] Folglich würde das (konsumsteuerfinanzierte) Grundeinkommen nach Vorstellungen Werners die finanzielle Basis für eine Vielzahl sozial (und somit in letzter Konsequenz auch ökonomisch) sinnvoller Arbeiten bilden, die sich im derzeitig vorrangig industriell geprägten Wirtschafsgefüge nicht oder nur wenig rentieren. Hiervon würde nicht nur der sog. Care-Bereich profitieren, sondern das Gemeinwesen insgesamt. Neben den zahlreichen positiven Effekten für den sozialen Sektor wie den gesamten Arbeitsmarkt tritt in einer transformatorischen Perspektive ein weiterer Vorteil deutlich hervor: Grundeinkommen erleichtert den Übergang von der arbeitskräfteintensiven Industriegesellschaft in die nachindustrielle (Kultur-)Gesellschaft, weil es sinn- und kulturstiftende Tätigkeiten unkompliziert alimentiert und diese somit ohne eine Herabsetzung notwendiger Erwerbsarbeit für jedermann attraktiv macht.[1709] Insofern nimmt es Rücksicht auf die epochale kulturelle und sozioökonomische Umwälzung der Gegenwart wie auch auf die „realwirtschaftlich bereits vollzogene Entkopplung von Arbeit und Einkommen“.[1710]

Bezüglich der von seinen Anhängern behaupteten Wohlstandswirkung des Grundeinkommens ist resümierend Folgendes zu sagen: Als Substitut für die konventionellen steuer- und beitragsfinanzierten Sozialleistungen entlastet ein bedarfsunabhängiges, steuerfinanziertes Grundeinkommen den Faktor Arbeit nachhaltig, weil es die Summe der Abgaben senkt. Theoretisch gilt in diesem Zusammenhang die Formel: „Je weniger Kapital und Einkommen durch Steuern belastet werden, desto

1705 Werner/Häussner/Presse (2010): S. 121.

1706 Vgl. ebd.

1707 Ebd., S. 120.

1708 Vgl. ebd., S. 123.

1709 Vgl. ebd., S. 122 f.

1710 Ebd., S. 122.

mehr können Kapital und Arbeit wohlfahrtssteigernd wirksam werden."[1711] Auch die bestehenden Sozialsysteme würden mit Einführung des Grundeinkommens als ein Projekt egalitärer Verteilung dauerhaft entlastet, weil es Phänomene der Ungleichheit als einer Quelle vieler sozialer und gesundheitlicher Probleme effektiv beseitigt.

Des Weiteren fördert ein unbedingtes Garantieeinkommen Flexibilisierungsprozesse in Arbeitsmarkt und Gesellschaft und hilft dadurch, die typisch sozialmarktwirtschaftliche Forderung nach freier Berufswahl zu verwirklichen.[1712] So könnten beispielsweise ausbeuterische oder ethisch bedenkliche Arbeiten zugunsten sozial wertvoller Arbeiten abgewählt werden. Auch das Phänomen der »working poor«, d. h. der Verarmung trotz Vollzeitstelle, von dem zunehmend auch Akademiker betroffen sind, könnte mit einem treffsicheren, d. h. alle erreichenden Grundeinkommen effektiv bekämpft werden.[1713] Allein für die im Niedriglohnsektor tätigen Menschen (wie z. B. die sog. Aufstocker, welche aufgrund eines geringen, nicht existenzsichernden Erwerbseinkommens zusätzlich ALG II beziehen) brächte die Bereitstellung eines existenzsichernden Sockeleinkommens eine enorme Entspannung der Gesamtsituation und somit (zumindest teilweise) eine Steigerung des individuellen Wohlbefindens. Eine halbwegs stabile Einkommenssituation dürfte sich zudem positiv auf die Leistungsfähigkeit und Produktivität der Arbeitnehmer sowie die Lebenszufriedenheit auswirken. Insgesamt ist also davon auszugehen, dass ein egalitärer Sozialtransfer in Form des Grundeinkommens die Effektivität des Sozialsystems erhöhen und (neue) Armutsrealitäten wirksam beseitigen würde. Nicht zuletzt durch die Stärkung der Prinzipien von Freiheit, Gleichheit und Brüderlichkeit in Form der Ausweitung individueller Freiräume auf der Grundlage einer verlässlichen Daseinssicherung trägt das Grundeinkommen erwartungsgemäß zur gesellschaftlichen Wohlfahrt und dem sozialen Zusammenhalt bei.

Werner und Co. knüpfen die Verwirklichung eines Initiative weckenden, bedingungslosen Grundeinkommens an die rechtliche Grundlage eines Grundeinkommensgesetzes.[1714] Ein solches ließe sich nach Meinung der Autoren mit der Sozialen Marktwirtschaft gut vereinbaren, denn sie bietet eine aufnahme- bzw. entwicklungsoffene Rahmen- und Rechtsordnung, „die den Erfordernissen der künftigen Dienstleistungs-, Informations-, Wissens- und Kulturgesellschaft gerecht wird."[1715] Spezi-

---

1711 Werner/Häussner/Presse (2010): S. 123 f.

1712 Vgl. ebd., S. 124.

1713 Vgl. ebd., S. 125.

1714 Vgl. ebd.

1715 Ebd.

ell im Kontext einer „hochgradig interdependenten Gesellschaft und Wirtschaft"[1716] wie beispielsweise der gegenwärtigen bundesdeutschen Volkswirtschaft ist die Implementierung eines allgemeinen Grundeinkommens im Sinne eines Bürgerrechtes sinnvoll und geboten. Erst recht dann, wenn die Würde und Freizügigkeit des Einzelnen durch bestimmte Regularien der Sozialgesetzgebung eingeschränkt zu werden drohen[1717] (z. B. besteht im Bereich des SGB/ALG II aktuell weder ein Berufs- noch ein Regionalschutz, d. h. jede im Bundesgebiet angebotene Arbeit gilt de jure als grundsätzlich zumutbar).

Wiederholt haben sich Vertreter einer liberalen Soziologie wie beispielsweise Ralf Dahrendorf (1986, 2008) oder Sascha Liebermann (2008) für die Implementierung eines Grundeinkommens als konstitutionelles Anrecht ausgesprochen.

Die hohe verfassungsmäßige Anbindung als allgemeines Bürgerrecht trägt das Freiheitsprinzip in alle Lebens- und Gesellschaftsbereiche hinein, d. h. auch in den Arbeitsmarkt. Verankert als Bürgerrecht hilft das Grundeinkommen das von Ludwig Erhard geforderte und für die Soziale Marktwirtschaft grundlegende Recht der freien Berufswahl tiefgreifend und dauerhaft zu realisieren.[1718]

Ein solcher Rechtsanspruch auf unbedingtes Transfereinkommen bildet eine unerlässliche Voraussetzung für die volkswirtschaftliche Wohlstandsbildung, denn die Menschen werden mehrheitlich nur dann Initiative ergreifen und ihre Kräfte fruchtbringend entfalten, wenn sie den Ort und die Richtung ihres Engagements selbst bestimmen können. Grundeinkommen und Berufsfreiheit gemeinsam tragen also dazu bei, die ‚tausendsträhnige Geißel' der Armut zu überwinden und dadurch den Horizont der Menschen zu weiten. Denn frei nach Ludwig Erhard ist die Armut das sicherste Mittel, „um den Menschen in den kleinen materiellen Sorgen des Alltags verkümmern zu lassen."[1719] Die Freiheitswirkung materieller Sicherheit hervorhebend, schließt Erhard an: „[I]m Allgemeinen aber werden die Menschen durch materielle Kümmernisse immer unfreier und bleiben gerade dadurch materiellem Sinnen und Trachten verhaftet."[1720]

Das sogenannte Wirtschaftswunder hat die Armut in der Bundesrepublik offensichtlich nicht vollständig beseitigt. Trotz der ökonomischen Erfolge sind heute Millionen Menschen von materiellen Sorgen

[1716] Werner/Häussner/Presse (2010): S. 126.

[1717] Vgl. ebd.

[1718] Vgl. ebd.

[1719] Ludwig Erhard (1957) zitiert nach ebd.

[1720] Ludwig Erhard (1957) zitiert nach ebd.

geplagt, die sie in ihren Handlungs- und damit auch Wohlstandsoptionen erheblich einschränken.

Im (konsumsteuerfinanzierten) Grundeinkommen erkennen Werner und Co. eine wirtschaftsadäquate wie ebenso ordnungskompatible Antwort auf das drängende Armutsproblem der Gegenwart.[1721] Das Bürgerrecht auf Grundeinkommen im Sinne eines Abwehrrechtes gegen gemeinschaftszersetzende Armut sichert das sozialstaatliche Wohlstandsminimum für alle (der im Vorfeld juristisch definierten) Gesellschaftsmitglieder und damit die Überzeugungs- bzw. Zukunftsfähigkeit einer freien marktgerichteten Wirtschaftsordnung.

Folgendes Resümee kann an dieser Stelle gezogen werden: Das allgemeine (konsumsteuerfinanzierte) Grundeinkommen ist eine „sozial[e] Basisinnovatio[n]"[1722], welche die freie Entfaltung individueller Aktivitäten und Potenzen für alle in der Höhe der Transferzahlung gewährleistet. Es realisiert Initiative weckende Rahmenbedingungen, „um darauf aufbauend die materielle und kulturelle Wohlfahrt in unserem nachindustriellen Gemeinwesen zu ermöglichen."[1723] Darüber hinaus wandelt das bedingungslose Grundeinkommen den gegenwärtigen Arbeitsmarkt in einen Markt im Sinne der Sozialen Marktwirtschaft, der dadurch gekennzeichnet ist, dass die auf ihm agierenden Wirtschaftssubjekte frei über das Zustandekommen und Auflösen von Kooperationen oder sonstigen Interdependenzverhältnissen entscheiden können. Schlussendlich kann festgestellt werden, dass die (noch immer populäre) sozialmarktwirtschaftliche Zielorientierung einer dauerhaften Gewährleistung von Wohlstand und Sicherheit für alle Gesellschaftsmitglieder im Wege einer allgemein garantierten Sozialtransferzahlung, wie sie die Systematik des bedingungslosen Grundeinkommens vorsieht, effektiv und gemeinwohlorientiert realisiert werden kann.

V.5. Ausblick: Revolution der Möglichkeiten

Der gesellschaftliche Fortschritt gleicht oftmals einer Schnecke, unbemerkt und lautlos schleicht er voran. Wird jedoch die Umwelt erschüttert, zieht er sich schnell in das gewohnte und Sicherheit versprechende

---

1721 Vgl. Werner/Häussner/Presse (2010). Inwiefern die Autoren jedoch wirklich an der Lösung der Armutsproblematik interessiert sind, bleibt dahin gestellt. Vielmehr wird von mancher Seite vermutet, dass es sich hierbei nur um eine (eigennützige) Scheinargumentation handelt, die durch den grundeinkommensbedingten Wegfall der paritätischen Finanzierung der Sozialversicherungen in Wirklichkeit allein der Verfolgung unternehmerischer Interessen dient.

1722 Ebd., S. 126.

1723 Ebd.

Gesellschaftsgehäuse zurück, bis die vermeintliche Gefahr überdauert scheint.

Ähnlich ergeht es gegenwärtig der Grundeinkommensidee. Zwar haben die von der Finanzmarkt- und Wirtschaftskrise der Jahre 2007-2009 hervorgerufenen (weltweiten) ökonomischen Erschütterungen die Suche nach alternativen sozioökonomischen Konzepten befeuert und schließlich auch der Grundeinkommensdiskussion neue Aufmerksamkeit beschert, doch ist die bundesdeutsche Diskussion der letzten Jahre insgesamt auf einer rein theoretischen Ebene stecken geblieben. Nennenswerte politische Initiativen zur Einführung eines Grundeinkommens sind in Deutschland derzeit nicht auszumachen. Auch eine 2013 durchgeführte Kampagne der Europäischen Bürgerinitiative (EBI) zur Einführung eines europaweiten Grundeinkommens hat ihr Ziel weit verfehlt. So hat sie bis zum Stichtag (14.01.2014), nur knapp ein Viertel (exakt: 285.042) der benötigten eine Million Stimmen bzw. Unterschriften erreicht.[1724]

Trotz der politischen Stagnation und teilweise rückläufigen Entwicklung schwelt die Debatte in Verbänden, Parteien, Gewerkschaften, akademischen Instituten, Kirchenkreisen, ja der Zivilgesellschaft insgesamt weiter. Nicht zuletzt die Diskussion um die Einführung eines flächendeckenden Mindestlohnes und dessen Verankerung im Vertragswerk der Großen Koalition Ende 2013 hat gezeigt, dass sozialpolitische Forderungen mitunter einen sehr langen Anlauf benötigen, bis sie Eingang in die politische Agenda finden und schlussendlich umgesetzt werden. Ähnlich wie dem Mindestlohn kann es auch dem bedingungslosen Grundeinkommen ergehen. So ist die Hoffnung auf dessen stufenweise Einführung in generationsübergreifender Perspektive durchaus berechtigt, vorausgesetzt dessen Verfechter verfolgen ihren Weg beharrlich weiter. Verschiedene Schritt-für-Schritt-Einführungsszenarien wurden und werden von den Anhängern des Transfers diskutiert, wobei klar ist, dass das Grundeinkommen aufgrund einer Reihe an Übergangsproblemen nicht ad hoc vollständig umgesetzt werden kann. Mit Blick auf die realpolitischen Gegebenheiten wird vorerst nur ein ‚reduzierter' Kompromissvorschlag mit einer möglichst präzisen Folgenabschätzung in der Lage sein, tragfähige demokratische Mehrheiten zu gewinnen. Der Vorteil eines schrittweisen Vorgehens bestünde zudem darin, dass die politische Durchsetzbarkeit bei kleineren Reformvorhaben erfahrungsgemäß steigt und zugleich die Dissenspotenziale spürbar abnehmen.[1725] Überdies würde ein sukzessives Vorgehen, wie

---

1724 Vgl. Netzwerk Grundeinkommen (2014b).

1725 Vgl. Kemmer (2008): S. 206 f.

Kemmer richtig bemerkt, die politische Evaluation wie auch die wissenschaftliche Überprüfbarkeit der Reform deutlich erleichtern.[1726]

Ein an das bestehende Grundsicherungsregime anknüpfender Kompromissvorschlag könnte beispielsweise folgendermaßen aussehen: Grundsätzlich erhält jedes Gesellschaftsmitglied ein existenzsicherndes Grundeinkommen[1727] auf dem Niveau der gegenwärtigen Grundsicherung. Ausnahme bildet allein die Gruppe der erwerbsfähigen Personen. Alle volljährigen erwerbsfähigen Personen (zwischen 18 und 65 Jahren) erhalten ein existenzsicherndes Grundeinkommen *nur* bei ordnungsgemäßem Nachweis ihrer Erwerbsbereitschaft in voller Höhe ausgezahlt (z. B. bei Nachweis der Bewerbungsbemühungen, Ausüben einer Probearbeit, Ausüben einer Neben- oder Teilzeitbeschäftigung, Mitwirkung an marktbezogenen Qualifizierungsmaßnahmen etc.). Ein die Bewerbungsbemühungen unterstützendes Vermittlungsbudget kann, wie dies schon heute möglich ist, zusätzlich beantragt werden. Wer der niedrigschwellig angelegten Nachweispflicht stichtagsbezogen nicht nachkommt, erhält im Folgemonat und bis maximal für die Dauer der doppelten Anzahl der Kalendertage jenes Monats, in welchem das pflichtverletztende Ereignis stattgefunden hat, nur 2/3 des Grundeinkommensbetrages als Transfer ausgezahlt (begrenzt auf eine absehbare Übergangsphase bis zur vollumfänglichen Einführung des Grundeinkommens). Alle weiteren (derzeit theoretisch anwendbaren) Sanktionen bei mangelnder Mitwirkung des Leistungsempfängers entfallen.

Mit der Umsetzung dieses (hier nur grob umrissenen und weiter auszuarbeitenden) Vorschlages wäre ein erster *systemimmanenter* Schritt in Richtung eines allgemeinen Grundeinkommens getan, auch wenn die Auszahlung der Existenzpauschale zumindest für die Gruppe erwerbsfähiger Personen an die Bedingung der aktiven Bemühung um Qualifikation bzw. Arbeit gebunden bleibt. Folglich bliebe für diesen Personenkreis das Prinzip der Reziprozität (vorerst) gültig, was dem Gerechtigkeitsempfinden einer großen Gruppe der Bevölkerung heute entspricht. Auf lange Sicht und nach mehrjährigen bewusstseinsbildenden Lernprozessen aber könnte das Grundeinkommen schließlich vollkommen *bedingungslos* für ausnahmslos alle bereitgestellt werden. Ein solcher, geradezu epochemachender Schritt müsste im Kontext eines demokratischen Rechtstaates allerdings vom Willen des Volkes getragen und durch parlamentarische Prozesse legitimiert sein. Möglich ist er aber allemal, denn bei näherer Betrachtung des bestehenden Existenzsicherungssystems fällt auf, dass es bereits heute verschiedene

---

[1726] Vgl. Kemmer (2008): S. 207.

[1727] Kinder erhalten, analog zu anderen derzeit diskutierten Modellen, bis zum Erreichen der Volljährigkeit das Grundeinkommen in halbierter Höhe ausgezahlt.

grundeinkommensähnliche Bestandteile enthält.[1728] Die sozialstaatliche Realität ist dem Grundeinkommen folglich längst näher als viele dies meinen. Politisch gewollte Denktabus und eine unklare Sprache verhindern jedoch eine ehrliche Auseinandersetzung mit dieser Realität.

Speziell was die Suche nach konkreten Wegen bzw. Schritten zur Einführung eines bedingungslosen Grundeinkommens anbelangt, besteht gegenwärtig (interdisziplinärer) Forschungsbedarf. Damit ist ein Desiderat umrissen, dessen Erforschung wichtige Impulse und Anregungen für die Fortentwicklung des gegenwärtigen Sozialsystems bietet. In diesem Zusammenhang deutet vieles darauf hin: Die deutsche Sozialstaatsdebatte wird sich auch in Zukunft mit dem Grundeinkommensvorschlag beschäftigen müssen, weil mit seinem Bekanntheitsgrad auch die Zahl seiner Anhänger und damit einhergehend die der politischen Multiplikatoren in den letzten Jahren merklich gestiegen sind.[1729]

Die weiterführende Beschäftigung mit dem bedingungslosen Grundeinkommen ist auch künftig sinnvoll und geboten. Allein schon deshalb, weil es als konsequenter Alternativentwurf die Unzulänglichkeiten und Dysfunktionalitäten des gegenwärtigen Systems sozialer Sicherung aufzeigt und diesen ein qualifiziertes, problemadäquates Innovations- bzw. Lösungspotenzial entgegensetzt. Vor allem aber kann die Grundeinkommensidee, unbeachtet ihrer übergeordneten gesellschaftstheoretischen Dimension, zunächst einmal auf einer rein pragmatisch-instrumentellen Anwendungsebene als heuristisches Mittel einer kritischen System- bzw. Gegenwartsanalyse dienen und durch die Stimulation kritischer Fragen und Denkprozesse die künftigen Sozialstaats- und Reformdebatten bereichern.

Das Grundeinkommen als bewegliche und bewegende Idee fasziniert, weil sie eine andere Sicht auf die Gesellschaft, auf Einkommen und (Erwerbs-)Arbeit ermöglicht und bislang nie dagewesene Freiheiten, Perspektiven und Chancen für alle Gesellschaftsmitglieder eröffnet.

1728 Ein solches grundeinkommensähnliches Element ist beispielsweise der Einkommensteuerfreibetrag, der erwirtschaftetes Einkommen in der Höhe des Existenzminimums für alle Einkommensteuerpflichtigen steuerfrei stellt. Das bestehende Steuerrecht schützt also das zur Bestreitung der Existenz nötige Einkommensminimum durch Gewährung eines allgemeinen Grundfreibetrages. In Folge einer umfassenden Steuerreform könnte der Staat nunmehr den Grundfreibetrag als garantiertes Grundeinkommen an alle seine Bürger *auszahlen*.

1729 Vgl. Binkert (2012). So ergibt eine vom Institut für Neue Soziale Antworten (INSA) in Auftrag gegebene Studie, dass bereits jeder zweite Bundesbürger schon etwas vom Thema Grundeinkommen bzw. Bürgergeld gehört hat. Nur jeder Dritte dieser Personengruppe steht dem bedingungslosen Grundeinkommen gegenwärtig ablehnend gegenüber (Vgl. ebd., S. 211).

Gesellschaftliche Konventionen und gewohnte Lebensmuster können auf der Grundlage einer Schutz und Sicherheit bietenden Daseinssicherung leichter als bisher hinterfragt werden. Emanzipationsprozesse gegen die ‚absolutistischen' Mechanismen von Markt und Gesellschaft erhalten eine monetär-materielle Grundlage. Verstanden als unbefristetes Bürgerrecht und nicht als befristete Notlagenhilfe erlaubt es jedem, das *eigene* Leben langfristig zu gestalten. Dabei ist das Grundeinkommen weder ein sozialistisches Experiment als Vorstufe zur Errichtung eines „Reiches der Freiheit" noch ein politischer Trick neoliberaler Kräfte zur Herbeiführung einer befriedeten Marktgesellschaft unter der Herrschaft eines autoritären Kapitalismus – vielmehr eröffnet es einen dritten, grundlegend sozialmarktwirtschaftlichen Weg.[1730]

Das bedingungslose Grundeinkommen entspricht dem humanen Grundprinzip der sozialmarktwirtschaftlichen Idee, weil es einerseits „jedem Bürger einen Mindestbetrag unabhängig von seiner Leistung garantiert, ohne dabei auf die marktwirtschaftliche Wertschöpfung samt der ihr innewohnenden Kraft der Innovation und Rationalisierung zu verzichten."[1731] Andererseits stattet das Grundeinkommen jeden Bürger mit einer Konsumpauschale aus, „durch die sich der ökonomische Wettbewerb erst wirklich frei – weil sozial schonend – entfalten kann."[1732] Insofern stellt das unbedingte Grundeinkommen einen Ansatz dar, mit dem sich viele der derzeitigen Probleme anders lösen lassen.[1733] Zudem eröffnet es einen klaren Blick auf das komplexe Bedingungsgefüge von Freiheit und Sicherheit im Rahmen einer modernen, sozial hochdifferenzierten Gesellschaft. So ist wirkliche Freiheit nicht ohne die Sicherheit der Existenz und wiederum Sicherheit nicht ohne die Freiheit zu ökonomischem Handeln zu haben. Hier erweist sich die bestehende Grundsicherung als nicht zukunftsfähig, weil sie Freiheiten beschneidet, mündige Bürger unter das Kuratel staatlicher Sozialbehörden stellt und Sicherheiten nur unter gewissen Bedingungen gewährt.

Das Grundeinkommen beginnt schließlich mit einem „Systemwechsel im Kopf"[1734], welcher die herrschende Aktivierungslogik im Spannungsfeld von Fördern und Fordern sowie das Sichern von Arbeitsplätzen um jeden Preis hinter sich lässt.[1735] Grundeinkommen bricht mit einem noch bis heute vorherrschenden industriegesellschaftlichem Denken,

---

1730 Vgl. Kovce (2013): S. 1 f.

1731 Ebd., S. 1.

1732 Ebd.

1733 Vgl. ebd., S. 2.

1734 Ebd.

1735 Vgl. ebd.

das Arbeit als Mittel der Disziplinierung versteht und die Kontrolle der Erwerbslosenmasse als das oberste Ziel der Sozialbürokratie begreift.[1736] Entsorgt wird damit eine „frühmoderne Altlast“[1737], nämlich die Tradition eines preußischen Obrigkeitsdenkens, welches den Arbeitsbürger zum unmündigen Untertanen degradiert, der notfalls auch unter Anwendung von Sanktionen zur Arbeit angehalten und dem eine ‚richtige‘ Lebensweise anerzogen werden muss. Abweichendes Verhalten wird damals wie heute von Amts wegen als sozial schädlich eingestuft und als ein nicht unterstützenswertes Lebenskonzept geächet. Schlechte Bedingungen also für Systemdeserteure, Freelancer, kreative Chaoten oder sonstige Exoten.

Grundeinkommen hingegen verspricht ein demütigungsfreies Leben[1738] von der Wiege bis zur Bahre. Jeder entscheidet grundsätzlich selbst, wie er leben und arbeiten will; auch ein bunter Wechsel der Lebensmodelle ist ohne die Gefahr eines ökonomischen Absturzes möglich. Weil es ein Mehr an Autonomie und Flexibilität ermöglicht, passt das bedingungslose Grundeinkommen gut zu den Anforderungen eines modernen, d. h. von Veränderungen und Biografiebrüchen geprägten Lebens. Ein Leben, das deutlich mehr Chancen, Handlungsoptionen und Variationen bietet, als dies noch unter den Bedingungen der frühmodernen Industriegesellschaft denkbar gewesen wäre.

Die finalen Schlussworte dieser Arbeit sollen noch einmal deutlich machen, worin die eigentliche Stärke des Grundeinkommens besteht und warum dessen Einführung im Sinne sozialer Wohlordnung sinnvoll wie auch notwendig ist: Das bedingungslose Grundeinkommen stellt ausnahmslos jedem das finanzielle Minimum bereit, um die Chancen und Partizipationsmöglichkeiten der entstehenden nachindustriellen (Kultur-)Gesellschaft zu nutzen. Das allgemeine, existenz- und teilhabesichernde Transfereinkommen steht dabei für ein nie zuvor erreichtes Niveau sozialstaatlicher Fürsorge, welche die Grundbedürfnisse des Menschen als dem Träger des ökonomischen und sozialen Lebens bedingungslos respektiert und damit im Vergleich zum Status quo bedarfsgeprüfter Grundsicherung einen enormen sozialtechnischen Fortschritt darstellt.

Indem das Grundeinkommen die Existenz des Einzelnen unabhängig des individuellen Arbeits- und Lebensstiles auf einen soliden Boden stellt, stärkt es die menschliche Basis wie auch die humane Qualität der Wirtschafts- und Sozialordnung. Die Befähigung des einzelnen (Wirtschafts-)Subjektes mittels kluger, d. h. zeit- und problemadäquater

---

1736 Vgl. Kovce (2013): S. 2.

1737 Ebd.

1738 Vgl. ebd.

Sozialpolitik ist angesichts der enormen Herausforderungen, die es im Kontext einer sich rasant verändernden Welt sowie „gegen die Unabwägbarkeiten des (globalen) Arbeitsmarktes“[1739] zu meistern gilt, notwendiger denn je. Gerade in einer Zeit, in der die großen (Staats-) Ideologien und Organisationen an Bindungskraft und damit an Gestaltungsmacht verlieren, kommt es umso mehr auf den Einzelnen und dessen Wirksamkeit an.

Ordnungstheoretisch ist völlig unbestritten: Ein starker Sozialstaat, der den freien Markt kritisch ergänzt und wenn nötig korrigiert, gehört zu den integralen Bestandteilen Sozialer Marktwirtschaft. Ein wirklich starker Sozialstaat, der das Attribut auch verdient, verwirklicht ertüchtigende Rahmenbedingungen, die den Einzelnen in die Lage versetzen, seine Fähigkeiten zum Wohle der Gemeinschaft zu entfalten. Das Markt- und Staatsversagen in der jüngeren Vergangenheit hat überdies gezeigt: Die Zeit ist reif für eine Generalreform des deutschen Sozialstaates in Richtung des bedingungslosen Grundeinkommens, damit dieser auch im 21. Jahrhundert seinen Auftrag effektiv, gerecht und nachhaltend erfüllen kann.

Ebenso berücksichtigt werden muss, dass sich das Grundeinkommen, insbesondere in der Perspektive transformatorischer Gesellschaftspolitik, nicht auf eine bloße Geldzahlung reduzieren lässt. So gehören implizite Vorstellungen einer freiheitlichen, solidarischen sowie teilhabeorientierten Gesellschaft zweifelsohne zum ideellen Portfolio des ambitionierten Reformvorschlages.

Als theoretisch gesichert gilt zudem: Durch die Ausweitung individueller Freiheit und Sicherheit stärkt das unbedingte Grundeinkommen die Gestaltungskompetenz des Einzelnen als eine Schlüsselkompetenz des gelingenden Lebens im 21. Jahrhundert. Mehr noch: Indem das Grundeinkommen die Möglichkeiten für eine neue Selbst- und Welterfahrung im Spannungsfeld von Individualität und Vergesellschaftung immens erweitert, ermöglicht es eine andere Sicht auf die Dinge des Lebens wie auch die bestehenden Probleme. Entstehen kann eine neue, vorurteilsfreie Perspektive, die nach Lösungen sucht, das eigene Leben mit den Anforderungen von Wirtschaft, Staat und Gesellschaft (d. h. den Mitmenschen) zu vereinbaren. Nur mit Hilfe eines im sozialpolitischen Verständnis individuell-befähigenden und grundsätzlich entwicklungsfreundlichen Reformkonzeptes, wie es in Form des bedingungslosen Grundeinkommens zur Diskussion steht, kann das komplexe Interdependenzverhältnis zwischen Bürger und Staat neuerlich austariert sowie das frucht- und friedenbringende Zusammenwirken von Wirtschaft und Gesellschaft, als den beiden tragenden Säulen unserer Sozialordnung, dauerhaft gesichert werden. Ein prinzipieller Wider-

---

[1739] Engler (2010): S. 46.

spruch zwischen jener dem Grundeinkommen innewohnenden radikalen Möglichkeiten eröffnenden Logik und den Funktionsmechanismen der bestehenden Wirtschaftsordnung ist dabei nicht erkennbar. Im Gegenteil befähigt das Grundeinkommen den Einzelnen ganz im Sinne einer freien Wirtschaft zur selbstbestimmten Wahl und Nutzung der gegebenen Markt- und Lebensoptionen:

> „So, wie die Einführung des Grundeinkommens eine mögliche Revolution ist, so ist das Grundeinkommen selbst eine Möglichkeitenrevolution. Denn es maximiert die Entfaltungsmöglichkeiten jedes einzelnen. Es will zwar den ganzen Menschen, aber es will nirgends hin mit ihm. Das Grundeinkommen überlässt jedem seine individuelle Planwirtschaft und uns allen die soziale Marktwirtschaft."[1740]

Der Philosoph und Anthropologe Hans Blumenberg (1920-1996) weiß: Kultur entsteht durch das Gehen von Umwegen.[1741] Als Chiffre ergebnisoffener und chancengerechter Entwicklung erleichtert das bedingungslose Grundeinkommen das individuelle und kollektive Gehen von Umwegen und damit verbunden die Genese neuer Fraglichkeiten und bestenfalls Antworten, welche die Grundlage jedweder Kultur bilden. Aus der Logik seiner eigenen Architektonik heraus konstituiert das Grundeinkommen eine „freiheitliche Frage- und Diskurshaltung"[1742], welche die Diskursteilnehmer nicht selten für das Neue aufschließt, die aber „die Möglichkeit seiner eigenen Ablehnung immer schon impliziert."[1743]

Für den Bonner Philosophen Martin Booms besteht die eigentliche Stärke und besondere Chance der diskurseröffnenden Idee des Grundeinkommens in dem Potenzial, „über sich selbst hinauszuweisen."[1744] Von dieser oftmals affizierenden „**Denkraumerschließung**"[1745] als der Grundlage jedweder kreativen Zukunftsgestaltung profitieren wir als Gesellschaft insgesamt. Denn die Diskussion des Grundeinkommens regt eine Neuverständigung über Arbeit, Leistung, Wohlstand, Freiheit und Gerechtigkeit als den soziokulturellen Determinanten unserer Wirtschafts- und Gesellschaftsordnung an und trägt so zu einer aktiven und konsensorientierten Zukunftsdebatte bei. Das ist nicht zuletzt auch für das Fortbestehen der demokratischen Kultur und Gesellschaft eminent wichtig, die von einer ergebnisoffenen politischen Auseinandersetzung leben. Gleichgültig, ob das bedingungslose Grundeinkom-

---

1740 Kovce (2013): S. 2.

1741 Vgl. Blumenberg (1988): S. 138 ff.

1742 Booms (2010): S. 10.

1743 Ebd.

1744 Ebd.

1745 Ebd., S. 13 (Hervorhebung im Original).

men nun als paradigmatisch-innovatives Basiselement in die Soziale Marktwirtschaft implementiert wird oder nicht: Das vielleicht am wenigsten zu erwartende Verdienst der Grundeinkommensidee besteht zweifelsohne darin, dass sie entsprechend ihrer impliziten Verweisungsstruktur schon vor ihrer eigentlichen Verwirklichung der Gesellschaft als politisch-diskursive Inspiration und Medium sozialutopischer Energien dient. Nicht zuletzt deshalb haftet ihr das Siegel einer wahrhaft großen Idee an, welche sich dadurch auszeichnet, dass sie, wenn sie einmal in das individuelle oder kollektive Bewusstsein Eingang gefunden hat, dieses nicht mehr verlässt, sondern im Gegenteil mehr oder weniger bewusst fortwährend auf ihre vollständige Verwirklichung hinwirkt.

B. ABKÜRZUNGSVERZEICHNIS

ALG	Arbeitslosengeld
BA	Bundesagentur für Arbeit
BDKJ	Bund Deutscher Katholischer Jugend
BIEN	Basic Income European Network
BVerfGE	Bundesverfassungsgericht
CDU	Christlich Demokratische Union Deutschlands
DBK	Deutsche Bischofskonferenz
EKD	Evangelische Kirche in Deutschland
FDP	Freie Demokratische Partei
GG	Grundgesetz der Bundesrepublik Deutschland
GGE	Garantiertes Grundeinkommen
KAB	Katholische-Arbeitnehmer-Bewegung Deutschlands e. V.
MM	Mater et Magistra, Enzyklika
QA	Quadragesimo anno, Enzyklika
SGB II	Sozialgesetzbuch II
SPD	Sozialdemokratische Partei Deutschlands

C. LITERATURVERZEICHNIS

ADAMO, Nils (2012): Bedingungsloses Grundeinkommen. Sozialromantik oder Zukunft des Sozialstaats? Büchner-Verlag, Darmstadt.

ALTHAUS, Dieter (2006): 800 Euro für jeden. Das heutige Sozialsystem muss durch ein solidarisches Bürgergeld abgelöst werden, in: Vorgänge Nr. 176/2006, Heft 4, S. 69-74.

ALTHAUS, Dieter (2007): Sicherheit und Freiheit ermöglichen Marktwirtschaft, in: Borchard, Michael (Hg.): Das solidarische Bürgergeld. Analysen einer Reformidee, Im Auftrag der Konrad-Adenauer-Stiftung, Lucius&Lucius, Stuttgart, S. 1-12.

ALTHAUS, Dieter/BINKERT, Hermann (Hgg.) (2010): Solidarisches Bürgergeld. Den Menschen trauen – Freiheit nachhaltig und ganzheitlich sichern, 2. Aufl., Books on Demand GmbH, Norderstedt.

ALTHAUS, Dieter/BINKERT, Hermann (2012): Auf die Tagesordnung der Politik: Bedingungsloses Grundeinkommen, ja bitte!, in: Werner, W. Götz/Eichhorn, Wolfgang/Friedrich, Lothar (Hgg.): Das Grundeinkommen. Würdigung-Wertungen-Wege. KIT Scientific Publishing, Karlsruhe, S. 260-263.

ANDERSEN, Uwe (Hg.) (2004): Soziale Marktwirtschaft. Eine Einführung. Mit Beiträgen von Ronald Clapham, Michael von Hauff, Helmut Leipold [et. al.], Wochenschau Verlag, Schwalbach a. Ts.

ANZENBACHER, Arno (1998): Christliche Sozialethik. Einführung und Prinzipien. Schöningh, Paderborn; München; Wien [u.a.].

ARENDT, Hannah (2008 [1958]): Vita Activa oder Vom tätigen Leben, 7. Auflage, Piper, München.

BASIC INCOME EARTH NETWORK (BIEN): Online abrufbar. URL: http://www.basicincome.org. Zugriff: 20.07.2011.

BECK, Ulrich (1996): Kapitalismus ohne Arbeit, in: Spiegel vom 13.05.1996. Online abrufbar. URL: http://www.spiegel.de/spiegel/print/d-8923806.html. Zugriff: 12.09.2011.

BECK, Ulrich (1999): Schöne neue Arbeitswelt, Campus, Frankfurt a. Main.

BECK, Ulrich (2006a): Abschied von der Utopie der Vollbeschäftigung. Nationalstaatliche Nabelschau und alte Denkmuster blockieren Lösungsansätze in der Armutsdebatte, in: Neue Zürcher Zeitung vom 04.11.2006. Online abrufbar. URL: http://www.nzz.ch/2006/11/04/fe/articleEM5N6.html. Zugriff: 15.10.2011.

BECK, Ulrich (2006b): Neue Freiheit ohne Arbeit. Interview im Kölner Stadtanzeiger vom 14.11.2006, Online abrufbar. URL: http://www.ksta.de/html/artikel/1162473031386.shtml. Zugriff: 15.10.2011.

BECKERATH v., Erwin/BRINKMANN, Carl/GUTENBERG, Erich [et. al.] (Hgg.) (1956): Handwörterbuch der Sozialwissenschaften (HdSW) – Zugleich Neuauflage des Handwörterbuch der Staatswissenschaften, Bd. 9, Gustav Fischer, J.C.B. Mohr, Vandenhoeck&Ruprecht, Stuttgart; Tübingen; Göttingen.

BERTELSMANN STIFTUNG (2011): Das Soziale sozialer Marktwirtschaften – Gerechtigkeit in Europa. Policy Brief „Zukunft Soziale Marktwirtschaft" 2011/01, S. 1-8. Online abrufbar. URL: http://www.bertelsmann-stiftung.de/cps/rde/xbcr/SID-28CEF201-14614E0A/bst/xcms_bst_dms_33330_33343_2.pdf. Zugriff: 25.05.2011.

BIEDENKOPF, Kurt/DAHRENDORF, Ralf/FROMM, Erich/HOSANG, Maik/KELLY, Petra et. al. (Hgg.) (2008): Klimawandel und Grundeinkommen. Die nicht zufällige Gleichzeitigkeit beider Themen und ein sozialökologisches Experiment, München.

BINKERT, Hermann (2012): Ergebnisse einer zweiten repräsentativen Umfrage: Das Bedingungslose Grundeinkommen ist eine Idee, die Informierte überzeugt, in: Werner, W. Götz/Eichhorn, Wolfgang/Friedrich, Lothar (Hgg.): Das Grundeinkommen. Würdigung-Wertungen-Wege. KIT Scientific Publishing, Karlsruhe, S. 211-214.

BINKERT, Hermann/STOCK, Wolfgang (2010): Das Solidarische Bürgergeld rechnet sich!, in: Althaus, Dieter/Binkert, Hermann (Hgg.): Solidarisches Bürgergeld. Den Menschen trauen – Freiheit nachhaltig und ganzheitlich sichern, 2. Aufl., Books on Demand GmbH, Norderstedt, S. 174-212.

BISCHOFF, Joachim (2007): Allgemeines Grundeinkommen. Fundament für soziale Sicherheit? VSA, Hamburg.

BLASCHKE, Ronald (2006): Freiheit-Liberale Demokratie-Bedingungsloses Grundeinkommen, in: Netzwerk Grundeinkommen und sozialer Zusammenhalt – Österreich/Netzwerk Grundeinkommen – Deutschland (Hgg.): Grundeinkommen – in Freiheit tätig sein. Beiträge des ersten deutschsprachigen Grundeinkommenskongresses. Avinus Verlag, Berlin, S. 33-45.

BLASCHKE, Ronald/DILTHEY, Matthias/DRESCHER, Jörg et. al. (Hgg.) (2007): Die Idee eines Emanzipatorischen Bedingungslosen Grundeinkommens. S. 1-75. Online abrufbar. URL: http://www.iovialis.org/download/BGE-Buch.pdf. Zugriff: 25.09.2013.

BLASCHKE, Ronald (2010a): Denk` mal Grundeinkommen! Geschichte, Fragen und Antworten einer Idee, in: Ders./Otto, Adeline/Schepers, Norbert (Hgg.) (2010): Grundeinkommen. Geschichte-Modelle-Debatten. Schriftenreihe: Texte / Rosa-Luxemburg-Stiftung, Bd. 67, Karl Dietz, Berlin. S. 9-292.

BLASCHKE, Ronald (2010b): Grundeinkommen und freie Tätigkeitsgesellschaft. Gedanken über eine alternative Gesellschaft. Berlin, Dresden, Seoul, S. 1-6. Online abrufbar. URL: http://www.archiv-grundeinkommen.de/blaschke/20100129-Grundeinkommen-und-Taetigkeitsgesellschaft.pdf. Zugriff: 18.11.2013.

BLASCHKE, Ronald (2010c): Aktuelle Ansätze und Modelle von Grundsicherungen und Grundeinkommen in Deutschland. Vergleichende Darstellung, in: Ders./Otto, Adeline/Schepers, Norbert (Hgg.) (2010): Grundeinkommen. Geschichte-Modelle-Debatten. Schriftenreihe: Texte / Rosa-Luxemburg-Stiftung, Bd. 67, Karl Dietz, Berlin. S. 301-382.

BLASCHKE, Ronald/OTTO, Adeline/SCHEPERS, Norbert (Hgg.) (2010): Grundeinkommen. Geschichte-Modelle-Debatten. Schriftenreihe: Texte/Rosa-Luxemburg-Stiftung, Bd. 67, Karl Dietz, Berlin.

BLASCHKE, Ronald (2011): Übersicht Grundeinkommen und Grundsicherungen – Modelle und Ansätze in Deutschland, Mai 2011, S. 1-10. Online abrufbar. URL: http://www.grundeinkommen.de/content/uploads/2011/06/blaschke_tabelle_modelle_grundeinkommen_1105.pdf. Zugriff: 19.07.2012.

BLICKHÄUSER, Angelika/MOLTER, Monika (1986): Garantierte Lebenssicherung für Frauen. Bemerkungen zur Mindesteinkommensdiskussion, in: Opielka, Michael/Vobruba, Georg (Hgg.): Das garantierte Grundeinkommen – Entwicklung und Perspektiven einer Forderung. Fischer, Frankfurt a. Main, S. 106-117.

BLÖCHER, Matthias (2008): Garantiertes Grundeinkommen. Kriterien Umsetzungsschritte Zielsetzungen Rahmenbedingungen, Positionen der Katholischen Arbeitnehmer-Bewegung Deutschlands (KAB), Köln, S. 1-5. Online abrufbar. URL: http://www.kab.de/mm/mm003/ Grundeinkommen_KAB_Position_.pdf. Zugriff: 30.11.2011.

BLÖCHER, Matthias (2012): Grundeinkommen Garantiert. Modell des Garantierten Grundeinkommens. Flyer, o. S. Online abrufbar. URL: http://www.kab.de/mm/mm004/KAB_Flyer_Grundeinkommen.pdf. Zugriff: 21.09.2012.

BLUMENBERG, Hans (1988): Die Sorge geht über den Fluss. Bd. 965 der Bibliothek Suhrkamp, Suhrkamp Verlag, Frankfurt a. Main.

BLÜM, Norbert (2007): Wahnsinn mit Methode. Ein Grundeinkommen für alle ist ungerecht und bläht den Staat auf, in: Zeit-online vom 19.04.2007, S. 1-4. Online abrufbar. URL: http://www.zeit.de/2007/17/Grundeinkommen. Zugriff: 27.08.2012.

BOHRMANN, Thomas (2004): Subsidiarität, in: Heimbach-Steins, Marianne (Hg.): Christliche Sozialethik. Ein Lehrbuch. Bd. 1 Grundlagen, Regensburg, S. 293-301.

BOOMS, Martin (2010): Ideal und Konzept des Grundeinkommens. Zur Struktur einer über sich selbst hinausweisenden Idee. Interfakultatives Institut für Entrepreneurship (IEP) des Karlsruher Instituts für Technologie (Hg.), Bd. 3, Karlsruhe. Online abrufbar. URL: http://digbib.ubka.uni-karlsruhe.de/volltexte/1000013982. Zugriff: 08.08.2012.

BORCHARD, Michael (Hg.) (2007): Das solidarische Bürgergeld. Analysen einer Reformidee, Im Auftrag der Konrad-Adenauer-Stiftung, Lucius&Lucius, Stuttgart.

BURIAN, Peggy (2006): Das garantierte Grundeinkommen – Grundlagen und Entstehung einer Idee von der Antike bis zum Beginn des 20. Jahrhunderts. Veröffentlichte Diplomarbeit Universität Leipzig, S. 1-107. Online abrufbar. URL: http://www.archiv-grundeinkommen.de/burian/-Diplomarbeit-Burian-Ideengeschichte-Grundeinkommen.pdf. Zugriff: 23.05.2011.

BÜCHELE, Herwig (1986): Auf dem Weg zu einer gastfreundlichen Gesellschaft. Zur linken Kritik am Mindesteinkommen, in: Schmid, Thomas (Hg.): Befreiung von falscher Arbeit – Thesen zum garantierten Mindesteinkommen. Zweite, erheblich veränderte Auflage, Verlag Klaus Wagenbach, Berlin, S. 71-82.

BÜCHELE, Herwig/WOHLGENANNT, Liselotte (1985): Grundeinkommen ohne Arbeit. Auf dem Weg zu einer kommunikativen Gesellschaft. Herausgegeben: Katholische Sozialakademie Österreichs, Wien.

BÜCHELE, Herwig/WOHLGENANNT, Liselotte (1990): Den öko-sozialen Umbau beginnen: Grundeinkommen, Herausgegeben von der Katholischen Sozialakademie Österreichs, Europaverlag, Wien; Zürich.

CLAPHAM, Ronald (2004): Entstehung und Entwicklung des Konzepts der Sozialen Marktwirtschaft, in: Anderen, Uwe (Hg.): Soziale Marktwirtschaft – Eine Einführung. Mit Beiträgen von Clapham, Ronald/ Hauff v. Michael/ Leipold, Helmut [et al.], Schriftenreihe uni studien politik, Wochenschau Verlag, Schwalbach Ts., S. 12-33.

DAHRENDORF, Ralf (1983): Die Chancen der Krise. Über die Zukunft des Liberalismus. Deutsche Verlags-Anstalt, Stuttgart.

DAHRENDORF, Ralf (1986): Ein garantiertes Mindesteinkommen als konstitutionelles Anrecht, in: Schmid, Thomas (Hg.): Befreiung von falscher Arbeit – Thesen zum garantierten Mindesteinkommen. Zweite, erheblich veränderte Auflage, Verlag Klaus Wagenbach, Berlin, S. 131-136.

DAHRENDORF, Ralf (2004): Wie sozial kann die Soziale Marktwirtschaft noch sein? Rede anlässlich der III. Ludwig-Erhard-Lecture der Initiative Soziale Marktwirtschaft am 28. Oktober 2004 in Berlin. o. S. Online abrufbar. URL: http://www.iwkoeln.de/Publikationen/Forum/tabid/138/articleid/17959/language/en-US/Default.aspx. Zugriff: 04.08.2011.

DAHRENDORF, Ralf (2008): In dubio pro libertate. Rede zum Festakt anlässlich des 50jährigen Jubiläums der Friedrich-Naumann-Stiftung für die Freiheit am 19. Mai 2008, S. 1-12. Online abrufbar: http://www.unternimm-die-zukunft.de/media/medialibrary/2011/09/in_dubio_pro_libertate.pdf. Zugriff: 01.08.2011.

DIEFENBACHER, Hans (2013): Wege aus der Wachstumsgesellschaft – Die Bedeutung einer Veränderung der Rolle von Wachstum und Arbeit in einer Postwachstumsgesellschaft, in: Welzer, Harald; Wiegandt, Klaus (Hgg.): Wege aus der Wachstumsgesellschaft. Forum für Verantwortung. Fischer Taschenbuch, Frankfurt a. Main, S. 158-180.

DIMBATH, Oliver (2011): Einführung in die Soziologie. Wilhelm Fink Verlag, München.

EMUNDS, Bernhard (2010): Ungewollte Vaterschaft. Katholische Soziallehre und Soziale Marktwirtschaft, in: Kersting, Wolfgang (Hg.) (2010): Freiheit und Gerechtigkeit. Die moralischen Grundlagen der Sozialen Marktwirtschaft. Unter Mitarbeit von Claus Langbehn, Peter Lang, Frankfurt a. Main, S. 183-204.

ENGLER, Wolfgang (2005): Bürger, ohne Arbeit. Für eine radikale Neugestaltung der Gesellschaft, Aufbau, Berlin.

ENGLER, Wolfgang (2007): Unerhörte Freiheit. Arbeit und Bildung in Zukunft, Aufbau, Berlin.

ENGLER, Wolfgang (2010): Arbeit, Grundeinkommen, Sozialeigentum. Plädoyer für eine Gesellschaft der Ähnlichen, in: Kaudelka, Karin/Kilger, Gerhard (Hgg.): Die Arbeitswelt von morgen. Wie wollen wir leben und arbeiten? Transcript, Bielefeld, S. 45-51.

ENSTE, Dominik H. (2008): Bedingungsloses Grundeinkommen – Traum oder Albtraum für die Soziale Marktwirtschaft? in: Roman Herzog Institut (Hg.): Ethik in der Sozialen Marktwirtschaft, Information Nr. 5, München, S. 1-24.

EXNER, Andreas/RÄTZ, Werner/ZENKER, Birgit (Hgg.) (2007): Grundeinkommen. Soziale Sicherheit ohne Arbeit. Deuticke Verlag, Wien.

FETZER, Joachim (2007): Subsidiarität durch Solidarisches Bürgergeld. Stellungnahme unter sozialethischen Gesichtspunkten, in: Borchard, Michael (Hg.): Das solidarische Bürgergeld. Analysen einer Reformidee, Im Auftrag der Konrad-Adenauer-Stiftung, Lucius&Lucius, Stuttgart, S. 163-188.

FRANZMANN, Manuel (Hg.) (2010): Bedingungsloses Grundeinkommen als Antwort auf die Krise der Arbeitsgesellschaft. Velbrück Wissenschaft, Weilerswist.

FREIE DEMOKRATISCHE PARTEI (1994): Liberal denken. Leistung Wählen. Wahlprogramm zur Bundestagswahl 1994 der Freien demokratischen Partei, Beschlossen auf dem Bundesparteitag in Rostock am 5. Juni 1994.

FRIEDMAN, Milton (1984, [1962]): Kapitalismus und Freiheit. Übersetzt von Paul C. Martin, Ungekürzte Ausgabe, Ullstein Sachbuch, Wien.

FROMM, Erich (1955): Wege aus einer kranken Gesellschaft (The Sane Society (1955a), in: Funk, Rainer (Hg.) (1980): Erich Fromm Gesamtausgabe in zwölf Bänden, Bd. IV Gesellschaftstheorie, Deutsche Verlags-Anstalt, Stuttgart, S. 1-247.

FROMM, Erich (1966): Psychologische Aspekte zur Frage eines garantierten Einkommens für alle (Psychological Aspects of the Guaranteed Income (1966c)*, in: Funk, Rainer (Hg.) (1981): Erich Fromm Gesamtausgabe in zwölf Bänden, Bd. V Politik und Sozialistische Gesellschaftskritik, Deutsche Verlags-Anstalt, Stuttgart, S. 309-316.

FUCHS, Christian (2006): Wissenskapitalismus und Bedingungsloses Grundeinkommen, in: Netzwerk Grundeinkommen und sozialer Zusammenhalt – Österreich/Netzwerk Grundeinkommen – Deutschland (Hgg.): Grundeinkommen – in Freiheit tätig sein. Beiträge des ersten deutschsprachigen Grundeinkommenskongresses. Avinus Verlag, Berlin, S. 187-201.

FÜLLSACK, Manfred (2002): Leben ohne zu arbeiten? Zur Sozialtheorie des Grundeinkommens. Avinus, Berlin.

GLOE, Markus (2013): Einkommen ohne Arbeit? Die Idee des Grundeinkommens, in: Thielen, Michael/Zimmer, Matthias (Hgg.): Die Zukunft der Arbeit. Christlich-Soziale Perspektiven. Publikation der Konrad-Adenauer-Stiftung e.V., Sankt Augustin/Berlin, S. 393-420.

GLOTZ, Peter (1986): Freiwillige Arbeitslosigkeit? Zur neueren Diskussion um das „garantierte Grundeinkommen", in: Opielka, Michael/Vobruba, Georg (Hgg.): Das garantierte Grundeinkommen – Entwicklung und Perspektiven einer Forderung. Fischer, Frankfurt a. Main, S. 135-148.

GOLDSCHMIDT, Nils (2008): Soziale Marktwirtschaft in der Sinnkrise, in: Leibniz-Informationszentrum Wirtschaft (Hg.): Wirtschaftsdienst. 88. Jahrgang, Heft 7, S. 422-423.

GORZ, André (1983): Wege ins Paradies – Thesen zur Krise, Automation und Zukunft der Arbeit. Rotbuch, Berlin.

GORZ, André (1986): Garantierte Grundversorgung aus rechter und linker Sicht, in: Opielka, Michael/Vobruba, Georg (Hgg.): Das garantierte Grundeinkommen. Entwicklung und Perspektiven einer Forderung. Fischer, Frankfurt a. Main, S. 53-62.

GORZ, André (2000): Arbeit zwischen Misere und Utopie, Edition Zweite Moderne, Herausgegeben von Ulrich Beck, Suhrkamp, Frankfurt a. Main.

GÖBEL, Heike (2006): Althaus' Radikalkur, in: Frankfurter Allgemeinen Zeitung, Nr. 266, vom 14.11.06, S. 1. Online abrufbar. URL: http://www.faz.net/aktuell/politik/leitartikel-althaus-radikalkur-1380031.html. Zugriff: 20.03.2014.

GRÖZINGER, Gerd/MASCHKE, Michael/OFFE, Claus (Hgg.) (2006): Die Teilhabegesellschaft. Modell eines neuen Wohlfahrtsstaates. Campus, Frankfurt a. Main.

GRUNDWERTEKOMMISSION DER SPD (Hg.) (2008): Bedingungsloses Grundeinkommen? Geld allein genügt nicht! Sozialstaatliche Verantwortung für gesellschaftliche Inklusion. Eine Stellungnahme der Grundwertekommission beim Parteivorstand der SPD, S. 1-13. Online abrufbar. URL: http://www.spd.de/spd-webapp/servlet/elementblob/10502203/content;jsessionid=165319FECC3E8498A6DC4D97000B063D. Zugriff: 28.08.2012.

GUTMANN, Gernot (1996): Menschen, Geschichte, Ethik und Philosophie: Wurzeln der Sozialen Marktwirtschaft, in: Lachmann, Werner/Haupt, Reinhard/Farmer, Karl (Hgg.): Erneuerung der Sozialen Marktwirtschaft. Chancen und Risiken, Marktwirtschaft und Ethik, Bd. 3, LIT, Münster, S. 1-18.

HABERMANN, Gerd (2010): John Stuart Mill. Ein liberaler Sozialist?, in: Kersting, Wolfgang (Hg.) (2010): Freiheit und Gerechtigkeit. Die moralischen Grundlagen der Sozialen Marktwirtschaft. Unter Mitarbeit von Claus Langbehn, Peter Lang, Frankfurt a. Main, S. 63-75.

HABERMAS, Jürgen (1985): Die Krise des Wohlfahrtsstaates und die Erschöpfung utopischer Energien, in: *Ders.* (Hg.): Die neue Unübersichtlichkeit. Kleine Politische Schriften V., Suhrkamp, Frankfurt a. Main, S. 141-163.

HAGEL, Joachim (1999): Solidarität und Subsidiarität – Prinzipien einer teleologischen Ethik? Eine Untersuchung zur normativen Ordnungstheorie. Salzburger Theologische Studien, Bd. 11, Tyrolia-Verlag, Insbruck, Wien.

HARDORP, Benediktus (2007): Ein Initiative weckendes Steuerrecht, in: Werner, Götz/ Presse, André (Hgg.): Grundeinkommen und Konsumsteuer – Impulse für Unternimm die Zukunft, Tagungsband zum Karlsruher Symposium Grundeinkommen: bedingungslos, Karlsruhe, S. 96-114.

HASSE, Rolf H. (1996): Soziale Marktwirtschaft oder soziale Wirtschaft?, in: Dierkes, Meinolf (Hg.)/Zimmermann, Klaus: Sozialstaat in der Krise: hat die soziale Marktwirtschaft noch eine Chance? Frankfurter Allgemeine, Zeitung für Deutschland, Gabler, Frankfurt a. Main, Wiesbaden, S. 89-115.

HASSE, Rolf H./QUAAS, Friedrun (Hgg.) (2002): Wirtschaftsordnung und Gesellschaftskonzept. Zur Integrationskraft der Sozialen Marktwirtschaft. Paul Haupt, Bern; Stuttgart; Wien.

HASSE, Rolf H./SCHNEIDER, Hermann/WEIGELT, Klaus (Hgg.) (2002): Lexikon Soziale Marktwirtschaft. Wirtschaftspolitik von A bis Z. Herausgegeben im Auftrag der Konrad-Adenauer-Stiftung, Ferdinand Schöningh, Paderborn.

HAUFF von, Michael (2007): Von der Sozialen zur Nachhaltigen Marktwirtschaft, in: Ders. (Hg.): Die Zukunftsfähigkeit der Sozialen Marktwirtschaft. Metropolis-Verlag für Ökonomie, Gesellschaft und Politik GmbH, Marburg, S. 349-392.

HAUFF von, Michael/SAUER, Leonore (2004): „Soziale" Marktwirtschaft und Reform des Sozialstaates, in: Andersen, Uwe (Hg.) (2004): Soziale Marktwirtschaft. Eine Einführung. Mit Beiträgen von Ronald Clapham, Michael von Hauff, Helmut Leipold [et. al.], Wochenschau, Schwalbach a. Ts., S. 34-49.

HÄNDEL, Sarah (2011): Von der Erwerbsgesellschaft zur Multiaktivität – Zur Bedeutung des bedingungslosen Grundeinkommens für die Konstituierung einer nachhaltigeren Gesellschaft. Masterarbeit im Fachbereich Politikwissenschaft v. 04.04.2011, Eberhard-Karls-Universität Tübingen. Online abrufbar. URL: http://www.archiv-grundeinkommen.de/haendel/2011-1-Masterarbeit.pdf. Zugriff: 23.10.2013.

HÄUSSNER, Ludwig Paul/PRESSE, André (2007): Grundeinkommen und Konsumsteuer, in: Werner, Götz/Presse, André (Hgg.): Grundeinkommen und Konsumsteuer – Impulse für Unternimm die Zukunft, Tagungsband zum Karlsruher Symposium Grundeinkommen: bedingungslos, Karlsruhe, S. 80-95.

HEIDER, Jan/OPIELKA, Michael (2010): Autonomie und Grundeinkommen, in: Kritische Justiz, Bd. 2, Jg. 43., S. 171-179. Online abrufbar. URL: http://www.sw.fh-jena.de/fbsw/profs/michael.opielka/downloads/doc/2010/Jan_Heider_Michael_Opielka_Autonomie_und_Grundeinkommen_in_Kritische_Justiz_2_Jg._43_2010_171-179.pdf. Zugriff: 20.04.2013.

HOCH, Martin (Hg.) (1964): Wilhelm Röpke. Werk und Wirkung, Ludwigsburg.

HOHENLEITNER, Ingrid/STRAUBHAAR, Thomas (2007): Grundeinkommen und soziale Marktwirtschaft, in: Aus Politik und Zeitgeschichte (APuZ). Beilage zur Wochenzeitschrift das Parlament, Nr. 51-52, S. 11-18.

HOHENLEITNER, Ingrid/STRAUBHAAR, Thomas (2008): Bedingungsloses Grundeinkommen und Solidarisches Bürgergeld – mehr als sozialutopische Konzepte, in: Straubhaar, Thomas (Hg.): Bedingungsloses Grundeinkommen und Solidarisches Bürgergeld – mehr als sozialutopische Konzepte. Verlag der Staats- und Universitätsbibliothek Hamburg, Hamburg, S. 9-127.

INITIATIVE FREIHEIT STATT VOLLBESCHÄFTIGUNG (2012): Online abrufbar. URL: http://www.freiheitstattvollbeschaeftigung.de/. Zugriff: 21.10.2012.

INSTITUT DER DEUTSCHEN WIRTSCHAFT KÖLN (2007): Grundeinkommen. Operation am offenen Herzen, in: IW-Dossier, Nr. 6, vom 08. Februar 2007. Online abrufbar. URL:http://www.iwkoeln.de/Publikationen/iwd/Archiv/tabid/122/articleid/20088/language/en-US/Default.aspx. Zugriff: 19.10.2012.

INSTITUT DER DEUTSCHEN WIRTSCHAFT KÖLN (2011): Bedingungsloses Grundeinkommen. Die soziale Mogelpackung, in: IW-Dossier, Nr. 6, vom 09. Februar 2011. Online abrufbar. URL: http://www.iwkoeln.de/de/infodienste/iwd/archiv/beitrag/27914. Zugriff: 19.10.2012.

JENAER ALLIANZ (Hgg.) (2008): Jenaer Aufruf zur Erneuerung der Sozialen Marktwirtschaft vom 20. Juni 2008. S. 1-11, Online abrufbar. URL: http://www.60jahresozialemarktwirtschaft.de/fileadmin/marktwirtschaft/downloads/JenaerAufruf.pdf. Zugriff: 19.05.2012.

KALTENBORN, Bruno (2000): Reformkonzepte für die Sozialhilfe: Finanzbedarf und Arbeitsmarkteffekte, Zugl.: Mainz, Uni. Dissertation (1999), Baden Baden.

KATHOLISCHE ARBEITNEHMER-BEWEGUNG (2011): Fair teilen statt sozial spalten – Nachhaltig leben und arbeiten. Beschluss von Würzburg – 14. Bundesverbandstag der KAB 2011, S. 1-26. Online abrufbar. URL: http://www.kab-nachhaltig.de/mm/mm004/Beschluss_Wuerzburg.pdf. Zugriff: 28.01.2013.

KEMMER, Kilian (2008): Das bedingungslose Grundeinkommen. Veröffentlichte Inaugural-Dissertation, München 27.06.2008. Online abrufbar. URL: http://edoc.ub.uni-muenchen.de/8815/1/Kemmer_Kilian.PDF. Zugriff: 01.08.2011.

KERBER, Walter (1975): Katholische Soziallehre, in: Sonderdruck aus: Geschichte und Staat: Demokratische Gesellschaft – Zweiter Teil, Bd. 194/195, Olzog Verlag, München S. 547-642.

KERSTING, Wolfgang (2000): Theorien der sozialen Gerechtigkeit, J. B. Metzler, Stuttgart, Weimar.

KIPPING, Katja (2006): Zwei Drittel würden gewinnen, in: Der Freitag. Nr. 48, Gespräch vom 01.12.2006, o. S. Online abrufbar. URL: http://www.freitag.de/2006/48/06480501.php. Zugriff: 29.03.2011.

KIPPING, Katja (2007): Und weil der Mensch ein Mensch ist…, in: Blaschke, Ronald/Dilthey, Matthias/Drescher, Jörg et. al. (Hgg.) (2007): Die Idee eines Emanzipatorischen Bedingungslosen Grundeinkommens, S. 9-14. Online abrufbar. URL: http://big-grundeinkommen.de/wp-content/uploads/2010/11/bge-buch.pdf. Zugriff: 25.09.2013.

KIPPING, Katja (2010): Demokratie und Grundeinkommen – ein politischer Essay, in: Blaschke, Ronald (2010): Denk` mal Grundeinkommen! Geschichte, Fragen und Antworten einer Idee, in: Ders./Otto, Adeline/Schepers, Norbert (Hgg.) (2010): Grundeinkommen. Geschichte-Modelle-Debatten. Schriftenreihe: Texte / Rosa-Luxemburg-Stiftung, Bd. 67, Karl Dietz, Berlin, S. 293-300.

KLUMP, Rainer (2001): Soziale Marktwirtschaft: Geistige Grundlagen, ethischer Anspruch, historische Wurzeln, in: Schlecht, Otto/Stoltenberg, Gerhard (Hgg.): Soziale Marktwirtschaft. Grundlagen, Entwicklungslinien, Perspektiven. Herausgegeben im Auftrag der Konrad-Adenauer-Stiftung e. V. und der Ludwig-Erhard-Stiftung e. V., Freiburg i. Breisgau, S. 17-59.

KONRAD ADENAUER STIFTUNG (2012): Vertrag über die Schaffung einer Währungs-, Wirtschafts- und Sozialunion vom 18. Mai 1990, in: Wissenschaftliche Dienste/Archiv für christlich-demokratische Politik, o. S. Online abrufbar. URL: http://www.kas.de/wf/de/71.4517/. Zugriff: 13.02.2012.

KOVCE, Philip (2013): Bedingungsloses Grundeinkommen. Die Revolution der Möglichkeiten, in: FAZ vom 13.12.2013, S. 1-2. Online abrufbar. URL: http://www.faz.net/aktuell/feuilleton/bedingungsloses-grundeinkommen-die-revolution-der-moeglichkeiten-12709578.html. Zugriff: 19.12.2013.

KRÜSSELBERG, Hans Günter (2009): Zukunft der Sozialen Marktwirtschaft – Zukunft der Arbeit, in: Aßländer, S. Michael/Ulrich, Peter (Hgg.): 60 Jahre Soziale Marktwirtschaft. Illusionen und Reinterpretationen einer ordnungspolitischen Integrationsformel. St. Galler Beiträge zur Wirtschaftsethik 44, Haupt, Bern; Stuttgart; Wien, S. 315-347.

KUMPMANN, Ingmar (2006): Das Grundeinkommen – Potenziale und Grenzen eines Reformvorschlags, in: Wirtschaftsdienst 9/2006, S. 595-601. Online abrufbar. URL: http://www.wirtschaftsdienst.eu/archiv/suche.php. Zugriff: 24.08.2012.

LAMPERT, Heinz (2002a): Sozialpolitik, in: Hasse, Rolf H./Schneider, Hermann/Weigelt, Klaus (Hgg.): Lexikon Soziale Marktwirtschaft. Wirtschaftspolitik von A bis Z. Herausgegeben im Auftrag der Konrad-Adenauer-Stiftung, Ferdinand Schöningh, Paderborn, S. 395-398.

LAMPERT, Heinz (2002b): Sozialstaat und Wohlfahrtsstaat, in: Hasse, Rolf H./Schneider, Hermann/Weigelt, Klaus (Hgg.): Lexikon Soziale Marktwirtschaft. Wirtschaftspolitik von A bis Z. Herausgegeben im Auftrag der Konrad-Adenauer-Stiftung, Ferdinand Schöningh, Paderborn, S. 398-400.

LEIPOLD, Helmut (2002): Freiheitssicherung, in: Hasse, Rolf H./Schneider, Hermann/Weigelt, Klaus (Hgg.): Lexikon Soziale Marktwirtschaft. Wirtschaftspolitik von A bis Z. Herausgegeben im Auftrag der Konrad-Adenauer-Stiftung, Ferdinand Schöningh, Paderborn, S. 232-235.

LESSENICH, Stephan (2009): Das Grundeinkommen in der gesellschaftspolitischen Debatte. Expertise im Auftrag der Friedrich-Ebert-Stiftung, Bonn, S. 1-40. Online abrufbar. URL: http://library.fes.de/pdf-files/wiso/06193.pdf. Zugriff: 02.11.2011.

LEXIKON DER NACHHALTIGKEIT (2013): Artikel über Hans Carl von Carlowitz, 1713, in: Lexikon der Nachhaltigkeit, o. S. Online abrufbar. URL: http://www.nachhaltigkeit.info/artikel/hans_carl_von_carlowitz_1713_1393.htm. Zugriff: 20.12.2013.

LIEBERMANN, Sascha (2008): Freiheit ermöglichen, Demokratie stärken, Leistung fördern – durch ein bedingungsloses Grundeinkommen für alle Bürger, in: Biedenkopf, Kurt/ Dahrendorf, Ralf/Fromm, Erich/Hosang, Maik (Hgg.); Kelly, Petra et. al.: Klimawandel und Grundeinkommen. Die nicht zufällige Gleichzeitigkeit beider Themen und ein sozialökologisches Experiment, München, S. 73-104.

LIEBERMANN, Sascha (2009): Die Vielfalt der Möglichkeiten ist bestechend – Chancen durch ein bedingungsloses Grundeinkommen, in: Neuendorff, Hartmut/Peter, Gerd/Wolf, Frieder O. (Hgg.) (2009): Arbeit und Freiheit im Widerspruch? Bedingungsloses Grundeinkommen – ein Modell im Meinungsstreit. VSA, Hamburg.

LIEBERMANN, Sascha (2010): Autonomie, Gemeinschaft, Initiative – Zur Bedingtheit eines bedingungslosen Grundeinkommens, KIT Scientific Publishing, Karlsruhe.

LIEBERMANN, Sascha (2012): Das Menschenbild des Grundeinkommens – Wunschvorstellung oder Wirklichkeit?, in: Werner, W. Götz/Eichhorn, Wolfgang/Friedrich, Lothar (Hgg.) (2012): Das Grundeinkommen. Würdigung-Wertungen-Wege. KIT Scientific Publishing, Karlsruhe.

LINZ, Manfred (2007): Zur ökologischen Dimension des Grundeinkommens, in: Exner, Andreas/Rätz, Werner/Zenker, Birgit (Hgg.) (2007): Grundeinkommen. Soziale Sicherheit ohne Arbeit. Deuticke Verlag, Wien, S. 181-185.

LUTHER KING, Martin (1967): Where do we go from here? Rede anlässlich der "Southern Christian Leadership Conference" am 16 August 1967, Atlanta, Georgia. Online abrufbar. URL: http://www.famous-speeches-and-speech-topics.info/martin-luther-king-speeches/martin-luther-king-speech-where-do-we-go-from-here.htm. Zugriff: 11.10.2012.

MACK, Elke (2008): Subsidiäres und aktivierendes Grundeinkommen – eine Alternative zum bestehenden System in Deutschland, in: Roman-Herzog-Institut e. V. (Hg.): Bedingungsloses Grundeinkommen – Eine Perspektive für die Soziale Marktwirtschaft? Kontroverse Fragen an ein umstrittenes (Gesellschafts-)Konzept von morgen, Diskussion Nr. 9, München, S. 17-25.

MAIER-RIGAUD, Frank P./MAIER-RIGAUD, Remi (2009): Rüstows Konzept der Sozialen Marktwirtschaft – Sozial- und wettbewerbspolitische Dimensionen einer überwirtschaftlichen Ordnung, in: 60 Jahre Soziale Marktwirtschaft. Illusionen und Reinterpretationen einer ordnungspolitischen Integrationsformel. St. Galler Beiträge zur Wirtschaftsethik 44, Haupt, Bern; Stuttgart; Wien, S. 69-94.

MARX, Reinhard (2010): Die Idee des Grundeinkommens – Ein Weg zu mehr Beteiligungsgerechtigkeit? Rede des Erzbischofs von München und Freising, S. E. Dr. Reinhard Marx, anlässlich der gemeinsamen Veranstaltung der Konrad-Adenauer-Stiftung und der Kommission für gesellschaftliche und soziale Fragen der Deutschen Bischofskonferenz am 10. März 2010 in Berlin, KAS 16/2010, Sankt Augustin; Bonn.

MATTHES, Joachim (Hg.) (1983): Krise der Arbeitsgesellschaft? Verhandlungen des 21. Soziologentages in Bamberg 1982. Campus, Frankfurt a. Main.

MERKEL, Angela (2008): „Bundesrepublik muss Bildungsrepublik werden". Rede der CDU-Vorsitzenden, Bundeskanzlerin Dr. Angela Merkel MdB, auf der Festveranstaltung „60 Jahre Soziale Marktwirtschaft" am 12. Juni 2008 in Berlin. S.1-7. Online abrufbar. URL: http://www.jugendsozialarbeit.de/media/raw/080612_merkel_rede_60_jahre_soziale_marktwirtschaft.pdf. Zugriff: 11.12.2012.

METHMANN, Chris (2007): Vom Straffen des Gürtels zu einem Leben ohne Gürtel, in: Exner, Andreas/Rätz, Werner/Zenker, Birgit (Hgg.) (2007): Grundeinkommen. Soziale Sicherheit ohne Arbeit. Deuticke Verlag, Wien, S. 186-193.

METZLER, Gabriele (2003): Der deutsche Sozialstaat. Vom bismarckschen Erfolgsmodell zum Pflegefall. Deutsche Verlags-Anstalt, Stuttgart; München.

MIHM, Andreas/SCHWENN, Kerstin (2009): Regierung erhöht Steuerzuschuss für Sozialkassen, in: FAZ vom 13.11.2009. Online abrufbar. URL: http://www.faz.net/artikel/C30350/milliardendefizite-regierung-erhoeht-steuerzuschuss-fuer-sozialkassen-30077697.html. Zugriff: 17.05.2012.

MITSCHKE, Joachim (1985): Steuer- und Transferordnung aus einem Guß. Entwurf einer Neuregelung der direkten Steuern und Sozialtransfers in der Bundesrepublik Deutschland, Nomos, Baden-Baden.

MITSCHKE, Joachim (2000): Grundsicherungsmodelle – Ziele, Gestaltung, Wirkungen und Finanzbedarf. Eine Fundamentalanalyse mit besonderem Bezug auf die Steuer- und Sozialordnung sowie den Arbeitsmarkt der Republik Österreich. Nomos, Baden-Baden.

MITSCHKE, Joachim (2001): Plädoyer für eine negative Einkommensteuer, in: Becker-Lenz, Roland/Franzmann, Andreas/ Jansen, Axel/Liebermann, Sascha (Hgg.): Eigeninteresse und Gemeinwohlbindung. Kulturspezifische Ausformungen in den USA und Deutschland, Analyse und Forschung, Bd. 25, UVK, Konstanz, S. 39-68.

MITSCHKE, Joachim (2004): Erneuerung des deutschen Einkommensteuerrechtes. Gesetzestextentwurf und Begründung. Mit einer Grundsicherungsvariante. Dr. Otto Schmidt, Köln.

MOHR, Katrin (2005): Grundeinkommen als Grundlage sozialer Inklusion. Version des Vortrags im Workshop „Grundeinkommen und soziale Inklusion" auf der Konferenz „Grundeinkommen. In Freiheit tätig sein" am 7.-9. Oktober 2005 in Wien. Online abrufbar. URL: http://www.archiv-grundeinkommen.de/mohr/Mohr_BGE_Inklusion_Wien.pdf. Zugriff: 31.01.2014.

MORUS, Thomas (1981, [1516]): Utopia. Aus dem Lateinischen von Alfred Hartmann – Mit einem Porträt des Autors von Erasmus von Rotterdam. Diogenes, Zürich.

MOSER, Maria Katharina (2007): Inklusion und Integration durch Grundeinkommen?, in: Eckstein, Christiane/Filipovic, Alexander/Oostenryck, Klaus (Hgg.): Beteiligung-Inklusion-Integration. Sozialethische Konzepte für die moderne Gesellschaft. Forum Sozialethik, Bd. 5, Aschendorff Verlag, Münster, S. 127-140.

MUTZ, Gerd (2001): Der souveräne Arbeitsgestalter in der zivilen Arbeitsgesellschaft. Aus Politik und Zeitgeschichte B21/2001, S. 14-23. Online abrufbar. URL: http://www.bpb.de/apuz/26260/der-souveraene-arbeitsgestalter-in-der-zivilen-arbeitsgesellschaft?p=all. Zugriff: 31.01.2013.

MÜLLER, Matthias (2009): Deutungsmusteranalyse sozialpolitischer Innovationen. Fallstudien zu Grundeinkommen und Evaluation in der Sozialen Arbeit. Veröffentlichte Dissertation, vorgelegt am 24.03.2009, Universität Jena.

MÜLLER-ARMACK, Alfred (1948): Vorschläge zur Verwirklichung der Sozialen Marktwirtschaft, in: Ders. (1981a): Genealogie der Sozialen Marktwirtschaft – Frühschriften und weiterführende Konzepte. Zweite, erweiterte Auflage, Dürr, Ernst/ Hoffmann, Harriet/ Tuchtfeldt, Egon [et. a.] (Hgg.): Alfred Müller-Armack/Ausgewählte Werke, Schriftenreihe: Beiträge zur Wirtschaftspolitik, Bd. 34, Paul Haupt, Bern; Stuttgart, S. 90-109.

MÜLER-ARMACK, Alfred (1950): Soziale Irenik, in: Ders. (1981b): Religion und Wirtschaft – Geistesgeschichtliche Hintergründe unserer europäischen Lebensform. Dritte, unveränderte Auflage, Dürr, Ernst/Hoffmann, Harriet/Tuchtfeldt, Egon [et. a.] (Hgg.): Alfred Müller-Armack/Ausgewählte Werke, Schriftenreihe: Beiträge zur Wirtschaftspolitik, Bd. 33, Paul Haupt, Bern; Stuttgart, S. 559-578.

MÜLLER-ARMACK, Alfred (1952): Stil und Ordnung der Sozialen Marktwirtschaft, in: Ders. (1976): Wirtschaftsordnung und Wirtschaftspolitik. Studien und Konzepte zur Sozialen Marktwirtschaft und zur Europäischen Integration, Beiträge zur Wirtschaftspolitik, Bd. 4, Zweite, unveränderte Auflage, Paul Haupt, Bern; Stuttgart, S. 231-242.

MÜLLER-ARMACK, Alfred (1956): Soziale Marktwirtschaft, in: Ders. (1976): Wirtschaftsordnung und Wirtschaftspolitik. Studien und Konzepte zur Sozialen Marktwirtschaft und zur Europäischen Integration, Beiträge zur Wirtschaftspolitik, Bd. 4, Zweite, unveränderte Auflage, Paul Haupt, Bern; Stuttgart, S. 243-249.

MÜLLER-ARMACK, Alfred (1959): Die Soziale Marktwirtschaft nach einem Jahrzehnt ihrer Erprobung, in: Ders. (1976): Wirtschaftsordnung und Wirtschaftspolitik. Studien und Konzepte zur Sozialen Marktwirtschaft und zur Europäischen Integration, Beiträge zur Wirtschaftspolitik, Bd. 4, Zweite, unveränderte Auflage, Paul Haupt, Bern; Stuttgart, S. 251-265.

MÜLLER-ARMACK, Alfred (1960): Die zweite Phase der Sozialen Marktwirtschaft. Ihre Ergänzung durch das Leitbild einer neuen Gesellschaftspolitik, in: Ders. (1976): Wirtschaftsordnung und Wirtschaftspolitik. Studien und Konzepte zur Sozialen Marktwirtschaft und zur Europäischen Integration, Beiträge zur Wirtschaftspolitik, Bd. 4, Zweite, unveränderte Auflage, Bern; Stuttgart, S. 267-291.

MÜLLER-ARMACK, Alfred (1962): Das gesellschaftspolitische Leitbild der Sozialen Marktwirtschaft, in: Ders. (1976): Wirtschaftsordnung und Wirtschaftspolitik. Studien und Konzepte zur Sozialen Marktwirtschaft und zur Europäischen Integration, Beiträge zur Wirtschaftspolitik, Bd. 4, Zweite, unveränderte Auflage, Paul Haupt, Bern; Stuttgart, S. 293-315.

MÜLLER-AMRACK, Alfred (1965): Vorwort, in Ders. (1976): Wirtschaftsordnung und Wirtschaftspolitik. Studien und Konzepte zur Sozialen Marktwirtschaft und zur Europäischen Integration, Beiträge zur Wirtschaftspolitik, Bd. 4, Zweite, unveränderte Auflage, Paul Haupt, Bern; Stuttgart, S. 9-15.

MÜLLER-ARMACK, Alfred (1969): Der Moralist und der Ökonom. Zur Frage der Humanisierung der Wirtschaft, in: Ders (1981a): Genealogie der Sozialen Marktwirtschaft – Frühschriften und weiterführende Konzepte. Zweite, erweiterte Auflage, in: Dürr, Ernst/ Hoffmann, Harriet/ Tuchtfeldt, Egon [et. a.] (Hgg.): Alfred Müller-Armack/Ausgewählte Werke, Schriftenreihe: Beiträge zur Wirtschaftspolitik, Bd. 34, Paul Haupt, Bern; Stuttgart, S. 123-140.

MÜLLER-ARMACK, Alfred (1972a): Die Soziale Marktwirtschaft und ihre Widersacher, in: Ders (1981a): Genealogie der Sozialen Marktwirtschaft – Frühschriften und weiterführende Konzepte. Zweite, erweiterte Auflage, in: Dürr, Ernst/Hoffmann, Harriet/Tuchtfeldt, Egon [et. al.] (Hgg.): Alfred Müller-Armack/Ausgewählte Werke, Schriftenreihe: Beiträge zur Wirtschaftspolitik, Bd. 34, Paul Haupt, Bern; Stuttgart, S. 147-160.

MÜLLER-ARMACK, Alfred (1972b): Die Soziale Marktwirtschaft als Friedensordnung, in: Ders. (1981a): Genealogie der Sozialen Marktwirtschaft. Frühschriften und weiterführende Konzepte, Zweite, erweiterte Auflage, Paul Haupt, Bern; Stuttgart, S. 161-166.

MÜLLER-ARMACK, Alfred (1973): Der humane Gehalt der Sozialen Marktwirtschaft, in: Ders. (1981a): Genealogie der Sozialen Marktwirtschaft. Frühschriften und weiterführende Konzepte, Zweite, erweiterte Auflage, Paul Haupt, Bern; Stuttgart, S. 167-175.

MÜLLER-ARMACK, Alfred (1974): Zur Einführung: Zeitgeschichtliche Notizen, in: Ders. (1981a): Genealogie der Sozialen Marktwirtschaft – Frühschriften und weiterführende Konzepte. Zweite, erweiterte Auflage, Bd. 34, Paul Haupt, Bern; Stuttgart, S. 11-18.

MÜLLER-ARMACK, Alfred (1976): Wirtschaftsordnung und Wirtschaftspolitik. Studien und Konzepte zur Sozialen Marktwirtschaft und zur Europäischen Integration, Beiträge zur Wirtschaftspolitik, Bd. 4, Zweite, unveränderte Auflage, Paul Haupt, Bern; Stuttgart.

MÜLLER-ARMACK, Alfred (1981a): Genealogie der Sozialen Marktwirtschaft – Frühschriften und weiterführende Konzepte. Zweite, erweiterte Auflage, in: Dürr, Ernst/ Hoffmann, Harriet/Tuchtfeldt, Egon [et. a.] (Hgg.): Alfred Müller-Armack/Ausgewählte Werke, Schriftenreihe: Beiträge zur Wirtschaftspolitik, Bd. 34, Paul Haupt, Bern; Stuttgart.

MÜLLER-ARMACK, Alfred (1981b): Religion und Wirtschaft – Geistesgeschichtliche Hintergründe unserer europäischen Lebensform. Dritte, unveränderte Auflage, Dürr, Ernst/ Hoffmann, Harriet/Tuchtfeldt, Egon [et. a.] (Hgg.): Alfred Müller-Armack/Ausgewählte Werke, Schriftenreihe: Beiträge zur Wirtschaftspolitik, Bd. 33, Paul Haupt, Bern; Stuttgart.

MÜLLER-ARMACK, Alfred (1990): Wirtschaftslenkung und Marktwirtschaft [1946]. Wiederabgedruckt in der Sonderausgabe 1990, Kastell Verlag, München.

NELL-BREUNING, Oswald v. (1990): Baugesetze der Gesellschaft. Solidarität und Subsidiarität. Herder, Freiburg; Basel; Wien.

NETZWERK GRUNDEINKOMMEN (2014a): Die Idee. Online abrufbar. URL: https://www.grundeinkommen.de/die-idee. Zugriff: 01.01.2014.

NETZWERK GRUNDEINKOMMEN (2014b): Nach der Bürgerinitiative ist vor der Bürgerinitiative. Der Netzwerkrat am 14.01.2014 zur Europäischen Bürgerinitiative für ein bedingungsloses Grundeinkommen. Online abrufbar. URL: https://www.grundeinkommen.de/14/01/2014/nach-der-buergerinitiative-ist-vor-der-buergerinitiative.html#more-3213. Zugriff: 20.01.2014.

NETZWERK GRUNDEINKOMMEN UND SOZIALER ZUSAMMENHALT – ÖSTERREICH/NETZWERK GRUNDEINKOMMEN – DEUTSCHLAND (Hgg.) (2006): Grundeinkommen – in Freiheit tätig sein. Beiträge des ersten deutschsprachigen Grundeinkommenskongresses. Avinus Verlag, Berlin.

NEUMANN, Frieder (2009): Gerechtigkeit und Grundeinkommen. Eine gerechtigkeitstheoretische Analyse ausgewählter Grundeinkommensmodelle. Politikwissenschaft Bd. 163, Münster.

NICK, Harry (2006): Grundeinkommen ohne Leistung?, in: Neues Deutschland vom 12.05.2006, S. 14-16.

NIPPERDEY, Thomas (1993): Deutsche Geschichte 1866-1918. Arbeitswelt und Bürgergeist, Bd. 1, Beck, München.

NORDWEST-ZEITUNG (2012): Viele Herausforderungen für Soziale Marktwirtschaft. Artikel zum Vortrag von Prof. Thomas Straubhaar bei der Wirtschaftlichen Vereinigung Oldenburg „Der Kleine Kreis" am 29.03.2012, o. S. Online abrufbar. URL: http://www.nwzonline.de/wirtschaft/viele-herausforderungen-fuer-soziale-marktwirtschaft_a_1,0,522821095.html. Zugriff: 16.01.2013.

OCKENFELS, Wolfgang (2004): Marktwirtschaft zwischen Solidarität und Subsidiarität, in: Goldschmidt, Nils/Wohlgemuth, Michael (Hgg.): Die Zukunft der Sozialen Marktwirtschaft. Sozialethische und ordnungsökonomische Grundlagen. Walter Eucken Institut. Untersuchungen zur Ordnungstheorie und Ordnungspolitik 45, Mohr Siebeck, Tübingen, S. 41-51.

OEVERMANN, Ulrich (2001): Diskussion zur Krise der Arbeitsgesellschaft und zum bedingungslosen Grundeinkommen, in: Becker, Roland/Franzmann, Andreas/Jansen, Axel & Liebermann, Sascha (Hgg.): Eigeninteresse und Gemeinwohlbindung. Kulturspezifische Ausformungen in den USA und Deutschland, UVK, Konstanz, S. 69-99.

OFFE, Claus (1983): Perspektiven auf die Zukunft des Arbeitsmarkts, in: Merkur 37/1983, Heft 5, S. 489-504.

OFFE, Claus (2005): Nachwort: Armut, Arbeitsmarkt und Autonomie, in: Vanderborght, Yannick/Van Parijs, Philippe: Ein Grundeinkommen für alle? Campus, Frankfurt a. Main, S. 131-150.

OPIELKA, Michael (1985): Sozialreform ohne Wirtschaftswachstum. Das garantierte Grundeinkommen und die Umverteilung der Arbeit, in: Leibfried, Stephan/Müller, Rainer (Red.): Sozialpolitische Bilanz, Universität Bremen, Bremen.

OPIELKA, Michael (2004): Grundeinkommensversicherung. Schweizer Erfahrungen, deutsche Perspektiven?, in: Sozialer Fortschritt – Unabhängige Zeitschrift für Sozialpolitik, 5, 53. Jg., S. 114-12.

OPIELKA, Michael (2007): Grundeinkommen als Sozialreform, in: Aus Politik und Zeitgeschichte, Nr. 51-52, S. 3-10.

OPIELKA, Michael/STALB, Heidrun (1986): Das garantierte Grundeinkommen ist unabdingbar, aber es genügt nicht, in: Opielka, Michael/Vobruba, Georg (Hgg.): Das garantierte Grundeinkommen. Entwicklung und Perspektiven einer Forderung, Fischer, Frankfurt a. Main, S. 73–97.

OPIELKA, Michael/VOBRUBA, Georg (Hgg.) (1986a): Das garantierte Grundeinkommen – Entwicklung und Perspektiven einer Forderung. Fischer, Frankfurt a. Main.

OPIELKA, Michael/VOBRUBA, Georg (Hgg.) (1986b): Warum das Grundeinkommen diskutieren?, in: Dies.: Das garantierte Grundeinkommen – Entwicklung und Perspektiven einer Forderung. Fischer, Frankfurt a. Main., S. 5-15.

OPIELKA, Michael/OSTNER, Ilona (Hgg.) (1987): Umbau des Sozialstaats, Klartext, Essen.

OPIELKA, Michael/ZANDER, Margherita (Hgg.) (1988): Freiheit von Armut. Das Grüne Grundsicherungsmodell in der Diskussion, Klartext, Essen.

OPIELKA, Michael/STRENGMANN-KUHN, Wolfgang unter Mitarbeit von Bruno Kaltenborn (2007): Das Solidarische Bürgergeld. Finanz- und sozialpolitische Analyse eines Reformkonzepts, Studie im Auftrag der Konrad-Adenauer Stiftung, in: Borchard, Michael (Hg.): Das solidarische Bürgergeld. Analysen einer Reformidee, Lucius&Lucius, Stuttgart, S. 13-142.

OPPENHEIMER, Franz (1964): System der Soziologie. Der Staat, Bd. 2, Zweite, unveränderte Auflage, Gustav Fischer Verlag, Stuttgart.

PATRY, Eric (2010): Das bedingungslose Grundeinkommen in der Schweiz – Eine republikanische Perspektive. Zugl.: St. Gallen, Uni. Dissertation. Haupt, Bern [et. al.].

PELZER, Helmut (1994): Bürgergeld. Rechenmodell zur aufkommensneutralen Finanzierung eines allgemeinen Grundeinkommens. Stöffler & Schütz, Stuttgart.

PELZER, Helmut (2010): Das bedingungslose Grundeinkommen. Finanzierung und Realisierung nach dem mathematisch fundierten Transfergrenzen-Modell. Eine kurze Zusammenfassung. Lucius & Lucius, Stuttgart.

PILZ, Frank unter Mitarbeit von Małgorzata Waniak (2009): Der Sozialstaat. Ausbau-Kontroversen-Umbau, Bundeszentrale für politische Bildung, Bd. 761, Bonn.

PRESSE, André (2010): Grundeinkommen – Idee und Vorschläge zu seiner Realisierung. Veröffentlichte Dissertation, KIT Scientific Publishing, Bd. 21, Karlsruhe.

QUAAS, Friedrun (2000): Soziale Marktwirtschaft: Wirklichkeit und Verfremdung eines Konzepts. Beiträge zur Wirtschaftspolitik, Bd. 74, Paul Haupt, Bern/Stuttgart/Wien.

QUAAS, Friedrun (2002a): *Alfred Müller-Armacks* Idee der „Sozialen Irenik" und ihre Anwendungsmöglichkeiten, in: Hasse, Rolf H./Quaas, Friedrun (Hgg.): Wirtschaftsordnung und Gesellschaftskonzept. Zur Integrationskraft der Sozialen Marktwirtschaft. Paul Haupt, Bern; Stuttgart; Wien, S. 207-225.

QUAAS, Friedrun (2002b): Soziale Marktwirtschaft: Einführung, in: Hasse, Rolf H./Schneider, Hermann/Weigelt, Klaus (Hgg.): Lexikon Soziale Marktwirtschaft. Wirtschaftspolitik von A bis Z. Herausgegeben im Auftrag der Konrad-Adenauer-Stiftung, Ferdinand Schöningh, Paderborn, S. 360-363.

QUAAS, Friedrun (2002c): Alfred Müller-Armack, in: Hasse, Rolf H./Schneider, Hermann/Weigelt, Klaus (Hgg.): Lexikon Soziale Marktwirtschaft. Wirtschaftspolitik von A bis Z. Herausgegeben im Auftrag der Konrad-Adenauer-Stiftung, Ferdinand Schöningh, Paderborn, S. 50-52.

QUAAS, Friedrun (2002d): Soziale Marktwirtschaft: Soziale Irenik, in: Hasse, Rolf H./Schneider, Hermann/Weigelt, Klaus (Hgg.): Lexikon Soziale Marktwirtschaft. Wirtschaftspolitik von A bis Z. Herausgegeben im Auftrag der Konrad-Adenauer-Stiftung, Ferdinand Schöningh, Paderborn, S. 384-387.

RAUSCHER, Anton (2002): Das Menschenbild der Sozialen Marktwirtschaft, in: Hasse, Rolf H./Quaas, Friedrun (Hgg.): Wirtschaftsordnung und Gesellschaftskonzept. Zur Integrationskraft der Sozialen Marktwirtschaft. Paul Haupt, Bern; Stuttgart; Wien, S. 187-205.

RÄTZ, Werner/PATERNOGA, Dagmar/STEINBACH, Werner (2005): Grundeinkommen: bedingungslos. AttacBasisTexte 17, VSA, Hamburg.

RHYS-WILLIAMS, Lady Juliet, E. (1943): Something to look forward to. A suggestion for a new social contract, Mcdonald, London, Jeremy (1996): Das Ende der Arbeit und ihre Zukunft. Mit einem Nachwort von Martin Kempe. Aus dem Engl. von Thomas Steiner, 2. Auflage, Campus, Frankfurt a. Main [u. a.].

ROOS, Lothar (2002): Katholische Soziallehre, in: Hasse, Rolf H./Schneider, Hermann/Weigelt, Klaus (Hgg.): Lexikon Soziale Marktwirtschaft. Wirtschaftspolitik von A bis Z. Herausgegeben im Auftrag der Konrad-Adenauer-Stiftung, Ferdinand Schöningh, Paderborn, S. 279-282.

ROTH, Steffen J. (2008): Sympathische Sozialutopie oder neuer Weg zur Knechtschaft? – Eine entschlossene Ablehnung des „bedingungslosen Grundeinkommens", in: Roman-Herzog-Institut e. V. (Hg.): Bedingungsloses Grundeinkommen – Eine Perspektive für die soziale Marktwirtschaft? Kontroverse Fragen an ein umstrittenes (Gesellschafts-)Konzept von morgen, Diskussion, Nr. 9, München, S. 10-16.

SACKMANN, Reinhold (1998): Stichwort: Wandel der Arbeitsgesellschaft – Folgen für Erziehung und Bildung, in: Zeitschrift für Erziehungswissenschaft. Schwerpunkt: Wandel der Arbeitsgesellschaft. 1. Jahrgang, Heft 4, S. 485-491.

SAUTTER, Hermann (1997): Braucht die Soziale Marktwirtschaft ein neues Menschenbild?, in: Rösener, Hans Jürgen/Ders./Stoltenberg, Gerhard/Streit E. Manfred/Watrin, Christian (Hgg.): Soziale Marktwirtschaft in der Bewährung, Aktuelle Fragen der Politik, Heft 45, Herausgegeben von der Konrad-Adenauer-Stiftung, Sankt Augustin, S. 25-39.

SCHACHTSCHNEIDER, Ulrich (2011): Ökologisches Grundeinkommen – eine emanzipative Variante des Green New Deal? Beitrag zum Kongress Momentum 11: Gleichheit. Hallstatt, Austria am 27-30.10.2011, S. 1-11. Online abrufbar. URL: https://www.grundeinkommen.de/content/uploads/2011/11/oge-eine-emanzipative-variante-des-green-new-deal.pdf. Zugriff: 11.12.2013.

SCHÄFERS, Michael (o. J.): Zehn Thesen zur Zukunft der Arbeitsgesellschaft und zur „Tätigkeitsgesellschaft", S. 1-3. Online abrufbar. URL: http://www.kab.de/fileadmin/user_upload/kab_de/Downloads_pdf/Thesen Taetigkeitsgesellschaft.pdf. Zugriff: 10.10.2012.

SCHERHORN, Gerhard (2012): Grundeinkommen und Nachhaltige Entwicklung., in: Werner, W. Götz/Eichhorn, Wolfgang/Friedrich, Lothar (Hgg.) (2012): Das Grundeinkommen. Würdigung-Wertungen-Wege. KIT Scientific Publishing, Karlsruhe, S. 68-83.

SCHILLER, Friedrich (2000): Über die ästhetische Erziehung des Menschen in einer Reihe von Briefen. Mit den Augustenburger Briefen, herausgegeben von Klaus L. Berghan, Stuttgart.

SCHLECHT, Otto (2002): Soziale Marktwirtschaft: Politische Umsetzung, Erosion und Handlungsbedarf, in: Hasse, Rolf H./Schneider, Hermann/Weigelt, Klaus (Hgg.): Lexikon Soziale Marktwirtschaft. Wirtschaftspolitik von A bis Z. Herausgegeben im Auftrag der Konrad-Adenauer-Stiftung, Ferdinand Schöningh, Paderborn, S. 378-384.

SCHLECHT, Otto/STOLTENBERG, Gerhard (Hgg.) (2001): Soziale Marktwirtschaft. Grundlagen, Entwicklungslinien, Perspektiven. Herausgegeben im Auftrag der Konrad-Adenauer-Stiftung e. V. und der Ludwig-Erhard-Stiftung e. V., Freiburg i. Breisgau.

SCHMID, Thomas (Hg.) (1986): Befreiung von falscher Arbeit – Thesen zum garantierten Mindesteinkommen. Zweite, erheblich veränderte Auflage, Klaus Wagenbach, Berlin.

SCHRAMM, Michael (2007): Das Solidarische Bürgergeld – eine sozialethische Analyse, in: Borchard, Michael (Hg.): Das solidarische Bürgergeld. Analysen einer Reformidee, Im Auftrag der Konrad-Adenauer-Stiftung, Lucius&Lucius, Stuttgart, S. 189-224.

SCHRAMM, Michael (2008): Subsidiäre Befähigungsgerechtigkeit durch das Solidarische Bürgergeld, in: Straubhaar, Thomas (Hg.): Bedingungsloses Grundeinkommen und Solidarisches Bürgergeld- mehr als sozialutopische Konzepte. Verlag der Staats- und Uni-versitätsbibliothek Hamburg, Hamburg, S. 177-220.

SCHRAMM, Michael (2010): Das Solidarische Bürgergeld als Instrument solidarischer Subsidiarität, in: Althaus, Dieter/Binkert, Hermann (Hgg.): Solidarisches Bürgergeld. Den Menschen trauen – Freiheit nachhaltig und ganzheitlich sichern, 2. Aufl., Books on Demand GmbH, Norderstedt, S. 88-129.

SCHUMANN, Rosemarie (2007): Wertgrundlagen der Sozialen Marktwirtschaft. Eine genealogische Analyse ihrer Inhalte. Zugl.: Leipzig, Univ. Dissertation, Tectum Verlag, Marburg.

SCHULTE-BASTA, Dorothee (2010): Ökonomische Nützlichkeit oder leistungsloser Selbstwert? Zur Kompatibilität von Bedingungslosem Grundeinkommen und Katholischer Soziallehre. Zentrum für angewandte Sozialwissenschaft, Freiberg.

SCHÜLLER, Alfred/WELSCH, Thomas (2002): Dritte Wege/"Mixed Economy", in: Hasse, Rolf H./Schneider, Hermann/Weigelt, Klaus (Hgg.): Lexikon Soziale Marktwirtschaft. Wirtschaftspolitik von A bis Z. Herausgegeben im Auftrag der Konrad-Adenauer-Stiftung, Ferdinand Schöningh, Paderborn, S. 154-156.

SEGBERS, Franz (2008): Essen ohne zu arbeiten? Das garantierte und bedingungslose Grundeinkommen. Ein Diskussionsbeitrag, in: epd-sozial Nr. 10 vom 7.3.2008, S. 12-13.

SEGBERS, Franz (2009): Bürgerrechte, soziale Rechte und Autonomie. Weiterentwicklung des Sozialstaates durch ein Grundeinkommen, in: Nethöfel, Wolfgang/Dabrock, Peter/Keil, Siegfried (Hgg.): Verantwortungsethik als Theologie des Wirklichen. Göttingen, S. 181-217.

SESSELMEIER, Werner/KLOPFLEISCH, Roland/SETZER, Martin (1996): Mehr Beschäftigung durch einen Negative Einkommensteuer – Zur beschäftigungspolitischen Effektivität eines integrierten Steuer- und Transfersystems, Schriftenreihe: Sozialökonomische Schriften, Bd. 10, Peter Lang, Frankfurt a. Main [u. a.].

SKIDELSKY, Robert und Edward (2013): Wie viel ist genug? Vom Wachstumswahn zu einer Ökonomie des guten Lebens. Aus dem Englischen von Thomas Pfeiffer und Ursel Schäfer. Verlag Antje Kunstmann GmbH, München.

SOZIALPIRATEN (2011): Als Vorschlag zur Diskussion – Sozialstaat 3.0. Beitrag vom 08. 12.2011, o. S. Online abrufbar. URL: http://sozialpiraten.piratenpartei.de/2011/12/08/als-vorschlag-zur-diskussion-das-ebner-ponader-modell/. Zugriff: 24.08.2012.

SPD-RHEIN-ERFT (2010): Solidarisches Grundeinkommen. Projektgruppe „Grundeinkommen" der Rhein-Erft-SPD. Solidarisches Grundeinkommen – Übersicht, o. S. Online abrufbar. URL: http://de.scribd.com/doc/48235155/Solidarisches-Grundeinkommen-%E2%80%93-Ubersicht. Zugriff: 19.01.2014.

SPERMANN, Alexander (2001): Negative Einkommensteuer, Lohnsubventionen und Langzeitarbeitslosigkeit. Finanzwissenschaftliche Schriften, Bd. 104, Zugl.: Freiburg i. Br., Uni., Habil.-Schrift, 1999, Peter Lang, Frankfurt a. Main [u.a.].

SPIEKER, Manfred (1986): Legitimitätsprobleme des Sozialstaats. Konkurrierende Sozialstaatskonzeptionen in der Bundesrepublik Deutschland. Beiträge zur Wirtschaftspolitik, Bd. 41, Paul Haupt, Bern; Stuttgart.

STRAUBHAAR, Thomas (2007): Die Soziale Marktwirtschaft ist mehr als die soziale Marktwirtschaft. Wilhelm-Röpke-Vorlesung anlässlich der Eröffnung der Zweigniederlassung Thüringen der Hamburgischen WeltWirtschaftsInstitut (HWWI) am 12. Februar 2007, Hamburg, S. 1-10. Online abrufbar. URL: http://www.hwwi.org/fileadmin/roepke/roepke-dokumente/2007_Roepke-Vorlesung.pdf. Zugriff: 18.10.2011.

STRAUBHAAR, Thomas (Hg.) (2008a): Bedingungsloses Grundeinkommen und Solidarisches Bürgergeld – mehr als sozialutopische Konzepte. Hamburg University Press, Verlag der Staats- und Universitätsbibliothek Hamburg Carl von Ossietzky, Hamburg.

STRAUBHAAR, Thomas (2008b): Warum das „bedingungslose Grundeinkommen" mehr ist als ein sozialutopisches Konzept, in: Roman-Herzog-Institut e. V. (Hg.): Bedingungsloses Grundeinkommen – Eine Perspektive für die Soziale Marktwirtschaft? Kontroverse Fragen an ein umstrittenes (Gesellschafts-)Konzept von morgen, Diskussion Nr. 9, München, S. 6-9.

STRENGMANN-KUHN, Wolfgang (2007): Armut in Deutschland und Grundeinkommen. S. 1-19. Online abrufbar. URL: http://www.archiv-grundeinkommen.de/strengmann-kuhn/20070225_Armut_und_Grundeinkommen.pdf. Zugriff: 27.08.2012.

THEOBALD, Robert (Hg.) (1967): The Guaranteed Income. Next Step in sozioeconomic evolution? Anchor Books, New York.

THIMM, Katja (2010): Das bedingungslose Grundeinkommen – Kollaps oder Reanimation des Sozialstaates?, Tectum, Marburg.

THUY, Peter (1999): Grundeinkommenssicherung in der sozialen Marktwirtschaft, in: Ordo, Jahrbuch für die Ordnung von Wirtschaft und Gesellschaft, Bd. 50, S. 121–141.

ULRICH, Peter (2005): Zivilisierte Marktwirtschaft. Eine wirtschaftsethische Orientierung. Herder, Freiburg i. Br.

ULRICH, Peter (2007): Das bedingungslose Grundeinkommen – Wirtschaftsbürgerrecht? Paper zum 2. deutschsprachigen Grundeinkommens-Kongress, vom 5.-7. Oktober 2007 in Basel, S. 3. Online abrufbar. URL: http://www.archiv-grundeinkommen.de/ulrich/20071007-PUlrich-Basel.pdf. Zugriff: 18.09.2012.

ULRICH; Peter (2009): Marktwirtschaft in der Bürgergesellschaft. Die Soziale Marktwirtschaft vor der nachholenden gesellschaftspolitischen Modernisierung, in: Aßländer, S. Michael/Ulrich, Peter (Hgg.): 60 Jahre Soziale Marktwirtschaft. Illusionen und Reinterpretationen einer ordnungspolitischen Integrationsformel. St. Galler Beiträge zur Wirtschaftsethik 44, Haupt, Bern; Stuttgart; Wien, S. 349-380.

UNTERNIMM DIE ZUKUNFT (2012): Unternimm die Zukunft – Götz W. Werner und das Grundeinkommen. Online abrufbar. URL: http://www.unternimm-die-zukunft.de/index.php?id=86. Zugriff: 10.08.2012.

VANBERG, Viktor (2002): Soziale Sicherheit, *Müller-Armacks* „Soziale Irenik" und die ordoliberale Perspektive, in: Hasse, Rolf H./Quaas, Friedrun (Hgg.): Wirtschaftsordnung und Gesellschaftskonzept. Zur Integrationskraft der Sozialen Marktwirtschaft. Paul Haupt, Bern; Stuttgart; Wien, S. 227-260.

VANDERBORGHT, Yannick/VAN PARIJS, Philippe (2005): Ein Grundeinkommen für alle? – Geschichte und Zukunft eines radikalen Vorschlags. Campus, Frankfurt a. Main.

VANDERBORGHT, Yannick/VAN PARIJS, Philippe (2010): Das bedingungslose Grundeinkommen. Ein Blick auf seine politische Realisierbarkeit, in: Franzmann, Manuel (Hg.) (2010): Bedingungsloses Grundeinkommen als Antwort auf die Krise der Arbeitsgesellschaft. Velbrück Wissenschaft, Weilerswist, S. 329-359.

VAN PARIJS, Philippe (1991): Why surfers should be Fed: The Liberal Case for an Unconditional Basic Income, in: Philosophy and Public Affairs, Vol. 20, No. 2, S. 101-131.

VAN PARIJS, Philippe (Hg.) (1992a): Arguing for Basic Income. Ethical foundations for a radical reform. Verso, London/New York.

VAN PARIJS, Philippe (1992b): Basic Income Capitalism, in: Ethics, Vol. 102, No. 3, S. 465-484.

VAN PARIJS, Philippe (1995): Real Freedom for All – What (if anything) can justify capitalism? Oxford University Press Inc., New York.

VOBRUBA, Georg (1985): Entwicklung und Stand der deutschen Diskussion um ein garantiertes Grundeinkommen, Discussion Paper IIM/LMP 85 – 16, Wissenschaftszentrum Berlin, Berlin. Online abrufbar. URL: http://www.archiv-grundeinkommen.de/vobruba/wzb/. Zugriff: 16.10.2011.

VOBRUBA, Georg (1989): Arbeiten und Essen. Politik an den Grenzen des Arbeitsmarktes. Passagen, Wien.

VOBRUBA, Georg (1998): Ende der Vollbeschäftigungsgesellschaft, in: Eicker-Wolf, Kai/ Käpernick, Ralf/Niechoj, Torsten et. al. (Hgg.): Die arbeitslose Gesellschaft und ihr Sozialstaat, Metropolis, Marburg, S. 21-52.

VOBRUBA, Georg (2006): Entkoppelung von Arbeit und Einkommen. Das Grundeinkommen in der Arbeitsgesellschaft. Verlag für Sozialwissenschaften, Wiesbaden.

VOBRUBA, Georg (2010): Zielgenauigkeit versus Akzeptanz. Das Realisationsdilemma der Grundeinkommensidee, in: Franzmann, Manuel (Hg.): Bedingungsloses Grundeinkommen als Antwort auf die Krise der Arbeitsgesellschaft. Velbrück Wissenschaft, Weilerswist, S. 317-328.

WAGNER, Björn (2009): Das Grundeinkommen in der deutschen Debatte. Leitbilder, Motive und Interessen, Diskussionspapier im Auftrag des Gesprächskreises Sozialpolitik der Friedrich-Ebert-Stiftung, Institut für Soziologie der Friedrich-Schiller-Universität Jena (Stand 01. Januar 2008). Online abrufbar. URL: http://library.fes.de/pdf-files/wiso/06194.pdf. Zugriff: 07.08.2011.

WEBER, René (1991): Existenzsicherung ohne Fürsorge? Die negative Einkommensteuer in Theorie und Praxis, Herausgegeben von der Schweizerischen Arbeitsgemeinschaft der Höheren Fachschulen für Soziale Arbeit (SASSA), Paul Haupt, Bern, Stuttgart.

WEIGELT, Klaus (2002): Soziale Marktwirtschaft: Menschenbild, in: Hasse, Rolf H./Schneider, Hermann/Weigelt, Klaus (Hgg.): Lexikon Soziale Marktwirtschaft. Wirtschaftspolitik von A bis Z. Herausgegeben im Auftrag der Konrad-Adenauer-Stiftung, Ferdinand Schöningh, Paderborn, S. 363-367.

WELTER, Ralf (2003): Solidarische Marktwirtschaft durch Grundeinkommen – Konzeptionen für eine nachhaltige Sozialpolitik. Herausgegeben vom Diözesanverband der KAB Aachen, Shaker, Aachen.

WELTER, Ralf (2007): Garantiertes Grundeinkommen – Instrument für eine Solidarische Marktwirtschaft. Durch Anreize zu einer Verkürzung der Erwerbsarbeitszeit und Umsetzung der Tätigkeitsgesellschaft, S. 1-10. Online abrufbar. URL: http://grundeinkommen-osnabrueck.de/KurzfassungKABGrundeinkommen2007.pdf. Zugriff: 23.12.2012.

WERNER, W. Götz (2006): Ein Grund für die Zukunft: das Grundeinkommen. Interviews und Reaktionen. Verlag Freies Geistesleben, Stuttgart.

WERNER, W. Götz/PRESSE, André (2007) (Hgg.): Grundeinkommen und Konsumsteuer – Impulse für *Unternimm die Zukunft*. Tagungsband zum Karlsruher Symposium Grundeinkommen: bedingungslos, Universitätsverlag Karlsruhe, Karlsruhe.

WERNER, W. Götz (2008): Einkommen für alle. Der dm-Chef über die Machbarkeit des bedingungslosen Grundeinkommens. Bastei-Lübbe, Bergisch-Gladbach.

WERNER, W. Götz/GOEHLER, Adrienne (2010): 1000 Euro für jeden. Freiheit. Gleichheit. Grundeinkommen, Econ, Berlin.

WERNER, W. Götz/HÄUSSNER, Ludwig Paul/PRESSE, André (2010): Wohlstand für alle durch Einkommen für alle? Soziale Marktwirtschaft im 21. Jahrhundert, in: Kaudelka, Karin/Kilger, Gerhard (Hg.): Die Arbeitswelt von morgen. Wie wollen wir leben und arbeiten? Transcript, Bielefeld, S. 111-127.

WERNER, W. Götz/EICHHORN, Wolfgang/FRIEDRICH, Lothar (Hgg.) (2012): Das Grundeinkommen. Würdigung-Wertungen-Wege. KIT Scientific Publishing, Karlsruhe.

WEY, Christian (2004): Soziale Marktwirtschaft im Zeichen der Globalisierung, in: Andersen, Uwe (Hg.) (2004): Soziale Marktwirtschaft. Eine Einführung. Mit Beiträgen von Ronald Clapham, Michael von Hauff, Helmut Leipold [et. al.], Wochenschau, Schwalbach a. Ts. S. 97-119.

WIDERSTRÖM, Klaus (2010): Erich Fromm und sein Vorschlag für ein Grundeinkommen. Vortrag vom 27.05.2010, Melanchthon-Akademie, Köln, S. 1-15. Online abrufbar. URL: http://www.archiv-grundeinkommen.de/fromm/201005-Fromm-und-das-bGE.pdf. Zugriff: 21. 07.2011.

WIEMEYER, Joachim (1988): Grundeinkommen ohne Arbeit? in: Aus Politik und Zeitgeschichte, Beilage zur Wochenzeitung Das Parlament, B38/1988, S. 43-51.

WIEMEYER, Joachim (1993): Sozialethische Probleme eines Grundeinkommens ohne Arbeit, in: Kimminich, Otto/Klose, Alfred/Neuhold, Leopold (Hgg.): Mit Realismus und Leidenschaft. Ethik im Dienst einer humanen Welt. Graz, S. 323-331.

WIEMEYER, Joachim (2011): Bedingungsloses Grundeinkommen als Kern eines neuen Sozialstaates? Reihe: Kirche und Gesellschaft (Hg.), Nr. 381, J. P. Bachem Medien Köln.

ZENKER, Birgit (2007a): Frei und selbstbestimmt dem Fortschritt auf der Spur, in: Exner, Andreas/Rätz, Werner/Zenker, Birgit (Hgg.) (2007): Grundeinkommen. Soziale Sicherheit ohne Arbeit. Deuticke Verlag, Wien, S. 120-128.

ZENKER, Birgit (2007b): Arbeit ist mehr als Erwerbsarbeit, in Blaschke, Ronald/Dilthey, Matthias/Drescher, Jörg et. al. (Hgg.) (2007): Die Idee eines Emanzipatorischen Bedingungslosen Grundeinkommens. S. 15-17. Online abrufbar. URL: http://big-grundeinkommen.de/wp-content/uploads/2010/11/bge-buch.pdf. Zugriff: 25.09.2013.

ZIMMERMANN, Joachim (2004): Schöne neue Tätigkeitsgesellschaft. Welche Arbeit haben wir in Zukunft? Rede auf dem 95. Deutschen Katholikentag in Ulm am 18.06.2004, Dokument 4681, S. 1-7. Online abrufbar. URL: http://ulm.katholikentag.de/data/kt_aktuell/manuskripte/4681.doc. Zugriff: 28.01.2013.

ZINN, Karl-Georg (2009a): Überdauert die Soziale Marktwirtschaft? Aufstieg und Niedergang des bundesdeutschen Erfolgsmodells, in: Aßländer, S. Michael/Ulrich, Peter (Hgg.): 60 Jahre Soziale Marktwirtschaft. Illusionen und Reinterpretationen einer ordnungspolitischen Integrationsformel. St. Galler Beiträge zur Wirtschaftsethik 44, Haupt, Bern/Stuttgart/Wien, S. 257-289.

ZINN, Karl-Georg (2009b): Das bedingungslose Grundeinkommen – eine »Verharmlosung« von Arbeitslosigkeit und Arbeit, in: Neuendorff, Hartmut/Peter, Gerd/Wolf, Frieder O. (Hgg.): Arbeit und Freiheit im Widerspruch? Bedingungsloses Grundeinkommen – ein Modell im Meinungsstreit, VSA, Hamburg, S. 135-145.

ERHEBUNGEN/STATISTIKEN/BERICHTE/GESETZESWERKE

ABSCHLUßBERICHT DER ENQUETE-KOMMISSION SCHUTZ DES MENSCHEN UND DER UMWELT – ZIELE UND RAHMENBEDINGUNGEN EINER NACHHALTIG ZUKUNFTSVERTRÄGLICHEN ENTWICKLUNG (Hg.) (1998): Konzept Nachhaltigkeit. Vom Leitbild zur Umsetzung. Deutscher Bundestag – Drucksache 13/11200 vom 26.06.1998, S. 1-252. Online abrufbar. URL: http://dip21.bundestag.de/dip21/btd/13/112/1311200.pdf. Zugriff: 20.11.2013.

BANKENVERBAND (2008): Wohin steuert die Republik? Ergebnisse repräsentativer Meinungsumfragen im Auftrag des Bundesverbandes deutscher Banken, Schönhauser Gespräche 2008, Berlin. Online abrufbar. URL: http://bankenverband.de/veranstaltungen/forum-schoenhauser-gespraeche/2008/politik-ohne-mehrheit-wirtschaft-ohne-vertrauen-wohin-steuert-die-republik-1/alle-umfrageergebnisse. Zugriff: 16.05.2011.

BUNDESAGENTUR FÜR ARBEIT (Hg.) (2013): Jahresbericht 2012. Zahlen. Daten. Fakten. Grundsicherung für Arbeitsuchende – Ziele setzen, Stärken stärken, Arbeitsmarkt nutzen. Herausgegeben im Juni 2013. Nürnberg, S. 1-48. Online abrufbar. URL: http://www.arbeitsagentur.de/web/wcm/idc/groups/public/documents/webdatei/mdaw/mta4/~edisp/l6019022dstbai446588.pdf?_ba.sid=L6019022DSTBAI446591. Zugriff: 16.03.2014.

BUNDESMINISTERIUM DER FINANZEN (Hg.) (2010): Dritter Quartalsbericht zum Bundeshaushalt 2010, Online abrufbar. URL: http://www.bundesfinanzministerium.de/nn_113750/DE/BMF__Startseite/Publikationen/Monatsbericht__des__BMF/2010/11/analysen-und-berichte/b02/node.html?__nnn=true. Zugriff: 21.06.2011.

BUNDESMINISTERIUM FÜR ARBEIT UND SOZIALES (Hg.) (2013): Sozialbericht 2013, Bonn, S. 1-269. Online abrufbar. URL: http://www.bmas.de/SharedDocs/Downloads/DE/PDF-Publikationen/sozialbericht-2013.pdf?__blob=publicationFile. Zugriff: 20.08.2013.

BUNDESMINISTERIUM FÜR ARBEIT UND SOZIALES (Hg.) (2014): Grundsicherung für Arbeitsuchende Sozialgesetzbuch (SGB II) Fragen und Antworten, S. 1-240. Online abrufbar. URL: http://www.bmas.de/SharedDocs/Downloads/DE/PDF-Publikationen/a430-grundsicherung-fuer-arbeitsuchende-sgb-ii.pdf?__blob=publicationFile. Zugriff: 16.03.2014.

DEUTSCHER BUNDESTAG (2010): Problematische Auswirkungen auf Arbeitsanreize. Textarchtiv – Petitionen. Online abrufbar. URL: http://www.bundestag.de/dokumente/textarchiv/2010/31904334_kw45_pa_petitionen/. Zugriff: 23.08.2012.

GRUNDGESETZ FÜR DIE BUNDESREPUBLIK DEUTSCHLAND (1998): Deutscher Bundestag (Hg.) Textausgabe – Stand: Juli 1998, Bonn.

SACHVERSTÄNDIGENRAT ZUR BEGUTACHTUNG DER GESAMTWIRTSCHAFTLICHEN ENTWICKLUNG (Jahresgutachten 2012/2013): Stabile Architektur für Europa – Handlungsbedarf im Inland., S. 1-486. Online abrufbar. URL: http://www.sachverstaendigenrat-wirtschaft.de/fileadmin/dateiablage/gutachten/ga201213/ga12_ges.pdf. Zugriff: 15.02.2014.

SOZIALGESETZBUCH/ZWEITES BUCH (SGB II) (2013): Grundsicherung für Arbeitssuchende. Online abrufbar. URL: http://www.sozialgesetzbuch-sgb.de/sgbii/1.html. Zugriff: 10.11.2013.

STATISTISCHE ÄMTER DES BUNDES UND DER LÄNDER (2009) (Hg.): Demographischer Wandel. Auswirkungen auf die Entwicklung der Erwerbspersonenzahl, Heft 4, Stuttgart. Online abrufbar. URL: https://www.destatis.de/DE/Publikationen/Thematisch/Bevoelkerung/VorausberechnungBevoelkerung/EntwicklungErwerbspersonenzahl5871104099004.pdf?__blob=publicationFile. Zugriff: 10.05.2012.

STATISTISCHE ÄMTER DES BUNDES UND DER LÄNDER (2013) (Hg.): Sozialberichterstattung: Armut und soziale Ausgrenzung. Online abrufbar: URL: http://www.amtliche-sozialberichterstattung.de/A2armutsgefaehrdungsschwellen.html. Zugriff: 10.10.2013.

TNS-EMNID-UMFRAGE (2010): Bürger wollen kein Wachstum um jeden Preis. Im Auftrag der Bertelsmann-Stiftung, S. 1-3. Online abrufbar. URL: http://www.bertelsmann-stiftung.de/cps/rde/xbcr/SID-FF2F0163-F3A4FDCE/bst/xcms_bst_dms_32005_32006_2.pdf. Zugriff: 04.08.2011.

VIERTER ARMUTS- UND REICHTUMSBERICHT DER BUNDESREGIERUNG (2012/2013): Lebenslagen in Deutschland. Veröffentlicht am 06.03.2013, S. 1-491. Online abrufbar. URL: https://www.bmas.de/SharedDocs/Downloads/DE/PDF-Publikationen-DinA4/a334-4-armuts-reichtumsbericht-2013.pdf?__blob=publicationFile. Zugriff: 21.04.2013.

SOZIALENZYKLIKEN UND KIRCHLICHE DOKUMENTE

CHANCENGERECHTE GESELLSCHAFT – LEITBILD FÜR EINE FREIHEITLICHE ORDNUNG, Die deutschen Bischöfe – Kommission für gesellschaftliche und soziale Fragen, Herausgegeben vom Sekretariat der Deutschen Bischofskonferenz, Nr. 34, vom 27. Juni 2011. Online abrufbar. URL: http://ordosocialis.de/pdf/Sekret.d.dt.Bischkonf/Chancengerechte%20 Gesellschaft.pdf. Zugriff: 19.03.2013.

FÜR EINE ZUKUNFT IN SOLIDARITÄT UND GERECHTIGKEIT, Wort des Rates der Evangelischen Kirche in Deutschland und der Deutschen Bischofskonferenz zur wirtschaftlichen und sozialen Lage in Deutschland vom 22.02.1997, Schriftenreihe Gemeinsame Texte, Nr. 9.

GEMEINSAME VERANTWORTUNG FÜR EINE GERECHTE GESELLSCHAFT, Initiative des Rates der Evangelischen Kirche in Deutschland und der Deutschen Bischofskonferenz für eine erneuerte Wirtschafts- und Sozialordnung vom 28.02.2014, Schriftenreihe Gemeinsame Texte, Nr. 22. Online abrufbar. URL: http://www.ekd.de/download/gemeinsame_verantwortung_gt_22.pdf. Zugriff: 01.03.2014.

MATER ET MAGISTRA, Enzyklika von Papst Johannes XXIII. über die jüngsten Entwicklungen des gesellschaftlichen Lebens und seine Gestaltung im Licht der christlichen Lehre vom 15. Mai 1961. Online abrufbar. URL: http://www.vatican.va/holy_father/john_xxiii/encyclicals/documents/hf_j-xxiii_enc_15051961_mater_ge.html. Zugriff: 25.07.2012.

QUADRAGESIMO ANNO, Enzyklika von Papst Pius XI. über die gesellschaftliche Ordnung, ihre Wiederherstellung und ihre Vollendung nach dem Heilsplan der Frohbotschaft vom 15.05.1931., in: Bundesverband der Katholischen Arbeitnehmerbewegung Deutschlands (Hg.) (1982): Texte zur Katholischen Soziallehre. Die sozialen Rundschreiben der Päpste und andere kirchliche Dokumente. 5. erweiterte Auflage, S. 201-270.

FSC
www.fsc.org
MIX
Papier | Fördert
gute Waldnutzung
FSC® C083411

Kolibri 360 GmbH
Ferdinand-Jühlke-Straße 7
99095 Erfurt, Deutschland
produktsicherheit@kolibri360.de